JLPT 일본어능력시험 한 권으로 끝내기

이치우, 기타지마 치즈코, 김윤선, 도리이 마이코 공저

다락원

JLPT 일본어능력시험
한권으로 끝내기 N3

지은이 이치우, 기타지마 치즈코, 김윤선, 도리이 마이코
펴낸이 정규도
펴낸곳 (주)다락원

1판 1쇄 발행 1998년 7월 15일
2판 1쇄 발행 2005년 8월 10일
3판 1쇄 발행 2010년 8월 19일
4판 1쇄 발행 2015년 12월 21일
5판 1쇄 발행 2021년 9월 30일
6판 1쇄 발행 2026년 4월 6일
6판 2쇄 발행 2026년 4월 23일

편집장 송화록
편집 임혜련, 정선영, 시라이 나오코
디자인 장미연, 최예원(표지), 이승현
일러스트 김희선

다락원 경기도 파주시 문발로 211
내용문의: (02)736-2031 내선 460~465
구입문의: (02)736-2031 내선 250~252
Fax: (02)732-2037
출판등록 1977년 9월 16일 제406-2008-000007호

ISBN 978-89-277-1335-7 14730
978-89-277-1332-6(세트)

---

http://www.darakwon.co.kr

- 다락원 홈페이지를 방문하시면 상세한 출판 정보와 함께 동영상강좌, MP3 자료 등 다양한 어학 정보를 얻으실 수 있습니다.
- 다락원 홈페이지 또는 표지의 QR코드를 스캔하시면 MP3 파일 및 관련 자료를 다운로드 하실 수 있습니다.

머리말

JLPT(일본어능력시험)는 일본어를 모국어로 하지 않는 학습자들의 일본어 능력을 측정하고 인정하는 것을 목적으로 하는 시험으로, 국제교류기금 및 일본국제교육지원협회가 1984년부터 실시하고 있습니다. JLPT는 일본 정부가 공인하는 세계 유일의 일본어 시험인 만큼 그 결과는 일본의 대학, 전문학교, 국내 대학의 일본어과 등의 특별 전형과 기업 인사 및 공무원 선발에서 일본어 능력을 평가하는 자료로도 활용되고 있습니다.

JLPT의 수험자층은 초등학생에서 일반인으로 그 폭이 넓어지고 있고 수험의 목적도 실력 측정이나 취직 및 승진을 위해서 대학이나 대학원 등의 진학을 위해서 등등 다양해지고 있습니다. 이와 같은 변화에 대응하여 국제교류기금과 일본국제교육지원협회는 시험 개시로부터 20년 넘게 발전해 온 일본어 교육학이나 테스트 이론의 연구 성과와 지금까지 축적해 온 시험 결과의 데이터 등을 활용하여 JLPT의 내용을 개정하여 2010년부터 새로운 JLPT를 실시하고 있습니다.

『JLPT 한권으로 끝내기 N3』은 2021년에 발행된 『JLPT(일본어능력시험) 한권으로 끝내기 N3』의 개정판으로, 실제 시험 문제와 같은 형식인 1교시 언어지식(문자·어휘·문법)·독해, 2교시 청해 순으로 구성되어 있습니다. 이번 개정판에서는 JLPT N3에서 고득점을 받을 수 있도록 문자·어휘, 문법, 독해, 청해의 각 파트별 총정리는 물론, 예상문제와 실전모의테스트까지 준비하였습니다. 또한 2010년부터 현재까지 출제된 어휘와 문법을 연도별로 정리하였고, 새롭게 출제된 문제 유형을 철저히 분석 및 반영하여 JLPT N3의 모든 파트를 종합적으로 마스터할 수 있도록 하였습니다. 또한 해설집의 풀이와 단어 정리를 보강하여 학습의 편의성을 높였습니다.

이 책을 이용하는 독자 여러분 모두에게 아무쪼록 좋은 결과가 있기를 바랍니다. 끝으로 이 책의 출판에 도움을 주신 (주)다락원의 정규도 사장님과 일본어 편집부 직원분들께 이 자리를 빌려 감사의 말씀 드립니다.

저자 일동

JLPT(일본어능력시험)에 대하여

❶ JLPT의 레벨

N1, N2, N3, N4, N5로 나뉘어져 있으며 수험자가 자신에게 맞는 레벨을 선택한다. 각 레벨에 따라 N1~N2는 언어지식(문자·어휘·문법)·독해, 청해의 두 섹션으로, N3~N5는 언어지식(문자·어휘), 언어지식(문법)·독해, 청해의 세 섹션으로 나뉘어져 있다.

시험 과목과 시험 시간 및 인정기준은 다음과 같으며, 인정기준을 「읽기」, 「듣기」의 언어 행동으로 나타낸다. 각 레벨에는 이들 언어행동을 실현하기 위한 언어지식이 필요하다.

레벨	과목별 시간		인정기준
	유형별	시간	
N1	언어지식(문자·어휘·문법) 독해	110분	**폭넓은 장면에서 사용되는 일본어를 이해할 수 있다.** 【읽기】 신문의 논설, 논평 등 논리적으로 약간 복잡한 문장이나 추상도가 높은 문장 등을 읽고, 문장의 구성과 내용을 이해할 수 있으며, 다양한 화제의 글을 읽고 이야기의 흐름이나 상세한 표현의도를 이해할 수 있다. 【듣기】 자연스러운 속도로 체계적 내용의 회화나 뉴스, 강의를 듣고, 내용의 흐름 및 등장인물의 관계나 내용의 논리구성 등을 상세히 이해하거나 요지를 파악할 수 있다.
	청해	60분	
	계	170분	
N2	언어지식(문자·어휘·문법) 독해	105분	**일상적인 장면에서 사용되는 일본어의 이해에 더해, 보다 폭넓은 장면에서 사용되는 일본어를 어느 정도 이해할 수 있다.** 【읽기】 신문이나 잡지의 기사나 해설, 평이한 평론 등, 논지가 명쾌한 문장을 읽고 문장의 내용을 이해할 수 있으며, 일반적인 화제에 관한 글을 읽고 이야기의 흐름이나 표현의도를 이해할 수 있다. 【듣기】 자연스러운 속도로 체계적 내용의 회화나 뉴스를 듣고, 내용의 흐름 및 등장인물의 관계를 이해하거나 요지를 파악할 수 있다.
	청해	55분	
	계	160분	
N3	언어지식(문자·어휘)	30분	**일상적인 장면에서 사용되는 일본어를 어느 정도 이해할 수 있다.** 【읽기】 일상적인 화제에 구체적인 내용을 나타내는 문장을 읽고 이해할 수 있으며, 신문 기사 제목 등에서 정보의 개요를 파악할 수 있다. 일상적인 장면에서 난이도가 약간 높은 문장은 대체 표현이 주어지면 요지를 이해할 수 있다. 【듣기】 자연스러운 속도로 체계적 내용의 회화를 듣고, 이야기의 구체적인 내용을 등장인물의 관계 등과 함께 거의 이해할 수 있다.
	언어지식(문법)·독해	70분	
	청해	45분	
	계	145분	
N4	언어지식(문자·어휘)	25분	**기본적인 일본어를 이해할 수 있다.** 【읽기】 기본적인 어휘나 한자로 쓰여진, 일상생활에서 흔하게 일어나는 화제의 문장을 읽고 이해할 수 있다. 【듣기】 일상적인 장면에서 다소 느린 속도의 회화라면 내용을 거의 이해할 수 있다.
	언어지식(문법)·독해	55분	
	청해	40분	
	계	120분	
N5	언어지식(문자·어휘)	20분	**기본적인 일본어를 어느 정도 이해할 수 있다.** 【읽기】 히라가나나 가타카나, 일상생활에서 사용되는 기본적인 한자로 쓰여진 정형화된 어구나 문장을 읽고 이해할 수 있다. 【듣기】 일상생활에서 자주 접하는 장면에서 느리고 짧은 회화라면 필요한 정보를 얻어낼 수 있다.
	언어지식(문법)·독해	40분	
	청해	35분	
	계	95분	

※N3 ~ N5 의 경우, 1교시에 언어지식(문자·어휘)과 언어지식(문법)·독해가 이어서 실시된다.

❷ 시험 결과의 표시

레벨	득점 구분	득점 범위
N1	언어지식(문자·어휘·문법)	0 ~ 60
	독해	0 ~ 60
	청해	0 ~ 60
	종합득점	0 ~ 180
N2	언어지식(문자·어휘·문법)	0 ~ 60
	독해	0 ~ 60
	청해	0 ~ 60
	종합득점	0 ~ 180
N3	언어지식(문자·어휘·문법)	0 ~ 60
	독해	0 ~ 60
	청해	0 ~ 60
	종합득점	0 ~ 180
N4	언어지식(문자·어휘·문법)·독해	0 ~ 120
	청해	0 ~ 60
	종합득점	0 ~ 180
N5	언어지식(문자·어휘·문법)·독해	0 ~ 120
	청해	0 ~ 60
	종합득점	0 ~ 180

※ 일본어능력시험은 매회 시험의 난이도를 관리하고, 새로운 유형의 문제를 평가하기 위해 득점에 가산되지 않는 문제를 포함할 수 있다.

❸ 시험 결과 통지의 예

다음 예와 같이 ① '득점 구분 별 득점'과 득점 구분 별 득점을 합계한 ② '종합득점', 앞으로의 일본어 학습을 위한 ③ '참고 정보'를 통지한다. ③ '참고 정보'는 합격/불합격 판정 대상이 아니다.

*예 : N3을 수험한 Y씨의 '합격/불합격 통지서'의 일부 성적 정보 (실제 서식은 변경될 수 있다.)

① 득점 구분 별 득점			② 종합득점
언어지식 (문자·어휘·문법)	독해	청해	120 / 180
50 / 60	30 / 60	40 / 60	

③ 참고 정보	
문자·어휘	문법
A	C

A 매우 잘했음 (정답률 67% 이상)
B 잘했음 (정답률 34%이상 67% 미만)
C 그다지 잘하지 못했음 (정답률 34% 미만)

이 책의 구성과 활용

이 책은 2010년부터 시행된 JLPT N3을 완벽하게 대응할 수 있도록 출제 경향 및 문제 유형을 철저히 분석하여 종합적으로 정리한 학습서이다. 이번 개정판에서는 최신 기출 어휘, 문법과 함께 새 문제 경향에 대비한 문제도 함께 추가하였다. 전체 구성은 본책 〈1교시 끝내기 – 언어지식(문자·어휘·문법) / 독해〉, 〈2교시 끝내기 – 청해〉와 〈실전모의테스트〉, 별책부록 〈해설집〉과 〈스피드 체크북〉으로 이루어져 있다.

1 교시 끝내기 언어지식(문자·어휘·문법) / 독해

제1~2장 언어지식 – 문자·어휘 기출 공략편/예상 공략편

제1장은 문자·어휘 기출 공략편으로 JLPT N3에 출제된 기출 어휘를 연도별로 나누어 정리하고 확인문제를 실었다. 제2장에서는 출제 가능성이 높은 어휘를 품사별로 나누어 정리하고 문제별 예상문제를 통해 학습한 내용을 다시 한번 확인할 수 있도록 구성하였다.

기출 어휘 MP3 파일은 다락원 홈페이지에서 내려받을 수 있으며, 표지의 QR코드를 스캔하면 쉽게 스마트폰으로 접속하여 음성을 들을 수 있다.

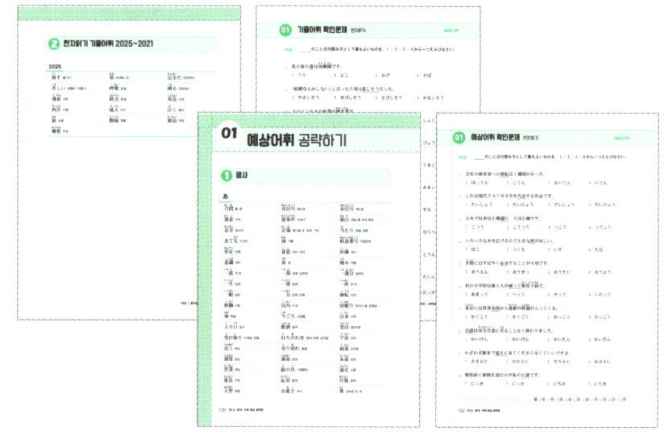

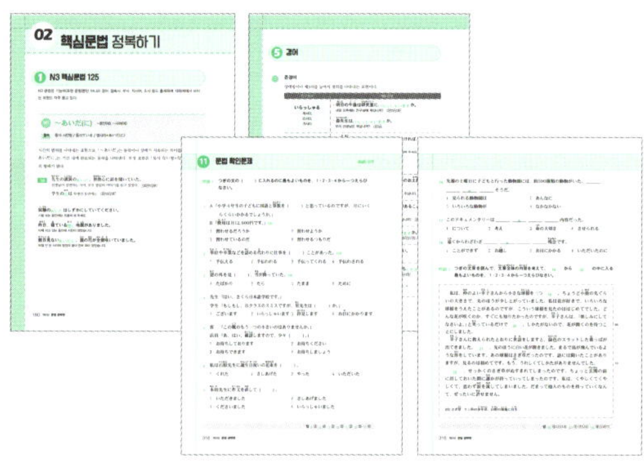

제3장 언어지식 – 문법 공략편

JLPT N3 대비용으로 선정한 137개의 문형을 あいうえお순으로 수록하고, 출제 가능성이 높은 경어와 접속어 등도 같이 정리하였다. 또한 문제 유형에 맞추어 제시한 문법 확인문제를 통해 복습할 수 있도록 구성하였다.

제4장 독해 공략편

JLPT N3 독해 문제의 유형 분석과 함께 문제를 푸는 요령을 정리하였다. 각 문제 유형별로 예제를 통해 실전 감각을 익히고, 다양한 연습문제를 통해 실전에 대비할 수 있도록 하였다.

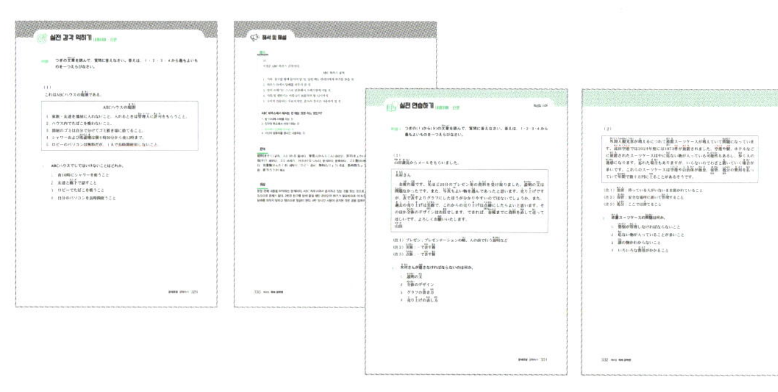

2 교시 끝내기 청해

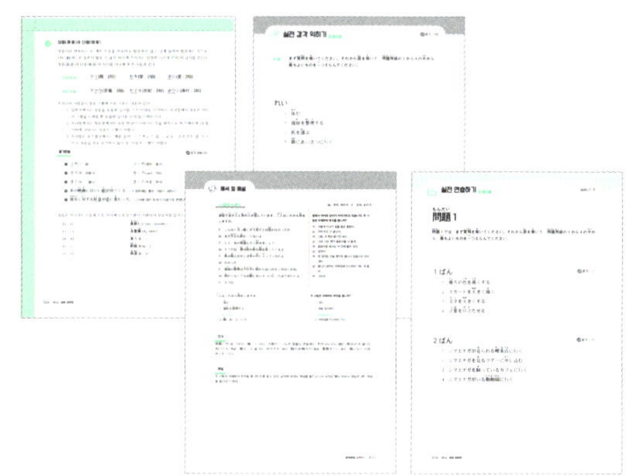

제5장 청해 공략편

우리나라 사람들이 알아 듣기 힘든 발음을 항목별로 정리하고 원어민 음성을 통해 요령을 터득할 수 있도록 하였다. 또한 각 문제 유형별로 예제를 통해 실전 감각을 익히고, 다양한 확인문제를 통해 실전에 대비할 수 있도록 하였다.

청해 MP3 파일은 다락원 홈페이지에서 내려받을 수 있으며, 표지의 QR코드를 스캔하면 쉽게 스마트폰으로 접속하여 음성을 들을 수 있다.

실전모의테스트

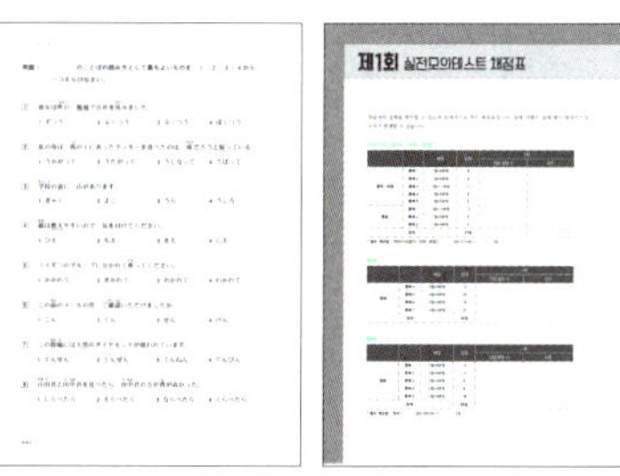

실전모의테스트 (2회분)

실제 시험과 동일한 형식의 모의테스트가 2회분 수록되어 있다. 모의테스트를 통해 학습한 내용을 최종적으로 점검하고 함께 수록된 채점표를 통해 예상 점수를 확인해 볼 수 있다.
청해 파트의 MP3 파일은 다락원 홈페이지 또는 표지의 QR 코드를 통해 내려받을 수 있다.

별책 부록

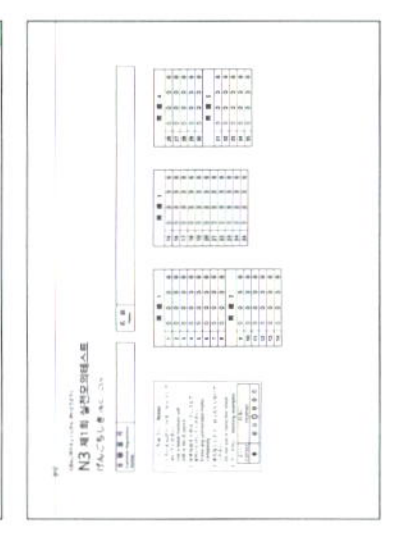

해설집

학습의 이해도와 능률을 높이기 위하여 확인문제의 해석·단어·해설을 실었다. 함께 실은 해답 용지를 이용하여 사전에 해답 기재 요령을 익힐 수 있다. 해설집은 확인하기 편리하게끔 별책으로 제공한다.

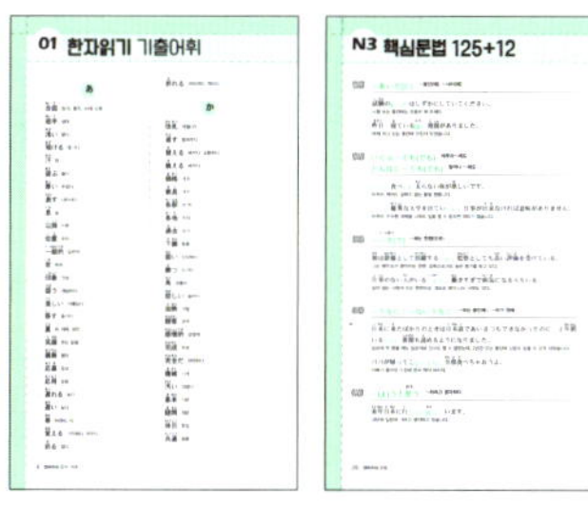

스피드 체크북

문자·어휘 파트에서 출제된 어휘를 각 문제 유형별로 나누고 あいうえお 순으로 정리하였다. 문법에서는 핵심문법 125개와 기타 표현 12개를 실어 평소 자투리 시간을 이용하여 공부할 수 있으며, 시험 당일 최종 점검용으로도 활용할 수 있다.

목차

N3

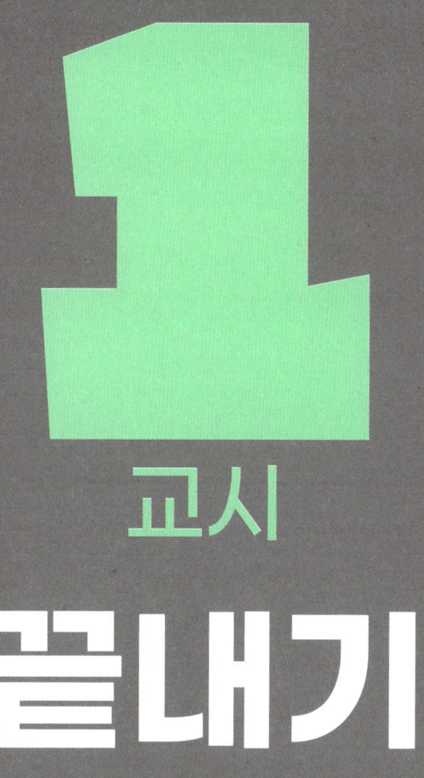

교시

끝내기

언어지식(문자·어휘·문법) / 독해

제 1 장

문자·어휘
기출 공략편

문제유형
완전분석
동영상 강의

01 問題 1 한자읽기 공략하기

1 문제유형 완전분석

밑줄 친 한자의 읽는 법을 묻는 문제로, 8문항이 출제된다.

알고 풀자!

탁음·반탁음·장음·촉음의 유무와 음독·훈독에 주의해서 단어를 암기하는 것이 중요하다. 문제를 풀 때는 문장 전체의 이해보다는 밑줄 친 단어에만 집중해 시간을 줄이는 것이 좋다.

예시

問題 1 ＿＿＿のことばの読み方として最もよいものを、1·2·3·4から一つえらびなさい。

1 新しい選手がチームに入りました。

1 せんて　　2 せんしゅ　　3 ぜんて　　4 ぜんしゅ

해석 새 선수가 팀에 들어왔습니다.

해설 「選」의 음독은 「せん」이며, 「手」의 음독은 「しゅ」이다.

단어 チーム 팀 | 入る 들어오다

한자읽기 기출어휘 2025~2021

2025

- □ 移す(うつ) 옮기다
- □ 苦しい(くる) 힘들다, 괴롭다
- □ 地面(じめん) 지면
- □ 西洋(せいよう) 서양
- □ 涙(なみだ) 눈물
- □ 郵便(ゆうびん) 우편
- □ 帯(おび) 허리띠, 띠
- □ 呼吸(こきゅう) 호흡
- □ 終点(しゅうてん) 종점
- □ 他人(たにん) 타인
- □ 腹痛(ふくつう) 복통
- □ 完全だ(かんぜん) 완전하다
- □ 困る(こま) 곤란하다
- □ 身長(しんちょう) 신장
- □ 泣く(な) 울다
- □ 薬局(やっきょく) 약국

memo

2024

□ 返す(かえす) 돌려주다	□ 家具(かぐ) 가구	□ 加熱(かねつ) 가열
□ 感情的(かんじょうてき) 감정적	□ 基本(きほん) 기본	□ 配る(くばる) 나누어 주다, 배포하다
□ 最初(さいしょ) 최초, 처음	□ 主要だ(しゅようだ) 주요하다	□ 石油(せきゆ) 석유
□ 適当だ(てきとうだ) 적당하다	□ 残す(のこす) 남기다	□ 深い(ふかい) 깊다
□ 父母(ふぼ) 부모	□ 包丁(ほうちょう) 부엌칼	□ 横(よこ) 옆
□ 割る(わる) 깨뜨리다, 나누다		

memo

2023

- □ 疑う(うたが) 의심하다
- □ 裏(うら) 뒤, 뒷면
- □ 月末(げつまつ) 월말
- □ 高価(こうか) 고가
- □ 小型(こがた) 소형
- □ 断る(ことわ) 거절하다
- □ 産業(さんぎょう) 산업
- □ 選手(せんしゅ) 선수
- □ 退院(たいいん) 퇴원
- □ 朝刊(ちょうかん) 조간
- □ 広場(ひろば) 광장
- □ 夫婦(ふうふ) 부부
- □ 復習(ふくしゅう) 복습
- □ 細い(ほそ) 좁다, 가늘다
- □ 汚す(よご) 더럽히다
- □ 留守(るす) 부재중

memo

2022

□ 横断(おうだん) 횡단	□ 角(かど) 모퉁이	□ 比(くら)べる 비교하다
□ 計算(けいさん) 계산	□ 血圧(けつあつ) 혈압	□ 件(けん) 건
□ 現在(げんざい) 현재	□ 情報(じょうほう) 정보	□ 包(つつ)む 싸다, 포장하다
□ 複数(ふくすう) 복수	□ 丸(まる)い 둥글다	□ 難(むずか)しい 어렵다
□ 夕日(ゆうひ) 석양	□ 有名(ゆうめい)だ 유명하다	□ 容器(ようき) 용기

2021

□ 裏(うら) 뒤, 뒤쪽	□ 過去(かこ) 과거	□ 悲(かな)しい 슬프다
□ 恋(こい)しい 그립다	□ 呼吸(こきゅう) 호흡	□ 自然(しぜん) 자연
□ 増減(ぞうげん) 증감	□ 駐車(ちゅうしゃ) 주차	□ 通知(つうち) 통지
□ 動作(どうさ) 동작	□ 努力(どりょく) 노력	□ 逃(に)げる 도망치다, 달아나다
□ 残(のこ)り 나머지	□ 生(は)える 나다, 자라다	□ 秒(びょう) 초
□ 郵送(ゆうそう) 우송		

memo

01 기출어휘 확인문제 한자읽기

해설집 2쪽

問題 1 ＿＿＿のことばの読み方として最もよいものを、1・2・3・4から一つえらびなさい。

1 私の家の裏は幼稚園(ようちえん)です。

1 うら　2 よこ　3 かげ　4 そば

2 「結婚なんかしない」と言ったら母は悲しそうだった。

1 やさしそう　2 きびしそう　3 さびしそう　4 かなしそう

3 スペインの主な産業は観光業(かんこうぎょう)だ。

1 じぎょう　2 がくぎょう　3 さんぎょう　4 しょくぎょう

4 この度は、退院おめでとうございます。

1 ぜんいん　2 たいいん　3 にゅういん　4 びょういん

5 ひらがなの横に適当な漢字を書きなさい。

1 てきど　2 てきぎ　3 てきおう　4 てきとう

6 給食(きゅうしょく)に私が嫌(きら)いなピーマンが出てきたので残した。

1 かえした　2 さとした　3 のこした　4 あました

7 二つ目の角を右に曲がると学校があります。

1 かく　2 かど　3 つの　4 すみ

8 去年に比べ、彼の身長は５㎝も高くなった。

1 のべ　2 くらべ　3 しらべ　4 ならべ

9 西洋の歴史(れきし)について勉強(べんきょう)した。

1 せいよう　2 にしよう　3 さいよう　4 とうよう

10 パスポートの情報(じょうほう)は他人に教えないでください。

1 ほかひと　2 たじん　3 ちにん　4 たにん

답 1① 2④ 3③ 4② 5④ 6③ 7② 8② 9① 10④

02 기출어휘 확인문제 한자읽기

해설집 2쪽

問題１ ＿＿＿のことばの読み方として最もよいものを、１・２・３・４から一つえらびなさい。

1 引っ越したので家具を新しく買った。

1 きぐ　2 どうぐ　3 しんぐ　4 かぐ

2 卵をそのまま電子レンジで加熱するのは危険です。

1 よねつ　2 かねつ　3 げねつ　4 こうねつ

3 私の父は毎朝、朝刊を読みながら朝ご飯を食べます。

1 しんぶん　2 ちょうかん　3 ちょうしょく　4 ゆうかん

4 友達と午後３時に、駅前の広場で待ち合わせをしました。

1 ひろば　2 すなば　3 こうじょう　4 こうえん

5 駐車は30分以内です。

1 しゅうしゃ　2 しゅしゃ　3 ちゅしゃ　4 ちゅうしゃ

6 安全な場所へ逃げてください。

1 にげて　2 こげて　3 なげて　4 あげて

7 スマートフォンで現在の位置を確認する。

1 げんじょう　2 げんせい　3 げんざい　4 げんだい

8 彼は複数の言語が話せます。

1 きすう　2 ぐうすう　3 たすう　4 ふくすう

9 彼女は本を読みながら泣いていました。

1 むいて　2 ないて　3 うつむいて　4 すいて

10 郵便で届いた商品が壊れていた。

1 ゆうびん　2 ゆうべん　3 ゆうそう　4 ゆびん

답 1④　2②　3②　4①　5④　6①　7③　8④　9②　10①

03 기출어휘 확인문제 한자읽기

해설집 2쪽

問題 1 ＿＿＿のことばの読み方として最もよいものを、1・2・3・4から一つえらびなさい。

1 こたつが恋しい季節(きせつ)になった。

1 やさしい　2 こいしい　3 したしい　4 なつかしい

2 彼の長年(ながねん)の努力が実(みの)った。

1 ぎょうりょく　2 きょうりょく　3 とりょく　4 どりょく

3 この書類の提出は月末までにお願いします。

1 つきすえ　2 げつまつ　3 げつすえ　4 つきまつ

4 父が入学祝に高価なパソコンを買ってくれた。

1 こうか　2 こうがく　3 こうきゅう　4 たかね

5 この数学の問題が難しいので、塾(じゅく)の先生に教えてもらった。

1 やさしい　2 むずかしい　3 はずかしい　4 ややこしい

6 ハワイには海に沈(しず)む夕日を見ながら食事ができるレストランがある。

1 あさひ　2 ゆうひ　3 あさやけ　4 ゆうやけ

7 昨日はつい感情的になって子どもを叱ってしまった。

1 かんどうてき　2 かんかくてき　3 かんじょうてき　4 かんせいてき

8 この参考書で基本の英会話を勉強します。

1 きそ　2 きほん　3 きばん　4 きじゅん

9 彼の身長がクラスで一番高いです。

1 しんちょう　2 しんちょ　3 みちょう　4 みなが

10 山に登(のぼ)っていると、息(いき)が苦しくなってきた。

1 くやしく　2 くるしく　3 あやしく　4 きびしく

답 1② 2④ 3② 4① 5② 6② 7③ 8② 9① 10②

04 기출어휘 확인문제 한자읽기

해설집 3쪽

問題１ ＿＿＿のことばの読み方として最もよいものを、１・２・３・４から一つえらびなさい。

1 北海道(ほっかいどう)はメロンが有名なので、メロンのお菓子(かし)をおみやげに買った。

1 ちめい　2 ちょめい　3 ゆうめい　4 こうめい

2 弁当箱(べんとうばこ)がなかったので空の容器にお昼ご飯を詰(つ)めました。

1 とうき　2 ようき　3 がっき　4 しょっき

3 私は朝起きて、最初に顔を洗います。

1 さいはつ　2 さいじょう　3 さいしょ　4 さいこう

4 日本では石油はほとんどとれないので、輸入(ゆにゅう)に頼(たよ)っています。

1 とうゆ　2 いしゆ　3 しょうゆ　4 せきゆ

5 彼は動作がにぶい。

1 とうさ　2 どうさ　3 とうさく　4 どうさく

6 過去から学(まな)ぶことは多い。

1 かこう　2 かきょ　3 かこ　4 かきょう

7 台所に行くのが面倒(めんどう)なので、寝室にも小型の冷蔵庫(れいぞうこ)を置いた。

1 こがた　2 しょうがた　3 こけい　4 しょうけい

8 明日は、テストがあるので友達の誘(さそ)いを断った。

1 あやまった　2 ことわった　3 そむかった　4 ふりきった

9 その動物園に行くなら、終点で降りてください。

1 しょうてん　2 しゅうてん　3 しゅてん　4 しょてん

10 薬局に行って、風邪薬(かぜぐすり)を買ってきてください。

1 くすりや　2 くすりきょく　3 やっきゅく　4 やっきょく

답 1③ 2② 3③ 4④ 5② 6③ 7① 8② 9② 10④

3 한자읽기 기출어휘 2020~2010

2020

- ☐ 預(あず)ける 맡기다
- ☐ 交流(こうりゅう) 교류
- ☐ 普通(ふつう) 보통, 대개
- ☐ 岩(いわ) 바위
- ☐ 種類(しゅるい) 종류
- ☐ 留守(るす) 집을 비움, 부재중
- ☐ 疑(うたが)う 의심하다
- ☐ 調査(ちょうさ) 조사

2019

- ☐ 印象(いんしょう) 인상
- ☐ 勝(か)つ 이기다
- ☐ 線(せん) 선
- ☐ 調査(ちょうさ) 조사
- ☐ 未来(みらい) 미래
- ☐ 若(わか)い 젊다
- ☐ 遅(おそ)い 늦다
- ☐ 腰(こし) 허리
- ☐ 助(たす)ける 돕다, 살리다
- ☐ 包(つつ)む 싸다, 포장하다
- ☐ 郵便(ゆうびん) 우편
- ☐ 各駅(かくえき) 각 역
- ☐ 上品(じょうひん)だ 고상하다
- ☐ 昼食(ちゅうしょく) 중식, 점심 식사
- ☐ 方角(ほうがく) 방위, 방향
- ☐ 予約(よやく) 예약

2018

- ☐ 遊(あそ)ぶ 놀다
- ☐ 換(か)える 바꾸다
- ☐ 血圧(けつあつ) 혈압
- ☐ 制服(せいふく) 제복, 교복
- ☐ 確(たし)かだ 확실하다
- ☐ 命令(めいれい) 명령
- ☐ 疑(うたが)う 의심하다
- ☐ 機械(きかい) 기계
- ☐ 恋(こい)しい 그립다
- ☐ 相談(そうだん) 상담, 상의
- ☐ 得意(とくい)だ 잘하다, 자신이 있다
- ☐ 改札(かいさつ) 개찰(구)
- ☐ 休日(きゅうじつ) 휴일
- ☐ 塩(しお) 소금
- ☐ 卒業(そつぎょう) 졸업
- ☐ 部分(ぶぶん) 부분

2017

□ 位置(いち) 위치	□ 過去(かこ) 과거	□ 下線(かせん) 밑줄
□ 汚(きたな)い 더럽다	□ 禁煙(きんえん) 금연	□ 計算(けいさん) 계산
□ 転(ころ)ぶ 넘어지다	□ 手術(しゅじゅつ) 수술	□ 主要(しゅよう)だ 주요하다
□ 商品(しょうひん) 상품	□ 早退(そうたい) 조퇴	□ 直接(ちょくせつ) 직접
□ 冷(ひ)える 차가워지다, 식다	□ 回(まわ)す 돌리다, 회전시키다	□ 結(むす)ぶ 매다, 묶다
□ 燃(も)える 타다		

2016

□ 折(お)れる 부러지다, 꺾이다	□ 観客(かんきゃく) 관객	□ 共通(きょうつう) 공통
□ 加(くわ)える 더하다, 보태다	□ 訓練(くんれん) 훈련	□ 個人(こじん) 개인
□ 税金(ぜいきん) 세금	□ 到着(とうちゃく) 도착	□ 独立(どくりつ) 독립
□ 努力(どりょく) 노력	□ 測(はか)る 재다, 달다	□ 払(はら)う 내다, 지불하다
□ 方向(ほうこう) 방향	□ 豆(まめ) 콩	□ 丸(まる)い 둥글다
□ 申(もう)し込(こ)み 신청		

2015

□ 表(あらわ)す 나타내다	□ 美(うつく)しい 아름답다	□ 首(くび) 목
□ 経営学(けいえいがく) 경영학	□ 血液型(けつえきがた) 혈액형	□ 支給(しきゅう) 지급
□ 想像(そうぞう) 상상	□ 朝食(ちょうしょく) 조식, 아침 식사	□ 伝(つた)える 전하다
□ 荷物(にもつ) 짐, 화물	□ 分類(ぶんるい) 분류	□ 平均(へいきん) 평균
□ 変化(へんか) 변화	□ 干(ほ)す 말리다	□ 湖(みずうみ) 호수
□ 汚(よご)れる 더러워지다		

2014

- □ 相手(あいて) 상대
- □ 応用(おうよう) 응용
- □ 検査(けんさ) 검사
- □ 自然(しぜん) 자연
- □ 食器(しょっき) 식기
- □ 割(わ)れる 깨지다, 부서지다
- □ 厚(あつ)い 두껍다
- □ 覚(おぼ)える 기억하다, 외우다
- □ 広告(こうこく) 광고
- □ 集中(しゅうちゅう) 집중
- □ 大会(たいかい) 대회
- □ 一般的(いっぱんてき) 일반적
- □ 替(か)える 바꾸다, 교환하다
- □ 呼吸(こきゅう) 호흡
- □ 商業(しょうぎょう) 상업
- □ 横(よこ) 옆

2013

- □ 浅(あさ)い 얕다
- □ 苦(くる)しい 괴롭다, 힘들다
- □ 出張(しゅっちょう) 출장
- □ 貯金(ちょきん) 저금
- □ 生(は)える (풀, 이, 머리 등이) 나다
- □ 笑(わら)う 웃다
- □ 改札(かいさつ) 개찰(구)
- □ 事情(じじょう) 사정
- □ 席(せき) 자리
- □ 通知(つうち) 통지
- □ 文章(ぶんしょう) 문장
- □ 各地(かくち) 각지
- □ 実力(じつりょく) 실력
- □ 選手(せんしゅ) 선수
- □ 根(ね) 뿌리
- □ 留守(るす) 부재중

2012

- □ 合図(あいず) (눈짓, 몸짓, 소리) 신호
- □ 笑顔(えがお) 웃는 얼굴
- □ 完成(かんせい) 완성
- □ 困(こま)る 곤란하다
- □ 卒業(そつぎょう) 졸업
- □ 短(みじか)い 짧다
- □ 汗(あせ) 땀
- □ 横断(おうだん) 횡단
- □ 配(くば)る 나누어 주다, 배포하다
- □ 島(しま) 섬
- □ 他人(たにん) 타인
- □ 以降(いこう) 이후
- □ 固(かた)い 단단하다
- □ 外科(げか) 외과
- □ 示(しめ)す 나타내다, 가리키다
- □ 平日(へいじつ) 평일

2011

- □ 応募(おうぼ) 응모
- □ 遅れる(おく) 늦다
- □ 折る(お) 꺾다
- □ 返す(かえ) 돌려주다
- □ 過去(かこ) 과거
- □ 疑問(ぎもん) 의문
- □ 協力(きょうりょく) 협력
- □ 首都(しゅと) 수도
- □ 情報(じょうほう) 정보
- □ 単語(たんご) 단어
- □ 地球(ちきゅう) 지구
- □ 到着(とうちゃく) 도착
- □ 値段(ねだん) 값, 가격
- □ 発表(はっぴょう) 발표
- □ 表面(ひょうめん) 표면
- □ 深い(ふか) 깊다

2010

- □ 表す(あらわ) 나타내다
- □ 息(いき) 숨
- □ 岩(いわ) 바위
- □ 移す(うつ) 옮기다
- □ 空席(くうせき) 공석
- □ 組む(く) 짜다
- □ 苦労(くろう) 고생
- □ 件(けん) 건, 사항
- □ 失業(しつぎょう) 실업, 실직
- □ 順番(じゅんばん) 순번, 차례
- □ 通勤(つうきん) 통근
- □ 包む(つつ) 싸다, 포장하다
- □ 得意だ(とくい) 잘하다
- □ 努力(どりょく) 노력
- □ 発見(はっけん) 발견
- □ 夫婦(ふうふ) 부부

memo

05 기출어휘 확인문제 한자읽기

해설집 3쪽

問題 1 ＿＿＿のことばの読み方として最もよいものを、1・2・3・4から一つえらびなさい。

1 入(い)り口(ぐち)でコートを預けた。

1 あすけた　2 とどけた　3 あずけた　4 ととけた

2 この列車(れっしゃ)は各駅に停車(ていしゃ)する。

1 かくえき　2 がくえき　3 きゃくえき　4 ぎゃくえき

3 改札の前で待ってるよ。

1 かいさつ　2 かいせつ　3 けいさつ　4 けいせつ

4 その店はもうクリスマスの商品をならべている。

1 せいひん　2 せひん　3 しょうひん　4 しょひん

5 これは個人の力でできるものではない。

1 こうじん　2 こじん　3 こにん　4 こうにん

6 領収書(りょうしゅうしょ)は項目別に分類してください。

1 ぶんるい　2 ぶんすう　3 ぶんりゅう　4 ぶんべつ

7 ガチャンと皿の割れる音がしました。

1 おれる　2 われる　3 かれる　4 たれる

8 彼女は無理に笑ってみせた。

1 おこって　2 わらって　3 こまって　4 うたがって

9 10時の時報(じほう)を合図にパレードが出発した。

1 ごうず　2 ごうと　3 あいず　4 あいと

10 写真コンテストに応募した。

1 おうぼ　2 おうぼう　3 おうも　4 おうもう

답 1③ 2① 3① 4③ 5② 6① 7② 8② 9③ 10①

06 기출어휘 확인문제 한자읽기

해설집 4쪽

問題 1 ＿＿＿のことばの読み方として最もよいものを、１・２・３・４から一つえらびなさい。

1 彼はその老人にとっていい話し相手だ。

1 あいて　2 あいしゅ　3 そうて　4 そうしゅ

2 来月大阪（おおさか）に１週間出張します。

1 しゅっちょ　2 しゅっちょう　3 しゅつじょ　4 しゅつじょう

3 彼女は笑顔で私を迎えてくれた。

1 えがん　2 えがお　3 しょうがん　4 しょうがお

4 皿の表面には少し傷がついていた。

1 ほめん　2 ほうめん　3 ひょめん　4 ひょうめん

5 席を後ろから前に移す。

1 すごす　2 わたす　3 なおす　4 うつす

6 岩の多い山に登（のぼ）りました。

1 かい　2 いわ　3 すな　4 どろ

7 若く見られることはいいことばかりではない。

1 さむく　2 わかく　3 こわく　4 わるく

8 窓（まど）を開けて空気（くうき）を換えてください。

1 つたえて　2 くわえて　3 つかまえて　4 かえて

9 これをリボンで結んでください。

1 たたんで　2 むすんで　3 つつんで　4 ならんで

10 あしたの朝食は遅（おそ）めでいいです。

1 ちょうしょく　2 ちょうじき　3 あさしょく　4 あさじき

답 1① 2② 3② 4④ 5④ 6② 7② 8④ 9② 10①

07 기출어휘 확인문제 한자읽기

해설집 4쪽

問題 1 ＿＿＿のことばの読み方として最もよいものを、1・2・3・4から一つえらびなさい。

1 私は自分の目を疑った。

1 ことわった　　2 うたがった　　3 きらった　　4 おこった

2 未来には人類(じんるい)は月に住(す)むようになるかもしれない。

1 みいらい　　2 みらい　　3 しょうらい　　4 しょらい

3 池田(いけだ)さんは機械に弱(よわ)いらしい。

1 きかい　　2 きけい　　3 ぎかい　　4 ぎけい

4 私は山本(やまもと)先生の講義(こうぎ)の主要な点をメモした。

1 しゅよ　　2 じゅよ　　3 しゅよう　　4 じゅよう

5 昨日体重(たいじゅう)を測った。

1 まもった　　2 したがった　　3 しまった　　4 はかった

6 その店は新聞に広告を出した。

1 こうこく　　2 こうごく　　3 こうこう　　4 こうごう

7 詳しい事情がわかればすぐご連絡します。

1 じじょう　　2 じじょ　　3 じこう　　4 じこ

8 汗をかいたら風邪(かぜ)が治った。

1 なみだ　　2 あせ　　3 いき　　4 あわ

9 子どもはいろいろなことに疑問を持ちます。

1 ぎもん　　2 きもん　　3 ぐもん　　4 くもん

10 子どもたちは順番に立って歌を歌った。

1 しゅんばん　　2 しゅんじょ　　3 じゅんばん　　4 じゅんじょ

답 1② 2② 3① 4③ 5④ 6① 7① 8② 9① 10③

08 기출어휘 확인문제 한자읽기

해설집 4쪽

問題１ ＿＿＿のことばの読み方として最もよいものを、１・２・３・４から一つえらびなさい。

1 この店はケーキの種類が多い。

1 しゅれい　2 じゅれい　3 しゅるい　4 じゅるい

2 彼は市長（しちょう）を助けて市政（しせい）を再建（さいけん）した。

1 うけて　2 とどけて　3 たすけて　4 かたづけて

3 病院で血圧を測（はか）ってもらった。

1 けつえき　2 けつあつ　3 ちいき　4 ちあつ

4 手術は成功（せいこう）した。

1 しゅしゅつ　2 しゅじゅつ　3 てしゅつ　4 てじゅつ

5 努力してもむだです。

1 どうりょく　2 とうりょく　3 どりょく　4 とりょく

6 会費（かいひ）は山下（やました）くんに払ってください。

1 ひろって　2 くばって　3 はらって　4 かざって

7 私の専門は経営学です。

1 げいざいがく　2 けいざいがく　3 げいえいがく　4 けいえいがく

8 私は彼の横に座りました。

1 よこ　2 たて　3 そば　4 うら

9 ぼくはどんなけんかにも勝ったことがない。

1 かった　2 かざった　3 おった　4 のこった

10 安いアパートを探すのに苦労した。

1 ころ　2 ころう　3 くろ　4 くろう

답 1③ 2③ 3② 4② 5③ 6③ 7④ 8① 9① 10④

09 기출어휘 확인문제 한자읽기

해설집 5쪽

問題 1 ＿＿＿のことばの読み方として最もよいものを、1・2・3・4からーつえらびなさい。

1 姉(あね)は親から独立して生計(せいけい)を立てている。

1 どくりつ　2 とくりつ　3 どくれつ　4 とくれつ

2 駅はどちらの方向ですか。

1 ほうほう　2 ほうこう　3 ほうぼう　4 ほうごう

3 このグラフは価格(かかく)の変化を表している。

1 うごかして　2 あらわして　3 しめして　4 ふやして

4 指示があるまで席を立たないこと。

1 ふた　2 あな　3 かぎ　4 せき

5 他人に迷惑(めいわく)をかけてはいけない。

1 ほかじん　2 ほかにん　3 たじん　4 たにん

6 単語テストは月曜日(げつようび)です。

1 だんご　2 たんご　3 げいご　4 けいご

7 あの人たちとは交流がない。

1 ごうりゅ　2 こうりゅう　3 こうりゅ　4 ごうりゅう

8 彼は英語の実力があります。

1 じつりょく　2 じつりき　3 しつりょく　4 しつりき

9 娘は来年卒業します。

1 さつきょう　2 さつぎょう　3 そうきょう　4 そつぎょう

10 このテーブルの位置を変(か)えたほうがいいよ。

1 とち　2 いち　3 とじ　4 いじ

답 1① 2② 3② 4④ 5④ 6② 7② 8① 9④ 10②

10 기출어휘 확인문제 한자읽기

해설집 5쪽

問題1 ＿＿＿のことばの読み方として最もよいものを、1・2・3・4から一つえらびなさい。

1 その男には複雑(ふくざつ)な過去があった。

1 かきょう　2 かきょ　3 かこう　4 かこ

2 転(ころ)んで前歯(まえば)が2本折れた。

1 われた　2 おれた　3 ぬれた　4 こわれた

3 司会者(しかいしゃ)が説明を加えました。

1 くわえました　2 かえました　3 おえました　4 つたえました

4 そのようにするのが一般的です。

1 いっぽんてき　2 いっぽんでき　3 いっぱんてき　4 いっぱんでき

5 毎朝5時に起きるのはとても苦しかった。

1 くやしかった　2 さびしかった　3 くるしかった　4 すずしかった

6 道路の横断には気をつけてください。

1 よこたん　2 よこだん　3 おうたん　4 おうだん

7 大韓民国(だいかんみんこく)の首都はソウルです。

1 しゅとう　2 しゅうと　3 しゅと　4 しゅうとう

8 その町(まち)の人口(じんこう)を調査します。

1 ちょうさ　2 ちょうさつ　3 ちょさ　4 ちょさつ

9 祖父は年のせいで少し腰が曲(ま)がっています。

1 むね　2 かた　3 こし　4 くび

10 山本(やまもと)さんは数学が得意です。

1 とくい　2 とうい　3 どくい　4 どうい

답 1④ 2② 3① 4③ 5③ 6④ 7③ 8① 9③ 10①

11 기출어휘 확인문제 한자읽기

해설집 5쪽

問題 1 ＿＿＿のことばの読み方として最もよいものを、１・２・３・４から一つえらびなさい。

1 彼女は旅行に行っていて留守だ。

1 ふざい　2 ふさい　3 るす　4 るしゅ

2 プレゼントは赤い紙で包んであった。

1 つうづんで　2 つうつんで　3 つづんで　4 つつんで

3 そういう命令するような言い方はやめてほしい。

1 めれん　2 めいれん　3 めれい　4 めいれい

4 重要(じゅうよう)な所に赤で下線を引いてください。

1 かぜん　2 かせん　3 げぜん　4 げせん

5 音楽(おんがく)は人類(じんるい)に共通のことばだ。

1 きょうつ　2 きょうつう　3 こうつ　4 こうつう

6 この話を聞いて彼が何と言うかは、容易(ようい)に想像がつく。

1 そうそう　2 そうぞう　3 そうしょう　4 そうじょう

7 ハムを厚く切りました。

1 あさく　2 うすく　3 あつく　4 かたく

8 あまり泳げないので、いつもプールの浅い方で泳いでいる。

1 ふかい　2 あさい　3 あつい　4 うすい

9 びんのふたが固くてなかなか開かない。

1 かたくて　2 ふるくて　3 こわくて　4 ふかくて

10 時計が５分遅れる。

1 よごれる　2 おくれる　3 こわれる　4 たおれる

답 1③ 2④ 3④ 4② 5② 6② 7③ 8② 9① 10②

12 기출어휘 확인문제 한자읽기

해설집 6쪽

問題１　＿＿＿のことばの読み方として最もよいものを、１・２・３・４から一つえらびなさい。

1 列車は午前11時に上野駅(うえのえき)に到着した。

1 とうちく　2 とちく　3 とうちゃく　4 とちゃく

2 チケットの申し込みをインターネットで行(おこな)った。

1 もしくみ　2 もしこみ　3 もうしくみ　4 もうしこみ

3 天気のいい日は布団(ふとん)を干す。

1 さす　2 おす　3 ほす　4 たす

4 今日は頭が痛くて仕事に集中できなかった。

1 しゅじゅう　2 しゅちゅう　3 しゅうじゅう　4 しゅうちゅう

5 貯金なら300万円あります。

1 ちょきん　2 だいきん　3 げんきん　4 ぜいきん

6 本日の外科担当医師は山田(やまだ)先生です。

1 げか　2 けが　3 がいか　4 がいが

7 友達にノートを返した。

1 わたした　2 さがした　3 かえした　4 もどした

8 私の父は失業した。

1 しつこう　2 しつきょう　3 しつごう　4 しつぎょう

9 この絵を見て強い印象を受けた。

1 いんしょう　2 いんしょ　3 いんそう　4 いんぞう

10 あすから禁煙するつもりです。

1 きねん　2 きえん　3 きんねん　4 きんえん

답 1③ 2④ 3③ 4④ 5① 6① 7③ 8④ 9① 10④

02 問題 2 표기 공략하기

1 문제유형 완전분석

밑줄 친 단어의 한자 표기를 묻는 문제로, 6문항이 출제된다.

문장의 밑줄 친 히라가나에 해당하는 한자를 고르는 문제이다. 비슷한 한자, 한자의 획, 부수에 유의해서 학습하자. 또한 선택지에는 발음이 같은 한자를 섞기도 하므로 한자의 의미도 정확히 익혀두자.

예시

問題 2 ＿＿＿＿のことばを漢字で書くとき、最もよいものを、１・２・３・４から一つえらびなさい。

9 このシャツは工場でたいりょうに作られている。

✓1 大量　　2 大料　　3 多量　　4 多料

해석 이 셔츠는 공장에서 대량으로 만들어지고 있다.

해설 「大」의 음독은 「たい」, 「量」의 음독은 「りょう」이다.

단어 シャツ 셔츠 | 工場(こうじょう) 공장

2 표기 기출어휘 2025~2021

2025

- □ 辺(あた)り 부근, 근처
- □ 浴(あ)びる 뒤집어쓰다
- □ 打(う)つ 치다, 두드리다
- □ 可能(かのう) 가능
- □ 煙(けむり) 연기
- □ 森林(しんりん) 삼림
- □ 図(ず) 그림
- □ 性格(せいかく) 성격
- □ 送信(そうしん) 송신
- □ 育(そだ)てる 키우다
- □ 減(へ)る 줄다
- □ 歩道(ほどう) 보도

memo

2024

□ 過去(かこ) 과거	□ 規則(きそく) 규칙	□ 逆(ぎゃく) 반대, 거꾸로
□ 腰(こし) 허리	□ 左右(さゆう) 좌우	□ 順番(じゅんばん) 순번, 차례
□ 勤(つと)める 근무하다	□ 解(と)く 풀다	□ 低(ひく)い 낮다
□ 方向(ほうこう) 방향	□ 負(ま)ける 지다, 패하다	□ 翌週(よくしゅう) 다음주

2023

□ 降(お)りる 내리다	□ 会費(かいひ) 회비	□ 必(かなら)ず 반드시
□ 空(から) (속이) 빔	□ 帰宅(きたく) 귀가	□ 細(こま)かい 작다, 잘다
□ 心配(しんぱい) 걱정	□ 制服(せいふく) 제복, 교복	□ 短気(たんき)だ 성질이 급하다
□ 法律(ほうりつ) 법률	□ 焼(や)く 굽다	□ 薬局(やっきょく) 약국

memo

2022

□ 胃(い) 위	□ 一般的(いっぱんてき)だ 일반적이다	□ 笑顔(えがお) 웃는 얼굴
□ 絵画(かいが) 회화, 그림	□ 記録(きろく) 기록	□ 検査(けんさ) 검사
□ 広告(こうこく) 광고	□ 黒板(こくばん) 칠판	□ 吸(す)う 들이마시다
□ 確(たし)かだ 확실하다	□ 冷(ひ)える 차가워지다	□ 短(みじか)い 짧다

2021

□ 預(あず)ける 맡기다	□ 暖(あたた)かい 따뜻하다	□ 重(かさ)ねる 포개다, 겹치다
□ 規則(きそく) 규칙	□ 高価(こうか) 고가	□ 性格(せいかく) 성격
□ 伝言(でんごん) 전언	□ 泊(と)まる 묵다, 숙박하다	□ 娘(むすめ) 딸
□ 命令(めいれい) 명령	□ 薬局(やっきょく) 약국	□ 予想(よそう) 예상

memo

13 기출어휘 확인문제 표기

해설집 6쪽

問題２ ＿＿＿のことばを漢字で書くとき、最もよいものを、１・２・３・４から一つえらびなさい。

1 嫌（いや）なかこの思い出を時々思い出してしまうことがある。

1 過子　2 過去　3 過小　4 過古

2 急に重い荷物（にもつ）を持ったので、こしを痛めてしまった。

1 肩　2 髪　3 腰　4 肌

3 飲み会のかいひは３千円ですので、当日忘れずに持ってきてください。

1 食費　2 出費　3 会費　4 旅費

4 お菓子（かし）を食べようと箱（はこ）を開けたら、中身がからだった。

1 無　2 空　3 否　4 消

5 私は緊張（きんちょう）しすぎると、いつもいが痛くなります。

1 鼻　2 肩　3 胸　4 胃

6 彼女はいつもえがおであいさつをしてくれます。

1 顔面　2 笑顔　3 表情　4 顔色

7 もう終電（しゅうでん）には間に合わないよ。今夜はうちにとまっていけば？

1 止まって　2 留まって　3 停まって　4 泊まって

8 ことしの冬はあたたかい。

1 明かい　2 暑かい　3 暖かい　4 熱かい

9 ほどうでは、自転車に乗ってはいけません。

1 歩道　2 補道　3 足道　4 車道

10 田中（たなか）さんは明るいせいかくで、人気があります。

1 正格　2 性格　3 正確　4 精確

답 1② 2③ 3③ 4② 5④ 6② 7④ 8③ 9① 10②

14 기출어휘 확인문제 표기

해설집 6쪽

問題２ ＿＿＿のことばを漢字で書くとき、最もよいものを、１・２・３・４から一つえらびなさい。

1 医師(いし)のしょほうせんがないと、やっきょくで薬が買えない。

1 楽曲　2 薬曲　3 楽局　4 薬局

2 友達が読めるようにでんごんを残した。

1 伝記　2 伝言　3 転記　4 転言

3 横断歩道(おうだんほどう)はさゆうを確認(かくにん)してから渡ろう。

1 右左　2 左右　3 前後　4 縦横

4 先生がじゅんばんに生徒の名前を呼んで出席を確認している。

1 順序　2 順次　3 順番　4 順位

5 ６時になっても子どもが家に帰って来ないので、しんぱいになりました。

1 不安　2 心配　3 思案　4 困難

6 彼はたんきなので友達が少ないようだ。

1 短期　2 短木　3 短記　4 短気

7 私は来週、ピカソのかいがを見に、美術館(びじゅつかん)へ行く予定です。

1 映画　2 原画　3 絵画　4 作画

8 目が見えづらくなってきたので、眼科(がんか)で視力のけんさをしました。

1 審査　2 診断　3 検査　4 調査

9 昨日、ご飯を食べずに寝たら、体重(たいじゅう)が１キロへりました。

1 減りました　2 残りました　3 少りました　4 下りました

10 このあたりに新しいショッピングセンターができるそうです。

1 辺り　2 当たり　3 周り　4 回り

답 1④ 2② 3② 4③ 5② 6④ 7③ 8③ 9① 10①

15 기출어휘 확인문제 표기

해설집 7쪽

問題2 ＿＿＿のことばを漢字で書くとき、最もよいものを、１・２・３・４から一つえらびなさい。

1 字がこまかくて読めない。

1 畑くて　2 畑かくて　3 細くて　4 細かくて

2 彼(かれ)は大学でほうりつを学んでいる。

1 法律　2 法理　3 放律　4 放理

3 銀行にお金をあずけるのがきらいな人もいる。

1 借ける　2 替ける　3 預ける　4 貯ける

4 お皿はかさねて置いてください。

1 結ねて　2 連ねて　3 吊ねて　4 重ねて

5 １時間の試験(しけん)だったが、時間が足りなくて最後の問題をとくことができなかった。

1 溶く　2 解く　3 説く　4 置く

6 ここから東京(とうきょう)タワーはどのほうこうへ行けばいいですか。

1 方角　2 方位　3 方面　4 方向

7 先生がこくばんに難しい漢字を書きました。

1 緑板　2 青板　3 白板　4 黒板

8 大きく息をすいながらストレッチしましょう。

1 吸いながら　2 吐いながら　3 吹いながら　4 呼いながら

9 会議(かいぎ)で必要(ひつよう)な資料をメールでそうしんしました。

1 返信　2 送信　3 発信　4 伝信

10 地球(ちきゅう)のために、しんりんを大切にしなければなりません。

1 山林　2 草林　3 森林　4 木林

답 1④ 2① 3③ 4④ 5② 6④ 7④ 8① 9② 10③

3 표기 기출어휘 2020~2010

2020

- □ 以降(いこう) 이후
- □ 観察(かんさつ) 관찰
- □ 逆(ぎゃく) 반대, 거꾸로임
- □ 泣(な)く 울다
- □ 低(ひく)い 낮다
- □ 複雑(ふくざつ)だ 복잡하다

2019

- □ 浅(あさ)い 얕다
- □ 現(あらわ)れる 나타나다
- □ 一般的(いっぱんてき)だ 일반적이다
- □ 内側(うちがわ) 안쪽
- □ 家具(かぐ) 가구
- □ 必(かなら)ず 반드시
- □ 記念(きねん) 기념
- □ 最初(さいしょ) 최초, 맨 처음
- □ 島(しま) 섬
- □ 停電(ていでん) 정전
- □ 訳(やく)する 번역하다
- □ 理由(りゆう) 이유

2018

- □ 当(あ)たる 맞다
- □ 厚(あつ)い 두껍다
- □ 右折(うせつ) 우회전
- □ 帰宅(きたく) 귀가
- □ 週刊誌(しゅうかんし) 주간지
- □ 出勤(しゅっきん) 출근
- □ 退院(たいいん) 퇴원
- □ 疲(つか)れ 피로
- □ 続(つづ)き 계속, 연결
- □ 泣(な)く 울다
- □ 熱心(ねっしん)だ 열심이다
- □ 複雑(ふくざつ)だ 복잡하다

2017

- □ 預(あず)ける 맡기다
- □ 関係(かんけい) 관계
- □ 期待(きたい) 기대
- □ 教師(きょうし) 교사
- □ 経由(けいゆ) 경유
- □ 困(こま)る 곤란하다
- □ 坂道(さかみち) 비탈길, 언덕길
- □ 頭痛(ずつう) 두통
- □ 違(ちが)う 다르다
- □ 飛(と)ぶ 날아가다, 날다
- □ 葉(は) 잎, 잎사귀
- □ ～秒(びょう) ～초

2016

□ 記録(きろく) 기록	□ 組(く)む (팔짱을) 끼다	□ 乗車(じょうしゃ) 승차
□ 成績(せいせき) 성적	□ 波(なみ) 파도, 물결	□ 逃(に)げる 도망치다, 달아나다
□ 眠(ねむ)る 잠자다	□ 速(はや)い 빠르다	□ 回(まわ)す 돌리다
□ 満足(まんぞく) 만족	□ 焼(や)く 굽다	□ 輸出(ゆしゅつ) 수출

2015

□ 楽器(がっき) 악기	□ 借(か)りる 빌리다	□ 関心(かんしん) 관심
□ 規則(きそく) 규칙	□ 欠点(けってん) 결점	□ 原因(げんいん) 원인
□ 現在(げんざい) 현재	□ 正解(せいかい) 정답	□ 勤(つと)める 근무하다
□ 投(な)げる 던지다	□ 願(ねが)う 바라다, 원하다	□ 緑(みどり) 녹색

2014

□ 移(うつ)る 옮기다, 이동하다	□ 温泉(おんせん) 온천	□ 仮定(かてい) 가정
□ 消(け)す 지우다	□ 欠席(けっせき) 결석	□ 減少(げんしょう) 감소
□ 恋(こい)しい 그립다	□ 細(こま)かい 잘다, 작다	□ 雑誌(ざっし) 잡지
□ 駐車(ちゅうしゃ) 주차	□ 複数(ふくすう) 복수	□ 若(わか)い 젊다

2013

□ 遅(おそ)い 늦다	□ 重(かさ)ねる 겹치다, 포개다	□ 貸(か)す 빌려주다
□ 残業(ざんぎょう) 잔업	□ 信(しん)じる 믿다	□ 疲(つか)れる 피곤하다
□ 包(つつ)む 싸다, 포장하다	□ 停電(ていでん) 정전	□ 独身(どくしん) 독신
□ 逃(に)げる 도망치다	□ ～倍(ばい) ～배	□ 容器(ようき) 용기, 그릇

2012

□ 温(あたた)める 데우다, 따뜻하게 하다	□ 帰宅(きたく) 귀가	□ 記録(きろく) 기록
□ 原料(げんりょう) 원료	□ 自信(じしん) 자신	□ 週刊誌(しゅうかんし) 주간지
□ 相談(そうだん) 상담, 의논	□ 育(そだ)てる 키우다, 기르다	□ 歯(は) 이, 이빨
□ 復習(ふくしゅう) 복습	□ 守(まも)る 지키다	□ 結(むす)ぶ 묶다

2011

□ 案内(あんない) 안내	□ 痛(いた)い 아프다	□ 解決(かいけつ) 해결
□ 観光(かんこう) 관광	□ 気温(きおん) 기온	□ 券(けん) 권, 표
□ 健康(けんこう) 건강	□ 現在(げんざい) 현재	□ 自由(じゆう) 자유
□ 大量(たいりょう) 대량	□ 涙(なみだ) 눈물	□ 法律(ほうりつ) 법률

2010

□ 内側(うちがわ) 안쪽	□ 追(お)う 쫓다, 뒤따르다	□ 降(お)りる (탈것에서) 내리다
□ 楽器(がっき) 악기	□ 暮(く)らす 살다, 생활하다, 지내다	□ 血液(けつえき) 혈액
□ 身長(しんちょう) 신장, 키	□ 正常(せいじょう) 정상	□ 成績(せいせき) 성적
□ 制服(せいふく) 제복, 교복	□ 専門家(せんもんか) 전문가	□ 物語(ものがたり) 이야기

16 기출어휘 확인문제 표기

해설집 7쪽

問題 2 ＿＿＿のことばを漢字で書くとき、最もよいものを、１・２・３・４から一つえらびなさい。

1 きょう発売(はつばい)のしゅうかんしを読んだ。

1 週刊紙　　2 週刊誌　　3 日刊紙　　4 日刊誌

2 父は仕事のかんけいでよく出張(しゅっちょう)します。

1 関系　　2 関係　　3 間系　　4 間係

3 ボールをこっちになげてください。

1 投げて　　2 役げて　　3 捨げて　　4 放げて

4 30代男性の４割がどくしんです。

1 単身　　2 単者　　3 独身　　4 独者

5 その子の目になみだがあふれてきた。

1 泡　　2 泉　　3 涙　　4 汗

6 あかちゃんがないています。

1 恋いて　　2 涙いて　　3 悲いて　　4 泣いて

7 それは問題をふくざつにするだけだ。

1 復推　　2 復雑　　3 複推　　4 複雑

8 その国は原料(げんりょう)を日本にゆしゅつしている。

1 輸出　　2 諭出　　3 輪出　　4 論出

9 今日はなみが荒(あら)い。

1 池　　2 湖　　3 港　　4 波

10 彼女はその山に登ったさいしょの外国人でした。

1 最後　　2 最始　　3 最初　　4 最終

답 1② 2② 3① 4③ 5③ 6④ 7④ 8① 9④ 10③

17 기출어휘 확인문제 표기

해설집 7쪽

問題2 ＿＿＿のことばを漢字で書くとき、最もよいものを、１・２・３・４から一つえらびなさい。

1 この場所にちゅうしゃしてはいけません。

1 駐車　2 駅車　3 停車　4 亭車

2 友達(ともだち)に本を３冊(さつ)かす。

1 消す　2 貸す　3 削す　4 賃す

3 その犬は目の不自由(ふじゆう)な主人をいろいろな危険(きけん)からまもった。

1 迷った　2 移った　3 守った　4 保った

4 みんなで話し合って、問題をかいけつした。

1 改結　2 改決　3 解結　4 解決

5 電車をおりるときに、かさを忘(わす)れてしまった。

1 降りる　2 降る　3 移りる　4 移る

6 そのしまにはだれも住(す)んでいません。

1 寺　2 島　3 庭　4 村

7 彼はねっしんに勉強しています。

1 熱心　2 燃心　3 熱身　4 燃身

8 息子(むすこ)が公園でいろいろな形(かたち)のはを集(あつ)めてきました。

1 草　2 葉　3 菜　4 芽

9 パンをオーブンでやいて食べた。

1 爆いて　2 燃いて　3 煙いて　4 焼いて

10 彼女は銀行につとめています。

1 働めて　2 勤めて　3 務めて　4 勉めて

답 1① 2② 3③ 4④ 5① 6② 7① 8② 9④ 10②

18 기출어휘 확인문제 표기

해설집 8쪽

問題２ ＿＿＿のことばを漢字で書くとき、最もよいものを、１・２・３・４から一つえらびなさい。

1 今朝はずつうがしました。

1 腹病　2 頭病　3 腹痛　4 頭痛

2 私はいつのまにかねむってしまった。

1 宿って　2 眼って　3 眠って　4 寝って

3 若者の政治へのかんしんが薄(うす)れてきている。

1 関心　2 歓心　3 感心　4 肝心

4 となりの席にうつって話を聞く。

1 動って　2 写って　3 映って　4 移って

5 この川はあそこであさくなっています。

1 軽く　2 浅く　3 厚く　4 細く

6 主人は毎晩(まいばん)きたくが遅(おそ)い。

1 帰家　2 帰宅　3 帰屋　4 帰沢

7 赤ちゃんは１年で体重(たいじゅう)が３ばいになった。

1 倍　2 部　3 加　4 足

8 そのことを医者にそうだんしましたか。

1 相詰　2 相談　3 相語　4 相話

9 私はけんこうのために毎日走っています。

1 建庫　2 建康　3 健庫　4 健康

10 母親が子どもの後をおって走っている。

1 折って　2 押って　3 送って　4 追って

답 1④ 2③ 3① 4④ 5② 6② 7① 8② 9④ 10④

19 기출어휘 확인문제 표기

해설집 8쪽

問題２ ＿＿＿のことばを漢字で書くとき、最もよいものを、１・２・３・４から一つえらびなさい。

1 別(わか)れた彼女がこいしい。

1 愛しい　　2 悲しい　　3 恋しい　　4 変しい

2 やきにくをレタスにつつんで食べる。

1 包んで　　2 含んで　　3 内んで　　4 泡んで

3 ゴムで髪(かみ)を一つにむすぶ。

1 結ぶ　　2 運ぶ　　3 巻ぶ　　4 締ぶ

4 いっぱんてきに言って日本人は野球(やきゅう)が好きです。

1 一般的　　2 一方的　　3 一時的　　4 一半的

5 父は日曜日もしゅっきんした。

1 出勤　　2 出働　　2 出勘　　4 出勧

6 あの兄弟(きょうだい)は性格(せいかく)がまったくちがいます。

1 違います　　2 遅います　　3 達います　　4 遣います

7 にげる犯人を追いかけた。

1 送げる　　2 逃げる　　3 亡げる　　4 忘げる

8 きのう新しいがっきを買いました。

1 薬器　　2 薬機　　3 楽器　　4 楽機

9 列車は予定より１時間おそく着いた。

1 送く　　2 早く　　3 速く　　4 遅く

10 彼(かれ)は環境(かんきょう)問題のせんもんかです。

1 専門屋　　2 専門家　　3 専問屋　　4 専問家

답 1③ 2① 3① 4① 5① 6① 7② 8③ 9④ 10②

20 기출어휘 확인문제 표기

해설집 8쪽

問題 2 ＿＿＿のことばを漢字で書くとき、最もよいものを、1・2・3・4から一つえらびなさい。

1 この小説は多くの言語にやくされています。

1 訳されて　2 説されて　3 記されて　4 語されて

2 つぎの信号(しんごう)でうせつしてください。

1 左折　2 左曲　3 右折　4 右曲

3 彼は親(おや)のきたいどおりには勉強しなかった。

1 期願　2 期待　3 規願　4 規待

4 私は成功(せいこう)するじしんがある。

1 自信　2 自身　3 目信　4 目身

5 今年の夏はきおんが高かった。

1 気混　2 気湯　3 気温　4 気湿

6 健康診断(けんこうしんだん)でけつえき検査(けんさ)をうけた。

1 皿液　2 皿圧　3 血液　4 血圧

7 日本語の試験でいいせいせきを取った。

1 成積　2 成績　3 整績　4 整積

8 事故のげんいんはスピードの出しすぎです。

1 源因　2 源困　3 原因　4 原困

9 この町の人口はげんしょうしている。

1 滅小　2 滅少　3 減小　4 減少

10 頭がいたいので、薬を飲みました。

1 病い　2 疫い　3 症い　4 痛い

답 1① 2③ 3② 4① 5③ 6③ 7② 8③ 9④ 10④

21 기출어휘 확인문제 표기

해설집 9쪽

問題２　＿＿＿のことばを漢字で書くとき、最もよいものを、１・２・３・４から一つえらびなさい。

1 彼は腕をくんで立っていた。

1 結んで　2 接んで　3 折んで　4 組んで

2 私は地元（じもと）の小学校できょうしをしています。

1 教任　2 教師　3 教帥　4 教仕

3 ボールが頭にあたった。

1 過たった　2 打たった　3 当たった　4 何たった

4 彼女（かのじょ）は門のすぐうちがわに立っていた。

1 内則　2 内側　3 家則　4 家側

5 湖（みずうみ）の氷（こおり）があつくなりました。

1 丸く　2 厚く　3 細く　4 浅く

6 事件（じけん）をきろくした映画が公開（こうかい）された。

1 議録　2 記禄　3 記録　4 議禄

7 彼は昨日風邪（かぜ）で学校をけっせきした。

1 欠度　2 欠席　3 決度　4 決席

8 レンジで料理をあたためる。

1 湿める　2 温める　3 覚める　4 冷める

9 学生時代は京都（きょうと）でくらした。

1 暮らした　2 幕らした　3 募らした　4 墓らした

10 今日は気温（きおん）がひくい。

1 冷い　2 低い　3 底い　4 令い

답 1④ 2② 3③ 4② 5② 6③ 7② 8② 9① 10②

03 問題 3 문맥구성 공략하기

1 문제유형 완전분석

괄호 안에 들어갈 어휘를 묻는 문제로, 11문항이 출제된다.

괄호의 앞뒤를 연결하는 어휘를 고르는 문제이다. 문장 전체와 선택지의 정확한 의미를 파악하는 것이 중요하다. 선택지로는 비슷한 뜻·음·한자가 제시된다. 다양한 품사가 다양한 형태로 제시되므로 품사와 의미를 정확히 익혀 두자. 또한 관용 표현도 출제되고 있으므로 유의해서 학습하자.

예시

問題 3 （　　　）に入れるのに最もよいものを、１・２・３・４から一つえらびなさい。

15 私はいつも目を（　　　）、深呼吸（しんこきゅう）をする手軽（てがる）な方法でストレスを軽減（けいげん）させている。

1 やめて　　2 とめて　　3 さげて　　✓4 とじて

해석 나는 항상 눈을 감고 심호흡을 하는 손쉬운 방법으로 스트레스를 경감시키고 있다.

해설 '눈을 감다'라는 표현은 「目をとじる」이다.

단어 深呼吸（しんこきゅう） 심호흡 | 手軽（てがる）だ 손쉽다 | 軽減（けいげん）する 경감하다

2 문맥구성 기출어휘 2025~2021

2025

□ 預(あず)ける 맡기다	□ アナウンス 아나운스, 방송	□ 案外(あんがい) 뜻밖에, 의외로
□ 思(おも)いつく 생각이 떠오르다	□ 確実(かくじつ)だ 확실하다	□ 感動(かんどう) 감동
□ 記録(きろく) 기록	□ 距離(きょり) 거리	□ くやしい 분하다
□ 決心(けっしん) 결심	□ 坂道(さかみち) 언덕길, 비탈길	□ しかたない 어쩔 수 없다
□ 時差(じさ) 시차	□ 冗談(じょうだん) 농담	□ 中古(ちゅうこ) 중고
□ 取(と)り付(つ)ける 설치하다	□ 努力(どりょく) 노력	□ ふく 닦다, 훔치다
□ ぺこぺこ 몹시 배가 고픈 모양	□ 文句(もんく) 불만, 불평	□ リスト 리스트, 목록
□ 列(れつ) 줄, 열		

memo

2024

- □ あきらめる 포기하다
- □ アクセス 접근, 접근성
- □ あせ 땀
- □ あやしい 수상하다
- □ 一応(いちおう) 일단
- □ 一度に(いちどに) 한꺼번에
- □ うらやましい 부럽다
- □ うろうろ 허둥지둥
- □ 運休(うんきゅう) 운휴
- □ 影響(えいきょう) 영향
- □ 隠す(かくす) 숨기다
- □ 我慢(がまん) 참음
- □ 禁止(きんし) 금지
- □ 経由(けいゆ) 경유
- □ 覚める(さめる) 잠이 깨다, 눈이 뜨이다
- □ 消極的だ(しょうきょくてきだ) 소극적이다
- □ 通知(つうち) 통지
- □ 取り出す(とりだす) 꺼내다
- □ 仲(なか) 사이, 관계
- □ 派手だ(はでだ) 화려하다
- □ マイク 마이크
- □ もったいない 아깝다

memo

2023

□ あくび 하품	□ うっかり 깜빡	□ おたがいに 서로
□ 可能(かのう) 가능	□ 感覚(かんかく) 감각	□ 期限(きげん) 기한
□ きちんと 깔끔히	□ 恋(こい)しい 그립다	□ 効果的(こうかてき)だ 효과적이다
□ 差(さ) 차, 차이	□ 制限(せいげん) 제한	□ 想像(そうぞう) 상상
□ だるい 나른하다	□ 付(つ)き合(あ)う 사귀다	□ テーマ 테마
□ 動作(どうさ) 동작	□ なめる 핥다	□ 番(ばん) 차례
□ ヒント 힌트	□ 振(ふ)る 흔들다	□ 平気(へいき)だ 괜찮다
□ めんどうくさい 귀찮다		

memo

2022

□ 追い越す(おいこす) 앞지르다, 추월하다	□ 渇く(かわく) 마르다	□ 希望(きぼう) 희망
□ キャンセル 취소	□ 偶然(ぐうぜん) 우연히	□ 悔しい(くやしい) 분하다
□ 資源(しげん) 자원	□ しみ 얼룩	□ 親戚(しんせき) 친척
□ ずきずき 욱신욱신	□ たたく 두드리다	□ 登場(とうじょう) 등장
□ どきどき 두근두근	□ 話し合う(はなしあう) 의논하다	□ ぴったり 꼭 맞는 모양, 딱
□ 防ぐ(ふせぐ) 막다	□ 別々(べつべつ) 따로따로	□ ほえる 짖다
□ 干す(ほす) 말리다	□ 迷う(まよう) 망설이다	□ むく 벗기다
□ レシピ 레서피, 조리법		

memo

2021

□ 当(あ)たる 맞다
□ 意志(いし) 의지
□ 延期(えんき) 연기
□ おつかれさま 수고하십니다, 수고하셨습니다
□ かれる 시들다
□ 訓練(くんれん) 훈련
□ 効果(こうか) 효과
□ このあいだ 일전, 요전
□ 材料(ざいりょう) 재료
□ ～者(しゃ) ～자
□ 渋滞(じゅうたい) 정체
□ セット 세트, 설정
□ チャレンジ 챌린지, 도전
□ 土地(とち) 토지, 땅
□ なるべく 되도록
□ ばらばら 제각각, 제각기
□ ぺらぺら 술술, 줄줄
□ 報告(ほうこく) 보고
□ 身(み)につける 익히다
□ 無駄(むだ) 낭비, 헛됨
□ もったいない 아깝다
□ 翌日(よくじつ) 익일, 다음날

memo

기출어휘 확인문제 문맥구성

해설집 9쪽

問題 3 （　　　）に入れるのに最もよいものを、１・２・３・４から一つえらびなさい。

1 花は水をやらないとすぐに（　　　）しまう。

1 かれて　　2 やせて　　3 さめて　　4 とけて

2 電車に乗り遅れないように、目覚(めざ)まし時計を５時に（　　　）した。

1 マーク　　2 ストップ　　3 スタート　　4 セット

3 ケーキ屋さんが定休日だったので、ケーキは（　　　）パンを買ってきました。

1 受け入れて　　2 あきらめて　　3 交換して　　4 買って

4 このホテルは駅に近く（　　　）が良いので外国人に人気です。

1 アプローチ　　2 アテンド　　3 アクセス　　4 アパート

5 ずっと寒いところにいたので指(ゆび)の（　　　）がありません。

1 知覚　　2 味覚　　3 聴覚　　4 感覚

6 予定の（　　　）までに道路工事を終わらせなければならない。

1 期限　　2 制限　　3 時限　　4 無限

7 虫歯(むしば)のせいか歯(は)が（　　　）痛むので、歯科(しか)を予約しました。

1 むかむか　　2 くすくす　　3 からから　　4 ずきずき

8 山田(やまだ)さんは石橋(いしばし)を（　　　）渡るような性格で、いつも完璧(かんぺき)な準備(じゅんび)をしてきます。

1 うって　　2 ぶって　　3 なぐって　　4 たたいて

9 東京(とうきょう)とパリでは７時間の（　　　）があります。

1 時差　　2 空白　　3 時間　　4 間隔

10 彼は仕事を辞(や)める（　　　）をしました。

1 結論　　2 実行　　3 意志　　4 決心

답 1① 2④ 3② 4③ 5④ 6① 7④ 8④ 9① 10④

23 기출어휘 확인문제 문맥구성

해설집 10쪽

問題3 (　　) に入れるのに最もよいものを、1・2・3・4から一つえらびなさい。

1 夫婦(ふうふ)で子どもの教育方針について (　　)。

1 話し合った　2 打ち合わせた　3 待ち合わせた　4 持ち合わせた

2 山田(やまだ)さんはパーティーに彼女といっしょに来たが、帰りは (　　) だった。

1 色々　2 少々　3 日々　4 別々

3 まだ着られる服を捨(す)てるのは (　　)。

1 しつこい　2 しょうがない　3 こいしい　4 もったいない

4 宣伝(せんでん)の直接的(ちょくせつてき)な (　　) は何もなかった。

1 応援　2 価値　3 効果　4 成績

5 テニスをして (　　) をかいたので、シャワーを浴びました。

1 あせ　2 なみだ　3 あくび　4 はなみず

6 学校の前にサングラスをした (　　) 男が立っていた。

1 うらやましい　2 あやしい　3 おもしろい　4 たのしい

7 クリスマスは友達と (　　) プレゼントを渡しあいました。

1 たまに　2 おたがいに　3 おおいに　4 さいわいに

8 その期日までに書類(しょるい)を提出(ていしゅつ)することは (　　) ですか。

1 有能　2 才能　3 可能　4 不能

9 今週の火曜日にエアコンを部屋(へや)に (　　) もらう予定です。

1 取り外して　2 取り出して　3 取り付けて　4 取り戻して

10 怖(こわ)いとうわさの先生だったが、話してみたら (　　) 優しい先生だった。

1 以外　2 意外　3 案外　4 思外

답 1① 2④ 3④ 4③ 5① 6② 7② 8③ 9③ 10③

기출어휘 확인문제 문맥구성

해설집 11쪽

問題 3 （　　　）に入れるのに最もよいものを、１・２・３・４から一つえらびなさい。

1 忘れ物がないか、（　　　）確認(かくにん)しておいた方がいいだろう。

1 仮に　　2 やっと　　3 ようやく　　4 一応

2 この３つの薬を（　　　）飲むのは大変だ。

1 一度に　　2 一部に　　3 一般的に　　4 一方的に

3 急な下り坂で前方の車を（　　　）ことは法律(ほうりつ)で禁止(きんし)されています。

1 追い出す　　2 追い越す　　3 追いつく　　4 追い払う

4 昼食に食べたラーメンが塩辛(しおから)くて、とても喉(のど)が（　　　）います。

1 かゆくて　　2 渇いて　　3 痛くて　　4 詰まって

5 台風のため、バスは一日中（　　　）しました。

1 休憩　　2 運休　　3 延期　　4 縮小

6 母にケーキの（　　　）と作り方を教えてもらった。

1 資源　　2 材料　　3 仲間　　4 部品

7 部屋(へや)があまりにも散(ち)らかっていたので、朝のうちに（　　　）整理(せいり)することにした。

1 すっきりと　　2 うっかりと　　3 きちんと　　4 はっきりと

8 留学しているので、母の料理が（　　　）です。

1 おしい　　2 くやしい　　3 こいしい　　4 かなしい

9 彼は小さな頃(ころ)から、大変な（　　　）をして、世界的な野球選手になりました。

1 努力　　2 協力　　3 体力　　4 能力

10 彼は（　　　）ばかり言っているおもしろい人です。

1 会話　　2 悪口　　3 文句　　4 冗談

답 1④ 2① 3② 4② 5② 6② 7③ 8③ 9① 10④

25 기출어휘 확인문제 문맥구성

해설집 11쪽

問題3 （　　）に入れるのに最もよいものを、１・２・３・４から一つえらびなさい。

1 隣(となり)の家で飼(か)っている犬が夜中に（　　）ので、昨日は全く寝ることができなかった。

1 叫ぶ　　2 怒鳴る　　3 ほえる　　4 叱る

2 （　　）さつまいもは生の状態より甘く、栄養素(えいようそ)も増加(ぞうか)します。

1 洗った　　2 干した　　3 掘った　　4 切った

3 私はハワイへ家族旅行に行く田中(たなか)さんが（　　）。

1 すばらしい　　2 ほこらしい　　3 うらやましい　　4 おかしい

4 飛行機内へのはさみの持ち込みは（　　）されています。

1 中止　　2 禁止　　3 終止　　4 停止

5 雨でマラソン大会は来週まで（　　）になりました。

1 遅刻　　2 連休　　3 延期　　4 早退

6 来年は苦手(にがて)だった日本語の勉強に（　　）しようと思います。

1 アクセス　　2 チャレンジ　　3 オープン　　4 セット

7 ダイエットに（　　）な薬があるなら試してみたい。

1 効果的　　2 意図的　　3 一時期　　4 印象的

8 山田(やまだ)君と田中(たなか)さんは身長に10cmの（　　）がある。

1 間　　2 仲　　3 異　　4 差

9 私は毎朝、幼稚園(ようちえん)に子どもを（　　）から、仕事に行きます。

1 迎えて　　2 受けて　　3 与えて　　4 預けて

10 事件現場で彼を見たというのは（　　）情報(じょうほう)ですか。

1 確実な　　2 誠実な　　3 忠実な　　4 実質な

답 1③ 2② 3③ 4② 5③ 6② 7① 8④ 9④ 10①

26 기출어휘 확인문제 문맥구성

해설집 12쪽

問題３（　　）に入れるのに最もよいものを、１・２・３・４から一つえらびなさい。

1 この料理本は私でも簡単に作れる（　　）が50種類(しゅるい)も載(の)っています。

1 リスト　2 レシピ　3 レベル　4 プリント

2 投手が投げたボールが相手チームの選手の頭に（　　）試合が中断(ちゅうだん)されました。

1 触れて　2 打って　3 切って　4 当たって

3 国道１号線は事故のため８キロ（　　）している。

1 集中(しゅうちゅう)　2 故障(こしょう)　3 運休(うんきゅう)　4 渋滞(じゅうたい)

4 監督(かんとく)を続けたい（　　）はあるが健康(けんこう)に自信(じしん)がない。

1 意識　2 意志　3 目的　4 目標

5 彼女はシンガポール（　　）の飛行機で日本に帰ってきました。

1 経由　2 中間　3 途中　4 理由

6 彼女は（　　）な性格なので目立つことが嫌(きら)いだ。

1 積極的　2 消極的　3 対照的　4 論理的

7 足が（　　）ので、マッサージを受けに行ってきた。

1 かるい　2 だるい　3 きびしい　4 さびしい

8 彼らは、（　　）いることをまだ周りに言っていない。

1 混み合って　2 付き合って　3 間に合って　4 折り合って

9 運動会で子どもたちが頑張(がんば)っている姿(すがた)を見て（　　）した。

1 感謝　2 感想　3 感動　4 感情

10 あんなに勉強(べんきょう)したのに、100点が取れなくて（　　）。

1 ひさしい　2 ややこしい　3 くやしい　4 はげしい

답 1② 2④ 3④ 4② 5① 6② 7② 8② 9③ 10③

27 기출어휘 확인문제 문맥구성

해설집 13쪽

問題3 （　　）に入れるのに最もよいものを、１・２・３・４から一つえらびなさい。

1 大学から入学許可の（　　）が届(とど)いた。

1 通知　2 通告　3 通達　4 通報

2 袋からチョコレートを（　　）友達に配りました。

1 取り持って　2 取り除いて　3 取り替えて　4 取り出して

3 コンピューターの容量(ようりょう)が少ないせいで（　　）が遅くなった。

1 行動　2 動作　3 運動　4 言動

4 見た目だけでは塩(しお)か砂糖(さとう)かわからなかったので（　　）確認しました。

1 みて　2 きいて　3 なめて　4 のんで

5 仕事が終わったので上司に「(　　)。お先に失礼します」と声をかけて帰った。

1 ご苦労さまでした　2 お疲れさまでした　3 お世話さまでした　4 恐れ入りました

6 人気のレストランなので、列に並んで自分の（　　）になるのを待ちます。

1 役　2 番　3 側　4 間

7 その問題の答えが全く分からなかったので、(　　）をもらった。

1 コツ　2 ヒント　3 ポイント　4 チャンス

8 私は歌が苦手なのでカラオケに行っても（　　）を渡さないでください。

1 テレビ　2 マイク　3 パソコン　4 ケータイ

9 買い物に行く前に必要(ひつよう)な物の（　　）を作っておいた。

1 リスト　2 サイト　3 メリット　4 インターネット

10 汗をかいたので、タオルで顔を（　　）。

1 あらった　2 ながした　3 あびる　4 ふいた

답 1① 2④ 3② 4③ 5② 6② 7② 8② 9① 10④

3 문맥구성 기출어휘 2020~2010

2020

- □ あくび 하품
- □ 囲(かこ)む 둘러싸다, 에워싸다
- □ 希望(きぼう) 희망
- □ 偶然(ぐうぜん) 우연히, 뜻밖에
- □ 登場(とうじょう) 등장
- □ 配達(はいたつ) 배달
- □ 比較(ひかく) 비교
- □ 引(ひ)き受(う)ける 맡다
- □ ぴったり 딱 맞는 모양
- □ 文句(もんく) 불만, 불평
- □ ユーモア 유머

2019

- □ うろうろ 허둥지둥
- □ 間隔(かんかく) 간격
- □ 芸術(げいじゅつ) 예술
- □ さっそく 즉시
- □ 事情(じじょう) 사정
- □ 親(した)しい 친하다
- □ しまう 치우다
- □ 締(し)め切(き)り 마감
- □ 就職(しゅうしょく) 취직
- □ 集中(しゅうちゅう) 집중
- □ 冗談(じょうだん) 농담
- □ 信(しん)じる 믿다
- □ 清潔(せいけつ) 청결
- □ 積極的(せっきょくてき)だ 적극적이다
- □ 通訳(つうやく) 통역
- □ デザイン 디자인
- □ どきどき 두근두근
- □ とける 녹다
- □ 突然(とつぜん) 돌연
- □ 取(と)り消(け)す 취소하다
- □ ノック 노크
- □ めんどうくさい 귀찮다

2018

- □ あふれる 넘치다
- □ 意外(いがい)に 의외로
- □ うっかり 무심코, 깜박
- □ エネルギー 에너지
- □ 重(かさ)ねる 쌓다, 거듭하다
- □ 乾燥(かんそう) 건조
- □ 期待(きたい) 기대
- □ きつい 끼다
- □ 偶然(ぐうぜん) 우연히, 뜻밖에
- □ 経営(けいえい) 경영
- □ 原料(げんりょう) 원료
- □ しっかり 꽉, 단단히

- □ 自動的(じどうてき)に 자동적으로
- □ しぼる 짜다
- □ 制限(せいげん) 제한
- □ 想像(そうぞう) 상상
- □ バケツ 양동이
- □ 発展(はってん) 발전
- □ 交(ま)ざる 섞이다
- □ 待(ま)ち合(あ)わせる 만나기로 하다
- □ まよう 헤매다
- □ 目標(もくひょう) 목표

2017

- □ 応募(おうぼ) 응모
- □ 落(お)ち着(つ)く 가라앉다, 침착하다
- □ 解決(かいけつ) 해결
- □ 確実(かくじつ)だ 확실하다
- □ 完成(かんせい) 완성
- □ 苦(くる)しい 고통스럽다, 난처하다
- □ しみ 얼룩
- □ 申請(しんせい) 신청
- □ ずいぶん 꽤, 상당히
- □ 正常(せいじょう)だ 정상이다
- □ 底(そこ) 바닥, 속
- □ そっくり 꼭 닮음
- □ そっと 살짝
- □ 登場(とうじょう) 등장
- □ 比較(ひかく) 비교
- □ ふく 닦다
- □ 平均(へいきん) 평균
- □ マナー 매너
- □ 目的(もくてき) 목적
- □ 床(ゆか) 마루
- □ 呼(よ)び掛(か)ける 호소하다
- □ 列(れつ) 열, 행렬

2016

- □ アドバイス 충고
- □ イメージ 이미지
- □ うっかり 깜빡
- □ うまい 맛있다, 솜씨가 좋다
- □ うわさ 소문
- □ おしい 아깝다
- □ 囲(かこ)む 둘러싸다
- □ がらがら 텅텅 빈 모양
- □ 傷(きず) 상처, 흠
- □ 検査(けんさ) 검사
- □ 断(ことわ)る 거절하다
- □ 自信(じしん) 자신
- □ しずむ 가라앉다, 지다
- □ 姿勢(しせい) 자세
- □ たしかめる 확인하다
- □ 頼(たよ)る 의지하다
- □ チャレンジ 도전
- □ 特長(とくちょう) 특별한 장점
- □ 内緒(ないしょ) 비밀, 은밀
- □ 農業(のうぎょう) 농업
- □ 許(ゆる)す 용서하다, 허락하다
- □ 流行(りゅうこう)している 유행하고 있다

2015

- □ 編(あ)む 엮다, 뜨다
- □ 香(かお)り 향기
- □ キャンセル 취소
- □ 順番(じゅんばん) 순번, 차례
- □ 戦(たたか)う 싸우다, 전투하다
- □ 防(ふせ)ぐ 방어하다, 막다
- □ 破(やぶ)れる 찢어지다, 깨지다
- □ 割合(わりあい) 비율
- □ 栄養(えいよう) 영양
- □ 隠(かく)す 감추다, 숨기다
- □ 興味(きょうみ) 흥미
- □ そっくり 꼭 닮음
- □ 発表(はっぴょう) 발표
- □ 守(まも)る 지키다
- □ リサイクル 리사이클, 재활용
- □ 演奏(えんそう) 연주
- □ 観察(かんさつ) 관찰
- □ 盛(さか)んだ 번창하다
- □ 代表的(だいひょうてき)だ 대표적이다
- □ ぴったり 딱 들어 맞음
- □ 文句(もんく) 불평, 불만
- □ 料金(りょうきん) 요금

2014

- □ あきる 질리다, 싫증나다
- □ お祝(いわ)い 축하, 축하선물
- □ 記念(きねん) 기념
- □ 合計(ごうけい) 합계
- □ 積極的(せっきょくてき)だ 적극적이다
- □ パンフレット 팸플릿, 소책자
- □ 方法(ほうほう) 방법
- □ 分(わ)ける 나누다, 분배하다
- □ 穴(あな) 구멍
- □ 我慢(がまん) 참음
- □ くせ 버릇, 습관
- □ 覚(さ)める 깨다, 눈이 뜨이다
- □ テーマ 테마
- □ ぶつける 부딪치다, 맞부딪치다
- □ 目標(もくひょう) 목표
- □ 印象(いんしょう) 인상
- □ 間隔(かんかく) 간격
- □ 悔(くや)しい 분하다
- □ 資源(しげん) 자원
- □ 当日(とうじつ) 당일
- □ ふらふら 비틀비틀
- □ ～料(りょう) ~료

2013

- □ うわさ 소문
- □ 追(お)いつく 따라잡다
- □ おかしい 이상하다
- □ おぼれる 빠지다
- □ 主(おも)に 주로
- □ かわく 마르다, 건조하다
- □ 交換(こうかん) 교환
- □ 材料(ざいりょう) 재료
- □ 自慢(じまん) 자랑
- □ 渋滞(じゅうたい) 정체, 밀림
- □ たたむ 접다, 개다
- □ たつ (시간, 세월이) 지나다
- □ 調子(ちょうし) 상태, 컨디션
- □ 閉(と)じる 닫다, (눈을) 감다
- □ 突然(とつぜん) 돌연, 갑자기
- □ なるべく 가능한 한, 되도록
- □ 引(ひ)き受(う)ける (일, 역할을) 떠맡다
- □ 不安(ふあん) 불안
- □ 物価(ぶっか) 물가
- □ 別々(べつべつ) 따로따로, 각각
- □ ゆるい 헐렁하다, 느슨하다
- □ リサイクル 리사이클, 재활용

2012

- □ 意志(いし) 의지
- □ 応援(おうえん) 응원
- □ 起(お)きる 기상하다, 발생하다
- □ 外食(がいしょく) 외식
- □ がっかり 실망, 낙담하는 모양
- □ 片方(かたほう) 한 쪽, 한 짝
- □ カバー 덮개
- □ 枯(か)れる 마르다, 시들다
- □ 期待(きたい) 기대
- □ ～差(さ) ~차
- □ しつこい 끈질기다
- □ 自動的(じどうてき)に 자동적으로
- □ セット 조절, 세트
- □ 想像(そうぞう) 상상
- □ 代金(だいきん) 대금
- □ 流(なが)れ 흐름
- □ なつかしい 그립다
- □ のばす 연장하다, 연기하다
- □ ヒント 힌트
- □ 振(ふ)る 흔들다
- □ むく 벗기다, 까다
- □ 別(わか)れる 헤어지다, 작별하다

2011

- □ 合わせる 맞추다, (마음을) 합치다
- □ インタビュー 인터뷰
- □ 影響 영향
- □ カーブ 커브
- □ かかる (병에) 걸리다
- □ からから 바싹 마른 모양
- □ さっそく 즉시
- □ ～産 (지역, 나라) ~산
- □ しっかり 꽉, 단단히
- □ 主張 주장
- □ 出張 출장
- □ 冗談 농담
- □ 清潔だ 청결하다
- □ 整理 정리
- □ 前後 전후
- □ ためる (돈을) 모으다
- □ 流れる 흐르다
- □ 複雑だ 복잡하다
- □ 不満 불만
- □ ぶらぶら 어슬렁어슬렁, 빈둥빈둥
- □ 申込書 신청서
- □ 両替 환전

2010

- □ 扱う 취급하다
- □ あわ 거품
- □ うっかり 깜박, 멍청히
- □ カタログ 카탈로그
- □ 感じ 느낌
- □ 感動 감동
- □ 希望 희망
- □ キャンセル 취소, 캔슬
- □ 最新 최신
- □ しばらく 한동안, 오랫동안
- □ しばる 묶다
- □ しまう 안에 넣다, 치우다
- □ 全～ 전 ~
- □ 体力 체력
- □ どきどき 두근두근
- □ ノック 노크
- □ 早めに 빨리, 일찌감치
- □ 半日 반일, 한나절
- □ 迷う 망설이다, (길을) 헤매다
- □ ～向き ~향
- □ 家賃 집세
- □ りっぱだ 훌륭하다

28 기출어휘 확인문제 문맥구성

해설집 13쪽

問題3（　　）に入れるのに最もよいものを、１・２・３・４から一つえらびなさい。

1 電車の中で（　　）学生時代の友人に会い、とても驚いた。
1 案外　2 せっかく　3 ついでに　4 偶然

2 急いでいたので、（　　）違うバスに乗ってしまった。
1 ぐっすり　2 がっかり　3 うっかり　4 ぴったり

3 （　　）によると将来ここに大きなスーパーができるそうです。
1 うわさ　2 宣伝　3 うそ　4 冗談

4 今日の話の（　　）は愛です。
1 メリット　2 ドラマ　3 テーマ　4 セミナー

5 バナナの皮を手で（　　）。
1 ふせぐ　2 はぶく　3 むく　4 ぬく

6 （　　）生徒が体育館に集まった。
1 再　2 全　3 名　4 半

7 スーパーに行って買った商品を当日中に自宅の玄関まで（　　）してくれる。
1 配達　2 報告　3 送信　4 訪問

8 鈴木さんは多くの作家と（　　）つきあっています。
1 したしく　2 おとなしく　3 えらく　4 めずらしく

9 チョコレートがポケットの中で（　　）しまった。
1 もえて　2 とけて　3 さめて　4 かれて

10 山田さんは自分の事業を全国チェーンにまで（　　）させた。
1 進歩　2 開始　3 発展　4 出発

답 1④ 2③ 3① 4③ 5③ 6② 7① 8① 9② 10③

기출어휘 확인문제 문맥구성

해설집 14쪽

問題３（　　　）に入れるのに最もよいものを、１・２・３・４から一つえらびなさい。

1 列車がゆれますのでお近くのつり革や手すりに（　　　）おつかまりください。

1 ぐっすり　　2 そっくり　　3 はっきり　　4 しっかり

2 私の（　　　）はオリンピックで金メダルを取ることです。

1 目標　　2 効果　　3 予報　　4 投票

3 部屋の（　　　）を変えるため、壁を薄いピンクにしました。

1 タイトル　　2 ヒント　　3 イメージ　　4 アイディア

4 弟は寝ても（　　　）サッカーのことばかり考えている。

1 とめても　　2 さめても　　3 とじても　　4 ためても

5 いつも買ってくれてるから、このトマトの（　　　）は要らないよ。

1 家賃　　2 資源　　3 会費　　4 代金

6 （　　　）がグラスからあふれた。

1 ひも　　2 あわ　　3 なみだ　　4 すがた

7 番号札を取って、（　　　）を待ってください。

1 順番　　2 順調　　3 調子　　4 調節

8 田中さんは中国語を日本語に（　　　）してくれる。

1 通訳　　2 案内　　3 伝言　　4 連絡

9 私は小林さんと午後１時に美術館の入口で（　　　）ことにした。

1 待ち合わせる　　2 付き合う　　3 間に合わせる　　4 知り合う

10 子どもに新鮮なオレンジを（　　　）ジュースを作ってやった。

1 おして　　2 たたんで　　3 つかんで　　4 しぼって

답 1④ 2① 3③ 4② 5④ 6② 7① 8① 9① 10④

30 기출어휘 확인문제 문맥구성

해설집 15쪽

問題３ （　　　）に入れるのに最もよいものを、１・２・３・４から一つえらびなさい。

1 携帯電話の（　　　）で、最近は公衆電話を利用する人が少なくなった。

1 入門　　2 外出　　3 発生　　4 登場

2 こんな大きなショッピングモールでは（　　　）しまいそうだ。

1 うたがって　　2 こわがって　　3 はらって　　4 まよって

3 アルバイト募集の（　　　）まで、一件の申し込みもなかった。

1 あて先　　2 合図　　3 締め切り　　4 合計

4 たぶん行けると思うけど、（　　　）な返事はあすまで待ってよ。

1 確実　　2 単純　　3 簡単　　4 身近

5 医者は規則的に運動するようにと（　　　）してくださいました。

1 アンケート　　2 インタビュー　　3 アドバイス　　4 スピーチ

6 秋に新製品を（　　　）する予定です。

1 発見　　2 発表　　3 発展　　4 発生

7 彼はよっぱらいみたいに（　　　）と歩いて行った。

1 どきどき　　2 ふらふら　　3 ばらばら　　4 がらがら

8 セーターを（　　　）箱に入れてください。

1 むすんで　　2 たたんで　　3 まげて　　4 しめて

9 その歌を聞くと（　　　）故郷のことを思い出す。

1 なつかしい　　2 あやしい　　3 おそろしい　　4 すばらしい

10 セミナーに参加したい人は、（　　　）に住所、氏名、希望日を記入してください。

1 参考書　　2 証明書　　3 領収書　　4 申込書

답 1④ 2④ 3③ 4① 5③ 6② 7② 8② 9① 10④

31 기출어휘 확인문제 문맥구성

해설집 15쪽

問題 3 （　　　）に入れるのに最もよいものを、１・２・３・４から一つえらびなさい。

1 私たちはその問題が早急(そうきゅう)に解決(かいけつ)されることを心より（　　　）します。

1 感覚(かんかく)　2 希望(きぼう)　3 意識(いしき)　4 決心(けっしん)

2 ドアを開けると、明(あ)かりは（　　　）つきます。

1 受動的に　2 自動的に　3 一般的に　4 絶対的に

3 キャンセル料とは、予約を（　　　）場合にとられる料金のことです。

1 引き落とした　2 言い直した　3 取り消した　4 投げ捨てた

4 ちょっと見ないうちに（　　　）大きくなったわね。

1 かならず　2 なるべく　3 ずいぶん　4 いつでも

5 なにごとにも前向(まえむ)きの（　　　）で取(と)り組(く)むことが大切だと思う。

1 姿勢(しせい)　2 様子(ようす)　3 間隔(かんかく)　4 印象(いんしょう)

6 人間(にんげん)の性格を血液型(けつえきがた)のタイプに（　　　）説明(せつめい)することはおかしい。

1 のせて　2 かれて　3 ためて　4 わけて

7 子どものころ、プールで（　　　）ことがあるので、水がこわいです。

1 すべった　2 ころんだ　3 こおった　4 おぼれた

8 まずはプロジェクト全体の（　　　）を把握(はあく)することが大切です。

1 ながれ　2 みのり　3 むかい　4 みだし

9 将来(しょうらい)のために、お金を（　　　）います。

1 のせて　2 ためて　3 くわえて　4 かさねて

10 おじの話は（　　　）たっぷりだったので、私たちは笑ってばかりいた。

1 カロリー　2 アップ　3 ユーモア　4 レジャー

답 1② 2② 3③ 4③ 5① 6④ 7④ 8① 9② 10③

32 기출어휘 확인문제 문맥구성

해설집 16쪽

問題３（　　　）に入れるのに最もよいものを、１・２・３・４から一つえらびなさい。

1 さっき着てみたワンピースは少し大きかったが、このワンピースは（　　　）です。

1 はっきり　2 がっかり　3 ぴったり　4 そっくり

2 100年後の未来を（　　　）してみてください。

1 想像（そうぞう）　2 縮小（しゅくしょう）　3 確認（かくにん）　4 観察（かんさつ）

3 この服、自分で（　　　）したのよ。

1 レシピ　2 デザイン　3 サイン　4 ミックス

4 妹の帰りが遅（おそ）いので、母は（　　　）様子（ようす）でした。

1 引（ひ）き受（う）けない　2 気（き）にならない　3 間（ま）に合（あ）わない　4 落（お）ちつかない

5 まだ（　　　）だけど、あの２人は今年の秋に結婚するそうだよ。

1 裏側（うらがわ）　2 内緒（ないしょ）　3 後方（こうほう）　4 中身（なかみ）

6 万一の時には自分でしっかり自分の身を（　　　）。

1 まぜる　2 まなぶ　3 まげる　4 まもる

7 オーストラリアは天然（てんねん）（　　　）に恵（めぐ）まれている。

1 貴重（きちょう）　2 秘密（ひみつ）　3 資源（しげん）　4 満点（まんてん）

8 コンサートの参加者は（　　　）学生だった。

1 なかなか　2 かならず　3 おもに　4 じゅうぶん

9 子どもはお菓子（かし）が欲しいと母親に（　　　）言った。

1 きびしく　2 しつこく　3 くわしく　4 こまかく

10 このオレンジは日本（　　　）です。

1 産（さん）　2 製（せい）　3 作（さく）　4 品（ひん）

답 1③ 2① 3② 4④ 5② 6④ 7③ 8③ 9② 10①

33 기출어휘 확인문제 문맥구성

해설집 16쪽

問題 3 (　　　) に入れるのに最もよいものを、1・2・3・4 から一つえらびなさい。

1 一部のお客(きゃく)さんからこのレストランのサービスについて (　　　) が出ている。

1 失礼(しつれい)　2 文句(もんく)　3 我慢(がまん)　4 反対(はんたい)

2 初(はじ)めてのスピーチなのですっかり上(あ)がってしまって (　　　) した。

1 からから　2 どきどき　3 ぶらぶら　4 うろうろ

3 世界的に有名なピアニストの演奏(えんそう)は (　　　) どおりだった。

1 応援(おうえん)　2 期待(きたい)　3 感動(かんどう)　4 歓迎(かんげい)

4 物音(ものおと)がしたので、扉(とびら)ののぞき穴(あな)から (　　　) 廊下(ろうか)をのぞいた。

1 がらがら　2 とんとん　3 そっと　4 ぐっすり

5 これはスペインの (　　　) な家庭料理です。

1 定期的(ていきてき)　2 絶対的(ぜったいてき)　3 一方的(いっぽうてき)　4 代表的(だいひょうてき)

6 あかんぼうが机(つくえ)のかどに頭を (　　　) 泣(な)く。

1 うばって　2 にぎって　3 はなして　4 ぶつけて

7 今朝からおなかの (　　　) がおかしい。

1 感覚(かんかく)　2 感心(かんしん)　3 調子(ちょうし)　4 調査(ちょうさ)

8 コートに (　　　) をかけてたんすにしまった。

1 マスク　2 ケース　3 オーバー　4 カバー

9 近所(きんじょ)の人と力を (　　　) 火事を消す。

1 あわせて　2 ながめて　3 ためて　4 あつかって

10 このあたりでアパートを借(か)りるには、毎月の (　　　) として5万円必要(ひつよう)だ。

1 会費(かいひ)　2 代金(だいきん)　3 価格(かかく)　4 家賃(やちん)

답 1② 2② 3② 4③ 5④ 6④ 7③ 8④ 9① 10④

34 기출어휘 확인문제 문맥구성

해설집 17쪽

問題３（　　）に入れるのに最もよいものを、１・２・３・４から一つえらびなさい。

1 友人の結婚式の司会を頼まれて（　　）が、どうしたらよいかわからない。
　1 引き出した　2 受け取った　3 取り付けた　4 引き受けた

2 （　　）部屋の明かりが全部消えた。
　1 ずいぶん　2 さっそく　3 なるべく　4 とつぜん

3 私はそのクイズにはがきで（　　）しました。
　1 予約　2 応募　3 交流　4 注文

4 その会社では（　　）のある有能な人材を求めています。
　1 サービス　2 エンジン　3 ヒント　4 エネルギー

5 持ち物を（　　）します。テーブルの上に置いてください。
　1 検査　2 研究　3 証明　4 観察

6 母が部屋に入ってきたので急いで漫画本を（　　）。
　1 かくした　2 のばした　3 くらした　4 すごした

7 彼女の様子が（　　）のが心配だ。
　1 まずしい　2 しつこい　3 おかしい　4 きびしい

8 眠いのを（　　）して一生懸命勉強した。
　1 我慢　2 自慢　3 目標　4 目的

9 台風のため試合を翌日に（　　）。
　1 ながしました　2 くらしました　3 のばしました　4 はなしました

10 私は大阪への（　　）を命じられた。
　1 注文　2 注目　3 出張　4 主張

답 1④ 2④ 3② 4④ 5① 6① 7③ 8① 9③ 10③

35 기출어휘 확인문제 문맥구성

해설집 18쪽

問題 3 （　　　）に入れるのに最もよいものを、1・2・3・4から一つえらびなさい。

1 きのう夜遅く、空港に着いた韓国の歌手は、待っていた大勢のファンに（　　　）。

1 うめられた　　2 つつまれた　　3 かこまれた　　4 まぜられた

2 テストを始めますから、辞書はかばんの中に（　　　）ください。

1 たたんで　　2 しまって　　3 とじて　　4 ためて

3 （　　　）すると静電気が発生しやすくなります。

1 減少　　2 沸騰　　3 乾燥　　4 縮小

4 今朝、コップを（　　　）に落として割ってしまいました。

1 屋根　　2 天井　　3 壁　　4 床

5 あんなに頑張ったのに試験に落ちて（　　　）。

1 まぶしい　　2 くやしい　　3 こいしい　　4 うらやましい

6 急に用事ができたので、レストランの予約を（　　　）した。

1 カット　　2 キャンセル　　3 オーダー　　4 チェックアウト

7 彼らは道路に2メートルの（　　　）を掘った。

1 いわ　　2 ふた　　3 きず　　4 あな

8 この機械を新しいものと（　　　）したい。

1 入力　　2 交換　　3 変化　　4 移動

9 またくつ下の（　　　）に穴があいてしまった。

1 大方　　2 他方　　3 片方　　4 一方

10 その運動選手の額から汗が（　　　）いた。

1 しまって　　2 かかって　　3 おぼれて　　4 ながれて

답 1③ 2② 3③ 4④ 5② 6② 7④ 8② 9③ 10④

36 기출어휘 확인문제 문맥구성

해설집 18쪽

問題3 （　　）に入れるのに最もよいものを、１・２・３・４から一つえらびなさい。

1 人間は眠くなった時や、退屈な時に（　　）が出てしまいます。

1 あくび　2 くしゃみ　3 せき　4 しゃっくり

2 電話局に電話をして聞いたら、（　　）番号を調べてくれた。

1 ずいぶん　2 さっそく　3 なるべく　4 まもなく

3 私は登山のときは靴下を３枚ぐらい（　　）はきます。

1 むかえて　2 あずけて　3 そそいで　4 かさねて

4 お酒には穀物を（　　）とするものが多い。

1 基礎　2 原料　3 栄養　4 資源

5 スカートにコーヒーがついて（　　）になってしまい、何回も洗ったがなかなか落ちない。

1 泡　2 かび　3 傷　4 しみ

6 クラスのみんなの前できちんと発表できて（　　）がつきました。

1 関心　2 自信　3 印象　4 興味

7 プラスチックを（　　）すれば、ごみは少なくなります。

1 リサイクル　2 キャンセル　3 カット　4 サービス

8 家族みんなで新年の（　　）をしました。

1 おみまい　2 おいわい　3 おれい　4 おまつり

9 やせてズボンが（　　）なった。

1 えらく　2 あわく　3 ゆるく　4 だるく

10 駅で友達と（　　）家に帰りました。

1 あふれて　2 おぼれて　3 はずれて　4 わかれて

답 1① 2② 3④ 4② 5④ 6② 7① 8② 9③ 10④

기출어휘 확인문제 문맥구성

해설집 19쪽

問題 3　(　　　) に入れるのに最もよいものを、1・2・3・4から一つえらびなさい。

1　アメリカのガソリン価格(かかく)は日本と (　　　) にならないほど安い。
　1　区別(くべつ)　　2　比較(ひかく)　　3　選択(せんたく)　　4　戦争(せんそう)

2　田中(たなか)さんは、よく (　　　) を言う面白(おもしろ)い人です。
　1　冗談(じょうだん)　　2　文句(もんく)　　3　感想(かんそう)　　4　希望(きぼう)

3　くつが (　　　) 足が痛いです。
　1　きつくて　　2　ぬるくて　　3　まぶしくて　　4　ゆるくて

4　その有名な歌手(かしゅ)のサイン会にはファンの長い (　　　) ができた。
　1　波(なみ)　　2　帯(おび)　　3　線(せん)　　4　列(れつ)

5　左右(さゆう)の安全をよく (　　　) から道路を渡(わた)ってください。
　1　見つめて　　2　くりかえして　　3　気にして　　4　たしかめて

6　いつもの (　　　) で私はつい息子たちの会話に口をはさんでしまった。
　1　くせ　　2　むき　　3　せい　　4　わけ

7　勤(つと)めてまだ2年しか (　　　) いない。
　1　のびて　　2　たって　　3　かわって　　4　おって

8　お客さんが見えなくなるまで手を (　　　) 見送ります。
　1　にぎって　　2　さわって　　3　かこんで　　4　ふって

9　この計算(けいさん)は (　　　) なので、コンピューターを使っても時間がかかる。
　1　重大(じゅうだい)　　2　正常(せいじょう)　　3　複雑(ふくざつ)　　4　意外(いがい)

10　新しい車を買うために、店で (　　　) をもらってきた。
　1　オーダー　　2　セール　　3　カタログ　　4　レシート

답 1② 2① 3① 4④ 5④ 6① 7② 8④ 9③ 10③

38 기출어휘 확인문제 문맥구성

해설집 19쪽

問題３（　　　）に入れるのに最もよいものを、１・２・３・４から一つえらびなさい。

1 彼女は地域のボランティア活動に（　　　）に参加している。

1 比較的　2 感情的　3 一般的　4 積極的

2 タオルでぬれた手を（　　　）。

1 ふく　2 はく　3 洗う　4 吹く

3 彼は飛ばしすぎていて（　　　）を曲がり切れずにガードレールにぶつかった。

1 エネルギー　2 セット　3 スケート　4 カーブ

4（　　　）彼には会っていません。

1 まもなく　2 ただちに　3 しばらく　4 それなら

5 毎朝出勤前にひげをそるのは（　　　）。

1 にくらしい　2 だらしない　3 しょうがない　4 めんどうくさい

6 その試験は難しいと思っていたが、（　　　）やさしかった。

1 無理に　2 意外に　3 急に　4 完全に

7 私はそのスイートホームの完璧な（　　　）さに感心しました。

1 新鮮　2 正常　3 丁寧　4 清潔

8 外科医は足にできた（　　　）に薬をつけて包帯を巻いてくださいました。

1 欠点　2 故障　3 傷　4 汚れ

9 17時には（　　　）だった店内が19時にはいっぱいになっていた。

1 がらがら　2 うっかり　3 ふらふら　4 ぐっすり

10 山田さんは重い病気に（　　　）います。

1 ためて　2 とまって　3 かかって　4 しまって

답 1④ 2① 3④ 4③ 5④ 6② 7④ 8③ 9① 10③

39 기출어휘 확인문제 문맥구성

해설집 20쪽

問題 3 （　　　）に入れるのに最もよいものを、1・2・3・4から一つえらびなさい。

1 玄関（げんかん）のドアを（　　　）する音が聞こえる。

1 マーク　2 チェック　3 インク　4 ノック

2 あの姉妹（しまい）は双子（ふたご）のように顔が（　　　）で、区別（くべつ）ができない。

1 すっかり　2 そっくり　3 はっきり　4 うっかり

3 ホテルで円を韓国のウォンに（　　　）してもらった。

1 両替　2 両側　3 両面　4 両方

4 要らない新聞や雑誌（ざっし）を重ねて、ひもで（　　　）捨（す）てた。

1 かこんで　2 しめて　3 あんで　4 しばって

5 バスは10分（　　　）で発車（はっしゃ）します。

1 規則（きそく）　2 普段（ふだん）　3 間隔（かんかく）　4 共通（きょうつう）

6 人数（にんずう）に（　　　）があるため、申し込み者が多数（たすう）の場合は抽選（ちゅうせん）となります。

1 最終（さいしゅう）　2 禁止（きんし）　3 制限（せいげん）　4 順番（じゅんばん）

7 このかばんは（　　　）のところに穴（あな）があいている。

1 壁（かべ）　2 見（み）かけ　3 底（そこ）　4 辺（あた）り

8 ただ今、各列車とも（　　　）運行しています。

1 丁寧（ていねい）に　2 立派（りっぱ）に　3 健康（けんこう）に　4 正常（せいじょう）に

9 私の部屋は東（　　　）だ。

1 向（む）き　2 沿（そ）い　3 込（こ）み　4 建（だ）て

10 私たちの学校では遅刻3回を欠席1回として（　　　）いる。

1 ことわって　2 うしなって　3 あつかって　4 あたえて

답 1④ 2② 3① 4④ 5③ 6③ 7③ 8④ 9① 10③

04 問題 4 유의표현 공략하기

1 문제유형 완전분석

밑줄 친 어휘와 가장 가까운 뜻을 묻는 문제로, 5문항이 출제된다.

! 알고 풀자!

선택지는 쉬운 어휘, 쉽게 풀어 쓴 어휘, 한자어를 가타카나로 쓴 것 등이 제시된다. 문제와 선택지의 어휘 모두 의미를 알아야 하므로, 비슷한 뜻을 가진 어휘를 묶어서 학습하자.

예시

問題 4 ＿＿＿に意味が最も近いものを、１・２・３・４から一つえらびなさい。

26 あそこは<u>横断禁止(おうだんきんし)です</u>。

1 渡(わた)ってはいけません　　2 座(すわ)ってはいけません

3 入(はい)ってはいけません　　4 走(はし)ってはいけません

해석 저기는 횡단 금지입니다.

해설 횡단은 길 등을 가로지르는 것을 말하므로 1번 「渡(わた)る(건너다)」가 정답이다.

단어 横断禁止(おうだんきんし) 횡단 금지

유의표현 기출어휘 2025~2021

2025

□ おしまいにしましょう 끝냅시다	≒	終(お)わりにしましょう 끝냅시다
□ キッチン 키친	≒	台所(だいどころ) 부엌
□ 苦労(くろう)した 고생했다	≒	大変(たいへん)だった 힘들었다
□ さっき 아까, 조금 전	≒	少(すこ)し前(まえ)に 조금 전에
□ さまざまな 가지각색	≒	いろいろな 여러 가지
□ 指導(しどう)する 지도하다	≒	教(おし)える 가르치다
□ 清潔(せいけつ)だ 청결하다	≒	きれいだ 깨끗하다
□ 早退(そうたい)した 조퇴했다	≒	早(はや)く帰(かえ)った 빨리 돌아갔다
□ そっと 조용히, 가만히	≒	静(しず)かに 조용히
□ たちました 지났습니다, 흘렀습니다	≒	過(す)ぎました 지났습니다

memo

2024

□	一流(いちりゅう)の 일류(의)	≒	素晴(すば)らしい 훌륭한, 대단한
□	売(う)り切(き)れました 품절되었습니다	≒	全部(ぜんぶ)売(う)れました 전부 팔렸습니다
□	カーブしている 굽어 있다	≒	曲(ま)がっている 굽어 있다
□	企業(きぎょう) 기업	≒	会社(かいしゃ) 회사
□	検討(けんとう)して 검토해서	≒	よく考(かんが)えて 잘 생각해서
□	さっそく 곧, 즉시	≒	すぐに 곧, 바로
□	退屈(たいくつ)だ 따분하다	≒	つまらない 재미없다
□	バックしてください 후진해 주세요	≒	後(うし)ろに下(さ)がってください 뒤로 물러나 주세요
□	ゆるい 헐렁하다, 느슨하다	≒	大(おお)きい 크다
□	ようやく 겨우, 간신히	≒	やっと 겨우

memo

2023

□ 案(あん) 안	≒	アイデア 아이디어
□ 暗記(あんき)する 암기하다	≒	覚(おぼ)える 외우다
□ 欠点(けってん) 결점	≒	よくないところ 좋지 않은 점
□ サイズ 사이즈	≒	大(おお)きさ 크기
□ だまっていた 입을 다물고 있었다	≒	話(はな)さなかった 말하지 않았다
□ 得意(とくい)だ 잘하다	≒	とても上手(じょうず)だ 아주 잘하다
□ どならないで 호통치지 말고	≒	大声(おおごえ)で怒(おこ)らないで 큰 소리로 화내지 말고
□ 配達(はいたつ)する 배달하다	≒	届(とど)ける 보내다, 배달하다
□ 避難(ひなん)する 피난하다	≒	にげる 도망치다, 피하다
□ ベストだ 최선이다	≒	最(もっと)もよい 가장 좋다

memo

2022

□ あたえる 주다	≒	あげる 주다
□ おい 남자 조카	≒	姉(あね)の息子(むすこ) 언니(누나)의 아들
□ グラウンド 그라운드, 운동장	≒	運動場(うんどうじょう) 운동장
□ 詳(くわ)しい 상세하다, 자세하다	≒	細(こま)かい 자세하다
□ 指定(してい)の場所 지정 장소	≒	決(き)められた場所 정해진 장소
□ ずいぶん 꽤	≒	非常(ひじょう)に 매우, 상당히
□ スケジュール 스케줄	≒	予定(よてい) 예정
□ 短気(たんき)だ 성급하다	≒	すぐ怒(おこ)る 바로 화내다
□ 不安(ふあん)だ 불안하다	≒	心配(しんぱい)だ 걱정이다
□ ふだん 평소	≒	いつも 평소, 여느 때

memo

2021

□ おしまい 끝	≒	おわり 끝
□ 学校(がっこう)をサボってしまった 학교를 빼먹고 말았다	≒	遊(あそ)びたくて学校(がっこう)を休(やす)んでしまった 놀고 싶어서 학교를 쉬고 말았다
□ 機会(きかい) 기회	≒	チャンス 찬스, 기회
□ きつい 고되다	≒	大変(たいへん)だ 힘들다
□ さまざまな 여러 가지	≒	いろいろな 여러 가지
□ 絶対(ぜったい)に 반드시, 꼭	≒	かならず 반드시
□ 退屈(たいくつ)だ 지루하다	≒	つまらない 재미없다
□ 納得(なっとく)した 납득했다	≒	とてもよく分(わ)かった 아주 잘 알았다
□ ふれる 만지다	≒	触(さわ)る 만지다, 건드리다
□ 報告(ほうこく)する 보고하다	≒	知(し)らせる 통지하다, 알리다

memo

40 기출어휘 확인문제 유의표현

해설집 21쪽

問題４ ＿＿＿に意味が最も近いものを、１・２・３・４から一つえらびなさい。

1 彼は一流のお店で働(はたら)いた料理人です。

1 難しい　2 新しい　3 美しい　4 素晴らしい

2 新商品の件はただいま検討しております。

1 実行して　2 達成して　3 よく練習して　4 よく考えて

3 災害(さいがい)が起きたときは、近くの学校に避難することになっている。

1 走る　2 探す　3 守る　4 逃げる

4 会社を辞めることは彼女にとってベストな選択(せんたく)だった。

1 最もよい　2 最も大きい　3 最も悪い　4 最も目立つ

5 私のおいは今年、二十歳(はたち)になります。

1 子どもの息子　2 子どもの娘　3 姉の息子　4 姉の娘

6 彼女は検査(けんさ)をする前に、医者から詳しい説明を聞いた。

1 長い　2 難しい　3 細かい　4 苦しい

7 リンゴ、ナシ、そのほかさまざまな種類のくだものがある。

1 とくべつな　2 すばらしい　3 あたらしい　4 いろいろな

8 話はそれでおしまいです。

1 初(はじ)めて　2 終(お)わり　3 成功(せいこう)　4 簡単(かんたん)

9 レストランは清潔な状態でなければなりません。

1 すてきな　2 きれいな　3 にぎやかな　4 しずかな

10 彼はさっき起きたばかりです。

1 少し前に　2 少し後に　3 すぐに　4 急いで

답 1④ 2④ 3④ 4① 5③ 6③ 7④ 8② 9② 10①

41 기출어휘 확인문제 유의표현

해설집 21쪽

問題4 ＿＿＿に意味が最も近いものを、1・2・3・4から一つえらびなさい。

1 そのテレビドラマは退屈(たいくつ)だった。
1 楽(たの)しかった　2 つまらなかった　3 忙(いそが)しかった　4 静(しず)かだった

2 このルールは絶対(ぜったい)に守ってください。
1 いつでも　2 すぐに　3 また　4 必ず

3 いきなりバックしてきた車とぶつかった。
1 停車(ていしゃ)して　2 前に進んで　3 後ろに下がって　4 横に移動(いどう)して

4 ズボンがゆるいので、ベルトをしました。
1 小さい　2 大きい　3 細い　4 太い

5 毎朝、グラウンドを5周走っている。
1 学校　2 体育館　3 運動場　4 公園

6 佐藤(さとう)さんにどなられた。
1 大声で笑われた　2 小声で笑われた　3 大声で怒られた　4 小声で怒られた

7 商品を家へ配達してもらった。
1 とどけて　2 なげて　3 のばして　4 つなげて

8 彼(かれ)は短気だ。
1 すぐ泣(な)く　2 すぐ怒(おこ)る　3 すぐ驚(おどろ)く　4 すぐ笑(わら)う

9 この話は、おしまいにしましょう。
1 終わりにしましょう　2 なかったことにしましょう
3 秘密(ひみつ)にしましょう　4 後で話しましょう

10 熱(ねつ)があるので、早退したいのですが。
1 早く行きたい　2 早く帰りたい　3 早く来たい　4 病院に行きたい

답 1② 2④ 3③ 4② 5③ 6③ 7① 8② 9① 10②

42 기출어휘 확인문제 유의표현

해설집 22쪽

問題4 ＿＿＿に意味が最も近いものを、１・２・３・４から一つえらびなさい。

1 もし何かあったら早めに報告してください。

1 頼んで　2 知らせて　3 たずねて　4 さがして

2 先週、塾(じゅく)をサボってしまった。

1 遊びたくて塾をやめてしまった　2 遊びたくて塾を休んでしまった
3 病気になって塾をやめてしまった　4 病気になって塾を休んでしまった

3 注文していた服が届(とど)いたので、さっそく着てみた。

1 ずっと　2 いつも　3 すぐに　4 一度に

4 どのくらいのサイズをお求(もと)めですか。

1 つよさ　2 おおきさ　3 たかさ　4 ながさ

5 難(むずか)しい漢字(かんじ)を苦労(くろう)して覚(おぼ)える。

1 忘(わす)れる　2 書(か)く　3 暗記(あんき)する　4 読(よ)む

6 公演前はみんな不安だった。

1 親切　2 上品　3 危険　4 心配

7 すべてスケジュールどおりに行った。

1 希望(きぼう)　2 目的(もくてき)　3 期待(きたい)　4 予定(よてい)

8 彼の話はようやく終わった。

1 やっぱり　2 なぜか　3 やっと　4 とても

9 このお店にはさまざまな商品が置いてあります。

1 たいせつな　2 いろいろな　3 ほうふな　4 とくべつな

10 この家に引(ひ)っ越(こ)してきて10年がたちました。

1 過ごしました　2 過ぎました　3 通りました　4 暮らしました

답 1② 2② 3③ 4② 5③ 6④ 7④ 8③ 9② 10②

3 유의표현 기출어휘 2020~2010

2020

- □ おこづかい 용돈 ≒ お金(かね) 돈
- □ 回収(かいしゅう)する 회수하다 ≒ あつめる 모으다
- □ 価格(かかく) 가격 ≒ 値段(ねだん) 값, 가격
- □ めい 조카딸 ≒ 兄弟(きょうだい)の娘(むすめ) 형제의 딸
- □ らくだ 쉽다 ≒ 簡単(かんたん)だ 간단하다

2019

- □ おかしな 이상한 ≒ 変(へん)な 이상한
- □ お腹(なか)がぺこぺこだ 배가 고프다 ≒ お腹(なか)がすいている 배가 고프다
- □ 感謝(かんしゃ) 감사 ≒ お礼(れい) 사례
- □ キッチン 키친 ≒ 台所(だいどころ) 부엌
- □ 欠点(けってん) 결점 ≒ よくないところ 좋지 않은 점
- □ 済(す)ませる 끝내다, 마치다 ≒ 終(お)わらせる 끝내다
- □ 整理(せいり)する 정리하다 ≒ 片(かた)づける 치우다, 정리하다
- □ そのまま 그대로 ≒ 何(なに)も変(か)えないで 아무것도 바꾸지 않고
- □ 黙(だま)って 말하지 않고 ≒ 何(なに)も話(はな)さないで 아무것도 말하지 않고
- □ 不安(ふあん)だ 불안하다 ≒ 心配(しんぱい)だ 걱정이다

2018

□ 駆(か)けてきた 달려왔다	≒	走(はし)ってきた 달려왔다
□ 指導(しどう)する 지도하다	≒	教(おし)える 가르치다
□ しゃべらないで 수다떨지 말고	≒	話(はな)さないで 이야기하지 말고
□ 手段(しゅだん) 수단	≒	やり方(かた) 하는 방법
□ 退屈(たいくつ)だ 지루하다	≒	つまらない 재미없다
□ 多少(たしょう) 다소, 약간	≒	ちょっと 조금
□ 団体(だんたい)で 단체로	≒	グループで 그룹으로
□ トレーニング 트레이닝	≒	練習(れんしゅう) 연습
□ ぺらぺらです 유창합니다	≒	上手(じょうず)に話(はな)せます 능숙하게 말할 수 있습니다
□ ようやく 겨우, 간신히	≒	やっと 겨우

2017

□ あらゆる 모든, 온갖	≒	すべての 모든, 전부
□ おしまい 끝	≒	終(お)わり 끝
□ 逆(ぎゃく) 역, 반대	≒	反対(はんたい) 반대
□ 協力(きょうりょく)する 협력하다	≒	手伝(てつだ)う 돕다
□ 信(しん)じている 믿고 있다	≒	本当(ほんとう)だと思(おも)っている 진짜라고 생각하고 있다
□ スケジュール 스케줄	≒	予定(よてい) 예정
□ 絶対(ぜったい) 반드시, 꼭	≒	必(かなら)ず 반드시
□ どなられた 혼났다, 야단맞았다	≒	大声(おおごえ)で怒(おこ)られた 큰 소리로 혼났다
□ まぶしい 눈부시다	≒	明(あか)るすぎる 너무 밝다
□ 約(やく) 약	≒	だいたい 대개, 대략

2016

표현		유의 표현
□ あまりました 남았습니다	≒	多(おお)すぎて残(のこ)りました 너무 많아서 남았습니다
□ 延期(えんき)になった 연기되었다	≒	後(あと)の別(べつ)の日(ひ)にやることになった 나중의 다른 날에 하게 되었다
□ 横断禁止(おうだんきんし)です 횡단 금지입니다	≒	渡(わた)ってはいけません 건너서는 안 됩니다
□ かがやく 빛나다	≒	光(ひか)る 빛나다
□ がっかりした 실망했다	≒	残念(ざんねん)だと思(おも)った 유감스럽게 생각했다
□ 決(き)まり 규칙	≒	規則(きそく) 규칙
□ 当然(とうぜん) 당연히	≒	もちろん 물론
□ 不安(ふあん)だ 불안하다	≒	心配(しんぱい)だ 걱정이다
□ まったく 전혀	≒	ぜんぜん 전연, 전혀
□ 学(まな)んでいる 배우고 있다	≒	勉強(べんきょう)している 공부하고 있다

2015

표현		유의 표현
□ 相変(あいか)わらず 변함없이	≒	前(まえ)と同(おな)じで 전과 같이
□ 疑(うたが)っている 의심하고 있다	≒	本当(ほんとう)ではないかと思(おも)っている 진짜가 아닌가 하고 생각하고 있다
□ 機会(きかい) 기회	≒	チャンス 찬스, 기회
□ 次第(しだい)に 점점, 차츰	≒	少(すこ)しずつ 조금씩
□ 手段(しゅだん) 수단	≒	やり方(かた) 하는 법, 방법
□ すべて 모두	≒	全部(ぜんぶ) 전부
□ だまって 말을 하지 않고	≒	何(なに)も言(い)わずに 아무말도 하지 않고
□ 短気(たんき)だ 성질이 급하다	≒	すぐ怒(おこ)る 바로 화내다
□ 得意(とくい)な 잘하는	≒	上手(じょうず)にできる 능숙하게 할 수 있는
□ 配達(はいたつ)してもらった 배달받았다	≒	届(とど)けてもらった 보내 받았다

2014

□ あわてて 서둘러	≒	急(いそ)いだようすで 서두른 모습으로
□ 案(あん) 안, 생각	≒	アイデア 아이디어
□ おかしな 이상한	≒	変(へん)な 이상한
□ カーブする 굽다	≒	曲(ま)がる 굽다
□ きつい 고되다	≒	大変(たいへん)だ 힘들다
□ くたびれる 지치다	≒	つかれる 피로하다
□ さっき 아까, 조금 전	≒	少(すこ)し前(まえ)に 조금 전에
□ 指導(しどう)する 지도하다	≒	教(おし)える 가르치다
□ 経(た)つ (시간이) 지나다	≒	過(す)ぎる 지나다
□ 約(やく) 약	≒	だいたい 대략, 대개

2013

□ 位置(いち) 위치	≒	場所(ばしょ) 장소
□ 売(う)り切(き)れる 다 팔리다, 매진되다	≒	すべて売(う)れる 전부 팔리다
□ 回収(かいしゅう)する 회수하다	≒	集(あつ)める 모으다
□ キッチン 부엌	≒	台所(だいどころ) 부엌
□ このごろ 요즘	≒	さいきん 최근
□ サイズ 사이즈	≒	おおきさ 크기
□ しゃべる 지껄이다, 재잘거리다	≒	話(はな)す 이야기하다
□ 確(たし)かめる 확인하다	≒	チェックする 확인하다
□ 注文(ちゅうもん)する 주문하다	≒	たのむ 주문하다
□ わけ 이유	≒	理由(りゆう) 이유

2012

□ あきらめる 포기하다	≒	やめる 그만두다
□ うばう 빼앗다	≒	取(と)る 빼앗다
□ 気(き)に入(い)っている 마음에 드는	≒	好(す)きな 좋아하는
□ 共通点(きょうつうてん) 공통점	≒	同(おな)じところ 같은 점
□ 整理(せいり)する 정리하다	≒	片(かた)づける 정리하다
□ 絶対(ぜったい)に 반드시, 절대로	≒	かならず 반드시
□ そっと 조용히, 가만히	≒	静(しず)かに 조용히
□ ないしょにして 비밀로 하고	≒	だれにも話(はな)さないで 아무에게도 말하지 않고
□ 年中(ねんじゅう) 항상, 끊임없이	≒	いつも 항상, 늘
□ まぶしい 눈부시다	≒	明(あか)るすぎる 너무 밝다

2011

□ おそろしい 무섭다	≒	こわい 무섭다
□ 欠点(けってん) 결점	≒	わるいところ 나쁜 점
□ さっき 아까, 조금 전	≒	少(すこ)し前(まえ)に 조금 전에
□ スケジュール 스케줄	≒	予定(よてい) 예정
□ 通勤(つうきん)する 통근하다	≒	仕事(しごと)に行(い)く 일하러 가다
□ 減(へ)る 줄다	≒	少(すく)なくなる 적어지다
□ やり直(なお)す 다시 하다	≒	もう一度(いちど)やる 다시 한 번 하다
□ 翌年(よくねん) 익년, 다음해	≒	次(つぎ)の年(とし) 다음 해
□ 楽(らく)だ 편하다, 쉽다	≒	簡単(かんたん)だ 간단하다
□ わけ 이유, 사정	≒	理由(りゆう) 이유

2010

□ 明(あ)ける 끝나다	≒	おわる 끝나다
□ 覚(おぼ)える 외우다	≒	暗記(あんき)する 암기하다
□ きつい 고되다, 심하다	≒	大変(たいへん)だ 힘들다
□ きまり 정해진 바, 규칙	≒	規則(きそく) 규칙
□ くたびれる 지치다, 피로하다	≒	つかれる 피로하다
□ 混雑(こんざつ)している 혼잡하다	≒	客(きゃく)がたくさんいる 손님이 많이 있다
□ たまっている 쌓여 있다	≒	たくさん残(のこ)っている 많이 남아 있다
□ 短気(たんき)だ 성질이 급하다	≒	すぐ怒(おこ)る 바로 화내다
□ 単純(たんじゅん)だ 단순하다	≒	わかりやすい 알기 쉽다
□ まご 손자	≒	娘(むすめ)の息子(むすこ) 딸의 아들

memo

43 기출어휘 확인문제 유의표현

해설집 22쪽

問題 4 ＿＿＿に意味が最も近いものを、１・２・３・４から一つえらびなさい。

1 父からおこづかいをもらいました。

1 お菓子(かし)　2 お金(かね)　3 おもちゃ　4 おみやげ

2 学校では生徒(せいと)にもっと本を読むように指導(しどう)している。

1 おぼえて　2 おしえて　3 はずれて　4 ながれて

3 服装(ふくそう)についてのきまりは特にありません。

1 規則(きそく)　2 秘密(ひみつ)　3 計画(けいかく)　4 連絡(れんらく)

4 今回の仕事はとてもきつい。

1 おもしろい　2 つまらない　3 簡単(かんたん)だ　4 大変(たいへん)だ

5 あきらめるのはまだ早い。

1 おきる　2 おえる　3 はじめる　4 やめる

6 仕事がたまっている。

1 ほとんど無(な)くなっている　2 だいぶ片(かた)づいている
3 順調(じゅんちょう)に進(すす)んでいる　4 たくさん残(のこ)っている

7 夜空(よぞら)に星(ほし)がかがやいています。

1 光(ひか)って　2 揺(ゆ)れて　3 汚(よご)れて　4 止(と)まって

8 なべの中にはスープが多少(たしょう)残(のこ)っている。

1 とても　2 ちょっと　3 ときどき　4 いつも

9 私は団体(だんたい)で行動(こうどう)した。

1 一人で　2 グループで　3 歩いて　4 タクシーで

10 このごろあまり食欲(しょくよく)がない。

1 最初(さいしょ)　2 最後(さいご)　3 最近(さいきん)　4 最新(さいしん)

답 1② 2② 3① 4④ 5④ 6④ 7① 8② 9② 10③

44 기출어휘 확인문제 유의표현

해설집 22쪽

問題 4 ＿＿＿に意味が最も近いものを、1・2・3・4から一つえらびなさい。

1 アンケートの用紙を<u>回収(かいしゅう)しました</u>。

1 あつめました　2 しまいました　3 むすびました　4 かえました

2 母は今<u>キッチン</u>にいます。

1 居間(いま)　2 屋上(おくじょう)　3 台所(だいどころ)　4 部屋(へや)

3 その馬(うま)は全速力(ぜんそくりょく)で<u>駆(か)けて</u>きた。

1 走って　2 登って　3 入って　4 集まって

4 彼は<u>あらゆる</u>機会(きかい)を利用(りよう)した。

1 一(ひと)つの　2 すべての　3 難(むずか)しい　4 簡単(かんたん)な

5 パーティーの食べ物が<u>あまりました</u>。

1 多すぎて残りました　2 少し足りませんでした

3 とてもおいしかったです　4 そんなにおいしくなかったです

6 まだそれほど時間は<u>たって</u>いない。

1 すぎて　2 あきて　3 くんで　4 はえて

7 冷蔵庫(れいぞうこ)を置く<u>位置</u>を教えてください。

1 地位(ちい)　2 地方(ちほう)　3 近所(きんじょ)　4 場所(ばしょ)

8 あかちゃんが目をさまさないように<u>そっと</u>歩いてください。

1 きれいに　2 しずかに　3 単純(たんじゅん)に　4 簡単(かんたん)に

9 最近、この川は水が<u>へった</u>気がします。

1 多くなった　2 きれいになった　3 少なくなった　4 きたなくなった

10 休みが<u>明けたら</u>、また連絡(れんらく)します。

1 きまったら　2 おわったら　3 とれたら　4 はじまったら

답 1① 2③ 3① 4② 5① 6① 7④ 8② 9③ 10②

45 기출어휘 확인문제 유의표현

해설집 23쪽

問題４ ＿＿＿に意味が最も近いものを、１・２・３・４から一つえらびなさい。

1 手紙より電話で連絡(れんらく)するほうが楽(らく)だ。
1 たのしい　2 うれしい　3 簡単(かんたん)だ　4 短気(たんき)だ

2 人から聞いた話をそのまま話しました。
1 何も変えないで　2 自分のことばで　3 急いで　4 少し後で

3 うっかり先生の前でまずいことをしゃべってしまった。
1 聞いて　2 話して　3 どなって　4 きれて

4 彼女は逆(ぎゃく)のほうに行ったよ。
1 反対(はんたい)　2 外(そと)　3 遠(とお)く　4 奥(おく)

5 彼はまったくお酒を飲みません。
1 あまり　2 ぜんぜん　3 まだ　4 もう

6 今日はとてもくたびれた。
1 こまった　2 はずかしかった　3 つかれた　4 いそがしかった

7 カレーライスを注文(ちゅうもん)しました。
1 たのみました　2 くわえました　3 おぼえました　4 かさねました

8 われわれには共通点が多い。
1 ちがうところ　2 おなじところ　3 わるいところ　4 よいところ

9 私は妻(つま)といっしょに通勤している。
1 勉強に行って　2 仕事に行って　3 散歩(さんぽ)に行って　4 買い物に行って

10 このスポーツのルールは単純(たんじゅん)だ。
1 あまり知られていない　2 わかりにくい
3 よく知られている　4 わかりやすい

답 1③ 2① 3② 4① 5② 6③ 7① 8② 9② 10④

46 기출어휘 확인문제 유의표현

해설집 23쪽

問題 4 ＿＿＿に意味が最も近いものを、１・２・３・４から一つえらびなさい。

1 野菜(やさい)の価格(かかく)が上(あ)がった。

1 結果(けっか)　2 返事(へんじ)　3 都合(つごう)　4 値段(ねだん)

2 このファイルを整理(せいり)してください。

1 あきらめて　2 かたづけて　3 たずねて　4 くらべて

3 問題を解決するための手段を考えてみた。

1 乗り気　2 乗り物　3 やる気　4 やり方

4 駅まで歩いて約10分ほどだ。

1 たぶん　2 つまり　3 たいへん　4 だいたい

5 森(もり)さんは会社に遅れそうになってあわてて家を出た。

1 がっかりしたようすで　2 急いだようすで
3 困ったようすで　4 疲れたようすで

6 彼とはさっき話したばかりです。

1 少し前に　2 だいぶ前に　3 内緒(ないしょ)にして　4 そっと

7 答えを確(たし)かめてから出してください。

1 カバーして　2 オーバーして　3 ヒントして　4 チェックして

8 彼は年中(ねんじゅう)いそがしい。

1 ときどき　2 ほとんど　3 たまに　4 いつも

9 彼の最大の欠点はすぐにあきらめることだ。

1 わるいところ　2 きついところ　3 大変(たいへん)なところ　4 単純(たんじゅん)なところ

10 きのうまごが遊(あそ)びに来た。

1 むすめのいとこ　2 子どもの兄(あに)　3 むすめのむすこ　4 子どもの姉(あね)

답 1④ 2② 3④ 4④ 5② 6① 7④ 8④ 9① 10③

47 기출어휘 확인문제 유의표현

해설집 24쪽

問題 4 ＿＿＿に意味が最も近いものを、１・２・３・４から一つえらびなさい。

1 おかしな夢(ゆめ)を見ました。

1 いろいろな　2 大変(たいへん)な　3 楽(らく)な　4 変(へん)な

2 安部(あべ)さんはだまっていました。

1 何も話さないで　2 何も食べないで　3 勉強しないで　4 寝ないで

3 毎朝トレーニングをしている。

1 準備(じゅんび)　2 競争(きょうそう)　3 質問(しつもん)　4 練習(れんしゅう)

4 まぶしくて看板(かんばん)の字が読めません。

1 小さすぎて　2 暗すぎて　3 薄すぎて　4 明るすぎて

5 そのチームが負(ま)けたと知ってがっかりした。

1 残念(ざんねん)だと思った　2 うれしかった　3 驚(おどろ)いた　4 安心した

6 テレビで日本語をまなんでいる。

1 紹介(しょうかい)している　2 たくさん飾(かざ)っている
3 勉強(べんきょう)している　4 たくさん持(も)っている

7 事故(じこ)が息子(むすこ)の命(いのち)をうばった。

1 どなった　2 たまった　3 取(と)った　4 握(にぎ)った

8 発売した翌年(よくねん)には爆発的(ばくはつてき)にヒットした。

1 次々の年　2 次の年　3 前々の年　4 前の年

9 急いで済ましてください。

1 使わせて　2 終わらせて　3 見せて　4 帰らせて

10 インターネットを安く使うなら、いい案(あん)があるよ。

1 サービス　2 プラン　3 アイデア　4 イメージ

답 1④ 2① 3④ 4④ 5① 6③ 7③ 8② 9② 10③

48 기출어휘 확인문제 유의표현

해설집 24쪽

問題4 ＿＿＿に意味が最も近いものを、1・2・3・4から一つえらびなさい。

1 私のめいは外国に住んでいる。

1 両親(りょうしん)の兄　2 両親(りょうしん)の姉　3 兄弟の息子(むすこ)　4 兄弟の娘(むすめ)

2 絶対(ぜったい)にその手紙を書いてください。

1 かならず　2 さっそく　3 いきなり　4 もちろん

3 時間の経過とともに痛みも次第によくなると思われます。

1 少しでも　2 少しずつ　3 少しあとで　4 少しまえに

4 この責任はすべて私にあります。

1 ほとんど　2 少し　3 全部　4 半分

5 先生にわけを話した。

1 理由(りゆう)　2 秘密(ひみつ)　3 ルール　4 アイデア

6 とてもおそろしい経験をしました。

1 はずかしい　2 たのしい　3 うれしい　4 こわい

7 この店はいつも混雑(こんざつ)している。

1 客(きゃく)がたくさんいる　2 品物(しなもの)がたくさんある
3 客(きゃく)があまりいない　4 品物(しなもの)があまりない

8 川村(かわむら)さんも協力(きょうりょく)してください。

1 急(いそ)いで　2 決(き)めて　3 手伝(てつだ)って　4 がんばって

9 このドラマの中で一番気に入っているエピソードは何ですか。

1 清潔(せいけつ)な　2 きれいな　3 すきな　4 きらいな

10 彼女は日本語がぺらぺらです。

1 あまり書けません　2 上手に書けます　3 あまり話せません　4 上手に話せます

답 1④ 2① 3② 4③ 5① 6④ 7① 8③ 9③ 10④

05 問題 5 용법 공략하기

문제유형 완전분석

제시된 어휘의 올바른 쓰임을 묻는 문제로, 5문항이 출제된다.

알고 풀자!

제시된 어휘가 문장 속에서 바르게 쓰인 것을 찾는 문제로, 문자·어휘 문제 중 가장 난이도가 높다. 제시된 어휘의 뜻과 품사를 정확히 이해하는 것이 중요하다.

예시

問題 5　つぎのことばの使い方として最もよいものを、1・2・3・4から一つえらびなさい。

31 植(う)える

1 道に電灯(でんとう)を植(う)えたので明るくなった。

2 この空港は海に土を植(う)えて造られた。

✓3 近所(きんじょ)の公園(こうえん)にはいろいろな花が植(う)えてある。

4 ケーキにいちごやクリームをたくさん植(う)えた。

해석 근처의 공원에는 여러 가지 꽃이 심어져 있다.

해설 1번은 전등을 세우다(立(た)てる), 2번은 흙을 쌓다(盛(も)る), 4번은 올리다(のせる)가 적당하다.

단어 植(う)える 심다 | 近所(きんじょ) 근처 | 公園(こうえん) 공원

2 용법 기출어휘 2025~2021

2025

□ オーダー 주문	□ 皮(かわ) 껍질	□ 減少(げんしょう) 감소
□ 重大(じゅうだい)だ 중대하다	□ 修理(しゅうり) 수리	□ なつかしい 그립다
□ 握(にぎ)る 쥐다	□ ばらばら 흩어짐	□ 変化(へんか) 변화
□ 目的(もくてき) 목적		

memo

2024

□ あわてる 당황하다, 서두르다
□ 落ち着く(おちつく) 차분해지다, 침착하다
□ 活動(かつどう) 활동
□ 完成(かんせい) 완성
□ ぐっすり 푹
□ 実物(じつぶつ) 실물
□ 性格(せいかく) 성격
□ 知識(ちしき) 지식
□ 内容(ないよう) 내용
□ ひびく 울리다, 울려 퍼지다

memo

2023

- □ 共通(きょうつう) 공통
- □ 交流(こうりゅう) 교류
- □ 渋滞(じゅうたい) 정체
- □ 診察(しんさつ) 진찰
- □ 進歩(しんぽ) 진보
- □ 詰(つ)める 채워 넣다, 담다
- □ 取(と)り消(け)す 취소하다
- □ にこにこ 생긋생긋, 싱글벙글
- □ 話(はな)しかける 말을 걸다
- □ 行(ゆ)き先(さき) 행선지, 목적지

2022

- □ 諦(あきら)める 단념하다
- □ 異常(いじょう)だ 이상하다, 정상이 아니다
- □ 重(かさ)なる 겹치다
- □ 原料(げんりょう) 원료
- □ 盛(さか)んだ 왕성하다, 활발하다
- □ 参加(さんか) 참가
- □ 整理(せいり) 정리
- □ だく 안다
- □ 通(とお)り過(す)ぎる 지나가다
- □ 発展(はってん) 발전

2021

- □ 追(お)い抜(ぬ)く 앞지르다, 추월하다
- □ オーバー 초과
- □ 欠点(けってん) 결점
- □ 支給(しきゅう) 지급
- □ 親(した)しい 친하다
- □ 集合(しゅうごう) 집합
- □ だるい 나른하다
- □ 中古(ちゅうこ) 중고
- □ 詰(つ)める 채워 넣다, 담다
- □ 見本(みほん) 견본

49 기출어휘 확인문제 용법

해설집 25쪽

問題５　つぎのことばの使い方として最もよいものを、１・２・３・４から一つえらびなさい。

1 握る

1　迷子にならないように子どもの手をしっかりと握って歩いた。

2　警察が犯人を握ったので、もう安心です。

3　彼は野球選手になるという長年の夢を握った。

4　その映画は、多くの人の心を握った。

2 知識

1　彼は眼鏡をかけると知識に見えてかっこいい。

2　目が合ったら挨拶するのは知識だ。

3　自動車の自動運転に人工知識が使われている。

4　この本はお金に関する知識を紹介している。

3 重なる

1　今回の旅行は台風の時期と重なるので心配だ。

2　彼は口が重なるので、会議でも、あまり発言しない。

3　テストがあるので、学校に行くのは気が重なる。

4　彼女に、リーダーを任せるのは荷が重なるだろう。

4 中古

1　池田さんは大学では私より２年中古でした。

2　昨日、店で中古のパソコンをとても安く買った。

3　石原さんは小学校時代からの中古の友達です。

4　同じ高校を卒業した２人は中古の友情で結ばれている。

5 修理

1　毎日、お風呂に入った後に肌の修理をします。

2　プラスチックはゴミとしてすてないで、修理してください。

3　今、私の車は修理中なので、使えません。

4　間違えた問題は、もう１回修理します。

답 1① 2④ 3① 4② 5③

50 기출어휘 확인문제 용법

해설집 25쪽

問題5　つぎのことばの使い方として最もよいものを、１・２・３・４から一つえらびなさい。

1 減少(げんしょう)

1　過去10年間この市の人口は絶(た)えず減少(げんしょう)してきた。

2　私の成績(せいせき)はクラスで15番まで減少(げんしょう)してしまった。

3　日本旅行のために今おこづかいを減少(げんしょう)している。

4　豊作(ほうさく)のおかげでキャベツの値段(ねだん)が減少(げんしょう)した。

2 活動

1　辞書をもっと活動してください。

2　朝早くから活動すると気持ちがいい。

3　毎朝犬に活動させることにしている。

4　彼は平和な活動を送っている。

3 だるい

1　風邪(かぜ)をひいてとてもだるくなった。

2　今学期の成績はとてもだるかった。

3　窓ガラスがだるいから磨(みが)いてください。

4　川の流れはこのあたりではだるい。

4 進歩

1　建設(けんせつ)工事の進歩は当初(とうしょ)の計画(けいかく)どおりだ。

2　担任(たんにん)の先生のところに進歩相談に行った。

3　日本の自動車産業は海外各地(かくち)に進歩している。

4　彼の英語を話す力はかなり進歩した。

5 変化(へんか)

1　約束の場所を変化(へんか)してもよろしいでしょうか。

2　最新の研究結果をもとに教科書が変化(へんか)された。

3　秋になると、木(こ)の葉(は)が黄色や赤色に変化(へんか)します。

4　引(ひ)っ越(こ)したので、新しい学校に変化(へんか)することになりました。

답 1① 2② 3① 4④ 5③

51 기출어휘 확인문제 용법

해설집 26쪽

問題５　つぎのことばの使い方として最もよいものを、１・２・３・４から一つえらびなさい。

1　あわてる

1　大勢の前で演奏するので、緊張で手があわてた。

2　その映画を見て、感動で心があわてた。

3　今回の大きな地震で窓ガラスがあわてた。

4　キャンプをしていると、火事になりかけてあわてた。

2　性格

1　数学は予想以上に性格がよかった。

2　彼女はりっぱな性格の持ち主だ。

3　そんな人に教師をする性格はない。

4　彼女はおなかをこわしやすい性格だ。

3　交流

1　初めて会った取引先の人と名刺を交流しました。

2　毎年クリスマスには、彼とプレゼントを交流します。

3　大学で色々な国の留学生たちと交流した。

4　彼は３年乗った車のタイヤを交流した。

4　見本

1　電気調理器の見本を読みながら、自動調理機能で料理を作った。

2　掃除機は見本を見てから決めたかったので、お店で買うことにしました。

3　演劇の見本を何度読んでも、覚えることができなかった。

4　彼はドラマや映画にかかわる仕事がしたいと、毎日見本を書いている。

5　重大

1　政府から今夜、重大な発表があるそうです。

2　彼は口が重大なので、秘密は絶対に話しません。

3　彼女の愛が重大で、別れてしまいました。

4　冷蔵庫を移動させたいのに、重大で動きません。

답 1④　2②　3③　4②　5①

52 기출어휘 확인문제 용법

해설집 27쪽

問題5 つぎのことばの使い方として最もよいものを、1・2・3・4から一つえらびなさい。

1 完成

1 彼の病気は完成に治りました。

2 私は彼女のことを完成に信頼しています。

3 夏休みの宿題はほとんど完成している。

4 髪は完成に乾かさないと風邪(かぜ)をひきますよ。

2 落(お)ち着(つ)く

1 電車が駅に落(お)ち着(つ)いたら電話をください。

2 あわてないで落(お)ち着(つ)いて話してください。

3 家のかぎが穴(あな)に落(お)ち着(つ)いた。

4 この商品(しょうひん)は人気がなくて、棚(たな)にずっと落(お)ち着(つ)いている。

3 行き先

1 何かあったら行き先に連絡(れんらく)してください。

2 かならず行き先を言って行ってください。

3 インフルエンザが広い行き先で流行(りゅうこう)した。

4 娘(むすめ)は会社の行き先にアパートを借(か)りている。

4 発展

1 彼女の新作(しんさく)の発展は遅(おく)れている。

2 雪で列車の発展が数時間遅(おく)れた。

3 それは大きな政治事件へと発展した。

4 このレストランからは飛行機の発展がみえる。

5 ばらばら

1 ばらばらの意見を一つにまとめるのは難しい。

2 子どもが木に登(のぼ)ってるのを見てばらばらした。

3 彼女はいつも髪(かみ)の毛(け)がばらばらで、きれいです。

4 キムさんは難しい漢字をばらばら書けて、うらやましい。

답 1③ 2② 3② 4③ 5①

53 기출어휘 확인문제 용법

해설집 27쪽

問題5　つぎのことばの使い方として最もよいものを、1・2・3・4から一つえらびなさい。

1 ぐっすり

1 子どもが熱(ねつ)を出してぐっすりしている。

2 この辺りは人通りが少ないので、夜はぐっすりしている。

3 この小説を読みながらぐっすり泣きそうになった。

4 ストレスで最近はぐっすり眠れていない。

2 共通

1 結婚式(けっこんしき)で初めての共通作業としてケーキカットをした。

2 友達と共通してお金を出し合い、会社を立ち上げた。

3 彼は一人の時間が好きなので共通生活に向いていない。

4 私たちは、スポーツ観戦(かんせん)という共通の趣味(しゅみ)で知り合いました。

3 話しかける

1 警察(けいさつ)に事故を話しかけてください。

2 人とあいさつを話しかけてください。

3 いま忙(いそが)しいから、話しかけないでください。

4 友達と話しかけ、授業(じゅぎょう)に遅(おく)れてしまった。

4 原料

1 この製品の原料は海外から輸入(ゆにゅう)しています。

2 高速道路を利用したので原料を払(はら)います。

3 今日のカレーの原料は玉ねぎと牛肉です。

4 今日は原料を生かした料理を作りたいと思います。

5 オーダー

1 カフェでコーヒーとケーキをオーダーしました。

2 このお店の入り口には韓国商品のオーダーがあります。

3 彼は今回のプロジェクトでオーダーに指名されました。

4 明日は早いので、目覚まし時計の時間を朝6時にオーダーしました。

답 1④ 2④ 3③ 4① 5①

54 기출어휘 확인문제 용법

해설집 28쪽

問題５　つぎのことばの使い方として最もよいものを、１・２・３・４から一つえらびなさい。

1 実物

1 そのお祭りを実物する人でいっぱいだった。

2 彼女が引っ越すといううわさは実物だった。

3 これ以上、嘘(うそ)をつかないで、実物を話してください。

4 彼女は写真より実物の方が可愛いと思う。

2 にこにこ

1 今日は春のように、にこにこして暖かかった。

2 あのレストラン、値段は安いけど味はにこにこだ。

3 彼は今日、デートなので一日中にこにこしています。

4 彼は法律について、にこにこの知識があります。

3 詰(つ)める

1 スーツケースにうまく荷物を詰(つ)める方法を教えてください。

2 おうかがいするときには子どもたちを家に詰(つ)めてまいります。

3 書類の記入は鉛筆(えんぴつ)ではなく、ボールペンで詰(つ)めてください。

4 パーティーに私も詰(つ)めてくださって本当(ほんとう)にありがとうございます。

4 通り過ぎる

1 学校の運動場へ車を通り過ぎないでください。

2 急がないと最終の電車に通り過ぎるよ。

3 このホテルはサービスが通り過ぎている。

4 台風が通り過ぎた後はさわやかに晴れ上がった。

5 皮(かわ)

1 バイクが私の車の皮(かわ)にぶつかった。

2 魚は皮(かわ)にも栄養(えいよう)があるので食べた方がいい。

3 けがをしたので、皮(かわ)を消毒(しょうどく)しました。

4 部屋の皮(かわ)を新しいペンキで塗(ぬ)りなおしました。

답 1④ 2③ 3① 4④ 5②

3 용법 기출어휘 2020~2010

2020

- □ 栄養(えいよう) 영양
- □ 気(き)づく 알아채다, 깨닫다
- □ 滞在(たいざい) 체재, 체류
- □ ふらふら 휘청휘청
- □ 割引(わりびき) 할인

2019

- □ お互(たが)いに 서로
- □ 落(お)ち着(つ)く 진정되다, 안정되다
- □ かき混(ま)ぜる 뒤섞다
- □ 健康(けんこう)だ 건강하다
- □ 参加(さんか) 참가
- □ 中旬(ちゅうじゅん) 중순
- □ 発生(はっせい) 발생
- □ 報告(ほうこく) 보고
- □ ほえる 짖다
- □ 満員(まんいん) 만원

2018

- □ 埋(う)める 묻다, 메우다
- □ 延期(えんき) 연기
- □ 追(お)いつく 따라잡다
- □ 活動(かつどう) 활동
- □ 距離(きょり) 거리
- □ 区別(くべつ) 구별
- □ 建築(けんちく) 건축
- □ 盛(さか)んだ 활발하다
- □ 重大(じゅうだい)だ 중대하다
- □ 知(し)り合(あ)う 서로 알게 되다

2017

- □ 受(う)け取(と)る 수취하다, 받다
- □ かれる 마르다, 시들다
- □ 減少(げんしょう) 감소
- □ 断(ことわ)る 거절하다
- □ 滞在(たいざい) 체재, 체류
- □ 中古(ちゅうこ) 중고
- □ どきどき 두근두근
- □ 引(ひ)き受(う)ける 떠맡다
- □ 分類(ぶんるい) 분류
- □ 身(み)につける 익히다, 습득하다

2016

□ 空(から) (속이) 빔
□ 急(きゅう)だ 급하다, 갑작스럽다
□ 出張(しゅっちょう) 출장
□ 消費(しょうひ) 소비
□ 性格(せいかく) 성격
□ 慰(なぐさ)める 위로하다, 달래다
□ 似合(にあ)う 어울리다, 잘 맞다
□ 沸騰(ふっとう) 끓어오름, 비등
□ 募集(ぼしゅう) 모집
□ 曲(ま)げる 굽히다, 구부리다

2015

□ 預(あず)ける 맡기다
□ 移動(いどう) 이동
□ 親(した)しい 친하다
□ 締(し)め切(き)り 마감
□ 修理(しゅうり) 수리
□ 渋滞(じゅうたい) 정체
□ 新鮮(しんせん)だ 신선하다
□ 清潔(せいけつ)だ 청결하다
□ 混(ま)ぜる 섞다
□ ゆでる 데치다, 삶다

2014

□ 期限(きげん) 기한
□ 縮小(しゅくしょう) 축소
□ 制限(せいげん) 제한
□ たまる 쌓이다
□ 伝(つた)わる 전해지다, 알려지다
□ どなる 고함치다, 호통치다
□ 内容(ないよう) 내용
□ 発展(はってん) 발전
□ 話(はな)しかける 말을 걸다
□ 離(はな)す 떼다, 간격을 벌리다

2013

□ 余(あま)る 남다
□ 建設(けんせつ) 건설
□ 効果(こうか) 효과
□ こぼす 흘리다, 엎지르다
□ 進歩(しんぽ) 진보
□ 早退(そうたい) 조퇴
□ だるい 나른하다, 지루하다
□ 握(にぎ)る 쥐다, 장악하다
□ 発生(はっせい) 발생
□ 身(み)につける 익히다, 습득하다

2012

- □ 暗記(あんき) 암기
- □ 活動(かつどう) 활동
- □ 空(から) (속이) 빔
- □ 緊張(きんちょう) 긴장
- □ 経由(けいゆ) 경유
- □ 通(とお)り過(す)ぎる 지나가다, 통과하다
- □ 訪問(ほうもん) 방문
- □ 募集(ぼしゅう) 모집
- □ 翻訳(ほんやく) 번역
- □ 行(ゆ)き先(さき) 행선지, 목적지

2011

- □ 植(う)える 심다
- □ 受(う)け入(い)れる 받아들이다
- □ 断(ことわ)る 거절하다
- □ ころぶ 넘어지다, 구르다
- □ 指示(しじ) 지시
- □ 正直(しょうじき)だ 정직하다
- □ 性格(せいかく) 성격
- □ そろそろ 이제 슬슬, 이제 곧
- □ 見送(みおく)る 배웅하다
- □ 緩(ゆる)い 느슨하다, 헐렁하다

2010

- □ 落(お)ち着(つ)く 침착하다, 안정되다
- □ 回収(かいしゅう) 회수
- □ 区切(くぎ)る 구분하다, 구획 짓다
- □ 修理(しゅうり) 수리
- □ そっくり 똑 닮음
- □ なだらかだ 완만하다
- □ はかる (무게, 길이, 넓이 등을) 재다
- □ まずしい 가난하다
- □ 未来(みらい) 미래
- □ ユーモア 유머

55 기출어휘 확인문제 용법

해설집 29쪽

問題5　つぎのことばの使い方として最もよいものを、１・２・３・４から一つえらびなさい。

1 割引

1　その市の人口は10年間で20万人から18万人に割引された。
2　あの店にこのクーポンを持っていけば500円割引になる。
3　山田さんは軽い割引でその仕事を引き受けた。
4　つまが髪を割引したのに中村さんは気づかなかった。

2 追いつく

1　その棚は高い所にあるので私には手が追いつかない。
2　ひどい風邪をひいて、レポートの締切りに追いつかなかった。
3　あちこち迷ってわれわれはようやくコンサートホールへ追いついた。
4　小林さんは一生懸命勉強してクラスのみんなに追いついた。

3 空

1　テレビを見る空があるなら、部屋の片付けでもしなさい。
2　飲み終わって空になった缶やペットボトルは、この箱に入れてください。
3　空の計画では工事はとっくに終わっているはずだった。
4　砂糖やミルクを入れた紅茶もおいしいけど、私は空の紅茶の方が好きだ。

4 はなす

1　試験の時は机をはなして並べた。
2　病気が治るまで結婚式をはなした。
3　地震で愛する家族をはなした。
4　進んでいる時計の針を５分はなす。

5 正直

1　この商品の正直な使い方をこれから説明します。
2　この問題は正直な答えがわかりません。
3　内田さんは正直な人で、決してうそは言いません。
4　正直な距離は分かりませんが、10キロぐらいだと思います。

답 1② 2④ 3② 4① 5③

56 기출어휘 확인문제 용법

해설집 30쪽

問題５　つぎのことばの使い方として最もよいものを、１・２・３・４から一つえらびなさい。

1 気づく

1 多くの人が近い将来また大地震が来るのではと気づいている。
2 私は小さい時、看護師になりたいと気づいていた。
3 家に着いた時、財布がなくなっているのに気づいた。
4 この写真を見ると日本で過ごした日々に気づく。

2 距離

1 ２台の車は５センチもないくらいの距離ですれ違った。
2 何秒かの距離で最終電車に乗り遅れてしまった。
3 京都から奈良までの距離はどれくらいありますか。
4 スカートの距離を３センチ短くしてもらった。

3 募集

1 現在、テニス部では部員を募集しています。
2 その資料はあとで募集しますので、持ち帰らないでください。
3 私の町では毎週火曜と土曜にごみを募集しに来ます。
4 私の趣味は、いろいろなおもちゃを募集することです。

4 つたわる

1 難しい試験に見事につたわった。
2 会議の内容を部長につたわってください。
3 合格者の中には私もつたわっている。
4 受話器を通して喜ぶ気配がつたわって来る。

5 そろそろ

1 美術関係の本をそろそろ持っている。
2 そろそろ昼食にしようか。
3 息子もそろそろ大人になった。
4 外はそろそろ雪だった。

답 1③ 2③ 3① 4④ 5②

57 기출어휘 확인문제 용법

해설집 30쪽

問題５　つぎのことばの使い方として最もよいものを、１・２・３・４から一つえらびなさい。

1 栄養

1　この自動車は、スピードは速いが、とても多くの栄養がかかる。
2　人形についてなら彼女はとても栄養がゆたかだ。
3　栄養が偏った食事をしないように気をつけてください。
4　その会社は新商品発売が成功し、どんどん栄養が増えている。

2 埋める

1　熱帯の植物は日本に持ってきて埋めてもたいていはよく育たない。
2　このセーターを全部埋めるには引き出しが小さすぎる。
3　山田さんの家では、生ごみを庭に埋めているそうだ。
4　手が汚れるので、手袋を埋めて作ってください。

3 ゆでる

1　寒かったので、お湯をゆでてお茶を飲みました。
2　このパスタは、お湯に塩を入れて５分間ゆでるとおいしく食べられます。
3　私は長くお風呂にゆでるのが好きです。
4　お腹がすいたので、じゃがいもを油でゆでて食べました。

4 どなる

1　夕方になると市場は次第に活気をどなってくる。
2　電話がどなって目が覚めた。
3　怪我人を見て「救急車を呼べ」とどなった。
4　どなったことに開店と同時に全部売れたそうだ。

5 ゆるい

1　暑さと湿度で彼女はゆるくなった。
2　やせてズボンがゆるくなった。
3　彼女は夫にいつもゆるいことを言う。
4　係の人がゆるく説明してくれた。

답 1③ 2③ 3② 4③ 5②

58 기출어휘 확인문제 용법

해설집 31쪽

問題5　つぎのことばの使い方として最もよいものを、１・２・３・４から一つえらびなさい。

1 滞在（たいざい）

1 この列車（れっしゃ）は仙台（せんだい）で３分間滞在（たいざい）します。

2 少し疲れたので木の下で10分間滞在（たいざい）した。

3 私たちは朝、子どもを両親に滞在（たいざい）してから仕事に出かける。

4 あすから２週間、仕事で大阪（おおさか）に滞在（たいざい）します。

2 延期（えんき）

1 いつもより延期（えんき）して勉強したので、今回の成績（せいせき）は上がった。

2 天気が悪かったので運動会は延期（えんき）された。

3 チェックアウトの時間を午後１時まで延期（えんき）できますか。

4 今朝は具合が悪かったので、会社に行く時間を３時間延期（えんき）した。

3 似合（にあ）う

1 土曜日ならみんなの予定が似合（にあ）うので、その日にパーティーをしましょう。

2 辛すぎて、私の口には似合いませんでした。

3 この税制改革案（ぜいせいかいかくあん）について彼らは首相（しゅしょう）と意見（いけん）が似合（にあ）わなかった。

4 そのスカーフ、小林（こばやし）さんによく似合（にあ）っていますね。

4 たまる

1 仕事が早くすんで半日たまった。

2 つくえの上に古い雑誌がたまっている。

3 ぶつかったが車には傷（きず）がたまらなかった。

4 渋滞（じゅうたい）で車の列がたまったまま動かない。

5 指示（しじ）

1 「トイレはどこにありますか」と店員に指示（しじ）した。

2 「あした映画を見に行こうよ」と友達に指示（しじ）した。

3 「この書類、25部（ぶ）コピーしておいて」と秘書（ひしょ）に指示（しじ）した。

4 「この作文を見ていただけませんか」と先生に指示（しじ）した。

답 1④ 2② 3④ 4② 5③

59 기출어휘 확인문제 용법

해설집 32쪽

問題 5　つぎのことばの使い方として最もよいものを、１・２・３・４から一つえらびなさい。

1　ふらふら

1　あの店のカレーは舌(した)がふらふらするほど辛(から)い。

2　長いこと病気で寝ていたのでまだ足がふらふらする。

3　緊張(きんちょう)のあまり口の中がふらふらなので、うまくスピーチできなかった。

4　暑い中で仕事をしたので汗(あせ)で体中がふらふらだ。

2　区別(くべつ)

1　自分に合った学校を区別(くべつ)するのはほんとうに難(むずか)しい。

2　姉よりこんなにおこづかいが少ないのは区別(くべつ)だと思う。

3　男女の区別(くべつ)に関係(かんけい)なく同等(どうとう)の機会が与(あた)えられている。

4　大学では授業を自由に区別(くべつ)することができる。

3　慰(なぐさ)める

1　本当はやりたくなかったが、慰(なぐさ)めて仕事を引き受けることにした。

2　山田(やまだ)さんはコーヒーを飲みながら景色(けしき)を慰(なぐさ)めている。

3　失敗したが、初めてなのだからしょうがないと自分を慰(なぐさ)めた。

4　私たちは結婚(けっこん)10周年を慰(なぐさ)めてシャンパンで乾杯(かんぱい)した。

4　暗記

1　私は７歳のときから暗記をつけている。

2　価格はふたの上に暗記してある。

3　バスの中で英単語を暗記した。

4　その通信文は暗記で書かれていた。

5　見送る

1　電車の窓から景色(けしき)を見送るのが好きだ。

2　何ページか見送ってみたが、難(むずか)しくてわからなかった。

3　毎日かならずメールを見送るようにしている。

4　姿(すがた)が見えなくなるまで恋人(こいびと)を見送った。

답　1②　2③　3③　4③　5④

60 기출어휘 확인문제 용법

해설집 33쪽

問題5　つぎのことばの使い方として最もよいものを、１・２・３・４から一つえらびなさい。

1　発生する

1　駅前にスーパーが発生するらしい。

2　春になると白い花が庭に発生する。

3　65歳で年金を受け取る権利(けんり)が発生する。

4　友達(ともだち)の活躍(かつやく)が新聞に発生している。

2　分類(ぶんるい)

1　エアコンの代金(だいきん)を６回に分類(ぶんるい)して払(はら)うことにした。

2　この辺(あた)りは、歩道と車道が分類(ぶんるい)されていない。

3　インフルエンザウイルスはＡ型、Ｂ型、Ｃ型の３つに分類(ぶんるい)される。

4　人間と動物を分類(ぶんるい)しているものの一つは言語の使用だ。

3　修理(しゅうり)

1　仕事に行く途中で車が修理(しゅうり)してしまった。

2　うちの会社でも人員の修理(しゅうり)が始まった。

3　この機械(きかい)は修理(しゅうり)できないほどこわれている。

4　この料理は修理(しゅうり)にたいへん手間(てま)がかかる。

4　あまる

1　あまったパンは捨(す)てず鳥にやる。

2　このデパートは夜８時半にあまる。

3　広場にはおおぜいの人があまっている。

4　迷惑(めいわく)をかけたので、みんなにあまった。

5　ユーモア

1　山田(やまだ)さんはユーモアがあって、いっしょにいると楽しい。

2　私は映画が好きで、ユーモアした映画をよく見る。

3　きのう友達(ともだち)が貸してくれた本はとてもユーモアだった。

4　彼(かれ)はユーモアに自己紹介(じこしょうかい)をして、名前を覚(おぼ)えてもらった。

답　1③　2③　3③　4①　5①

61 기출어휘 확인문제 용법

해설집 33쪽

問題５　つぎのことばの使い方として最もよいものを、１・２・３・４から一つえらびなさい。

1 まぜる

1　実験は失敗をまぜた結果、ついに中止された。

2　贈り物をリボンでまぜてきれいに飾った。

3　国内産に外国産の米をまぜて売っている。

4　小説の最後を印象的な場面でまぜている。

2 どきどき

1　初めて彼女の手を握ったときは胸がどきどきした。

2　シャンデリアがどきどき揺れていると思ったら地震だった。

3　病気になると体がどきどきすることがある。

4　部屋がとても静かなので、時計のどきどきする音が聞こえる。

3 移動

1　ここで予定を移動して最新のニュースをお伝えします。

2　そのつくえを左へ移動してください。

3　祖父は若いころブラジルに移動した。

4　来週、事務所を移動します。

4 早退

1　きのうは頭が痛かったので会社を早退した。

2　２週間前に早退して体調もよくなってきた。

3　早退後は妻とのんびり田舎で暮らすつもりだ。

4　治療が終わったので、来週早退することになりました。

5 回収

1　彼女は私の質問に手紙で回収した。

2　疲労回収のためにオレンジジュースを飲んだ。

3　答案用紙はすべて回収した。

4　その会社は今、事務員を回収している。

답 1③ 2① 3② 4① 5③

62 기출어휘 확인문제 용법

해설집 34쪽

問題５　つぎのことばの使い方として最もよいものを、１・２・３・４から一つえらびなさい。

1　満員

1　講座は満員を越したので受け付けを締め切った。

2　コンピューターの故障で仕事が満員している。

3　彼の家の辺りは細い道が満員でわかりにくい。

4　電車が満員で乗れなかった。

2　身につける

1　ちちは再就職(さいしゅうしょく)するために何か技術(ぎじゅつ)を身につけたいと言っている。

2　卒業(そつぎょう)する生徒たちはみな手に花束(はなたば)を身につけていた。

3　彼女は毎日２度、犬を身につけて散歩に出る。

4　私は栄養(えいよう)を身につけているので、とても健康(けんこう)だ。

3　あずける

1　部下がかぎを私にあずけたまま取りに来ない。

2　彼は私の大切な書類をあずけてくれた。

3　困った時、友達にずいぶんあずけてもらった。

4　雑誌で紹介されたレストランをあずけた。

4　建設

1　家に太陽熱暖房(だんぼう)を建設してもらった。

2　海外で建設された車を買った。

3　新しい体育館が建設された。

4　この工場では車の部品を建設している。

5　そっくり

1　夫(おっと)と息子(むすこ)は顔だけでなく声までもそっくりだ。

2　私と祖母(そぼ)の誕生日(たんじょうび)はそっくりだ。

3　父は毎朝そっくりの時間に会社に行く。

4　私にそっくりのサイズの服(ふく)が見つかった。

답　1④　2①　3①　4③　5①

63 기출어휘 확인문제 용법

해설집 35쪽

問題５ つぎのことばの使い方として最もよいものを、１・２・３・４から一つえらびなさい。

1 ほえる

1 ベルがほえると鈴木(すずき)さんは玄関へ飛んでいった。

2 夜中に犬がきゃんきゃんほえて目が覚めた。

3 待合室には静かで心地よい音楽がほえている。

4 先生が私の作文をほえてくれました。

2 制限(せいげん)

1 ダイエット中なので、甘いものを制限(せいげん)しています。

2 私は昨日、夜９時までに帰るという家の制限(せいげん)を破(やぶ)ってしまいました。

3 制限(せいげん)の切れた食品を食べるとお腹(なか)が痛くなる可能性があります。

4 このレポートの制限(せいげん)は来週の月曜日(げつようび)までです。

3 清潔(せいけつ)

1 自分の気持ちを清潔(せいけつ)に伝えるのはむずかしい。

2 治安もよく、道路も常に掃除されていて清潔(せいけつ)だ。

3 手術後２週間で清潔(せいけつ)な健康状態に戻った。

4 その夜、何をしていたかの清潔(せいけつ)な記憶がない。

4 訪問

1 ここ数年で通信手段は驚(おどろ)くほど訪問した。

2 会議は訪問より30分早く終わった。

3 私たちはまだ訪問の答えをもらっていない。

4 彼は就職(しゅうしょく)のための会社訪問を始めた。

5 まずしい

1 彼女(かのじょ)は息子(むすこ)をまずしくしかった。

2 彼女(かのじょ)はまずしい家に生まれた。

3 この料理はまずしくて食べたくない。

4 ダイヤはまずしいほどきらきらと輝(かがや)いた。

답 1② 2① 3② 4④ 5②

64 기출어휘 확인문제 용법

해설집 35쪽

問題５　つぎのことばの使い方として最もよいものを、１・２・３・４から一つえらびなさい。

1　かき混ぜる

1　パーティーの出席者はほとんどが男性で、数名だけ女性がかき混ぜていた。
2　コーヒーに砂糖を入れ、スプーンでゆっくりかき混ぜた。
3　きみの捜していた書類が私のファイルにかき混ぜていた。
4　この大学は３つの学部がかき混ぜられている。

2　断(ことわ)る

1　どんなにつらくても希望を断(ことわ)ってはいけない。
2　私は50歳の時、勤めていた銀行を断(ことわ)って、農業を始めた。
3　半年間も行方不明だった息子が生きて帰ってきた時には、自分の目が断(ことわ)られなかった。
4　彼はひどい格好をしていたので、レストランに入るのを断(ことわ)られた。

3　新鮮(しんせん)

1　ボランティアは新鮮(しんせん)な気持ちだけでは続かない。
2　新鮮(しんせん)な気持ちで言ったが相手にされなかった。
3　両親が新鮮(しんせん)な顔で先生と相談している。
4　新鮮(しんせん)な食材を使った料理はとても味がいい。

4　翻訳(ほんやく)

1　このひらがなをカタカナに翻訳(ほんやく)してください。
2　その小説は日本語の翻訳(ほんやく)で読んだ。
3　２人は翻訳(ほんやく)を交(か)わさず目と目で合図(あいず)した。
4　そんなことは遅刻(ちこく)の翻訳(ほんやく)にならない。

5　なだらか

1　なだらかに見える山だが、実際(じっさい)は岩(いわ)だらけだ。
2　このなしは口当たりのよい甘さとなだらかな食感が特長(とくちょう)だ。
3　冷房の利(き)いた室内はなだらかで、外の暑さがうそのようだ。
4　親にとってわが子がいちばんかわいいのはなだらかだ。

답 1②　2④　3④　4②　5①

65 기출어휘 확인문제 용법

해설집 36쪽

問題 5　つぎのことばの使い方として最もよいものを、１・２・３・４から一つえらびなさい。

1　中旬

1　次の大会ではこの若い選手たちがチームの中旬になります。

2　この会社の社員はほとんどが20代か50代で中旬がいません。

3　妹は７月中旬に日本へ帰国します。

4　湖の中旬に小さな島があります。

2　知り合う

1　この取扱(とりあつかい)説明書をよく読んで知り合ってから本品を使用してください。

2　この近くにこんな大きな公園があるとはつい２、３日前まで知り合わなかった。

3　山下(やました)さんとはピアノ教室で知り合った。

4　田中(たなか)さんに手を振(ふ)ったけれど、田中(たなか)さんは知り合わなかった。

3　消費(しょうひ)

1　日ごろからこまめに運動(うんどう)してカロリーの消費(しょうひ)に努(つと)めている。

2　この薬は食べ物を消費(しょうひ)するのを助ける。

3　山本(やまもと)さんは多忙(たぼう)なスケジュールを予定どおり消費(しょうひ)している。

4　この問題の消費(しょうひ)をあやまると私は苦(くる)しい立場(たちば)になる。

4　緊張(きんちょう)

1　緊張(きんちょう)のときの連絡先(れんらくさき)を決(き)める。

2　試合時間が近づくにつれて緊張(きんちょう)が高まった。

3　彼はあくまで自分は正しいと緊張(きんちょう)した。

4　みなが君の将来(しょうらい)に緊張(きんちょう)している。

5　はかる

1　八百屋(やおや)はスイカを一つ一つ手で重さをはかった。

2　りんごの数をはかってみたら、12個あった。

3　この宿題(しゅくだい)は１時間ぐらいで終わるとはかっている。

4　先月の生活費(せいかつひ)を電卓(でんたく)ではかってみた。

답　1③　2③　3①　4②　5①

66 기출어휘 확인문제 용법

해설집 37쪽

問題5　つぎのことばの使い方として最もよいものを、１・２・３・４から一つえらびなさい。

1　引き受ける

1　きみの風邪を引き受けたようで、私も熱が出た。

2　忘年会の幹事を引き受けることにした。

3　私の学校では遅刻をきびしく引き受けている。

4　あらゆる製品は出荷される前に入念な検査を引き受ける。

2　縮小

1　米の生産量は去年より縮小した。

2　車内では声を縮小してください。

3　工場の規模を縮小する必要がある。

4　日本の人口は少しずつ縮小している。

3　かれる

1　１週間以上も水やりを忘れたので、庭の花がかれてしまった。

2　もうすぐおもちがかれるから、待っていてください。

3　息子が作った雪だるまも夕方にはかれてしまった。

4　このコピー機はかれているので、あちらにあるのを使ってください。

4　制限

1　その地方には独特の家族制限が残っている。

2　女子高に行くならおしゃれな制限のところがいい。

3　むすめは母親の制限を振り切って家を出た。

4　今回の求人募集に年齢の制限はない。

5　未来

1　内田さんは未来何になりたいですか。

2　未来の夢は医者になることです。

3　いつ来られるか、未来の都合を教えてください。

4　このままではわれわれに未来はない。

답 1② 2③ 3① 4④ 5④

제 2 장

문자·어휘

예상 공략편

예상어휘 공략하기

01 예상어휘 공략하기

1 명사

あ

- □ 合間(あいま) 틈, 짬
- □ 青信号(あおしんごう) 청신호
- □ 赤信号(あかしんごう) 적신호
- □ 悪意(あくい) 악의
- □ 悪条件(あくじょうけん) 악조건
- □ 朝日(あさひ) 아침 해, 아침 햇살
- □ 足音(あしおと) 발소리
- □ 足場(あしば) 발디딜 곳, 토대, 기반
- □ 当(あ)たり 맞음, 명중
- □ あて先(さき) 수신인
- □ 油(あぶら) 기름
- □ 暗証番号(あんしょうばんごう) 비밀번호
- □ 安定(あんてい) 안정
- □ 意思(いし) 의사, 의지
- □ 医師(いし) 의사
- □ 意識(いしき) 의식
- □ 泉(いずみ) 샘
- □ 痛(いた)み 아픔
- □ 一度(いちど) 한 번
- □ 一部(いちぶ) 일부, 일부분
- □ 一部分(いちぶぶん) 일부분
- □ 一生(いっしょう) 일생
- □ 一帯(いったい) 일대
- □ 一杯(いっぱい) 한 잔
- □ 一般(いっぱん) 일반
- □ 一方(いっぽう) 한편, 한쪽
- □ 移転(いてん) 이전
- □ 移動(いどう) 이동
- □ 以内(いない) 이내
- □ 居眠(いねむ)り 앉아서 졺, 말뚝잠
- □ 命(いのち) 목숨
- □ 今(いま)ごろ 지금쯤
- □ 以来(いらい) 이후
- □ 入(い)り口(ぐち) 입구
- □ 飲酒(いんしゅ) 음주
- □ 受付(うけつけ) 접수(처)
- □ 受(う)け取(と)り 수취함, 받음
- □ 打(う)ち合(あ)わせ 협의, 미리 상의함
- □ 宇宙(うちゅう) 우주
- □ 売上(うりあげ) 매상
- □ 売(う)り切(き)れ 품절
- □ 雨量(うりょう) 강우량
- □ 運賃(うんちん) 운임
- □ 運命(うんめい) 운명
- □ 永遠(えいえん) 영원
- □ 営業(えいぎょう) 영업
- □ 絵(え)の具(ぐ) 그림물감
- □ 遠足(えんそく) 소풍
- □ 延長(えんちょう) 연장
- □ 応対(おうたい) 응대
- □ 往復(おうふく) 왕복
- □ 大型(おおがた) 대형
- □ お菓子(かし) 과자
- □ 奥(おく) 깊숙한 곳, 속

- □ 屋外(おくがい) 옥외
- □ 屋内(おくない) 옥내, 실내
- □ 親(おや) 부모
- □ お湯(ゆ) 뜨거운 물
- □ 泳(およ)ぎ 수영

か

- □ 開館(かいかん) 개관
- □ 会社員(かいしゃいん) 회사원
- □ 外出(がいしゅつ) 외출
- □ 解説(かいせつ) 해설
- □ 会談(かいだん) 회담
- □ 開店(かいてん) 개점, 개업
- □ 解答(かいとう) 해답
- □ 回答(かいとう) 회답
- □ 開発(かいはつ) 개발
- □ 係(かか)り 담당, 계, 계원
- □ 係員(かかりいん) 담당자
- □ 各自(かくじ) 각자
- □ 各社(かくしゃ) 각 사
- □ 学習(がくしゅう) 학습
- □ 角度(かくど) 각도
- □ 確認(かくにん) 확인
- □ 学歴(がくれき) 학력
- □ 可決(かけつ) 가결
- □ 加減(かげん) 가감
- □ 火山(かざん) 화산
- □ 貸(か)し出(だ)し 대출
- □ 数(かず) 수
- □ 肩(かた) 어깨
- □ 片付(かたづ)け 정리, 정돈
- □ 片道(かたみち) 편도
- □ 勝(か)ち 이김, 승리
- □ かっこう 모습, 모양
- □ 各国(かっこく) 각국
- □ 活躍(かつやく) 활약
- □ 家庭(かてい) 가정
- □ 角(かど) 모퉁이, 모서리
- □ 加入(かにゅう) 가입
- □ 神(かみ) 신
- □ 髪型(かみがた) 머리 모양
- □ 科目(かもく) 과목
- □ から 속이 빔
- □ 皮(かわ) 가죽
- □ 考(かんが)え 생각
- □ 環境(かんきょう) 환경
- □ 感情(かんじょう) 감정
- □ 感心(かんしん) 감탄
- □ 感想(かんそう) 감상
- □ 館内(かんない) 관내
- □ 観念(かんねん) 관념
- □ 管理(かんり) 관리
- □ 着替(きが)え 옷을 갈아입음
- □ 期間(きかん) 기간
- □ 帰国(きこく) 귀국
- □ 記事(きじ) 기사
- □ 気体(きたい) 기체
- □ きっかけ 계기
- □ 記入(きにゅう) 기입
- □ 機能(きのう) 기능
- □ 客(きゃく) 손님
- □ 休業(きゅうぎょう) 휴업
- □ 急増(きゅうぞう) 급증
- □ 急速(きゅうそく) 급속
- □ 給料(きゅうりょう) 급료, 월급
- □ 教育(きょういく) 교육
- □ 業績(ぎょうせき) 업적
- □ 共同(きょうどう) 공동
- □ 共有(きょうゆう) 공유
- □ 許可(きょか) 허가

□ 曲(きょく) 곡	□ 曲名(きょくめい) 곡명	□ 議論(ぎろん) 의논, 논의
□ 緊急(きんきゅう) 긴급	□ 空港(くうこう) 공항	□ 草(くさ) 풀
□ 苦情(くじょう) 불평, 불만	□ 薬(くすり) 약	□ 具体(ぐたい) 구체
□ 具体化(ぐたいか) 구체화	□ 口(くち)ぐせ 입버릇	□ 工夫(くふう) 궁리, 고안
□ 組(くみ) 조, 반	□ 雲(くも) 구름	□ 景気(けいき) 경기
□ 形式(けいしき) 형식	□ 芸能(げいのう) 예능	□ 経費(けいひ) 경비
□ 今朝(けさ) 오늘 아침	□ 景色(けしき) 경치	□ 結果(けっか) 결과
□ 結局(けっきょく) 결국, 결말	□ 結婚(けっこん) 결혼	□ 決定(けってい) 결정
□ 結論(けつろん) 결론	□ 月刊誌(げっかんし) 월간지	□ 煙(けむり) 연기
□ 現役(げんえき) 현역	□ 原価(げんか) 원가	□ 限界(げんかい) 한계
□ 見学(けんがく) 견학	□ 現金(げんきん) 현금	□ 現象(げんしょう) 현상
□ 現代(げんだい) 현대	□ 県庁(けんちょう) 현청〈한국의 도청에 해당〉	□ 限定(げんてい) 한정
□ 件名(けんめい) 건명	□ 恋人(こいびと) 연인, 애인	□ 好意(こうい) 호의
□ 幸運(こううん) 행운	□ 公園(こうえん) 공원	□ 講演(こうえん) 강연
□ 合格(ごうかく) 합격	□ 高学歴(こうがくれき) 고학력	□ 公共(こうきょう) 공공
□ 交際(こうさい) 교제	□ 交差点(こうさてん) 교차로	□ 講師(こうし) 강사
□ 工事(こうじ) 공사	□ 公式(こうしき) 공식	□ 工場(こうじょう) 공장
□ 公正(こうせい) 공정	□ 交代(こうたい) 교대, 교체	□ 交替(こうたい) 교체
□ 交通(こうつう) 교통	□ 行動(こうどう) 행동	□ 後輩(こうはい) 후배
□ 幸福(こうふく) 행복	□ 公務(こうむ) 공무	□ 声(こえ) 목소리
□ 氷(こおり) 얼음	□ 国際(こくさい) 국제	□ 国民(こくみん) 국민
□ 固体(こたい) 고체	□ 国家(こっか) 국가	□ 国会(こっかい) 국회
□ 小遣(こづか)い 용돈	□ 小包(こづつみ) 소포	□ 好(この)み 좋아함, 기호
□ 個別(こべつ) 개별	□ ゴミ箱(ばこ) 쓰레기통	□ 小麦粉(こむぎこ) 밀가루
□ ご覧(らん) 보심	□ 婚約(こんやく) 약혼	

さ

- □ ～際(さい) ～때
- □ ～歳(さい) ～세, ～살
- □ 再開(さいかい) 재개
- □ 再会(さいかい) 재회
- □ 最高(さいこう) 최고
- □ 最終(さいしゅう) 최종
- □ 最大(さいだい) 최대
- □ 最低(さいてい) 최저
- □ 才能(さいのう) 재능
- □ 再利用(さいりよう) 재이용
- □ 先(さき)ほど 아까, 조금 전
- □ 作業(さぎょう) 작업
- □ 昨日(さくじつ) 어제〈きのう로도 읽음〉
- □ 作成(さくせい) 작성
- □ 昨年(さくねん) 작년
- □ 作品(さくひん) 작품
- □ 桜(さくら) 벚꽃, 벚나무
- □ 座席(ざせき) 좌석
- □ 作曲(さっきょく) 작곡
- □ 差別(さべつ) 차별
- □ 作用(さよう) 작용
- □ 参考(さんこう) 참고
- □ 算数(さんすう) 산수
- □ 産地(さんち) 산지
- □ 残念(ざんねん) 유감스러움
- □ 幸(しあわ)せ 행복
- □ 寺院(じいん) 사원
- □ 司会(しかい) 사회
- □ 資格(しかく) 자격
- □ 時間割(じかんわり) 시간표
- □ 式(しき) 식
- □ 時期(じき) 시기
- □ 式場(しきじょう) 식장
- □ 時給(じきゅう) 시급
- □ 事件(じけん) 사건
- □ 時刻(じこく) 시각, 시간
- □ 指示(しじ) 지시
- □ 地震(じしん) 지진
- □ 実現(じつげん) 실현
- □ 実験(じっけん) 실험
- □ 実行(じっこう) 실행
- □ 実際(じっさい) 실제
- □ 実績(じっせき) 실적
- □ 室内(しつない) 실내
- □ 失敗(しっぱい) 실패, 실수
- □ 失望(しつぼう) 실망
- □ 支店(してん) 지점
- □ 視点(してん) 시점
- □ 自転(じてん) 자전
- □ 自動(じどう) 자동
- □ 自動販売機(じどうはんばいき) 자동판매기
- □ 支払(しはら)い 지불
- □ 死亡(しぼう) 사망
- □ 島国(しまぐに) 섬나라
- □ 氏名(しめい) 성명
- □ 指名(しめい) 지명
- □ しめきり 마감
- □ 社員(しゃいん) 사원
- □ 車道(しゃどう) 차도
- □ 車内(しゃない) 차내
- □ じゃま 방해
- □ 周囲(しゅうい) 주위
- □ 習慣(しゅうかん) 습관
- □ 重視(じゅうし) 중시
- □ 充実(じゅうじつ) 충실
- □ 収集(しゅうしゅう) 수집
- □ 住宅(じゅうたく) 주택
- □ 集団(しゅうだん) 집단
- □ 収入(しゅうにゅう) 수입
- □ 週末(しゅうまつ) 주말
- □ 住民(じゅうみん) 주민
- □ 重役(じゅうやく) 중역

□ 終了(しゅうりょう) 종료
□ 受験(じゅけん) 수험
□ 出版(しゅっぱん) 출판
□ 使用(しよう) 사용
□ 条件(じょうけん) 조건
□ 小数(しょうすう) 소수
□ 証明(しょうめい) 증명
□ 女王(じょおう) 여왕
□ 職場(しょくば) 직장
□ 書類(しょるい) 서류
□ 視力(しりょく) 시력
□ 新幹線(しんかんせん) 신칸센〈일본 고속철도〉
□ 身体(しんたい) 신체, 몸
□ 新入生(しんにゅうせい) 신입생
□ 信用(しんよう) 신용
□ 数字(すうじ) 숫자
□ 姿(すがた) 모습
□ 住(す)まい 주거
□ 成功(せいこう) 성공
□ 生存(せいぞん) 생존
□ 制度(せいど) 제도
□ 政府(せいふ) 정부
□ 性別(せいべつ) 성별
□ 責任(せきにん) 책임
□ 全員(ぜんいん) 전원

□ 重量(じゅうりょう) 중량
□ 出身(しゅっしん) 출신
□ 主役(しゅやく) 주역
□ 乗客(じょうきゃく) 승객
□ 上司(じょうし) 상사
□ 状態(じょうたい) 상태
□ 正面(しょうめん) 정면
□ 職員(しょくいん) 직원
□ 食欲(しょくよく) 식욕
□ 知(し)り合(あ)い 아는 사람, 아는 사이
□ 進学(しんがく) 진학
□ 信号(しんごう) 신호
□ 新入(しんにゅう) 신입, 신참
□ 新年(しんねん) 신년
□ 進路(しんろ) 진로
□ 数人(すうにん) 몇 사람, 수명
□ 勧(すす)め 권유
□ 成果(せいか) 성과
□ 生産(せいさん) 생산
□ 成長(せいちょう) 성장
□ 青年(せいねん) 청년
□ 生物(せいぶつ) 생물
□ 生命(せいめい) 생명
□ 節約(せつやく) 절약
□ 全会(ぜんかい) 전회, 회원 전체

□ 宿泊(しゅくはく) 숙박
□ 出席(しゅっせき) 출석
□ 順(じゅん) 순서, 차례
□ 上級(じょうきゅう) 상급
□ 乗車券(じょうしゃけん) 승차권
□ 承知(しょうち) 동의, 승낙
□ 将来(しょうらい) 장래
□ 職業(しょくぎょう) 직업
□ 処理(しょり) 처리
□ 私立(しりつ) 사립
□ 新学期(しんがっき) 신학기
□ 人生(じんせい) 인생
□ 新入社員(しんにゅうしゃいん) 신입 사원
□ 新年会(しんねんかい) 신년회
□ 水温(すいおん) 수온
□ 数年(すうねん) 수년, 몇 년
□ 薦(すす)め 추천
□ 生活(せいかつ) 생활
□ 政治(せいじ) 정치
□ 生徒(せいと) 학생〈주로 초·중·고생〉
□ 性能(せいのう) 성능
□ 成分(せいぶん) 성분
□ 正門(せいもん) 정문
□ 背中(せなか) 등
□ 専攻(せんこう) 전공

□ 全国(ぜんこく) 전국
□ 先日(せんじつ) 요전(날)
□ 前日(ぜんじつ) 전날
□ 全日(ぜんじつ) 전일, 하루 종일
□ 前者(ぜんしゃ) 전자
□ 全集(ぜんしゅう) 전집
□ 全身(ぜんしん) 전신
□ 全体(ぜんたい) 전체
□ 洗濯(せんたく) 세탁, 빨래
□ 選択(せんたく) 선택
□ 前半(ぜんはん) 전반
□ 全部(ぜんぶ) 전부
□ 前面(ぜんめん) 전면
□ 全力(ぜんりょく) 전력
□ 増加(ぞうか) 증가
□ 速度(そくど) 속도
□ 速力(そくりょく) 속력
□ 祖父(そふ) 할아버지
□ それぞれ 각자, 제각기
□ 存在(そんざい) 존재

た

□ 対応(たいおう) 대응
□ 体温(たいおん) 체온
□ 退職(たいしょく) 퇴직
□ 態度(たいど) 태도
□ 代表(だいひょう) 대표
□ 太陽(たいよう) 태양
□ 対立(たいりつ) 대립
□ 多数(たすう) 다수
□ 多数決(たすうけつ) 다수결
□ 畳(たたみ) 다다미
□ 達成(たっせい) 달성
□ 頼み(たのみ) 부탁
□ 束(たば) 다발, 뭉치
□ 旅(たび) 여행(길)
□ 卵(たまご) 알, 달걀
□ ためいき 한숨
□ 単位(たんい) 단위
□ 単価(たんか) 단가
□ 短所(たんしょ) 단점
□ 単身(たんしん) 단신, 혼자
□ 男性(だんせい) 남성
□ 断定(だんてい) 단정
□ 担当(たんとう) 담당
□ 担任(たんにん) 담임
□ 地(ち) 땅
□ 地位(ちい) 지위
□ 違い(ちがい) 차이, 틀림
□ 近ごろ(ちかごろ) 요즈음, 최근
□ 地方(ちほう) 지방
□ 中間(ちゅうかん) 중간
□ 中国(ちゅうごく) 중국
□ 中心(ちゅうしん) 중심
□ 中性(ちゅうせい) 중성
□ 中毒(ちゅうどく) 중독
□ 中年(ちゅうねん) 중년
□ 注目(ちゅうもく) 주목
□ 中立(ちゅうりつ) 중립
□ 長所(ちょうしょ) 장점
□ 通学(つうがく) 통학
□ 通行(つうこう) 통행
□ 通信(つうしん) 통신
□ 通用(つうよう) 통용
□ 使い捨て(つかいすて) 한 번 쓰고 버림
□ 使い道(つかいみち) 용도, 쓸모
□ 机(つくえ) 책상
□ 付き合い(つきあい) 사귐, 교제
□ 都合(つごう) 형편, 사정
□ 包み(つつみ) 싼 물건, 꾸러미

- □ つながり 연계, 연결
- □ つなぎ 이음, 막간
- □ 手当(てあて) 수당
- □ 定期(ていき) 정기
- □ 停止(ていし) 정지
- □ 停車(ていしゃ) 정차
- □ 程度(ていど) 정도
- □ 手先(てさき) 손끝, 바로 눈앞
- □ 手続き(てつづき)・手続(てつづき) 수속, 절차
- □ 手間(てま) 수고, 노력
- □ 手前(てまえ) 바로 앞
- □ 天(てん) 하늘
- □ 電線(でんせん) 전선
- □ 電池(でんち) 전지, 건전지
- □ 問い(とい) 물음, 질문
- □ 倒産(とうさん) 도산
- □ 同時(どうじ) 동시
- □ 同窓会(どうそうかい) 동창회
- □ 道路(どうろ) 도로
- □ 得(とく) 이익, 이득
- □ 読書(どくしょ) 독서
- □ 特性(とくせい) 특성
- □ 特徴(とくちょう) 특징
- □ 特定(とくてい) 특정
- □ 得点(とくてん) 득점
- □ 特有(とくゆう) 특유
- □ 登山(とざん) 등산
- □ 都市(とし) 도시
- □ 図書館(としょかん) 도서관
- □ 年寄り(としより) 늙은이, 노인
- □ 土台(どだい) 토대
- □ 都道府県(とどうふけん) 일본의 행정 구역〈1도・1도・2부・43현〉
- □ 徒歩(とほ) 도보
- □ 泊まり(とまり) 묵음, 숙박

な

- □ 内科(ないか) 내과
- □ 長生き(ながいき) 장수
- □ 仲直り(なかなおり) 화해
- □ 長年(ながねん) 긴 세월, 오랜 동안
- □ 半ば(なかば) 절반, 중간
- □ 仲間(なかま) 동료, 동아리
- □ 中身(なかみ)・中味(なかみ) 알맹이, 내용
- □ ながめ 전망, 경치
- □ 苦手(にがて) 서투름, 대하기 싫은 상대
- □ 日時(にちじ) 일시, 날짜
- □ 日刊紙(にっかんし) 일간지
- □ 日課(にっか) 일과
- □ 日中(にっちゅう) 주간, 낮
- □ 日程(にってい) 일정
- □ 二倍(にばい) 두 배
- □ 入場(にゅうじょう) 입장
- □ 入力(にゅうりょく) 입력
- □ 人気(にんき) 인기
- □ 人間(にんげん) 인간
- □ 人数(にんずう) 인원수
- □ 願い(ねがい) 바람, 소원
- □ 年代(ねんだい) 연대
- □ 年長(ねんちょう) 연장
- □ 年度(ねんど) 연도
- □ 年齢(ねんれい) 연령, 나이
- □ 能力(のうりょく) 능력
- □ のり 풀
- □ 乗り越し(のりこし) 타고 가다 목적지를 지나침

は

- □ 配分(はいぶん) 배분
- □ 箱(はこ) 상자
- □ 外れ(はずれ) 빗나감
- □ 畑(はたけ) 밭
- □ 発刊(はっかん) 발간
- □ 発行(はっこう) 발행
- □ 発想(はっそう) 발상
- □ 発送(はっそう) 발송
- □ 発売(はつばい) 발매
- □ 発明(はつめい) 발명
- □ 話し合い(はなしあい) 의논, 교섭
- □ 花束(はなたば) 꽃다발
- □ 花火(はなび) 불꽃, 폭죽
- □ 場面(ばめん) 장면
- □ 早起き(はやおき) 일찍 일어남
- □ ばら 장미
- □ 半音(はんおん) 반음
- □ 反対(はんたい) 반대
- □ 半年(はんとし)・半年(はんねん) 반년
- □ 販売(はんばい) 판매
- □ 半面(はんめん) 반면, 다른 한쪽 면
- □ 反面(はんめん) 반면
- □ 日帰り(ひがえり) 당일치기
- □ 光(ひかり) 빛
- □ ～匹(ひき) ～마리〈수에 따라 びき・ぴき로도 읽음〉
- □ 美人(びじん) 미인
- □ 必死(ひっし) 필사
- □ 必要(ひつよう) 필요함
- □ 人差し指(ひとさしゆび) 집게손가락
- □ 一晩(ひとばん) 하룻밤
- □ 一人暮らし(ひとりぐらし) 독신 생활
- □ 秘密(ひみつ) 비밀
- □ ひも 끈
- □ 費用(ひよう) 비용
- □ 美容(びよう) 미용
- □ 評価(ひょうか) 평가
- □ 表現(ひょうげん) 표현
- □ 表示(ひょうじ) 표시
- □ 評判(ひょうばん) 평판
- □ 昼寝(ひるね) 낮잠
- □ 風景(ふうけい) 풍경
- □ 夫婦げんか(ふうふげんか) 부부 싸움
- □ 部下(ぶか) 부하
- □ 付近(ふきん) 부근
- □ 服装(ふくそう) 복장
- □ 夫人(ふじん) 부인〈남의 아내의 경칭〉
- □ 婦人(ふじん) 부인, 여성
- □ 無事(ぶじ) 무사함
- □ 不足(ふそく) 부족
- □ ふた 뚜껑, 덮개
- □ 普段(ふだん) 평소, 일상
- □ 布団(ふとん) 이불, 요
- □ 部品(ぶひん) 부품
- □ 不平(ふへい) 불평
- □ 不明(ふめい) 불명
- □ 分(ぶん) 분, 몫
- □ 分解(ぶんかい) 분해
- □ 分野(ぶんや) 분야
- □ 米国(べいこく) 미국
- □ 閉店(へいてん) 폐점
- □ 変更(へんこう) 변경
- □ 返信(へんしん) 회신
- □ 貿易(ぼうえき) 무역
- □ 方言(ほうげん) 방언
- □ 方針(ほうしん) 방침
- □ 忘年会(ぼうねんかい) 망년회, 송년회
- □ 星(ほし) 별
- □ 保存(ほぞん) 보존

□ 骨(ほね) 뼈
□ 本式(ほんしき) 본식, 정식
□ 本日(ほんじつ) 금일, 오늘
□ 本人(ほんにん) 본인

ま

□ 毎度(まいど) 매번
□ 前髪(まえがみ) 앞머리
□ 負け(ま) 짐, 패배
□ 街(まち) (번화한) 거리, 상가 따위가 밀집된 곳
□ 待ち合わせ(ま あ) (약속하여) 만나기로 함
□ 間違い(ま ちが) 틀림, 실수, 오류
□ 窓(まど) 창문
□ 窓口(まどぐち) 창구
□ 満点(まんてん) 만점
□ 身(み) 몸, 신체
□ 実(み) 열매, 과실
□ 見合(み あい) 맞선
□ 見かけ(み) 외관, 겉보기
□ 見方(み かた) 보기, 견해, 생각
□ 味方(み かた) 자기 편, 아군
□ みそ 된장
□ 未定(み てい) 미정
□ 実り(みの) 결실, 소득, 성과
□ 名字(みょう じ) 성씨, 성
□ 民家(みん か) 민가
□ 無(む) 무, 헛됨
□ 向かい(む) 건너편, 맞은편
□ 昔(むかし) 옛날
□ 向き(む) 취지, 경향
□ 無効(む こう) 무효
□ 虫(むし) 벌레
□ 無名(む めい) 무명
□ 無料(む りょう) 무료
□ 名詞(めい し) 명사
□ 名刺(めい し) 명함
□ 迷惑(めいわく) 폐
□ 面会(めんかい) 면회
□ 免許(めんきょ) 면허
□ 面接(めんせつ) 면접
□ 申し出(もう で) 신청, 제의
□ 文字(も じ) 문자
□ 物事(ものごと) 물건과 일, 모든 일
□ 門(もん) 문

や

□ 役所(やくしょ) 관청, 관공서
□ 役目(やく め) 임무, 역할
□ 役割(やくわり) 역할
□ 勇気(ゆう き) 용기
□ 優勝(ゆうしょう) 우승
□ 夕食(ゆうしょく) 저녁밥, 저녁 식사
□ 友人(ゆうじん) 친구
□ 有料(ゆうりょう) 유료
□ 行方(ゆくえ) 행방
□ 輸入量(ゆ にゅうりょう) 수입량
□ 指(ゆび) 손가락, 발가락
□ 容易(よう い) 용이함
□ 用具(よう ぐ) 용구, 도구
□ 用件(ようけん) 용건
□ 用紙(よう し) 용지
□ 様子(よう す) 모양, 상황
□ 用途(よう と) 용도
□ 曜日(よう び) 요일

□ 用品(ようひん) 용품　□ 用法(ようほう) 용법　□ 汚れ(よごれ) 더러움
□ 予算(よさん) 예산　□ 夜中(よなか) 한밤중

ら

□ 落選(らくせん) 낙선　□ 落第(らくだい) 낙제　□ 利益(りえき) 이익
□ 理科(りか) 이과　□ 理解(りかい) 이해　□ 理想(りそう) 이상
□ 留学(りゅうがく) 유학　□ 寮(りょう) 기숙사　□ 量(りょう) 양
□ 両国(りょうこく) 양국　□ 両親(りょうしん) 양친, 부모　□ 留守番(るすばん) 빈 집을 지킴, 집보기
□ 例(れい) 예, 늘, 여느　□ 例外(れいがい) 예외　□ 礼儀(れいぎ) 예의
□ 歴史(れきし) 역사　□ 列車(れっしゃ) 열차　□ 列島(れっとう) 열도
□ 恋愛(れんあい) 연애　□ 連休(れんきゅう) 연휴　□ 連続(れんぞく) 연속
□ 老人(ろうじん) 노인　□ 労働(ろうどう) 노동　□ 録音(ろくおん) 녹음
□ 論文(ろんぶん) 논문

わ

□ 若者(わかもの) 젊은이, 청년　□ 別れ(わかれ) 헤어짐, 이별　□ わさび 고추냉이
□ 話題(わだい) 화제　□ 割り勘(わりかん) 각자 부담　□ われわれ 우리들

2 동사

あ

□ 愛する(あいする) 사랑하다　□ 上がる(あがる) 들어오다, 들어가다　□ 上がる(あがる) (비 따위가) 그치다, 멈추다
□ 上がる(あがる) (일 따위가) 끝나다　□ 空ける(あける) 틈·시간을 내다　□ 預かる(あずかる) 맡다, 보관하다

- ☐ 温(あたた)まる 훈훈해지다
- ☐ あてはまる 들어맞다
- ☐ あびる (물을) 들쓰다, 끼얹다
- ☐ 言(い)い返(かえ)す 말을 되받다
- ☐ 言(い)い出(だ)す 말을 꺼내다
- ☐ いじめる 괴롭히다
- ☐ 痛(いた)む 아프다, 괴롭다
- ☐ 受(う)かる 합격하다, 붙다
- ☐ 受(う)ける 받다
- ☐ 動(うご)かす 움직이다, 옮기다
- ☐ 失(うしな)う 잃어버리다, 놓치다
- ☐ 打(う)ち合(あ)わせる 미리 상의하다
- ☐ 映(うつ)る 비치다, 영상이 나타나다
- ☐ うらやむ 부러워하다
- ☐ 売(う)れる (잘) 팔리다
- ☐ 得(え)る 얻다
- ☐ 応(おう)じる・応(おう)ずる 응하다, 따르다
- ☐ 贈(おく)る 선사하다, 주다
- ☐ 教(おそ)わる 가르침을 받다, 배우다
- ☐ 思(おも)い付(つ)く (문득) 생각이 떠오르다
- ☐ 思(おも)える 생각되다
- ☐ 泳(およ)ぐ 헤엄치다, 수영하다
- ☐ 下(お)ろす (돈 따위를) 찾다

か

- ☐ かける (말 등을) 걸다
- ☐ 欠(か)ける 빠지다
- ☐ 数(かぞ)える 세다
- ☐ 片付(かたづ)く 정돈되다
- ☐ 傾(かたむ)く 기울다
- ☐ 語(かた)る 말하다, 이야기하다
- ☐ 乾(かわ)かす 말리다
- ☐ 感(かん)じる 느끼다
- ☐ 関(かん)する 관하다
- ☐ 着替(きが)える 갈아입다
- ☐ きく 약효가 듣다, 효과가 있다
- ☐ 傷付(きずつ)ける 상처를 입히다
- ☐ 着(き)せる (옷 따위를) 입히다
- ☐ 気付(きづ)く 눈치채다, 깨닫다
- ☐ 決(き)まる 정해지다
- ☐ きれる 다 떨어지다
- ☐ 繰(く)り返(かえ)す 되풀이하다
- ☐ 腰掛(こしか)ける 걸터앉다
- ☐ こぼれる 넘쳐 흐르다
- ☐ 殺(ころ)す 죽이다

さ

- ☐ 捜(さが)す 찾다
- ☐ 咲(さ)く 꽃피다
- ☐ 支(ささ)える 떠받치다, 지탱하다
- ☐ 指(さ)す 가리키다
- ☐ 誘(さそ)う 꾀다, 권유하다, 부르다
- ☐ 覚(さ)ます 깨우다
- ☐ 従(したが)う 따르다
- ☐ 支配(しはい)する 지배하다
- ☐ 支払(しはら)う 지불하다, 치르다
- ☐ 締(し)め切(き)る 마감하다
- ☐ 占(し)める 차지하다
- ☐ しゃべる 수다를 떨다
- ☐ 優(すぐ)れる 뛰어나다
- ☐ 進(すす)む 나아가다
- ☐ 勧(すす)める 권하다

□ 進(すす)める 진척시키다　□ 薦(すす)める 추천하다　□ 座(すわ)る 앉다
□ 接(せっ)する 접하다　□ 攻(せ)める 공격하다　□ 育(そだ)つ 자라다, 성장하다

た

□ 対(たい)する 대하다　□ 高(たか)める 높이다　□ 助(たす)かる 살아나다
□ 達(たっ)する 달하다, 도달하다, 달성하다　□ 例(たと)える 예를 들다, 비유하다　□ 付(つ)く 붙다, 묻다
□ 続(つづ)く 계속되다, 잇따르다　□ つながる 이어지다, 연결되다　□ つなぐ 매다, 묶다, 잇다
□ つなげる 매다, 묶다, 잇다　□ できる 다 되다, 만들어지다　□ 届(とど)く 닿다
□ 取(と)り入(い)れる 받아들이다, 도입하다　□ 取(と)り組(く)む 맞붙다, 몰두하다

な

□ 治(なお)す 고치다, 치료하다　□ 流(なが)す 흘리다, 떠내려 보내다　□ 眺(なが)める 바라보다
□ 名付(なづ)ける 이름짓다　□ 悩(なや)む 고민하다　□ 慣(な)れる 익숙해지다, 사람을 따르다
□ 抜(ぬ)く 뽑다　□ 抜(ぬ)ける 빠지다, 지나다　□ 残(のこ)る 남다
□ 乗(の)せる 태우다　□ 伸(の)ばす 펴다, 성장시키다　□ 伸(の)びる 펴지다, 신장하다
□ 延(の)びる 길어지다, (길이가) 연장되다　□ 述(の)べる 말하다, 진술하다

は

□ 計(はか)る (시간·정도를) 재다　□ 運(はこ)ぶ 운반하다　□ 外(はず)れる 빠지다, 벗어나다
□ 働(はたら)く 일하다　□ 払(はら)い込(こ)む 불입하다　□ 反(はん)する 반하다
□ 引(ひ)き出(だ)す 꺼내다　□ 引(ひ)っ張(ぱ)る 끌다, 끌어당기다　□ 冷(ひ)やす 차게 하다, 식히다
□ 広(ひろ)がる 넓어지다, 확대되다　□ ぶつかる 부딪치다　□ 触(ふ)れる 접촉하다, 닿다
□ 減(へ)らす 줄이다, 덜다

ま

- □ 実る(みの) 열매를 맺다, 여물다
- □ 迎える(むか) 맞이하다
- □ 向き合う(む・あ) 마주 보다, 상대하다
- □ 向く(む) 향하다
- □ 命じる(めい) 명령하다, 임명하다
- □ 申し込む(もう・こ) 신청하다
- □ 持ち歩く(も・ある) 가지고 다니다
- □ 用いる(もち) 사용하다
- □ 持ち帰る(も・かえ) 집에 싸가지고 가다
- □ 求める(もと) 구하다, 사다

や

- □ 辞める(や) 그만두다, 사직하다
- □ 敗れる(やぶ) 패하다
- □ 夢見る(ゆめ・み) 꿈을 꾸다

ら

- □ 論じる(ろん)・論ずる(ろん) 논하다

わ

- □ 分かれる(わ) 갈리다, 나뉘다
- □ 渡す(わた) 건네다, 양도하다

3 い형용사

- □ 温かい(あたた) 따뜻하다
- □ 甘い(あま) 달콤하다, 엄하지 않다
- □ 怪しい(あや) 수상하다, 의심스럽다
- □ ありがたい 감사하다, 고맙다
- □ 忙しい(いそが) 바쁘다
- □ 偉い(えら) 훌륭하다, 심하다
- □ おとなしい 얌전하다
- □ かわいらしい 귀엽다, 사랑스럽다
- □ 臭い(くさ) 고약한 냄새가 나다, 구리다
- □ 険しい(けわ) 험하다
- □ こい 짙다, 빽빽하다
- □ するどい 날카롭다
- □ とんでもない 당치않다
- □ 激しい(はげ) 심하다, 격렬하다
- □ ややこしい 까다롭다, 복잡하다
- □ 良い(よ) 좋다

4 な형용사

- □ あきらかだ 분명하다, 명백하다
- □ あたりまえだ 당연하다
- □ 意外(いがい)だ 의외이다
- □ 偉大(いだい)だ 위대하다
- □ 主(おも)だ 주요하다
- □ 巨大(きょだい)だ 거대하다
- □ 気楽(きらく)だ 마음이 편하다, 홀가분하다
- □ 個人的(こじんてき)だ 개인적이다
- □ 幸(さいわ)いだ 다행이다
- □ 様々(さまざま)だ 여러 가지이다
- □ 幸(しあわ)せだ 행복하다
- □ 重要(じゅうよう)だ 중요하다
- □ 順調(じゅんちょう)だ 순조롭다
- □ 正直(しょうじき)だ 정직하다
- □ 真剣(しんけん)だ 진심이다, 진지하다
- □ すてきだ 멋지다
- □ 素直(すなお)だ 순진하다, 솔직하다
- □ たしかだ 확실하다, 정확하다
- □ 同様(どうよう)だ 다름없다
- □ なめらかだ 매끄럽다, 순조롭다
- □ 不思議(ふしぎ)だ 불가사의하다, 이상하다
- □ 部分的(ぶぶんてき)だ 부분적이다
- □ 平和(へいわ)だ 평화롭다
- □ 間近(まぢか)だ 아주 가깝다
- □ まれだ 드물다, 희소하다
- □ 満足(まんぞく)だ 만족하다
- □ 夢中(むちゅう)だ 열중하다, 몰두하다
- □ 無用(むよう)だ 필요없다
- □ 明確(めいかく)だ 명확하다
- □ 有効(ゆうこう)だ 유효하다

부사

- □ 案外(あんがい) 의외로, 뜻밖에도
- □ いきなり 갑자기
- □ いちいち 일일이, 하나하나
- □ 一体(いったい) 도대체
- □ 今(いま)でも 지금도, 현재도
- □ 今(いま)に 곧, 조만간, 언젠가
- □ いよいよ 마침내, 드디어
- □ 思(おも)い切(き)り・思(おも)いっ切(き)り 마음껏
- □ 必(かなら)ずしも 반드시 ~라고는
- □ かなり 제법, 꽤
- □ からから 텅 비어 있는 모양
- □ 逆(ぎゃく)に 반대로, 거꾸로
- □ ぐらぐら 흔들흔들
- □ けっこう 그런대로, 제법, 충분히
- □ さっさと 서둘러, 빨리
- □ ざっと 대충, 대강
- □ さっぱり 전혀, 전연
- □ 更(さら)に 더욱더, 다시금
- □ 自然(しぜん)(に) 자연(히), 저절로
- □ 実(じつ)に 실로, 참으로

□ 実(じつ)は 실은, 사실은
□ しばしば 자주, 종종
□ 少(すく)なくとも 적어도
□ すごく 굉장히
□ 少(すこ)しも 조금도
□ すなわち 즉
□ せっかく 모처럼
□ せめて 적어도
□ 相当(そうとう) 상당히
□ 続々(ぞくぞく)(と) 잇달아, 끊임없이
□ そのうち 일간, 머지않아
□ だいいち 무엇보다도, 우선
□ 大(たい)して 그다지, 별로
□ たしか 분명히, 확실히
□ ただちに 즉시, 당장
□ ただ 오직, 그저, 오로지
□ たちまち 금세, 갑자기
□ たった 단지, 겨우, 오직
□ たびたび 여러 번, 자주
□ ちゃんと 분명히, 정확하게
□ つい 무심코, 그만
□ 常(つね)に 늘, 항상
□ つまり 결국, 즉, 요컨대
□ どうしても 무슨일이 있어도, 꼭
□ どっと 왈칵, 우르르
□ とにかく 하여간, 어쨌든, 좌우간
□ 共(とも)に 다 같이, 함께, 동시에
□ どんどん 계속, 자꾸, 척척
□ 何(なん)で 어째서, 무슨 이유로
□ 何(なん)でも 무엇이든지
□ のんびり 한가로이, 유유히
□ はっきり 확실히, 분명히
□ ぱらぱら 비 따위가 조금 오는 모양
□ ぴかぴか 번쩍번쩍
□ 再(ふたた)び 재차, 다시
□ ほとんど 거의, 대부분
□ ほぼ 거의, 대개, 대강
□ まあまあ 그저 그런 정도임
□ ますます 더욱더, 점점 더
□ 全(まった)く 전혀, 아주, 완전히
□ まるで 마치, 전혀
□ もちろん 물론
□ 喜(よろこ)んで 기꺼이
□ わくわく 두근두근
□ わずか 불과, 겨우, 조금

6 외래어

□ アナログ 아날로그
□ アニメ 애니메이션
□ アルバム 앨범
□ アンケート 앙케트
□ インク・インキ 잉크
□ インターネット 인터넷
□ エリート 엘리트
□ エンジン 엔진
□ オーダー 오더, 주문
□ オープン 오픈, 개업
□ オリンピック 올림픽
□ カー 자동차
□ カード 카드
□ カセット 카세트
□ カット 컷, 삭제

□ キー 키, 열쇠, 실마리
□ キーワード 키워드, 중심어
□ クーラー 쿨러, 냉방 장치
□ クラスメート 클래스메이트, 급우
□ グラフ 그래프
□ クリーム 크림
□ ケース 케이스, 경우, 용기
□ コーナー 코너, 구석
□ コピー 카피, 복사
□ コミュニケーション 커뮤니케이션
□ コンクール 콩쿠르
□ コンビニ 편의점
□ サービス 서비스
□ サイト 웹사이트
□ サラリー 샐러리, 봉급
□ サラリーマン 샐러리맨
□ シーズン 시즌
□ ショー 쇼
□ ショーウィンドー 쇼윈도
□ スープ 수프
□ スキー 스키
□ スケート 스케이트
□ スタート 스타트
□ ストレス 스트레스
□ スパゲッティ 스파게티
□ スピーチ 스피치, 연설
□ セール 세일, 판매
□ ゼミ 세미나
□ セミナー 세미나
□ ターミナル 터미널
□ ダイエット 다이어트
□ タイトル 타이틀, 제목
□ タイヤ 타이어
□ ダンス 댄스, 춤
□ チェックアウト 체크아웃
□ チェックイン 체크인
□ チェックポイント 체크 포인트
□ チェンジ 체인지, 교체, 바꿈
□ チップ 팁
□ チーム 팀
□ テイクアウト 테이크아웃
□ デート 데이트
□ デジタル 디지털
□ デジタルカメラ 디지털카메라
□ テニスコート 테니스 코트
□ トイレットペーパー 화장지
□ ドライブ 드라이브
□ ドラマ 드라마
□ パーセント 퍼센트
□ ハード 하드, 엄격함, 고됨
□ バイキング 바이킹
□ バス 바스, 목욕(탕)
□ パス 패스, 합격
□ バッグ 백, 가방
□ パッケージ 패키지
□ パレード 퍼레이드
□ ハンバーガー 햄버거
□ ピクニック 피크닉, 소풍
□ ビジネス 비즈니스
□ ビデオ 비디오
□ ファックス 팩스
□ ファン 팬
□ プラス 플러스
□ プラットホーム 플랫폼
□ フランス 프랑스
□ プリンター 프린터
□ プリント 프린트, 인쇄(물)
□ ペットボトル 페트병
□ ホーム 플랫폼
□ ホーム 홈, 가정
□ ホームステイ 홈스테이
□ ホームページ 홈페이지
□ ボール 볼, 그릇

□ ポスター 포스터 □ ホステル 호스텔

□ ホストファミリー 호스트 패밀리 □ マーク 마크, 표시

□ マラソン 마라톤 □ マンション 맨션 □ メール 메일

□ メッセージ 메시지 □ メニュー 메뉴, 식단 □ メモ 메모

□ メリット 메리트, 장점 □ ライオン 사자 □ ライト 라이트, 빛

□ ラッシュアワー 러시아워 □ ランチ 런치 □ リーダー 리더

□ リスト 리스트, 목록 □ リビング 리빙(룸) □ ルーム 룸, 방

□ ルール 룰, 규칙 □ レンタカー 렌터카 □ レンタル 렌털, 임대

□ レベル 레벨, 수준 □ ワンピース 원피스

7 접두어·접미어

접두어 10

□ 高(こう)～	고～	高学歴(こうがくれき) 고학력	高収入(こうしゅうにゅう) 고수입	高性能(こうせいのう) 고성능
□ 再(さい)～	재～	再使用(さいしよう) 재사용	再提出(さいていしゅつ) 재제출	再利用(さいりよう) 재이용
□ 第(だい)～	제～	第一(だいいち) 첫 번째	第二(だいに) 두 번째	第三(だいさん) 세 번째
□ 短(たん)～	단～	短期間(たんきかん) 단기간	短距離(たんきょり) 단거리	短時間(たんじかん) 단시간
□ 長(ちょう)～	장～	長時間(ちょうじかん) 장시간	長距離(ちょうきょり) 장거리	長期間(ちょうきかん) 장기간
□ 不(ふ)～	불～	不完全(ふかんぜん) 불완전	不規則(ふきそく) 불규칙	不必要(ふひつよう) 불필요함
□ 毎(まい)～	매～	毎回(まいかい) 매회	毎土曜(まいどよう) 매 토요일	毎年度(まいねんど) 매년도
□ 無(む)～	무～	無意味(むいみ) 무의미	無条件(むじょうけん) 무조건	無得点(むとくてん) 무득점
□ 名(めい)～	명～	名演説(めいえんぜつ) 명연설	名産地(めいさんち) 명산지	名場面(めいばめん) 명장면

접미어 43

접미어	뜻	예 1	예 2	예 3
□ ～位(い)	～위	一位(いちい) 1위	二位(にい) 2위	三位(さんい) 3위
□ ～歌(か)	～가	応援歌(おうえんか) 응원가	主題歌(しゅだいか) 주제가	流行歌(りゅうこうか) 유행가
□ ～課(か)	～과	経理課(けいりか) 경리과	交通安全課(こうつうあんぜんか) 교통안전과	人事課(じんじか) 인사과
□ ～科(か)	～과	家庭科(かていか) 가정과	社会科(しゃかいか) 사회과	小児科(しょうにか) 소아과
□ ～化(か)	～화	具体化(ぐたいか) 구체화	国際化(こくさいか) 국제화	自由化(じゆうか) 자유화
□ ～間(かん)	～간	兄弟間(きょうだいかん) 형제간	夫婦間(ふうふかん) 부부간	4日間(よっかかん) 4일간
□ ～感(かん)	～감	使命感(しめいかん) 사명감	責任感(せきにんかん) 책임감	満足感(まんぞくかん) 만족감
□ ～館(かん)	～관	写真館(しゃしんかん) 사진관	図書館(としょかん) 도서관	美術館(びじゅつかん) 미술관
□ ～巻(かん)	～권	一巻(いっかん) 1권	二巻(にかん) 2권	三巻(さんかん) 3권
□ ～期(き)	～기	産卵期(さんらんき) 산란기	少年期(しょうねんき) 소년기	青年期(せいねんき) 청년기
□ ～局(きょく)	～국	電話局(でんわきょく) 전화국	編集局(へんしゅうきょく) 편집국	ラジオ局(きょく) 라디오국
□ ～券(けん)	～권	乗車券(じょうしゃけん) 승차권	入場券(にゅうじょうけん) 입장권	割引券(わりびきけん) 할인권
□ ～込み(こ)	～을 포함	消費税込み(しょうひぜいこ) 소비세 포함	税込み(ぜいこ) 세금 포함	送料込み(そうりょうこ) 송료 포함
□ ～際(さい)	～때	お帰りの際(かえ・さい) 돌아가실 때	この際(さい) 이때	非常の際(ひじょう・さい) 비상시
□ ～先(さき)	～곳, ～처	出張先(しゅっちょうさき) 출장지	勤め先(つと・さき) 근무처	連絡先(れんらくさき) 연락처
□ ～紙(し)	～지	試験紙(しけんし) 시험지	新聞紙(しんぶんし) 신문지	包装紙(ほうそうし) 포장지
□ ～社(しゃ)	～사	新聞社(しんぶんしゃ) 신문사	赤十字社(せきじゅうじしゃ) 적십자사	旅行社(りょこうしゃ) 여행사
□ ～書(しょ)	～서	証明書(しょうめいしょ) 증명서	申込書(もうしこみしょ) 신청서	領収書(りょうしゅうしょ) 영수증
□ ～場(じょう)	～장	運動場(うんどうじょう) 운동장	スキー場(じょう) 스키장	駐車場(ちゅうしゃじょう) 주차장
□ ～性(せい)	～성	安全性(あんぜんせい) 안전성	可能性(かのうせい) 가능성	危険性(きけんせい) 위험성
□ ～長(ちょう)	～장	学校長(がっこうちょう) 학교장	警察署長(けいさつしょちょう) 경찰서장	支店長(してんちょう) 지점장
□ ～帳(ちょう)	～장	写真帳(しゃしんちょう) 사진첩	日記帳(にっきちょう) 일기장	メモ帳(ちょう) 메모장
□ ～店(てん)	～점	食料品店(しょくりょうひんてん) 식료품점	販売店(はんばいてん) 판매점	料理店(りょうりてん) 요리점

□ ～道(どう) ~도 (지방 행정 단체의 하나)	北海道(ほっかいどう) 북해도		
□ ～年生(ねんせい) ~학년	1年生(いちねんせい) 1학년	3年生(さんねんせい) 3학년	6年生(ろくねんせい) 6학년
□ ～泊(はく) ~박	一泊(いっぱく) 1박	二泊(にはく) 2박	三泊(さんぱく) 3박
□ ～費(ひ) ~비	参加費(さんかひ) 참가비	住宅費(じゅうたくひ) 주택비	生活費(せいかつひ) 생활비
□ ～日(び) ~일	記念日(きねんび) 기념일	希望日(きぼうび) 희망일	出発日(しゅっぱつび) 출발일
□ ～品(ひん) ~품	貴重品(きちょうひん) 귀중품	記念品(きねんひん) 기념품	不良品(ふりょうひん) 불량품
□ ～部(ぶ) ~부	一部(いちぶ) 1부	営業部(えいぎょうぶ) 영업부	何部(なんぶ) 몇 부
□ ～府(ふ) ~부 (지방 공공 단체의 하나)	大阪府(おおさかふ) 오사카부	京都府(きょうとふ) 교토부	
□ ～分(ぶん) ~분	一箇月分(いっかげつぶん) 한달치	人数分(にんずうぶん) 인원수분	不足分(ふそくぶん) 부족분
□ ～名(めい) ~명	学校名(がっこうめい) 학교명	科目名(かもくめい) 과목명	旅行名(りょこうめい) 여행명
□ ～用(よう) ~용	工業用(こうぎょうよう) 공업용	散歩用(さんぽよう) 산책용	水泳用(すいえいよう) 수영용
□ ～量(りょう) ~량	積載量(せきさいりょう) 적재량	輸出量(ゆしゅつりょう) 수출량	輸入量(ゆにゅうりょう) 수입량

8 유의어

□ 青空(あおぞら) 푸른 하늘, 창공	≒	晴天(せいてん) 맑은 하늘
□ 明(あか)るい 밝다	≒	くわしい 밝다
□ 上(あ)がる 끝나다	≒	終(お)わる 끝나다
□ あぶない 위험하다, 위태롭다	≒	あやうい 위태롭다, 위험하다
□ あやしい 수상한	≒	不審(ふしん)な 수상한
□ 言(い)い分(ぶん) 할 말, 주장	≒	主張(しゅちょう) 주장
□ 行(い)き先(さき)・行(ゆ)き先(さき) 행선지, 목적지	≒	目的地(もくてきち) 목적지

□ いきなり 갑자기	≒	突然(とつぜん) 돌연, 갑자기
□ いっぱい 가득	≒	たくさん 많이
□ 要(い)る 필요하다	≒	必要(ひつよう)だ 필요하다
□ 宇宙(うちゅう) 우주	≒	コスモス 우주
□ えらぶ 고르다	≒	取(と)る 선택하다
□ オイル 오일	≒	あぶら 기름
□ おしゃべりな 수다스러운	≒	よく話(はな)す 잘 말하는
□ おそらく 아마, 어쩌면	≒	たぶん 아마
□ オフ 비번임, 일을 쉬는 것	≒	休(やす)み 휴가, 휴식
□ 顔出(かおだ)し 얼굴을 내밂, 참석함	≒	参加(さんか) 참가
□ 確認(かくにん)する 확인하다	≒	調(しら)べる 조사하다, 점검하다
□ がっかりする 실망하다	≒	失望(しつぼう) 실망하다
□ 気(き)に入(い)る 마음에 들다	≒	好きになる 좋아하게 되다
□ 興味(きょうみ) 흥미	≒	関心(かんしん) 관심
□ 嫌(きら)いになる 싫어지다	≒	興味(きょうみ)を失(うしな)う 흥미를 잃다
□ 気(き)をつける 조심하다	≒	注意(ちゅうい)する 주의하다
□ ぐっと 힘껏	≒	力(ちから)を入(い)れて 힘을 넣어
□ 暮(く)らし 살림, 생계, 일상 생활	≒	生活(せいかつ) 생활
□ 暮(く)らす 보내다, 살다	≒	生活(せいかつ)する 생활하다
□ 苦(くる)しい 괴롭다, 힘들다	≒	難(むずか)しい 어렵다, 곤란하다
□ 契機(けいき) 계기	≒	きっかけ 계기
□ 決(けっ)して 결코	≒	絶対(ぜったい)に 절대로
□ 欠点(けってん) 결점	≒	短所(たんしょ) 단점
□ 元気(げんき)になる 건강해지다	≒	健康(けんこう)を回復(かいふく)する 건강을 회복하다
□ 購読(こうどく)する 구독하다	≒	取(と)る 구독하다, 보다

□ 公平(こうへい)に 공평하게 ≒ 均等(きんとう)に 균등하게

□ こく 감칠맛 ≒ 深(ふか)み 깊은 맛

□ コスト 코스트, 원가, 가격 ≒ 値段(ねだん) 값

□ このあいだ 요전, 전날 ≒ 先日(せんじつ) 전날

□ ころす 죽이다 ≒ 取(と)る 죽이다

□ 最低(さいてい) 최저 ≒ 少(すく)なくとも 적어도

□ 差(さ)し支(つか)え 지장, 장애 ≒ 問題(もんだい) 문제

□ さっぱり 전혀 ≒ まったく 전혀

□ 参加(さんか)する 참가하다 ≒ 加(くわ)わる 참가하다

□ サンプル 샘플 ≒ 見本(みほん) 견본

□ シーン 신, 장면 ≒ 場面(ばめん) 장면

□ 事件(じけん) 사건 ≒ できごと 사건, 일

□ 支度(したく) 준비 ≒ 準備(じゅんび) 준비

□ 実(じつ)は 사실은 ≒ 本当(ほんとう)は 사실은

□ すまない 미안하다 ≒ もうしわけない 미안하다

□ 相互(そうご) 상호 ≒ たがい 서로, 상호

□ そっくりだ 꼭 닮다 ≒ 似(に)ている 닮다

□ ただ 무료, 공짜 ≒ 無料(むりょう) 무료

□ 食(た)べる 먹다 ≒ 取(と)る 먹다

□ 使(つか)う 쓰다, 사용하다 ≒ 用(もち)いる 쓰다, 이용하다

□ 次々(つぎつぎ)に 잇달아, 차례차례 ≒ どんどん 속속, 잇달아

□ テスト 시험, 검사 ≒ 検査(けんさ) 검사

□ どうしても 꼭 ≒ ぜひ 꼭

□ どなる 호통치다, 야단치다 ≒ しかる 혼내다

□ 中身(なかみ)が濃(こ)い 내용이 실하다 ≒ 内容(ないよう)がある 내용이 있다

□ ぬぐ (모자 등을) 벗다	≒	取(と)る 벗다, 풀다
□ のぞく 제거하다	≒	取(と)る 없애다
□ 延(の)ばす 연장시키다	≒	延長(えんちょう)させる 연장시키다
□ 残(のこ)らず 남김없이	≒	全部(ぜんぶ) 전부
□ はかる 재다	≒	取(と)る 재다
□ ヒント 힌트, 암시, 시사	≒	手(て)がかり 단서
□ 不足(ふそく)だ 부족하다	≒	足(た)りない 부족하다
□ ほうぼう 여기저기	≒	あちこち 이곳저곳
□ まもなく 머지않아, 곧	≒	もうすぐ 이제 곧
□ 見事(みごと)だ 훌륭하다	≒	すばらしい 훌륭하다
□ ミス 미스, 실패, 잘못	≒	失敗(しっぱい) 실패
□ もうしこみ 신청	≒	申請(しんせい) 신청
□ もっとも 가장	≒	一番(いちばん) 가장
□ もらう 얻다, 받다	≒	取(と)る 얻다
□ 文句(もんく) 불만, 불평	≒	不平(ふへい) 불평
□ ゆるい 느슨하다	≒	厳(きび)しくない 엄하지 않다
□ 用意(ようい) 용의, 준비	≒	準備(じゅんび) 준비
□ 容器(ようき) 용기	≒	ケース 케이스, 용기
□ 用心(ようじん) 조심, 주의	≒	注意(ちゅうい) 주의
□ 予約(よやく)する 예약하다	≒	取(と)る 예약하다

9 기타

복합동사

- □ ～合う（あ） 助け合う（たすあ） 서로 돕다 話し合う（はなあ） 서로 이야기하다
- □ ～変える（か） 書き変える（かか） 고쳐 쓰다 作り変える（つくか） 고쳐 만들다

접속사

- □ および 및
- □ しかも 게다가, 그 위에
- □ したがって 따라서
- □ そこで 그래서
- □ そのうえ 게다가
- □ それでも 그런데도, 그래도
- □ それとも 그렇지 않으면, 아니면
- □ それなのに 그런데도
- □ それなら 그렇다면
- □ だが 그러나, 그렇지만
- □ ですから 그러니까
- □ ところが 그런데, 그러나
- □ ところで 그런데, 그건 그렇고
- □ なぜなら 왜냐하면

관용구

- □ お世話になる（せわ） 신세를 지다
- □ 顔が広い（かおひろ） 발이 넓다
- □ 気が重い（きおも） 마음이 무겁다
- □ 気がつく（き） 깨닫다, 생각이 나다
- □ 気が長い（きなが） 성미가 느긋하다
- □ 気が短い（きみじか） 성질이 급하다
- □ 気にする（き） 걱정하다, 신경쓰다
- □ 気になる（き） 신경쓰이다
- □ 口が重い（くちおも） 과묵하다
- □ 口がかたい（くち） 입이 무겁다
- □ 口が軽い（くちかる） 입이 가볍다
- □ 習慣をつける（しゅうかん） 습관을 들이다
- □ 手にする（て） 손에 넣다, 손에 들다
- □ 手を出す（てだ） 손을 대다
- □ 目をとじる（め） 눈을 감다

그 외

□ いろんな 여러 가지

□ おじゃまします 실례(방문)하겠습니다

□ おまちどおさま(でした) 오래 기다리셨습니다

□ ～限(かぎ)り ～만, ～까지

□ しかたがない 할 수 없다

□ そのまま (그냥) 그대로

□ ～だらけ ～투성이

□ 何(なに)も 별로, 일부러, 특히

□ なんて 뭐라고 (하는), 어쩌면 이토록

□ ひくい声(こえ) 낮은 목소리

□ 皆様(みなさま) 여러분

□ おかまいなく 걱정마시고 (마음대로 하십시오)

□ お世話(せわ)になりました 신세를 졌습니다

□ お目(め)にかかる 만나 뵙다

□ ご苦労様(くろうさま) 수고하셨습니다

□ そのほか 그 외

□ たとえ～ても 비록 ～해도

□ 単(たん)なる 단순한

□ なにもかも 무엇이든, 모두

□ なんという 뭐라고 하는, 이렇다 할

□ ほんの～ 그저, 단지

01 예상어휘 확인문제 한자읽기

해설집38쪽

問題１　＿＿＿のことばの読み方として最もよいものを、１・２・３・４から一つえらびなさい。

1　会社の新社屋への移転は１週間かかった。

1　はってん　　2　じてん　　3　かいてん　　4　いてん

2　これは現代アメリカ文学を代表する作品です。

1　たいしょう　　2　たいひょう　　3　だいしょう　　4　だいひょう

3　日本では車は左側通行、人は右側です。

1　こつう　　2　こうつう　　3　つこう　　4　つうこう

4　いろいろな本を広げるので大きな机がほしい。

1　はこ　　2　つくえ　　3　いす　　4　たな

5　苦情(くじょう)にはすばやく応対することが大切です。

1　おうえん　　2　おうせつ　　3　おうたい　　4　おうよう

6　村の小学校は新入生が減って廃校寸前(はいこうすんぜん)だ。

1　あまって　　2　へって　　3　そって　　4　いたって

7　東京(とうきょう)には世界各国から最新(さいしん)の情報(じょうほう)が入ってくる。

1　かくこく　　2　かくごく　　3　かっこく　　4　かっごく

8　会談は双方合意(そうほうごうい)に至(いた)ることなく終わりました。

1　かいけん　　2　かいげん　　3　かいたん　　4　かいだん

9　わざわざ駅まで迎えに来てくださらなくていいですよ。

1　ささえに　　2　むかえに　　3　そろえに　　4　おさえに

10　朝食前に新聞を読むのが私の日課です。

1　にっき　　2　にっか　　3　にちか　　4　にちき

답 1④ 2④ 3④ 4② 5③ 6② 7③ 8④ 9② 10②

02 예상어휘 확인문제 한자읽기

해설집 38쪽

問題 1 ＿＿＿のことばの読み方として最もよいものを、１・２・３・４から一つえらびなさい。

1 車は駅とは反対の方向に走っていった。

1 はんだい　　2 はんたい　　3 ほんだい　　4 ほんたい

2 森(もり)さんの意見には部分的に賛成(さんせい)です。

1 ぶふんてき　　2 ぶぶんてき　　3 ぶんぶてき　　4 ぶんぷてき

3 ふとした油断(ゆだん)から絶好(ぜっこう)のチャンスを失ってしまった。

1 まかなって　　2 おこなって　　3 うしなって　　4 あきなって

4 この時間が永遠に続いてほしいです。

1 えいげん　　2 えいごん　　3 えいえん　　4 えいおん

5 今度の会議は京都(きょうと)で開催(かいさい)されることに決まった。

1 きまった　　2 おさまった　　3 かたまった　　4 まとまった

6 その時、妻の収入は私の二倍以上になっていました。

1 にかい　　2 にき　　3 にばい　　4 にぶ

7 連絡しておけば駅や空港まで迎(むか)えにきてくれます。

1 くうこ　　2 くうこう　　3 こうくう　　4 こくう

8 日本の対米(たいべい)貿易は年々増加(ぞうか)しています。

1 ぼうえき　　2 ぼうい　　3 りゅうえき　　4 りゅうい

9 野党(やとう)は政府(せいふ)の方針にはげしく反発(はんぱつ)しました。

1 ほうしん　　2 ほうじん　　3 かたより　　4 かたばり

10 今夜はとても明るいので、星明(あ)かりでも本が読めるくらいだ。

1 ふし　　2 ふうし　　3 ほし　　4 ほうし

답 1② 2② 3③ 4③ 5① 6③ 7② 8① 9① 10③

03 예상어휘 확인문제 한자읽기

해설집 38쪽

問題 1 ＿＿＿のことばの読み方として最もよいものを、1・2・3・4から一つえらびなさい。

1 監督(かんとく)は5回に先発ピッチャーを交代させた。

1 こうだい　2 こうたい　3 こうはつ　4 こうばつ

2 今朝は水が氷のように冷たかったです。

1 あぶら　2 こおり　3 こな　4 こめ

3 彼の行動は両国にとってなんの得にもならない。

1 ろうくに　2 ろうこく　3 りょうくに　4 りょうこく

4 この小包を送るのにいくらかかりますか。

1 しょうほう　2 しょうぼう　3 こつづみ　4 こづつみ

5 自分の役目はよくわかっているつもりです。

1 やきめ　2 やくもく　3 やくめ　4 やきもく

6 私の父は最近体調(たいちょう)が良くない。

1 うまくない　2 まずくない　3 いくない　4 よくない

7 古新聞を再利用してエコバックを作りました。

1 さいかつよう　2 ざいかつよう　3 さいりよう　4 ざいりよう

8 外に出ると幸いなことに雪がやんでいた。

1 からい　2 とくい　3 あいまい　4 さいわい

9 これが今、若者の間で流行の水着(みずぎ)です。

1 にゃくもの　2 にゃくしゃ　3 わかもの　4 わかしゃ

10 その傷害(しょうがい)事件は新聞で詳しく報道(ほうどう)されました。

1 じじょう　2 じだい　3 じけん　4 じこ

답 1② 2② 3④ 4④ 5③ 6④ 7③ 8④ 9③ 10③

04 예상어휘 확인문제 한자읽기

해설집 39쪽

問題１ ＿＿＿のことばの読み方として最もよいものを、１・２・３・４から一つえらびなさい。

1 その法律は例外なく適用(てきよう)されるべきです。

1 れがい　2 れいがい　3 れつがい　4 れんがい

2 当社訪問の方は正門からお入りください。

1 しょうもん　2 しょうむん　3 せいむん　4 せいもん

3 野党は国会で過半数(かはんすう)を占めることを目指(めざ)している。

1 しめる　2 うめる　3 つめる　4 はめる

4 人類(じんるい)の長い歴史から見れば、これも１つの小さな変化に過ぎない。

1 えきし　2 ねきし　3 りきし　4 れきし

5 この曲は５週連続シングルチャート第１位だ。

1 れいそく　2 れいぞく　3 れんそく　4 れんぞく

6 外国からの訪問客を温かく迎えた。

1 あたたかく　2 やわらかく　3 こまかく　4 わかく

7 悩(なや)んでいるときが、成長しているときでもあるのです。

1 せいなが　2 ぜいなが　3 せいちょう　4 ぜいちょう

8 おならは生理現象なのでしかたがない。

1 げんぞう　2 げんしょう　3 げんそう　4 げんじょう

9 宇宙で見る景色はまるで夢のようでした。

1 うっちょう　2 うちゅう　3 うちょう　4 うっちゅう

10 正直なところ彼女のことはあまり好きではありません。

1 せいちょく　2 せいじき　3 しょうじき　4 しょうちょく

답 1② 2④ 3① 4④ 5④ 6① 7③ 8② 9② 10③

05 예상어휘 확인문제 표기

해설집 39쪽

問題2 ＿＿＿のことばを漢字で書くとき、最もよいものを、１・２・３・４から一つえらびなさい。

1 お帰りのさいには、かさのお忘れのないようにご注意ください。

1 際　2 末　3 折　4 内

2 遺跡（いせき）は想像（そうぞう）していたよりきょだいです。

1 巨大　2 過大　3 偉大　4 絶大

3 最近ずっと暑い日がつづいています。

1 緑いて　2 続いて　3 経いて　4 継いて

4 家のリフォームはよさんオーバーしてしまった。

1 要算　2 余算　3 与算　4 予算

5 けいきがいいのは一部のデパートだけです。

1 経気　2 景気　3 経機　4 景機

6 試験にひつようでないものは会場に持ち込まないでください。

1 秘容　2 秘要　3 必容　4 必要

7 道幅（みちはば）がひろがって歩きやすくなりました。

1 広って　2 広がって　3 開って　4 開がって

8 彼がなぜそんなことをしたのかりかいできません。

1 理解　2 理触　3 埋解　4 埋触

9 私は睡眠（すいみん）時間をさいてい６時間は取るようにしています。

1 再低　2 再底　3 最低　4 最底

10 その本はいっぱんの読者によく読まれています。

1 一販　2 一帆　3 一般　4 一版

답 1① 2① 3② 4④ 5② 6④ 7② 8① 9③ 10③

06 예상어휘 확인문제 표기

해설집 39쪽

問題２ ＿＿＿のことばを漢字で書くとき、最もよいものを、１・２・３・４から一つえらびなさい。

1 展望台からしゅういの山々が見渡せました。

1 周囲　　2 集居　　3 周居　　4 集囲

2 この薬には、虫の好まないせいぶんが含まれている。

1 成分　　2 清分　　3 正分　　4 性分

3 頑張ってせつやくしているのに、なぜか貯金額が増えない。

1 倹約　　2 倹略　　3 節約　　4 節略

4 息を深く吸うとせなかが痛いです。

1 肯中　　2 背中　　3 脊中　　4 排中

5 私は犬と一緒にこうえんを散歩するのが好きです。

1 郊遠　　2 郊園　　3 公遠　　4 公園

6 農家の人が、はたけに野菜の種をまいている。

1 畑　　2 細　　3 田　　4 旧

7 雪山で道に迷ったが、何とかたすかる方法を探した。

1 助かる　　2 守かる　　3 支かる　　4 協かる

8 このひょうげんは目上の人に対するものとしては適切ではない。

1 標現　　2 標言　　3 表現　　4 表言

9 そのどうろは気をつけて渡ってください。

1 導路　　2 導渡　　3 道路　　4 道渡

10 留学はこうがくれきになるほど活発化する傾向がある。

1 高学歴　　2 高学暦　　3 広学暦　　4 広学歴

답 1① 2① 3③ 4② 5④ 6① 7① 8③ 9③ 10①

07 예상어휘 확인문제 표기

해설집 40쪽

問題２ ＿＿＿のことばを漢字で書くとき、最もよいものを、１・２・３・４から一つえらびなさい。

1 さくじつの最低気温が0.8℃を記録(きろく)しました。

1 先日　2 去日　3 前日　4 昨日

2 周囲(しゅうい)の人々にささえられて今日まで子育てができました。

1 与えられて　2 支えられて　3 備えられて　4 構えられて

3 今、３つのプロジェクトをどうじ進行で担当しています。

1 同時　2 同自　3 等時　4 等自

4 せいのうのよい機械ほど高価(こうか)になります。

1 製能　2 性能　3 精脳　4 制脳

5 その本は2026年に初めてはっかんされました。

1 初巻　2 初刊　3 発巻　4 発刊

6 きのう金魚(きんぎょ)を２ひき買った。

1 匹　2 皿　3 羽　4 尾

7 彼女は世界選手権で日本さいこう記録を出した。

1 最古　2 最好　3 最後　4 最高

8 こうつう機関が不通になった場合は休講とします。

1 向通　2 広通　3 互通　4 交通

9 頭の中の映像をぐたいかしてみます。

1 具帯化　2 具対化　3 具体化　4 具態化

10 私は学校での授業のさいかいを楽しみにしています。

1 展開　2 展会　3 再開　4 再会

답 1④ 2② 3① 4② 5④ 6① 7④ 8④ 9③ 10③

08 예상어휘 확인문제 문맥구성

해설집 40쪽

問題３（　　　）に入れるのに最もよいものを、１・２・３・４から一つえらびなさい。

1 手術(しゅじゅつ)したばかりなのに、働(はたら)くなんて（　　　）。

1 とんでもない　2 くだらない　3 やむをえない　4 だらしない

2 彼はある（　　　）日本語が話せるそうです。

1 速度(そくど)　2 高度(こうど)　3 程度(ていど)　4 限度(げんど)

3 ニュースを聞くと彼は（　　　）事故(じこ)の現場(げんば)にかけつけた。

1 げんに　2 めったに　3 ついに　4 ただちに

4 その新聞を一（　　　）買ってきてください。

1 部　2 通　3 冊　4 巻

5 考え方を柔軟(じゅうなん)にするのには、若(わか)い人に（　　　）のがいちばんです。

1 達する　2 接する　3 関する　4 適する

6 前の職場は（　　　）したため、すでにありません。

1 発売(はつばい)　2 連休(れんきゅう)　3 倒産(とうさん)　4 手配(てはい)

7 朝から話し合いを続けているが、なかなか（　　　）が出ない。

1 完成(かんせい)　2 完了(かんりょう)　3 結論(けつろん)　4 結局(けっきょく)

8 世界じゅうから（　　　）と問いあわせの手紙が来た。

1 続々　2 着々　3 別々　4 点々

9 子どものとき、弟を（　　　）しかられました。

1 いばって　2 いじめて　3 あいして　4 かわいがって

10 あすの試合では、この二つの（　　　）がはじめて戦(たたか)うことになっている。

1 チーム　2 メンバー　3 シリーズ　4 ゲーム

답 1① 2③ 3④ 4① 5② 6③ 7③ 8① 9② 10①

09 예상어휘 확인문제 문맥구성

해설집 41쪽

問題３（　　　）に入れるのに最もよいものを、１・２・３・４から一つえらびなさい。

1 このケーキの（　　　）材料はこむぎこ、さとう、たまごとバターです。

1 まれな　　2 らくな　　3 おもな　　4 むだな

2 高等教育の国際（　　　）に対応するカリキュラム改革が急務だ。

1 界　　2 流　　3 化　　4 線

3 あのスーパーは夜おそくまで（　　　）しているので、便利だ。

1 営業　　2 作業　　3 授業　　4 商業

4 彼女はパートに出ているけど（　　　）家事もこなしている。

1 ふたたび　　2 すなわち　　3 ちゃんと　　4 かわりに

5 今回のマラソンは、ここから（　　　）することになっています。

1 サービス　　2 スタート　　3 ノック　　4 ライト

6 この会議を各国の（　　　）の場にすることは避けなければならない。

1 対照　　2 対策　　3 対面　　4 対立

7 学生時代は（　　　）規則な生活を送っていた。

1 無　　2 非　　3 未　　4 不

8 薬が（　　　）、熱が下がってきました。

1 きいて　　2 きれて　　3 なおって　　4 はずれて

9 あの車の（　　　）の音はとてもうるさいです。

1 アクセント　　2 アンテナ　　3 エンジン　　4 オイル

10 山田さんは仕事が終わるといつも（　　　）帰宅してしまいます。

1 ちゃんと　　2 せめて　　3 さっさと　　4 せっかく

답 1③ 2③ 3① 4③ 5② 6④ 7④ 8① 9③ 10③

10 예상어휘 확인문제 문맥구성

해설집 41쪽

問題３（　　　）に入れるのに最もよいものを、１・２・３・４から一つえらびなさい。

1 外国語で自分の考えを（　　　）のはとても難しい。

1 すべる　　2 しらべる　　3 くらべる　　4 のべる

2 ４月１日の（　　　）までに必(かなら)ず提出(ていしゅつ)してください。

1 ふみきり　　2 つめきり　　3 おもいきり　　4 しめきり

3 このたび帰国(きこく)することになりました。長(なが)いあいだ（　　　）。

1 おかげさまで　　2 おじゃましました

3 おせわになりました　　4 おまちどおさま

4 漢字(かんじ)を書くのは（　　　）だが、読むほうは問題ない。

1 苦手(にがて)　　2 上手(じょうず)　　3 得意(とくい)　　4 敬意(けいい)

5 あの大学は私が試験を受けるには（　　　）が高すぎます。

1 レベル　　2 パターン　　3 スタイル　　4 ゴール

6 映画（　　　）のまわりは人でいっぱいです。

1 館　　2 通　　3 店　　4 堂

7 旅行の（　　　）は少(すく)なくとも10万円はかかるでしょう。

1 価値(かち)　　2 価格(かかく)　　3 費用(ひよう)　　4 利用(りよう)

8 これを作(つく)るにはずいぶん（　　　）がかかります。

1 手段(しゅだん)　　2 手間(てま)　　3 手入れ(ていれ)　　4 手続き(てつづき)

9 （　　　）な家庭(かてい)をきずくのが私の夢(ゆめ)です。

1 安易(あんい)　　2 簡易(かんい)　　3 平気(へいき)　　4 平和(へいわ)

10 むすめは（　　　）日本に留学(りゅうがく)したいと言ってきかない。

1 どうしても　　2 くれぐれも　　3 必(かなら)ずしも　　4 すなわち

답 1④ 2④ 3③ 4① 5① 6① 7③ 8② 9④ 10①

11 예상어휘 확인문제 문맥구성

해설집 42쪽

問題3 （　　　）に入れるのに最もよいものを、1・2・3・4から一つえらびなさい。

1 子どもの時からよい習慣(しゅうかん)を（　　　）ようにしましょう。

1 もらう　　2 つける　　3 とる　　4 する

2 A 「今お忙(いそが)しいですか。」

B 「(　　　)これから出かけるんです。」

1 少なくとも　　2 実は　　3 たしかに　　4 いったい

3 創立記念(そうりつきねん)（　　　）の式典(しきてん)が行(おこな)われます。

1 口　　2 品　　3 日　　4 物

4 無責任な父親は、赤ん坊を車の中に放ったままパチンコに（　　　）になっていた。

1 夢中(むちゅう)　　2 集中(しゅうちゅう)　　3 確実(かくじつ)　　4 明確(めいかく)

5 知事はその問題に関して自らの立場を（　　　）にした。

1 明確(めいかく)　　2 清潔(せいけつ)　　3 面倒(めんどう)　　4 得意(とくい)

6 彼女は彼に失礼(しつれい)な（　　　）をとったことを後悔(こうかい)した。

1 現状(げんじょう)　　2 状態(じょうたい)　　3 対比(たいひ)　　4 態度(たいど)

7 かみが（　　　）から、美容院(びよういん)へ行ってかみを切(き)ってもらいました。

1 すすんだ　　2 しまった　　3 のびた　　4 こぼれた

8 私のひげはとても（　　　）ので、毎朝そるのがたいへんです。

1 こい　　2 あさい　　3 おもい　　4 ふかい

9 息子は（　　　）作文を書いてほめられました。

1 ながれた　　2 すぐれた　　3 おさめた　　4 すすめた

10 このギターは（　　　）低(ひく)いようだ。

1 半額(はんがく)　　2 半面(はんめん)　　3 半分(はんぶん)　　4 半音(はんおん)

답 1② 2② 3③ 4① 5① 6④ 7③ 8① 9② 10④

12 예상어휘 확인문제 문맥구성

해설집 43쪽

問題３（　　）に入れるのに最もよいものを、１・２・３・４から一つえらびなさい。

1 地震(じしん)の後のつなみの心配をしたが（　　）だった。

1 安定　2 用心　3 無事　4 不足

2 成績(せいせき)のいい生徒が（　　）頭がいいとは言えない。

1 なんでも　2 さすがに　3 まさか　4 必ずしも

3 カーテンを替(か)えたら部屋（　　）が明るくなった。

1 全体　2 全身　3 全力　4 全集

4 彼らは（　　）期間で十分な効果(こうか)を上げることができた。

1 前　2 小　3 半　4 短

5 なんといっても、この（　　）ツアーは非常(ひじょう)に手ごろな値段(ねだん)だ。

1 サンプル　2 メール　3 パッケージ　4 ルール

6 彼は新しい彼女がどんなにすてきか、２時間も（　　）。

1 かさねた　2 はしった　3 うごいた　4 しゃべった

7 彼は口が（　　）から、このことを話してもだいじょうぶです。

1 かたい　2 きつい　3 おそい　4 すくない

8 ご宿泊(しゅくはく)ですね。では、ここに住所と氏名(しめい)を（　　）してください。

1 記憶(きおく)　2 記念(きねん)　3 記入(きにゅう)　4 記録(きろく)

9 このホテルは海の（　　）がすばらしい。

1 ひびき　2 ながめ　3 かおり　4 のぞみ

10 この運動場(うんどうじょう)は市が（　　）しています。

1 観察(かんさつ)　2 管理(かんり)　3 生産(せいさん)　4 調節(ちょうせつ)

답 1③ 2④ 3① 4④ 5③ 6④ 7① 8③ 9② 10②

13 예상어휘 확인문제 문맥구성

해설집 43쪽

問題３（　　）に入れるのに最もよいものを、１・２・３・４から一つえらびなさい。

1 インターネットなどの（　　）の発達(はったつ)で世界(せかい)は一つになりつつある。

1 通知　　2 通信　　3 通行　　4 通用

2 雨と風は（　　）ひどくなって、とうとうあらしになりました。

1 そろそろ　　2 ますます　　3 なかなか　　4 いちいち

3 たしかに山田(やまだ)さんは有能(ゆうのう)だが、一人でできることには（　　）がある。

1 欠点(けってん)　　2 無限(むげん)　　3 限界(げんかい)　　4 欠陥(けっかん)

4 親が自分の子どもをかわいいと思うのは（　　）。

1 かわいそうだ　　2 おおざっぱだ　　3 なまいきだ　　4 あたりまえだ

5 来訪者(らいほうしゃ)は必ず（　　）を通(とお)すことになっています。

1 受身(うけみ)　　2 受取(うけとり)　　3 受付(うけつけ)　　4 受入(うけいれ)

6 「あきらめるな」という父の一言(ひとこと)に私は大きな影響(えいきょう)を（　　）。

1 受けた　　2 得た　　3 集めた　　4 とらえた

7 小学生は決(き)められた（　　）路を毎日歩(ある)いている。

1 通用　　2 通知　　3 通勤　　4 通学

8 左右(さゆう)を見て安全(あんぜん)を（　　）してから道路(どうろ)をわたってください。

1 確立(かくりつ)　　2 確実(かくじつ)　　3 確認(かくにん)　　4 確信(かくしん)

9 目の前で交通事故が起こった。その（　　）が夢(ゆめ)に出てきた。

1 場面　　2 動作　　3 手間　　4 性能

10 地震(じしん)で家が（　　）しまった。

1 たとえて　　2 うしなって　　3 かたづけて　　4 かたむいて

답 1② 2② 3③ 4④ 5③ 6① 7④ 8③ 9① 10④

14 예상어휘 확인문제 유의표현

해설집 44쪽

問題４ ＿＿＿に意味が最も近いものを、１・２・３・４から一つえらびなさい。

1 私はあやしい者(もの)ではありません。

1 まじめな　2 ほがらかな　3 不審(ふしん)な　4 誠実(せいじつ)な

2 このように押(お)しかけて、すまないと思っています。

1 もうしわけない　2 かなしい　3 はずかしい　4 くやしい

3 子どもをしかるときはいきなりどなりつけたりしないこと。

1 初(はじ)めに　2 うっかり　3 いつのまにか　4 突然(とつぜん)

4 今日はこれまでの人生でもっとも幸(しあわ)せな一日です。

1 わりに　2 ずっと　3 最近(さいきん)　4 一番(いちばん)

5 貴社(きしゃ)の新製品(しんせいひん)のサンプルを送(おく)ってください。

1 見本(みほん)　2 資料(しりょう)　3 材料(ざいりょう)　4 価格(かかく)

6 早(はや)く手術(しゅじゅつ)をしないと、命(いのち)があぶない。

1 けわしい　2 あやうい　3 はげしい　4 みにくい

7 新しい家が気に入ったようですね。

1 おかしくなった　2 やさしくなった　3 いやになった　4 すきになった

8 うまい話には気をつけたほうがいいですよ。

1 中止(ちゅうし)した　2 下車(げしゃ)した　3 注意(ちゅうい)した　4 変更(へんこう)した

9 その話は近所(きんじょ)のほうぼうでうわさされている。

1 あちこち　2 あれこれ　3 うろうろ　4 まごまご

10 私の不用意(ふようい)な発言(はつげん)が口論(こうろん)の契機(けいき)となった。

1 ささえ　2 すくい　3 きっかけ　4 つながり

답 1③ 2① 3④ 4④ 5① 6② 7④ 8③ 9① 10③

15 예상어휘 확인문제 유의표현

해설집 44쪽

問題４ ＿＿＿に意味が最も近いものを、１・２・３・４から一つえらびなさい。

1 山田さんの歌は見事だった。

1 きびしかった　2 ただしかった　3 すばらしかった　4 めずらしかった

2 オートバイのオイルを買ってきました。

1 ぶひん　2 くうき　3 ざせき　4 あぶら

3 運転手はエンジンのテストをした。

1 様子　2 具合　3 検査　4 都合

4 森さんはおしゃべりな人です。

1 よく飲む　2 よく食べる　3 よく話す　4 よく怒る

5 おそらくこの企画はうまくいかないだろう。

1 たしかに　2 もちろん　3 たとえ　4 たぶん

6 祖父はすっかり元気になった。

1 健康を回復した　2 体力をつけた　3 病気になった　4 風邪を引いた

7 まだ行き先は決めていません。

1 事務所　2 営業所　3 目的地　4 名産地

8 試験に落ちたと聞いてがっかりした。

1 希望　2 落第　3 失望　4 期待

9 このひもをぐっと引いてください。

1 力を入れて　2 手をふれないで　3 形を変えて　4 口をはさまないで

10 列車はまもなく京都に到着します。

1 いずれ　2 ほとんど　3 もうすぐ　4 やっと

답 1③ 2④ 3③ 4③ 5④ 6① 7③ 8③ 9① 10③

16 예상어휘 확인문제 유의표현

해설집 45쪽

問題 4 ＿＿＿に意味が最も近いものを、１・２・３・４から一つえらびなさい。

1 事故の原因を調べています。
1 報告して　2 考えて　3 準備して　4 確認して

2 当ホテルは和食の用意もございます。
1 準備　2 用途　3 予約　4 売上

3 差し支えがなければ、お名前と住所をここに書いてください。
1 仕方　2 変更　3 問題　4 不平

4 彼の出席は予想外のできごとだった。
1 事件　2 条件　3 期待　4 期限

5 このナイフは肉を切るのにもちいる。
1 借りる　2 向く　3 加える　4 使う

6 警察の警戒がゆるかったようだ。
1 とんでもなかった　2 きびしくなかった
3 やさしくなかった　4 しかたがなかった

7 その金はみんなで公平に分けましょう。
1 絶対に　2 幸福に　3 均等に　4 次第に

8 その雑誌はただですか。
1 無料　2 有料　3 料金　4 料理

9 彼は学生運動にくわわった。
1 記入した　2 参考した　3 加入した　4 参加した

10 彼は次々に珍しい発明をして、世界をおどろかせている。
1 だんだん　2 どんどん　3 これから　4 いつでも

답 1④ 2① 3③ 4① 5④ 6② 7③ 8① 9④ 10②

17 예상어휘 확인문제 용법

해설집 45쪽

問題５　つぎのことばの使い方として最もよいものを、１・２・３・４から一つえらびなさい。

1 夢中

1　息子はいまゲームに夢中です。

2　彼女はそのとき、夢中になやんでいました。

3　いま小さい子どもの間で何が夢中ですか。

4　彼らのやったことに批判が夢中しました。

2 中身

1　このはこの中身はだれも知りません。

2　彼女はいつもクラスで中身はずれになっています。

3　彼は授業中は中身ねむっていました。

4　被害者の中身はまだあきらかになっていません。

3 たしか

1　このロープをたしかにぎっていなさい。

2　人から聞いた話なので、たしかはわかりません。

3　最終列車に間に合うかどうか、たしかをしてください。

4　山田さんが来たのは、たしか先週の水曜日です。

4 オープン

1　日本の書店では、本を買うとたいていオープンをかけてくれる。

2　このエレベーターは10人以上乗ると定員オープンだ。

3　新しいレストランがこの近くにきのうオープンした。

4　セール中なので、このバッグは半額オープンで買えます。

5 抜ける

1　ことしの夏はボーナスがほとんど抜けないらしい。

2　どうしたら父の怒りを抜けることができるだろうか。

3　近づいてくる救急車には道を抜けることが法律で定められている。

4　私たちは商店街を抜けて駅へ向かった。

답 1① 2① 3④ 4③ 5④

18 예상어휘 확인문제 용법

해설집 46쪽

問題5　つぎのことばの使い方として最もよいものを、1・2・3・4から一つえらびなさい。

1　行方（ゆくえ）

1　コンサートの会場への行方（ゆくえ）はわかりますか。
2　彼は行方（ゆくえ）を決（き）めずに気ままな旅（たび）に出ました。
3　その子はこのあいだ家を出たきり行方（ゆくえ）がわからない。
4　台風は、行方（ゆくえ）を西に変えました。

2　あきらか

1　彼女が仕事を引（ひ）きうけることはあきらかだ。
2　彼女は大学に合格（ごうかく）して、最近（さいきん）あきらかな顔をしている。
3　彼はいつも私の質問（しつもん）にあきらかに答えてくれる。
4　字がうすくてよく見えないので、あきらかに書いてください。

3　いちいち

1　林（はやし）さん、いちいち親切（しんせつ）にしてくれてありがとう。
2　面接（めんせつ）が行われる部屋に入ると幹部（かんぶ）社員の顔がいちいち並（なら）んでいた。
3　時間がないならいちいちくわしく説明（せつめい）しなくていいですよ。
4　すみません、この三つ、いちいちつつんでいただけますか。

4　支配（しはい）する

1　いなかの両親（りょうしん）から送ってきたブドウを近所（きんじょ）の人に支配（しはい）した。
2　このサルのグループを支配（しはい）しているのは、あの大きなサルらしい。
3　友達に支配（しはい）してもらって、すばらしい留学（りゅうがく）生活を送（おく）ることができた。
4　上から押（お）す力と下から支配（しはい）する力のバランスがうまくとれている。

5　だらけ

1　あの人の部屋はほこりだらけだ。
2　あの人の部屋はきたないだらけだ。
3　あの人の部屋をちらかしだらけだ。
4　あの人の部屋は不潔（ふけつ）だらけだ。

답 1③ 2① 3③ 4② 5①

19 예상어휘 확인문제 용법

해설집 47쪽

問題 5　つぎのことばの使い方として最もよいものを、1・2・3・4から一つえらびなさい。

1 単身

1　今回、最高経営者は単身で訪日(ほうにち)した。

2　むすめは母親の愛情を単身に受けて育った。

3　アメリカでは重さをはかる単身はポンドだ。

4　大量購入(たいりょうこうにゅう)で単身を下げることができた。

2 分解(ぶんかい)

1　店員は時計を分解(ぶんかい)して故障(こしょう)の原因を調(しら)べてみた。

2　出された答えは男子と女子に分解(ぶんかい)されました。

3　ケーキを買ってきたから、みんなで分解(ぶんかい)して食べましょう。

4　以前にはこの植物(しょくぶつ)は日本中に広く分解(ぶんかい)していました。

3 あびる

1　子どもが二階(にかい)からあびて、けがをした。

2　戦争(せんそう)であびたきずがまだのこっている。

3　あまりにも暑(あつ)かったので頭から水をあびた。

4　たくさんの仕事をあびているので、旅行(りょこう)にも行けない。

4 今ごろ

1　鳥のなく声を今ごろちっとも聞かない。

2　あの人は今ごろ京都(きょうと)に着いているだろう。

3　それでは、今ごろ試験を始めます。

4　今ごろ泣き出しそうな顔をしている。

5 少しも

1　君(きみ)にアドバイスをもらってほんの少しも気が楽(らく)になった。

2　簡単(かんたん)な手術(しゅじゅつ)ですから少しも心配(しんぱい)いりません。

3　英語はあまりうまくないが、少しも話せます。

4　おもしろいと聞いて読んだ本は、少しもつまらなかった。

답 1① 2① 3③ 4② 5②

20 예상어휘 확인문제 용법

해설집 47쪽

問題5　つぎのことばの使い方として最もよいものを、1・2・3・4から一つえらびなさい。

1 差別(さべつ)

1 これを大きさ順(じゅん)に差別(さべつ)してください。

2 先(さき)に来た人から5人ずつ差別(さべつ)して座(すわ)ってもらいました。

3 人を性や人種(じんしゅ)によって差別(さべつ)してはならない。

4 日本人には「L」と「R」の音の差別(さべつ)がつけにくい。

2 感心(かんしん)

1 年金問題(ねんきんもんだい)はいま国民の感心(かんしん)が高い。

2 山田(やまだ)さんの上手な英語を感心(かんしん)した。

3 彼は自分で働(はたら)いて大学に通(かよ)っている感心(かんしん)した青年(せいねん)だ。

4 私はその小学生の作文(さくぶん)に感心(かんしん)した。

3 はっきり

1 はっきり用意(ようい)ができたから、いつでも出かけられる。

2 いそがしくてはっきりテレビを見るひまもありません。

3 私の質問(しつもん)にはっきりと答えてください。

4 今夜ははっきりおやすみなさい。

4 むかい

1 まどのむかいに見える景色(けしき)が私は好きです。

2 駅までむかいに行きます。

3 今のうちに車のむかいを反対(はんたい)にしておいてください。

4 父は駅のむかいの郵便局に勤(つと)めています。

5 実に

1 期待(きたい)していた君がけがで出場(しゅつじょう)できないとは実に残念(ざんねん)だ。

2 もうしわけありません。実にわたくしがやったんです。

3 実に言いますと、このダイヤは本物(ほんもの)ではありません。

4 実にこの目で見たんですから、まちがいありません。

답 1③　2④　3③　4④　5①

21 예상어휘 확인문제 용법

해설집 48쪽

問題5　つぎのことばの使い方として最もよいものを、1・2・3・4から一つえらびなさい。

1 案外(あんがい)

1　もしそれが案外(あんがい)なら、きみは会社をやめるべきだ。
2　私はそのニュースを聞いて案外(あんがい)おどろいた。
3　親が子どもの世話(せわ)をするのは案外(あんがい)です。
4　こわい人かと思っていたら、案外(あんがい)いい人だった。

2 どんどん

1　彼はその男が近所(きんじょ)をどんどんしているのを見た。
2　どんどんと雲(くも)のうえを歩いているような気分だ。
3　言いたいことがあったらどんどん言ってください。
4　私の妹も卒業(そつぎょう)だから、どんどん就職(しゅうしょく)の心配をしてもよいころだ。

3 わずか

1　時間はわずか10分しか残(のこ)されていなかった。
2　この子たちもわずかは家を出ていくだろう。
3　わずかに作家(さっか)の息子(むすこ)だな。彼は作文(さくぶん)が上手(じょうず)だ。
4　わずか以前(いぜん)に一度ここへ来た方(かた)ですね。

4 工夫(くふう)

1　彼はその土地(とち)を息子たちに工夫(くふう)に分配(ぶんぱい)しました。
2　彼らの工夫仲(くふうなか)のよさはみんなが知っています。
3　東京(とうきょう)は一年じゅうどこかで工夫(くふう)をしています。
4　漢字(かんじ)をおぼえるのに何(なに)かいい工夫(くふう)はありませんか。

5 メリット

1　この文章(ぶんしょう)は簡単(かんたん)なことばで書かれているが、メリットがよい。
2　あなたの経歴(けいれき)を簡単にここにメリットしてください。
3　今回の日本代表(だいひょう)はメリットワークがよい。
4　英語(えいご)を話せるのは大きなメリットだ。

답 1④ 2③ 3① 4④ 5④

22 예상어휘 확인문제 용법

해설집 49쪽

問題5　つぎのことばの使い方として最もよいものを、1・2・3・4から一つえらびなさい。

1 達(たっ)する

1 エジプトは東側(ひがしがわ)がイスラエルと達(たっ)している。

2 今年はどうにか目標(もくひょう)に達(たっ)することができた。

3 彼は医者になるのが一番達(たっ)している。

4 それは私の質問(しつもん)に達(たっ)する答えにはならない。

2 かわいらしい

1 こんど新しくひらいた店です。どうぞかわいらしくしてください。

2 となりからかわいらしい子どもの声が聞こえてくる。

3 この魚はなるべくかわいらしくにておいてください。

4 私たちは彼のかわいらしい話を聞いて泣(な)いた。

3 かっこう

1 かっこうにねむっている服をリサイクルにまわしました。

2 すみません、お客さま。こちらはかっこうになります。

3 おねがいです。私たちのかっこうになってください。

4 新しく建(た)ったビルは変(へん)なかっこうをしていました。

4 ルール

1 娘(むすめ)が通(かよ)っている女子高(じょしこう)はルールがきびしい。

2 彼はだんだん仕事がルールになってきました。

3 ルールサービスに電話をして飲み物を注文(ちゅうもん)した。

4 この品物は秘密(ひみつ)のルールで手に入れた。

5 才能(さいのう)

1 私は彼の才能(さいのう)を高く評価(ひょうか)しすぎていました。

2 行方不明(ゆくえふめい)となっていた登山者(とざんしゃ)は無事才能(ぶじさいのう)されました。

3 この器具(きぐ)のおかげでだいぶ才能(さいのう)がはぶけました。

4 残念(ざんねん)ながら、ご才能(さいのう)にはおうじられません。

답 1② 2② 3④ 4① 5①

제 3 장

문법 공략편

01 문제유형 공략하기

02 핵심문법 정복하기

(1) 핵심문법 125
(2) 사역·수동·사역수동
(3) 조건
(4) 수수 ·사역수수
(5) 경어
(6) 지시어
(7) 부사
(8) 접속사
(9) 조사

문제유형
완전분석
동영상 강의

01 문제유형 공략하기

1 問題 1 문장의 문법1(문법형식 판단)

괄호 안에 들어갈 알맞은 표현을 고르는 문제로, 총 22문항 중 13문항이 출제된다.

- 문법형식 판단 문제에서는 사역, 수동, 수수 표현, 조건, 경어, 조사 등 일본어 기초 문법 전반이 출제된다. 이 문제는 단어의 의미를 아는지를 묻는 것이 아니라, 문법이 요구하는 접속 형태와 문맥적 의미가 맞는지를 판단하는 문제이므로 형식에 대한 이해가 중요하다.
- 문제를 풀 때는 문장의 앞뒤 흐름을 보고, 빈칸에 들어간 문법 형태가 문맥상 성립하는지를 확인해야 한다. 특히 단어의 형태가 명사인지, な형용사인지, 동사라면 어떤 활용형인지 정확히 구분하는 것이 중요하다.
- 수동·사역·사역 수동 표현은 오답률이 높은 영역이므로, 문장의 주어가 누구인지와 실제로 행동을 하는 주체가 누구인지를 명확히 파악하는 연습이 필요하다.

예시

問題 1　つぎの文の（　　　）に入れるのに最もよいものを、1・2・3・4 から一つえらびなさい。

1　アパートは部屋(へや)が広ければ広い（　　　）高くなります。

1　より　　2　ほど　　3　かぎり　　4　ことに

해석　아파트는 방이 넓으면 넓을수록 비싸집니다.

해설　「～ば～ほど(～하면 ～할수록)」는 한 쪽이 변하면 그와 함께 다른 쪽도 변한다는 의미를 나타낸다. 따라서 정답은 2번이 된다.

단어　部屋(へや) 방 | 広(ひろ)い 넓다 | 高(たか)い 비싸다

問題 2 문장의 문법2(문장만들기)

4개의 빈칸에 들어갈 말을 순서에 맞게 배열하여 문장을 만드는 문제로, 총 22문항 중 5문항이 출제된다.

알고 풀자!

- 문장만들기는 흩어진 네 개의 선택지를 알맞게 배열하여 문법적으로 완벽한 문장을 만드는 문제이다. 앞뒤 문맥과 선택지 간의 '연결 고리'를 찾는 논리적 사고가 필수적이다.
- 문제를 풀 때는 우선 선택지 중에서 함께 붙어 다녀야 하는 짝꿍을 찾아 덩어리를 만드는 것이 우선이다. 예를 들어, 「～て+いる」, 「～ことに+する」, 「～ほど+ない」처럼 반드시 짝을 이루는 표현을 먼저 묶으면 선택지가 줄어드는 효과를 볼 수 있다. 또한, 앞뒤 단어의 접속 형태(명사+の, 동사 사전형+명사 등)를 확인하여 문법적인 충돌이 없는지 점검해야 한다.
- 가장 주의할 점은 전체 문장의 주어와 서술어를 먼저 파악하여 뼈대를 세우는 것이다. 특히 N3에서 자주 등장하는 복합 문법이나 수식 구조는 문장을 복잡하게 만들 수 있으므로, 각 선택지가 수식어인지 피수식어인지 명확히 구분해야 한다. 해석에 의존하기보다 문법적 결합 규칙을 활용해 퍼즐을 맞추듯 접근하는 것이 정확한 전략이다.

예시

問題 2　つぎの文の ＿★＿ に入る最もよいものを、1・2・3・4 から一つえらびなさい。

14 私は、娘(むすめ)が ＿＿＿ ＿★＿ ＿＿＿ ＿＿＿ 見て、「どうしたの？」と声をかけた。

✓1 言いたそうな　　2 しているのを　　3 何か　　4 顔を

해석 나는 딸이 무언가 말하고 싶은 듯한 얼굴을 하고 있는 것을 보고, "무슨 일이니?"라고 말을 걸었다.

해설 자연스러운 말이 되도록 단어들을 묶어보자. '무언가'와 '말하고 싶은 듯한'을 연결해 '무언가 말하고 싶은 것 같은'이라는 상태를 만들고, 이것이 '얼굴'을 수식하여 '말하고 싶은 듯한 얼굴'이라는 표현이 된다. 마지막으로 '하고 있는 것을'을 연결하면 '~한 표정을 짓는'이라는 표현이 된다. 따라서 3-1-4-2로 연결할 수 있다.

단어 娘(むすめ) 딸 | 顔(かお)をする 표정을 짓다 | 声(こえ)をかける 말을 걸다

問題 3 글의 문법

제시된 장문의 빈칸에 들어갈 말을 고르는 문제로, 총 22문항 중 4문항이 출제된다.

알고 풀자!

글의 문법 문제는 지문 전체의 흐름 속에서 문맥상 알맞은 어휘, 접속사, 부사, 지시어 등을 채워 넣는 유형으로, 단일 문장의 이해를 넘어 글 전체의 통일성과 논리적 전개를 파악하는 것이 핵심이다. 단순히 빈칸 앞뒤만 보기보다는 앞 문장의 내용을 받는 지시어(これ, それ)나 문장 간의 관계를 결정짓는 접속사(しかし, つまり)를 통해 필자의 논리 구조를 정확히 읽어내야 한다.

예시

問題 3　下の文章は、「お父さんの仕事」についての作文である。

　去年の夏のことだった。私が朝早く起きると、父は自転車に乗って、どこかへ出かけて行った。 19 、夕方おそく、あせまみれになって帰ってきた。
　そんな日が何日か続いたので、私は、ふしぎに思って、母にたずねてみた。母は
「お父さんは、よそへ仕事に行っているんですよ。」と言ったきりで、くわしいことを 20 。2、3日たったある日、父が
「海へ泳ぎに行こう。」と言ったので、父と２人で家を出た。私は、
「お父さん、今日は休みなの。」と聞いてみた。父は、うなずいただけで、だまって歩いていた。わたしは、勇気を出して、

19

1　したがって　　2　つまり　　3　それと　　✓4　そして

20

✓1　教えてくれなかった　　2　教えさせてやった

3　教えてあげなかった　　4　教えさせてもらった

해석　아래 문장은 '아버지의 일'에 대한 작문이다.

작년 여름의 일이었다. 내가 아침 일찍 일어나면, 아빠는 자전거를 타고 어딘가로 나갔다. 19 그리고 저녁 늦게 땀투성이가 되어서 돌아왔다.

그런 날이 며칠인가 계속되었기 때문에, 나는 이상하게 생각되어, 엄마에게 물어 봤다. 엄마는 "아빠는 다른 곳으로 일하러 가는 거야."라고 말했을 뿐, 자세한 것을 **20** 가르쳐주지 않았다. 2, 3일이 지난 어느 날, 아빠가 "바다에 수영하러 가자."라고 말해서, 아빠와 둘이서 집을 나섰다. 나는 "아빠, 오늘은 휴일이야?"라고 물어 봤다. 아빠는 고개만 끄덕일 뿐 아무 말도 없이 걷고 있었다. 나는 용기를 내어 "아빠, **21** 요즘 매일 어디로 일하러 가는 거예요?"라고 물어 봤다. 아빠는 조금 곤란한 듯한 **22** 표정을 지었다.

해설 **19** 아침에 아버지가 밖으로 '나간' 행동과 저녁 늦게 '돌아온' 행동은 시간의 흐름에 따라 이어지고 있으므로, 앞뒤 문장을 순차적으로 연결해 주는 접속사인 「そして(그리고)」가 정답이 된다. 1번 '따라서(결과)', 2번 '즉(요약)', 3번 '그것과(병렬)'는 문맥상 인과관계나 동격의 의미를 담고 있어 적절하지 않다.

20 글에서 「～と言ったきりで(~라고 말했을 뿐)」라고 나왔으므로, 뒤에는 '자세한 것은 알려 주지 않았다'는 부정 표현이 이어지는 것이 자연스럽다. 일본어의 수수표현에서 남이 나에게 어떤 행동을 해 주는 것을 「～てくれる」라고 하므로, 이를 부정형으로 바꾼 「～てくれなかった(~해 주지 않았다)」가 문맥에 적절하다.

단어 出(で)かける 나가다, 외출하다 | 夕方(ゆうがた) 저녁때 | あせ 땀 | ～まみれ ~투성이 | ふしぎだ 이상하다 | たずねる 묻다 | よそ 다른 곳 | くわしい 자세하다 | ～きり ~한 채 | たつ (날짜·시간이) 지나다 | うなずく 고개를 끄덕이다 | だまる 말을 하지 않다 | 勇気(ゆうき) 용기

| 일러두기 |

본서 제3장 문법 공략편에서는 아래의 표와 같은 용어로 접속 방법을 표기했습니다.

활용형	접속 예
동사 사전형	書く予定だ
동사 ます형	書きながら
동사 て형	書いてください
동사 た형	書いたことがある
동사 ない형	書かないでください
동사 의지형	書こうと思う
동사 가정형	書けば
동사ている	書いている
동사 보통형	見る、見ない、見た、見なかった
い형용사 보통형	多い、多くない、多かった、多くなかった
な형용사 보통형	好きだ、好きではない、好きだった、好きではなかった
명사 보통형	本だ、本ではない、本だった、本ではなかった

02 핵심문법 정복하기

N3 핵심문법 125

N3 문법은 기능어(표현 문형)뿐만 아니라 경어, 접속사, 부사, 지시어, 조사 등도 출제되며, 대화체에서 쓰이는 표현도 자주 묻고 있다.

001 ～あいだ(に) ～동안(에), ~사이(에)

접속 동사 사전형 / 동사ている / 명사の+あいだ(に)

시간의 범위를 나타내는 표현으로, 「～あいだ」는 동작이나 상태가 지속되는 의미를 나타내며, 「～あいだに」는 기간 내에 완료되는 동작을 나타낸다. 부정 표현은 「동사 ない형+ないあいだ(に)」의 형태가 된다.

기출 先生(せんせい)の講演(こうえん)の**あいだ**、皆(みな)熱心(ねっしん)に話を聞いていた。
선생님이 강연하는 사이, 모두 열심히 이야기를 듣고 있었다. 2010-1회

学生の**間(あいだ)**は 학생인 동안에는 2010-2회

試験(しけん)の**あいだ**はしずかにしていてください。
시험 보는 동안에는 조용히 해 주세요.

昨日(きのう)、寝(ね)ている**間(あいだ)に**地震(じしん)がありました。
어제 자고 있는 동안에 지진이 있었습니다.

数日(すうじつ)見(み)ない**あいだに**、庭(にわ)の花(はな)が全部(ぜんぶ)咲(さ)いていました。
며칠 안 본 사이에 정원의 꽃이 전부 피어 있었습니다.

002 いくら~ても(でも) 아무리~해도
どんなに~ても(でも) 얼마나 ~해도

접속 동사 て형 / い형용사 어간く +ても
な형용사 어간 / 명사+でも

「~ても(でも)」는 '~라도, ~해도'라는 역접의 의미를 가진다. 이 표현 앞에 「いくら」나, 「どんなに」를 붙여서 그런 상황이나 조건, 상태여도 뒤에 따라오는 상황은 변함이 없다는 강조의 뜻이 더해진다. 시험에서는 이 강조 구문의 형태가 종종 출제된다.

いくら食べても太らない体が欲しいです。
아무리 먹어도 살찌지 않는 몸을 원합니다.

いくら優秀な大学を出ていても、仕事が出来なければ意味がありません。
아무리 우수한 대학을 나와도 일을 할 수 없으면 의미가 없습니다.

003 ~一方(で) ~하는 한편(으로)

접속 동사·い형용사 보통형 / な형용사である / 명사である+一方で

어떤 사항에 대해 두 가지 면을 대비시켜 나타낼 때 사용한다.

기출 インターネットで買い物をするのは便利である一方で売っている人の顔が
인터넷으로 쇼핑을 하는 것은 편리한 한편 파는 사람의 얼굴이 2017-1회

夫は、プロのサッカー選手として活動する一方で大学院でスポーツ科学を学んでいる。 남편은 프로 축구선수로서 활동하는 한편 대학원에서 스포츠 과학을 배우고 있다. 2022-1회

彼は俳優として活躍する一方、監督としても高い評価を受けている。
그는 배우로서 활약하는 한편, 감독으로서도 높은 평가를 받고 있다.

仕事のない人がいる一方で、働きすぎで病気になる人もいる。
일이 없는 사람이 있는 한편으로, 과로로 병이 나는 사람도 있다.

004 ～うちに / ～ないうちに ～하는 동안에 / ~하기 전에

접속 동사 사전형 / い형용사 사전형 / な형용사 어간な / 명사の+うちに
동사 ない형+ないうちに

어떤 상태나 동작이 계속되는 범위를 설정하고, 그 상태가 끝나기 전에 일이 성립됨을 뜻한다.

기출 雨(あめ)が降(ふ)らないうちに行きましょう。 비가 내리기 전에 갑시다. 2010-2회

暗(くら)くならないうちに帰ろうよ。 어두워지기 전에 돌아가자. 2013-2회

妹(いもうと)がいるうちにぜひ一度(いちど)遊(あそ)びに行(い)きます。
여동생이 있는 동안에 꼭 한번 놀러 갈 겁니다. 2015-1회

ひどくならないうちに歯医者(はいしゃ)に診(み)てもらうことが重要だ。
심해지기 전에 치과의사에게 진료를 받는 것이 중요하다. 2023-1회

ゆでた後、熱いうちに皮をむきましょう。
삶은 후 뜨거울 때 껍질을 벗깁시다. 2025-1회

日本(にほん)に来(き)たばかりのときは日本語(にほんご)であいさつもできなかったのに、2年間(ねんかん)いるうちに新聞(しんぶん)も読(よ)めるようになりました。
일본에 막 왔을 때는 일본어로 인사도 할 수 없었는데, 2년간 있는 동안에 신문도 읽을 수 있게 되었습니다.

パパが帰ってこないうちに全部(ぜんぶ)食(た)べちゃおうよ。
아빠가 돌아오기 전에 전부 먹어 버리자.

005 ～(よ)うと思(おも)う ～하려고 생각하다

접속 동사 의지형+(よ)うと思う

앞으로 무언가를 하겠다는 말하는 사람의 의지를 나타낸다.

기출 桜(さくら)の絵(え)の箱(はこ)を大切(たいせつ)にしようと思っています。
벚꽃 그림이 들어간 상자를 소중하게 간직하려고 생각하고 있습니다. 2014-1회

家族に見せようと思っています。 가족에게 보여주려고 생각하고 있습니다. 2014-2회

自分(じぶん)のレストランを開(ひら)こうと思ってから
자신의 레스토랑을 열려고 생각하고 나서 2018-2회

昼(ひる)ご飯(はん)を食(た)べようと思って 점심을 먹으려고 해서 2019-2회

来年日本に行こうと思っています。
내년에 일본에 가려고 생각하고 있습니다.

私は今年の夏、日本でホームステイしようと思っています。
나는 올 여름, 일본에서 홈스테이하려고 생각하고 있습니다.

006 ～(よ)うとする ～하려고 하다

접속 동사 의지형+(よ)うとする

어떤 행동을 하기 직전의 상태 또는 어떤 행동을 하기 위해 노력하는 모습을 나타낸다.

기출 息子も一生けんめいがんばろうとしているので応援してやろうかと思っています。
아들도 열심히 노력하려고 하고 있어서 응원해 줄까하고 생각하고 있습니다. 2014-1회

天ぷらを作ろうとしたが、油が足りなかったので
튀김을 만들려고 했지만 기름이 모자랐기 때문에 2015-1회

びんのふたを開けようとしたが、固くて開けられなかった。
병 뚜껑을 열려고 했지만, 단단해서 열 수 없었다.

笑おうとしても歯が痛くて笑えなかった。
웃으려고 해도 이가 아파서 웃을 수 없었다.

007 ～おかげで / ～おかげだ ～덕분에 / ～덕분이다

접속 동사·い형용사 보통형 / な형용사 어간な / 명사の+おかげで

어떠한 것이 원인이 되어 좋은 결과가 발생할 때 사용하는 표현이다.

기출 風邪をひかないのは毎朝しているジョギングのおかげだ。
감기에 걸리지 않는 것은 매일 하고 있는 조깅 덕분이다. 2011-1회

先生がいつも丁寧に教えてくださったおかげです。
선생님이 항상 정성껏 가르쳐 주신 덕분입니다. 2018-2회

技術の進歩のおかげで 기술의 진보 덕분에 2020

優勝できたのは皆さんの応援のおかげです。
우승할 수 있었던 것은 여러분의 응원 덕분입니다. 2022-1회

一生懸命勉強したおかげで、成績が上がりました。
열심히 공부한 덕분에 성적이 올랐습니다.

静かなおかげで、ぐっすり眠れました。
조용한 덕분에 푹 잘 수 있었습니다.

008 ～終わる 다 ～하다

접속 동사 ます형 + 終わる

동작이나 작용이 끝났음을 나타내는 표현이다.

기출 この書類を見終わったら高山さんに渡してください。
이 서류를 다 보면 다카야마 씨에게 건네 주세요. 2019-2회

それ、まだ途中なんだ。読み終わったら、貸してあげるよ。
그거 아직 다 못 읽었어. 다 읽으면 빌려줄게.

食べ終わったらテーブルを片づけてください。
다 먹으면 테이블을 치워 주세요.

私たちは住宅ローンを払い終わった。
우리들은 주택 자금 대출을 다 지불했다.

009 ～がする (소리·냄새·맛 등)이 나다, (느낌·기분 등)이 들다

접속 명사+がする

냄새, 맛, 느낌 등 감각을 나타내는 표현으로, 「味(맛)·におい(냄새)·声(목소리)·音(소리)·気(기분)」 등 자주 연결되는 단어와 함께 알아두는 것이 좋다. 동사 「する(하다)」는 일반적으로 타동사의 역할을 하므로 조사 「を」가 오지만, 여기서는 「が」가 오기 때문에 주의한다.

기출 住み始めたころは、車の通る音がしてうるさいと思うこともあったが
살기 시작했을 즈음에는 차가 다니는 소리가 나서 시끄럽다고 생각한 적도 있었지만 2014-2회

環境問題が少し身近になったような気がします。
환경 문제가 조금 가까워진 느낌이 듭니다. 2015-2회

窓を開けていると、いつもみそ汁のにおいがしてくる。

창문을 열어 놓으면 항상 된장국 냄새가 난다. 2017-1회

喫茶店に入るとコーヒーのいい匂いがした。

커피숍에 들어서자 커피의 좋은 냄새가 났다.

この辺りは夜遅くまでバイクの音がします。

이 부근은 밤늦게까지 바이크 소리가 납니다.

010 ～がっている ～하게 여기고 있다, ～워 하고 있다

접속 い형용사 어간 / な형용사 어간+がっている

1인칭 이외의 사람의 욕구나 희망, 감정 등을 나타내는 표현이다. 「～がる(~하게 여기다)」, 「～がらない(~하게 여기지 않다)」 등의 형태로도 사용된다.

기출 A「お菓子を買った子がマコトくん？」

B「ちがうよ。あそこで泣いて、お菓子を欲しがっている子だよ。」

A "과자를 산 아이가 마코토 군?"

B "아니야. 저쪽에서 울고 과자를 사고 싶어하는 아이야." 2011-1회

子どもは「ピアノ教室に行きたくない」と嫌がっていたが

아이는 '피아노 교실에 가고 싶지 않아'라고 싫어했었지만 2013-1회

雨の日は濡れるのが嫌なようで、散歩に行きたがらない。

비 오는 날은 젖는 것이 싫은 듯, 산책을 가고 싶어 하지 않는다. 2023-2회

その話をしたら山田さんは不思議がっていた。

그 이야기를 했더니 야마다 씨는 이상하게 여기고 있었다.

ねこは一人でもさびしがらないと聞いたのですが、本当ですか。

고양이는 혼자라도 외로움을 타지 않는다고 들었는데, 정말입니까?

011 ～かというと・～かといえば ～하는가 하면, ～인가 하면

접속 보통형+かというと·かといえば

어떤 일에 대하여 단정적으로 설명할 때 사용하는 표현이다. 관용적으로 쓰이는 「何(なに)かというと·何(なに)かといえば(툭하면, 입만 벙긋하면, 기회만 있으면, 늘)」, 「どちらかというと·どちらかといえば(어느 쪽인가 하면)」, 「なぜかというと·なぜかといえば(왜냐하면)」도 익혀 두자.

기출 エアコンから出た冷たい空気が部屋(へや)の下の方に行くのはどうして**かというと**
에어컨에서 나온 차가운 공기가 방 아래쪽으로 가는 것은 왜냐하면 2015-2회

映画館にも行きますが、どちら**かというと**、家でDVDをみることが多いですね。
영화관에도 가지만 어느 쪽인가 하면 집에서 DVD를 보는 편이 많네요. 2025-1회

なぜ日本(にほん)に来(き)た**かというと**、柔道(じゅうどう)に興味(きょうみ)があったからです。
왜 일본에 왔는가 하면 유도에 흥미가 있었기 때문입니다.

西川(にしかわ)さんはどちら**かというと**営業(えいぎょう)に向(む)いている。
니시카와 씨는 어느 쪽인가 하면 영업에 적합하다.

私はどちら**かといえば**、みんなでさわぐより一人(ひとり)でいるほうが好きです。
나는 어느 쪽인가하면, 여럿이서 떠들기 보다 혼자 있는 것을 더 좋아합니다.

012 必(かなら)ずしも～ない 반드시 ~인 것은 아니다

접속 必ずしも+부정형

「必(かなら)ずしも」는 뒤에 부정하는 말과 함께 쓰여, 부분 부정을 나타낸다. 「必(かなら)ず(반드시, 꼭)」와 혼동하지 않도록 주의한다.

기출 会社をつくることは**必(かなら)ずしも**難(むずか)しいことでは**ない**。
회사를 만드는 것은 반드시 어려운 일은 아니다. 2018-1회

「忘れることは、**必(かなら)ずしも**悪いことでは**ない**」と書いてあった。
'잊는 것은 반드시 나쁜 것은 아니다' 라고 써 있었다. 2024-1회

サッカーが好(す)きな人(ひと)が**必(かなら)ずしも**上手(じょうず)だというわけでは**ない**。
축구를 좋아하는 사람이 반드시 능숙하다는 것은 아니다.

高(たか)いレストランだからといって、料理(りょうり)が**必(かなら)ずしも**おいしいとは言(い)え**ない**。
비싼 레스토랑이라고 해서 요리가 반드시 맛있는 것은 아니다.

013 ～かもしれない ～지도 모른다

접속 동사·い형용사 보통형 / な형용사 어간 / 명사+かもしれない

어떤 상황이 일어날 수도 있음을 추측하는 표현이다. 참고로 비슷한 뜻의「～だろう(~일 것이다)」, 「～でしょう(~일 것입니다)」는 어떤 근거에 의한 화자의 추측을 나타내는데, 단정은 할 수 없으나 그것이 사실이라고 생각하는 화자의 기분이 강한 표현이다. 이에 반해「～かもしれない」는 하나의 가능성으로서 그렇게 생각할 수 있다는 기분으로 말하는 표현이다.

기출 駅前の店のラーメンは、濃い味が好きな人にはいいかもしれないが私はちょっと苦手だ。

역 앞 가게의 라면은 진한 맛을 좋아하는 사람에게는 좋을지 모르지만 나는 좀 안 맞는다. 2016-1회

気温の変化が大きいため、天気に関心を持つのかもしれません。

기온의 변화가 크기 때문에 날씨에 관심을 가지는 것일지도 모릅니다. 2016-2회

クラスに入らなかったら、外国人学生と友達になる機会はないかもしれないと思った。

수업에 들어가지 않았다면 외국인 학생과 친구가 될 기회는 없을지도 모른다고 생각했다. 2019-1회

早めに家を出たほうがいいかもしれないね。

일찌감치 집을 나서는 게 좋을지도 모르겠네. 2021-1회

もし彼が満塁ホームランを打たなかったら、そのチームは敗れていたかもしれない。

만약 그가 만루 홈런을 치지 않았더라면 그 팀은 졌을지도 모른다.

この計画は時間がかかるので、少し大変かもしれない。

이 계획은 시간이 걸려서 조금 힘들지도 모른다.

彼が怒っているのは、私の言い方のせいかもしれない。

그가 화가 난 것은 내 말투 때문일지도 모른다.

014 ～から～にかけて ～부터 ～에 걸쳐서

접속 명사+から+명사+にかけて

「～から～まで」와 똑같이 시간과 공간의 범위를 나타낸다. 단, 그 범위의 기점과 종점이 명확하지 않을 경우에 자주 사용된다.

朝から夕方にかけて雨が降るでしょう。
아침부터 저녁에 걸쳐서 비가 내리겠죠.

北海道(ほっかいどう)から東北地方(とうほくちほう)にかけて大きな地震(じしん)がありました。
홋카이도부터 도호쿠 지방에 걸쳐서 큰 지진이 있었습니다.

015 ～代(か)わりに ～대신에

접속 동사 사전형 / 명사の+代わりに

동사「代わる」의 명사 형태인「代わり」에 조사「に」를 붙인 문형이다.「Aかわりにβ」는 A와 B가 거의 같은 역할·기능·가치를 가질 때 사용한다.

新聞を読む代わりにケータイでニュースを見ています。
신문을 읽는 대신에 휴대폰으로 뉴스를 보고 있습니다.

お米(こめ)がなかったのでご飯(はん)の代わりにパンを食べました。
쌀이 없었기 때문에 밥 대신에 빵을 먹었습니다.

016 ～きる 다 ～하다, 완전 ～하다
～きれる 다 ～할 수 있다 , 완전 ～할 수 있다
～きれない 다 ～할 수 없다, 완전 ～할 수 없다

접속 동사 ます형+きる

동작의 완료를 나타내는 '끝까지 ～하다', '다 ～하다'의 의미와 극한의 상태를 나타내는 '너무 ～하다', '완전 ～하다'의 두 가지 쓰임이 있다.「きれる」는「きる」의 가능형이고,「きれない」는 부정형으로 '～할 수 없다'는 의미가 된다. 한자「切る」 표기도 가능하다.

明日のテストまでに100個の英単語(えいたんご)を覚えきるのは難(むずか)しそうだ。
내일 시험까지 100개의 영어 단어를 다 외우는 것은 어려울 것 같다.

足を怪我(けが)したものの、フルマラソンを最後まで走りきれたのでよかった。
다리를 다쳤지만, 풀코스 마라톤을 마지막까지 완주할 수 있어서 다행이었다.

量(りょう)が多すぎて食べきれません。
양이 너무 많아서 다 먹을 수 없습니다.

017 ～くする・～にする ～(하)게 하다, ～로 하다

접속 い형용사 어간+くする
な형용사 어간 / 명사+にする

어떠한 일, 상태, 성질을 바라는 결과로 인위적으로 변화시킨다는 의미이다.

テレビの音を小さくしてください。
텔레비전 소리를 작게 해주세요.

子どもが寝(ね)ているので、静(しず)かにしてください。
아이들이 자고 있으니, 조용히 해 주세요.

この荷物(にもつ)、重(おも)いので、二(ふた)つにしてください。
이 짐 무거우니까 두 개로 나눠 주세요.

018 ～くせに ～주제에, ～면서도

접속 동사·い형용사 보통형 / な형용사 어간な / 명사の+くせに

역접의 의미를 가진 「のに(～인데도)」와 유사하지만, 상당히 강한 불만과 비난의 기분을 나타내는 문형이다.

彼はお金持(かねも)ちのくせにけちだ。
그는 부자이면서도 인색하다.

部長は仕事ができないくせに、部下には厳(きび)しい。
부장은 일을 못하는 주제에, 부하에게는 엄격하다.

019 ～くなる・～になる ～해 지다, ～이 되다

접속 い형용사 어간+くなる
な형용사 어간 / 명사+になる

사람이나 사물의 상태가 바뀌어 다른 상태가 되는 것을 나타낸다.

기출 キャベツがやわらかくなるまで煮(に)ます。양배추가 부드러워질 때까지 익힙니다. 2019-1회

急(きゅう)に出勤(しゅっきん)しなきゃならなくなった。갑자기 출근하지 않으면 안 되게 되었다. 2020

暑くなる前にエアコンが問題なく動(うご)くかどうか、確認(かくにん)しておこうと思う。
더워지기 전에 에어컨이 문제 없이 작동되는지 어떤지 확인해 두려고 생각하다. 2022-1회

こんなにうるさい音楽(おんがく)を聞(き)いていると頭(あたま)がおかしくなる。
이렇게 시끄러운 음악을 듣고 있으면 머리가 이상해진다.

あの歌手は有名になる前にパン屋で働(はたら)きました。
저 가수는 유명해지기 전에 빵집에서 일했습니다.

来年から大学生になるので、新しい生活が楽しみです。
내년부터 대학생이 되어서 새로운 생활이 기대됩니다.

020 ～くらい / ～くらいだ ～정도 / ～정도이다

접속 동사·い형용사 보통형 / な형용사 어간な / 명사+くらい

사물의 대략적인 분량·정도 및 동작이나 상태 정도를 예로 들어 말하는 표현이다.「～ぐらい, ～ぐらいだ」로도 쓰이며,「～ほど / ～ほどだ」와 의미, 용법이 거의 같다.

기출 財布(さいふ)に500円(えん)ぐらいしか残(のこ)っていない。
지갑에 500엔 정도밖에 남아있지 않다. 2015-2회

新しいパソコンを買って１か月ぐらいしか使っていないのに、壊(こわ)れてしまった。
새 컴퓨터를 사고 1개월 정도 밖에 사용하지 않았는데, 고장나고 말았다. 2022-1회

立(た)って歩(ある)けないぐらいの風(かぜ)が吹(ふ)いていた。
서서 걸을 수 없을 정도의 바람이 불고 있었다.

あんな大(おお)きな事故(じこ)だったのに生(い)きているのが不思議(ふしぎ)なくらいだ。
그렇게 큰 사고였는데 살아 있는 것이 이상할 정도이다.

021 ～こと ～일, ~것

접속 동사·い형용사 보통형 / な형용사 어간な / 명사の+こと

「～こと」는 형식명사 중의 하나이다. 형식명사란 문법적으로 명사와 같은 성질을 갖는 것을 말하는데, 단독으로는 사용할 수 없기 때문에 반드시 앞에 연체수식어가 온다. 「こと」와 「の」가 가장 많이 쓰이는 형식명사로, 주로 추상적이고 개념적일수록 「こと」, 구체적이고 오감으로 다루어지는 대상일수록 「の」를 사용한다.

기출 うるさいと思うこともあったが 시끄럽다고 생각할 때도 있었지만 2014-2회

贈(おく)る相手(あいて)のことを考えながら 선물하는 상대방을 생각하면서 2015-2회

私の夢(ゆめ)は、いつか自分のケーキ屋を開くことだ。
나의 꿈은 언젠가 자신의 케이크 가게를 여는 것이다. 2023-1회

日本(にほん)のことについて書(か)いてある本(ほん)をさがしています。
일본에 관해 쓰여 있는 책을 찾고 있습니다.

A 「高山(たかやま)さんがこんど課長(かちょう)になるんだってね。」
B 「うん、そのことならぼくもさっき聞(き)いたよ。」
A "다카야마 씨가 이번에 과장이 된대."
B "응, 그 이야기라면 나도 아까 들었어."

アメリカに留学(りゅうがく)している娘(むすめ)のことが心配(しんぱい)です。
미국에 유학하고 있는 딸이 걱정입니다.

022 ～ことか ~던가, ~인지

접속 동사·い형용사 보통형 / な형용사 어간な / 명사+ことか

「～ことか」는 보통 「なんと(얼마나), 何度(なんど)(몇 번), どんなに(얼마나), どれほど(얼마나)」 등과 호응하는 경우가 많으며, 감탄과 탄식의 의미를 나타낸다. 자신만의 판단으로 그렇게 믿어버린다는 뉘앙스가 있다.

기출 野菜を育てることがどんなに大変(たいへん)なことかわかりました。
채소를 키우는 일이 얼마나 힘든지 알았습니다. 2011-1회

つまらない話を2時間も聞かされる身にもなってください。どれほど退屈なことか。
재미없는 이야기를 2시간이나 들어야만 하는 처지가 되어 보세요. 얼마나 지루한지!

第一希望の会社に就職が決まった。母が生きていたら、どんなに喜んでくれたことか。
제일 가고 싶었던 회사에 취직이 정해졌다. 엄마가 살아 계셨다면 얼마나 기뻐해 주셨을까!

023 ～ことがある ～할 때가 있다, ～할 경우가 있다

접속 동사 사전형+ことがある

자주는 아니지만 종종, 때때로 그러한 일이 발생한다라는 의미이다. 그렇기 때문에 「たまに」, 「ときどき」와 같은 부사와 함께 사용된다. 부정 표현은 「동사 ない형+ないことがある」의 형태가 된다. 과거 경험을 표현하는 「동사 た형+たことがある」와 혼동하지 않도록 주의한다.

時々、駅で木村教授を見かけることがあります。
가끔 역에서 기무라 교수님을 볼 때가 있습니다.

ストレスでたまに、夜眠れないことがあります。
스트레스로 가끔 밤에 잠들지 못하는 경우가 있습니다.

024 ～ことから ～때문에, ～한 이유에서

접속 보통형+ことから

「AことからB」의 꼴로 쓰여, A가 근거・이유가 되어 B가 되었다는 의미를 나타낸다. 주로 문장체로 쓰인다.

기출 人の耳のような形に見えることから「耳島」と呼ばれています。
사람의 귀와 같은 모양으로 보이기 때문에 '귀섬'이라고 불리고 있습니다. 2015-1회

めがねのような形をしていることから「めがね橋」とも呼ばれている。
안경과 같은 형태를 하고 있기 때문에 '안경 다리'라고도 불리고 있다. 2018-2회

現場に争った形跡がないことから、その殺人は顔見知りの犯行と推定された。
현장에 다툰 흔적이 없는 점에서, 그 살인은 면식범의 범행이라고 추정되었다.

ここは富士山が見えることから富士見ヶ丘と呼ばれている。
여기는 후지산이 보이기 때문에 후지미가오카라고 불리고 있다.

025 ～ことができる ～할 수 있다

접속 동사 사전형+ことができる

부정 표현은 「～ことができない / ～ことは(も)できない(~할 수 없다/~할 수는(도) 없다)」의 형태가 된다.

기출 今まで知(し)らなかったいいところを見つけることができました。
지금까지 몰랐던 좋은 점을 발견할 수 있었습니다. 2021-1회

どんなに勉強(べんきょう)が大変になっても頑張(がんば)ることができるからです。
공부가 아무리 힘들어져도 노력할 수 있기 때문입니다. 2023-1회

この会議室(かいぎしつ)は予約(よやく)した人(ひと)だけが利用(りよう)することができます。
이 회의실은 예약한 사람만이 이용할 수 있습니다.

バスで行(い)くこともできますが、時間(じかん)がかかりますからタクシーに乗(の)りましょう。
버스로 갈 수도 있지만, 시간이 걸리니까 택시를 탑시다.

01 문법 확인문제

해설집 50쪽

問題 1　つぎの文の（　　）に入れるのに最もよいものを、1・2・3・4から一つえらびなさい。

1 このお店は正午から1時ごろ（　　）昼休みのサラリーマンでいっぱいになる。014

1 にくらべて　　2 に加えて　　3 にかけて　　4 について

2 彼女はとても静(しず)かな人で、いるのかいないのかわからない（　　）。020

1 くらいだ　　2 おかげだ　　3 ことはない　　4 はずはない

3 木村(きむら)さんはコンピューターの（　　）、なんでも知っています。021

1 ものなら　　2 ものには　　3 ことなら　　4 ことには

4 ハードウェアとソフトウェアを統合(とうごう)した物(もの)が売(う)れなかった（　　）、私たちは考え方を根本的(こんぽんてき)に見直(みなお)さなければならなくなっていた。024

1 場合(ばあい)は　　2 以上(いじょう)は　　3 ばかりなのに　　4 ことから

5 今までの練習の成果を出し（　　）ように、頑張りましょう。016

1 きれる　　2 てみる　　3 てくる　　4 てしまう

6 部屋(へや)が暗いので、電気をつけて（　　）します。017

1 明るい　　2 明るく　　3 明るくて　　4 明るいに

7 庭に柿(かき)の木が1本あり、収穫(しゅうかく)した実(み)で干(ほ)し柿(がき)を（　　）としたが、うまくできなかった。006

1 作った　　2 作れる　　3 作って　　4 作ろう

8 先生「大学合格、おめでとう。」
生徒「ありがとうございます。先生がいつも丁寧(ていねい)に教(おし)えてくださった（　　）。」007

1 おかげです　　2 はずです　　3 せいです　　4 ようです

9 お店の外までとてもよいにおい（　　）ほど、おいしいカレー屋さんです。009

1 がしてある　　2 をしていく　　3 がしてくる　　4 をしている

답 1③ 2① 3③ 4④ 5① 6② 7④ 8① 9③

10 山田「このDVD、（　　　）高木さんに渡してね。」008
田中「うん、わかった。」
1 見続けたら　2 見ていたら　3 見終わったら　4 見てあったら

11 彼女は子どもの頃、アメリカに住んでいたので英語を話す（　　　）。025
1 くらいだ　2 ことができる　3 たことがある　4 そうもない

12 母親　「今、おもちゃを買った子が誠君？」
子ども「ちがうよ。あそこで泣いてお菓子を（　　　）子だよ。」010
1 ほしい　2 ほしそうな　3 ほしがっている　4 ほしがってみる

13 沸騰したお湯に塩と大根を入れ、大根が（　　　）煮ます。019
1 やわらかくなるまで　2 やわらかくなる間
3 やわらかくするまで　4 やわらかくする間

問題2　つぎの文の ＿★＿ に入る最もよいものを、1・2・3・4から一つえらびなさい。

14 日本にいる ＿＿ ＿＿ ＿★＿ ＿＿ 思う。001
1 つくりたいと　2 友達を　3 あいだに　4 なるべく多くの

15 私が今住んでいるアパートは線路沿いにある。住み始めたころは、＿＿ ＿＿ ＿★＿ ＿＿ 気にならなくなった。009
1 すぐ　2 電車の通る
3 音がしてうるさいと　4 思うこともあったが

16 ＿＿ ＿★＿ ＿＿ ＿＿、料理が上手でなければ、意味がありません。002
1 良い　2 材料を　3 どんなに　4 使っても

답 10 ③　11 ②　12 ③　13 ①　14 ② (3421)　15 ④ (2341)　16 ① (3124)

17 見学の後は、給食センターで給食を食べさせてもらいました。給食を作る ＿＿＿ ＿＿＿ ＿★＿ ＿＿＿ わかったので、いつも以上においしくいただくことができました。022

1 ことか　　2 どんなに　　3 大変な　　4 ことが

18 お金持ちだからといって ＿＿＿ ＿＿＿ ＿★＿ ＿＿＿ 。012

1 とは　　2 幸せだ　　3 限らない　　4 必ずしも

問題 3 つぎの文章を読んで、文章全体の内容を考えて、 19 から 22 の中に入る最もよいものを、1・2・3・4から一つえらびなさい。

個人主義

佐藤真

ぼくは、6年生になる前の春休みにヨーロッパに旅行しました。また、6年生の夏休みにはハワイに行くことができました。日本以外の国へ行って、日本とちがった考え方にふれることができました。

19 、ホテルの中のエレベーターやロビーで他人にふれると、すぐに、

「エクスキューズミー(失礼)」

と声をかけ合います。日本のラッシュ時の電車では考えられないことです。

けれどもその反面、主にフランスなどでは道路の交通信号が赤の時でも車や人がとび出します。 20 を見て、ぼくはおどろきました。けれども、他人にめいわくをかけはしません。それは、自分のことは自分で責任を持つという考え方があるからです。日本では人が道路にとび出して車にひかれた場合、 21 が、フランスでは、とび出した人自身の責任になります。

このような、自分で自分の責任を持ち、たいせつにしていくような個人主義は、他人へのめいわくをかえりみずに自分かってなことをする利己主義とはちがって、たいへん 22 。

답 17 ③ (4231)　18 ① (4213)

19

1 それとも　2 したがって　3 たとえば　4 ですから

20

1 これ　2 そこ　3 どちら　4 あっち

21

1 会社の責任(せきにん)ではありません　2 ぼくの責任(せきにん)ではありません
3 国の責任(せきにん)になります　4 車の責任(せきにん)になります

22

1 すまないことだと思います　2 よいことだと思います
3 かなしいことだと思います　4 まずいことだと思います

핵심문법

～ことができる 025 ～할 수(가) 있다	ハワイに行くことができました 하와이에 갈 수 있었습니다(04行)
～反面(はんめん) ～반면(에)	その反面(はんめん) 그 반면(09行)
～はしない ～은 하지 않는다	他人にめいわくをかけはしません 남에게 폐를 끼치지는 않습니다(10行)
～という 072 ～라고 하는	自分のことは自分で責任(せきにん)を持つという考え方が 자기 일은 자기가 책임을 진다는 사고방식이(11行)
～ていく 062 ～해 가다	たいせつにしていくような個人主義は 소중하게 여겨 가는 개인주의는(14行)
～ずに 034 ～하지 않고	他人へのめいわくをかえりみずに 타인에 대한 폐를 반성하지 않고 (15行)
～と思う 076 ～라고 생각하다	たいへんよいことだと思います 매우 바람직한 것이라고 생각합니다. (16行)

답 19 ③　20 ①　21 ④　22 ②

02 문법 확인문제

해설집 52쪽

問題 1　つぎの文の（　　　）に入れるのに最もよいものを、1・2・3・4から一つえらびなさい。

1　私の兄は歌が下手(へた)な（　　　）、よくカラオケに行きたがります。018

1　きる　　2　くせに　　3　くらい　　4　せいで

2　いくら（　　　）、授業中に寝てはいけません。002

1　眠くても　　2　眠いせいか　　3　眠いうちに　　4　眠いほど

3　お母さんが心配(しんぱい)するから、暗くならない（　　　）帰ったほうがいいですよ。004

1　ように　　2　までに　　3　ために　　4　うちに

4　みなさまの熱(あつ)い声援(せいえん)（　　　）優勝(ゆうしょう)することができました。007

1　しだいで　　2　がきっかけで　　3　のせいで　　4　のおかげで

5　私が会社に行っている（　　　）、祖母が留守番(るすばん)をしていてくれます。001

1　あいだと　　2　あいだに　　3　あいだ　　4　あいだで

6　最近は現金（　　　）電子マネーの使えるお店が増(ふ)えている。015

1　のくせに　　2　の代わりに　　3　の通りに　　4　のようなら

7　私はどちら（　　　）人見知りな方です。011

1　というのは　　2　かというと　　3　としたら　　4　とすると

8　飼っていた猫のタマが亡くなって、どんなに悲しかった（　　　）。022

1　ことか　　2　ことがある　　3　ことにする　　4　ことになる

9　現役時代と同じ稼(かせ)ぎを得ることは難しくても、20万円なら必ずしも（　　　）のではないでしょうか。012

1　難しいに違いない　　2　難しいはずがない

3　難しいことではない　　4　難しいかもしれない

답 1② 2① 3④ 4④ 5③ 6② 7② 8① 9③

10 山田さんは小説家として（　　　）、環境活動家としても知られている。003

1　有名であるように　　2　有名である一方で
3　有名だとすると　　4　有名なのだから

11 テストの後、コーヒーを（　　　）大学のカフェに行ったが、とても混んでいたので、大学の近くの喫茶店に飲みに行った。005

1　飲もうと思って　　2　飲んでいて
3　飲もうと思うのに　　4　飲んでいるのに

12 私の父はお酒をあまり好きではありませんが、たまにビールを飲む（　　　）。023

1　しかありません　2　ことがあります　3　ところです　4　わけです

13 私は大学のクラブに入らなかったら、ずっと日本人学生と友達になる機会は（　　　）。013

1　ないそうです　　2　ないかもしれないと思いました
3　ないのでしょうか　　4　ないと思ったからです

問題２　つぎの文の ＿★＿ に入る最もよいものを、1・2・3・4から一つえらびなさい。

14 天気予報が ＿★＿ ＿＿＿ ＿＿＿ ＿＿＿。012

1　当たる　2　限りません　3　とは　4　必ずしも

15 これは ＿＿＿ ＿＿＿ ＿★＿ ＿＿＿ 問題です。020

1　小学生でも　2　くらい　3　答えられる　4　やさしい

16 パソコンの使いすぎで首 ＿＿＿ ＿＿＿ ＿★＿ ＿＿＿、病院に行くことにした。014

1　にかけて　2　肩　3　から　4　痛いので

답 10 ② 11 ① 12 ② 13 ② 14 ④ (4132) 15 ② (1324) 16 ① (3214)

17 さまざまな ＿＿＿ ＿＿＿ ＿★＿ ＿＿＿ 終わってしまいました。021

1 とうとう　　2 起きた
3 ことが　　4 2025年シーズンが

18 この辺は自然が多く、いつか ＿＿＿ ＿＿＿ ＿★＿ ＿＿＿ 、近くにスーパーやコンビニがない場所なので、車の運転ができない私には生活するのは大変そうだ。005

1 ところに住んで　　2 こういう
3 みようかと思って　　4 いるが

問題 3 つぎの文章を読んで、文章全体の内容を考えて、 19 から 22 の中に入る最もよいものを、1・2・3・4から一つえらびなさい。

　私は、日本に来て3年になりますが、今でも日本の文化に驚くことがたくさんあります。例えば、買い物をする時です。 19 、店に入ると店員が「いらっしゃいませ」と気持ち良く、あいさつしてくれます。そして、商品について質問すると、丁寧でわかりやすく説明してくれます。私が一番驚いたことは、会計が終わると、出口まで品物が入った袋を店員が持って来てくれることです。 20 でもその袋を私に渡しながら「ありがとうございました。またお越しください。」と深く頭を下げてくれるのです。

　このような店員の丁寧な言葉やサービスの 21 客である私たちは気持ちよく買い物ができるのだと思います。日本での生活は文化の違いで驚くことも多いですが、毎日新しい発見があって楽しいです。日本に住んでいる 22 、日本の文化や良いところを、もっと学んでいきたいと思います。

답 17 ④ (3241)　18 ③ (2134)

19

1 しかし　2 まず　3 または　4 ところで

20

1 それ　2 あれ　3 そこ　4 あそこ

21

1 通りに　2 途中(とちゅう)　3 一方で　4 おかげで

22

1 くせに　2 せいで　3 あいだに　4 とすると

핵심문법

～と 131 ~(하)면	店に入ると 가게에 들어가면(02行)
～について 098 ~에 대해서	商品について 상품에 대해서(03行)
～ながら 087 ~하면서	袋(ふくろ)を私に渡しながら 봉투를 저에게 건네면서(06行)
～おかげで 007 ~덕분에	言葉(ことば)やサービスのおかげで 말씨나 서비스 덕분에(08行)
～あいだに 001 ~동안(에), ~사이(에)	日本に住んでいるあいだに 일본에 살고 있는 동안(10行)

답 19 ② 20 ③ 21 ④ 22 ③

026 ～ことで ～해서, ～로 인해

접속 동사 보통형+ことで

「AことでB」의 꼴로 사용하여, A가 원인으로 B가 된다는 의미를 나타낸다.

기출 子どもが生まれたことで食べ物の安全を気にするようになった。
아이가 태어나서 음식의 안전을 신경 쓰게 되었다. 2010-2회

桜がきれいなことで有名ですが 벚꽃이 예뻐서 유명한데 2012-1회

大きいマンションが隣に建ったことで私の家に日が当たらなくなって昼でも部屋の中が暗い。
큰 맨션이 옆에 세워져서, 우리집에 햇볕이 들지 않게 되어 낮이라도 방 안이 어둡다. 2019-1회

留学したことで、異なる文化に興味を持つようになった。
유학으로 인해 다른 문화에 흥미를 가지게 되었다.

027 ～ことにする ～하기로 하다

접속 동사 사전형+ことにする

자신의 의지로 어떤 행동을 결정했다고 말할 때 쓰는 표현이다. 부정 표현은 「동사 ない형+ないことにする」의 형태가 된다.

기출 私も一人で行ってみることにしました。
나도 혼자서 가보기로 했습니다. 2017-2회

何度も書いてみることにした。 몇 번이고 써 보기로 했다. 2018-2회

月に１回、ワインを１本買うことにしている。
한 달에 한 번 와인을 1병 사기로 하고 있다. 2019-2회

4月から留学することにしたんです。 4월부터 유학하기로 했어요. 2022-1회

私は朝、おふろに入ることにしています。
나는 아침에 목욕하기로 하고 있습니다.

健康のためにお酒は飲まないことにします。
건강을 위해서 술은 마시지 않기로 합니다.

～ことになる / ～ことになっている

～하게 되다 / ～하기로 되어 있다

접속 동사 사전형+ことになる

자신의 의지와 관계없이 집단이나 조직의 결정으로 어떤 일이 정해졌다는 것을 나타내는 표현이다. 「～ことになった(~하게 되었다)」는 확정의 표현이며, 「～ことになっている」는 규칙이나 규정과 같이 의사 결정을 통해서 정해진 기정 사실을 나타낸다. 부정 표현은 「동사 ない형+ないことになる」, 「동사 ない형+ないことになっている」의 형태가 된다. 접속을 묻는 문제도 출제되었으므로 주의깊게 보도록 하자.

기출 図書館で彼氏と会うことになっているので、そろそろ出ます。
도서관에서 남자친구와 만나기로 되어 있어서, 슬슬 나가겠습니다. 2010-1회

基本的には全員がお弁当を持っていくことになっている。
기본적으로는 전원이 도시락을 들고 가기로 되어 있다. 2016-2회

この電車に乗らないと次の電車まで１時間も待つことになるよ。
이 전철을 타지 않으면 다음 전철까지 1시간이나 기다리게 돼.

日本では自動車は左側を走ることになっている。
일본에서는 자동차는 왼쪽을 달리게 되어 있다.

～さえ ～조차

접속 명사+(で)さえ

어떤 하나의 극단적인 예시로부터, 그 이외의 일에 대해서 유추할 때 사용한다. '~도 그러니까 다른 것도 당연히 그렇다'는 의미이기 때문에 「も」로 바꿔 사용할 수 있지만, 「さえ」가 그것보다 더욱 강조하는 의미이다.

私の夫は卵焼きさえ作れないほど、料理が下手です。
제 남편은 계란말이조차 만들지 못할 정도로 요리가 서투릅니다.

忙しすぎて、ご飯を食べる時間さえない。
너무 바빠서 밥을 먹을 시간조차 없다.

030 ～さえ～ば ～만 ～하면, ～만 ～이면

접속 동사 ます형+さえすれば
명사+さえ+가정형+ば

어느 하나의 조건이 충족되면, 그 이외의 것도 성립된다는 최소 조건의 표현이다. 반대로 그 하나의 조건이 충족되지 않으면 원하는 결과를 얻을 수 없음을 의미한다.

この薬(くすり)を飲みさえすれば、熱(ねつ)は下がるはずです。
이 약을 먹기만 하면 열은 내려갈 겁니다.

自分さえよければいいという考え方は間違っています。
자기만 좋으면 된다라는 사고방식은 잘못되어 있어요.

031 ～し ～하고, ～하니까

접속 보통형+し

이유를 여러 개 열거할 때 사용하는 표현이다. 「～し」를 한 번만 사용하는 경우에도 다른 이유가 더 있다는 느낌을 준다.

기출 あしたは朝から忙(いそが)しくなりそうですし、今日中(きょうじゅう)にやってしまいましょう。
내일은 아침부터 바빠질 것 같고 하니까 오늘 중으로 해 버립시다. 2012-2회
朝(あさ)のこんでいる電車(でんしゃ)は嫌(きら)いだし、自転車(じてんしゃ)で行(い)けば
아침의 붐비는 전철은 싫어하니까 자전거로 가면 2020

この家(いえ)は狭(せま)いし、不便(ふべん)だし、もっといいところに住(す)みたい。
이 집은 좁고 불편해서 좀 더 좋은 곳에 살고 싶다.

疲れたし、お腹もすいたし、もう帰ろう。
피곤하고, 배도 고프니까 이제 돌아가자.

032 ～しか～ない / ～しかない ～밖에 ~않다 / ~밖에 없다

접속 명사 / 동사 사전형+しか～ない
명사 / 동사 사전형+しかない

「～しか」는 '~밖에'란 뜻으로 그것만이라고 한정할 때 사용하며, 항상 뒤에 부정의 말이 온다. 응용 표현으로 「～しかない(~밖에 없다)」, 「～しか～ございません(~밖에 ~없습니다)」 등이 있다.

기출 映画が始まるまであと３分しかないよ。
영화가 시작될 때까지 앞으로 3분밖에 없어. 2020

その土地にしかない店で 이 지역밖에 없는 가게에서 2021-1회

私は自分でガソリンを入れる店しか知りませんでした。
나는 직접 가솔린을 넣는 가게 밖에 몰랐습니다. 2023-2회

私は、お店で売られている野菜しか食べたことがありませんでした。
나는 가게에서 파는 채소밖에 먹어본 적이 없었습니다. 2024-2회

郵便局は５時までしか開いていません。
우체국은 5시까지밖에 열려 있지 않습니다.

033 ～すぎる 너무 ~하다, 지나치게 ~하다

접속 동사 ます형 / い형용사 어간 / な형용사 어간+すぎる

어떤 동작이나 상태가 도에 지나쳐 바람직하지 못한 상황을 나타내는 표현이다.

기출 塩の量が間違えて味が濃くなりすぎてしまった。
소금의 양이 잘못되어 맛이 너무 진해지고 말았다. 2010-1회

花に水をやりすぎるのもよくないです。
꽃에 물을 지나치게 주는 것도 좋지 않습니다. 2013-2회

一人分の量のカレーを作るのが難しくて、いつも作りすぎてしまう。
1인분 양의 카레를 만드는 것이 어려워서 항상 너무 많이 만들어 버린다. 2014-2회

このお茶は熱すぎて飲めない。
이 차는 너무 뜨거워서 마실 수 없다.

この場所は静かすぎてかえって落ち着かない。
이 곳은 너무 조용해서 오히려 안정되지 않는다.

034 ～ずに・～ないで ～하지 않고

접속 동사의 ない형+ずに

어떠한 일을 하지 않은 상태에서 다른 동작을 한다는 의미를 나타낸다. 「～ずに」와 「～ないで」는 같은 표현으로 「～ずに」는 문어적 표현이다. 동사 「する」는 「しずに」가 아니라, 「せずに」로 활용하는 점에 유의하자.

기출 あきらめ**ないで**毎年チャレンジしていたら
포기하지 않고 매년 도전하고 있었더니 2013-2회

傘(かさ)を持(も)た**ないで**出(で)かけたが 우산을 들지 않고 나갔지만 2017-1회

レシピを見(み)**ずに**作(つく)れる料理(りょうり)はほとんどない。
레시피를 보지 않고 만들 수 있는 요리는 거의 없다. 2021-1회

歯(は)を磨(みが)か**ずに**寝てしまうと、虫歯(むしば)になりやすくなります。
이를 닦지 않고 자버리면 충치가 생기기 쉬워집니다. 2022-2회

勉強(べんきょう)せ**ずに**、テストを受(う)けた。
공부하지 않고 시험을 보았다.

035 ～せいか / ～せいで ～탓인지, ～때문인지 / ～탓에, ～때문에

접속 동사·い형용사 보통형 / な형용사 어간な / 명사の＋せいか / せいで

어떤 것이 원인이 되어 좋지 않은 결과가 되었다는 의미를 나타낸다.

기출 目覚(めざ)まし時計(どけい)が鳴(な)らなかった**せいで** 자명종 시계가 울리지 않은 탓에 2015-2회

窓(まど)が大通(おおどお)り側(がわ)にある**せいで**車(くるま)の音(おと)が聞(き)こえてきて
창문이 큰 길가에 있는 탓에 차 소리가 들려와서 2018-1회

電車が遅(おく)れた**せいで**、会社に遅刻(ちこく)してしまった。
전철이 늦은 탓에 회사해 지각해 버렸다. 2023-1회

最近(さいきん)あまり見(み)かけなかったが、彼女(かのじょ)は気(き)の**せいか**やせたようだ。
최근 별로 보지는 못했지만, 그녀는 기분 탓인지 살이 빠진 것 같다.

風邪(かぜ)をひいている**せいで**何(なに)を食(た)べてもおいしく感(かん)じない。
감기에 걸린 탓에 무엇을 먹어도 맛있게 느껴지지 않는다.

036 ～そうだ ① ~한 듯하다, ~일 것 같다 ② ~라고 한다

접속 ① 동사 ます형 / い형용사 어간 / な형용사 어간+そうだ
② 보통형+そうだ

① '~한 듯하다'는 양태(様態)로 말하는 사람이 보고, 느끼고 판단한 상태나 모습을 나타내는 표현이다. い형용사 「ない」와 「よい」에 「～そうだ」가 접속하면 「なさそうだ」, 「よさそうだ」가 되는 점에 주의한다.

② '~라고 한다'는 전문(傳聞)으로, 다른 사람에게서 들은 정보, 소문 등을 전달하는 표현이다.

기출 息子が何か言いたそうな顔(かお)をしているのを見て
아들이 뭔가 말하고 싶은 듯한 표정을 짓고 있는 것을 보고 2013-2회

この暑(あつ)さは、今週末(こんしゅうまつ)ぐらいまで続(つづ)くそうだ。
이 더위는 이번 주말 정도까지 계속된다고 한다. 2014-1회

そろそろ食べてもよさそうだ。 슬슬 먹어도 좋을 것 같다. 2016-2회

森(もり)さん、携帯電話(けいたいでんわ)がポケットから落ちそうですよ。
모리 씨, 휴대전화가 주머니에서 떨어질 것 같아요. 2021-1회

温泉(おんせん)の入り口のところに落ちていたそうです。
온천 입구에 떨어져 있었다고 합니다. 2022-2회

一日家(いちにちいえ)で寝(ね)ていたら、かなりよくなってきた。明日(あした)は授業(じゅぎょう)に出(で)られそうだ。
하루 종일 집에서 자고 있었더니 꽤 좋아졌다. 내일은 수업에 나갈 수 있을 것 같다. 2025-2회

暗(くら)くなってきましたよ。もうすぐ、雨が降(ふ)りそうですね。
어두워졌어요. 이제 곧 비가 올 것 같네요.

今度(こんど)の競技(きょうぎ)で優勝(ゆうしょう)した選手(せんしゅ)の中から、オリンピック代表(だいひょう)が選(えら)ばれるそうだ。
이번 경기에서 우승한 선수 중에서 올림픽 대표가 선발된다고 한다.

037 ～そうもない・～そうに(も)ない ～할 것 같지도 않다

접속 동사 ます형+そうもない

양태를 나타내는 「～そうだ」의 부정형으로, 실현될 가능성이 적다는 의미를 나타낸다. 접속을 묻는 문제도 출제되었으므로 주의 깊게 보도록 하자.

기출 何年働いても自分の家は買えそうもない。
몇 년동안 일해도 내 집은 살 수 있을 것 같지도 않다. 2011-1회

今、急いでそっちに向かってるんだけど、約束の時間に間に合いそうになくて
지금 급하게 그쪽으로 가고 있는데, 약속 시간에 맞출 수 없을 것 같아서 2017-1회

一人では全部食べられそうにないと思ったので、友達に半分あげた。
혼자서는 전부 먹을 수 없을 것 같아서, 친구에게 반을 줬다. 2023-2회

原稿のしめきりまであと１週間では、とても間に合いそうもない。
원고 마감까지 앞으로 1주일로는 도저히 맞출 수 있을 것 같지 않다.

林さんは寒いのが苦手だから今日は来そうにない。
하야시 씨는 추운 것을 싫어하기 때문에 오늘은 올 것 같지도 않다.

038 ～だけで(は)なく・～ばかりで(は)なく ～ばかりか・～に限らず ～뿐만 아니라

접속 동사･い형용사 보통형 / な형용사 어간な / 명사+だけで(は)なく / ばかりで(は)なく / ばかりか
명사+に限らず

이것만이 아니라 다른 것도 있다는 추가의 의미를 나타낸다. 「～だけで(は)なく・～ばかりで(は)なく」의 뒤 문장에는 「も・まで・さえ」 등의 조사가 함께 자주 쓰인다.

기출 楽しいことばかりではなく、大変なことも多かった。
즐거운 일뿐만 아니라 힘든 일도 많았다. 2017-1회

食事に気をつけるだけではなく、運動もしたほうがいい。
식사에 신경을 쓸 뿐만 아니라 운동도 하는 편이 좋다. 2018-1회

コーヒーだけでなくスパゲッティなどの料理もおいしい。
커피뿐만 아니라 스파게티 등의 음식도 맛있다. 2020

あの工場(こうじょう)は、設備(せつび)だけでなく周(まわ)りの環境(かんきょう)もすばらしい。
저 공장은 설비뿐만 아니라 주위 환경도 훌륭하다.

鈴木(すずき)さんは私ばかりでなく妻(つま)にもプレゼントを持(も)ってきた。
스즈키 씨는 나뿐만 아니라 아내에게도 선물을 가져왔다.

彼(かれ)は仕事(しごと)や財産(ざいさん)ばかりか、家族(かぞく)まで捨(す)てて家(いえ)を出(で)てしまった。
그는 일과 재산뿐만 아니라 가족까지 버리고 집을 나가 버렸다.

中年(ちゅうねん)に限(かぎ)らず、肥満(ひまん)の人(ひと)は糖尿病(とうにょうびょう)にかかる危険(きけん)がある。
중년뿐만 아니라 비만인 사람은 당뇨병에 걸릴 위험이 있다.

039 ～たことがある ～한 적이 있다

접속 동사 た형+たことがある

경험을 나타내는 표현이다. 응용 표현으로 「～たことがない(~한 적이 없다)」, 「～たことがございます(~한 적이 있습니다)」 등이 있다.

기출 ２年前(ねんまえ)に水泳教室(すいえいきょうしつ)に通(かよ)ってみたことがあるが
2년 전에 수영 교실에 다녀본 적이 있지만 2019-2회

お名前(なまえ)は聞(き)いたことがありますが、会ったことはありません。
이름은 들은 적이 있지만, 만난 적은 없습니다. 2021-1회

山下課長(やましたかちょう)にしかお目(め)にかかったことがございませんので
야마시타 과장님밖에 뵌 적이 없기 때문에 2021-1회

海外の美術館には行ったことはない。
해외 미술관에는 간 적은 없다. 2022-2회

学生(がくせい)のころ、一時(いちじ)、家庭教師(かていきょうし)のアルバイトをしたことがある。
학생 시절에 한 때 가정교사 아르바이트를 한 적이 있다.

040 ～だす ～하기 시작하다

접속 동사 ます형+だす

예상치 못한 상황에서 무언가가 시작되었거나 발생했을 때 사용한다.

기출 急に雨が降りだしたので、慌(あわ)てて近くの喫茶店(きっさてん)に入った。
갑자기 비가 내리기 시작해서, 서둘러서 근처의 찻집에 들어갔다. 2023-1회

会議中に電話が鳴(な)りだした。
회의 중에 전화가 울리기 시작했다.

本田(ほんだ)さんはみんなの前で急に歌いだした。
혼다 씨는 모두의 앞에서 갑자기 노래를 부르기 시작했다.

041 ～だって ～(라)도, ～일지라도

접속 명사+だって

'～(라)도'는 의문을 나타내는 말, 또는 수량·정도를 나타내는 말에 붙어, 예외 없이 그렇다는 뜻을 나타낸다.

기출 力(ちから)になるならいくらだって応援(おうえん)します。
힘이 된다면 얼마든지 응원하겠습니다. 2010-2회

手伝(てつだ)えることがあるなら、いくらだって手伝います。
도울 수 있는 일이 있다면 얼마든지 도울게요.

あの二人(ふたり)が結婚(けっこん)したと聞(き)けば、だれだってびっくりするよ。
그 두 사람이 결혼했다고 들으면 누구라도 깜짝 놀랄 거야.

042 たとえ~ても 설령(비록)~라고 해도

접속 たとえ+동사 て형 / い형용사 어간く / な형용사 어간 / 명사+ても(でも)

가정적 조건을 나타내며, 어떤 일이 일어나도 결과는 변하지 않거나 영향을 미치지 않는다는 것을 강조하는 표현이다.

たとえ台風(たいふう)が来ても、仕事は休めません。
설령 태풍이 와도 일은 쉴 수 없습니다.

たとえ難しくても、挑戦(ちょうせん)する価値(かち)はある。
비록 어렵다 해도 도전할 가치가 있다.

たとえ冗談(じょうだん)でも、人を傷つけることを言ってはいけない。
설령 농담이라고 해도 사람을 상처 입히는 말을 하면 안 된다.

043 ~たところだ 막 ~한 참이다

접속 동사 た형+たところだ

어떤 행동이 지금 막 끝났음을 나타내는 표현이다. 이 표현은 앞부분에 「今(いま)(지금)」, 「今(いま)ちょうど(지금 마침)」와 호응하는 경우가 많다.

응용 표현 ~ところだ ~하려는 참이다
~ているところだ ~하고 있는 중이다

유사 표현 ~たばかり ~한지 얼마 안됨, 막 ~함

기출 書類(しょるい)はついさっき、持(も)って行(い)ったところです。
서류는 조금 전에 막 가지고 간 참입니다. 2011-2회

ちょうど会社(かいしゃ)から帰(かえ)ってきたところだよ。
마침 회사에서 막 돌아온 참이야. 2017-2회

田中(たなか)さんに電話をしようと思っていたところでした。
다나카 씨에게 막 전화를 하려고 생각하고 있던 참이다. 2023-2회

みんなから旅行(りょこう)のお金(かね)を集(あつ)め終(お)わったところです。
모두에게서 여행 대금을 다 모은 참입니다.

A「西川(にしかわ)さんはまだですか。」

B「少(すこ)し遅(おく)れると連絡(れんらく)があったところです。」

A "니시카와 씨는 아직입니까?"

B "조금 늦을 거라고 연락이 있었던 참입니다."

044 ～たとたんに ～하자마자, ～하는 순간

접속 동사 た형+とたんに

앞의 동작이 끝난 것과 거의 동시에 뒤의 동작이 발생한다는 것을 나타낸다. 과거의 일밖에 사용되지 않는다.

赤(あか)ちゃんはその男の人を見たとたんに泣き出した。

아기는 그 남자의 얼굴을 보자마자 울기 시작했다.

家を出たとたんに雨が降り出しました。

집을 나온 순간, 비가 내리기 시작했습니다.

045 ～たばかり ～한 지 얼마 안 됨, 막 ～함

접속 동사 た형+たばかり

어떤 동작을 하고 시간이 얼마 지나지 않은 상태를 나타내는 표현이다.

유사 표현 ～たところだ 막 ～한 참이다

기출 生(う)まれたばかりのライオン 태어난 지 얼마 안 된 사자 2010-1회

先月新しいギターを買ったばかりなのに、

지난 달 새 기타를 산 지 얼마 안 됐는데 2014-2회

テニス始(はじ)めたばかりだけど 테니스 시작한 지 얼마 안 됐는데 2019-1회

ご飯を食べたばかりなのに、もうおなかがすいてきた。

밥을 먹은 지 얼마 안 됐는데 벌써 배가 고파졌다. 2025-1회

手術(しゅじゅつ)したばかりなのに、もう働(はたら)くなんてとんでもない。

수술한 지 얼마 안 됐는데, 벌써 일을 하다니 당치도 않다.

食事(しょくじ)のとき買(か)ったばかりの白(しろ)いシャツを汚(よご)してしまった。

식사할 때 산 지 얼마 안 된 흰 셔츠를 더럽히고 말았다.

046 ～たび(に) ～할 때마다

접속 동사 사전형 / 명사の＋たび(に)

어떤 동작을 할 때 항상 그 일이 발생한다는 의미를 나타낸다.

기출 このレストランで食事をするたび 이 레스토랑에서 식사를 할 때마다 2018-1회

去年姉に子どもが生まれた。２、３か月に１回ぐらい会っているが、会うたびに大きくなっていて、びっくりする。
작년에 언니에게 아이가 태어났다. 2, 3개월에 1번 정도 만나는데, 만날 때 마다 커져서 놀랍다. 2021-2회

この歌を聞くたびに大学時代のことを思い出す。
이 노래를 들을 때마다 대학시절이 떠오른다. 2024-1회

このカードは使うたびにポイントがたまる。
이 카드는 사용할 때마다 포인트가 쌓인다.

引っ越しのたびに荷物が増える。
이사할 때마다 짐이 늘어난다.

047 ～たほうがいい ～하는 편이 좋다

접속 동사 た형+たほうがいい

상대에게 제안하거나 조언할 때 쓰는 표현이며, 「～たほうがよい」를 사용하기도 한다. 부정 표현은 「동사 ない형+ないほうがいい」로 표현한다.

기출 今は話しかけないほうがよさそうだな。
지금은 말을 걸지 않는 게 좋을 것 같아. 2011-1회

子どもの興味があるものを習わせたほうがいいと思う。
아이가 흥미가 있는 것을 배우게 하는 편이 좋다고 생각한다. 2017-1회

早めに家を出たほうがいいかもしれないね。
일찌감치 집을 나가는 게 좋을지도 모르겠군. 2021-1회

熱が下がっても薬を飲んだほうがいいでしょうか。
열이 내려도 약을 먹는 게 좋을까요? 2025-1회

今日は早くうちへ帰ったほうがいいですよ。
오늘은 일찍 집에 돌아가는 게 좋아요.

そこは危ないから行かないほうがいいよ。
거기는 위험하니까 가지 않는 게 좋아요.

048 ～まま ① ~한 채로 ② ~대로

접속 ① 동사 た형+たまま / 명사の+まま
② 동사 사전형+まま

① '~한 채로'는 어떤 상태가 변하지 않고 계속 되는 것을 나타낸다. 그리고 어떤 동작을 한 후 상태를 바꾸지 않고 그 상태에서 다른 동작을 한다는 의미가 있다. 부정 표현은 「동사 ない형+ないまま」의 형태가 된다.

② '~대로'는 자연스러운 흐름이나 감정에 자신을 맡기는 것을 나타낸다.

기출 いすに座ったままでもかまいません。
의자에 앉은 채로 해도 상관없습니다. 2015-1회

テレビをつけたまま朝まで寝てしまった。
텔레비전을 켠 채로 아침까지 자버렸다. 2017-2회

大事なレシートをズボンのポケットに入れたまま洗濯してしまった。
중요한 영수증을 바지 주머니에 넣은 채로 세탁해 버렸다. 2024-2회

息子は朝、家を出たまままだ帰ってこない。
아들은 아침에 집을 나간 채로 아직 돌아오지 않는다.

電気を消さないまま、家を出てしまった。
불을 끄지 않은 채로 집을 나와 버렸다.

気の向くまま、町を歩いた。
마음 가는 대로 거리를 걸었다.

049 ～ため(に) ① ～하기 위해서 ② ～때문에

접속 ① 동사 사전형 / 명사の＋ため(に)
② 동사·い형용사 보통형 / な형용사 어간な / 명사の＋ため(に)

① '～하기 위해서'는 동작의 목적과 목표를 나타낸다.

② '～때문에'는 원인·이유를 나타낸다. 응용 표현으로 「～ためなら(～위해서 라면)」, 「～ためか(～때문인지)」 등이 있다.

기출 基本的な使い方に慣れるためのコース
기본적인 사용법에 익숙해지기 위한 코스 2015-2회

東側の駐車場は現在工事中のため、南側の駐車場をご利用ください。
동쪽 주차장은 현재 공사 중이기 때문에, 남쪽 주차장을 이용해 주세요. 2017-2회

入り口の近くに、返す本を入れるためのブックポストがあります。
입구 근처에 반환할 책을 넣기 위한 북포스트가 있습니다. 2021-1회

私の応援している野球選手が、肩のけがのために、しばらく試合に出られなくなった。
내가 응원하고 있는 야구선수가 어깨 부상 때문에 당분간 시합에 나올수 없게 되었다. 2022-2회

日本の会社で働くために、日本語を勉強しています。
일본 회사에서 일하기 위해서 일본어를 공부하고 있습니다.

彼女が遅刻したため、計画を変更した。
그녀가 지각했기 때문에 계획을 변경했다.

050 ～だらけ ～투성이

접속 명사+だらけ

좋지 않거나 불쾌하게 느껴지는 것이 많이 있는 것을 나타낸다.「ごみ, ほこり, 借金, 血, 傷, 泥, しわ, 間違い」 등에 주로 접속한다.

去年着ていたセーターは穴だらけになっていた。
작년에 입었던 스웨터는 구멍투성이가 되어 있었다.

本棚がほこりだらけだったので掃除をしました。
책장이 먼지투성이였기 때문에 청소를 했습니다.

03 문법 확인문제

해설집 54쪽

問題1 つぎの文の（　　）に入れるのに最もよいものを、1・2・3・4から一つえらびなさい。

1 山田（やまだ）さんは優（やさ）しい（　　）、かわいいのでクラスで人気があります。031

1 し　2 せいか　3 うちに　4 ために

2 仕事が忙しくて、昼（ひる）ごはんを食べる時間（　　）なかった。029

1 さえ　2 そうも　3 たびに　4 ために

3 残業（ざんぎょう）が続いた（　　）彼は倒（たお）れてしまった。049

1 ものか　2 ことか　3 はずか　4 ためか

4 最近、睡眠不足（すいみんぶそく）だったので、布団（ふとん）に入った（　　）寝（ね）てしまった。044

1 ばかり　2 通りに　3 とたんに　4 として

5 昨日、お酒を飲み（　　）頭が痛いです。033

1 ずに　2 すぎて　3 まま　4 さえ

6 彼の白いシャツはシワ（　　）になっていた。050

1 あいだ　2 きれる　3 だらけ　4 くらい

7 勤務中（きんむちゅう）は個人的な電話をかけてはいけない（　　）。028

1 ことではない　2 ことにあたっている
3 ことでもない　4 ことになっている

8 東京（とうきょう）の夏が暑（あつ）いのは、温度（おんど）が高い（　　）湿度（しつど）も高いからだ。038

1 だけでなく　2 だけでも　3 だけに　4 だけは

답 1① 2① 3④ 4③ 5② 6③ 7④ 8①

9 夕方駅前のケーキ屋に行ったら、ほとんど売り切れていて、チョコレートケーキとチーズケーキが１個（　　　）残っていなかった。032

1　ずつばかり　　2　ずつしか　　3　ずつこと　　4　ずつだけ

10 クラスの金がぬすまれた（　　　）、みんなは私を疑っているようだ。026

1　ことだから　　2　ことなら　　3　ことには　　4　ことで

11 不景気の（　　　）、テレビのCMが減ったようだ。035

1　たびに　　2　せいか　　3　くせに　　4　おかげで

12 あすのデートのことばかり考えてしまって、今日は興奮して（　　　）そうにない。037

1　眠り　　2　眠れ　　3　眠る　　4　眠れる

13 石原さんは家に来る（　　　）プレゼントを持ってきます。046

1　うちに　　2　ためにo　　3　とおりに　　4　たびに

問題２　つぎの文の ＿★＿ に入る最もよいものを、１・２・３・４から一つえらびなさい。

14 ＿＿＿ ＿＿＿ ＿★＿ ＿＿＿ 貸し借りはよくありません。042

1　家族　　2　お金の　　3　たとえ　　4　でも

15 英語で書かれた本を ＿＿＿ ＿★＿ ＿＿＿ ＿＿＿ ことを「英語多読」といいます。034

1　たくさん　　2　辞書で　　3　引かずに　　4　読む

16 うちの父は ＿＿＿ ＿＿＿ ＿★＿ ＿＿＿ 若い。038

1　じょうぶな　　2　だけでなく　　3　からだが　　4　気持ちも

답 9 ②　10 ④　11 ②　12 ②　13 ④　14 ④ (3142)　15 ③ (2314)　16 ② (3124)

17 きのう子どもと動物園に行ったら、先日 ＿＿＿ ＿＿＿ ＿★＿ ＿＿＿ 見ることができました。045

1　パンダの　　2　赤ちゃんを　　3　ばかりの　　4　生まれた

18 リサイクルしようと思えば、＿＿＿ ＿★＿ ＿＿＿ ＿＿＿。041

1　やり方　　2　がある　　3　だって　　4　いくら

問題 3　つぎの文章を読んで、文章全体の内容を考えて、[19] から [22] の中に入る最もよいものを、1・2・3・4から一つえらびなさい。

最近、気になっていることがあります。それは家の近所などで、あいさつをする人や、病院や郵便局などで名前を呼ばれた時に返事をする人が、だんだん少なくなってきていることです。少し反応を示したとしても、頭を少し下げる程度で、はっきりとした声を出す人は少ないようです。

[19] コンビニで買い物をし、携帯電話もメールのやりとりですますことの多くなった現代人には、他人と言葉を交わすことがわずらわしくなってきたのかもしれません。

[20] 、私のような古い人間にとっては、やはりさびしい感じがします。朝の「[21]」から夕方の「さようなら」まで、社会の中でおだやかに過ごすために欠かせないのがあいさつでしょう。

これからの高齢化社会では、独居老人も増えていくことでしょうが、一言かけたりかけられたりすることがますます大切になるように思います。毎日を気持ちよく過ごすために、あいさつや返事はきちんと [22] に出していこうではありませんか。

답 17 ① (4312)　18 ③ (4312)

19

1 無言（むごん）のまま　2 思うまま　3 ありのまま　4 そのまま

20

1 それとも　2 けっして　3 しかも　4 けれど

21

1 いらっしゃいませ　2 おはようございます

3 おめでとうございます　4 ありがとうございます

22

1 体　2 口　3 力　4 声

핵심문법

～としても 080 ～라고 해도	少し反応（はんのう）を示（しめ）したとしても 조금 반응을 보였다고 해도(03行)
～ようだ 114 ～인 것 같다	声を出す人は少ないようです 목소리를 내는 사람은 적은 듯합니다(04行)
～かもしれない 013 ～지도 모른다	わずらわしくなってきたのかもしれません 귀찮아진 것일지도 모릅니다(06行)
～にとっては ～에게는	古い人間にとっては 옛날 사람에게는(08行)
～ために 049 ～하기 위해(서)	社会の中でおだやかに過（す）ごすために 사회 속에서 평온하게 지내기 위해서(09行)
～(よ)うではないか (다 같이) ～하자	声に出（だ）していこうではありませんか 소리를 내어 봅시다(13行)

답 19 ① 20 ④ 21 ② 22 ④

04 문법 확인문제

해설집 55쪽

問題 1 つぎの文の（　　）に入れるのに最もよいものを、1・2・3・4から一つえらびなさい。

1 ちょうど宿題(しゅくだい)が終わった（　　）です。043

1 もの　2 こと　3 くらい　4 ところ

2 このパンは今焼(や)いた（　　）ですから、やわらかいですよ。045

1 うち　2 ほど　3 ばかり　4 かぎり

3 父はときどき電気を（　　）出かけます。048

1 ついたまま　2 つけたまま　3 ついている間　4 つけている間

4 小学生(しょうがくせい)のとき、水泳教室(すいえいきょうしつ)に（　　）が、難(むずか)しくて1か月でやめてしまった。039

1 通(かよ)ってみたところだ　2 通(かよ)ってみたことがある

3 通(かよ)っておいたところだ　4 通(かよ)っておいたことがある

5 部下(ぶか)「すみません。これは私の間違(まちが)いでした。」

上司(じょうし)「いいんだよ。だれ（　　）間違いをすることはあるんだから。」041

1 くらいでも　2 だけは　3 だったり　4 だって

6 住所（　　）わかれば一人で行けるので、心配(しんぱい)しないでください。030

1 しか　2 さえ　3 ほど　4 より

7 彼女すごく怒っていたので、早く謝(あやま)った（　　）ですよ。047

1 途中　2 ことがある　3 ほうがいい　4 とたんに

8 今朝(けさ)は寝坊(ねぼう)したので、朝ごはんを（　　）学校へ行きました。034

1 食べずに　2 食べたせいか　3 食べたため　4 食べたばかり

답 1④ 2③ 3② 4② 5④ 6② 7③ 8①

9 急に雨が（　　　）ので、コンビニで傘を買いました。040

1 降ること　2 降りそうだ　3 降り出した　4 降ったところだ

10 性格が合わない彼とは別れる（　　　）。027

1 そうもない　2 ことにした　3 がっている　4 ことがある

11 その赤ちゃんは不思議（　　　）に、自分の手を見ていた。036

1 そう　2 ため　3 だらけ　4 たび

12 たとえ両親に反対（　　　）、私たちは結婚するつもりです。042

1 されないで　2 されるせいで　3 されても　4 されれば

13 この漫画はおもしろい（　　　）、化学も学べます。038

1 そうもなく　2 ばかりでなく　3 ために　4 せいで

問題 2　つぎの文の ___★___ に入る最もよいものを、1・2・3・4 から一つえらびなさい。

14 あまりにもたくさんの ______ ______ ___★___ ______ 選べばいいのかわからない。035

1 せいで　2 どれを　3 ある　4 サービスが

15 A「私、ちょっとトイレに行ってくるね。」

B「うん。でも、映画が ______ ______ ___★___ ______ よ。急いでね。」032

1 まで　2 始まる　3 しかない　4 あと５分

16 この ______ ___★___ ______ ______ 来たときのことを思い出す。046

1 妻と初めての　2 コーヒーを飲むたびに

3 デートで　4 カフェで

답 9 ③　10 ②　11 ①　12 ③　13 ②　14 ①(4312)　15 ④(2143)　16 ②(4213)

17 原子力で電気を作ることができる。しかし、それ ＿＿＿ ＿★＿ ＿＿＿ ＿＿＿ 使われる。049

1 戦争の　　2 にも　　3 は　　4 ため

18 ただの風邪なので、今日１日 ＿＿＿ ＿＿＿ ＿★＿ ＿＿＿ 治ると思います。030

1 休み　　2 すれば　　3 さえ　　4 ゆっくり

問題 3 つぎの文章を読んで、文章全体の内容を考えて、[19] から [22] の中に入る最もよいものを、1・2・3・4から一つえらびなさい。

　最近、家の庭や公園などで蜂をよく見かける。不思議に思っていたら、先日、公園の木に蜂が巣を作っているのを発見した。私はこれまでに一度、蜂に刺されたことがある。その時は刺されたところが赤く腫れ上がり、ズキズキ痛んで、治るまで１週間ほどかかった。[19] 、病院の先生にはもう一度蜂に刺されるとアレルギー反応でショック死することもあるため、できるだけ蜂に刺されないようにするよう言われていた。[20] わけで、私は蜂を見かけたらすぐにその場から離れるようにしている。実際に、近くで蜂を見ることはできないので、私はインターネットで蜂について調べてみることにした。

　ある専門家によると、日本にはおおよそ4,000種以上の蜂が生息しているが、人への被害が多い蜂は３種類だ [21] 。また蜂は黒いものを攻撃する傾向があるので、白い服や帽子を身に着けるといいらしい。さらに、蜂は大きな音や動きに反応するため、蜂が近づいてきたらパニックにならず、ゆっくり静かにその場を離れることだ。調べて分かったことは、蜂は地球の生態系に不可欠な生き物でもあるということだ。蜂は植物の受粉を助け [22] 、害虫を捕まえ [22] 、生態系において重要な役割を果たしている。私にとって蜂は今まで怖いだけの存在だったが、このように、蜂の種類や生態を理解し、適切な対応をとれば蜂はただ怖いだけの存在ではないということがわかった。

답 17 ①(3142)　18 ③(4132)

19

1 では　　2 さらに　　3 たとえば　　4 または

20

1 それ　　2 そこ　　3 そんなに　　4 そういう

21

1 ようだ　　2 みたいだ　　3 そうだ　　4 わけだ

22

1 たび　　2 たり　　3 ため　　4 たまま

핵심문법

～ないように 116 ～하지 않도록	できるだけ蜂に刺されないようにするようする 가능한 한 벌에 쏘이지 않도록 하다(05行)
～について 098 ～에 대해서	私はインターネットで蜂について 나는 인터넷으로 벌에 대해서(07行)
～てみる 066 ～해 보다	蜂について調べてみることにした 벌에 대해서 조사해보기로 했다(08行)
～によると 102 ～에 의하면, ～에 따르면	ある専門家によると 어느 전문가에 의하면(09行)
～において ～에 있어서	生態系において重要な役割(やくわり)を 생태계에 있어서 중요한 역할을(14行)
～にとって 099 ～에게 있어, ～에게	私にとって蜂は今まで 나에게 있어서 벌은 지금까지(15行)

답 19 ② 20 ④ 21 ③ 22 ②

051 ~たり~たり ① ~했다 ~했다 ② ~하거나 ~하거나

접속 동사 た형+たり

① '~했다 ~했다'는 반대되는 동작이 반복되는 것을 나타낸다.

② '~하거나 ~하거나'는 여러 가지 동작이나 상태를 나열하는 표현으로 일부 예시를 든다는 뉘앙스를 담고 있다.

기출 居間の電気がついたり消えたりしているから
거실의 전기가 켜졌다 꺼졌다 하고 있어서 2012-1회

A「土曜日はいつも何をしていますか。」

B「本を読んだりしています。」

A 토요일은 항상 무엇을 합니까?
B 책을 보거나 합니다. 2014-1회

本田さんはドアの前を行ったり来たりしています。 혼다 씨는 문 앞을 왔다 갔다 하고 있습니다.

友達と遊んだり、買い物をしたりします。 친구와 놀거나, 쇼핑을 하거나 합니다.

052 ~だろうと思う ~(할) 것으로 생각하다

접속 동사·い형용사 보통형 / な형용사 어간 / 명사+だろうと思う

말하는 사람의 어떤 것에 대한 추측이나 예상 등을 나타낸다. 응용 표현으로「~だろうかと思う(~할까 하고 생각하다)」가 있다.

기출 小学校に入学して字を書く機会も増えるだろうと思い、
초등학교에 입학해서 글자를 쓸 기회도 늘어날 것으로 생각해 2012-1회

こんなトイレが必要なのだろうかと思いました。
이런 화장실이 필요한 것일까라고 생각했습니다. 2021-2회

税金が上がり、これから家計が厳しくなるだろうと思う。
세금이 올라 앞으로 가계가 어려워질 것으로 생각한다.

彼は毎日スーツを着ているので、たぶん学生じゃないだろうと思います。
그는 매일 양복을 입고 있으므로 아마 학생이 아닐 것으로 생각합니다.

053 ～続ける 계속 ~하다

접속 동사 ます형+続ける

어떤 동작이나 상태가 계속해서 지속되는 것을 나타낸다.

기출 私は20年前から同じかばんを使い続けている。
나는 20년 전부터 같은 가방을 계속 사용하고 있다. 2021-2회

本田さんは夜遅くまで働き続けています。
혼다 씨는 밤늦게까지 계속 일하고 있습니다.

私は30年以上、この町に住み続けています。
저는 30년 이상, 이 동네에 계속 살고 있습니다.

054 ～って ① ~라고 ② ~란, ~은/는 ③ ~라고 하는, ~라는 ④ ~라고 한다, ~래

접속 ① 인용문+って
② 인용문 / 명사+って
③ 보통형 / 명사+って
④ 보통형 / 명사+って

유사 표현 ～という ~라고 하는

① '~라고'는 인용의 의미로「～と」의 회화체이다.

② '~란'은 주제, 정의를 말하는 표현으로「～は」,「～というのは」의 회화체이다.

③ '~라고 하는'은「～という」의 회화체이다.

④ '~라고 한다'는 전문(傳聞)의 의미를 나타낸다.

기출 今日はないって言っていましたよ。오늘은 없다고 말했어요. 2010-1회
田中さんってどんな人？ 다나카 씨는 어떤 사람이야? 2011-1회
「リボン」って店なんだけど、知ってる？
'리본'이라고 하는 가게인데, 알아? 2019-2회

「もうすぐ引っ越すってこの前言ってたけど、準備は進んでる？」
"이제 곧 이사한다고 요전에 말했었는데, 준비는 진행되고 있어?" 2025-1회

彼女に映画に行こうって誘われた。
그녀가 영화를 보러 가자고 했다.

登山って本当に楽しいね。
등산이란 정말로 재미있네.

きのう、本田さんって人に会った。
어제 혼다 씨라는 사람을 만났다.

スミスさんはもうアメリカに帰ったって。
스미스 씨는 벌써 미국에 돌아갔대.

055 ～つもりだ ～할 생각이다, ～할 작정이다

접속 동사 사전형+つもりだ

말하는 사람의 의지, 예정, 계획을 나타내는 표현이다. 부정 표현은 「동사 기본형+つもりはない(~할 생각은 없다)」, 「동사 ない형+ないつもりだ(~하지 않을 생각이다)」이 있는데, 「~つもりはない」가 더 강한 부정을 나타낸다.

기출 妻も動物は好きなので、今日帰ったら、妻と話し合ってみるつもりです。
아내도 동물은 좋아하기 때문에 오늘 가면 아내와 이야기해 볼 생각입니다. 2015-2회

メモを見ないで話せるようにするつもりだ。
메모를 보지 않고 말할 수 있도록 할 작정이다. 2017-1회

日本にいる間にいろいろな工場に見学に行ってみるつもりです。
일본에 있는 동안 여러 공장에 견학하러 가 볼 생각입니다. 2022-1회

A 「今度の休暇はどうするつもりですか。」 이번 휴가는 어떻게 할 생각입니까?
B 「インドを旅行するつもりです。」
A "이번 휴가는 어떻게 할 생각입니까?"
B "인도를 여행할 생각입니다."

結果が出るまで、あきらめるつもりはない。
결과가 나올 때까지 포기할 생각은 없다.

試験が終わるまでテレビは見ないつもりです。
시험이 끝날 때까지 텔레비전은 보지 않을 생각입니다.

056 ～てある ～해져 있다

접속 동사 て형+てある

누군가 어떤 목적과 의도를 가지고 해 둔 상태를 나타내는 것으로 타동사에 접속한다.

기출 レシピには「初めてでもうまく作れる」と書いてあったのに、失敗してしまった。
레시피에는 '처음이라도 잘 만들 수 있다'라고 써있었는데, 실패하고 말았다. 2019-1회

飛行機のきっぷは予約してあるから安心です。
비행기표는 예약되어 있으니까 안심입니다.

部屋にはかぎがかけてあるからだれも入れない。
방에는 열쇠가 잠겨져 있기 때문에 아무도 들어갈 수 없다.

057 ～ている ① ～하고 있다 ② ～해져 있다

접속 동사 て형+ている

① '～하고 있다'는 현재 진행의 의미이며, 습관적인 일이나 반복되는 일에도 「～ている」로 표현한다.

② '～해져 있다'는 어떤 동작이 끝난 후, 상태가 유지되고 있음을 나타내며 자동사에 접속한다.

기출 風邪をひかないのは毎朝しているジョギングのおかげだ。
감기에 걸리지 않는 것은 매일 아침 하고 있는 조깅 덕분이다. 2011-2회

22点の差で負けていました。22점 차로 지고 있었습니다. 2015-1회

30日以上雨の降らない日が続いているが、すぐ気にならなくなった。
30일 이상 비가 내리지 않는 날이 계속되고 있지만, 곧 신경쓰지 않게 되었다. 2015-1회

今選んでいるところだから 지금 고르고 있는 중이니까 2021-1회

さくら駅の近くに新しくできたラーメン屋、知ってる？
사쿠라역 근처에 새로 생긴 라면집 알아? 2022-2회

強い風が吹いている。강한 바람이 불고 있다.

駅の周りがすっかり変わっているのを見て驚いた。
역 주변이 완전히 바뀌어져 있는 것을 보고 놀랐다.

058 ～でいい ~로 좋다, ~라도 괜찮다

접속 명사+でいい

「～でいい」는 '~만으로 충분하다'고 할 때 사용한다. 여기서 조사 「で」는 상황, 조건, 형태 등을 나타낸다.

기출 来週の金曜まででいいですから 다음 주 금요일까지라도 좋으니까 2017-2회

一度でいいから会ってみたいと思う人
한 번이라도 좋으니까 만나 보고 싶다고 생각하는 사람 2021-1회

時間がないから、朝ごはんはコーヒーでいいよ。
시간이 없으니까 아침밥은 커피로 괜찮아.

A 「3千円しかないんだけど。」

B 「それでいいよ。」

A "3천 엔밖에 없는데."
B "그거라도 좋아."

059 ～ておく ~해 놓다, ~해 두다

접속 동사 て형+ておく

어떤 목적을 위한 사전 동작·준비, 어떤 목적을 위한 상태 유지·보존·방치 등을 나타낼 때 사용한다. 회화에서는 축약된 형태인「～とく」로도 쓰인다.

기출 これを林さんに渡しておいてもらえませんか。
이것을 하야시 씨에게 건네 주실 수 있을까요? 2012-2회

このレストラン、予約しておくよ。 이 레스토랑, 예약해 둘게. 2016-2회

テキストを30ページまで読んでおかなければならないのに、まだ全然読んでいない。 텍스트를 30쪽까지 읽어두지 않으면 안 되는데 아직 전혀 읽지 않았다. 2023-1회

エアコンはつけたままにしておいてください。
에어컨은 켜 둔 채로 두세요. 2024-1회

だれにも会いたくないの。一人にしといて！
아무도 만나고 싶지 않아. 혼자 놔 둬!

出かける前に新聞を読んどこう。
외출하기 전에 신문을 읽어 둬야지.

060 ~てから ~하고 나서, ~한 뒤
~あとで ~한 후에

접속 동사 て형+てから
동사 た형 / 명사の+あとで

'~하고 나서'는 시간 관계의 전후를 나타내는 표현으로, 「手を洗ってからごはんを食べる(손을 씻고 나서 밥을 먹는다)」와 같은 문장이 이에 해당한다.

기출 仕事が終わってからでも行けるから 일이 끝나고 나서라도 갈 수 있으니까 2019-2회

親に絵本を読んでもらってから寝ていた。
부모님이 그림책을 읽어 주고 난 뒤 자고 있었다. 2020

私はよくインターネットで買い物をするが、洋服は買わない。実際に着てみてから買いたいからだ。 나는 자주 인터넷에서 쇼핑을 하지만, 양복은 사지 않는다. 실제로 입어 보고 나서 사고 싶기 때문이다. 2024-2회

母「早くおふろに入りなさい。」
子「うん、宿題終わってからね。」
엄마 "빨리 목욕해라."
아이 "응, 숙제 마치고 나서."

食事をしたあとで散歩をしませんか。
식사를 한 후에 산책을 하지 않겠습니까?

試合のあとで、選手たちは記念写真を撮りました。
경기 후에 선수들은 기념 사진을 찍었습니다.

061 ～てからでないと ～하고 나서가 아니면, ～한 후가 아니면

접속 동사 て형+てからでないと

앞의 조건이 달성되지 않으면 뒤 문장이 실현되지 않거나, 혹은 뭔가 좋지 않은 사태가 발생한다는 것을 나타낸다. 앞 문장은 뒤 문장의 전제조건이 된다.

風邪(かぜ)が完全に治(なお)ってからでないと、学校に行けません。
감기가 완전히 낫고 나서가 아니면 학교에 갈 수 없어요.

20歳(はたち)になってからでないとお酒は飲めません。
스무 살이 된 후가 아니면 술을 마실 수 없습니다.

062 ～てくる ① ～해 오다 ② ～해지다 ③ ～하기 시작하다
～ていく ① ～해 가다 ② ～해지다

접속 동사 て형+てくる
동사 て형+ていく

① '～해 오다'와 '～해 가다'는 어떤 행동을 하고 이동하는 것을 나타낸다.

② '～해지다'는 어떤 상태에서 다른 상태로 변하는 것을 나타낸다.

③ '～하기 시작하다'는 변화의 출현, 변화의 시작을 나타낸다.

기출 窓(まど)を開(あ)けていると、いつもみそ汁のにおいがしてくる。
창문을 열어 놓으면 항상 된장국 냄새가 풍겨 온다. 2017-1회

玉(たま)ねぎの色(いろ)が変(か)わってきたら、塩(しお)を入(い)れてください。
양파 색이 변하기 시작하면 소금을 넣어 주세요. 2020

ただ、旅行(りょこう)を続(つづ)けていると、途中(とちゅう)で疲(つか)れてきます。
다만 여행을 계속하고 있으면 도중에 피곤해집니다. 2021-1회

田中(たなか)さんがわたしの方に走ってくるのが見えました。
다나카 씨가 제 쪽으로 뛰어오는 것이 보였습니다. 2021-2회

最近、寒くなってきましたね。 최근에 추워졌네요. 2024-2회

あした、学校に持ってくね。 내일 학교에 가지고 갈게. 2025-1회

パンは近くの店で買ってきます。
빵은 근처의 가게에서 사옵니다.

日が短くなってきましたね。５時にはもう暗いですよ。
해가 짧아졌네요. 5시에는 이미 어두워요.

花が咲いてきたら、水をたくさんやってください。
꽃이 피기 시작하면 물을 많이 주세요.

コンビニで飲み物を買っていきます。
편의점에서 음료를 사서 갑니다.

もう３月だから、だんだん暖かくなっていくでしょう。
벌써 3월이니까 점점 따뜻해져 가겠지요.

063 ～てしまう ~해 버리다, ~하고 말다

접속 동사 て형+てしまう

후회나 유감 또는 일이 완료되었음을 나타내는 표현이다. 회화에서는 축약형인 「~ちゃう(~じゃう)」를 쓴다.

기출 隣に立っていた人に新しい白い靴を踏まれてしまった。
옆에 서 있던 사람에게 하얀 새 신발을 밟히고 말았다. 2021-1회

急がないと新幹線が出発しちゃう。
서두르지 않으면 신칸센이 출발하고 만다. 2021-1회

窓から海を見ることができたが、隣に高いビルができて、見えなくなってしまった。
창으로 바다를 볼 수 있었지만, 옆에 높은 건물이 생겨서 보이지 않게 되어 버렸다. 2025-1회

友達が国に帰ってしまう前に、いろいろなことを一緒にしたい。
친구가 고국에 돌아가 버리기 전에, 여러 가지 일을 함께 하고 싶다. 2025-2회

どうして彼女がひとりで行ってしまったのか私は知らない。
왜 그녀가 혼자서 가 버렸는지 나는 모르겠다.

困っちゃったなあ。自動車が動かなくなっちゃった。
곤란해졌어. 자동차가 움직이지 않게 되버렸어.

早く帰らなくちゃいけないと思ったのに、ゆうべも友達と飲んじゃった。
일찍 돌아가야 한다고 생각하고 있었는데, 어젯밤에도 친구랑 마셔 버렸다.

064 ～てたまらない ～해서 견딜 수 없다, 너무～하다

접속 동사 て형+てたまらない
い형용사 어간く+てたまらない
な형용사 어간+でたまらない

감정이나 감각을 나타내는 단어에 접속해서 참을 수 없을 정도임을 나타낸다. 유사 표현 「～てしょうがない(~해서 어쩔 수가 없다, 너무 ~하다)」, 「～てしかたがない(~해서 어쩔 수가 없다, 너무 ~하다)」가 있다.

夜中にお腹が空いてたまらなかったのでカップラーメンを食べてしまいました。
밤중에 너무 배가 고팠기 때문에 컵라면을 먹어 버렸습니다.

明日はピアノの発表会ですが、うまく弾けるか不安でたまりません。
내일은 피아노 발표회지만, 잘 칠 수 있을지 불안해서 견딜 수가 없습니다.

065 ～てほしい ～해 주었으면 한다

접속 동사 て형+てほしい

말하는 사람이 상대에게 어떤 일을 해 주기를 바란다는 의미를 나타낸다. 부정 표현은 「동사 ない형+ないでほしい」의 형태가 된다.

기출 少し難しいですからほかのにしてほしいです。
좀 어려우니까 다른 것으로 해 주었으면 합니다. 2011-1회

いつまでも元気で長生きしてほしい。
언제까지나 건강하게 오래 살았으면 좋겠다. 2012-2회

いい歯医者を知っていたら教えてほしいんですが。
좋은 치과를 알고 있으면 가르쳐 줬으면 하는데요. 2025-2회

父に車を使わせてほしいと頼んだが、断られてしまった。
아버지에게 자동차를 쓰게 해 줬으면 하고 부탁했는데, 거절당하고 말았다.

そんなに怒らないでほしい。
그렇게 화내지 말아 주었으면 한다.

息子にはタバコを吸ってほしくない。
아들은 담배를 피지 않아 주었으면 한다.

066 ～てみる (시험 삼아) ~해 보다

접속 동사 て형+てみる

시험 삼아 해보는 것을 나타낼 때 쓰는 표현이다.

기출 私も庭(にわ)がある家(いえ)に住(す)んでみたいです。
저도 정원이 있는 집에서 살아보고 싶습니다. 2018-2회

子(こ)どものころサッカー教室(きょうしつ)に通(かよ)ってみたことがあります。
어렸을 때 축구 교실에 다녀본 적이 있습니다. 2019-2회

一度(いちど)でいいから会ってみたいと思う人
한 번이라도 좋으니까 만나보고 싶다고 생각하는 사람 2021-1회

私も野菜を育ててみることにした。 나도 채소를 길러 보기로 했다. 2024-2회

彼女(かのじょ)に言(い)いたいことがあるならとりあえず言(い)って、反応(はんのう)を見(み)てみたら？
그녀에게 하고 싶은 말이 있으면 우선 말을 하고, 반응을 봐 보면?

よく調(しら)べてみるとエンジンの一部(いちぶ)に損傷(そんしょう)があった。
잘 살펴보니까 엔진 일부에 손상이 있었다.

067 ～ても ① ~하더라도 ② ~해도

접속 동사 て형 / い형용사 어간く+ても
な형용사 어간 / 명사+でも

주로 어떤 상황이나 조건이 성립되도 결과가 변하지 않음을 강조할 때 사용되는 역접의 문형이다. 그러한 조건을 강조한 활용 문형으로「たとえ～ても(설령 ~라 해도)」,「いくら～ても(아무리 ~해도)」,「どんなに～ても(아무리 ~해도)」가 자주 쓰인다.

기출 いつ首相(しゅしょう)になってもおかしくない実力(じつりょく)を持っている。
언제 수상이 되어도 이상하지 않은 실력을 가지고 있다. 2013-1회

どちらの選手(せんしゅ)が勝(か)っても不思議(ふしぎ)ではない。
어느 쪽의 선수가 이기더라도 이상하지 않다. 2017-1회

何があったのか聞いても答(こた)えてくれないので
무슨 일이 있었는지 물어도 대답해 주지 않기 때문에 2017-2회

たとえおかしくても笑ってはいけない。
설령 우습더라도 웃어서는 안 된다.

この急カーブではいつ事故が起きてもおかしくない。
이 급커브에서는 언제 사고가 일어나더라도 이상하지 않다.

バスを利用したくても利用できない人がいる。
버스를 이용하고 싶어도 이용할 수 없는 사람이 있다.

068 ～てもいい ～해도 좋다
～てもかまわない ～해도 상관없다(괜찮다)

접속 동사 て형 / い형용사 어간く+てもいい / てもかまわない
な형용사 어간 / 명사+でもいい / でもかまわない

허가나 동의를 나타내는 표현이며, 「～てもいい」는 「～てもよい」의 형태로도 쓰인다.

기출 テレビを買い替えてもいいんじゃない。 텔레비전을 새로 바꿔도 되지 않아? 2013-1회
駅の近くでなくてもよければ 역 근처가 아니라도 좋으면 2014-1회
いすに座ったままでもかまいません。
의자에 앉은 채로 해도 상관없습니다. 2015-1회
この靴、履いてみてもいいですか。 이 신발 신어 봐도 됩니까? 2022-2회

A 「ここでたばこを吸ってもかまいませんか。」
B 「ええ、かまいませんよ。どうぞ。」
A "여기서 담배를 피워도 괜찮습니까?"
B "네, 상관없어요. 피우세요."

何時でもいいから、今日電話してください。
몇 시라도 좋으니까 오늘 전화 주세요.

069 ～ても仕方がない ～해도 하는(어쩔) 수 없다, ～해도 소용없다

접속 동사 て형+ても仕方がない

'~해도 의미가 없다'라고 다른 방법이 없음을 나타내는 표현이다.

기출 心配ばかりしていてもしかたがない。
걱정만 하고 있어도 소용없다. 2020-2회

もうみんな知っているんだから隠してもしかたがない。
이미 모두 알고 있으니까 감춰도 소용없다.

両者が全く譲らないのだから、これ以上、交渉を続けても仕方がない。
양쪽이 전혀 양보하지 않으니까, 더 이상 교섭을 계속해도 소용없다.

~てばかりいる ~하기만 하다, ~만 하고 있다

접속 동사 て형+ばかりいる

어떤 일이나 상태가 반복되고 있는 것에 대한 화자의 비판적인 태도를 나타낸다.

弟は家でゲームしてばかりいる。
남동생은 집에서 게임만 하고 있다.

彼は怒られてばかりいる。
그는 혼나기만 하고 있다.

~てよかった ~해서 다행이다

접속 동사 て형+てよかった

일어난 일에 대한 다행스러움을 나타내는 표현이다.

기출 見つかってよかったね。 찾아서 다행이야. 2019-2회

日本で林さんに会えてよかったです。
일본에서 하야시 씨를 만날 수 있어서 다행이었습니다. 2024-1회

初めてだったからちょっと緊張したけど、新しい友達もできたし、行ってよかったよ。 처음이라서 조금 긴장했지만 새 친구도 생기고 가서 다행이었어요. 2024-2회

かさを持って来てよかったね。雨が降り出したよ。
우산을 갖고 오길 잘 했네. 비가 내리기 시작했어.

〈贈り物を渡して〉 気に入っていただいてよかった。
〈선물을 건네고〉 마음에 들어 하셔서 다행이야.

072 ～という ～라는, ~라고 하는

접속 보통형 / 명사+という

소개, 설명, 인용할 때 사용하는 표현이다. 회화에서는 「～という」 대신에 「～って」가 주로 사용되기도 한다.

유사 표현 ～って ~라고 하는, ~라는

기출 兄と私は、意志が強いという点でよく似ている。
형과 나는 의지가 강하다는 점에서 꼭 닮았다. 2013-1회

二つの体育館を建設するという案が検討されている。
두 개의 체육관을 건설한다는 안이 검토되고 있다. 2013-1회

「キムラ·ブック」って本屋、知ってる？
'기무라·북'이라는 책방, 알고 있어? 2015-2회

何という魚かわかりませんが 뭐라는 생선인지 모르겠지만 2021-1회

父は姉が大学に合格したという知らせを聞いて、今にも泣きそうな顔をしていた。
아빠는 언니가 대학에 합격했다는 소식을 듣고, 당장이라도 울 것 같은 얼굴을 하고 있었다.

彼は「マル」という犬を飼っています。
그는 '마루'라는 개를 기르고 있습니다.

東京ってところは初めてです。
도쿄라는 곳은 처음입니다.

073 ～というと・～といえば ~라고 하면

접속 명사+というと / といえば

「～と言う(~라고 말하다)」에 가정법 「と」와 「ば」가 붙은 형태로, 어떤 단어나 주제를 들었을 때 대표적으로 떠오르는 것을 표현하거나, 그것으로부터 연상되는 정보를 이야기할 때 사용된다.

北海道というとやはりカニですね。
홋카이도라고 하면 역시 게죠.

秋と言えば食欲の秋です。
가을이라고 하면 식욕의 가을이죠.

074 ～というのは ~이라는 것은, ~란

접속 명사+というのは

정의·명제 등을 나타내는 표현이다. 회화체로는 「～って」가 된다. 문말에는 「～(の)ことだ、～(という)ことだ、～という意味(いみ)だ」 등이 오기 쉽다. 그리고 「というのは」가 접속사로 쓰이면 '왜냐하면, 그 이유는'이라는 뜻이 된다.

유사 표현 ～って ~란, ~은/는

기출 「コンビニ」**というのは**コンビニエンスストアのことだ。
'편의점'이란 컨비니언스 스토어를 말한다. 2010-2회

「下水(げすい)」**というのは**、台所(だいどころ)などで使(つか)った汚(よご)れた水(みず)のことである。
'하수'라는 것은, 부엌 등에서 사용한 더러워진 물을 말한다.

今年(ことし)の夏休(なつやす)みは旅行(りょこう)どころではなかった。**というのは**、父(ちち)が病気(びょうき)で入院(にゅういん)してしまったからだ。
올 여름 휴가는 여행을 갈 형편이 아니었다. 왜냐하면 아버지가 병으로 입원하고 말았기 때문이다.

075 ～とおりに ~대로

접속 동사 사전형 / 명사の+とおりに
동사 た형 / たとおりに
명사+どおりに

어떤 일이나 행동을 바꾸지 않고, 그 내용 그대로인 상태를 나타낸다. 「～とおり」가 명사에 직접 붙을 때는 「～どおり」라고 한다.

母の言う**とおりに**部屋(へや)を片付(かたづ)けました。
엄마가 말한 대로 방을 정리했습니다.

田中(たなか)さんは計画した**とおりに**新しい車を買った。
야마다 씨는 계획했던 대로 새 차를 샀다.

説明書(せつめいしょ)の**とおりに**組(く)み立(た)ててください。
설명서대로 조립해 주세요.

会議(かいぎ)は予定(よてい)**どおり**午後(ごご)２時(じ)から始(はじ)まります。
회의는 예정대로 오후 2시부터 시작됩니다.

05 문법 확인문제

해설집 57쪽

問題 1 つぎの文の（　　）に入れるのに最もよいものを、1・2・3・4から一つえらびなさい。

1 わからないことは、インターネットで調(しら)べ（　　）、図書館(としょかん)で本を探(さが)し（　　）します。051

1 さえ / ば　　2 たり / たり　　3 ば / ほど　　4 て / て

2 まじめな彼女のことだから、明日(あした)は必(かなら)ず約束(やくそく)の時間に来る（　　）。052

1 くらいです　　2 ところです　　3 ことがあります　　4 だろうと思います

3 母は父に買ってもらったかばんを10年間（　　）。053

1 使ってある　　2 使いやすい　　3 使い始める　　4 使い続けている

4 パーティー会場にはお酒(さけ)が用意(ようい)して（　　）。056

1 みます　　2 あります　　3 おきます　　4 よかったです

5 この薬(くすり)はご飯(はん)を（　　）、水と一緒(いっしょ)に飲んでください。060

1 食べることから　　2 食べることで　　3 食べたあとで　　4 食べたくせに

6 さっきこの町は近くにプールがない（　　）言ったろ？054

1 って　　2 っけ　　3 ため　　4 わけ

7 韓国の代表的な食べ物（　　）キムチだろう。073

1 ともに　　2 と言えば　　3 に対して　　4 について

8 このレシピ（　　）作ると、おいしいケーキを作ることができます。075

1 のとおりに　　2 について　　3 ながら　　4 を込めて

답 1② 2④ 3④ 4② 5③ 6① 7② 8①

9 A「きみは暑さに弱いだろう。今日は外出するのを（　　　）。」
B「それはだめ。せっかくのゴールデンウィークなんだから。」059

1 やめておこう　2 やめたくなろう
3 やめてみようか　4 やめたくないか

10 ちょっと高かった革靴が、朝の通勤電車で（　　　）ことがあります。063

1 踏んでしまった　2 踏んでおいた
3 踏まれてしまった　4 踏まれておいた

11 山田「鈴木さん、会社の近くで、いい歯医者を知っていたら（　　　）。」
鈴木「あ、私のかかりつけの歯医者は親切で丁寧ですよ。」065

1 教えたいんですが　2 教えていいですか
3 教えてほしいんですが　4 教えてもらっていますか

12 学生のときによく通った喫茶店やお菓子屋、楽器店などが今もまだ（　　　）なつかしかったと西田さんは語る。057

1 営業して　2 営業していなくて
3 営業しなくて　4 営業していて

13「ファン」（　　　）、あるものに夢中になっている者のことである。074

1 といっては　2 としては　3 というのは　4 というには

問題 2 つぎの文の ＿★＿ に入る最もよいものを、1・2・3・4から一つえらびなさい。

14 足の ＿＿＿ ＿★＿ ＿＿＿ ＿＿＿ してはいけないと医者に言われました。 061

1 治って　2 怪我が　3 からでないと　4 サッカーは

15 田中さんは私の誕生日に珍しい ＿＿＿ ＿★＿ ＿＿＿ ＿＿＿ らしい。 062

1 くれる　2 きて　3 もって　4 お酒を

답 9 ① 10 ③ 11 ③ 12 ④ 13 ③ 14 ① (2134) 15 ③ (4321)

16 わからない漢字があれば ＿＿＿ ＿＿＿ ＿★＿ ＿＿＿ よ。 068

1 使って　　2 調べても　　3 辞書を　　4 かまいません

17 人生の中で一度 ＿＿＿ ＿＿＿ ＿★＿ ＿＿＿ 人物はだれですか。 058

1 で　　2 会ってみたい　　3 から　　4 いい

18 毎年、ABC社には多くの新入社員が入るのだが、仕事が ＿＿＿ ＿＿＿ ＿★＿ ＿＿＿ 多いそうだ。 063

1 社員が　　2 やめてしまう　　3 ２年以内に　　4 あまりにも多くて

問題３ つぎの文章を読んで、文章全体の内容を考えて、 19 から 22 の中に入る最もよいものを１・２・３・４から一つえらびなさい。

勉強ほど、やる人とやらない人の差が大きいものも、なかなかないのではないか。とくに中高生くらいだと、学校から帰って塾や自宅で１日に６時間も７時間も勉強している人もいるかと思えば、放課後はいっさいノートを開かないという人もいるはずだ。 19 勉強ほどその後の人生で役に立たない、と言われるものもない。あれほど一生懸命に学校で勉強した数学や化学は、大人になると 20 。では、そういった知識はいったいいつ消えてしまうのか。それは自分の目標を達成したとき、といってもよいのではないだろうか。

21 、「よい大学に入ることが目標」と思いながら勉強を続けてきた若者は、大学に合格した瞬間、気がゆるんで、それまで学んできた因数分解の方法や英語の構文を一気に忘れてしまうだろう。「高校を出て早く就職しなきゃ」と思っている人は、就職が決まった段階ですべてを忘れるのではないか。「ああ、よかった」とほっとひと息ついた瞬間に頭からぱーっと 22 もの、それが勉強なのではないか、という気がする。

(香山リカ『若者の法則』による)

답 16 ②(3124)　17 ③(1432)　18 ②(4321)

19

1　ところで　　2　だが　　3　さて　　4　そして

20

1　ぜんぜん忘れないのだ　　2　ぜんぜん忘れなかったのだろう
3　ほとんど忘れてしまう　　4　ほとんど忘れるはずだった

21

1　いわゆる　　2　たとえば　　3　ところが　　4　すなわち

22

1　飛び散ってある　　2　飛び散っておく　　3　飛び散っていく　　4　飛び散ってみる

핵심문법

～くらい 020 ~정도	中高生くらいだと 중고생 정도라면(02行)
～という 072 ~라고 하는	放課後(ほうかご)はいっさいノートを開かないという人も 방과후에는 일절 노트를 펼치지 않는다는 사람도(03行)
～はずだ 108 ~일 터이다	ノートを開かないという人もいるはずだ 노트를 펼치지 않는다는 사람도 있을 것이다(03行)
～てしまう 063 ~해 버리다	ほとんど忘れてしまう 거의 잊어버리고 만다(05行)
～てくる 062 ~해 오다	勉強を続けてきた若者(わかもの)は 공부를 계속해 온 젊은이는(08行)
～なきゃ 085 ~해야지	高校を出て早く就職(しゅうしょく)しなきゃ 고등학교를 나와서 빨리 취직해야지(10行)

답 19 ④　20 ③　21 ②　22 ③

06 문법 확인문제

해설집 59쪽

問題１　つぎの文の（　　　）に入れるのに最もよいものを、1・2・3・4から一つえらびなさい。

1　ペットを飼うかどうかは、家族と相談（　　　）、決められません。061

1　したかというと　2　したとして　3　したばかり　4　してからでないと

2　朝から何も食べていないので、お腹が空いて（　　　）。062

1　あった　2　きた　3　おいた　4　みた

3　昨日、夜遅くまで起きていたので、今日は眠くて（　　　）。064

1　しまいます　2　ほしいです　3　たまりません　4　ばかりいます

4　この問題はN２レベルの問題なので、N３を勉強している今は（　　　）。

1　解けるだろうと思います　2　解けなくてはいけません
3　解けなくてもかまいません　4　解けてもいいです

5　（　　　）、一度病院に行ってみたらどう。070

1　悩みそうもなくて　2　悩むしかなくて
3　悩むはずがなくて　4　悩んでばかりいないで

6　姉「もう９時だよ。急がないと汽車が出発（　　　）よ。」
弟「あ、本当だ。急いで行こう。」063

1　しなきゃ　2　してる　3　しちゃう　4　しとく

7　畳の部屋で過ごすことで、畳のよさを知ることができました。私も畳の部屋がある家に（　　　）。066

1　住んでみたいです　2　住むつもりだからです
3　住むならいいです　4　住もうとすることです

답 1④ 2② 3③ 4③ 5④ 6③ 7①

8 彼はまだ日本語の勉強を始めたばかりだから、(　　　)。069

1 間違えたことがない　　2 間違えるほどではない
3 間違えてもしかたがない　　4 間違えるはずがない

9 A「きのうなくした財布(さいふ)、車の中に落ちていたんだ。」
B「そうなんだ。(　　　) ね。」071

1 見つかってよかった　　2 見つかったようだ
3 見つかるほうがいい　　4 見つかりそうだった

10 私は、あなたの個人的(こじんてき)な問題に口を出す (　　　) ありません。055

1 あいだは　　2 つもりは　　3 ところは　　4 ばかりは

11「白い鳥」(　　　) 名前(なまえ)のレストランを知ってますか。054

1 なんか　　2 だって　　3 って　　4 とか

12 毎日サラダしか食べないんじゃ、いつ貧血(ひんけつ)に (　　　) よ。067

1 なるのではないだろうか　　2 なっても不思議じゃない
3 なるはずだ　　4 なったらいい

13 あの会社はもうすぐ倒産(とうさん)すると (　　　) うわさが流(なが)れている。072

1 する　　2 ある　　3 みる　　4 いう

問題 2　つぎの文の ＿★＿ に入る最もよいものを、1・2・3・4から一つえらびなさい。

14 このトマトはまだ緑色(みどりいろ)なので、もっと ＿＿ ＿＿ ＿★＿ ＿＿。061

1 なって　　2 からでないと　　3 赤く　　4 食べられません

15 スマホやテレビを ＿＿ ＿＿ ＿★＿ ＿＿ 目が悪くなるので気を付けましょう。053

1 以上　　2 見続ける　　3 1時間　　4 と

답 8③ 9① 10② 11③ 12② 13④ 14②(3124) 15②(3124)

16 ＿＿＿＿ ＿＿★＿＿ ＿＿＿＿ ＿＿＿＿ ので、とりあえず行動してみましょう。 069

1 仕方が　　2 悩んで　　3 いても　　4 ない

17 どんなに彼女に頼まれても、一緒に ＿＿＿＿ ＿＿＿＿ ＿＿★＿＿ ＿＿＿＿ 。 055

1 買い物に　　2 行く　　3 つもりは　　4 ありません

18 クラスの人数を減らすか、それとも教師を増やして ＿＿＿＿ ＿＿★＿＿ ＿＿＿＿ ＿＿＿＿ 。 065

1 担任を　　2 にして　　3 ほしい　　4 複数

問題3 つぎの文章を読んで、文章全体の内容を考えて、 19 から 23 の中に入る最もよいものを、1・2・3・4から一つえらびなさい。

美術館に行って絵を見ていると、まわりの人びとのふるまいの中に、目立った行動パターンが二つあることに気づく。誰しも目指すのは絵である。だが、その絵の傍らの壁には、作者名と作品タイトル、その他の書かれた小さなプレートが 19 。

名詞を並べただけの無愛想な表示なのだが、これがなかなか気になる代物で、 20 プレートに対する態度で、群衆たちは二群に分かれるように見える。この二群の人々を教養派と審美派と名づけることにしよう。

教養派は、絵を見るよりも早く、真っ先にプレートをのぞき込み、誰が描いた何という絵なのかを確かめる。うるさい観客ならば、更に制作年代にも注目するだろう。教養派の人びとは、これらを頭に入れた上で、おもむろに絵に取りかかる。プレートから得られるこれらの知識が、これらの絵を理解し鑑賞する上で必要なものと考えているからに相違ない。

それに対して、審美派は次のようにふるまう。彼 / 彼女はプレートには目もくれない。静かに 21 。そして次の絵に移ってゆく。作者やタイトルは既に知っていたのかもしれない。しかし、 22 絵の前でもその態度は変わらない。つまり、明確な意志なのである。

(佐々木健一『タイトルの魔力』による)

(注) プレート：板で作られた表示物。

답 16 ③ (2314)　17 ③ (1234)　18 ④ (1423)

19

1 貼られてたまらない　　2 貼られている
3 貼られてよかった　　4 貼られておく

20

1 あらゆる　　2 この　　3 ある　　4 どういう

21

1 絵だけを見つめ続ける　　2 壁だけを見つめ続ける
3 絵と壁を見つめ合う　　4 プレートとタイトルを見つめ合う

22

1 こういう　　2 そんな　　3 プレートの　　4 どの

핵심문법

~に対する 096 ~에 대한	プレートに対する態度で 플레이트에 대한 태도로(05行)
~ことにする 027 ~하기로 하다	審美派と名づけることにしよう 심미파로 이름을 붙이기로 하자(06行)
~なら 132 ~(이)라면	うるさい観客ならば 까다로운 관객이라면(08行)
~上で ~한 후에	これらを頭に入れた上で 이것들을 머리에 넣은 후에(09行)
~하는 데 있어서	絵を理解し鑑賞する上で 그림을 이해하고 감상하는 데 있어서(10行)
~に相違ない ~임에 틀림없다	必要なものと考えているからに相違ない 필요한 것이라고 생각하고 있기 때문임에 틀림없다(11行)
~に対して 096 ~에 비해	それに対して 그것에 비해(12行)
~かもしれない 013 ~지도 모른다	既に知っていたのかもしれない 이미 알고 있었는지도 모른다(13行)

답 19 ② 20 ② 21 ① 22 ④

076 ～と思(おも)う ～라고 생각하다

접속 보통형+と思う

말하는 사람의 개인적인 의견, 생각, 판단, 추측 등을 말할 때 사용한다.

기출 会(あ)ってみたい**と思う**人はいますか。
만나보고 싶다고 생각하는 사람은 있습니까? 2012-1회

私は将来(しょうらい)歌手(かしゅ)になりたい**と思って**いた。
나는 장래에 가수가 되고 싶다고 생각하고 있었다. 2019-2회

とてもいいサービスだ**と思いました**。
아주 좋은 서비스라고 생각했습니다. 2023-2회

すもうはおもしろいと思います。
스모는 재미있다고 생각합니다.

(私は)あした雨が降(ふ)ると思います。
(나는) 내일 비가 올거라고 생각합니다.

077 ～とか～とか ～든가～든가

접속 보통형 / 명사+とか

두 가지 쓰임이 있다. 첫 번째는 같은 종류의 것을 두 가지 열거할 때 사용한다. 반드시 두 가지를 열거할 필요는 없이, 한 가지만으로도 사용한다. 두 번째는 완전히 상반되는 두 가지의 상태나 동작에 접속해서, 그 두 가지 중 어느 쪽이 될지 확실하지 않을 경우를 나타낸다.

焼肉(やきにく)とか中華料理(ちゅうかりょうり)とか脂(あぶら)っこい料理は好きじゃありません。
야키니쿠라든가 중화요리라든가 기름진 요리는 좋아하지 않습니다.

部屋(へや)を選ぶ条件(じょうけん)は駅から近いとか、家賃(やちん)が安いとか人によって様々(さまざま)です。
방을 고르는 조건은 역에서 가깝다든가, 집세가 저렴하다든가 사람에 따라 다양합니다.

078 ～ところだ / ～ているところだ

~하려는 참이다 / ~하고 있는 중이다

접속 동사 사전형+ところだ
동사 て형+ているところだ

「～ところだ」는 어떤 동작을 하기 직전의 상태를 나타내며, 「～ているところだ」는 어떤 동작을 진행하고 있다는 의미를 나타낸다.

기출 これから会議式が行われるところです。 지금부터 개회식이 거행될 참입니다. 2012-1회

あ、ごめん。これから出かけるところだから、あとでこっちから電話するね。
아, 미안. 이제 막 나가려는 참이라서, 나중에 내가 전화할게. 2022-2회

A「中山さん、今、ちょっといいですか。」
B「これから銀行に行くところなんです。戻ってきてからでもいいですか。」
A "나카야마 씨, 지금 잠깐 괜찮아요?"
B "지금 은행에 가려는 참인데요. 돌아오고 나서 해도 괜찮아요?" 2024-2회

早くおいで。今、番組が始まるところだよ。 빨리 와. 지금 방송이 막 시작되려는 참이야.

オーケストラのメンバーは、今それぞれの楽器の音を合わせているところです。
오케스트라 멤버는 지금 각각의 악기의 음을 맞추고 있는 중입니다.

079 ～としたら・～とすれば・～とすると ~라고 (가정)하면

접속 보통형+としたら

어떤 일을 가정할 때 사용하는 표현이다.

기출 もし自分を色で表すとしたら、何色ですか。
만약 자신을 색으로 나타낸다고 하면 무슨 색입니까? 2016-2회

宝くじで１億円当たったとしたら、あなたは何に使いますか。
복권으로 1억 엔 당첨되었다고 하면, 당신은 무엇에 사용하겠습니까?

駅まで歩いて行くとすれば、何分ぐらいかかりますか。 역까지 걸어간다고 하면 몇 분 정도 걸립니까?

あのとき、始めていたとすると、今ごろはもう終わっているでしょう。
그 때 시작하고 있었다면, 지금쯤은 이미 끝나 있을 것입니다.

080 ～として ～로서

접속 명사+として

신분, 자격, 입장, 명목 등을 나타낼 때 사용하며, 응용 표현으로는「～としては(~로서는)」,「～としても(~로서도)」등이 있다.

기출 私の通訳として一緒に行きます。제 통역으로서 같이 갑니다. 2011-2회

彼は小説家として有名になったが 그는 소설가로서 유명해졌지만 2016-2회

バスが大好きな私はバスの運転手として働いている。
버스를 아주 좋아하는 나는 버스 운전사로 일하고 있다. 2024-1회

私はボランティアとして働きたいと思います。
나는 자원봉사자로서 일하고 싶습니다.

彼女は教師だが、ピアニストとしても有名です。
그녀는 교사이지만, 피아니스트로서도 유명합니다.

081 ～としても ～라고 해도

접속 보통형+としても

어떤 일이 일어나더라도 말하는 사람의 생각, 입장 등은 변하지 않는다는 것을 나타낸다.

기출 雨が降ったとしても予定されているスポーツ大会は行います。
비가 내렸다고 해도 예정되어 있는 스포츠 대회는 합니다. 2012-1회

夜遅く、駅に着いたとしても 밤늦게 역에 도착했다고 해도 2020

たとえあなたの言う通りだとしても、私の気持ちはおさまらない。
비록 당신이 말하는 대로라고 해도, 내 기분은 풀리지 않는다.

今回の試験にまた落ちたとしても、あきらめないつもりです。
이번 시험에 또 떨어진다해도 포기하지 않을 생각입니다.

082 途中(とちゅう) 도중

접속 명사에 준하는 접속

어휘 「途中(とちゅう)」가 문법화된 것으로, 주로 「～途中(~도중)」, 「～途中で(~도중에)」의 형태로 사용된다. 또한 「～途中に(~도중에)」의 형태도 함께 익혀 두자.

기출 途中で間違(まちが)えて 도중에 틀려서 2018-2회
旅行(りょこう)を続(つづ)けていると、途中(とちゅう)で 여행을 계속하고 있으면 도중에 2021-1회

お話(はなし)の途中で申しわけありませんが、お電話(でんわ)が入(はい)っています。
말씀하시는 도중에 죄송합니다만, 전화가 와 있습니다.

ゆうべ、帰宅(きたく)途中に本を借(か)りました。
어젯밤 귀가 도중에 책을 빌렸습니다.

彼女が途中までいっしょに来てくれた。
그녀가 도중까지 함께 와 주었다.

083 ～とともに ① ~와 함께 ② ~하면서, ~와 더불어

접속 동사 사전형 / 명사+とともに

① 주로 사람을 나타내는 명사에 접속하여 「～と一緒に」와 동일한 쓰임을 지닌다.
② '~와 더불어, ~하면서'의 해석으로 앞 문장의 변화와 동시에 뒤 문장도 서서히 함께 변화한다는 의미를 나타낸다.

部長とともに会議に出席しました。
부장님과 함께 회의에 참석했습니다.

年(とし)を取(と)るとともに体力(たいりょく)が落(お)ちてきた。
나이를 먹음에 따라 체력이 떨어졌다.

技術(ぎじゅつ)の発展(はってん)とともに、生活(せいかつ)は便利(べんり)になった。
기술의 발전과 더불어 생활이 편리해졌다.

084 ～な ～하지 마라

접속 동사 사전형+な

금지, 명령하는 표현으로 주로 남성이 쓴다.

기출 これから練習は遅刻するなって言われたでしょう。
앞으로 연습에는 지각하지 말라고 들었지? 2011-2회

町の人たちが「危険！ 池に入るな！」という看板を立てた。
마을 사람들이 '위험! 연못에 들어가지 마시오' 라는 간판을 세웠다. 2017-1회

人のものをだまって持っていくな。
남의 것을 몰래 가져 가지 마라.

きたない手で品物にさわるな。
더러운 손으로 물건에 손대지 마라.

085 ～ないといけない・～なくてはいけない・～なければならない ～하지 않으면 안 된다, ～해야 한다

접속 동사 ない형+ないといけない

의무·당연함을 나타내는 표현이다. 「～なければならない」는 문어체이며, 「～なくてはいけない」보다 딱딱한 표현이다. 또한, 「～なければいけない」의 표현도 사용된다. 그리고 회화체로 「～なくちゃ(いけない)」, 「～なきゃ(ならない)」 등도 사용된다.

기출 必ず今日中に作らなくてはいけない会議の資料
반드시 오늘 중으로 작성하지 않으면 안 되는 회의 자료 2014-2회

これから息子を学校に迎えに行かなければならないんです。
지금부터 아들을 학교에 데리러 가야 해요. 2018-2회

急に出勤しなきゃならなくなったんだ。
갑자기 출근하지 않으면 안 되게 되었어. 2020

あしたレポートを出さないといけないのにまだおわってなくて。
내일 보고서를 제출해야 하는데 아직 끝나지 않아서. 2024-1회

このジーパンは洗濯しないといけない。
이 청바지는 세탁하지 않으면 안 된다.

今日は8時までに家に帰らなくてはいけません。
오늘은 8시까지 집에 돌아가야 합니다.

1週間を1万円で過ごさなきゃならなくなったんだ。
1주일을 만 엔으로 지내지 않으면 안 되게 되었어.

086 ～直す 다시 ～하다, 고쳐 ～하다

접속 동사 ます형+直す

어떤 행동을 처음부터 다시 하거나, 한 번 더 반복한다는 뜻으로, 동사 ます형에 접속하여 복합동사를 만든다.

기출 途中で間違えて、何度かやりなおしたけれど完成させることができてよかった。
도중에 틀려서 몇 번인가 다시 했지만 완성시킬 수 있어서 좋았다. 2018-2회

A「すみません。これから会議なんです。」

B「わかりました。では、またあとでかけ直します。」

A "죄송합니다. 지금부터 회의거든요."
B "알겠습니다. 그럼, 나중에 다시 전화하겠습니다." 2022-1회

その美術館はすっかり建て直されて、一般に公開された。
그 미술관은 완전히 새로 지어져서 일반에게 공개되었다.

087 ～ながら ① ～하면서 ② ～이지만, ～이면서

접속 ① 동사 ます형+ながら
② 동사 ます형 / い형용사 기본형 / な형용사 어간 / 명사+ながら

① '～하면서'는 두 가지 동작이 동시에 이루어지는 것을 나타낸다.

② '～이지만, ～이면서'는 역접의 의미로 당연히 예상되는 것과 달리 실제로는 이러하다고 말할 때 사용한다.

기출 表やグラフを示しながら説明するとわかりやすくなります。
표나 그래프를 가리키면서 설명하면 알기 쉬워집니다. 2014-2회

プレゼントをするときは、贈る相手のことを考えながらどれにするか選ぶ時間も楽しい。
선물을 할 때는 줄 상대를 생각하면서 어느 것으로 할까 고르는 시간도 즐겁다. 2015-2회

ポップコーンを食べながら、映画を見ます。
팝콘을 먹으면서 영화를 봅니다.

彼はルーキーながらエースとしての責任を十分に果たした。
그는 루키(신인 선수)지만 에이스로서의 책임을 충분히 완수했다.

残念ながらパーティーには出席できません。
유감이지만 파티에는 참석할 수 없습니다.

088 ～なんか ～같은 건, ～따위

접속 명사+なんか

예를 들어 말할 때, 대상을 가리켜 경시하거나 경멸, 겸손의 기분을 나타낼 때 사용하는 표현이다.

기출 これなんかどう。 이런 건 어때? 2011-1회

寒いから、温かいうどんなんかどう？
추우니까 따뜻한 우동 같은 거 어때? 2025-2회

君なんかに負けるものか。
너 따위에게 질까 보냐!

A「ワンさん、日本語が上手になりましたね。」

B「私なんかまだまだです。」

A "왕 씨, 일본어가 능숙해졌네요."

B "저는 아직 멀었어요."

~なんて ① ~라니, ~하다니 ② ~따위 ③ ~같은 거

접속 ① 보통형+なんて

②③ 명사+なんて

① '~라니, ~하다니'는 말하는 사람의 놀람이나 의외의 감정을 나타낸다.

② '~따위'는 비난의 뜻으로, 타인이나 대상에 대한 경멸과 무시를 나타낼 때 사용한다. 또한 자신에게 사용할 때는 겸손의 의미도 된다.

③ 예시, 열거, 제안의 뜻으로, 비슷한 일 중에서 가장 대표적인 것을 예로 들 때 사용한다.「など」의 회화체가「なんか」와「なんて」이다.

彼女が大学を辞めていたなんて。
그녀가 대학을 그만뒀다니.

君なんて会社からいなくなっても全然問題ない。
너 따위 회사에서 사라져도 전혀 문제 없어.

新婚旅行はヨーロッパなんてどうかな。
신혼여행은 유럽 같은 데 어때?

090 ～に関して ～에 관해서, ～에 관련해서

접속 명사+に関して

어떤 주제나 대상에 대해서 설명하거나 언급할 때 사용한다. 유사 표현인「～について」보다 다소 딱딱한 표현이다.

유사 표현 **～について** ～에 대해서, ～에 관해서

その事故に関して、現在調査中です。
그 사고에 관해서 현재 조사 중입니다.

私はその件に関して、何も知りません。
저는 그 건에 관해서 아무것도 모릅니다.

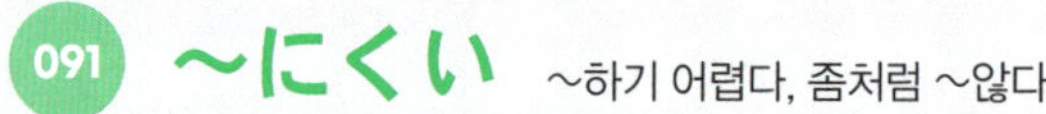

091 ～にくい ～하기 어렵다, 좀처럼 ～않다

접속 동사 ます형+にくい

어떤 일을 하는 것이 어렵다, 곤란하다는 의미를 나타내며, 반대 표현으로는「～やすい(～하기 쉽다)」가 있다.

기출 父が新聞の小さい字が見えにくくて困ると言うので
아버지가 신문의 작은 글씨가 잘 보이지 않아서 곤란하다고 해서 2013-2회

言いにくいことなのですが、仕事をクビになりました。
말하기 어려운 일입니다만, 직장에서 해고되었습니다.

この紙袋はやぶれにくい。
이 종이 봉투는 잘 찢어지지 않는다.

092 ～に比べ(て) / ～と比べ(て) ～에 비해(서) / ～와 비교해(서)

접속 명사+に比べ(て) / と比べ(て)

두 가지를 비교하여 정도의 차이가 있다는 것을 나타내는 표현이다. 「～を比べれば(~을 비교해 보면)」, 「～に比べると(~에 비하면)」 등 다양한 형태로 사용된다.

기출 隣の町と比べて私の住んでいる町は水道代が高い。
옆 동네와 비교해서 내가 살고 있는 동네는 수도세가 비싸다. 2013-1회

他の学部にくらべて留学生の割合が高い。
다른 학부에 비해서 유학생의 비율이 높다. 2018-2회

今年の夏も暑いが、異常な暑さだった去年の夏に比べるとずっと涼しく感じる。
올해 여름도 덥지만, 이상 더위였던 작년 여름에 비하면 훨씬 시원하게 느껴진다. 2025-1회

野菜は、ほかの食料品にくらべ価格の変動がはげしい。
채소는 다른 식료품에 비해 가격 변동이 심하다.

今年は去年と比べると雨が少ない。
올해는 작년과 비교하면 비가 적다.

093 ～に加えて ～에 더해서

접속 명사+に加えて

앞의 사항에 무언가 추가적으로 더해짐을 뜻하는 표현이다.

このスポーツジムでは入会金に加え、月利用料として2000円かかります。
이 체육관에서는 입회금에 더해서, 월 이용료로서 2000엔이 듭니다.

卒業式だったので後輩から手紙に加え花束ももらった。
졸업식이었기 때문에 후배로부터 편지에 더해, 꽃다발도 받았다.

094 ～にしたがって・～にしたがい ～함에 따라(서), ～에 따라

접속 동사 사전형 / 명사+にしたがって

한쪽이 변화함에 따라 다른 쪽도 함께 변화한다는 의미를 나타낸다.

기출 仕事(しごと)に慣(な)れるにしたがって、笑顔(えがお)でお客様(きゃくさま)と話(はな)せるようになってきた。
일에 익숙해짐에 따라, 웃는 얼굴로 손님과 이야기할 수 있게 되었다. 2017-1회

学年が上がるにしたがって、生徒の読書時間が減っていることがわかる。
학년이 올라감에 따라 학생의 독서 시간이 줄고 있는 것을 알았다. 2023-1회

暑(あつ)い日(ひ)だったが、登(のぼ)っていくにしたがって、風(かぜ)が冷(つめ)たくなり
더운 날이었지만, 올라감에 따라 바람이 차가워져서 2025-2회

収入(しゅうにゅう)が増(ふ)えるにしたがって、税金(ぜいきん)も多(おお)くなります。
수입이 늘어남에 따라 세금도 많아집니다.

スマホの普及(ふきゅう)にしたがって生活(せいかつ)が便利(べんり)になった。
스마트폰의 보급에 따라 생활이 편리해졌다.

095 ～にする ～로 (정)하다

접속 명사+にする

뭔가를 선택하거나 결정할 때 쓰는 표현으로, 특히 쇼핑을 하거나 주문을 할 때 많이 쓴다.

기출 どれにするか選(えら)ぶ時間も 어느 것으로 할지 고르는 시간도 2015-2회

りんごはそのまま食べるのもおいしいが、ジャムにしてもおいしい。
사과는 그대로 먹어도 맛있지만, 잼으로 해도 맛있다. 2017-2회

〈喫茶店(きっさてん)で〉 私はアイスティーにします。
〈찻집에서〉 저는 아이스티로 하겠습니다.

〈食堂(しょくどう)で〉 ええと、ぼくは、カレーライスにします。
〈식당에서〉 음, 저는 카레라이스로 하겠습니다.

096 ～に対(たい)して ① ～에 대해, ～에게 ② ～에 비해

접속 ① 명사+に対して
② 동사·い형용사 보통형+の / な형용사 어간+なの / 명사なの+に対して

① '～에 대해, ～에게'는 명사에 직접 접속해 동작의 대상이나 상대방을 나타낸다. 응용 표현으로 「～に対(たい)する(～에 대한)」이 있다.

② '～에 비해'는 두 개의 상황을 대비시켜 말할 때 사용한다.

기출 海外(かいがい)に留学(りゅうがく)する学生(がくせい)に対して奨学金(しょうがくきん)を支給(しきゅう)している。
해외에 유학하는 학생에 대해 장학금을 지급하고 있다 2016-1회
外国人旅行者(がいこくじんりょこうしゃ)に対(たい)してチケットの割引(わりびき)サービスを行っている。
외국인 여행자에게 티켓 할인 서비스를 하고 있다. 2018-1회

政府は野菜(やさい)に対する農薬(のうやく)の規制を強めた。
정부는 채소에 대한 농약 규제를 강화했다.

姉(あね)はおとなしい性格(せいかく)なのに対して、妹(いもうと)は活発(かっぱつ)だ。
언니는 얌전한 성격인 데 반해, 여동생은 활달하다.

097 ～に違(ちが)いない ～임에 틀림없다, ～인 것이 분명하다

접속 동사·い형용사 보통형 / な형용사 어간 / 명사+に違いない

무언가의 이유나 근거를 토대로 한, 화자의 강한 판단이나 단정을 나타낸다.

유사 표현 ～はずだ ～할 것이다, ～일 터이다
～に決(き)まっている ～임이 당연하다

キムさんは日本に10年以上住んでいるので日本語が上手(じょうず)に違いない。
김 씨는 일본에 10년 이상 살고 있으니, 당연히 일본어가 능숙할 것이다.

あの男が犯人(はんにん)に違いない。
저 남자가 범인임에 틀림없어.

098 ~について ~에 대해서, ~에 관해서

접속 명사+について

동작이나 상태 등이 다루고 있거나 관계를 갖고 있는 대상을 가리키는 표현이다.

유사 표현 ~に関(かん)して ~에 관해서, ~에 관련해서

기출 この映画(えいが)ほど人生(じんせい)について考(かんが)えさせられる映画はない。
이 영화만큼 인생에 대해서 생각하게 만드는 영화는 없다. 2012-1회

学生(がくせい)の働(はたら)くことに対(たい)する考(かんが)え方(かた)についてアンケート調査を行った。
학생이 일하는 것에 대한 생각에 대해서 앙케이트 조사를 실시했다. 2019-2회

私たちは将来(しょうらい)の希望(きぼう)について話(はな)し合(あ)いました。
우리들은 장래 희망에 대해서 이야기를 나누었습니다.

099 ~にとって ~에게 있어, ~에게

접속 명사+にとって

어떤 사건, 일 등을 판단하거나 평가하는 입장을 나타낼 때 사용한다. 뒤에는 평가·판단을 나타내는 문장이 온다.

기출 毎日車(まいにちくるま)を運転(うんてん)する私にとってガソリンの値段(ねだん)は大(おお)きな問題(もんだい)だ。
매일 차를 운전하는 나에게 휘발유 가격은 큰 문제다. 2013-2회

私にとって人生でいちばん大切(たいせつ)なのは、家族の幸(しあわ)せだ。
나에게 있어 인생에서 가장 중요한 것은 가족의 행복이다. 2018-1회

日本語(にほんご)の助詞(じょし)の使(つか)い分(わ)けは、外国人(がいこくじん)にとっては難(むずか)しい。
일본어 조사를 적절하게 사용하는 것은 외국인에게는 어렵다.

そんな失敗(しっぱい)は、研究(けんきゅう)を指導(しどう)した私にとっても嬉(うれ)しいことじゃありません。
그런 실패는 연구를 지도한 내게 있어서도 즐거운 일이 아닙니다.

娘(むすめ)にとっての母親(ははおや)は、親(おや)というよりむしろ友達(ともだち)と言(い)える。
딸에게 있어서의 엄마는 부모라기보다 오히려 친구라고 할 수 있다.

100 ～には ① ～하려면 ② ～에게는

접속 ① 동사 사전형+には
② 사람+には

① '～하려면'은 동작의 목적으로, 앞 부분에는 목적을 서술하고 뒤 부분에는 그 목적을 달성하기 위한 필요한 조건을 서술한다.

② '～하기에는'은 사람을 나타내는 말에 붙어 평가의 기준으로 사용되는데, 문장 뒤 부분에는 주로 난이도에 관한 단어가 온다.

기출 会員(かいいん)になるには、「ホームページからのお申(もう)し込(こ)み」、または、「郵送(ゆうそう)でのお申し込み」の二(ふた)つの方法(ほうほう)が
회원이 되려면 '홈페이지에서의 신청', 또는 '우편으로 보내는 신청'의 두 가지 방법이 2018-2회

大阪駅(おおさかえき)に行くにはどの電車に乗ればいいですか。
오사카역에 가려면 어느 전차를 타면 되나요?

自転車は3歳の子どもにはまだ難しい。
자전거(타기)는 3살짜리 아이에게는 아직 어렵다.

07 문법 확인문제

해설집 61쪽

問題1　つぎの文の（　　）に入れるのに最もよいものを、1・2・3・4から一つえらびなさい。

1 田中さんは今、教室にいる（　　）のですが、呼んできてもらってもいいですか。 076

1　ところ　　2　と思う　　3　途中　　4　とおり

2 今、夕飯を作っている（　　）、もう少し待ってください。078

1　とすると　　2　としても　　3　ところが　　4　ところなので

3 子どもが使うので、丈夫で割れ（　　）コップはありますか。091

1　にくい　　2　やすい　　3　っぽい　　4　かけ

4 今年のクリスマスは家族（　　）家で過ごすつもりです。083

1　なんて　　2　とともに　　3　をきっかけに　　4　さえ

5 私はチョコレート（　　）、クッキー（　　）甘いお菓子が大好きです。077

1　ても　　2　とか　　3　さえ　　4　ほど

6 今年から社会人（　　）働くことになった。080

1　ても　　2　なんか　　3　ように　　4　として

7 学校に行く（　　）、田中さんに会った。082

1　途中　　2　とか　　3　ながら　　4　まま

8 兄弟というものはもっと仲よく（　　）いけない。085

1　しても　　2　しなくても　　3　しては　　4　しなくては

답 1② 2④ 3① 4② 5② 6④ 7① 8④

9 先生は質問（しつもん）（　　）はっきりと答（こた）えてくださいました。096

1 のほかに　2 のことで　3 に比（くら）べて　4 に対（たい）して

10 たとえ今度の挑戦（ちょうせん）が不成功（ふせいこう）に終わった（　　）、くじけないでほしいものだ。081

1 とすると　2 としたら　3 とするなら　4 としても

11 昔から父に、うそは（　　）と教えられた。084

1 つくよ　2 つくな　3 つくの　4 つくね

12 この問題に（　　）は、次回（じかい）にあらためて検討（けんとう）しましょう。098

1 して　2 したがって　3 とって　4 ついて

13 (ポスターで)
社会（しゃかい）が変（か）わったんなら制度（せいど）も変（か）わって（　　）。085

1 おかなきゃ　2 いかなくちゃ　3 みよう　4 しまおう

問題 2　つぎの文の ＿★＿ に入る最もよいものを、1・2・3・4 から一つえらびなさい。

14 この説明会（せつめいかい）は来年度（らいねんど）に入学予定（にゅうがくよてい）の ＿＿ ＿★＿ ＿＿ ＿＿ です。096

1 もの　2 に対して　3 行われる　4 新入生（しんにゅうせい）

15 もし、＿＿ ＿＿ ＿★＿ ＿＿ なりたいですか。079

1 変われる　2 生まれ　3 としたら　4 何に

16 お酒を ＿＿ ＿＿ ＿★＿ ＿＿ 病気のリスクが 2 倍上がります。092

1 飲む人は　2 毎日　3 に比べ　4 そうでない人

답 9 ④　10 ④　11 ②　12 ④　13 ②　14 ② (4231)　15 ③ (2134)　16 ④ (2143)

17 成長期 ＿＿＿ ＿★＿ ＿＿＿ ＿＿＿ はとても重要です。099

1 の　　2 にとって　　3 子供　　4 睡眠

18 今は仕事が忙しくて、＿＿＿ ＿＿＿ ＿★＿ ＿＿＿ はありません。088

1 暇　　2 恋　　3 なんか　　4 している

問題 3 つぎの文章を読んで、文章全体の内容を考えて、[19] から [22] の中に入る最もよいものを、1・2・3・4から一つえらびなさい。

私の趣味は家庭菜園です。毎年、新しい野菜や果物を育てています。今回は家庭菜園初心者でも育てやすいオクラ [19] 皆さんにご紹介しようと思います。オクラ [20] 青唐辛子のような細長い形の野菜です。また、オクラは暑さに強く、育てやすいという特徴があります。そして大きくて美しい黄色の花を咲かせます。旬は7月から9月の夏野菜です。オクラは切ると粘りが出てきます。これはペクチンという成分です。ペクチンには血糖値の上昇を抑えたり、便を出しやすくする働きがあります。[21] 、水溶性なので水に長くつけたり、ゆですぎると効果がなくなってしまいます。

[22] 、オクラは種から育てることができます。成長が早く水分を多く必要とするので土の表面が乾いたら水を与えて乾燥を防ぎましょう。収穫時期は開花後の5日後が良いとされています。収穫が遅れると実が硬くなるので早めに収穫するようにしましょう。このようにオクラは他の野菜に比べ比較的手間がかかりにくく育てやすい野菜です。畑はもちろんプランターでも育てられるため、ベランダ菜園にチャレンジしたい方にもおすすめできます。皆さんもぜひ挑戦してみてください。

답 17 ③ (1324)　18 ④ (2341)

19

1　にとって　　2　について　　3　にしたがって　　4　に比べて

20

1　としたら　　2　としても　　3　というのは　　4　とともに

21

1　ただし　　2　たとえ　　3　まず　　4　なぜなら

22

1　まだ　　2　また　　3　それとも　　4　しかし

핵심문법

～やすい 113 ～하기 쉽다	初心者(しょしんしゃ)でも育てやすいオクラ 초보자라도 키우기 쉬운 오크라 (02行)
～ようと思う 005 ～하려고 생각하다	皆さんにご紹介しようと思います 여러분에게 소개하려고 합니다(02行)
～ような 114 ～같은	青唐辛子(あおとうがらし)のような細長い形の野菜です 풋고추와 같은 가늘고 긴 형태의 채소입니다(03行)
～てしまう 063 ～해 버리다	効果がなくなってしまいます 효과가 없어져 버립니다(08行)
～ことができる 025 ～할 수 있다	種から育てることができます 씨앗부터 키울 수 있습니다(09行)
～にくい 091 ～하기 어렵다, 좀처럼 ～않다	比較的手間(ひかくてきてま)がかかりにくく育てやすい野菜です 비교적 손이 많이 가지 않고 키우기 쉬운 채소입니다.(12行)
～てみる 066 (시험 삼아) ～해 보다	皆さんもぜひ挑戦(ちょうせん)してみてください 여러분도 꼭 도전해 보세요.(14行)

답 19 ②　20 ③　21 ①　22 ②

08 문법 확인문제

해설집 63쪽

問題1　つぎの文の（　　　）に入れるのに最もよいものを、1・2・3・4から一つえらびなさい。

1　パスポートを作る（　　　）証明写真が必要です。100

1　さえ　　2　には　　3　せいで　　4　ても

2　この保険は病気やケガの治療費（　　　）、通院にかかる費用も保障されます。093

1　に比べて　　2　に加えて　　3　について　　4　に反して

3　空も暗いし、雷も鳴っているので雨が降る（　　　）。097

1　続ける　　2　ことにする　　3　に違いない　　4　おかげだ

4　彼が試験に落ちる（　　　）信じられません。089

1　なんか　　2　なんて　　3　くせに　　4　せいで

5　環境問題（　　　）調べることが、今日の宿題です。090

1　にくい　　2　にとって　　3　に関して　　4　によって

6　それでなくても狭い部屋なんだから、大きな液晶テレビ（　　　）入らないよ。088

1　なんか　　2　なんと　　3　なんで　　4　なんに

7　年を取るに（　　　）忘れることが多くなるのはしかたがない。094

1　よって　　2　したがって　　3　かんして　　4　たいして

8　食堂には森先生の姿はなかった。授業中でない（　　　）、たぶん職員室だろう。079

1　としたら　　2　といっても　　3　ところで　　4　ながら

답 1② 2② 3③ 4② 5③ 6① 7② 8①

9 この問題の答えは違(ちが)っています。もう一度（　　　）ください。086

1　やりなおして　2　やりおわって　3　やっておいて　4　やってあって

10 東京(とうきょう)に（　　　）大阪(おおさか)のほうが物価(ぶっか)が安い。092

1　はじめると　2　しらべると　3　くらべると　4　よると

11 残念(ざんねん)（　　　）、その点であなたと私は意見(いけん)が違います。087

1　はずに　2　ながら　3　ことに　4　なのに

12 上野(うえの)「私、チーズケーキと紅茶(こうちゃ)。山田(やまだ)さんは？」095
山田(やまだ)「私は、ご飯(はん)食(た)べたから、コーヒー（　　　）する。」

1　だけを　2　だけで　3　だけに　4　だけ

13 私に（　　　）このトロフィーは一生(いっしょう)の宝物(たからもの)です。099

1　とって　2　よって　3　比(くら)べて　4　対(たい)して

問題 2　つぎの文の ___★___ に入る最もよいものを、1・2・3・4 から一つえらびなさい。

14 不動産売買(ふどうさんばいばい)ではたくさんの ______ ______ ___★___ ______。085

1　署名(しょめい)しなければ　2　ならない　3　いちいち　4　書類(しょるい)に

15 送(おく)る ______ ___★___ ______ ______ から、もう少し待(ま)ってよ。078

1　選(えら)んでいる　2　ところだ　3　写真(しゃしん)を　4　今(いま)

16 遠(とお)まわしの表現(ひょうげん)を使いすぎると、趣旨(しゅし)が ______ ___★___ ______ ______。091

1　読(よ)みにくい　2　おそれがある　3　伝(つた)わりにくく　4　文章(ぶんしょう)になる

답 9 ①　10 ③　11 ②　12 ③　13 ①　14 ① (4312)　15 ④ (3412)　16 ① (3142)

17 彼女は今日の会議で外交問題 ＿＿＿＿ ＿＿＿＿ ＿★＿ ＿＿＿＿ 。098

1 ことに　　2 講演する　　3 なっている　　4 について

18 配達員「お荷物の配達時間ですが、あすの夜７時ごろでいかがですか。」

客　「その ＿＿＿＿ ＿＿＿＿ ＿★＿ ＿＿＿＿ ので大丈夫です。お願いします。」076

1 時間は　　2 家にいる　　3 たぶん　　4 と思う

問題３ つぎの文章を読んで、文章全体の内容を考えて、 19 から 22 の中に入る最もよいものを、1・2・3・4から一つえらびなさい。

皆さんは子供の頃、どんな夢を持っていましたか。毎年、雑誌やテレビなどで子供に人気の職業が紹介されます。ニュースによると昔は医者や野球選手などが人気の職業でした。一方で最近では、インターネットに関する仕事の人気が高いそうです。こうしてみると、子供たちの夢は社会の変化やメディアの影響を大きく受けていると言えます。

私はどんな夢でも子供の夢 19 、親が否定せず、応援していくことが大切だと思っています。 20 、夢があると、その夢をかなえるようと毎日頑張ることができるからです。

また、子供たちの将来の夢は成長 21 変化することがあります。なぜなら、子供たちが成長していくうちに、新しいことに興味を持ったり、自分の性格や才能に合った仕事を見つけたりするからです。大切なのは 22 変化の中で自分の興味や可能性を広げ、努力していくことだと思います。

답 17 ① (4213)　18 ② (1324)

19

1 にとって　　2 によって　　3 に対して　　4 に比べて

20

1 しかし　　2 すると　　3 なぜなら　　4 しかも

21

1 といえば　　2 とすると　　3 としても　　4 とともに

22

1 この　　2 その　　3 あの　　4 どの

핵심문법

～によると 102 ～에 따르면　　ニュースによると 뉴스에 따르면(02行)

～に関(かん)する 090 ～에 관한　　インターネットに関(かん)する 인터넷에 관한(03行)

～そうだ 036 ～라고 한다　　人気が高いそうです 인기가 높다고 합니다(03行)

～に対して 096 ～에 대해　　子供の夢(ゆめ)に対して 아이의 꿈에 대해서(06行)

～とともに 082 ～와 함께　　成長(せいちょう)とともに変化する 성장과 함께 변화하는(09行)

답 19 ③ 20 ③ 21 ④ 22 ②

101 ～に反して ～에 반해서

접속 명사+に反して

예상, 예측 등의 미래를 예측하는 단어에 접속해서, 결과가 그 예측과는 반대라는 것, 의지나 기대에 못 미치는 상황을 표현한다.

予想に反して多くの人が集まった。
예상에 반해서 많은 사람이 모였다.

彼は怖い見た目に反して、とても親切な人だった。
그는 무서운 외모에 반해서 굉장히 친절한 사람이었다.

102 ～によって・～により / ～による

～에 의해, ～에 따라 / ～에 의한, ～에 따른

접속 명사+によって

수단·방법, 원인·이유, 그리고 차이를 나타내는 표현으로「～によっては(~에 따라서는)」,「～によると(~에 의하면)」의 형태로도 사용된다.

기출 カメラマンは天気や場所によってレンズを替える。
카메라맨은 날씨나 장소에 따라 렌즈를 바꾼다. 2014-1회

発表会は台風の影響により中止します。
발표회는 태풍의 영향에 의해 중지합니다. 2015-1회

食事のマナーは国によって違うので、私は旅行に行く前に、
식사 매너는 나라에 따라 다르기 때문에 나는 여행을 가기 전에 2024-1회

訪問販売によるトラブルは非常に多い。
방문 판매에 의한 트러블은 매우 많다.

その話を聞けば、人によっては怒るかもしれません。
그 이야기를 들으면 사람에 따라서는 화낼지도 모릅니다.

103 ～の ～것

접속 명사에 준하는 접속

「～の」는 형식명사 중의 하나이다. 형식명사란 문법적으로 명사와 같은 성질을 갖는 것을 말하는데, 단독으로 사용할 수 없기 때문에 반드시 앞에 연체수식어가 온다. 「～の」와 「～こと」가 가장 많이 쓰이는 형식명사로, 구체적이고 오감으로 다루어지는 대상일수록 「～の」를, 추상적이고 개념적일수록 「～こと」를 사용한다. 참고로 「見る·見える·聞く·聞こえる·感じる」 등의 지각을 나타내는 동사 앞에서는 「～こと」는 사용할 수 없다. 그리고 「止める·手伝う·待つ」 앞에서도 「～こと」는 사용할 수 없다.

기출 冷(つめ)たい空気(くうき)が部屋の下のほうに行くのは
찬 공기가 방 아래 쪽으로 가는 것은 2015-2회
換気扇(かんきせん)まで掃除(そうじ)したのは 환기팬까지 청소한 것은 2019-2회
それでもやめずに続(つづ)けているのは
그런데도 그만두지 않고 계속하고 있는 것은 2020

車が近(ちか)づいてくるのが聞こえた。
차가 가까이 오는 것이 들렸다.

私は、彼が仕事をやめようとしているのを止(と)めた。
나는 그가 일을 그만두려고 하는 것을 말렸다.

104 ～のに ① ～인데도 ② ～하는 데

접속 ① 동사·い형용사 보통형 / な형용사 어간な / 명사な+のに
② 동사 사전형+のに

① '~인데도'는 역접의 의미로 앞의 상황으로부터 예상되는 일과는 전혀 반대의 일이 있어났을 때 사용된다. 화자의 불만, 놀람, 유감 등의 감정이 포함되는 경우가 많다.

② '~하는 데'는 목적을 나타내는 문형으로, 앞 부분에는 목적을, 뒤 부분에는 그 목적을 달성하기 위한 필요한 조건을 서술한다. 뒤 부분에는 「かかる, 必要, 役に立つ, 使う」 등의 동사가 자주 나온다. 역접의 「のに」와 혼동하지 않도록 주의한다.

待ち合わせの時間は9時なのに、彼はまだ来ません。
약속 시간은 9시인데도, 그는 아직 오지 않습니다.

日本からイギリスに行くのに飛行機(ひこうき)で12時間くらいかかります。
일본에서 영국에 가는 데 비행기로 12시간 정도 걸립니다.

105 ～のだ・～んだ ～인 것이다, ～이다

접속 동사·い형용사 보통형 / な형용사 어간な / 명사な+のだ / んだ

어떤 상황의 구체적인 사정, 이유, 근거, 상태, 결의 등을 강조하여 말할 때 사용한다. 회화체에서는 「～んだ」로 사용한다.

기출 かさがなくても大丈夫(だいじょうぶ)だろうと思(おも)って出(で)かけたのだが
우산이 없어도 괜찮을 것이라고 생각해서 나간 것인데 2010-1회

店に入るために待(ま)っているのです。
가게에 들어가기 위해서 기다리고 있는 것입니다. 2020

晴(は)れるといいのだが 날이 개면 좋겠는데 2020

寒(さむ)い日(ひ)が続(つづ)いたから花(はな)がさかないのだ。
추운 날이 계속되었기 때문에 꽃이 피지 않는 거야.

A 「なぜ食(た)べないの？」

B 「さっき食べたばかりなんだ。」

A "왜 안 먹어?"
B "조금 전에 막 먹었기 때문이야."

歯(は)が痛(いた)くて眠(ねむ)れなかったんだ。
이가 아파서 잠을 못 잤어.

106 ~はじめる ~하기 시작하다

접속 동사 ます형+はじめる

동작이나 현상의 개시를 나타내는 표현이다.

기출 住み始めたころは 살기 시작했을 시절은 2014-2회

うちの子どもが昨日からピアノを習いはじめたが、

우리 아이가 어제부터 피아노를 배우기 시작했는데 2015-2회

山田さんは70歳を過ぎてから絵をかき始めた。

야마다 씨는 70세를 넘기고 나서 그림을 그리기 시작했다.

トンネルを出たあたりから道が悪くなりはじめた。

터널을 빠져 나온 부근부터 길이 나빠지기 시작했다.

107 ~はずがない ~할 리가 없다

접속 동사·い형용사 보통형 / な형용사 어간な / 명사の+はずがない

어떤 사실을 근거로 그럴 가능성이 없다고 추측하는 표현으로 말하는 사람의 주관적인 판단을 나타낸다.

기출 A「お母さん。私の本、知らない？ ないんだけど。」

B「え、ないはずがないでしょう？ さっき読んでいたよね。」

A "엄마. 내 책 못 봤어? 없는데."

B "응? 없을리가 없잖아? 조금 전에 읽고 있었지?" 2019-1회

自分で作ったグラフなのだからわからないはずがないと思う。

자기가 만든 그래프이니 모를 리가 없다고 생각한다. 2025-2회

こんな時間に中山さんが家にいるはずがないよ。

이런 시간에 나카야마 씨가 집에 있을 리가 없어.

A「山下さん、亡くなったんだ。」

B「そんなはずがない。3日前に会ったばかりなんだ。」

A "야마시타 씨, 돌아가셨어."

B "그럴 리가 없어. 3일 전에 만났었는데."

108 ～はずだ ～할 것이다, ～일 터이다

접속 동사·い형용사 보통형 / な형용사 어간な / 명사の+はずだ

객관적인 이유가 있어서 추측에 상당한 확신이 있을 때, 어떤 상황이나 사실이 당연하다고 말할 때 사용한다.

유사 표현 ～に違いない ～임에 틀림없다, ～인 것이 분명하다

기출 高い指輪だったら、会社にしてこないはずだよ。
비싼 반지라면 회사에 차고 오지 않을 거야. 2012-2회

高校を出たから、新聞は読めるはずです。
고등학교를 나왔으니까 신문은 읽을 수 있을 것입니다.

山田さんは今日出かけると言っていたから、留守のはずです。
야마다 씨는 오늘 외출한다고 했으니까 집에 없을 것입니다.

109 ～ば～ほど ～하면 ～할수록

접속 가정형+ば+동사 사전형 / い형용사 사전형 / な형용사 어간な+ほど

한 쪽이 변하면 그와 함께 다른 쪽도 변한다는 의미를 나타낸다.

기출 駅に近ければ近いほど、高くなりますので
역에 가까우면 가까울수록 비싸지기 때문에 2012-1회
歴史を勉強すればするほどもっと学びたいと思うようになって
역사를 공부하면 할수록 더 배우고 싶다고 생각하게 되어 2016-2회

この歌は聞けば聞くほど好きになります。
이 노래는 들으면 들을수록 좋아집니다.

交通が便利ならば便利なほど、家賃は高くなります。
교통이 편리하면 편리할수록 집세는 비싸집니다.

110 ～べきだ ～해야 한다

접속 동사 사전형+べきだ

당연히 그렇게 해야 한다고 주장 또는 충고하는 표현이다. 주관적인 판단에 의한 것이 아니라, 상식이나 도덕적인 것에 의한 판단일 때 사용한다. 「する」는 「すべきだ」, 「するべきだ」로 활용된다.

借りたお金は必ず返すべきです。
빌린 돈은 반드시 돌려줘야 합니다.

体の不自由な人には席を譲るべきです。
몸이 불편한 사람에게는 자리를 양보해야 합니다.

111 ～ほど～ない ～만큼 ～하지 않다

접속 명사+ほど～ない

어떤 일의 정도를 비교하는 기준을 나타낼 때, 또는 말하는 사람이 어떤 일에 대해 주관적으로 느낀 것을 강조해서 말할 때 쓰는 표현이다.

기출 この映画ほど人生について考えさせられる映画はない。
이 영화만큼 인생에 대해서 생각하게 되는(생각하는) 영화는 없다. 2012-1회

去年ほど暑くない。 작년만큼 덥지 않다. 2020

この学校で山田さんほど頭のいい人はいないだろう。
이 학교에서 야마다 씨만큼 머리가 좋은 사람은 없을 것이다.

A 「あなたの料理はどれも本当においしいわね。」

B 「ありがとう。でもあなたほど上手じゃないわ。」

A "당신 요리는 어느 것도(전부) 정말로 맛있어."
B "고마워. 하지만 당신만큼 솜씨가 좋지 않아."

112 ～みたいだ ① ～인 것 같다, ～인 듯하다 ② ～같다

접속 ① 보통형+みたいだ
② 명사+みたいだ

① '~인 것 같다'는 자신이 직접 경험한 것을 근거로 추측하는 표현이다. 오감으로 얻은 정보를 통한 직감적인 판단을 나타낸다.

② '~같다'는 비유, 예시의 의미이며, な형용사 활용을 하기 때문에 「～みたいに」로 활용해서 사용할 수 있다. 참고로 「～みたいだ」는 「～ようだ」와 같은 의미로 격식을 차리지 않는 자리에서 가볍게 사용할 수 있다.

기출 大学生のときコンピューターの会社でアルバイトしていたみたいだよ。
대학생 때 컴퓨터 회사에서 아르바이트 했었던 것 같아. 2019-1회

駅前に新しいケーキ屋さんができるみたいだね。
역 앞에 새 케이크 가게가 생길 것 같네. 2021-1회

人気があるみたいだよ。昨日店の前を通ったけど、たくさんの人が並んでたよ。
인기가 있는 것 같아. 어제 가게 앞을 지나갔는데 많은 사람이 줄 서 있더라. 2025-2회

頭が痛いし、熱もあるし、かぜをひいたみたいだ。
머리가 아프고, 열도 있고 감기에 걸린 것 같다.

その子は小さな猫みたいだ。
그 아이는 작은 고양이 같다.

妹 は、体操の選手みたいに体がやわらかい。
여동생은 체조 선수처럼 몸이 유연하다.

113 ～やすい ～하기 쉽다, ～하기 편하다

접속 동사 ます형+やすい

손쉽다, 용이하다는 의미와 그렇게 되기 쉽다, 그런 경향이 강하다는 의미를 나타내며, 반대 표현으로는「～にくい(~하기 어렵다)」가 있다.

기출 ほかのより言葉の使い方の例が多くて使いやすそうだよ。
다른 것보다 어휘의 사용법 예가 많아서 사용하기 편할 것 같아. 2019-1회
夏は食べ物が悪くなりやすいので 여름은 음식물이 상하기 쉽기 때문에 2021-1회

A「私の田舎は空気はきれいだし、野菜や魚はおいしいし、とても住みやすいところです。」
B「そうですか。それに比べると東京は住みにくいですね。」
A "제가 사는 시골은 공기는 맑고, 채소나 생선은 맛있고, 무척 살기 편한 곳입니다."
B "그렇습니까. 그에 비하면 도쿄는 살기 불편하네요."

114 ～ようだ ① ~인 것 같다, ~인 듯하다 ② ~같다
～ような ① ~인 듯한 ② ~와 같은
～ように ~같이, ~처럼, ~대로

접속 동사·い형용사 보통형 / な형용사 어간な / 명사の + ようだ

① '~인 것 같다'는 자신이 직접 경험한 것을 근거로 추측하는 표현이다. 오감으로 얻은 정보를 통해 직감적인 판단을 나타낸다.「～ようだ」는 보통형에 접속하지만 비과거 긍정일 때는「な형용사 어간な」,「명사の」에 접속한다.

② '~같다'는 비유, 예시의 표현으로 격식을 차리지 않은 일상적인 가벼운 대화에서는「～みたいな / ～みたいに」를 사용한다.

기출 彼を怒らせるようなことを言ってしまって
그를 화나게 할 듯한 말을 해버려서 2011-2회

あなたがやりたいようにやりなさい。 당신이 하고 싶은 대로 하세요. 2015-1회
英語の得意な友達がやっていたように何度も書いてみることにした。
영어를 잘 하는 친구가 하고 있었던 것 처럼 몇 번이고 써보기로 했다. 2018-2회

この島は、空から見ると人の耳のような形に見えることから
이 섬은 하늘에서 보면 사람의 귀와 같은 모양으로 보이기 때문에 2021-1회

日本で林さんのような友達ができることは予想していませんでした。
일본에서 하야시 씨와 같은 친구가 생길 거라고는 예상하지 못했습니다. 2024-1회

げんかんのベルが鳴った。だれか来たようだ。
현관 벨이 울렸다. 누군가 온 것 같다.

母が怒ったような顔をしています。
엄마가 화가 난 듯한 표정을 짓고 있습니다.

彼女は飼いネコを我が子のように扱っている。
그녀는 기르는 고양이를 자기 자식처럼 돌보고 있다.

115 ～ようなら ～할 것 같으면

접속 동사·い형용사 사전형 / な형용사 어간な+ようなら

「～ようだ」의 가정형으로, 상대의 입장이나 기분을 생각해 완곡하게 말할 때 자주 사용되는 표현이다.

기출 9時過ぎるようなら 9시 넘을 것 같으면 2011-1회

この服、着られるようならあなたにあげます。
이 옷, 입을 수 있을 것 같으면 당신에게 드리겠습니다.

やってもだめなようなら、もう無理しなくていいよ。
해도 안 될 것 같으면, 더 무리하지 않아도 돼.

116 ～ように / ～ないように ～하도록 / ～하지 않도록

접속 동사 사전형+ように
동사 ない형+ないように

동작의 목적, 당부를 나타내는 표현이다.

기출 試合(しあい)に勝(か)てるように一生(いっしょう)けんめいがんばります。
시합에 이길 수 있도록 열심히 노력하겠습니다. 2011-1회

まだ少し熱があるから、無理をしないように。
아직 조금 열이 있으니까 무리하지 않도록. 2015-2회

みんなに聞(き)こえるようにもっと大(おお)きな声(こえ)で言(い)ってください。
모두에게 들리도록 더 큰 소리로 말해 주세요.

運動不足(うんどうぶそく)にならないように、毎日(まいにち)ジョギングをした。
운동 부족이 되지 않도록 매일 조깅을 했다.

117 ～ようにする / ～ないようにする

～하도록 하다 / ～하지 않도록 하다

접속 동사 사전형+ようにする
동사 ない형+ないようにする

다짐, 결심을 하고 노력하는 것을 나타내는 표현이다.

기출 環境(かんきょう)のためにきちんとごみを分(わ)けるようにしています。
환경을 위해 쓰레기를 제대로 분류하도록 하고 있습니다. 2015-2회

毎日(まいにち)、家でその箸(はし)を使(つか)うようにしました。
매일 집에서 그 젓가락을 사용하도록 했습니다. 2018-1회

キャッシュカードの暗証番号(あんしょうばんごう)は決して他人に知られないようにしてください。
현금카드의 비밀번호는 절대로 타인에게 알려지지 않도록 해주세요. 2022-1회

毎朝(まいあさ)6時(じ)から軽(かる)い運動(うんどう)をするようにしています。
매일 아침 6시부터 가벼운 운동을 하도록 하고 있습니다.

試験(しけん)に合格(ごうかく)するまで旅行(りょこう)はしないようにします。
시험에 합격할 때까지 여행은 하지 않도록 하겠습니다.

118 ~ようになる ~하게(끔) 되다

접속 동사 사전형+ようになる

능력, 상황, 습관 등의 변화를 나타낼 때 사용하며, 부정 표현은「동사 ない형+ないようになる」의 형태가 된다.

기출 英語が話せるようになってから英語の授業がおもしろくなった。
영어를 말할 수 있게 되고나서 영어 수업이 재미있어졌다. 2010-1회

だんだんかぜを引いたり熱を出したりしないようになった。
점점 감기에 걸리거나 열이 나거나 하지 않게 되었다. 2011-2회

歴史を勉強すればするほどもっと学びたいと思うようになって
역사를 공부하면 할수록 더 배우고 싶다고 생각하게 되어 2016-2회

上手に踊れるようになるのに何年かかるかわからないが、
능숙하게 춤출 수 있게 되는 데 몇 년이 걸릴지 모르지만, 2023-2회

日本語で書かれた小説が読めるようになりました。
일본어로 쓰여진 소설을 읽을 수 있게 되었습니다.

119 ~らしい ① ~답다 ② ~인 것 같다

접속 ① 명사+らしい
② 동사·い형용사 보통형 / な형용사 어간 / 명사+らしい

① '~답다'라는 접미사로 쓰일 때는 말하고자 하는 대상이 이러한 성질을 가지고 있다는 의미를 나타낸다.

② '~인 것 같다'라는 뜻으로 쓰일 때는 외부 정보(들은 것, 본 것 등)에 근거를 둔 추측 표현으로 쓰이며, 객관적으로 판단할 때 사용한다.

기출 動物が好きな山下さんらしい部屋だ。
동물을 좋아하는 야마시타 씨다운 방이다. 2014-1회

駅前に新しいカフェができるらしいよ。
역 앞에 새 카페가 생긴 것 같아요. 2023-1회

今日は秋らしい日だった。
오늘은 가을다운 날이었다.

君たちは兄弟らしいね。とてもよく似ている。
너희들은 형제인 것 같아. 무척 닮았어.

120 ～わけだ ～한 셈이다, ～인 것이다

접속 동사・い형용사 보통형 / な형용사 어간な / 명사の+わけだ

「わけ」는 이유라는 뜻이며, 앞 부분에 서술한 객관적인 사실, 이유를 토대로 뒤 문장을 납득, 이해, 결론을 도출할 때 사용한다. 또한 상대방이 말한 것을 반복하거나 다시 한번 확인할 경우에도 자주 쓰인다.

今日は日曜日か。どうりで道が渋滞するわけだ。
오늘 일요일인가? 그래서 길이 막히는 거구나.

彼のお父さんは社長らしい。どうりで、着ている服がブランドもののわけだ。
그의 아버지는 사장인 모양이다. 그래서 입고 있는 옷이 명품이었던 것이다.

121 ～わけではない ～인 것은 아니다

접속 동사・い형용사 보통형 / な형용사 어간な / 명사の+わけではない

「わけだ」의 부정 표현으로, 어떤 사실이나 일반적인 인식을 전부 부정하는 것이 아니라, 그 중 일부분만을 부정할 때 사용한다. 「しかし」, 「だが」, 「だからといって」 등의 역접을 나타내는 부사와 함께 자주 사용된다.

毎日料理を作りますが、料理が好きなわけではありません。
매일 요리를 만들지만, 요리하는 것을 좋아하는 것은 아닙니다.

体調が悪いわけではないですが、食欲がありません。
컨디션이 나쁜 것은 아닌데, 식욕이 없어요.

122 ～をきっかけに ～을 계기로

접속 명사+をきっかけに

특정 사건에 연결하여 그것을 기점으로 무엇인가가 시작되거나 변화하게 되었음을 표현할 때 사용한다. 앞 부분에는 그 기점을, 뒤 부분에는 그 이후의 행동을 서술한다.

結婚をきっかけに、仕事を辞めて専業主婦になりました。
결혼을 계기로, 일을 그만두고 전업주부가 되었습니다.

あの女優は、ハリウッド映画に出演したことをきっかけに有名になった。
저 배우는 할리우드 영화에 출연한 것을 계기로 유명해졌다.

123 ～を込めて ～을 담아서

접속 명사+を込めて

어떠한 감정, 기분을 충분히 담아서 뒤에 오는 행동을 할 때에 사용하며, 주로 「愛」, 「愛情」, 「感謝」, 「心」, 「～の気持ち」 등의 표현에 접속한다.

彼氏に愛情を込めて、バレンタインチョコレートをプレゼントしました。
남자친구에게 애정을 담아서 발렌타인 초콜릿을 선물했습니다.

力を込めてボールを蹴った。
힘을 넣어 공을 찼다.

124 ~を中心(ちゅうしん)に ~을 중심으로

접속 명사+を中心に

앞에 제시된 내용을 가장 중요한 것으로 하여 어떤 일이 이루어질 때 사용한다.

기출 この雑誌(ざっし)は20代前半(ぜんはん)の女性(じょせい)を中心(ちゅうしん)に人気(にんき)がある。
이 잡지는 20대 전반 여성을 중심으로 인기가 있다. 2019-1회

アジアを中心にいろいろな国でコンサートを行っている。
아시아를 중심으로 여러 나라에서 콘서트를 하고 있다. 2023-1회

そのグループは佐藤(さとう)さんを中心(ちゅうしん)に作業(さぎょう)を進(すす)めている。
그 그룹은 사토 씨를 중심으로 작업을 진행하고 있다.

125 ~を通(とお)して ~을 통해서

접속 명사+を通して

무언가 성립하거나 어떤 일을 행할 때의 매개, 수단 등을 나타낸다.

私たちは共通(きょうつう)の趣味(しゅみ)を通して知り合いました。
우리들은 공통의 취미를 통해서 알게 되었다.

留学(りゅうがく)を通してたくさんの経験(けいけん)をしました。
유학을 통해 많은 경험을 했습니다.

09 문법 확인문제

해설집 65쪽

問題 1　つぎの文の（　　　）に入れるのに最もよいものを、1・2・3・4から一つえらびなさい。

1　祖母が明るい性格だった（　　　）、母もまた社交的な性格で友達も多い。114

1　ように　　2　なんか　　3　たびに　　4　まま

2　宝石のように美しいマカロンだったが見た目（　　　）まずかった。101

1　について　　2　によって　　3　において　　4　に反して

3　スイカ（　　　）おいしい季節になりました。103

1　を　　2　に　　3　の　　4　や

4　A「今日はこの近くで夏祭りがあるらしいよ。」120
B「どうりで、浴衣を着た人が多い（　　　）。」

1　ところだ　　2　わけだ　　3　べきだ　　4　おかげだ

5　彼はサッカーは（　　　）野球は下手だ。104

1　上手なくらい　　2　上手なのに　　3　上手なんて　　4　上手なほど

6　母の日には感謝の気持ち（　　　）、母にカーネーションの花束を贈りました。123

1　というと　　2　としたら　　3　について　　4　を込めて

7　カフェインは血管を収縮させてしまう作用があるので、血行が悪く（　　　）のです。
113

1　しやすい　　2　しにくい　　3　なりやすい　　4　なりにくい

8　あの学生は日本語がわかる（　　　）明るくなったみたいです。118

1　ようになるまで　　2　ようになってから
3　ことができるまで　　4　ことができてから

답 1① 2④ 3③ 4② 5② 6④ 7③ 8②

9 そんなことを、私が知っている（　　　）。107

1 べきではない　2 はずがない　3 ほかはない　4 にすぎない

10 相手が（　　　）強いほどやる気がわいてきます。109

1 強いから　2 強くて　3 強くても　4 強ければ

11 このテレビゲームは思った（　　　）難しくない。111

1 から　2 ほど　3 まで　4 しか

12 どうしてもだめな（　　　）、早くあきらめなさい。115

1 ようなら　2 ついでに　3 ものには　4 あまりに

13 私は、旅行のときにはできるだけその土地にしかない店で食事を（　　　）。117

1 するようにしています　2 させるだろうと思います
3 するだろうと思います　4 させるようにしています

問題 2　つぎの文の ＿＿★＿＿ に入る最もよいものを、1・2・3・4 から一つえらびなさい。

14 最近話題の ＿＿＿ ＿＿＿ ＿＿★＿＿ ＿＿＿ おもしろくはなかった。111

1 思っていた　2 私が　3 この映画は　4 ほど

15 このお皿は ＿＿＿ ＿＿＿ ＿＿★＿＿ ＿＿＿ しているので、世界で一つしかありません。123

1 心　2 職人が　3 手作り　4 を込めて

16 主要メディア ＿＿＿ ＿＿＿ ＿＿★＿＿ ＿＿＿、現大統領が再選される見込みだ。102

1 によると　2 による　3 出口調査　4 大統領選挙の

답 9② 10④ 11② 12① 13① 14①(3214) 15④(2143) 16③(2431)

17 一面に霜が下りて、＿＿＿ ＿＿＿ ＿★＿ ＿＿＿。112

1 降った　2 みたいだ　3 雪が　4 まるで

18 母も私も、今日は傘がなくても ＿＿＿ ＿＿＿ ＿★＿ ＿＿＿ が、帰りは雨に降られてしまった。105

1 と思って　2 大丈夫　3 出かけたのだ　4 だろう

問題 3　つぎの文章を読んで、文章全体の内容を考えて、[19] から [23] の中に入る最もよいものを、1・2・3・4から一つえらびなさい。

私は子供の頃からりんごが好きで、今まで何の問題もなく食べてきた。[19]、ある日朝食にりんごを食べたあと、口の中がかゆくなってきたのである。その時は、アレルギーだとは少しも思わなかった。なぜならそれまで、りんごを食べて体調が悪くなったことは、一度もなかったからだ。しかし、その後もりんごを食べるたびに、症状がひどく現れるようになったのである。やはり、おかしいと思い、病院に行くと、食べ物が原因のアレルギーであるということが分かった。食べ物 [20] アレルギーと聞くと、多くの人は子供の病気だと思うのではないだろうか。私もその一人だった。

医者の話によると、私のように大人になってからアレルギーになる人が近年、増えてきている [21]。症状は軽い場合もあるが、重い場合は命に関わることもある。そのため、体に異常を感じた時は自己判断で食べ続けるのではなく、病院に行って相談し、検査を受けて [22]。もしかすると、私のように、アレルギーが見つかるかもしれない。

답 17 ① (4312)　18 ① (2413)

19

1 もし　　2 そこで　　3 だから　　4 ところが

20

1 に関する　　2 による　　3 に反する　　4 に比べる

21

1 らしい　　2 はずだ　　3 べきだ　　4 ものだ

22

1 みたことがある　　2 みてほしい

3 みなくてもかまわない　　4 みるようになる

핵심문법

～くなる 019 ~해 지다	体調が悪くなったことは 몸 상태가 나빠졌던 적은(04行)
～たびに 046 ~할 때마다	りんごを食べるたびに 사과를 먹을 때마다(04行)
～による 102 ~에 의한	食べ物によるアレルギー 음식에 의한 알레르기(06行)
～らしい 119 ~인 것 같다	増えてきているらしい 늘어나고 있다고 한다(09行)
～てほしい 065 ~해 주었으면 한다	検査を受けててほしい 검사를 받아 보길 바란다(12行)

답 19 ④　20 ②　21 ①　22 ②

10 문법 확인문제

해설집 67쪽

問題 1　つぎの文の（　　）に入れるのに最もよいものを、1・2・3・4 から一つえらびなさい。

1　今日、荷物を送ったので明日には着く（　　）。108

1　はじめる　　2　やすい　　3　はずだ　　4　すぎる

2　いくら急いでいても信号無視してはいけません。交通ルールは守る（　　）。110

1　はずです　　2　べきです　　3　ようです　　4　きります

3　留学したことがあるからと言って英語が話せる（　　）。121

1　わけだ　　2　わけではない　　3　べきだ　　4　ところだ

4　恋人に振られたこと（　　）、ダイエットを始めました。122

1　さえ　　2　たびに　　3　を込めて　　4　をきっかけに

5　大学のサークル活動（　　）、多くの友だちができました。125

1　を込めて　　2　を通して　　3　にとって　　4　に反して

6　都合に（　　）出発はあしたにのばした。102

1　かけて　　2　わたって　　3　よって　　4　ついて

7　店の前にたくさんの人が並んでいます。それは店内に入るために（　　）。105

1　待つはずです　　2　待ったところです

3　待っているのです　　4　待ちにくいからです

8　つめたいものを食べすぎない（　　）気をつけてください。116

1　ように　　2　ために　　3　だけに　　4　ことに

답 1③ 2② 3② 4④ 5② 6③ 7③ 8①

9 今日は一日中くもって寒い日でしたが、夕方からちらちら雪が（　　　）。106

1 降りはじめました　　2 降りすぎました

3 降りなおしました　　4 降りおわりました

10 彼（　　　）怒りっぽい人は見たことがありません。112

1 ように　　2 ために　　3 みたいに　　4 ばかりに

11 赤い顔をしているよ。お酒を飲んできた（　　　）ね。119

1 らしい　　2 そうだ　　3 つもりだ　　4 ほしい

12 生徒会の選挙では、たがいに個人攻撃はやめて、どんな学校を作るか（　　　）議論し合った。124

1 を中心に　　2 と同時に　　3 と思えば　　4 を問わずに

13 今日は道が凍っていて、すべり（　　　）ので、気をつけて歩いてください。113

1 みたい　　2 らしい　　3 やすい　　4 にくい

問題 2　つぎの文の ＿★＿ に入る最もよいものを、1・2・3・4 から一つえらびなさい。

14 貯蓄プランを立ててください。＿＿ ＿★＿ ＿＿ ＿＿ ですよ。109

1 ほど　　2 早ければ　　3 いい　　4 早い

15 こちらへ ＿＿ ＿＿ ＿★＿ ＿＿ 時はお電話ください。115

1 よう　　2 その　　3 来られる　　4 なら

16 10万円が1年で100万円になるなんて、そんなうまい ＿＿ ＿＿ ＿★＿ ＿＿。107

1 はずが　　2 話が　　3 ない　　4 ある

답 9 ① 10 ③ 11 ① 12 ① 13 ③ 14 ④ (2413) 15 ④ (3142) 16 ① (2413)

17 このアルバイトは経験がある人を募集しているので、＿＿＿＿ ＿＿＿＿ ＿★＿ ＿＿＿＿。

121

1　ありません　　2　応募できる　　3　誰でも　　4　わけでは

18 なかなか日本語の単語が覚えられないので、日本語の得意な友人が ＿＿＿＿ ＿＿＿＿ ＿★＿ ＿＿＿＿ した。066·114·027

1　何度も書いてみる　2　ように　　3　やっていた　　4　ことに

問題3　つぎの文章を読んで、文章全体の内容を考えて、[19] から [23] の中に入る最もよいものを、1・2・3・4から一つえらびなさい。

「私は太郎さんと花子さんに明日の予定を説明した。」という文には、二つの意味がある。一つは「私は太郎さんと花子さんの二人に明日の予定を説明した。」という意味で、もう一つは「私は太郎さんと二人で花子さんに明日の予定を説明した。」という意味である。意味の区別をはっきりさせる [19] 、一つ目の意味ならば、「私は」のあとに読点を打つという方法がある。

[20] 例として「私が大好きなお母さん。」という文がある。一つは「私がお母さんを大好きだと思っている。」という意味で、もう一つは「お母さんが私を大好きだと思っている。」という意味である。[21] 、この例の場合には読点を打った [22] 意味の区別がしにくい。一つ目の意味を伝えたいなら「私の大好きなお母さん。」、二つ目の意味を伝えたいなら「私を大好きなお母さん。」とすると、意味の区別ができる。

답 17 ④ (3241)　18 ① (3214)

19

1 からは　　2 までは　　3 には　　4 とは

20

1 同じような　　2 間違いない
3 あのような　　4 いちばんいい

21

1 すっかり　　2 ずいぶん　　3 とうとう　　4 ただし

22

1 だけでは　　2 だけではなく
3 ばかりでは　　4 ばかりではなく

핵심문법

～という 072 ～라고 하는	「予定を説明した。」という文 '예정을 설명했다'라는 문장(01行)
～ならだ ～라면	一つ目の意味ならば 첫 번째 의미라면(04行)
～ような 114 ～와 같은	同じような例として 같은 예로서(06行)
～として 080 ～로서	同じような例として 같은 예로서(06行)
～にくい 091 ～하기 어렵다	意味の区別がしにくい 의미 구별을 하기 어렵다(09行)
～とすると 079 ～라고 하면	「私を大好きなお母さん。」とすると '나를 아주 좋아하는 엄마.'라고 하면(10行)

답 19 ③　20 ①　21 ④　22 ①

2 사역 / 수동 / 사역수동

126 ～(さ)せる ～하게 하다, ～시키다

접속 동사 사역형+(さ)せる

상대방에게 강제로 어떤 일을 하게 하거나, 허가하는 의미를 나타낸다.

기출 親の習わせたいものを習わせるのではなく子どもの興味があるものを
부모가 배우게 하고 싶은 것을 배우게 하는 것이 아니라 아이가 흥미 있는 것을 2017-1회

赤ちゃんにクラシック音楽を聞かせると
아기에게 클래식 음악을 들려주면 2020

２歳の娘を喜ばせたくて、先週初めて動物園に連れていった。
2살인 딸을 기쁘게 해주고 싶어서, 지난주에 처음으로 동물원에 데려갔다. 2023-2회

お父さんは息子にテレビを消させました。
아버지는 아들에게 텔레비전을 끄게 했습니다.

127 ～(さ)せてください ～하게 해 주세요, ～시켜 주세요

접속 동사 사역형+(さ)せてください

승낙이나 허가를 정중하게 요청할 때 사용하는 표현으로, 동사의 사역형에 접속한다. 부정 표현은 「～(さ)せないでください(~하게 하지 마세요, ~시키지 마세요)」의 형태가 된다.

기출 もう、びっくりさせないでくださいよ。 정말, 놀래키지 마세요. 2010-1회

A「これで、私からの説明は終わりますが、質問がある人はいますか。」
B「はい、二つ、質問させてください。」
A "이것으로 제가 드리는 설명은 끝났는데요, 질문이 있는 사람은 있나요?"
B "네, 두 가지 질문하게 해 주세요." 2011-2회

今日の予約をキャンセルさせてください。 오늘 예약을 취소시켜 주세요. 2015-1회

急ですみませんが、すぐに退職させてください。
갑작스레 죄송합니다만, 바로 퇴직하게 해 주세요.

この薬は幼児に絶対に触らせないでください。
이 약은 유아에게 절대로 만지게 하지 마세요.

 128 ~(ら)れる ~함을 당하다, ~되다

접속 동사 수동형+(ら)れる

어떤 행위의 영향을 받은 사람을 주어로 내세워 그 사람의 입장에서 서술하는 것을 말한다.

기출 決められた時期に何かをするのも悪くないと思いました。
정해진 시기에 뭔가를 하는 것도 나쁘지 않다고 생각했습니다. 2019-2회

お名前が呼ばれるまで、診察室の前でお待ちください。
이름이 불릴 때까지 진찰실 앞에서 기다려 주십시오. 2023-1회

この祭りは、200年前からこの町に住む人々によって続けられている。
이 축제는 200년 전부터 이 마을에 사는 사람들에 의해 이어지고 있다. 2024-1회

この寺は、県内で最も古い寺で、建てられたのは今から1000年以上前だそうだ。
이 절은 현내에서 가장 오래된 절로, 지어진 것은 지금으로부터 1000년 이상 전이라고 한다. 2025-2회

これまでに発表されてきた彼の曲と大きく違う。
지금까지 발표되어 온 그의 곡과 크게 다르다.

19世紀の画家たちによって描かれた絵がたくさんあります。
19세기 화가들에 의해 그려진 그림이 많이 있습니다.

先日、どろぼうに入られてびっくりしたが、幸いにも盗まれたものは何もなかった。
며칠 전 도둑이 침입해 깜짝 놀랐지만, 다행히도 도난당한 것은 아무것도 없었다.

大事に育てていた植木鉢を誰かに持って行かれた。
소중히 키우고 있던 화분을 누군가가 가지고 갔다.

129 ~(さ)せられる 억지로 ~하다, 어쩔 수 없이 ~하다

접속 동사 사역수동형+(さ)せられる

사역수동은 '~하게 하다, ~시키다'의 동사 사역을 수동으로 만든 형태이다. 사역수동은 1그룹동사 중에서 어미가 「す」로 끝나는 동사를 제외하고, 「~(さ)せられる」를 줄여서 「~される」로 바꿔 쓸 수 있는데, 회화에서는 「~される」를 더 많이 쓴다.

기출 この映画ほど人生について考えさせられる映画はない。
이 영화만큼 인생에 대해서 생각하게 되는(생각하는) 영화는 없다. 2012-1회

私は休みの日も親に店の掃除などを手伝わされることが多く、
쉬는 날에도 가게 청소 등을 어쩔 수 없이 도울 때가 많아서, 2014-1회

私は部長に歌を歌わせられました。
나는 부장님이 시켜서 억지로 노래를 했습니다.

電車の事故があって１時間も待たされました。
전철 사고가 있어서 1시간이나 어쩔 수 없이 기다렸습니다.

3 조건

130 ~たら ~(하)면, ~(하)니까, ~(하)더니

접속 동사 た형+たら

조건 표현 중 가장 폭넓게 사용하는 것으로, 앞 문장의 동작이 이루어지는 것을 조건으로, 자신의 의지나 요구를 나타낼 때 사용한다.

기출 あきらめないで毎年チャレンジしていたら
포기하지 않고 매년 도전하고 있었다면 2013-2회

どんな練習をしたら上手になれるのだろうか。
어떤 연습을 하면 잘할 수 있게 될까. 2013-2회

あ、コンビニに行くんだったら、牛乳、買ってきて。
아, 편의점에 갈 거라면 우유 사 와. 2015-2회

肉の色が変わってきたら、野菜を入れてください。
고기 색이 변하기 시작하면 채소를 넣어 주세요. 2020-2회

何をあげたら、喜ぶだろうか。
무엇을 주면 기뻐할까? 2025-1회

A「ねえ、明日のパーティー行く？ 会場のレストランが駅から遠くてちょっと不便だから、行こうか迷ってるんだけど。」
B「私、車で行くつもりだからもし行くんだったら、乗せていってあげるよ。」
A "저, 내일 파티 갈 거야? 회장인 레스토랑이 역에서 멀어서 좀 불편해서 갈까 말까 망설이고 있는데."
B "나, 차로 갈 생각이니까 만약 갈 거라면 태워다 줄게."

プレゼンの内容に対して質問があったら、今のうちにどうぞ。
발표 내용에 대해서 질문이 있다면 지금 바로 하세요.

電車は平日だから空いているだろうと思ったら、すごく混みあった。
전철은 평일이니까 한산할 거라고 생각했더니, 굉장히 붐볐다.

131 ～と ~(하)면, ~(하)니(까)

접속 보통형+と

앞 문장이 성립하면 뒤 문장도 자연스럽게 성립되는 경우에 쓰인다. 자연 현상, 불변의 법칙, 길 안내 등에 자주 쓰인다.

기출 夜寝られないと困るので 밤에 잠을 못 자면 곤란하기 때문에 2016-2회

ケーキを作るのは難しいと思っていたが、作ってみると難しくなかった。
케이크를 만드는 것은 어렵다고 생각하고 있었는데, 만들어 보니 어렵지 않았다. 2017-2회

この坂をのぼっていくと郵便局がありますから、その角を右に曲がってください。
이 언덕을 올라가면 우체국이 있습니다. 그 모퉁이를 오른쪽으로 돌아 주세요. 2022-2회

心配していたが、実際に着てみるとぴったりだった。
걱정하고 있었는데, 실제로 입어 보니 딱 맞았다. 2024-1회

晴れるといいね。맑으면 좋겠네. 2025-1회

春になると、家の庭には花が咲き乱れる。
봄이 되면 우리 집 정원에는 꽃이 만발한다.

132 ～なら ~(하)면, ~(이)라면

접속 동사·い형용사 보통형 / な형용사 어간 / 명사+なら

상대방이 말한 정보를 근거로 조언하거나 충고할 때 사용하며, 동작의 순서가 역순인 경우를 나타내는 용법과 화제를 제시하는 의미도 있다.

기출 おなかがすいているならドーナツがあるよ。
배가 고프다면 도너츠가 있어. 2011-2회

列車(れっしゃ)の写真(しゃしん)を撮(と)るためならどこへでも行(い)く。
열차 사진을 찍기 위해서라면 어디든지 간다. 2014-1회

他(ほか)の人には話(はな)せないことも、母(はは)になら話せる。
다른 사람에게는 말 못하는 것도 엄마에게라면 말할 수 있다. 2015-1회

電車(でんしゃ)なら20分だが 전철이라면 20분이지만 2020-2회

午後からなら行けますが、それでも大丈夫ですか。
오후부터라면 갈 수 있지만 그래도 괜찮습니까? 2021-2회

全員(ぜんいん)で賛成(さんせい)するならその案(あん)にしよう。
전원이 찬성한다면 그 안으로 하자.

山(やま)なら富士山(ふじさん)が一番(いちばん)です。
산이라면 후지산이 제일입니다.

133 ～ば ~(하)면

접속 가정형+ば

아직 이루어지지 않은 일을 가정하여, 그것을 조건으로 하여 어떤 일이 발생하는 경우에 쓰인다.

기출 少し家賃(やちん)が高くても駅(えき)に近いほうがよければ、こちらはどうでしょうか。
집값이 조금 비싸도 역에서 가까운 쪽이 좋다면, 이쪽은 어떻습니까? 2016-1회

できればもう少し近いところがいいんですが……。
가능하면 조금 더 가까운 곳이 좋습니다만……. 2023-1회

雨(あめ)が降(ふ)れば、行(い)きません。
비가 오면 가지 않겠습니다.

コーヒーがなければお茶(ちゃ)が飲(の)みたいです。
커피가 없으면 차를 마시고 싶습니다.

수수 / 사역수수

134 ~てやる・~てあげる ~해 주다

접속 동사 て형+てやる · てあげる

내가 혹은 제3자가 또 다른 제3자에게 뭔가를 해줄 때 사용하며, 「~てやる」는 대등한 관계나 손아랫사람에게 사용한다.

기출 私は、子(こ)どもがしたいと思うことはやらせてやりたいと思っている。
나는 아이가 하고 싶다고 생각하는 것은 하게 해 주고 싶다. 2011-1회

息子(むすこ)も一生(いっしょう)けんめいがんばろうとしているので応援(おうえん)してやろうかと思っています。
아들도 열심히 노력하려고 하고 있어서 응원해 줄까 생각하고 있습니다. 2014-1회

何も話を聞いてあげられなかった。
아무것도 이야기를 들어줄 수 없었다. 2014-1회

車で送(おく)ってあげようか。 차로 보내줄까? 2024-2회

彼女(かのじょ)は孫(まご)に毎晩本(まいばんほん)を読(よ)んでやるのが楽(たの)しみだった。
그녀는 손자에게 매일 밤 책을 읽어 주는 것이 낙이었다.

犬(いぬ)を散歩(さんぽ)に連(つ)れていってやらなくちゃ。
개를 산책에 데려가 줘야 해.

妹に自転車(じてんしゃ)を買ってあげた。
여동생에게 자전거를 사 주었다.

135 ～てくれる ～해 주다

접속 동사 て형+てくれる

나 또는 나의 가족에게 다른 사람이 뭔가를 해줄 때 사용하며, 감사의 느낌이 들어있다.

기출 部長に会議の資料を取ってきてくれって頼まれたんですが
부장님께 회의 자료를 가져오라고 부탁받았는데 2015-1회

何があったのか聞いても答えてくれないので
무슨 일이 있었는지 물어도 대답해 주지 않기 때문에 2017-2회

日本人の友だちが招待してくれたのです。
일본인 친구가 초대해줬어요. 2024-2회

母は、出張に行くと、父と私に必ずお土産を買ってきてくれる。
어머니는 출장을 가면, 아버지와 나에게 꼭 선물을 사 온다. 2025-2회

彼女は私にカメラを買ってくれた。
그녀는 나에게 카메라를 사 주었다.

これに乗れば動物園の入り口まで連れて行ってくれるみたいですよ。
이걸 타면 동물원 입구까지 데려다 주는 모양이에요.

136 ～てもらう (～에게) ～해 받다, (～가) ～해 주다

접속 동사 て형+てもらう

내가 혹은 다른 사람이 남으로부터 어떤 행위를 받을 때 사용하며, 내가 요청해서 해 주었다는 느낌이 있다. 우리말에 없는 표현 형식이므로 해석에 주의한다.

기출 おかあさんに買ってもらったものだから大事にしまっておいたのよ。
엄마가 사 주신 물건이라서 소중하게 보관해 두었어. 2010-2회

このレポートを高山さんに渡しておいてもらえませんか。
이 리포트를 다카야마 씨에게 건네 주실 수 없을까요? 2012-2회

おばあさんに本を読んでもらってから寝ていた。
할머니가 책을 읽어 준 뒤 자고 있었다. 2020

もう少し短くしてもらえますか。 좀 더 짧게 해줄 수 있나요? 2023-1회

友達に講義のノートを貸してもらった。
친구가 강의 노트를 빌려 주었다.

わざわざ来てもらったのにすまないけど、今から出かけるんだ。
일부러 와 주었는데 미안하지만, 지금부터 나가 봐야 해.

137 ～(さ)せてやる・～(さ)せてあげる ～하게 해 주다

접속 동사 사역형+(さ)せてやる·(さ)せてあげる

동사의 사역에 수수표현인 「～てやる」와 「～てあげる」가 접속한 형태로 허가, 승낙의 표현이다. 「～(さ)せてあげる」가 「～(さ)せてやる」보다 약간 정중한 표현이다.

기출 私は、子どもがしたいと思うことはやらせてやりたいと思っている。
나는 아이가 하고 싶다고 생각하는 것은 하게 해 주고 싶다. 2011-1회

心配でしょうけど、いい経験になると思うから、行かせてあげたらどうですか。
걱정되겠지만 좋은 경험이 되리라 생각하니 보내주면 어때요? 2013-2회

息子は勉強ができるので大学まで行かせてやりたい。
아들은 공부를 잘해서 대학까지 보내주고 싶다.

弟に私の車を運転させてあげた。
남동생에게 내 차를 운전하게 해 줬다.

5 경어

1 존경어

상대방이나 제3자를 높여서 경의를 나타내는 표현이다.

존경 동사	기출 문장
いらっしゃる 계시다, 오시다, 가시다	・明日の午後は研究室に**いらっしゃいます**か。 내일 오후에는 연구실에 계십니까? 2015-1회 ・森先生は**いらっしゃいます**か。 모리 선생님은 계십니까? 2020
おっしゃる 말씀하시다	・ご希望のサイズのものが見つからなければ、**おっしゃって**ください。 희망하시는 사이즈의 물건을 찾지 못하신다면 말씀해 주세요. 2016-1회 ・ご両親は何と**おっしゃいました**か。 부모님은 뭐라고 말씀하셨습니까? 2019-1회
くださる 주시다	・社長はアルバイトの私たちにも出張のお土産を**くださいます**。 사장님은 아르바이트인 우리들에게도 출장 선물을 주십니다. 2019-1회
ご存じだ 알고 계시다	・インターネットに40年以上の歴史があることを**ご存じです**か。 인터넷에 40년 이상의 역사가 있는 것을 알고 계십니까? 2014-2회
なさる 하시다	・AセットとBセットのどちらに**なさいます**か。 A세트와 B세트 중 어느 쪽으로 하시겠습니까? 2018-1회
めしあがる	・どうぞたくさん**めしあがって**ください。 많이 드십시오. 2024-3회
お / ご～ください ~해 주십시오	・そちらのいすにおかけになって**お**待ち**ください**。 그쪽에 있는 의자에 앉아서 기다려 주세요. 2013-1회 ・確認しますので、少々**お**待ち**ください**。 확인할 테니, 잠시 기다려 주십시오. 2016-2회

お / ご～になる ～하시다	・そちらのいすにおかけになってお待ちください。 그쪽에 있는 의자에 앉아서 기다려 주세요. 2013-1회 ・市民の方であれば、どなたでも無料でご参加になれます。 시민이라면 누구나 무료로 참가하실 수 있습니다. 2025-1회
ご覧になる 보시다 **ご覧の～** 보시는～	・先生が西田さんの論文がのっている雑誌をご覧になって、 선생님이 니시다 씨의 논문이 실려 있는 잡지를 보시고 2012-2회 ・ご覧のスポンサーの提供でお送りしました。 보시는 스폰서의 제공으로 보내드렸습니다.
～ていらっしゃる ～하고 계시다	・今、ほかの学生と話していらっしゃいますから少し待ってください。 지금 다른 학생과 이야기하고 계시니까 잠시 기다려주세요. 2010-1회
～てくださる ～해 주시다 **～てくださいませんか** ～해 주시지 않겠습니까	・先生がパーティーに納豆を持ってきてくださった。 선생님이 파티에 낫토를 가지고 와 주셨다. 2013-1회 ・おすすめの場所はありますか。もしあったら、教えてくださいませんか。 추천하시는 곳은 있습니까? 만약 있다면 가르쳐 주시지 않겠습니까? 2013-2회

2 겸양어

자신이나 자신의 가족, 자신이 소속된 곳을 낮춰 상대를 높이는 겸손한 표현이다.

겸양 동사	기출 문장
いただく 받다, 먹다, 마시다	· 昨日いただいたお土産のチョコレート、とてもおいしかったです。 어제 받은 초콜릿 선물, 아주 맛있었습니다. 2017-2회 · おいしい物をたくさんいただきました。 맛있는 것을 많이 먹었습니다. 2021-1회
伺う 듣다, 여쭙다, 방문하다	· 授業の後、先生の研究室にうかがってもよろしいでしょうか。 수업 후에 선생님의 연구실로 찾아뵈어도 될까요? 2011-1회 · そちらのアルバイトの募集についてちょっと伺いたいんですが。 그쪽의 아르바이트 모집에 대해서 좀 여쭙고 싶은데요. 2013-2회
お目にかかる 만나 뵙다	· 私もこのパーティーで先生にお目にかかるとは思いませんでした。 저도 이 파티에서 선생님을 만나 뵐 거라고는 생각하지 못했습니다. 2011-2회 · 山下課長にしかお目にかかったことがございませんので 야마시타 과장님밖에 뵌 적이 없기 때문에 2021-1회
おる	· はい、中川がおりますので、今、代わります。 네, 나카가와가 있으니 지금 바꿔드리겠습니다. 2022-2회
さしあげる 드리다	· 先生にプレセントを用意して、最後の授業の日にさしあげる計画を立てています。 선생님께 선물은 준비해서, 마지막 수업 날에 드릴 계획을 세우고 있습니다. 2011-2회
お / ご~いたす ~하다, ~해 드리다	· 駅までお送りいたします。 역까지 배웅해 드리겠습니다. 2010-2회 · お席にご案内いたします。 자리로 안내해 드리겠습니다. 2024-1회

お / ご~する ~하다, ~해 드리다	・先生、この本をあさってまでお借りしてもよろしいでしょうか。 선생님, 이 책을 모레까지 빌려도 될까요? ・先生、私が荷物をお持ちします。 선생님, 제가 짐을 들어 드리겠습니다.
~(さ)せていただく ~하다	・一度そちらの練習を見学させていただけませんか。 한번 그쪽의 연습을 견학할 수 없을까요? 2013-1회 ・今日はすてきなプレゼントをありがとうございました。大切に使わせていただきます。 오늘은 멋진 선물 감사했습니다. 소중하게 쓰겠습니다. 2016-1회 ・資料をコピーさせていただけませんか。 자료를 복사할 수 없을까요? 2018-1회
~ていただく (~에게) ~해 받다, (~가) ~해 주다	・石田先生に貸していただいた本を家に忘れてきてしまって……。 이시다 선생님이 빌려 주신 책을 집에 두고 와버려서…. 2012-2회
~ていただけませんか ~해 주시지 않겠습니까?	・すみませんが、写真を撮っていただけませんか。 죄송합니다만, 사진을 찍어 주시지 않겠습니까? 2010-1회 ・10時に予約した田中と申しますが、11時に変えていただけないでしょうか。 10시에 예약한 다나카라고 하는데, 11시로 바꿔 주실 수 있을까요? 2021-2회 ・すみません。ペンを貸していただけませんか。 죄송합니다. 펜을 빌려 주시겠어요? 2024-2회
~と申す ~라고 하다	・ABC銀行の林と申しますが、山石さんをお願いします。 ABC은행의 하야시라고 합니다만, 야마이시 씨를 부탁합니다.
拝見する 보다	・お送りいただいた写真を拝見しました。 보내주신 사진을 봤습니다.
参る 가다, 오다	・まもなく電車が参ります。 곧 전철이 옵니다. ・ただいま参りますので、少々お待ちください。 지금 곧 갈테니 조금 기다려 주십시오.

3 정중어

상대방에 대해 정중한 태도를 나타내는 표현으로, 어느 한쪽을 높이거나 낮추지 않는다.

정중 동사	기출 문장
ございます 있습니다	・**客　「すみません。お手洗いはどこですか。」** **店員　「あちらのエレベーターの横にございます。」** 손님 "실례합니다. 화장실은 어디예요?" 점원 "저쪽의 엘리베이터 옆에 있습니다." 2015-2회 ・**お送りいただいた資料に間違いはございません。** 보내주신 자료에 오류는 없습니다.
~でございます ~입니다	・**店員　「お電話ありがとうございます。さくら美容院でございます。」** **客　「すみません。今日予約したいんですが。」** 점원 "전화 감사합니다. 사쿠라 미용실입니다." 손님 "실례합니다. 오늘 예약하고 싶은데요." 2017-2회 ・**客　「すみません。子供服の売り場は何階ですか。」** **店員　「５階でございます。」** 손님 "실례합니다. 아동복 매장은 몇 층입니까?" 점원 "5층입니다." 2023-2회

6 지시어

지시어는 보통 こ / そ / あ / ど로 시작하는 연체사와 지시대명사를 일컫는다. 시험에서는 지시어의 의미 구별에 대한 문제보다는 전체 문장의 흐름으로 보아 어떤 지시어를 사용해야 하는지를 묻는 문제가 주로 출제된다.

	기출 문장
ああ 저렇게	・**かっこよく働いている先輩を見て、自分も早くああなりたいと思った。** 멋있게 일하고 있는 선배를 보고, 나도 빨리 저렇게 되고 싶다고 생각했다. 2014-2회

あの 저, 그 〈나와 상대방이 모두 알고 있는 사항일 때〉	・部長のあの言い方はひどいと思わない？ 부장의 그 말투는 심하다고 생각하지 않아? 2013-2회
あのとき 그 때	・あのときあきらめないでクラブの入り方を聞いたから 그 때 단념하지 않고 클럽에 들어가는 법을 물었기 때문에 2019-1회
あんなに 저렇게, 그렇게 〈나와 상대방이 모두 알고 있는 사항일 때〉	・山下「さっき田中さんから、風邪ひいて、スキーに行けないって連絡が来たんだ。」 川村「えっ、田中さん、あんなに楽しみにしていたのに、残念だね。」 야마시타 "아까 다나카 씨에게서 감기에 걸려서 스키 타러 못 간다고 연락이 왔어." 가와무라 "뭐? 다나카 씨, 그렇게 기대하고 있었는데 유감이네." 2013-1회
こういう 이러한	・こういう電車なら、みんなが使いたくなる気持ちもわかります。 이러한 전철이라면 모두가 이용하고 싶어지는 마음도 이해됩니다. 2011-1회
この 이	・この自動販売機は話すことができます。 이 자동판매기는 말을 할 수 있습니다. 2010-1회
これ 이것	・これも天気の話をする人が多い理由の一つだと思います。 이것도 날씨 이야기를 하는 사람이 많은 이유 중 하나라고 생각합니다. 2016-2회
こんな 이런	・こんなかわいい娘がいる私は 이런 귀여운 딸이 있는 나는 2012-2회
こんなに 이렇게, 이토록	・こんなに大変だとは思いませんでした。 이렇게 힘드리라고는 생각하지 못했습니다. 2013-2회 ・こんなにきれいな夕日は見たことがありません。 이토록 멋진 석양은 본 적이 없습니다. 2017-1회
そう 그렇게	・妹は初めてのピアノ発表会だったので緊張していたと言ったが、全然そう見えなかった。 여동생은 첫 피아노 발표회였기 때문에 긴장했었다고 했지만, 전혀 그렇게 보이지 않았다. 2016-1회

そういう 그러한	・日本にはそういうお菓子があると知って驚きました。 일본에는 그러한 과자가 있는 걸 알고 놀랐습니다. 2014-1회 ・そういう店の、今まで知らなかったいいところを見つけることができました。 그러한 가게의 지금까지 몰랐던 좋은 점을 발견할 수 있었습니다. 2021-1회
その 그	・確かに、その先輩もコンビニで働いています。 확실히 그 선배도 편의점에서 일하고 있습니다. 2012-1회 ・これがその学校にごみが落ちていなかった理由だと思います。 이것이 그 학교에 쓰레기가 떨어져 있지 않았던 이유라고 생각합니다. 2017-1회
それ 그것	・それをレジに持っていったとき 그것을 계산대에 가지고 갔을 때 2014-2회

7 부사

	기출 문장
あと 앞으로	・あと5分で電車が来ちゃうから、急いで。 앞으로 5분이면 전철이 오니까 서둘러. 2017-2회
あとで 나중에	・あとで私から電話するね。 나중에 내가 전화할게. 2014-1회
あまりに 너무나, 지나치게	・仕事があまりに忙しくて3年以内にやめてしまう社員が多いそうだ。 일이 너무나 바빠서 3년 이내에 그만둬 버리는 사원이 많다고 한다. 2015-1회 ・いつもは雨でも自転車で学校に行くが、今朝はあまりに雨が強かったので、 평소에는 비가 와도 자전거로 학교에 가지만, 오늘 아침은 비가 너무 세게 와서 2025-2회

あまりにも 너무나도	・最近できたケーキ屋に今日初めて行ってみたが、あまりにも込んでいたので 최근에 생긴 케이크 가게에 오늘 처음 가봤는데, 너무나도 붐비고 있었기 때문에 2018-2회
いつか 언젠가	・わたしもいつか一度行ってみたいなあ。 나도 언젠가 한번 가보고 싶네. 2011-1회
いつの間にか 어느새인가, 어느새	・友人と電話で話していたらいつのまにか３時間もたっていて 친구와 전화로 이야기하고 있었더니 어느새인가 3시간이나 지나 있어서 2014-2회 ・昼食の後、図書館へ行って本を読んでいたらいつのまにか外が暗くなっていたので驚いた。 점심 후 도서관에 가서 책을 읽고 있었더니 어느새 밖이 어두워져 있어서 놀랐다. 2025-1회
今にも 당장에라도, 이제라도, 곧	・大学に合格したという知らせを聞いて今にも泣きそうな顔をしていた。 대학에 합격했다는 소식을 듣고 당장에라도 울 것 같은 표정을 짓고 있었다. 2019-1회
必ず 반드시, 꼭	・遅れる場合は、必ず学校に連絡してください。 늦을 경우에는 반드시 학교로 연락해 주세요. 2013-2회 ・来週の授業でこのプリントを使いますから、必ず持ってきてください。 다음주 수업에서 이 인쇄물을 쓸거니까 반드시 가지고 와 주세요. 2022-2회
結局 결국	・道が込んでいて結局遅刻してしまった。 길이 막혀서 결국 지각하고 말았다. 2024-1회
さっき 아까, 조금 전	・さっきご飯食べたばかりなのに、もうおなかすいたの。 아까 밥을 막 먹었는데도 벌써 배고파. 2024-2회
次第に 점차, 차차	・朝は曇っていたが、次第に晴れてきて、午後には快晴になった。 아침에는 흐렸지만 점차 맑아져서 오후에는 쾌청해졌다. 2014-2회
しばらく 잠시	・ここでしばらく休みましょう。 여기에서 잠시 쉽시다.

少しも 조금도	・私にはよくわからない絵ばかりで、少しも面白くなかった。 나에게는 잘 모르는 그림뿐이라 조금도 재미있지 않았다. 2016-1회
すっかり 완전히, 까맣게	・会議の資料のことをすっかり忘れていた。 회의 자료를 완전히 잊고 있었다. 2014-2회
ずっと 쭉, 계속	・これからもずっと 앞으로도 쭉 2014-1회 ・高校時代にずっと同じクラス 고교시절에 계속 같은 반 2014-2회
せっかく 모처럼	・せっかく海外に来たのだから 모처럼 해외에 왔으니까 2013-1회 ・今朝せっかく早起きをしてお弁当を作ったのに、持ってくるのを忘れてしまった。 오늘 아침 모처럼 일찍 일어나서 도시락을 만들었는데 가지고 오는 것을 잊고 말았다. 2018-1회
たしかに 분명히, 틀림없이	・あの人はたしかに短気だ。 그 사람은 분명히 성질이 급한 사람이다. 2012-2회
ちっとも 조금도	・ちっとも私の言うことを聞かないので 조금도 내가 하는 말을 듣지 않기 때문에 2020 ・昨日見た映画は、面白いと聞いていたのに、ちっとも面白くなかった。 어제 본 영화는 재미있다고 들었는데, 조금도 재미있지 않았다. 2022-1회
ちょうど 꼭, 딱, 정확히, 마침	・このかばん、サイズがちょうどいいね。 이 가방 크기가 딱 좋네. ・ちょうど今、出かけるところです。 마침 지금 나가려는 참이에요.
ついに 결국, 드디어	・長い間建設中だったABCビルが、昨日ついに完成した。 오랫동안 건설 중이었던 ABC 빌딩이 어제 드디어 완성되었다. 2022-2회 ・留学したいと思っていた日本に、ついに留学できることになった。 유학하고 싶다고 생각했던 일본에, 드디어 유학하게 되었다. 2023-2회

つまり 결국, 즉	· A「つまり犯行現場近くにはいなかったということですか。」 B「そのとおりです。」 A "즉 범행 현장 근처에는 없었다는 것입니까?" B "그렇습니다." 2010-2회
どうしても 아무리 해도	· パーティーで、知り合いに話しかけられてしばらく話したのだが、どうしても名前が思い出せなくて 파티에서 지인이 말을 걸어서 잠시 이야기했지만, 아무리 해도 이름이 생각나지 않아서 2019-1회 · 友達の結婚式に招待されたが、出張があってどうしても行けない。 친구의 결혼식에 초대받았지만, 출장이 있어서 아무리 해도 갈 수 없다. 2022-2회
とうとう 드디어, 결국	· 働きすぎてとうとう病気になった。 과로하여 결국 병에 걸렸다. 2010-2회 · 大好きなドラマがとうとう終わってしまった。 정말 좋아하는 드라마가 드디어 끝나고 말았다. 2018-2회
どれだけ 얼마나, 얼마만큼	· 初めてアルバイトをして、お金を稼ぐことがどれだけ大変なことかわかった。 처음 아르바이트를 하고, 돈을 버는 일이 얼마나 힘든 일인지 알게 되었다. 2025-1회
なかなか 좀처럼, 도저히	· あんなにいろいろな動物が見られる動物園はなかなかないだろう。 저렇게 다양한 동물을 볼 수 있는 동물원은 좀처럼 없을 것이다. 2019-1회
なんて 어쩌면 그렇게, 정말, 어찌	· なんてきれいな人なんだろう。 이 얼마나 아름다운 사람인가! 2017-2회 · なんてきれいなんだろう。 어쩌면 그렇게 예쁜 것인가! 2021-1회
ほとんど 거의	· コーヒーを飲まない日はほとんどない。 커피를 마시지 않는 날은 거의 없다.
まず 먼저, 우선	· まず、家のなかの不用品を 먼저, 집안의 필요없는 물건을 2019-2회
まだ 아직	· まだ住所を覚えていないそうです。 아직 주소를 외우고 있지 않다고 합니다. 2015-1회

全く ① 전혀 ② 정말로, 참으로	・彼の話は全く信じられない。 그의 이야기는 전혀 믿을 수 없다. ・彼女は全く料理が上手だ。 그녀는 정말로 요리를 잘한다.
もう ① 이미, 벌써, 이제 ② 더, 또	・もう昼ごはんを食べましたか。 벌써 점심을 먹었습니까? ・もう別のが欲しいと言っている。 또 다른 것을 갖고 싶다고 말하고 있다. 2014-1회
もし 만약	・もし時間があれば、一緒に映画を見に行きましょう。 만약 시간이 있으면, 함께 영화를 보러 갑시다.
もちろん 물론	・アナウンサー 「森選手、今回の大会の目標は？」 森選手 「もちろん優勝です。それ以外、考えていません。」 아나운서 "모리 선수, 이번 대회의 목표는요?" 모리 선수 "물론 우승입니다. 그 이외는 생각하지 않습니다." 2014-1회
最も 가장	・いろいろな花が咲き始めるこの時期が最も美しいと聞いた。 여러 꽃이 피기 시작하는 이 시기가 가장 아름답다고 들었다. 2013-2회
やっぱり・やはり 역시	・それでもやめずに続けているのはやっぱりサッカーが好きだからだと思う。 그런데도 그만두지 않고 계속하고 있는 것은 역시 축구를 좋아하기 때문이라고 생각한다. 2020 ・店に着くと、やはりたくさんの人が並んでいました。 가게에 도착하니 역시 많은 사람이 줄을 서 있었습니다. 2020
ようやく 겨우, 간신히	・チャレンジしていたらようやく 도전하고 있었더니 겨우 2013-2회 ・三日間降り続けた雨がようやくやんで、今日は青空が見えた。 3일간 계속 내린 비가 겨우 그치고, 오늘은 파란 하늘이 보였다. 2017-1회

8 접속사

	기출 문장
けれども 하지만	・多くの人があいさつに続けて天気の話をしているのを聞きました。けれども、私の国では天気の話をあまりしないので 많은 사람이 인사에 이어 날씨 이야기를 하고 있는 것을 들었습니다. 하지만 우리나라에서는 날씨 이야기를 그다지 하지 않기 때문에 2016-2회
しかし 그러나	・ふたの開閉も大変ではありません。しかし、お年寄りには簡単なことではないでしょう。 뚜껑의 개폐도 힘들지 않습니다. 그러나 노인에게는 간단한 일이 아닐 것입니다. 2012-2회
すると 그러자	・掃除の時間を知らせる放送が流れました。すると、予想外のことが起きました。 청소 시간을 알리는 방송이 흘러나왔습니다. 그러자 예상 외의 일이 일어났습니다. 2017-2회
そこで 그래서	・日本語で歌いたいと思いました。そこで、日本のアニメの歌を 일본어로 노래하고 싶었습니다. 그래서 일본 애니메이션 노래를 2011-2회 ・「自由に持ってみてください。」と言われました。そこで、いくつか実際に持ってみました。 "자유롭게 들어 보세요."라고 말했습니다. 그래서 몇 가지를 실제로 들어 보았습니다. 2018-1회
そして 그리고	・私もバスケットが好きなので、しばらく見ていました。そして、バスケットクラブに入れば 나도 농구를 좋아해서 잠시 보고 있었습니다. 그리고 농구 클럽에 들어가면 2019-1회
そのうえ 게다가	・そのうえ、別の店員が来て、車の窓も丁寧に拭いてくれたのです。 게다가 다른 점원이 와서, 차의 창문을 정정스럽게 닦아 줬습니다. 2023-2회
それから 그 다음에, 그리고	・それから私たちは二人とも映画が好きなので、映画の話もよくします。 그리고 우리들은 둘 다 영화를 좋아해서 영화 이야기도 자주 합니다. 2024-1회

<table>
<tr><td>それで
그래서</td><td>・私はごみの捨て方がまだあまりよく分かっていませんでした。それで、ごみを分けずに
저는 쓰레기 버리는 방법을 아직 그다지 잘 알지 못하고 있었습니다. 그래서 쓰레기를 분류하지 않고 2015-2회

・そこにしかない飲食店に行くほうがいいと思いました。それで、旅行のときはずっと
그곳에밖에 없는 음식점에 가는 편이 좋다고 생각했습니다. 그래서 여행할 때는 쭉 2021-1회</td></tr>
<tr><td>それでも
그런데도, 그래도</td><td>・カラオケはいつも大勢で行くから、自分１人ずっと歌うということはできません。それでも、カラオケはパーティーみたいで
노래방은 항상 여럿이서 가기 때문에 자기 혼자 계속 부를 수는 없습니다. 그래도 노래방은 파티 같아서 2017-2회</td></tr>
<tr><td>それとも
그렇지 않으면</td><td>・先輩や友達が間違っているのでしょうか。それとも、わたしが習ったことが間違っているのでしょうか。
선배나 친구가 틀린 것일까요? 그렇지 않으면 내가 배운 것이 틀린 것일까요? 2012-1회</td></tr>
<tr><td>それに
게다가</td><td>・畳に座ると乾いた草のような香りがして、とても落ち着きました。それに、畳の部屋はリビングより少し涼しいと思いました。
다다미에 앉자 마른 풀과 같은 향이 나서 아주 안정되었습니다. 게다가 다다미방은 거실보다 조금 시원하다고 생각했습니다. 2018-2회</td></tr>
<tr><td>だから・ですから
그러니까</td><td>・だから、これからはできるだけ
그러니까 앞으로는 가능한 한 2013-2회

・だから、デパートでおみやげを買って
그러니까 백화점에서 선물을 사서 2014-1회</td></tr>
<tr><td>ただ
오로지, 오직</td><td>・ただ、旅行を続けていると、途中で疲れてきます。
오로지 여행을 계속하고 있으면 도중에 피곤해집니다. 2021-1회</td></tr>
<tr><td>例えば
예를 들면</td><td>・例えばこのアプリを使うと、簡単に日本語が勉強できます。
예를 들면 이 어플을 사용하면 간단하게 일본어를 공부할 수 있습니다.</td></tr>
</table>

でも 하지만, 그래도	・自宅と学校の往復だけで、そのほかの場所にはほとんど出かけたことがありません。でも、せっかく日本にやってきたのだから、 집과 학교의 왕복뿐으로, 그 이외의 장소에는 거의 나간 적이 없습니다. 하지만 모처럼 일본에 왔으니까 2013-2회 ・行く前に少し不安な気持ちもありました。でも、行ってみたらとても楽しかったです。가기 전에 조금 불안한 마음도 있었습니다. 하지만 가보니 아주 즐거웠습니다. 2024-2회
ところが 그러나, 하지만	・アパートの前の決められた場所にごみを出しました。ところが、夕方帰宅すると 아파트 앞의 정해진 장소에 쓰레기를 내놓았습니다. 그러나 저녁에 귀가하니 2015-2회 ・自動販売機がしゃべるはずはないと言って、笑うでしょう。ところがしゃべる自動販売機は本当にあるのです。 자동판매기가 말할 리가 없다고 말하며 웃겠지요. 하지만 말하는 자동판매기는 정말로 있습니다. 2021-1회
または 또는, 혹은	・申し込みは電話または電子メールでお願いします。 신청은 전화 또는 이메일로 부탁합니다.

9 조사

	기출 문장
~か ① ~인가, ~가는, ~인지 〈체언 だれ, いつ 등에 붙어 불확실한 추정을 나타냄〉 ② ~인지, ~(할)지 〈~か 또는 ~か~か의 형태로 사용됨〉	・レストランAは雑誌(ざっし)か何かで紹介(しょうかい)されてからなかなか予約がとれない人気店になった。 레스토랑 A는 잡지인지 뭔지에 소개된 후로 좀처럼 예약을 할 수 없는 인기 가게가 되었다. 2017-1회 ・何という魚(さかな)かわかりませんが 뭐라는(무슨) 생선인지 모르겠지만 2021-1회 ・国に帰りますが、帰ってからどうするかはまだ決めていません。 고국으로 돌아가지만, 돌아간 뒤에 어떻게 할지는 아직 정하지 않았습니다. 2024-1회
~が ~이/가	・日本はお年寄(としよ)りが多いので、こういうトイレが作られたのでしょうか。 일본은 노인이 많아서, 이런 화장실이 만들어진 것일까요? 2012-2회
~からの ~로부터의	・ときどき届(とど)く家族(かぞく)からの手紙(てがみ)は、本当にうれしかった。 때때로 도착하는 가족으로부터의 편지는 정말 기뻤다. 2017-2회
~からも ~로부터도	・世界中(せかいじゅう)の誰(だれ)からも 전 세계의 누구로부터도 2015-2회
~こそ ~야말로	・今年こそ合格(ごうかく)したい。 올해야말로 합격하고 싶다.
~だけ ~만, ~뿐	・このお菓子(かし)は小麦粉(こむぎこ)と卵(たまご)と砂糖(さとう)だけでできています。 이 과자는 밀가루와 달걀과 설탕만으로 만들어졌습니다. 2011-1회 ・このケーキは材料を混(ま)ぜて焼(や)くだけだから、誰でも失敗(しっぱい)せずにおいしく作れる。 이 케이크는 재료를 섞어서 구울뿐이라서 누구라도 실패하지 않고 맛있게 만들 수 있다. 2016-2회

~で ① ~로〈수단, 재료〉 ② ~으로〈원인 · 이유〉	・22点の差で負けていました。 22점 차이로 졌습니다. 2015-1회 ・両親に買ってもらった着物で大学の卒業式に出席した。 부모님께서 사 준 기모노로 대학 졸업식에 참석했다. 2021-1회 ・ここの書き方はこれで大丈夫でしょうか。 여기의 쓰는 법은 이걸로 괜찮을까요? 2022-2회
~では ~에서는, ~으로는	・山田さんの話では、田中さんは来月結婚するらしい。 야마다 씨의 이야기로는 다나카 씨는 다음달에 결혼한다고 해. ・はんこがないんですけど、サインではだめなんですか。 도장이 없는데, 사인으로는 안 될까요?
~でも ~라도	・私の大学の近くには、A駅とB駅があって、大学にはどちらからでも歩いて行けるが、 우리 대학교 근처에는 A역과 B역이 있어서, 대학교에서는 어느 쪽에서라도 걸어서 갈 수 있지만, 2019-1회 ・図書館が閉まっているときでも本を返すことができる。 도서관이 닫혀 있을 때라도 책을 반납할 수 있다. 2021-1회 ・私は、誰にでも親切で優しい兄をとても尊敬している。 나는 누구에게나 친절하고 다정한 형을 무척 존경한다. 2022-2회
~とか ~라든가, ~든지	・いつも疲れたとか仕事が多いとか言っている。 항상 피곤하다든지 일이 많다든지 말하고 있다. 2018-2회
~など ~등, ~따위, ~같은 것	・かわいいとかひとりではさびしいなどという理由で 귀엽다거나 혼자서는 외롭다거나 하는 이유로 2011-1회 ・コーヒーだけでなくスパゲッティなどの料理もおいしい。 커피뿐만 아니라 스파게티 등의 음식도 맛있다. 2020
~に ① ~에게〈동작, 작용의 대상〉 ② ~에〈장소〉 ③ ~와, ~에〈병렬〉	・お隣にまで聞こえるよ。 옆에까지 들려요. 2012-1회 ・おすしにカレーにラーメン、なんでもありますよ。 초밥에 카레에 라멘, 뭐든지 있어요. 2012-1회 ・私は、自分の作ったパンをたくさんの人に食べてほしいと思って、パン屋を始めた。 나는 내가 만든 빵을 많은 사람에게 먹이고 싶어서 빵집을 시작했다. 2024-2회

~に+は ~에게는	・友達と同じものを頼んだが、私には辛すぎた。 친구와 같은 것을 주문했지만 나에게는 너무 매웠다. 2022-1회 ・数学が苦手な私には難しかった。 수학을 못하는 나에게는 어려웠습니다. 2025-1회
~にも ~에게도	・ダンスが好きだという気持ちは誰にも負けない。 춤을 좋아한다는 기분은 누구에게도 지지 않는다. 2018-2회
~ね	・今日は、とても寒いね。 오늘 엄청 춥다. ・家に着いたら、連絡してね。 집에 도착하면 연락해.
~の ① ~의 ② ~이/가 〈~が의 대용〉	・22点の差で負けていました。 22점 차이로 졌습니다. 2015-1회 ・30日以上雨のふらない日が 30일 이상 비가 내리지 않는 날이 2015-1회
~のに ① ~인데도 ② ~하는 데에	・ここまで大きくなるのに20年ぐらいかかったそうですよ。 여기까지 커지는데 20년 정도 걸렸다고 해요. 2018-1회 ・レシピには「初めてでもうまく作れる」と書いてあったのに、失敗してしまった。 레시피에는 '처음이라도 잘 만들 수 있다'라고 써있었는데, 실패하고 말았다. 2019-1회
~ばかり ~만, ~뿐	・会社に入ってまだ少ししかたっていないのでわからないことばかりです。 회사에 들어와서 아직 조금밖에 지나지 않았기 때문에 모르는 것뿐입니다. 2018-2회 ・心配ばかりしていてもしかたがないでしょう。 걱정만 하고 있어도 소용없지요. 2020
~へ+の ~으로의	・ガイドブックに金閣寺への行き方が書いてある。 가이드북에 금각사로 가는 방법이 쓰여 있다. 2013-1회 ・歴史学科への進学を決めた。 역사학과로의 진학을 결정했다. 2019-2회

~まで ~까지, ~할 때까지	・換気扇まで掃除したのは初めてでした。 환기팬까지 청소한 것은 처음이었습니다. 2019-2회 ・映画が始まるまであと 3 分しかないよ。 영화가 시작될 때까지 앞으로 3분밖에 없어. 2020
~までに ~까지(는) 〈기한이 되기 전의 어느 한 시점에서 동작이 행해지는 것〉	・友情がテーマになっているという点で、これまでに発表されてきた彼の曲と大きく違う。 우정이 테마가 되어 있다는 점에서 지금까지 발표되어 온 그의 곡과 크게 다르다. 2016-1회 ・会議は11時半までには終わると思いますよ。 회의는 11시 반까지는 끝날거라고 생각해요. 2021-1회
~も ① ~도 ② ~이나, ~정도면 〈대략의 정도〉 ③ ~도, ~나 〈だれ(に), なに 등에 붙어 총괄 의미를 나타냄〉	・今はどれも使っていないけれども 지금은 어느 것도 사용하고 있지 않지만 2014-1회 ・電気も消さないで、ソファーで寝てしまった。 전기도 끄지 않고 소파에서 잠들고 말았다. 2018-2회 ・友人の森さんは大阪が大好きで、今までに何度も行ったことがあるそうだ。 친구인 모리 씨는 오사카를 아주 좋아해서, 지금까지 몇 번이나 가 본 적이 있다고 한다. 2025-2회
~よ	・このドラマ、おもしろいよ。 이 드라마, 재미있어. ・早く行かないと、約束の時間に間に合わないよ。 빨리 가지 않으면 약속 시간에 늦어.
~を ~을/를	・母は、留学している兄と久しぶりに電話で話して、とてもうれしそうな顔をしていた。 엄마는 유학하고 있는 형과 오랜만에 전화로 이야기하고 아주 기쁜듯한 표정을 하고 있었다. 2021-2회 ・友人と会って、楽しい時間を過ごした。 친구와 만나서즐거운 시간을 보냈습니다. 2024-1회

11 문법 확인문제

해설집 69쪽

問題 1　つぎの文の（　　　）に入れるのに最もよいものを、1・2・3・4から一つえらびなさい。

1 A「小学4年生の子どもに国語と算数を（　　　）と思っているのですが、月にいくらくらいかかるでしょうか。」
B「費用は月12,600円です。」 126

1　習わせるだろうか　　2　習わせようか
3　習わせているのだ　　4　習わせるつもりだ

2 単位や卒業などを認める代わりに仕事を（　　　）ことがあった。 129

1　手伝える　　2　手伝われる　　3　手伝ってくれる　　4　手伝わされる

3 窓の外を見（　　　）、雪が降っていた。 130

1　たばかり　　2　たら　　3　たまま　　4　ために

4 先生「はい、さくら日本語学校です。」
学生「もしもし、Bクラスのスミスですが、星先生は（　　　）か。」

1　ございます　　2　いらっしゃいます　　3　拝見します　　4　お目にかかります

5 客　「この靴のもう一つの小さいのはありませんか。」
店員「あ、はい、確認しますので、少々（　　　）。」

1　お待ちしております　　2　お待ちください
3　お待ちできます　　4　お待ちしましょう

6 私は石原先生に誕生日祝いの花束を（　　　）。

1　くれた　　2　さしあげた　　3　やった　　4　いただいた

7 本田先生に作文を直して（　　　）。

1　いただきました　　2　さしあげました
3　くださいました　　4　いらっしゃいました

답 1② 2④ 3② 4② 5② 6② 7①

8 私は毎朝、ベランダで育てている植物に水を（　　　）いる。

1 やって　　2 もらって　　3 くれて　　4 させて

9 山田さんが私の引っ越しを手伝って（　　　）。

1 あげました　　2 もらいました　　3 くれました　　4 やりました

10 店員「お電話ありがとうございます。山本美容室（　　　）。」
客　「すみません。今日の午後3時ごろ予約したいんですが。」

1 でいらっしゃいます　　2 でございます
3 と申し上げます　　4 とおっしゃいます

11 その作業服はいくら洗っても（　　　）きれいにならなかった。

1 少しも　　2 絶対に　　3 つまり　　4 せっかく

12 この前会ったときときみは（　　　）変わってないね。

1 やっと　　2 きっと　　3 ちっとも　　4 せっかく

13 その話はテレビ（　　　）なに（　　　）でやっていましたね。

1 が / が　　2 は / は　　3 か / か　　4 と / と

問題2　つぎの文の ＿＿★＿＿ に入る最もよいものを、1・2・3・4から一つえらびなさい。

14 昨日はじめてさくら駅に行きました。さくら駅まで ＿＿＿＿ ＿＿＿＿ ＿＿★＿＿ ＿＿＿＿ わからなくて、電車に乗る前に駅員に聞きました。133

1 いちばん早く　　2 電車で行けば　　3 どの　　4 到着するのか

15 赤ちゃんにオルゴールを聴かせてあげると、＿＿＿＿ ＿＿＿＿ ＿＿★＿＿ ＿＿＿＿。137

1 顔をする　　2 泣き出しそうな　　3 今にも　　4 ことがあります

답 8① 9③ 10② 11① 12③ 13③ 14①(3214) 15①(3214)

16 先週の土曜日に子どもと行った動物園には、約500種類の動物がいた。＿＿＿ ＿＿＿ ＿★＿ ＿＿＿ そうだ。

1 見られる動物園は　　2 あんなに
3 いろいろな動物が　　4 なかなかない

17 このドキュメンタリーは ＿＿＿ ＿★＿ ＿＿＿ ＿＿＿ 内容だった。

1 について　　2 考え　　3 命の大切さ　　4 させられる

18 遠くからわざわざ ＿＿＿ ＿★＿ ＿＿＿ ＿＿＿ 残念です。

1 ことができず　　2 お越し　　3 お目にかかる　　4 いただいたのに

問題3 つぎの文章を読んで、文章全体の内容を考えて、 19 から 22 の中に入る最もよいものを、1・2・3・4から一つえらびなさい。

私は、仲のよい幸子さんから小さな球根を三つ 19 。ちょうど小指の先ぐらいの大きさで、先のほうが少しとがっていました。私は花が好きで、いろいろな球根をうえたことがあるのですが、こういう球根を見たのははじめてでした。どんな花が咲くのか、すぐにも知りたかったのですが、幸子さんは、「楽しみにしてなさいよ。」と笑っているだけで 20 。しかたがないので、花が開くのを待つことにしました。

幸子さんに教えられたとおりに世話をしますと、緑色のスラットした葉っぱが出てきました。 21 、先のほうに白い花が開きました。まるで鳥が飛んでいるような形をしています。あの球根はさぎ草だったのです。話には聞いたことがありますが、見るのは初めてです。もう、(注)うれしくてしかたがありませんでした。

22 、せっかくのさぎ草がぬすまれてしまったのです。ちょっと玄関の前に出しておいた間に誰かが持っていってしまったのです。私は、くやしくてくやしくて、思わず涙を流してしまいました。だまって他人のものを持っていくなんて、ぜったいに許せません。

(注) さぎ草：ラン科の多年草。山野の湿地に自生。

답 16 ① (2314)　17 ① (3124)　18 ④ (2431)

19

1 くれました　　2 もらいました　　3 やりました　　4 あげました

20

1 数えてくれません　　2 教えてくれません
3 数えてあげません　　4 教えてあげません

21

1 そのうえ　　2 そのまま　　3 そのうち　　4 そのくせ

22

1 たとえば　　2 なぜなら　　3 それでは　　4 ところが

핵심문법

~さ ~움(형용사 어간에 붙여 명사화함)	小指(こゆび)の先ぐらいの大きさ 새끼손가락 끝 정도의 크기(01行)
~たことがある 039 ~(한) 적이 있다	いろいろな球根をうえたことがあるのですが 여러 알뿌리를 심은 적이 있는데(02行)
~ことにする 027 ~하기로 하다	花が開くのを待つことにしました 꽃이 피기를 기다리기로 했습니다(05行)
~とおりに 075 ~대로	幸子(さちこ)さんに教えられたとおりに 사치코 씨에게 배운 대로(07行)
~ようだ 114 ~와 같다	まるで鳥(とり)が飛(と)んでいるような形(かたち) 마치 새가 날고 있는 듯한 모양(08行)
~てしかたがない 너무 ~하다	うれしくてしかたがありませんでした 너무 기뻤습니다(10行)
~間(あいだ)(に) 001 ~동안에, ~사이에	ちょっと玄関(げんかん)の前に出しておいた間に 잠깐 현관 앞에 내놓았던 사이에 (11行)
~なんて 089 ~하다니	他人のものを持っていくなんて 남의 물건을 가져가다니(13行)

답 19 ② 20 ② 21 ③ 22 ④

12 문법 확인문제

해설집 71쪽

問題 1　つぎの文の（　　）に入れるのに最もよいものを、1・2・3・4から一つえらびなさい。

1 私の弟は、13歳からマラソンを続けていて、県の代表選手に（　　）。128

1　選んでいるところだ　　2　選んでいるものだ
3　選ばれたこともある　　4　選ぶためでもある

2 店員「はい、さくら美容室(びようしつ)です。」
客　「午後３時に予約している山下(やました)です。すみませんが、急に用事ができたので、今日の予約をキャンセル（　　）。」127

1　でございますか　　2　をくださいませんか
3　したいんでしょうか　　4　させてください

3 時間(じかん)が（　　）、ソウル市内(しない)を観光(かんこう)するつもりです。

1　あると　　2　あれば　　3　あるように　　4　あっても

4 山田(やまだ)先生は親切(しんせつ)にも私にこの本を（　　）。

1　くださいました　　2　いただきました　　3　差(さ)し上(あ)げました　　4　召(め)し上(あ)がりました

5 A「コーヒーと紅茶(こうちゃ)のどちらに（　　）か。」
B「コーヒーにいたします。」

1　食べられます　　2　差(さ)し上(あ)げます　　3　なさいます　　4　ございます

6 店員「いらっしゃいませ。何名様ですか。」
客　「３名です。」
店員「こちらへどうぞ。お席にご案内(あんない)（　　）。」

1　いたします　　2　なさいます　　3　うかがいます　　4　いらっしゃいます

7 学生時代の友達(ともだち)と会うと、楽(たの)しくていつも何時間（　　）おしゃべりしてしまうのです。

1　は　　2　も　　3　など　　4　くらい

답 1③ 2④ 3② 4① 5③ 6① 7②

8 私はワンさんに日本語を教えてあげる代わりに、中国語を教え（　　　）ことにしました。

1　てあげる　　2　てくれる　　3　てもらう　　4　てやる

9 今回の旅行で、私は両親においしいものを（　　　）と思っています。

1　食べてあげたい　　2　食べてくれたい
3　食べさせてあげたい　　4　食べさせてくれたい

10 客　「すみません。お電話はどこですか。」
店員「あちらのエレベーターの横に（　　　）。」

1　おります　　2　ございます　　3　いたします　　4　いらっしゃいます

11 私がその話を聞いたのは（　　　）先週になってからでした。

1　今にも　　2　ようやく　　3　絶対　　4　あまりに

12 映画を見ているうち（　　　）うとうとしてしまいました。

1　いまにも　　2　もしかしたら　　3　もっと　　4　いつのまにか

13 A「すみません、急いでいるので、先にコピーを（　　　）。」
B「あ、いいですよ。どうぞ。」

1　取らせるでしょうか　　2　取らせていただけませんか
3　取ったらいかがですか　　4　取るのではないでしょうか

問題 2　つぎの文の ＿★＿ に入る最もよいものを、1・2・3・4 から一つえらびなさい。

14 もう3時間も勉強したように思ったが、時計を ＿＿＿ ＿＿＿ ＿★＿ ＿＿＿ たっていなかった。130

1　見たら　　2　しか　　3　まだ　　4　1時間

답 8 ③　9 ③　10 ②　11 ②　12 ④　13 ②　14 ④ (1342)

15 今度の土曜日に友達の結婚式がある。＿＿＿ ＿★＿ ＿＿＿ ＿＿＿ だが。131

1 晴れる　　2 の　　3 と　　4 いい

16 祖母は ＿＿＿ ＿＿＿ ＿＿＿ ＿★＿ とても疲れたと言っていた。128

1 受付で　　2 待たされて　　3 2時間も　　4 病院の

17 この番組は ＿★＿ ＿＿＿ ＿＿＿ ＿＿＿ しました。

1 スポンサーの　　2 お送り　　3 ご覧の　　4 提供で

18 子どもに風邪薬を ＿＿＿ ＿＿＿ ＿★＿ ＿＿＿ 心配です。126

1 なかなか　　2 飲ませている　　3 のに　　4 治らなくて

問題 3　つぎの文章を読んで、文章全体の内容を考えて、［19］から［22］の中に入る最もよいものを、1・2・3・4から一つえらびなさい。

「試験を受ける」「手紙を書く」などという場合に、めうえの人が「受ける」「書く」という動作をするときは、「試験をお受けになる」「手紙を［19］」と言います。

これと同じ方法で、動作をする人をうやまおうとすると、「本を読む」「家に帰る」「みかんを食べる」「六時に起きる」などのことばも「(ご)本をお読みになる」「(お)家にお帰りになる」「みかんをお食べになる」「六時にお起きになる」となるわけです。

また、「れる」か「られる」をめうえの人の動作を表すことばにつけて、［20］人をうやまう方法があります。

「試験を受けられる」「手紙を書かれる」と言うと、前の「お受けになる」「お書きになる」と同じ意味になります。［21］この場合、「れる」がつく語には「られる」はつきませんし、「られる」がつく語には「れる」がつきません。この方法をつかうと、前の例にあげたことばも「(ご)本を［22］」「(お)家に帰られる」「みかんを食べられる」「六時に起きられる」と言えばよいわけです。

답 15 ③ (1342)　16 ② (4132)　17 ③ (3142)　18 ① (2314)

19

1 書かれる　　2 書かせる
3 お書きになる　　4 お書かになる

20

1 以下の　　2 表した　　3 動作した　　4 その

21

1 実(じつ)は　　2 しかし　　3 そのうえ　　4 つまり

22

1 読ませる　　2 読まれる　　3 読まさせる　　4 読まられる

핵심문법

～という 072 ～라고 하는	「書く」という動作を '쓰다'라는 동작을(01行)
お～になる ～하시다	試験をお受けになる 시험을 보시다(02行)
～(よ)うとする 006 ～하려고 하다	動作をする人をうやまおうとすると 동작을 하는 사람을 높이려고 하면(03行)
～わけだ 120 ～인 것이다	「六時にお起きになる」となるわけです '6시에 일어나시다'가 되는 것입니다(05行)
～と 131 ～하면	「手紙を書かれる」と言うと '편지를 쓰시다'라고 말하면(08行)
～し 031 ～하고	「れる」がつく語には「られる」はつきませんし 「れる」가 붙는 말에는 「られる」는 붙지 않고(10行)
～ば 133 ～하면	「六時に起きられる」と言えばよいわけです '6시에 일어나시다'라고 말하면 되는 것입니다(12行)

답 19 ③　20 ④　21 ②　22 ②

제 4 장

독해 공략편

01 독해요령 알아두기
02 문제유형 공략하기

문제유형
완전분석
동영상 강의

01 독해요령 알아두기

1 문제유형별 독해 포인트

일본어 능력시험 N3 독해는 크게 내용이해, 정보검색 2가지 유형으로 나뉘며, 내용이해는 단문·중문·장문의 3가지 유형의 문제가 출제된다.

1 내용이해(단문)

주로 생활, 업무, 학습 등 다양한 주제를 포함한 200자 정도의 설명문이나 지시문을 읽고 내용을 이해했는지 묻는다. 주로 글의 전체 주제를 묻는 문제나 필자의 주장이나 생각을 묻는 문제, 문맥을 파악하는 문제 등의 형태로 출제된다.

2 내용이해(중문)

비교적 쉬운 내용의 신문 평론, 설명문, 수필 등 400자 정도의 지문을 읽고 키워드나 인과관계, 이유, 필자의 생각 등을 이해할 수 있는지를 묻는 문제가 출제된다. 따라서, 지문의 각 단락이 말하고자 하는 내용이 무엇인지를 파악하는 것이 중요하다.

3 내용이해(장문)

해설, 수필, 편지 등 650자 정도의 장문의 지문을 읽고 필자가 전달하려는 주장, 의견을 얼마나 이해했는지를 묻는다. 전체적인 내용 이해, 키워드의 파악, 논리 전개 등을 파악하는 것이 중요하다. 독해 문제 중에서 난이도가 가장 높은 문제이다. 글의 전체 주제를 묻는 문제나 필자의 주장이나 생각을 묻는 문제, 밑줄 친 부분의 의미를 찾는 문제, 문맥을 파악하는 문제 등 다양한 형태로 출제된다.

4 정보검색

광고, 팸플릿, 정보지, 전단지, 비즈니스 문서 등의 정보를 다룬 600자 정도의 지문에서 자신에게 필요한 정보를 찾아낼 수 있는지를 묻는 문제이다. 정보를 주는 문장의 경우, 읽는 목적에 따라 필요한 부분만을 찾아서 읽으면 된다. 따라서 먼저 문제지의 질문과 선택지를 읽고 필요한 정보가 무엇인지 파악하는 것이 중요하다.

2 질문유형별 독해 포인트

일본어 능력시험 N3 독해에서 출제되는 4가지 문제 유형에는 주로 필자의 생각이나 주장을 묻는 문제, 전체 지문의 내용을 묻는 문제, 밑줄 친 부분의 의미를 찾는 문제, 문맥을 파악하는 문제 등의 다양한 유형의 질문의 형태가 있다.

1 필자 관련 문제

필자의 생각이나 주장을 묻는 문제로, 주로 내용이해(단문·중문·장문)의 문제 유형에서 출제된다. 필자의 주장을 묻는 경우는 단락이 하나일 경우는 첫 문장과 마지막 문장, 단락이 2개 이상일 경우는 마지막 단락을 주의해서 읽는다. 필자가 가장 말하려고 하는 주장, 의견, 요점을 나타낸 키워드를 찾는다.

2 의미 파악 문제

밑줄 친 부분에 대한 의미를 찾는 문제로, 주로 내용이해(단문·중문·장문)의 문제 유형에서 출제된다. 밑줄 친 부분의 말의 의미를 확실히 이해한 다음, 앞뒤 문맥을 잘 살펴본다.

3 내용 파악 문제

지문의 전체적인 내용을 파악하는 문제로, 내용이해(단문·중문·장문), 정보검색 등의 문제 유형에서 출제된다. 문제 유형별로 푸는 요령이 조금씩 다른데, 내용이해의 경우는 먼저 선택지를 읽고 난 후 본문의 내용과 비교해 가면서 선택지를 지워가면서 문제를 푼다. 그리고 정보검색의 경우는 질문이 먼저 나오고 지문이 나오므로, 먼저 질문을 읽고 난 다음 질문에서 요구하는 정보를 지문에서 파악해야 한다.

02 문제유형 공략하기

1 問題 4 내용이해 - 단문

문제4는 독해 16문항 중 4문항이 출제된다. 4개의 지문이 나오고, 각 지문 당 1문항씩 출제된다.

알고 풀자!

- 지문을 읽기 전에 질문을 먼저 확인한다.
- 질문에서 묻는 핵심 키워드를 파악한 뒤 지문을 읽으면 답이 되는 문장을 금방 찾을 수 있다. 짧은 지문일수록 문장 하나하나에 결정적인 힌트가 있으므로, 접속사나 지시어가 가리키는 대상을 놓치지 않는 것이 중요하다.
- 선택지는 지문에 나온 단어를 그대로 쓰지 않고, 비슷한 뜻의 다른 단어나 문장으로 풀어서 설명하므로 지문과 일치하는지 파악하는 것이 중요하다.

예시

問題 4　つぎの(1)から(4)の文章(ぶんしょう)を読んで、質問に答えなさい。答えは、1・2・3・4から最もよいものを一つえらびなさい。

(1)

これは大学から学生に届(とど)いたメールである。

あ て 先：kinkyu@oyama-daigaku.ac.jp
件　　名：大雪による休講(きゅうこう)のお知らせ
送信日時：2026年　12月　1日　7:00

学生のみなさん

現在、大雪のため、多くの公共交通機関が止まっています。そのため、午前の授業(じゅぎょう)は行われません。午後の授業(じゅぎょう)は、10時までに公共交通機関が動き始めれば、いつもの通り行います。授業(じゅぎょう)を行うかどうか10時にメールでお知らせしますので、必ず確認(かくにん)してください。
なお、クラブ活動やサークル活動なども、午前中は中止してください。

大山大学　事務室(じむ)

실전 감각 익히기 내용이해 - 단문

例題　つぎの文章を読んで、質問に答えなさい。答えは、１・２・３・４から最もよいものを一つえらびなさい。

（1）

これはABCハウスの規則である。

ABCハウスの規則

1. 家族・友達を部屋に入れないこと。入れるときは管理人に許可をもらうこと。
2. ハウス内でたばこを吸わないこと。
3. 部屋のゴミは自分で分けてゴミ置き場に捨てること。
4. シャワーおよび洗濯機は朝６時30分から夜12時まで。
5. ロビーのパソコンは無料だが、１人で長時間使用しないこと。

1　ABCハウスでしてはいけないことはどれか。

1　夜10時にシャワーを使うこと
2　友達と廊下で話すこと
3　ロビーでたばこを吸うこと
4　自分のパソコンを長時間使うこと

해석 및 해설

해석

(1)

이것은 ABC 하우스 규칙이다.

ABC 하우스 규칙

1. 가족·친구를 방에 들이지 말 것. 들일 때는 관리인에게 허가를 받을 것.
2. 하우스 안에서 담배를 피우지 말 것.
3. 방의 쓰레기는 스스로 분류해서 쓰레기장에 버릴 것.
4. 샤워 및 세탁기는 아침 6시 30분부터 밤 12시까지.
5. 로비의 컴퓨터는 무료이지만, 혼자서 장시간 사용하지 말 것.

1 ABC 하우스에서 해서는 안 되는 것은 어느 것인가?

1 밤 10시에 샤워를 쓰는 것
2 친구와 복도에서 이야기하는 것
3 로비에서 담배를 피우는 것
4 자신의 컴퓨터를 장시간 사용하는 것

단어

規則(きそく) 규칙 | 入(い)れる 들이다 | 管理人(かんりにん) 관리인 | 許可(きょか) 허가 | もらう 받다 | たばこ 담배 | 吸(す)う 피우다 | ゴミ 쓰레기 | 分(わ)ける 나누다, 분리하다, 분류하다 | ゴミ置(お)き場(ば) 쓰레기장 | 捨(す)てる 버리다 | 洗濯機(せんたくき) 세탁기 | ロビー 로비 | 無料(むりょう) 무료 | 長時間(ちょうじかん) 장시간 | 使用(しよう) 사용 | 廊下(ろうか) 복도

해설

문장 전체 내용을 파악하는 문제이다. ABC 하우스에서 금지하고 있는 것을 찾는 것으로, 1번 샤워는 밤 12시까지 사용할 수 있으므로 문제가 없다. 2번은 친구를 방에 들일 때만 관리인의 허가가 필요하므로 이 또한 문제가 없다. 3번 하우스 안에서는 담배를 피우지 말라고 했으므로 정답이 된다. 4번 장시간 사용이 금지된 것은 공용 컴퓨터이므로 문제가 없다.

問題4 つぎの(1)から(9)の文章を読んで、質問に答えなさい。答えは、1・2・3・4から最もよいものを一つえらびなさい。

(1)

山田課長からメールをもらいました。

> 木村さん
>
> お疲れ様です。先ほど20日のプレゼン(注1)用の資料を受け取りました。説明の文は問題なかったです。また、写真もよい物を選んであったと思います。売り上げですが、表で表すよりグラフにしたほうが分かりやすいのではないでしょうか。また、過去の売り上げは実線(注2)で、これからの売り上げは点線(注3)にしたらよいと思います。そのほか全体のデザインはお任せします。できれば、金曜までに資料を直して送ってほしいです。よろしくお願いいたします。
>
> 山田

(注1) プレゼン：プレゼンテーションの略。人の前で行う説明など

(注2) 実線：－で表す線

(注3) 点線：…で表す線

1 木村さんが直さなければならないのは何か。

1 説明の文

2 全体のデザイン

3 グラフの書き方

4 売り上げの表し方

（2）

外国人観光客が増えるにつれて放置(注1)スーツケースが増えていて問題になっています。成田空港では2024年度には1073件が放置されました。空港や駅、ホテルなどに放置されたスーツケースは中に危ない物が入っている可能性もあるし、歩く人の迷惑になります。忘れた場合もありますが、いらないのでわざと置いていく場合が多いです。これらのスーツケースは空港や自治体が検査、保管(注2)、処分(注3)の費用を払っていて年間で数十万円に上ることがあるそうです。

（注１）放置 : 持っている人がいないまま置かれていること
（注２）保管 : 安全な場所に置いて管理すること
（注３）処分 : ここでは捨てること

2 放置スーツケースの問題は何か。

1 警察が管理しなければならないこと
2 危ない物が入っていることが多いこと
3 誰の物かわからないこと
4 いろいろな費用がかかること

（3）

これは試験の内容についてのお知らせである。

試験のお知らせ

来週の月曜日に日本語の試験を行います。１時間目は文法・読解・漢字のテストを行います。教科書「初級日本語」の50ページまでの中から問題が出ます。問題は全部で50問です。そのうち漢字は10問で「楽しい漢字」の20ページまでの100字の中から出ます。２時間目は聴解テストです。どちらも試験の結果が65点以下の場合、来週の金曜日にもう一度試験を受けなければなりません。

3　この試験について正しい説明はどれか。

1　再試験は来週の金曜日に行われる。

2　１時間目の試験では60問出題される。

3　漢字は「楽しい漢字」の50ページまでの中から出る。

4　すべての試験で66点を取っても、また試験を受けなければならない。

（4）

私達のボランティアグループは毎年市民祭りでクッキーを売ってその利益を「子供の家」に寄付している。店を出すためには場所代として5,000円払わなければならない。クッキーは１袋100円で300袋売れた。小麦粉などを寄付してくれた人がいたので材料費は7,000円しかかからなかった。去年より2,000円多く寄付できたのでよかった。

4 去年の利益はいくらだったか。

1 16,000円

2 18,000円

3 23,000円

4 25,000円

（5）

> ネギと卵を煮て味を付けた物を大きな丼に入れたご飯の上にのせた物を「卵丼」という。それに鶏肉を入れたら「親子丼」(注)という食べ物になる。卵と鶏だから親子だというわけだ。鶏肉の代わりに豚などの肉を入れたら卵とその肉は何の関係もないという理由で「他人丼」になる。よくこんな名前を付けたものだと感心した。

（注）丼：ご飯などを入れる大きな入れ物。○○丼ともいう。

5　こんな名前というのはどんなことか。

1　材料がわかる名前
2　卵に関係がある名前
3　丼と付けてある名前
4　付けた理由がおもしろい名前

（6）

これは新規開店のパン屋の広告のチラシである。

> 手作りパン屋開店のお知らせ
>
> 東駅の前に４月１日手作りパン店が開店いたします。１日より７日までこのチラシを持って来られた方は10％割引とさせていただきます。また店のじまんのパンのうちクリームパン、ジャムパン、メロンパンは１日は１個180円のところを150円に割引させていただきます。これは10％割引にはなりません。また店の中で試食(注)ができますので、みなさま、ぜひおいでくださるようにお願いいたします。

（注）試食：食べてみること

6　４月１日にチラシを持って、300円のサンドイッチとメロンパンを２つずつ買った場合いくらになるか。

1　810円
2　840円
3　874円
4　900円

（7）

これはゲームを買った人に送られてきたお礼の文である。

このたびはジャンプゲームをお買い上げくださいまして、誠（まこと）にありがとうございました。品物といっしょに送料無料（むりょう）サービス券を入れさせていただきましたので、次のお買い物の時にどうぞご利用ください。このサービス券はお客様が商品をお買い上げくださいました日から半年間使うことができます。お客様のお買い上げ日は8月20日でございます。これからもよろしくお願いいたします。

7　この手紙の説明と合っているのはどれか。

1　ジャンプゲームの送料を払（はら）わなくていいこと

2　サービス券が後から送られてくること

3　今年次の買い物をするとき送料はいらないこと

4　サービス券が3月に使えること

（8）

これは東駅周辺が駐輪禁止になることを知らせる文である。

お知らせ

2026年10月１日より東駅周辺500メートル以内はすべての道路で駐輪(注)禁止となります。それ以後道路上に自転車は止められなくなりますのでご注意ください。道に止めている自転車は西駅の保管場所まで移動します。自転車を止めたい時は近くの市の自転車置き場をご利用ください。駐輪料金は自転車１台につき１日200円です。皆様のご協力をお願いいたします。

（注）駐輪：自転車を止めておくこと

8　内容からわからないことは何か。

1　自転車が止められなくなる場所

2　市の自転車置き場の利用料金

3　市の自転車置き場の場所

4　自転車が止められなくなる年月日

（9）

これはABC書店のクレジットカードの申し込み説明文である。

> 本日「ABC書店」原宿店で「ABC書店クレジットカード」を作られた方全員に、その場で2,000円の図書券を差し上げます。これはいつでも日本中の「ABC書店」で使うことができます。カードをお作りになるときにはマイナンバーカードや運転免許証やパスポートなどの写真つきの身分証明書が必要(注)です。カードをお作りになりたい方は受付にお申し込みください。

（注）マイナンバーカード：日本の身分証明書

9　今日このクレジットカードを作ると、何がもらえるか。

1　日本のすべての書店で使える図書券

2　この店ですぐにでも使える図書券

3　ABC書店の原宿店でしか使えない図書券

4　マイナンバーカードと運転免許証とパスポート

問題 5 내용이해 - 중문

문제5는 독해 16문항 중 6문항이 출제된다. 2개의 지문이 나오고, 각 지문 당 3문항씩 출제된다.

알고 풀자!

- 중문 독해는 글의 인과관계와 세부적인 흐름을 파악해야 한다. 보통 한 문단에 하나의 핵심 메시지가 담겨 있으므로, 소주제를 메모하며 읽어 보자.
- 필자의 주관적인 의견은 글의 뒷부분에 자주 등장하므로 끝까지 집중해서 읽도록 하자.
- 선택지는 지문 내용과는 상관없는 우리가 흔히 알고 있는 도덕적이고 상식적인 내용을 제시하기도 한다. 지문을 꼼꼼히 읽지 않고 보통의 생각으로 고르게 유도하는 함정이다. 답은 내 머릿속 상식이 아니라 글에 써진 내용에서만 골라야 한다.

예시

問題 5　つぎの(1)と(2)の文章を読んで、質問に答えなさい。答えは、１・２・３・４から最もよいものを一つえらびなさい。

（1）

私は本が好きで、よく本を買うのですが、先日①失敗をしてしまいました。家で買ったばかりの本を読んでいたら、前に読んだことがあるような気がしてきたのです。もしかしたら持っている本かもしれないと思って本棚を探してみたら、やっぱりありました。そして、その本を読んだことも思い出したのです。

私はたまにこんな失敗をします。読んだことがある本なのに、買ったことも内容も忘れているのです。

それが面白くない本だったときは、つまらない本のために二度もお金を払ったことが悔しくなります。でも、面白くて感動した本だったときには、悔しいだけではなく②自分が嫌になります。いいと思った本のことを忘れてしまった自分が情けないのです。

これからも同じようなことをしてしまうかもしれません。でも、本を読むのは楽しいので、本屋通いはやめられそうもありません。

例題　つぎの文章を読んで、質問に答えなさい。答えは、1・2・3・4から最もよいものを一つえらびなさい。

「情け(注)は人のためならず」は①「人に情けをかけることは人のためでなく結局は自分のためになる」つまり、親切にしたり、助けたりするのは自分のためだから情けをかけたほうが良いという諺だ。しかし最近これを②「情けをかけるとその人のためにはならない」と反対に使う人が増えてきた。②の増加は人に頼らないで自分で何とかすべきだと考える人が増えてきたことを意味する。日本の社会が①から②へ変化しているのだ。

言葉は最初は間違いとされたことでもみんなが使うようになると認められて辞書に載る。昔の辞書には①しかなかったが、最近は①の他に②の意味でも使うと書かれた辞書が多い。10年前の調査で既に①と②は同じぐらい使われていたから、今では②を使う人のほうが多いに相違ない。そのうち辞書も①と②が逆転することだろう。しかしそんな社会は誰にとっても生きにくいことだろう。

(注) 情け：思いやり、他の人のことを大事に思う気持ち、同情

1 <u>①と②が逆転(ぎゃくてん)する</u>とはどうなることか。

1 ①と②の意味が全面的に変更になる。

2 ①の意味ほど②の意味で使われなくなる。

3 ②の意味のほうが①の意味より重要になる。

4 ②の意味が最初に、①の意味が次に書かれる。

2 <u>そんな社会</u>とはどんな社会か。

1 他人に優(やさ)しい人が少ない社会

2 諺(ことわざ)の意味を間違(まちが)えて使う人ばかりの社会

3 人に厳(きび)しくしたらよくないと考える社会

4 他人に優(やさ)しくしないほうがよいと考える社会

3 この文章を書いた人の考えはどれか。

1 ②の意味で諺(ことわざ)を使う人は優(やさ)しくない人だ。

2 ①と②のように反対の意味を持つ諺(ことわざ)がある。

3 ②が広まると人の考え方が変わってしまう。

4 ②の考え方が広まった社会で暮らすのは大変だ。

해석 및 해설

해석

'인정(주)은 남을 위한 것이 아니다'는 ①'남에게 인정을 베푸는 것은 남을 위해서가 아니라 결국은 자신을 위한 것이 된다' 즉 친절하게 하거나, 돕거나 하는 것은 자신을 위한 것이므로 인정을 베푸는 것이 좋다는 속담이다. 그러나 최근 이것을 ②'인정을 베풀면 그 사람에게 도움이 되지 않는다'라고 반대로 사용하는 사람이 늘어나고 있다. ②의 증가는 남에게 의지하지 않고 스스로 어떻게든 해야 한다고 생각하는 사람이 늘어났다는 것을 의미한다. 일본 사회가 ①에서 ②로 변화하고 있는 것이다.

말은 처음에는 실수라고 여겨졌던 것이라도 모두가 사용하게 되면 인정받아 사전에 실린다. 옛 사전에는 ①밖에 없었지만, 최근에는 ① 외에 ②의 의미로도 사용한다고 쓰인 사전이 많다. 10년 전의 조사에서 이미 ①과 ②는 비슷하게 사용되고 있었기 때문에, 지금은 ②를 사용하는 사람이 많은 것임에 틀림없다. 머지않아 사전도 ①과 ②가 역전될 것이다. 그러나 그런 사회는 누구에게나 살기 어려울 것이다.

(주) 情け : 배려, 다른 사람을 소중히 생각하는 마음, 동정

1 **①과 ②가 역전된다란 어떻게 되는 것인가?**

1 ①과 ②의 의미가 전면적으로 변경된다.
2 ①의 의미만큼 ②의 의미로 사용되지 않게 된다.
3 ②의 의미가 ①의 의미보다 더 중요해진다.
4 ②의 의미가 처음에 ①의 의미가 다음으로 쓰인다.

2 **그런 사회란 어떤 사회인가?**

1 남에게 상냥한 사람이 적은 사회
2 속담의 의미를 잘못 알고 쓰는 사람뿐인 사회
3 남에게 엄격하게 하면 좋지 않다고 생각하는 사회
4 남에게 상냥하게 대하지 않는 편이 좋다고 생각하는 사회

3 **이 글을 쓴 사람의 생각은 어떤 것인가?**

1 ②의 의미로 속담을 사용하는 사람은 상냥하지 않은 사람이다.
2 ①과 ②처럼 반대되는 의미를 가진 속담이 있다.
3 ②가 널리 퍼지면 사람들의 생각이 달라진다.
4 ②의 사고방식이 널리 퍼진 사회에서 사는 것은 힘들다.

단어

情(なさ)け 정, 인정 | 情(なさ)けをかける 인정을 베풀다 | 結局(けっきょく) 결국 | つまり 즉 | 諺(ことわざ) 속담 | 反対(はんたい) 반대 | 増(ふ)える 늘다 | 増加(ぞうか) 증가 | 頼(たよ)る 의지하다 | 言葉(ことば) 말 | 間違(まちが)い 실수 | 認(みと)める 인정하다 | 辞書(じしょ) 사전 | 載(の)る 오르다, 실리다 | 既(すで)に 이미 | ~に相違(そうい)ない ~임에 틀림없다 | 逆転(ぎゃくてん) 역전 | ~にとって ~에게 있어 | ~にくい ~하기 어렵다

해설

〈질문 1〉 역전은 반대 상황으로 뒤집히는 것을 말하는 것으로, 글에서 사전도 ①과 ②가 역전될 것이라고 했으므로 사전에서 순서가 바뀌는 것을 의미한다. 따라서 4번이 정답이 된다.

〈질문 2〉 인정을 베풀면 타인에게 도움이 되지 않는다는 것이 ②의 의미이고, ②의 의미로 사용하는 사람이 많아지고 있음에 틀림없다고 했으므로 4번이 정답이 된다.

〈질문 3〉 ②의 사고 방식이 퍼진 사회는 인정을 베풀면 타인에게 도움이 되지 않는다는 것을 의미하고, 필자는 그런 사회가 살기 어려울 것이라고 했으므로 정답은 4번이 된다.

해설집 79쪽

問題 5　つぎの(1)から(7)の文章を読んで、質問に答えなさい。答えは、1・2・3・4から最もよいものを一つえらびなさい。

（1）

日本に来た外国人が驚くことの一つにタクシーの自動ドアがあります。お客さんはタクシーに乗ったり降りたりするときにドアを開けなくてすみますからとても便利です。特にたくさん荷物を持っているときなどはとても助かります。これを見て日本のサービスは世界一だと考えるかもしれません。しかしこれは最初は運転手さんのために考えられた物なのです。お客さんが降りてドアを開けたままで行ってしまうことがよくあったので運転手さんはいつも困っていました。そのたびに、運転手さんは外に出るか、車の中で体をドアに近づけて閉めなければなりませんでしたから。雨の日などはとても大変だったので会社の整備士(注)さんに何とかならないかと相談したら、運転席とドアをパイプで結んで自動ドアを作ってくれたそうです。最初は簡単な方法だったのですが、どんどんよくなって今の自動ドアができました。今ではお客さんからも喜ばれています。あまり便利なので海外にも輸出されています。

（注）整備士：ここでは車に悪いところがあるか調べたり、直したりする人

1　そのたびにのそのが示すのはどれか。

1　お客が降りるときにドアを開ける。
2　お客が乗るときにドアを開ける。
3　お客が乗った後ドアを閉める。
4　お客が閉めなかったドアを閉める。

2　自動ドアはどのように変化してきたか。

1　運転手のためだったのがお客のためになった。
2　簡単なものだったのがだんだん使いやすい物になった。
3　簡単に作れたのが、つけるのが難しくなった。
4　タクシーから他の車にも広がっていった。

3　どんなときに自動ドアが役に立つと書かれているか。

1　日本のサービスが世界一だと知らせるとき
2　タクシーに乗るときにぬれないとき
3　客がドアを開けるのが大変なとき
4　自動ドアつきの車を輸出（ゆしゅつ）するとき

（2）

日本では最近は食事を作らない人、一人で食べるほうがいい人、一緒に食べていても話をしない人が増えているそうだ。作らないのは忙しかったり便利な調理済み(注1)食品があるせいもある。一人の食事については「寂しい」と感じる人が1993年には64.1％いたが、2024年には34.9％に減っていた。それがいい人が20代だけでなく60代以上の高齢者まで60％以上もいることに驚いた。また食事中「スマホでSNSや動画(注2)を見たり、ゲームなどをする」人が33.3%、「家族や友だちと一緒でもスマホなどで一人で時間を過ごすことがある」人が32.5%いて、20代はそれぞれ60％、46％になっている。若い人ほど人との関係を持たなくなっているようだ。人間は人の間と書くように人と関係を持って生きていくと考えていたが、それをいらないと考える人の増加が心配になった。しかし、多くの人が一緒に楽しそうにいろいろなことをしているのを見て、これは食事中だけのことかもしれないと思った。また、そうあってほしいと思った。

（注１）調理済み：もう料理されて食べられるようになっていること
（注２）動画：パソコンやスマホで見ることができる動く絵や写真のこと

4 **一人で食事することのデータで何がわかるか。**

1 一人で食べるのが楽しいという人が増(ふ)えてきたこと
2 高齢者(こうれいしゃ)は一人がいいと考えていないこと
3 半分以上の人が一人で食事するのがいいと考えていること
4 一人の食事を寂(さび)しいと感(かん)じる人はほとんどいなくなったこと

5 **一人で食事することについてこの文章を書いた人は何に驚(おどろ)いたのか。**

1 寂(さび)しくない人が34.9%しかいなかったこと
2 寂(さび)しい人が半分ぐらいに減ったこと
3 若い人もお年寄(としよ)りも一人がいいこと
4 全ての年代が寂(さび)しくないと言ったこと

6 **この文章を書いた人の考えはどれか。**

1 人と人との関係を持ちたい人がほとんどいないので心配(しんぱい)だ。
2 食事中のデータなので全く心配(しんぱい)しなくていい。
3 人間は人との関係をなくさないでほしい。
4 人との関係を作るのが難しくなってきたので心配(しんぱい)だ。

（3）

長い時間座り続けていると寿命が縮むと言われている。世界20か国で平日座っている時間を調査したところ日本人が最も長時間座っていることがわかった。20か国の平均は約５時間、それに比べ日本人は約２時間も長いそうだ。調査では１日に座っている時間が４時間未満の人に比べ８～11時間の人の死亡リスクは15％増、11時間以上だと40％増になることがわかった。体の筋肉の70％を占める足の筋肉を動かさないので血流が悪くなり、代謝機能が低下するからだそうだ。それを防ぐためには30分に１回立つとか１～２時間に１回軽く動くとか、あるいは座っていても足を動かす必要がある。他の時間に走ったり、ジムに行ったりするのでは残念ながら取り戻せないそうだ。とはいっても熱中していると動くのをつい忘れてしまうのが人間だ。だから、社員のために昇降デスク(注)を導入したり、ミーティングは立ってすることにした会社もあるほどだ。余談だが後者は時間短縮にもなるので評判がいいそうだ。

(注) 昇降デスク：机が上下に動く机。立っても座っても仕事ができる。

7　どうして座っている時間が長いと寿命(じゅみょう)が縮むのか。

1　運動ができないから
2　血が流れなくなるから
3　足に70％の筋肉があるから
4　代謝機能(たいしゃきのう)が悪くなるから

8　寿命(じゅみょう)を短くしないためにはどうすればよいと言っているか。

1　運動を欠かさない。
2　座らない。
3　たびたび足を動かす。
4　ずっと立っている。

9　この文章の内容と合っているのはどれか。

1　長時間座っていた後はジムに行った方が良い。
2　１日に座るのは４時間未満(みまん)にしなければならない。
3　日本人は平日約７時間座っているそうだ。
4　長時間座っていると足の筋肉の70％が動かなくなる。

（4）

良くアジアの人たちから日本はきれいな国だと言われます。しかし、実はそうでもないと私は考えます。たまに道にゴミが落ちているのを目にするからです。そしていつも恥ずかしい気持ちになります。いつから道などにゴミが捨てられるようになったのでしょうか。自動販売機(じどうはんばいき)やコンビニが増えたことが原因の一つだと思われます。飲み物のビン、カン、ペットボトルなどのゴミが多いからです。パンなどを包(つつ)んである紙もあります。歩きながら飲んだり食べたりする人が増(ふ)えたのでこのようなゴミが増(ふ)えています。また日本人に道徳心(どうとくしん)(注)がなくなってきたことも原因でしょう。昔に比(くら)べてゴミ箱がないこともその一つです。ゴミを持っていたくない気持ちもわかりますから、捨てる場所が必要です。最近では公園からもゴミ箱が消えてしまいました。理由はいろいろですが、ゴミは自分で持ち帰ることがマナーとなったからです。しかしゴミを入れる物を持っていない人もいますから、やはりゴミ箱は必要だと思います。

（注）道徳心(どうとくしん)：何がよいか悪いかを考えてよいことをしようという気持ち

10 実はそうでもないとあるが、それはなぜか。

1 ゴミがあちこちに落ちているから

2 ゴミを捨てている人を目にするから

3 ゴミ箱が置いていないから

4 道にゴミが落ちているのを見るから

11 この文章を書いた人が考える「ゴミが落ちている原因」で、合っていないものはどれか。

1 道徳心（どうとくしん）がへっているから

2 ゴミ箱が置かれなくなったから

3 歩きながら飲（の）み食（く）いするようになったから

4 ゴミを捨てる人に注意しなくなったから

12 この文章を書いた人はどうしたらよいと言っているか。

1 家にゴミを持ち帰らせる。

2 ゴミ箱を置く。

3 マナーを守らせる。

4 外で飲（の）み食（く）いさせない。

（5）

家を建てるとき少しでも省エネ住宅にするために断熱材を入れます。断熱材とは文字通り熱を伝えないつまり熱を移動させない物です。色々な材料があって外側の壁と内側の壁の間にはさんで使うのが普通ですが、それなりの厚さが必要です。ガラスに塗ったりはったりする物もあります。今回、作られた紙のような断熱材は熱を通しにくい物質と合成繊維を紙のように薄くして作りました。一番の特長はその厚さです。わずか１㎜しかありませんし、切ったり曲げたりできますから、とても使いやすいです。これは家の材料に使うこともできますが、紙を硬くしたような物ですから、食品などをつつむのに使うととても便利だと思います。でも値段が問題です。現在は１㎡２万円ぐらいしますから、使い道が限られてしまうでしょう。広く使ってもらうためにはそれを解決しなければならないと思います。

（注）省エネ：省エネルギーのこと。エネルギーを無駄にしないこと。エネルギーをできるだけ使わないこと

13 <u>それなりの厚さ</u>とはこの場合どのぐらいの厚さか。

1 壁(かべ)の間にはさむのにちょうどよい厚さ
2 熱を移動(いどう)させないために必要な厚さ
3 必要な材料によって違(ちが)う厚さ
4 外側と内側の壁(かべ)の間の厚さ

14 紙のような断熱材(だんねつざい)の特徴(とくちょう)は何か。

1 壁(かべ)に塗(ぬ)れること
2 使(つか)い道(みち)が限られること
3 壁(かべ)をつつめること
4 薄くて曲げられること

15 この文章の主な内容は何か。

1 断熱材(だんねつざい)の種類と値段
2 断熱材(だんねつざい)を使う目的
3 断熱材(だんねつざい)の新しい使い方
4 断熱材(だんねつざい)と新製品(しんせいひん)

（6）

田舎に暮らすと何でも安いので生活費があまりかかりません。広い家を買っても借りても驚くほど安くすみます。庭も広いからそこで野菜などを作って食べることもできるでしょう。自然がいっぱいだしのんびりしているから子どもを育てるのにもいいです。学力テストをしたら小学校も中学校も１番は地方の県でした。子どもばかりではありません。お年寄りにとっても暮らしやすいところなのです。近所の人はみんな知り合いで、お付き合いが多いですから都会のように１人で寂しいということがありません。

ではなぜ田舎の人口は減り続けているのでしょうか。田舎の生活には車が必要だとか店があまりないとか不便なこともあります。しかし一番の問題は田舎には仕事がないことです。仕事があれば若者も帰ってきます。この問題を解決してもっと田舎で暮らせるようにしたいものです。

16 田舎(いなか)のいい点はどれか。

1 田舎(いなか)は何でも安いので一生懸命(いっしょうけんめい)働かなくてもいい。

2 子どもたちはのんびり勉強しているからテストの点がいい。

3 知り合いといっしょに暮(く)らせる。

4 子どもを育てるのにもいいし暮(く)らすのにもお金があまりかからない。

17 田舎(いなか)の人口が減っている一番の理由はどれか。

1 若者が田舎(いなか)に住みたがらないから

2 あまり仕事がないから

3 車が運転できない人が増えたから

4 店がなくて不便だから

18 この文章を書いた人は田舎(いなか)についてどう思っているか。

1 田舎(いなか)はいいことだらけだ。

2 田舎(いなか)は何でも安いので仕事がなくてもいい。

3 田舎(いなか)の人口はもう増えることはない。

4 仕事が増えれば田舎(いなか)に住む人が増える。

（7）

今、外食ではなくて中食(なかしょく)がはやっている。外食はレストランなどで食べることだが中食というのは自分で作るのではなく作られた食べ物を買ってきて食べることだ。外食に比べてずっと安い。一人暮らしの人などは少し作るのはめんどうだし、昔に比べて味もよくなっているのでわざわざ作りたくなくなっているようだ。だからスーパーやデパートのお総菜(そうざい)(注)売り場はどこもおおぜいの人でにぎわっている。お袋の味と言われる昔お母さんが作ってくれたなつかしい料理も売っている。高くて行けないようなレストランの料理も安くはないが手に入る。それを買ってきてテーブルに並べるだけですぐに食事ができるから忙しい人にとってはとてもありがたいものだ。

しかし昔は同じ料理でも家によって味が違っていたが、今はみんな似たような味になってしまった。親から子どもへ伝えられていたわが家の味が消えて行く。ちょっと寂しい。

（注）お総菜(そうざい)：おかず

19　それは何を指しているか。

1　レストランで買った料理
2　料理された食べ物
3　袋に入っている料理
4　いろいろな材料でできている食べ物

20　中食(なかしょく)がはやっている理由はどれか。

1　家で作るより安いから
2　レストランの味を味わってみたいから
3　一人暮らしの人が増えているから
4　外食より安いし便利だから

21　この文章を書いた人の意見はどれか。

1　料理は買わないで家で作ったほうがいい。
2　中食は便利だが高すぎる。
3　中食ではその家の味が伝わらないので残念だ。
4　買った料理はみな同じような味なのでまずい。

3 問題 6 내용이해 - 장문

문제6은 독해 16문항 중 4문항이 출제되고, 1개의 지문이 나온다.

알고 풀자!

- 장문 독해는 독해 문제 중 가장 난이도가 높은 유형이다. 전체를 완벽히 해석하려다 시간을 뺏기기보다는, 질문이 가리키는 특정 단락을 먼저 찾아 분석하는 전략이 필요하다.
- 글이 긴 만큼 반복되는 핵심어를 중심으로 필자가 강조하는 내용을 정리하자.

예시

問題10　つぎの文章を読んで、質問に答えなさい。答えは、１・２・３・４から最もよいものを一つえらびなさい。

先日、テレビであるタクシー会社の話が紹介されていた。

タクシーの運転手は、利用者から「急いでください。」と言われることが多いので、急ぐことがサービスになると思っている人が多い。それで、走り出してすぐにスピードを上げたり、前の車が遅いときは追い越したりしていた。ところが、その会社が利用者にアンケート調査を行ってみると、70%以上の人が「ゆっくり走ってほしいと思ったことがある」と答えたそうだ。

「①驚きました。多くのお客様が希望しているサービスは、私たちが考えていたのとは反対のものだったんです。」と会社の人は話していた。

会社は、この結果から、必ずしも急ぐ必要がある人ばかりではないと気がついた。急ごうとすると、どうしても車が大きくて揺れてしまうことがある。小さい子供を連れた人や車に酔いやすい人など、ゆっくり丁寧に運転してほしいと思う利用者もいるのだ。しかし、急いでくれている運転者に「急がなくてもいいから、丁寧に運転してください。」とは言いにくい人が多いのだろうと考えた。

そこで、この会社では、利用者が座る席の前にボタンをつけ、利用者がそのボタンを押せば、いつもよりゆっくり丁寧に運転するというサービスを開始した。これなら、希望を言い出しにくい人でも、遠慮なく希望を運転手に伝えることができる。

실전 감각 익히기 내용이해 - 장문

例題　つぎの文章を読んで、質問に答えなさい。答えは、１・２・３・４から最もよいものを一つえらびなさい。

日本ほど温泉が多い国はないだろう。日本中にいい温泉がたくさんある。だから温泉を楽しみに日本に来る外国人も大勢いる。風呂はお湯をわかしただけだが、温泉には体にいい色々な成分が入っている。それは温泉によって違う。温泉に入るときのマナーは町の銭湯のお風呂に入るときと同じだ。外国では水着を着て温泉に入るところが多いが、日本では着ている物は全部脱がなければならない。またお湯の中に入る前に、お湯を体にかけて簡単に汚れを取る。これはお風呂のお湯を汚さないための一番大切なマナーだ。洗い場には体を洗うためのタオルを持って入ってもいいが、お湯の中にはどんなタオルも入れてはいけない。こちらもお湯を汚さないためだ。そのほか体がぬれたまま出て、服を着たり脱いだりする脱衣場と呼ばれる場所のゆかをぬらさないように簡単に体をふいてから出ることなど注意しなければならないことがいくつかある。多くの温泉にその成分と入るときのマナーが書いてはってある。マナーを知らずにけんかになったりしないように、だれもが気持ちよく利用できるように、英語、韓国語、中国語などで入り方が書かれている。日本人でも入り方を知らない人がいるので日本語の注意書きももちろんある。ロシア人が多い北海道ではロシア語でも書かれている。マナーを守って温泉を楽しみたいものだ。

1　温泉の説明で正しいのはどれか。

1　温泉を楽しむのは日本人ばかりではない。
2　外国人は日本の温泉で水着を着てもいい。
3　日本の温泉に入るときに着ている物を脱ぐのは日本人だけだ。
4　温泉の成分はたくさんあるが日本では同じだ。

2 温泉(おんせん)の入り方の注意書きはなぜ必要か。

1 お客さんが知りたがっているから
2 温泉(おんせん)の入り方のマナーを知らない人がいるから
3 お客さんがけんかするから
4 外国人は温泉(おんせん)でのマナーを知らないから

3 温泉(おんせん)に入る時の一番大切なマナーは何か。

1 体をふいてからお湯(ゆ)に入る。
2 タオルを持って行ってはいけない。
3 温泉(おんせん)の注意書きを読んでから入る。
4 簡単に体を洗ってからお湯(ゆ)に入る。

4 この文章の内容と合っていないのはどれか。

1 この文章を書いた人はみんなにマナーをまもってほしい。
2 新しいタオルならお湯(ゆ)の中に入れてもいい。
3 温泉(おんせん)によって注意書きに使われている言葉が違う。
4 水着(みずぎ)を着て入る国もある。

해석 및 해설

해석

일본만큼 온천이 많은 나라는 없을 것이다. 일본 전역에 좋은 온천이 많이 있다. 그래서 온천을 즐기러 일본에 오는 외국인도 많이 있다. 목욕탕은 물을 데웠을 뿐이지만, 온천에는 몸에 좋은 여러 성분이 들어 있다. 그것은 온천에 따라 다르다. 온천에 들어갈 때의 매너는 동네의 공중목욕탕의 탕에 들어갈 때와 마찬가지다. 외국에서는 수영복을 입고 온천에 들어가는 곳이 많지만, 일본에서는 입고 있는 것은 전부 벗어야 한다. 또 물에 들어가기 전에, 물을 몸에 끼얹어 간단히 더러움을 씻어낸다. 이것은 목욕탕의 물을 더럽히지 않기 위한 가장 중요한 매너이다. 씻는 곳에서는 몸을 씻기 위한 수건을 갖고 들어가도 되지만, 물 속에는 어떤 수건도 넣어서는 안 된다. 이것도 물을 더럽히지 않기 위해서다. 그 외에 몸이 젖은 채로 나와, 옷을 입거나 벗거나 하는 탈의실이라 불리는 장소의 바닥을 적시지 않도록 간단히 몸을 닦은 후에 나오는 것 등 주의하지 않으면 안 되는 일이 몇 가지 있다. 많은 온천에 그 성분과 들어갈 때의 매너가 쓰여져 붙어 있다. 매너를 몰라서 싸움이 나거나 하지 않도록, 누구나 기분 좋게 이용할 수 있도록, 영어, 한국어, 중국어 등으로 입욕법이 쓰여져 있다. 일본인이라도 입욕법을 모르는 사람이 있기 때문에 일본어 주의 사항도 물론 있다. 러시아인이 많은 홋카이도에서는 러시아어로도 쓰여져 있다. 매너를 지켜서 온천을 즐겼으면 한다.

1 **온천의 설명으로 옳은 것은 어느 것인가?**

1 온천을 즐기는 것은 일본인만이 아니다.
2 외국인은 일본 온천에서 수영복을 입어도 된다.
3 일본의 온천에 들어갈 때 입고 있는 것을 벗는 것은 일본인뿐이다.
4 온천의 성분은 많이 있지만 일본에서는 똑같다.

2 **온천의 입욕법에 대한 주의 사항은 왜 필요한가?**

1 손님이 알고 싶어하기 때문에
2 온천 입욕법의 매너를 모르는 사람이 있기 때문에
3 손님이 싸움을 하기 때문에
4 외국인은 온천에서의 매너를 모르기 때문에

3 **온천에 들어갈 때 가장 중요한 매너는 무엇인가?**

1 몸을 닦은 후 탕에 들어간다.
2 수건을 들고 가서는 안 된다.
3 온천의 주의 사항을 읽고 나서 들어간다.
4 간단히 몸을 씻은 후 탕에 들어간다.

4 **이 글의 내용과 맞지 것은 어느 것인가?**

1 이 글을 쓴 사람은 모두가 매너를 지켰으면 한다.
2 새 수건이라면 탕 속에 넣어도 된다.
3 온천에 따라 주의 사항에 사용된 말이 다르다.
4 수영복을 입고 들어가는 나라도 있다.

단어

温泉(おんせん) 온천 | 大勢(おおぜい) 많은 사람 | 風呂(ふろ) 목욕물 | お湯(ゆ) 뜨거운 물 | わかす 데우다, 끓이다 | 成分(せいぶん) 성분 | 違(ちが)う 다르다 | 銭湯(せんとう) 대중목욕탕 | 水着(みずぎ) 수영복 | 脱(ぬ)ぐ 벗다 | かける 끼얹다 | 汚(よご)れ 더러움 | 汚(よご)す 더럽히다 | 洗(あら)い場(ば) 씻는 곳 | ぬれる 젖다 | 脱衣場(だついじょ) 탈의장 | ゆか 바닥, 마루 | ぬらす 적시다 | ふく 닦다, 훔치다 | はる 붙이다 | けんかになる 싸움이 나다 | 注意書(ちゅういが)き 주의 사항

해설

〈질문 1〉 1번 일본에 온천을 즐기러 오는 외국인이 많이 있다고 했으므로 정답이다. 2번, 3번 일본 온천에서는 전부 벗어야 한다고 했으므로 맞지 않다. 4번 온천에는 몸에 좋은 여러 가지 성분이 들어 있고, 그것은 온천에 따라 다르다고 했으므로 맞지 않다.

〈질문 2〉 입욕법은 외국어로도 쓰여 있고, 일본인이라도 입욕법을 모르는 사람이 있어 일본어 주의서도 있다고 했다. 따라서 2번이 정답이다.

〈질문 3〉 온천에 들어갈 때의 매너 중에 가장 중요한 것이 목욕탕 물을 더럽히지 않게 하기 위해 탕 안에 들어가기 전에 물을 몸에 끼얹어 간단히 더러움을 씻어내는 것이라고 했으므로, 4번이 정답이 된다.

〈질문 4〉 1번 필자는 마지막에 매너를 지켜서 온천을 즐겼으면 한다고 했으므로 맞는 내용이다. 2번 본문에는 탕 안에는 어떤 수건도 넣어서는 안 된다고 했으므로 맞지 않다. 따라서 정답이다. 3번 러시아 손님이 많은 홋카이도에서는 러시아어 주의서가 있다고 했으므로 맞는 내용이다. 4번 외국에는 수영복을 입고 들어가는 곳이 많다고 했으므로 맞는 내용이다.

해설집 86쪽

問題6　つぎの（1）から（6）の文章を読んで、質問に答えなさい。答えは、1・2・3・4から最もよいものを一つえらびなさい。

（1）

日本は長く救急車の利用は無料だったが、2024年に救急車で病院へ行って入院しなかった場合7,700円を払ってもらう市が出てきた。おかげで利用者が1か月で約22％減ったそうだ。救急車は外国ではお金を払うところが多く、例えばアメリカでは乗るだけで10万円も取られる地域もあるそうだから、7,700円は高すぎるとは言えないが、市民は不安だ。実際には入院しなくても医師が緊急(注1)だと考えた場合には支払いは必要ないから、それほど大変ではないが、市民の不安な気持ちも理解できる。なぜ、お金を取らなければならないのか。理由はどこでも同じだ。使われる税金や医療費を減らすためもあるが、前から必要がないのに救急車を呼ぶ人が多いという問題があった。救急車なら病院で順番を待たないで済むし、中にはタクシー代わりに使う人までいるからだ。老人が増えたこともあるが、<u>そのせいで</u>年々救急車の利用者が増えている。そして救急車が病院に着く時間が遅くなって本当に必要な人の命が危なくなってしまった。胸や頭の重い病気や、たくさん血が出たような場合、時間との勝負(注2)と言われている。2012年に救急車の到着時間は約8.3分だったが、2022年には平均で10.3分に伸びてしまった。これでは本当救われるはずの人が救われない。自分のことしか考えない人が増えたことで、日本中でお金を取るようになりそうで悲しい。

（注1）緊急：とても急いでしなければならないこと
（注2）時間との勝負：どれだけ早く行動できるかが結果を決めること

1　救急車が有料になった市はどうなったか。

1　救急車を利用する人が減った。
2　市民が救急車でなくタクシーを呼ぶようになった。
3　7,700円払って救急車を使うようになった。
4　入院しないと7,700円払わなければならなくなった。

2　<u>そのせいで</u>のそのは何を指しているか。

1　老人が増えたこと
2　タクシーが足りないこと
3　必要ないのに救急車を使う人がいること
4　救急車を無料で利用することができること

3　この文章を書いた人は救急車の利用料についてどう考えるか。

1　市が大変なのでお金を取ったほうがいい。
2　必要がないのに使う人が減らないなら増えていくだろう。
3　本当に必要な人を助けるためにはお金を取ったほうがいい。
4　お金を取ることは正しく使用するためにどんどん進めたほうがいい。

4　どうしてこの文章を書いた人は悲しいのか。

1　無料で利用できなくなるから
2　不安で救急車を使えなくなるから
3　一部の人のせいでお金を取るようになるから
4　他人のことを考える人が減っているから

（2）

サソリを始め20種類もの昆虫食が売られている自動販売機がある。日本人は昔か[注1]らイナゴという昆虫や蜂の子などを食べてきた歴史があるので昆虫食と聞いても驚かないだろう。しかし一般人が喜んで食べるかというとそれはまた別の話である。見た目も悪いし値段が高いこともあって、少数の新し物好きの人だけがおっかなびっくり手を出している状況だ。いつでもどこにでも（　　　）にしようと考える人がいるものだ。しかし昆虫というだけで食わず嫌いになっているのはもったいないと思う。実際はバッタはエビの味、セミはナッツの香りがしてなかなかなのだそうだ。また昆虫は良質な蛋白質、脂肪、カルシウム、食物繊維などの栄養素がたくさん含まれているので健康によい。そのままでなく、「昆虫せんべい」や「昆虫ラーメン」などのように他の材料に入れ込んでしまえば抵抗なく食べられて栄養も摂れるし、昆虫が持つ可能性がある細菌や寄生虫を食べる心配もないから、こちらを試してみるのはどうだろうか。

昆虫が注目されているのは個人的な理由ばかりではない。国連[注2]も人口増加や温暖化による食料不足を解決するために昆虫の利用を進めようとしている。直接食べることもそうだが、主に魚や鶏などを育てる餌にすることが求められている。昆虫の飼育は広い場所も必要としないしそんなに難しくないことも勧める理由だと思う。近い将来に昆虫の利用が広まることは間違いないと思う。

（注１）サソリ：刺されると死ぬほど強い毒を持っている昆虫
（注２）国連：国際連合の略。United Nations

5　(　　　)に入れるのに最もよいものはどれか。

1　話の実
2　話の種
3　話の花
4　話の根

6　なかなかなのだとはどのような意味か。

1　思ったよりおいしいのだ。
2　思いのほかおいしくないのだ。
3　思ったほどおいしくないのだ。
4　思った通りとてもおいしいのだ。

7　この文章を書いた人が昆虫食(こんちゅうしょく)を勧(すす)める理由は何か。

1　とてもおいしいから
2　体のためになるから
3　食料不足が解決できるから
4　これだけで栄養(えいよう)が摂(と)れるから

8　この文章の内容と合っているのはどれか。

1　昆虫食(こんちゅうしょく)は高すぎるから一般人は食べられない。
2　昆虫食(こんちゅうしょく)は寄生虫(きせいちゅう)を食べる心配があるので危険だ。
3　バッタはエビと同じ栄養素(えいようそ)を持っている。
4　国連(こくれん)は食料不足を解決するために昆虫(こんちゅう)を利用しようとしている。

(3)

私が最も尊敬している人は祖母です。祖母は海外のテレビドラマで今でも人気がある「おしん」と同じような時代を生きた人です。おしんと同じように9歳から人減らしのために子守(注)として働きに出されました。その時代貧しい家の子はみんな働いていましたが、子どもが他人の家で働くことは大変だったはずです。祖母は学校にも行けませんでした。ですから文字も読めませんでした。よく祖父が新聞を読むのを見てうらやましいと言っていました。理由はわかりませんが、祖母は70歳を過ぎてから文字を学びはじめました。やっとその時間が持てるようになったのです。いらなくなった孫の教科書を使い、「あ」から一つ一つ学んでいきました。私は一緒に住んでいませんでしたから、ひらがな・カタカナを覚えるのにどのくらい時間がかかったかわかりません。でも今祖母と同じ年になってみて、祖母が大変な努力をしたのだとよくわかります。今の私は新しい言葉を覚えるより忘れるほうが多い状態ですから。祖母はひらがなを覚えるとカタカナ、そして漢字を勉強することを死ぬまで続けましたから、簡単な漢字は読んだり書いたりできるようになりました。私が覚えている祖母はいつもノートに字を書き続けていました。孫の私にもよく質問をしました。祖母は健康にも気をつけていました。寝る前にふとんの上で運動もしていたおかげか90歳過ぎても元気でした。今私も自然に運動するようになっています。でも勉強はなかなかできません。私は大学を卒業していますが、いつも祖母には負けていると感じています。

(注) 子守：赤ちゃんの世話をすること/人

9 この文章を書いた人はなぜ祖母には負けていると感じているか。

1 祖母より知識(ちしき)が少ないから

2 祖母をとても尊敬(そんけい)しているから

3 祖母のように勉強を続けていないから

4 祖母と同じことをしているから

10 祖母はなぜ子守(こもり)に出されたのか。

1 貧(まず)しかったので食べ物を食べる人を減(へ)らすため

2 家に子守(こもり)が必要な赤ちゃんがいなかったため

3 働けない子どもは家に置いておけなかったため

4 他の家でおいしい食事をさせてもらうため

11 祖母の時代はどんな時代だったか。

1 子どもも大人と同じ仕事をしていた時代

2 子どもの仕事は子守(こもり)しかなかった時代

3 両親ではなく子守(こもり)が赤ちゃんを育てた時代

4 貧しい家の子どもが働くことが珍しくなかった時代

12 この文章を書いた人が祖母を尊敬(そんけい)している理由で、間違っているものはどれか。

1 年を取っても勉強を始めたこと

2 あきらめずに文字を学び続けたこと

3 新聞が読めるようになったこと

4 分からないときに孫(まご)にも聞いたこと

（4）

日本人はよく働く・時間を守ると言われています。日本の電車の時間が正確なことは世界中の人を驚かせています。でも日本人が昔からそう言われていたわけではありません。江戸時代[注1]のマナーだと言われている「江戸しぐさ」の一つに「時泥棒」というのがあります。これは連絡しないで訪問したり約束の時間に遅れてはならないという教えです。ですから時間を守らなければならないと考えていたはずですが、実は江戸時代の終わりから明治の初めに西洋から来た外国人に「日本人はのんびりしすぎている。約束を守らない」「仕事がなかなか終わらない」ひどいときには「ぐず[注2]だ。怠け者だ。」とまで言われていました。労働時間は江戸時代、①農民や商人などは別ですが武士は大変短く、朝10時ごろから遅くても午後４時ごろまでで、藩[注3]によっては２時ごろまでしか働いていなかったそうです。その間食事や休憩時間もあります。ですから日本人はそれほど働いていなかったのでしょう。それが今では病気になったり死んだりするほど働いている人もいるというのはいったいどうしたことでしょう。また発展途上国と言われる国々でビジネスをする日本人が②全く同じことを言っているのもおかしいです。日本人が時間を守るようになったのは鉄道・工場・学校・軍隊など西洋の技術や文化を取り入れてからだと言われています。またこんなに働くようになったのは一生懸命働いて西洋に追いつこうとがんばって経済が高度成長した1954年から1973年ごろのことだったそうです。それは戦争で全てを失った日本の状態を考えると自然なことだったとも思えます。しかし日本はもう十分発展したのですから、ここらでちょっとのんびりしてもよいのではないでしょうか。

（注１）江戸時代：1603年～1868年

（注２）ぐず：何かをするのが大変おそいこと/人

（注３）藩：昔の県

13 ①農民や商人などは別ですから何がわかるか。

1 農民や商人などは別のところで働いていたということ
2 農民や商人などは別の時間に働いていたということ
3 農民や商人などはもっと長く働いていたということ
4 農民や商人などはもらうお金が別だったということ

14 ②全く同じことを言っているとは誰が誰に何を言っているのか。

1 西洋人が日本人に「のんびりしている」とか「約束を守らない」とか言っている。
2 西洋人が発展途上国の人に「のんびりしている」とか「約束を守らない」とか言っている。
3 日本人が発展途上国の人に西洋人に言われたことと同じことを言っている。
4 日本人が発展途上国の人に「もっと働け」などと言われた通りに言っている。

15 日本人がこんなに働くようになったのはなぜか。

1 西洋より先に発展していくため
2 西洋と同じような状態になるため
3 西洋をおいこすため
4 西洋の後に続くため

16 この文章の内容と合っているのはどれか。

1 昔の日本人は全員短時間しか働いていなかった。
2 西洋の技術と文化を取り入れたおかげで時間を守るようになった。
3 昔の日本人は怠け者ばかりだった。
4 十分働いてきたのだからもう働かなくてもよい。

（５）

日本人は「言霊」と言って昔から言葉には特別な力があると信じてきた。言霊というのは言葉が持つ不思議な力のことだ。昔の人は一度言葉を使ってしまうとそれが本当になってしまうと考えていた。だから、「４」を「し」と発音すると「死」に通じると言って嫌った。病院に４号室がないのはそのためだ。言葉をとても怖がっていたから、結婚式や葬式などで使ってはいけない言葉も生まれた。結婚式で「わかれる・はなれる・きる」などは使わなかった。お祝いのお金も２万円など偶数(注1)は分けられるつまり別けられるので、分けられない奇数(注2)の３万・５万などが喜ばれた。

言葉に関心があったから言葉遊びもよくやっていた。中でも「語呂合わせ」が一番好きだったようだ。語呂合わせというのは音を合わせることだ。歴史の年号や電話番号など数字を覚えるときにとても便利なので今でもよく使われている。例えば8783は「はなやさん」、4192は「よいくに」などと言う。そのため人気がある電話番号は売ったり買ったりされる。試合の前にトンカツを食べるのも「カツ」を「勝つ」にかけているのだ。最近は「刺身」は外国人にも人気があるが、刺身という言葉は「刺す・体」つまり「体を(ナイフなどで)刺す」に通じると言って高級料理屋などでは使わず「お造り」と言っている。「お造り」と言われても外国人には何のことかわからないだろう。今でも言葉に力があると信じているわけではないが、聞いた人の気分を悪くさせないように言葉を変えて使うことがよくある。

（注１）偶数：２、４、６のように、２で割り切れる数

（注２）奇数：１、３、５のように、２で割り切れない数

17 どうして日本の病院には４号室がないのか。

1 ４号室に入院した人は死んでしまうから
2 病院は３号室までしか作らないから
3 ４は「死」をイメージさせるから
4 ４は「死」と強い関係があるから

18 どうして試合の前に「トンカツ」を食べるのか。

1 「トンカツ」を食べると試合に勝てるから
2 「トンカツ」には不思議な力があるから
3 「トンカツ」はおいしくて力がつく食べ物だから
4 「トンカツ」のカツが勝つに通じているから

19 どうして今でも言葉を変えて使うのか。

1 言葉に力があると信じているため
2 言葉を短くして覚えやすくするため
3 同じ意味の言葉がたくさんあるため
4 聞き手の気分が悪くならないため

20 この文章の内容と合っているのはどれか。

1 日本人は言葉の力を利用しようと思っていた。
2 日本人は言葉には不思議な力があると考えていた。
3 日本人は言葉に力を持たせようとしている。
4 日本人は言った言葉通りするべきだと思っている。

（6）

私の友人にいつも何かが起きたときに前向きに考える人がいる。ある時、一緒にドライブ旅行したことがあった。温泉に向かっているときに道を間違えて1時間ほど時間を無駄にしてしまった。ところがそのとき彼女は「道を間違えたおかげできれいな富士山が見られた。よかったよ」と言った。事実富士山はきれいだった。でもどの道を行ってもその辺りはきれいな富士山が見られる場所だった。帰りに夜ドライブインで止まったとき、車のヘッドライトを消すのを忘れてしまった。買い物から戻っていざエンジンをかけようとしたらバッテリーが上がっていて車は動かなくなっていた。私たちが騒いでいると、隣に止まっていた人がどうしたのかと聞いてくれた。その人はたまたまコードを持っていて、すぐに自分の車のバッテリーにつなげて、私たちのバッテリーを回復させてくれた。本当にどうなることかと冷や冷やした。車が動くとすぐに「私たちって本当に運がいいわねえ。隣にコードを持っている人が駐車していたなんて」と彼女が言った。どこが運がいいのか。めったに起こらない運が悪いことだと普通は考えるだろう。修理の人を呼ばなければならなかったかもしれないのだ。でもそんなときでも彼女は運がいいと考えるのだ。

自分を運がいいと考えるか、運が悪いと考えるかは人それぞれだ。彼女を見ていると私は運がいいと考える人のほうに幸せがやってくるような気がして来る。

21 ドライブインでどんなことが起こったか。

1 ライトを消したままにしてバッテリーが上がってしまった。
2 バッテリーのコードを持っている人を探さなければならなかった。
3 ライトをつけっぱなしにしてバッテリーの電気がなくなった。
4 隣(となり)の車の人にバッテリーの電気をもらえないかと頼んだ。

22 友人はどんな人か。

1 どんなときもだれかに助けてもらえる運がいい人
2 運が悪い経験をいい結果に変えることができる人
3 どんなときも前向きなので運が悪いことにあわない人
4 運が悪いと思われることも悪いと思わない人

23 この文章を書いた人は運についてどう考えているか。

1 運がいいと考える人にはいいことが起きる可能性が高くなるだろう。
2 考え方を変えれば運が悪いことは起きないだろう。
3 運がいいと考えるとどんな不幸もいいことだと考えられるだろう。
4 運がいい人は運がいいと考える人だろう。

24 この文章の内容と合っているのはどれか。

1 道に迷ったせいでもっと美しい富士山を見ることができなかった。
2 バッテリーが上がったときどうなるか心配した。
3 車が動かなかったのはコードがつながっていなかったからだ。
4 彼女のように考えると自分の運も変えることができる。

4 問題 7 정보검색

문제7은 독해 16문항 중 2문항이 출제되고, 지문은 1개가 나온다.

! 알고 풀자!

- 이 문제의 규칙은 지문을 처음부터 끝까지 다 읽지 않는 것이다. 질문에 나온 조건 등을 파악하고, 지문의 표나 항목에서 해당 내용이 있는 부분만을 찾아 읽는 것이 중요하다.
- 글 아래 적힌 별표나 주의 사항에 정답을 결정짓는 예외 조건이 숨어 있으므로 반드시 확인해야 한다.

예시

問題 7　右のページは、動物園のポスターである。これを読んで、下の質問に答えなさい。答えは1・2・3・4から最もよいものを一つえらびなさい。

31　今日は日曜日である。ソフィさんは14時に入園し、このポスターを見た。動物園が昼間に行っている案内や教室の中で、今から参加できるものはどれか。

1　Aだけ　　2　AとB　　3　AとBとC　　4　BとD

大原動物園をもっと楽しむために

昼のイベント

いろいろなイベントに参加して、運動のことをもっとよく知ってください。

A　動物園案内	B　動物教室
専門の係の説明を受けながら、動物園の中を歩きます。必要時間は約１時間です。 毎日３回 ①10時半～、②14時半～、③16時～	普段知ることのできない、動物たちの生活について話を聞くことができます。 毎週日曜　13時半～15時 (途中からでも参加できます)
C　台所見学	**D　川の生き物教室**
動物たちのえさを準備しているところが見られます。必要時間は約45分～１時間です。 毎週土曜　14時半～	川の生き物に実際に触ったりしながら、楽しく学べます。 毎週火曜、木曜　15時～16時 毎週土曜　13時～14時 毎週日曜　11時半～12時

실전 감각 익히기 정보검색

例題　つぎのページはメニューである。これを読んで、下の質問に答えなさい。答えは、1・2・3・4から最もよいものを一つえらびなさい。

> トマスさんがオーストラリアに帰国するので送別会を開くことにしました。奥(おく)さんも招待します。トマスさんは焼き鳥が大好きですから、気軽(きがる)に行ける店にしようと思います。課(か)には８人の社員がいます。８人が１人5,000円の会費でプレゼントもあげたいです。どの店のどのコースを選(えら)んだらいいでしょうか。プレゼントは日本人形10,000円、箸(はし)セット6,000円、ゲーム5,500円、風呂敷(ふろしき)(注)5,000円、茶碗(ちゃわん)セット4,000円から選(えら)びたいです。

（注）風呂敷(ふろしき)：何かを包むのに使う大きいハンカチのような布

1　日本人形をあげてビールを１人１本にすると、どのコースが選べるか。

1　AかB
2　CかD
3　DかF
4　EかF

2　Ｅコースをインターネットで予約した場合、トマスさんにあげることができる一番高い物はどれか。

1　箸(はし)セット
2　ゲーム
3　風呂敷(ふろしき)
4　茶碗(ちゃわん)セット

【幸(さち)】

A　5品(しな)(焼き鳥あり)コース　2,500円

B　7品(焼き鳥あり)コース　3,000円

ビール　600円、ジュース　500円

【静(しずか)】　6人以上の場合、10％割引

C　すき焼きセット　3,200円

D　焼き鳥セット　2,700円

ビール　500円、ジュース　400円

【武蔵(むさし)】　インターネット予約は10％割引

E　飲み放題＋食べ放題(焼き鳥あり)　3,800円

F　7品(焼き鳥あり)＋飲み放題　3,000円

해석 및 해설

해석

토머스 씨가 호주로 귀국하기 때문에 송별회를 열기로 했습니다. 부인도 초대합니다. 토머스 씨는 닭 꼬치구이를 아주 좋아하기 때문에 가볍게 갈 수 있는 가게로 하려고 합니다. 우리 과에는 8명의 사원이 있습니다. 8명이 1인당 5,000엔의 회비로 선물도 주고 싶습니다. 어느 가게의 어느 코스를 선택하면 좋을까요? 선물은 일본 인형 10,000엔, 젓가락 세트 6,000엔, 게임 5,500엔, 보자기(주) 5,000엔, 밥공기 세트 4,000엔에서 고르고 싶습니다.

(주) 風呂敷 : 무언가를 싸는 데 사용하는 큰 손수건과 같은 천

【사치】
A 5품 (닭 꼬치구이 있음) 코스 2,500엔
B 7품 (닭 꼬치구이 있음) 코스 3,000엔
맥주 600엔, 주스 500엔

【시즈카】 6인 이상일 경우, 10% 할인
C 스키야키 세트 3,200엔
D 닭 꼬치구이 세트 2,700엔
맥주 500엔, 주스 400엔

【무사시】 인터넷 예약은 10% 할인
E 음료 무제한 + 음식 무제한 (닭 꼬치구이 있음) 3,800엔
F 7품 (닭 꼬치구이 있음) + 음료 무제한 3,000엔

1 일본 인형을 주고 맥주를 1명당 1병으로 하면 어느 코스를 선택할 수 있는가?

1 A나 B
2 C나 D
3 D나 F
4 E나 F

2 E코스를 인터넷으로 예약한 경우, 토머스 씨에게 줄 수 있는 가장 비싼 물건은 어느 것인가?

1 젓가락 세트
2 게임
3 보자기
4 밥공기 세트

단어

オーストラリア 호주 | 帰国(きこく) 귀국 | 送別会(そうべつかい) 송별회 | 招待(しょうたい) 초대 | 焼(や)き鳥(とり) 야키토리, 닭 꼬치구이 | 気軽(きがる)だ 부담없다, 가볍다 | 課(か) 과 | 会費(かいひ) 회비 | 箸(はし) 젓가락 | 風呂敷(ふろしき) 보자기 | 茶碗(ちゃわん) 밥공기 | 包(つつ)む 싸다 | ハンカチ 손수건 | 布(ぬの) 천 | 品(しな) 품(요리 가짓수) | 割引(わりびき) 할인 | すき焼(す)き 스키야키 | 飲(の)み放題(ほうだい) 음료 무제한 | 食(た)べ放題(ほうだい) 음식 무제한

해설

〈질문 1〉 회비는 총 40,000엔(8명*5,000엔)이고, 송별회의 참여 인원은 10명이다. 토머스 씨가 닭 꼬치구이를 좋아한다고 했으므로, 이 요리가 있는 것을 고른다. 회비에서 일본 인형 가격을 빼면 30,000엔이므로, 이 금액으로 코스를 고르면 된다.
A (2,500엔+600엔)×10명 = 31,000엔 / B (3,000엔+600엔)×10명 = 36,000엔
C 닭 꼬치구이 메뉴가 아니므로 고르지 않는다. / D (2,700엔+500엔)×10명×0.9 = 28,800엔
E 3,800엔×10명 = 38,000엔, 인터넷 예약인 경우 34,200엔
F 3,000엔×10명 = 30,000엔, 인터넷 예약인 경우 27,000엔이 된다. 따라서 정답은 D와 F인 3번이다.

〈질문 2〉 E를 인터넷으로 예약할 경우 34,200엔이 된다. 예산은 40,000엔이므로 5,800엔이 남는다. 5,800엔으로 살 수 있는 가장 비싼 선물은 5,500엔 게임이므로, 정답은 2번이 된다.

問題 7 右のページはひばり市のコンテストのお知らせである。これを読んで、下の質問に答えなさい。答えは1・2・3・4から最もよいものを一つえらびなさい。

1 大学を卒業した韓国人のキムさんは日本の会社で月曜日から金曜日まで午前9時から午後5時まで働いている。会社から市役所まで1時間かかる。キムさんはどれに申し込めるか。

1 A
2 B
3 C
4 D

2 リンさんはひばり高校の1年生である。文を書いたり考えたりするのは苦手だが、絵を描いたりデザインを考えたりするのが好きだ。リンさんはどれに応募できるか。

1 A
2 AとC
3 C
4 CかA

A．防災(注1)ポスター	B．交通安全のための標語(注2)
テーマ：火事・地震 応募者：誰でも 締め切り：８月31日 その他：B4サイズ 作品は折れないようにして市役所の防災センターの受付に出してください。 窓口は平日9:00から17:00まで開いています。 入選作品は市役所のホールに飾ります。	テーマ：交通事故から子供を守る 応募者：ひばり市に住んでいるかひばり市の学校に通っている高校生までの子供 締め切り：９月10日 その他：20字以内のわかりやすい言葉をはがきに書いて送ってください。
C．公園のデザイン	**D．外国人との共生(注3)についての作文**
テーマ：記念公園のデザイン 応募者：誰でも 締め切り：９月10日 その他：まず、７月１日から７月15日の間に市役所の受付で申し込み用紙をもらってください。説明書も一緒にお渡しいたしますのでそれに沿って描いてください。 専門的な知識はいりません。窓口は平日9:00から17:00まで開いています。	テーマ：外国人と仲良く暮らす 応募者：誰でも 締め切り：９月30日 その他：外国人の方も意見をお願いします。 1000字以内・日本語か英語で書いてください。 郵便で送ってください。

（注１）防災：地震・台風・洪水・火災などを防いだり、被害を減らすための準備など
（注２）標語：ある考えや言いたいことを短くわかりやすく表したもの
（注３）共生：違った人たちがともに生きていくこと

問題7　右のページは「東京日本語学校卒業式の予定とホールのリスト」である。これを読んで、下の質問に答えなさい。答えは、1・2・3・4から最もよいものを一つえらびなさい。

3　卒業式はどのホールですることができるか。

1　AかD
2　AかB
3　BかC
4　CかD

4　学生に300円の記念品をあげたら、Aホールの飲食代は一人にいくら使えるか。

1　2,000円
2　1,900円
3　1,800円
4　1,700円

東京日本語学校卒業式(予定)

9：30　受付
10：00〜11：30　卒業式
11：30〜11：45　片づけ
12：00〜14：00　パーティー
14：30　解散

参加者　卒業生100名、教師・職員20名
予算　250,000円

ホール	金額	収容人数	その他
A	1時間　3,000円	150名	飲み物＋料理１名 1,500円よりご注文できます。
B	9:00〜17:00　30,000円	150名	飲み物＋料理１名 1,800円よりご注文できます。
C	1時間　5,000円	200名	飲み物＋料理１名 1,900円よりご注文できます。
D	1時間　2,000円	100名	飲み物＋料理１名 2,000円よりご注文できます。

※ホールの使用時間は１時間にならない場合も１時間の使用料金がかかります。

問題7　右のページは日本語学校の七夕祭り(たなばたまつ)のスケジュールである。これを読んで、下の質問に答えなさい。答えは、1・2・3・4から最もよいものを一つえらびなさい。

5　常勤(じょうきん)の女の先生が七夕祭りの日にすることは何か。

1　学生に短冊(たんざく)を書かせること
2　七夕の飾(かざ)りをつけること
3　ゆかたの消毒(しょうどく)を203教室で行うこと
4　103教室で２時間目と４時間目に着方を教えること

6　Bクラスの男子学生はいつ、どこでゆかた体験をするか。

1　１時間目 － 203教室
2　２時間目 － 103教室
3　２時間目 － 203教室
4　２時間目 － 102教室

先生方へ

《ゆかた体験のスケジュールと注意・お願い》

【日時】202X年 7月 7日(金) 8:30～12:20

【順番】

	クラス	教室	女子学生	男子学生	担任〈◯は男性〉
1時間目 8:30～9:20	A	101	5名	15名	本田みどり
2時間目 9:30～10:20	B	102	6名	14名	田中健◯
3時間目 10:30～11:20	C	201	5名	12名	小川愛子
4時間目 11:30～12:20	D	202	4名	10名	山田清◯

① 女の学生は103教室で、男の学生は203教室で着替えます。男の担任の先生は男子学生、女の担任の先生は女子学生の教室でゆかたの着方を教えてください。
② ゆかたは男物16着、サイズはM / L / LL。女物が6着、フリーサイズです。
③ ゆかた体験は担任の先生を常勤の女の先生1名と男の事務員1名が手伝います。
④ 学生が脱いだゆかたは次の学生のために消毒(注1)します。女性用は常勤の先生、男性用は事務員が行います。
⑤ 担任の先生はゆかた体験の前の授業では七夕の話をしたり短冊(注2)を書かせたりしてください。Aクラスは体験が1時間目になりますので、前日の授業中に短冊を書かせておいてください。七夕の話などはゆかた体験後の授業でお願いします。
⑥ ゆかた体験の前に短冊を笹につけます。
⑦ 七夕関係の授業は2時間です。その他は普通の授業をしてください。
⑧ 七夕の飾りは前日までに常勤の先生と事務員がつけておきます。

(注1) 消毒する : 病気の原因になるような菌などを殺すこと
(注2) 短冊 : ここでは希望やお願いなどを書く3㎝×12㎝ぐらいの紙

問題 7　右のページはジョイキッズの案内である。これを読んで、下の質問に答えなさい。答えは、1・2・3・4から最もよいものを一つえらびなさい。

7　山下(やました)さんが中学1年の娘(むすめ)と小学5年生の息子(むすこ)の3人でAゾーンとBゾーンに入場する場合、入場料はいくらになるか。

1　7,000円

2　5,500円

3　4,300円

4　4,000円

8　山下(やました)さんの家族がジョイキッズでできないことは何か。

1　アスレチックを好きな順番(じゅんばん)ですること

2　娘(むすめ)さんが一人で先にBゾーンに入場すること

3　息子(むすこ)さんがダンサーを体験(たいけん)すること

4　Aゾーンに続けて3時間いること

ジョイキッズはお仕事体験のＡゾーンとアスレチックがあるＢゾーンに分かれています。

入場時間	8:30〜18:00			
入場料	Aゾーン	1,500円		
	Bゾーン	一般コース	大人	1,200円
			中学生・高校生	800円
			小学生	500円
		子どもコース	無料	

【Ａゾーン】

中学生以下の子ども達が楽しみながら様々な仕事が体験できます。１回２時間、定員は100人です。入場券をお買い求めの時に必ず①〜④の時間の一つをお選びください。ご希望の時間に予約できないこともありますのでご了承ください。体験者以外は店などの内部に入れませんのでご注意ください。パイロット・警官・医者・消防士・アナウンサー・パン屋・ダンサー・建設スタッフ・料理人・大工・陶芸家が体験できます。

〈時間〉

① 9:00〜11:00

② 11:15〜13:15

③ 13:30〜15:30

④ 15:45〜17:45

【Ｂゾーン】

小学生以上がご利用できる一般コースと小学入学前のお子さまがご利用できる子どもコースがあります。どちらも池などがありますので、小学生までのお子さまだけでは入場できません。30種類のアスレチックがある一般コースと５種類の小さいお子さま用のコースがあります。一般コースは一周最低でも１時間かかります。なるべく決められたコースの順番におまわりください。

問題7　右のページはある家の説明である。これを読んで、下の質問に答えなさい。答えは、1・2・3・4から最もよいものを一つえらびなさい。

山田(やまだ)さんはなるべく会社から近いところに家を借りたいです。駅から遠くてもいいですが、仕事でおそくなることが多いのでバスに乗りたくないです。家族は4人ですから寝室(しんしつ)は3つほしいです。また小学生の子どもがいますから、学校の近くがいいです。会社が家賃(やちん)の半分(はんぶん)を出してくれますが、あまり高いのは困ります。妻(つま)は花を育(そだ)てることが好きですから、小さくてもいいですが庭(にわ)がほしいです。静かな住宅地(じゅうたくち)がいいです。

9　7万円以上はお金を出したくない。どの家にしたらいいか。

1　A

2　B

3　C

4　D

10　山田(やまだ)さんが気にしていないことは何か。

1　庭(にわ)の広さ

2　部屋の数

3　学校までのきょり

4　家賃(やちん)の値段

物件（ぶっけん）	家賃（やちん）	家の種類（しゅるい）など	会社から駅	駅から家	その他
A	16万円	一戸建て（いっこだ）(注1) 3ＬＤＫ(注2)	20分	徒歩（とほ）10分	住宅街（じゅうたくがい）・広い庭（にわ）
B	11万円	マンション３ＤＫ	20分	徒歩（とほ）１分	商店街（しょうてんがい）
C	13万円	一戸建て（いっこだ）３ＬＤＫ	30分	徒歩（とほ）10分	住宅街（じゅうたくがい）・庭（にわ）
D	13万円	一戸建て（いっこだ）３ＤＫ	30分	バス10分＋徒歩（とほ）２分	住宅街（じゅうたくがい）・庭（にわ）

（注１）一戸建て（いっこだ）：アパートやマンションなどとは違って一つの独立（どくりつ）した家

（注２）３ＬＤＫ：数字は部屋の数、Ｌは居間（いま）、Ｄは食堂、Ｋは台所を表す

N3

교시

끝내기

청해

제 5 장

청해 공략편

01 청해요령 알아두기

02 문제유형 공략하기

문제유형
완전분석
동영상 강의

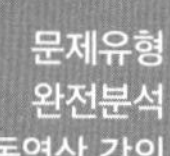

01 청해요령 알아두기

1 문제 유형별 청해 포인트

일본어 능력시험 N3 청해는 과제이해, 포인트이해, 개요이해, 발화표현, 즉시응답의 총 5가지 문제 유형이 출제된다. 시험의 내용은 폭넓은 장면에서 사용되는 일본어를 이해할 수 있는지를 묻고 있기 때문에, 회화나 뉴스, 강의를 듣고 이야기의 흐름이나 내용, 등장인물의 관계나 내용의 논리 구성 등을 상세하게 이해하거나 요지를 파악할 수 있어야 한다.

1 과제이해

어떤 장면에서 구체적인 과제 해결에 필요한 정보를 듣고, 다음에 무엇을 하는 것이 적절한 행동인가를 묻는 문제이다. 지시나 조언을 하고 있는 회화를 듣고, 그것을 받아들인 다음의 행동으로 어울리는 것을 고른다. 선택지는 문자나 일러스트로 제시된다. 질문은 대화가 나오기 전에 제시되므로, 텍스트를 듣기 전에 문제를 해결할 대상이 누구인지, 질문의 내용이 무엇인지 파악한 다음, 주의해서 듣는다.

2 포인트이해

청자가 화자의 발화(發話)에서 자신이 알고 싶은 것과 흥미가 있는 것으로 내용의 포인트를 좁혀서 들을 수 있는지를 묻는 문제이다. 따라서 문제의 대화를 듣기 전에 상황 설명과 질문을 들려 주고, 또한 문제 용지에 인쇄되어 있는 선택지를 읽을 시간을 준다. 질문은 주로 화자의 심정이나 사건의 이유 등을 이해할 수 있는지를 묻는다.

3 개요이해

결론이 있는 텍스트를 듣고, 텍스트 전체에서 화자의 의도나 주장 등을 이해할 수 있는지를 묻는 문제이다. 일부의 이해를 묻는 문제와 비교해서 전체를 이해했는지를 묻는 문제이고, 과제이해나 포인트이해와 달리 질문이 먼저 제시되지도 않고, 또한 한 번밖에 나오지 않기 때문에 상당히 난이도가 높은 문제라고 할 수 있다.

4 발화표현

상황을 설명하는 음성을 듣고 일러스트를 보면서 장면이나 상황에 어울리는 발화인지 즉시 판단할 수 있는지를 묻는 문제이다. 인사·의뢰·허가·요구 등에서 자주 사용되는 표현을 주로 다룬다.

5 즉시응답

상대방의 발화에 어떤 응답을 하는 것이 어울리는지 즉시 판단할 수 있는지를 묻는 문제이다. A와 B의 응답 형식으로, 짧은 발화를 듣고 바로 대답을 찾는 문제이기 때문에 정답을 생각할 시간이 부족할 수 있으니 주의한다.

2 한국인이 틀리기 쉬운 음

각 나라말의 음가(音価 : 낱자가 가지고 있는 소리)가 서로 다르듯, 우리말과 일본어의 음가 또한 다르지만 우리말의 음가로 일본어의 음가를 파악하려고 하기 때문에 청해에서 오류가 생긴다. 일본어 청취 시 우리나라 사람들이 잘못 알아듣기 쉬운 음(音)에 대한 개념을 정리해 보고, 우리말과의 비교를 통해 청해 능력을 향상시킬 수 있는 방법에 대해 살펴보자.

1 청음(清音)과 탁음(濁音)

일본어는 청음과 탁음의 대립으로 구별되는데, 성대의 울림 없이 내는 소리(무성음)를 청음이라 하고, 성대를 울려서 내는 소리(유성음)를 탁음이라고 한다. 그러나 우리말에서는 콧소리(鼻音 : ㄴ, ㅁ, ㅇ) 외에는 유성음이 첫소리에 오지 않기 때문에 청음과 탁음을 구별하기 어렵다. 예를 들어 「げた[geta]: 나막신」의 첫소리인 유성음 [g]를 무성음 [k]로 잘못 알아듣거나 무성음 [t]를 유성음 [d]로 잘못 듣는 경우가 많다.

듣기연습 듣기 연습-01

❶ タンゴ(単語 : 단어) ダンゴ(団子 : 경단)

❷ テンシ(天使 : 천사) デンシ(電子 : 전자)

❸ 天気(てんき)が悪(わる)いので電気(でんき)をつけた。(날이 흐려서 불을 켰다.)

❹ 井戸(いど)に糸(いと)を落(お)とした。(우물에 실을 떨어뜨렸다.)

❺ 会館(かいかん)の外観(がいかん)はすばらしい。(회관의 외관은 멋있다.)

2 장음(長音)과 단음(短音)

장음이란 연속되는 두 개의 모음을 따로따로 발음하지 않고 길게 늘여서 발음하는 것으로, 1박(「拍(박)」은 일본어 발음 시 글자 하나에 주어지는 일정한 시간적 단위)의 길이를 갖는다. 장음(長音)과 단음(短音)의 차이를 비교해 보면 다음과 같다.

단음(短音)	クツ(靴 : 2拍)	セキ(席 : 2拍)	ホシ(星 : 2拍)
장음(長音)	クツウ(苦痛 : 3拍)	セイキ(世紀 : 3拍)	ホウシ(奉仕 : 3拍)

우리나라 사람들이 장음 구별에 서툰 이유는 다음과 같다.

① 일본어에서는 장음을 독립된 길이를 가진 단위로 인식하나, 우리말에서 장음은 의미의 구별을 도와줄 뿐 독립된 길이를 갖지 않기 때문이다.

② 우리말에서는 첫음절에서만 장음 현상이 나타나는 것을 원칙으로 하기 때문에 2음절 이하에 나타나는 장음의 구별이 어렵다.

③ 우리말은 표기법상에서도 예를 들어 「とうきょう」를 '도쿄'로, 「おおさか」를 '오사카'로 장음을 따로 표기하지 않아 장·단음의 구별이 어렵다.

듣기연습

듣기 연습-02

❶ ツチ(土 : 흙)　　ツーチ(通知 : 통지)

❷ カド(角 : 모퉁이)　　カード(card : 카드)

❸ ヨイ(良い : 좋다)　　ヨーイ(用意 : 준비)

❹ あの映画(えいが)にはいい絵(え)が出(で)てくる。(그 영화에는 좋은 그림이 나온다.)

❺ 彼女(かのじょ)に対(たい)する好意(こうい)が恋(こい)に変(か)わった。(그녀에 대한 호의가 사랑으로 변했다.)

장음은 아니지만 모음과 모음 사이에서 음성기관이 이완되어 장음처럼 들리는 말도 있다.

- □ [a / a]　真新(まあたら)しい [maatarashii]
- □ [i / i]　自意識(じいしき) [dʒiishiki]
- □ [u / u]　食(く)う [kuu]
- □ [e / e]　影絵(かげえ) [kagee]
- □ [o / o]　保温(ほおん) [hoon]

③ 촉음(促音)

일명「つまる音」이라고도 하는 촉음에는 다음과 같은 특징이 있다.

① 작은「っ」또는「ッ」로 표기된다.
② 「カ행, サ행, タ행, パ행」앞에만 온다.
③ 뒤에 오는 음(カ행·サ행·タ행·パ행)에 따라 [k·s·t·p]로 발음된다.
④ 1 拍의 길이로 발음된다.
⑤ 첫소리에 오지 않는다.

★ 촉음의 유무에 따라 뜻이 달라지는 문장 예

□ 知(し)っているの？ (알고 있니?)　　していの？ (하고 있니?)
□ 行(い)ってください。(가 주세요.)　　いてください。(있어 주세요.)
□ 切(き)ってください。(잘라 주세요.)　　来(き)てください。(와 주세요.)

이것은 촉음의 발음이「カ행, サ행, タ행, パ행」의 발음에 동화되기 때문에 우리말의 된소리(ㄲ, ㅆ, ㅉ, ㅃ)와 비슷하게 인식되나, 우리말에서는 된소리를 한 음절로 인정하지 않으므로 촉음이 있는 것을 없는 것으로, 또는 촉음이 없는 것을 있는 것으로 잘못 듣게 되어 일어나는 현상이다.

촉음을 구분할 때는 다음 사항을 기억해 두자.

① 탁음 앞에서는 촉음 현상이 일어나지 않으므로, 청음과 탁음의 구별을 정확하게 한다.
② 5단 동사는 활용할 때,「～た, ～て, ～たり」앞에서 촉음 현상을 일으키므로, 활용하는 동사의 종류를 확인한다.
③ 2자 이상의 한자어에서, 첫 번째 한자의 마지막 음(音)이「く, ち, つ」이고,「カ행, サ행, タ행, パ행」의 음이 이어지면「く, ち, つ」는 촉음으로 바뀐다.

□ 学校 : がく＋こう → がっこう
□ 一回 : いち＋かい → いっかい
□ 圧迫 : あつ＋ぱく → あっぱく

듣기연습　　듣기 연습-03

❶ サッカク(錯覚 : 착각)

❷ ゼッタイ(絶対 : 절대)

❸ ケッテイ(決定 : 결정)

❹ 喫茶店(きっさてん)に行(い)く前(まえ)に薬局(やっきょく)で薬(くすり)を買(か)った。(카페에 가기 전에 약국에서 약을 샀다.)

❺ この雑貨店(ざっかてん)にはいろんな骨董品(こっとうひん)がそろっている。
(이 잡화점에는 여러 가지 골동품이 구비되어 있다.)

4 요음(拗音)

일본어의 요음(拗音)은 우리말의 이중모음 'ㅑ, ㅠ, ㅛ'와 비슷하여 구분이 어렵지 않을 것이라 생각할 수도 있지만, 청해 시험에서 결정적인 실수는 이 요음에서 나온다.

★ 요음을 직음으로 잘못 듣는 예

☐ **がいしゅつ(外出)する回数が少ない** (외출하는 횟수가 적다) → **がいしつ**

☐ **じゃま(邪魔)でやっかいな仕事** (거추장스럽고 귀찮은 일) → **ざま**

이것은 「拗音의 直音化」 현상 즉, 「しゅ, じゅ」가 「し, じ」에 가깝게 발음되어 생기는 문제인데, 흔히 말하는 사람이 원인을 제공하는 경우가 많다. 이런 현상은 「しゅ, じゅ」가 단음일 때 많이 발생한다. 즉, 장음일 때는 발음하는 시간이 길어 요음을 정확하게 발음할 수 있지만, 단음일 때는 시간적으로 여유가 없기 때문에 생기는 현상인 듯하다.

★ 직음을 요음으로 잘못 듣는 예

☐ **みち(道)を歩きながら** (길을 걸으며) → **みちょう歩きながら**

☐ **ごじぶん(御自分)でき(来)て** (몸소 와서) → **ごじゅうぶんできて**

이것은 듣는 사람이 연속되는 모음을 다음과 같이 이중모음으로 잘못 듣기 때문에 발생한다.

[イ+ア] → [ヤ] / [イ+ウ] → [ユ] / [イ+オ] → [ヨ]

따라서 요음 듣기의 어려움을 극복하려면 다음과 같은 점에 주의한다.

① 「し, じ」라고 들려도 「しゅ, じゅ」가 아닌지 의심해 본다(대개 한자어가 많다).

② 「i+あ」는 「や」로, 「i+う」는 「ゆ」로, 「i+お(を)」는 「よ」로 들리므로 조심한다.

③ 대화 중에서 「~を」가 나오리라 짐작되는 곳에 「ヨ」 또는 「ヨー」가 들리는 경우 「i+を」가 아닌지 의심해 본다.

듣기연습 듣기 연습-04

❶ ショースー (少数 : 소수) ソースー (総数 : 총수)

❷ キャク (客 : 손님) キヤク (規約 : 규약)

❸ チューシン (中心 : 중심) ツーシン (通信 : 통신)

❹ あの法科(ほうか)の評価(ひょうか)はどうか。(그 법학과의 평가는 어떤가?)

5 연속되는 모음

조사「を」앞에 장모음「オ」가 올 때는, [o] 음이 세 박자에 걸쳐 이어지게 되어 미처 다 듣지 못하는 경우가 있다.

듣기연습 듣기 연습-05

❶ ごうとうをたいほする。(강도를 체포하다.)

❷ 休(やす)みの日(ひ)にテレビを見(み)ながらぶどうを食(た)べた。
(휴일에 텔레비전을 보면서 포도를 먹었다.)

❸ アフリカでぞうを捕(つか)まえた人(ひと)の話(はなし)を聞(き)いた。
(아프리카에서 코끼리를 잡은 사람의 이야기를 들었다.)

6 악센트

일본어에는 악센트의 차이로 그 뜻을 구분하는 단어들이 많아 악센트 또한 청해의 중요한 단서가 된다. 악센트는 흔히 '높낮이의 차이'로 구분되는 것과 '강약의 차이'로 구분되는 것이 있는데, 일본어는 '높낮이의 차이'로 구분되는 '고저(高低)악센트'로, 소리가 떨어지는 낙차를 기준으로 두고형(頭高型), 중고형(中高型), 미고형(尾高型), 평판형(平板型)으로 구분된다.
다음 동음이의어의 악센트 차이를 살펴보자.

듣기연습 듣기 연습-06

❶ ア「キ(空き : 텅 빔) ア˥キ(秋 : 가을)

❷ カ「ウ(買う : 사다) カ˥ウ(飼う : 기르다)

❸ あ˥め(雨) の日にあ「め(飴)を買う。(비 오는 날에 엿을 산다.)

❹ 資料をこう「かい(公開)してこ˥うかい(後悔)した。(자료를 공개하고 후회했다.)

7 기타

이외에 혼동을 일으키기 쉬운 발음을 정리해 보면 다음과 같다.

「シ」와 「ヒ」

일본어를 듣다 보면 「シ」와 「ヒ」를 혼동하는 경우가 있다. 이는 「シ」를 발음할 때의 혀 위치가 「ヒ」를 발음할 때의 혀 위치와 가까워져 비슷하게 발음되기 때문이다.

(○)	鉄道(てつどう)をしく(철도를 부설하다)	法律(ほうりつ)をしく(법률을 시행하다)
(×)	鉄道(てつどう)をひく	法律(ほうりつ)をひく

듣기연습 듣기 연습-07

❶ シカク(資格 : 자격, 視覚 : 시각) ヒカク(比較 : 비교)

❷ シテー(指定 : 지정) ヒテー(否定 : 부정)

❸ シル(知る : 알다) ヒル(昼 : 낮)

❹ しんこう(信仰)のある人(ひと)はひんこう(品行)方正(ほうせい)だ。
(신앙이 있는 사람은 품행이 바르다.)

❺ しんし(紳士)はひんし(瀕死)の状態(じょうたい)だった。(신사는 빈사 상태였다.)

「ラ・ロ」와 「ダ・ド」

듣기연습 듣기 연습-08

❶ ランボー(乱暴 : 난폭) ダンボー(暖房 : 난방)

❷ ヒロイ(広い : 넓다) ヒドイ(酷い : 심하다)

❸ テレビのためだんらんの時間(じかん)がだんだん少(すく)なくなった。
(텔레비전 때문에 단란한 시간이 점점 적어졌다.)

❹ はら(原)さんのはだ(肌)は大変(たいへん)きれいだ。(하라 씨 피부는 매우 곱다.)

「ス」와「ツ」

「ス」와「ツ」도 서로 혼동하여 잘못 듣기 쉬운 발음이다.

★「ス」를「ツ」로 잘못 듣는 예

□ くものす(巣)やほこりだらけだ (거미집과 먼지투성이다) → くものつ

□ あたまをすりよせて (머리를 맞대고) → あたまをつりよせて

★「ツ」를「ス」로 잘못 듣는 예

□ かじやのやつが (대장장이 녀석이) → やす

□ 先生からばつ(罰)を受けた (선생님께 벌을 받았다) → ばす

이와 같이「ス」와「ツ」의 구분이 어려운 이유는,

① ス[su] 와 ツ[tsu] 에서 [su] 발음이 같기 때문이다. [t]음을 낼 때는 혀끝으로 잇몸 부분을 치게 되는데 이것이 가벼우면「ス」가 되어 버린다.

② 우리말에는「ツ」라는 음이 없기 때문이다. 따라서 의미를 모르는 경우「ツ」로 들리기도 하고「ス」로 들리기도 하는 것이다.

듣기연습

듣기 연습-09

❶ スーガク(数学 : 수학)　　ツーガク(通学 : 통학)

❷ スキ(好き : 좋아함)　　ツキ(月 : 달)

❸ スミ(隅 : 구석)　　ツミ(罪 : 죄)

❹ この山を越(こ)すにはこつがある。(이 산을 넘는 데는 요령이 있다.)

❺ バスの中(なか)のすりはつかまってバツ(罰)を受(う)けた。
(버스 안의 소매치기는 붙잡혀서 벌을 받았다.)

축약형

① 「〜ては」 → 「〜ちゃ」/「〜では」 → 「〜じゃ」　　듣기 연습-10

＊ 来(き)ては → 来(き)ちゃ

みんな忙(いそが)しいから今日(きょう)は来ちゃ駄目(だめ)だよ。
(모두 바쁘니까 오늘은 오면 안 돼요.)

＊ それでは → それじゃ

それじゃなくてあっちのを持(も)ってきてください。
(그것 말고 저기 있는 걸 갖다 주세요.)

＊騒(さわ)いでは → 騒(さわ)いじゃ

廊下(ろうか)でそんなに騒(さわ)いじゃいけません。

(복도에서 그렇게 떠들면 안 됩니다.)

② **「～ている」 → 「～てる」**

＊勉強(べんきょう)している → 勉強(べんきょう)してる

夜中(よなか)に勉強(べんきょう)してる受験生(じゅけんせい)。(밤중에 공부하고 있는 수험생)

＊持(も)っていない → 持(も)ってない

携帯電話(けいたいでんわ)を持(も)ってないので公衆電話(こうしゅうでんわ)を使(つか)う。

(휴대 전화를 갖고 있지 않아서 공중전화를 쓴다.)

③ **「～ておく」 → 「～とく」**

＊書(か)いておく → 書(か)いとく

メモ用紙(ようし)に書(か)いといたのを読(よ)んだ。

(메모지에 적어 놓은 것을 읽었다.)

＊はさんでおく → はさんどく

本(ほん)にはさんどいた紙(かみ)がなくなった。

(책에 끼워 놓은 종이가 없어졌다.)

④ **「～てしまう」 → 「～ちゃう」、「～ちまう」**

＊捨(す)ててしまう → 捨(す)てちゃう

古(ふる)くなった食(た)べ物(もの)は捨(す)てちゃうほうがいいよ。

(오래된 음식은 버리는 게 나아요.)

＊かんでしまう → かんじゃう

この犬(いぬ)は知(し)らない人(ひと)が近(ちか)づくとかんじゃうのよ。

(이 개는 모르는 사람이 가까이 오면 물어요.)

⑤ **「～らない」、「～れない」 → 「～んない」**

＊わからない → わかんない

意味(いみ)がわかんないから、ボーッとしてた。

(뜻을 몰라서 멍하니 있었다.)

＊いられない → いらんない

こんなきたない場所(ばしょ)にいらんないよ。

(이렇게 지저분한 곳에 있을 수 없어.)

02 문제유형 공략하기

1 問題 1 과제이해

과제이해는 청해 문제 28문항 중 6문항이 출제된다.

알고 풀자!

- 대화가 나오기 전에 질문이 먼저 나오므로 대상 인물과 해결해야 할 문제를 파악한다.
- 대상 인물이 누구인지 구분하여 메모하도록 하자.
- 먼저 해야 하는 일, 하지 않아도 되는 일, 우선 순위를 나타내는 내용을 집중해서 듣도록 한다.

예시

問題 1

問題 1 では、まず質問を聞いてください。それから話を聞いて、問題用紙の 1 から 4 の中から、最もよいものを一つえらんでください。

れい

1 休む

2 部屋を整理する

3 机を運ぶ

4 隣にあいさつに行く

실전 감각 익히기 과제이해

例題(れいだい)　まず質問(しつもん)を聞(き)いてください。それから話(はなし)を聞(き)いて、問題用紙(もんだいようし)の１から４の中(なか)から、最(もっと)もよいものを一(ひと)つえらんでください。

れい

1 休(やす)む
2 部屋(へや)を整理(せいり)する
3 机(つくえ)を運(はこ)ぶ
4 隣(となり)にあいさつに行(い)く

해석 및 해설

스크립트 & 해석

(M : 男性, 男の子　F : 女性, 女の子)

部屋で女の人と男の人が話しています。二人はこれから何をしますか。

F: こんなに引っ越しが大変だとは思わなかったわ。

M: まだ半分も終わってないよ。

F: じゃ、あの机運んだら休みましょう。

M: そうだね。僕は何か飲み物を買ってくるよ。

F: 飲み物とおかしは車の中に入っているわよ。

M: わかった。

F: 部屋の整理は今日中に終わらないかもしれないわね。

M: 終わらなくてもお隣にあいさつに行ったほうがいいよ。

F: そうね。

방에서 여자와 남자가 이야기하고 있습니다. 두 사람은 이제부터 무엇을 합니까?

여: 이렇게 이사가 힘들 줄은 몰랐어.

남: 아직 반도 안 끝났어.

여: 그럼, 저 책상 옮기면 쉬자.

남: 그래. 나는 뭔가 음료수를 사 올게.

여: 음료수랑 과자는 차 안에 들어 있어.

남: 알았어.

여: 방 정리는 오늘 중으로 끝나지 않을지도 모르겠어.

남: 끝나지 않아도 이웃집에 인사하러 가는 게 좋아.

여: 그러네.

二人はこれから何をしますか。

1 休む
2 部屋を整理する
3 机を運ぶ
4 隣にあいさつに行く

두 사람은 이제부터 무엇을 합니까?

1 쉰다
2 방을 정리한다
3 책상을 옮긴다
4 이웃집에 인사하러 간다

단어

部屋(へや) 방 | 引(ひ)っ越(こ)し 이사 | 大変(たいへん)だ 힘들다, 큰일이다 | 半分(はんぶん) 절반 | 終(お)わる 끝나다 | 机(つくえ) 책상 | 運(はこ)ぶ 옮기다 | 休(やす)む 쉬다 | 飲(の)み物(もの) 음료 | 整理(せいり) 정리 | 隣(となり) 이웃 | あいさつ 인사

해설

두 사람이 이제부터 무엇을 할 것인지를 묻고 있다. 남자와 여자는 책상을 옮기고 나서 쉬자고 했다. 따라서 정답은 3번 '책상을 옮긴다'가 된다.

해설집 97쪽

問題1

問題1では、まず質問を聞いてください。それから話を聞いて、問題用紙の1から4の中から、最もよいものを一つえらんでください。

1ばん

듣기 1-01

1 後ろの色を薄くする
2 スカートを大きく描く
3 文字を大きくする
4 言葉を目立たせる

2ばん

듣기 1-02

1 シマエナガが見られる喫茶店に行く
2 シマエナガを見るツアーに申し込む
3 シマエナガを飼っているカフェに行く
4 シマエナガがいる動物園に行く

3ばん

듣기 1-3

1　我慢して何もしない

2　管理人に連絡して注意してもらう

3　上の部屋の人に直接注意する

4　上の人に手紙を書く

4ばん

듣기 1-04

1

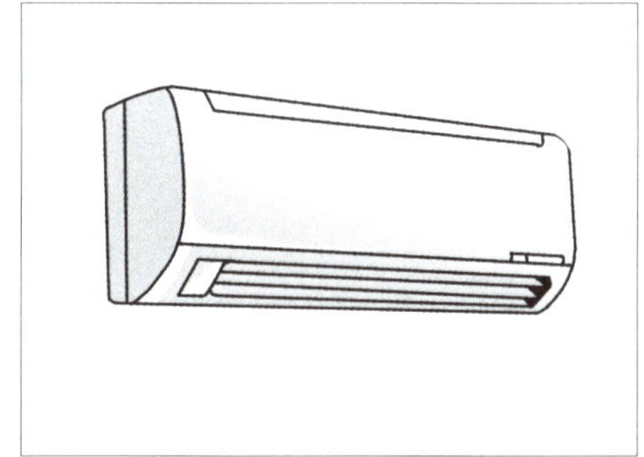

2

3

4

5 ばん

듣기 1-05

1 お茶(ちゃ)を出(だ)す
2 料理(りょうり)の手伝(てつだ)いをする
3 玄関(げんかん)の掃除(そうじ)をする
4 皿(さら)や箸(はし)を並(なら)べる

6 ばん

듣기 1-06

1 駅員(えきいん)から証明書(しょうめいしょ)をもらう
2 北口(きたぐち)の窓口(まどぐち)に並(なら)ぶ
3 北口(きたぐち)の改札口(かいさつぐち)に行(い)く
4 旅行会社(りょこうがいしゃ)に行(い)く

7 ばん

듣기 1-07

1 案内状(あんないじょう)の地図(ちず)を直(なお)す
2 工場長(こうじょうちょう)に案内状(あんないじょう)を見(み)てもらう
3 一(ひと)つの文(ぶん)をもっと短(みじか)くする
4 山本(やまもと)さんのところに行(い)く

8ばん

듣기 1-08

1 日本人の友達を作る
2 日本人と恋人になる
3 誰でもいいから日本人と話す
4 日本人と話せるような仕事を探す

9ばん

듣기 1-09

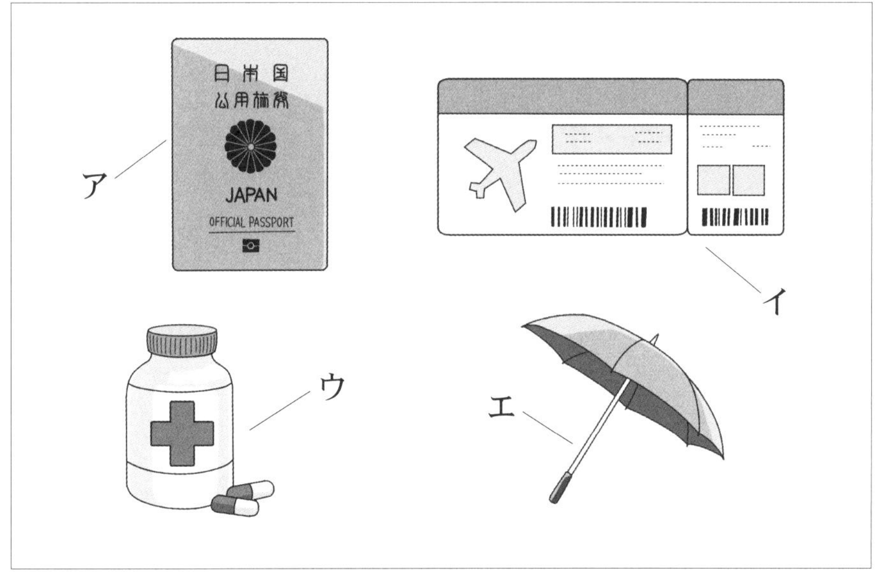

1 アイ
2 ウ
3 エ
4 アイエ

10ばん

듣기 1-10

1　１階
2　５階
3　８階
4　屋上

11ばん

듣기 1-11

1　男の子を４つのグループに分ける
2　女の子を４つのグループに分ける
3　子どもを１・２・３・４と呼ぶ
4　子どもに好きな動物を作らせる

12ばん

듣기 1-12

1　ワンさんにレイさんの体の具合について聞く
2　ワンさんにレイさんがいじめられているか聞く
3　レイさんにいじめられているか聞く
4　レイさんに体の具合について聞く

問題 2 포인트이해

포인트이해는 청해 문제 28문항 중 6문항이 출제된다.

알고 풀자!

- 포인트 이해는 '이유, 원인, 목적, 방법' 등 구체적인 정보를 정확히 골라내야 한다.
- 대화를 듣기 전에 선택지를 읽을 시간이 주어지므로, 각 선택지의 차이점을 파악하자. 각 선택지의 핵심 키워드에 표시를 해두면 대화를 들을 때 어느 부분에 집중해야 할지 명확해진다.
- 대화의 메모에 집중하다가 흐름을 놓치기보다 선택지의 핵심 키워드와 들리는 내용을 바로 매칭해 보는 것이 유리하다.

예시

問題2

問題2では、まず質問を聞いてください。そのあと、問題用紙を見てください。読む時間があります。それから話を聞いて、問題用紙の1から4の中から、最もよいものを一つえらんでください。

れい

1 お母さんが送ってくれるから

2 切って入れるだけで使えるから

3 置く場所をあまり使わないから

4 使うとすぐににおいが消えるから

듣기 2-00

例題 まず質問を聞いてください。そのあと、問題用紙を見てください。読む時間があります。それから話を聞いて、問題用紙の１から４の中から、最もよいものを一つえらんでください。

れい

1 お母さんが送ってくれるから
2 切って入れるだけで使えるから
3 置く場所をあまり使わないから
4 使うとすぐににおいが消えるから

해석 및 해설

스크립트 & 해석

(M : 男性, 男の子　F : 女性, 女の子)

女の人と男の人が台所で話しています。男の人はどうして紙のにおい消しを使っていますか。

F: 孝さん、台所きれいだし夏なのに全然いやなにおいがしないわね。

M: ああ、それは「ひとにぎり」を使っているから。

F: 何それ？ 消臭剤？

M: 紙のにおい消しだよ。切ってゴミ箱に入れておくとにおいが消えるんだ。

F: そんな消臭剤見たことがないわ。
よくこんな物があるって知っていたわね。

M: 母が送ってくれたんだ。
今はインターネットで買っているけど。

F: これなら冷蔵庫に入れても場所を取らないわね。

M: だから使っているんだよ。

여자와 남자가 부엌에서 이야기하고 있습니다. 남자는 왜 종이 냄새 제거제를 쓰고 있습니까?

여: 다카시 씨, 부엌이 깨끗하고 여름인데도 전혀 싫은 냄새가 안 나네.

남: 아, 그건 '히토니기리'를 쓰고 있으니까.

여: 뭐야 그게? 소취제?

남: 종이 냄새 제거제야. 잘라서 쓰레기통에 넣어두면 냄새가 사라져.

여: 그런 소취제는 본 적이 없어.
이런 게 있다는 걸 잘도 알고 있었네.

남: 어머니가 보내줬어.
지금은 인터넷으로 사고 있지만.

여: 이거라면 냉장고에 넣어도 자리를 차지하지 않겠어.

남: 그래서 쓰고 있는 거야.

男の人はどうして紙のにおい消しを使っていますか。

1 お母さんが送ってくれるから
2 切って入れるだけで使えるから
3 置く場所をあまり使わないから
4 使うとすぐににおいが消えるから

남자는 왜 종이 냄새 제거제를 쓰고 있습니까?

1 어머니가 보내주니까
2 잘라서 넣기만 하면 쓸 수 있으니까
3 두는 장소를 그다지 쓰지 않으니까
4 쓰면 바로 냄새가 사라지니까

단어

台所(だいどころ) 부엌 | 紙(かみ) 종이 | におい消(け)し 냄새 제거제 | 夏(なつ) 여름 | 全然(ぜんぜん) 전혀 | いやだ 싫다 | におい 냄새 | 消臭剤(しょうしゅうざい) 소취제 | 切る(きる) 자르다 | ゴミ箱(ごみばこ) 쓰레기통 | 入れる(いれる) 넣다 | 消える(きえる) 사라지다 | 送る(おくる) 보내다 | 冷蔵庫(れいぞうこ) 냉장고 | 場所(ばしょ) 장소 | 取る(とる) 차지하다

해설

여자가 "냉장고에 넣어도 자리를 차지하지 않겠네"라고 말하자 남자가 "그래서 쓰고 있는 거야"라고 말했다. 따라서 3번 두는 장소를 그다지 쓰지 않으니까가 정답이 된다.

해설집 106쪽

問題 2

問題２では、まず質問を聞いてください。そのあと、問題用紙を見てください。読む時間があります。それから話を聞いて、問題用紙の１から４の中から、最もよいものを一つえらんでください。

1 ばん

듣기 2-01

1 今年はインドネシアから働きに来なかったから
2 インドネシア人しか働きに来なかったから
3 もう全然お金を上げられないから
4 来るはずのインドネシア人が来なかったから

2 ばん

듣기 2-02

1 ポケット付きのほうがデザインが良くなるから
2 ポケットが付いていないと不便だから
3 スカートのデザインを工夫したいから
4 ポケットが付いていないと売れないから

3 ばん

듣기 2-03

1　別腹ということを初めて聞いたから
2　別腹が胃の中に本当にできると知ったから
3　女の人がデザートを食べると言ったから
4　テレビで胃が下がるのを見たから

4 ばん

듣기 2-04

1　「やばい」を若い人だけでなくお年寄りも使っているから
2　「やばい」の新しい意味がわからないから
3　「やばい」が悪い時よりいい時のほうに使われるから
4　「やばい」をどちらの意味で使ったかすぐにわからないから

5 ばん

듣기 2-05

1　歩きスマホを止めさせるため
2　信号機があることを知らせるため
3　子供を死なせないため
4　交通事故を減らすため

6ばん

듣기 2-06

1 株のあるなしに関係なく頑張ろうと思っている
2 もらった株を売っていたが今はもっと増やしている
3 株を持っているので今はもっと頑張りたくなっている
4 株と仕事は関係ないが株をもらってよかったと思っている

7ばん

듣기 2-07

1 大きな音を出して驚かせる
2 熊撃退スプレーを吹き付ける
3 静かに後ろに下がる
4 高い木に登る

8ばん

듣기 2-08

1 子どもが読みたがっているから
2 新聞は一目で多くの記事がわかるから
3 インターネットと新聞でニュースが違うから
4 インターネットで記事が選べないから

9ばん

듣기 2-09

1　こっそり買って奥さんを驚かせたいから
2　指輪を買うと奥さんに怒られそうだから
3　奥さんにもういらないと言われそうだから
4　奥さんがサイズを教えてくれなかったから

10ばん

듣기 2-10

1　カフェラテが飲みたいから
2　ラテアートが見たいから
3　おいしいし雰囲気もいいから
4　女の人が行きたがっているから

11ばん

듣기 2-11

1　カルシウム剤を飲むこと
2　もっと牛乳を飲むこと
3　ジムで運動すること
4　車に乗らないで歩くこと

12ばん

듣기 2-12

1 ５階の子ども服売り場に行く
2 おもちゃ売り場のそばの保育室に行く
3 子ども服売り場の隣にある保育室に行く
4 子ども服売り場の店員に知らせる

問題 3 개요이해

개요이해는 청해 문제 28문항 중 3문항이 출제된다.

알고 풀자!

- 시험지에는 아무것도 적혀있지 않다. 선택지도 음성으로밖에 제시되지 않으므로 난이도가 높은 문제이다.
- 역접 접속사가 들리면 그 뒤 문장이 정답과 관련이 있을 가능성이 높으므로 주의해서 듣도록 한다.
- 선택지의 핵심 단어를 메모하고, 정답이 아닌 것을 지워가며 정답을 찾도록 하자.

예시

問題3

問題 3 では、問題用紙に何もいんさつされていません。この問題は、ぜんたいとしてどんなないようかを聞く問題です。話の前に質問はありません。まず話を聞いてください。それから、質問とせんたくしを聞いて、1 から 4 の中から、最もよいものを一つえらんでください。

－メモ－

듣기 3-00

例題　問題用紙に何もいんさつされていません。この問題は、ぜんたいとしてどんなないようかを聞く問題です。話の前に質問はありません。まず話を聞いてください。それから、質問とせんたくしを聞いて、１から４の中から、最もよいものを一つえらんでください。

－メモ－

해석 및 해설

스크립트 & 해석

(M : 男性, 男の子　F : 女性, 女の子)

家で夫と妻が話しています。

M: 何作っているの？

F: ママ名刺。公園で会った人にあげるのよ。

M: お母さん同士で名刺の交換をしているんだ。

F: そうよ。いろいろなイラストを描いたり、家族写真を入れている人もいるわよ。

M: 家族写真は使わないでくれよ。

F: いいわよ。私と純の写真にするから。

M: 純、電車が好きだから電車のイラストはどう？

F: そうね。写真は止めちゃおうかしら。

M: じゃ、僕が電車に乗っている二人を描いてあげるよ。

F: 本当？ そうねえ、イラストなら純だけでいいわ。かわいく描いてね。

M: うん。頑張るよ。

집에서 남편과 아내가 이야기하고 있습니다.

남: 뭘 만들고 있어?

여: 엄마 명함. 공원에서 만난 사람에게 줄 거야.

남: 엄마들끼리 명함을 교환하고 있구나?

여: 맞아. 여러 일러스트를 그리거나 가족사진을 넣는 사람도 있어.

남: 가족사진은 쓰지 말아줘.

여: 알았어. 나랑 쥰의 사진으로 할거니까.

남: 쥰, 전철을 좋아하니까 전철 일러스트는 어때?

여: 그렇네. 사진은 그만둘까?

남: 그럼, 내가 전철을 타고 있는 두 사람을 그려 줄게.

여: 정말? 그래, 일러스트라면 쥰만 있어도 돼. 귀엽게 그려 줘.

남: 응, 열심히 할게.

妻はどんな名刺がいいと言っていますか。

1 お母さんと子どもの写真入り
2 お母さんと子どものイラスト入り
3 電車と子どもの写真入り
4 電車と子どものイラスト入り

아내는 어떤 명함이 좋다고 말하고 있습니까?

1 엄마와 아이의 사진을 넣은 것
2 엄마와 아이의 일러스트를 넣은 것
3 전철과 아이의 사진을 넣은 것
4 전철과 아이의 일러스트를 넣은 것

단어

夫(おっと) 남편 | 妻(つま) 아내 | 名刺(めいし) 명함 | 公園(こうえん) 공원 | あげる 주다 | ～同士(どうし) ～끼리 | 交換(こうかん) 교환 | 描(か)く 그리다 | 家族写真(かぞくしゃしん) 가족사진 | 入(い)れる 넣다 | 電車(でんしゃ) 전철 | 乗(の)る 타다 | 頑張(がんば)る 노력하다

해설

남편이 가족사진은 쓰지 말라고 했기 때문에 아내와 아이의 사진으로 하는 것으로 했다. 그 후, 아이가 좋아하는 전철 그림을 남편이 권했고 아내는 그림이라면 아이만으로 좋다고 했으므로 4번이 정답이다.

問題3

問題3では、問題用紙に何もいんさつされていません。この問題は、ぜんたいとしてどんなないようかを聞く問題です。話の前に質問はありません。まず話を聞いてください。それから、質問とせんたくしを聞いて、1から4の中から、最もよいものを一つえらんでください。

－メモ－

듣기 3-01 ~ 08

1 ① ② ③ ④

2 ① ② ③ ④

3 ① ② ③ ④

4 ① ② ③ ④

5 ① ② ③ ④

6 ① ② ③ ④

7 ① ② ③ ④

8 ① ② ③ ④

問題 4 발화표현

발화표현은 청해 문제 28문항 중 4문항이 출제된다.

알고 풀자!

- 화살표가 누구를 가리키고 있는지 확인하자.
- 부탁, 제안, 권유, 허락 등 표현의 기능을 정확히 아는 것이 중요하다.
- 수수, 사역, 경어표현은 단골 문제이므로 주의해서 학습해 두자.

예시

問題 4

問題 4 では、えを見ながら質問を聞いてください。やじるし（➡）の人は何と言いますか。1 から 3 の中から、最もよいものを一つえらんでください。

れい

例題　えを見ながら質問を聞いてください。やじるし（➡）の人は何と言いますか。1から3の中から、最もよいものを一つえらんでください。

れい

해석 및 해설

스크립트 & 해석

(M : 男性, 男の子　F : 女性, 女の子)

ホテルの部屋を申し込んであります。フロントで何と言いますか。 M: 1 部屋を予約してあるんですが。 2 部屋を予約したいです。 3 先週、予約したんですね。	**호텔 방을 신청해 두었습니다. 프런트에서 뭐라고 말합니까?** 남: 1 방을 예약해 두었는데요. 2 방을 예약하고 싶습니다. 3 지난주에 예약했네요.

단어

申(もう)し込(こ)む 신청하다 | フロント 프런트, 접수대 | 予約(よやく)する 예약하다

해설

1번은 이미 예약한 상태를 나타내는 「~てある(해 두다)」를 사용했으므로 정답이다. 2번은 예약을 마친 상태에서, 예약하고 싶다고 말하는 것은 이치에 맞지 않다. 3번은 손님이 아닌 프런트 직원의 대사이다.

해설집 120쪽

問題 4

問題４では、えを見ながら質問を聞いてください。やじるし（➡）の人は何と言いますか。1から3の中から、最もよいものを一つえらんでください。

1 ばん

듣기 4-01

2 ばん

듣기 4-02

3 ばん

듣기 4-03

4ばん

듣기 4-04

5ばん

듣기 4-05

6 ばん

듣기 4-06

7 ばん

8ばん

듣기 4-08

9ばん

10ばん

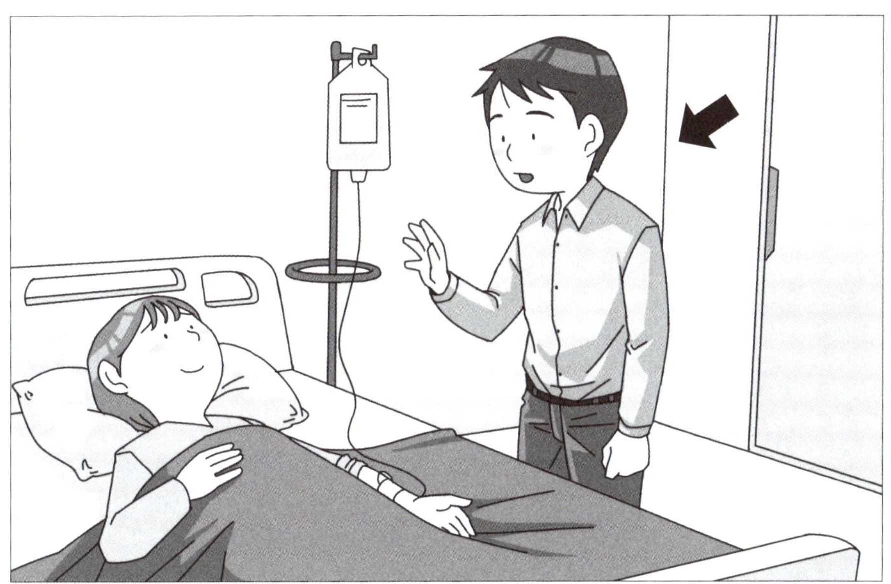

5 問題 5 즉시응답

즉시응답은 청해 문제 28문항 중 9문항이 출제된다.

알고 풀자!

- 즉시응답 문제도 시험지에는 아무것도 적혀있지 않다. 선택지도 음성으로 제공된다.
- 한 문장을 듣고 바로 답을 골라야 하므로 생각할 시간이 거의 없다. 문제를 놓쳤을 경우에는 다음 문제에 집중할 수 있도록 한다.
- 딱딱한 뉴스보다는 친구, 직장 동료, 점원과의 대화가 주를 이룬다. 평소에 자주 쓰이는 회화 표현을 많이 익혀 두자.

예시

問題(もんだい) 5

問題(もんだい) 5 では、問題用紙(もんだいようし)に何(なに)もいんさつされていません。まず文(ぶん)を聞(き)いてください。それから、そのへんじを聞(き)いて、1 から 3 の中(なか)から、最(もっと)もよいものを一(ひと)つえらんでください。

－メモ－

실전 감각 익히기 즉시응답

듣기 5-00

例題 問題５では、問題用紙に何もいんさつされていません。まず文を聞いてください。それから、そのへんじを聞いて、１から３の中から、最もよいものを一つえらんでください。

－メモ－

해석 및 해설

스크립트 & 해석

(M : 男性, 男の子　F : 女性, 女の子)

M: 寒いせいでかぜをひいたみたいだ。 F: 1 頭が痛くなってきたんです。 2 早く帰って寝たほうがいいですよ。 3 暖房を切ったほうがいいですか。	남: 추운 탓에 감기에 걸린 것 같아. 여: 1 머리가 아파졌어요. 2 빨리 돌아가서 자는 편이 좋아요. 3 난방을 끄는 편이 좋아요?

단어

寒(さむ)い 춥다 | ～せいで ~때문에 | かぜをひく 감기에 걸리다 | 頭(あたま) 머리 | 痛(いた)い 아프다 | 帰(かえ)る 돌아가다 | 寝(ね)る 자다 | 暖房(だんぼう) 난방 | 切(き)る 끄다

해설

남자는 '추워서 감기에 걸린 것 같다'고 말하고 있다. 1번은 감기에 걸린 사람이 하는 말이므로 맞지 않다. 3번 '추워서 감기에 걸렸다'고 말하는 사람에게 이런 말을 하는 것은 이치에 맞지 않다. 따라서 답은 2번이다.

실전 연습하기 즉시응답

해설집 122쪽

問題 5

問題 5 では、問題用紙に何もいんさつされていません。まず文を聞いてください。それから、そのへんじを聞いて、1 から 3 の中から、最もよいものを一つえらんでください。

－メモ－

듣기 5-01 ~ 20

1	①	②	③	④	11	①	②	③	④
2	①	②	③	④	12	①	②	③	④
3	①	②	③	④	13	①	②	③	④
4	①	②	③	④	14	①	②	③	④
5	①	②	③	④	15	①	②	③	④
6	①	②	③	④	16	①	②	③	④
7	①	②	③	④	17	①	②	③	④
8	①	②	③	④	18	①	②	③	④
9	①	②	③	④	19	①	②	③	④
10	①	②	③	④	20	①	②	③	④

N3

JLPT
실전모의테스트

제1회 실전모의테스트
제2회 실전모의테스트

JLPT
실전모의테스트

제1회 실전모의테스트 채점표

학습자의 실력을 확인할 수 있도록 임의적으로 만든 채점표입니다. 실제 시험은 상대 평가 방식이므로 오차가 발생할 수 있습니다.

언어지식 (문자・어휘・문법)

		배점	만점	1회	
				정답 문항 수	점수
문자・어휘	문제 1	1점×8문항	8		
	문제 2	1점×6문항	6		
	문제 3	1점×11문항	11		
	문제 4	1점×5문항	5		
	문제 5	1점×5문항	5		
문법	문제 1	1점×13문항	13		
	문제 2	1점×5문항	5		
	문제 3	1점×4문항	4		
합계			57점		

* **점수 계산법** : 언어지식(문자・어휘・문법) [ ]점÷57×60 = [ ]점

독해

		배점	만점	1회	
				정답 문항 수	점수
독해	문제 4	3점×4문항	12		
	문제 5	4점×6문항	24		
	문제 6	4점×4문항	16		
	문제 7	4점×2문항	8		
합계			60점		

청해

		배점	만점	1회	
				정답 문항 수	점수
청해	문제 1	2점×6문항	12		
	문제 2	2점×6문항	12		
	문제 3	3점×3문항	9		
	문제 4	2점×4문항	8		
	문제 5	2점×9문항	18		
합계			59점		

* **점수 계산법** : 청해 [ ]점÷59×60 = [ ]점

Language Knowledge (Vocabulary)

もんだいようし

N3

げんごちしき（もじ・ごい）

（30ぷん）

ちゅうい
Notes

1. しけんが　はじまるまで、この　もんだいようしを　あけないで　ください。
Do not open this question booklet until the test begins.

2. この　もんだいようしを　もって　かえる　ことは　できません。
Do not take this question booklet with you after the test.

3. じゅけんばんごうと　なまえを　したの　らんに、じゅけんひょうと　おなじように　かいて　ください。
Write your examinee registration number and name clearly in each box below as written on your test voucher.

4. この　もんだいようしは、ぜんぶで　7ページ　あります。
This question booklet has 7 pages.

5. もんだいには　かいとうばんごうの 1 、 2 、 3 …が　ついて　います。かいとうは、かいとうようしに　ある　おなじ　ばんごうの　ところに　マークして　ください。
One of the row numbers 1, 2, 3 … is given for each question. Mark your answer in the same row of the answer sheet.

じゅけんばんごう　Examinee Registration Number	

なまえ　Name	

問題１　＿＿＿＿のことばの読み方として最もよいものを、１・２・３・４から一つえらびなさい。

1　彼女は昨日(きのう)、腹痛で会社を休(やす)みました。

1　ずつう　　2　ふくつう　　3　ぶくつう　　4　ぼくつう

2　私の母は、机(つくえ)の上にあったクッキーを食べたのは、妹(いもうと)だろうと疑っている。

1　うかがって　　2　うたがって　　3　うしなって　　4　うばって

3　学校(がっこう)の裏に、山があります。

1　ぎゃく　　2　よこ　　3　うら　　4　うしろ

4　紙(かみ)は燃えやすいので、気を付けてください。

1　ひえ　　2　もえ　　3　きえ　　4　にえ

5　５人ずつのグループに分かれて座(すわ)ってください。

1　かかれて　　2　きかれて　　3　おかれて　　4　わかれて

6　この前(まえ)のメールの件、ご確認(かくにん)いただけましたか。

1　こん　　2　てん　　3　せん　　4　けん

7　この指輪(ゆびわ)には天然のダイヤモンドが使われています。

1　てんせん　　2　てんぜん　　3　てんねん　　4　てんびん

8　山田(やまだ)君と田中(たなか)君を比べたら、田中(たなか)君の方が背(せ)が高かった。

1　しらべたら　　2　えらべたら　　3　ならべたら　　4　くらべたら

問題2 ＿＿＿＿のことばを漢字で書くとき、最もよいものを、１・２・３・４からーつえらびなさい。

9 A４用紙(ようし)にずを書いて説明(せつめい)した。

1 表　2 面　3 図　4 絵

10 その高校(こうこう)のせいふくはかわいいと有名だ。

1 正服　2 製服　3 制服　4 生服

11 彼はたんきで、怒(おこ)りっぽい性格(せいかく)です。

1 単記　2 短気　3 短期　4 反気

12 最近(さいきん)、朝はひえるので、温(あたた)かいお茶(ちゃ)を飲むようにしています。

1 凍える　2 寒える　3 下える　4 冷える

13 テストの前はいつも、いが痛(いた)くなる。

1 腹　2 肩　3 胃　4 背

14 一人(ひとり)暮(ぐ)らしをすると、家庭料理がこいしくなります。

1 恋しく　2 愛しく　3 嬉しく　4 惜しく

問題3　（　　　）に入れるのに最もよいものを、1・2・3・4から一つえらびなさい。

15　トイレの場所が分からず（　　　）していたら、親切な人が教えてくれた。

1　じろじろ　　2　ぺらぺら　　3　すらすら　　4　うろうろ

16　答えが全然わからないので、何か（　　　）をください。

1　ブランド　　2　ヒント　　3　レシート　　4　ポイント

17　教室の（　　　）にゴミが落ちていた。

1　かべ　　2　床　　3　窓　　4　戸

18　道ですれ違った人が、（　　　）私と同じ服を着ていた。

1　当然　　2　必然　　3　自然　　4　偶然

19　昨日は遅い時間に寝たので、（　　　）がよくでる。

1　ため息　　2　あくび　　3　くしゃみ　　4　せき

20　駅の（　　　）によると、大雪で新幹線が遅れているそうです。

1　インタビュー　　2　チェック　　3　マイク　　4　アナウンス

21　まだ使えるものを捨てるのは（　　　）。

1　もったいない　　2　なつかしい　　3　うらやましい　　4　しかたない

22　妹は子どもの頃、（　　　）な性格だったが、今は明るく友達も多い。

1　効果的　　2　消極的　　3　客観的　　4　自動的

23 オムライスの (　　　) を買ってきてください。

1 資料(しりょう)　　2 燃料(ねんりょう)　　3 給料(きゅうりょう)　　4 材料(ざいりょう)

24 昨日は飲み会でお酒(さけ)を飲みすぎたので、今日は体が (　　　)。

1 だるい　　2 ゆるい　　3 やわらかい　　4 うすい

25 そのサイトで注文(ちゅうもん)すると、注文した (　　　) に荷物(にもつ)が届(とど)きます。

1 終日(しゅうじつ)　　2 休日(きゅうじつ)　　3 翌日(よくじつ)　　4 前日(ぜんじつ)

問題4　＿＿＿に意味が最も近いものを、1・2・3・4から一つえらびなさい。

26　キッチンを掃除(そうじ)しておきました。

1 洗面所(せんめんじょ)　2 寝室(しんしつ)　3 居間(いま)　4 台所(だいどころ)

27　退屈(たいくつ)な映画だったので、映画館で寝(ね)てしまった。

1 暗い　2 遅い　3 難しい　4 つまらない

28　散歩(さんぽ)の途中(とちゅう)でくたびれたので、カフェでコーヒーを飲みながら休みました。

1 疲(つか)れた　2 のどがかわいた　3 足が痛かった　4 お腹(なか)が空(す)いた

29　今日、デパートで買ったコートを、明日さっそく着ていこうと思います。

1 急(きゅう)に　2 突然(とつぜん)　3 さっき　4 すぐに

30　母に昨日のテストの点数(てんすう)を見せたらどなられた。

1 大声(おおごえ)でほめられた　2 大声(おおごえ)で笑(わら)われた

3 大声(おおごえ)で怒(おこ)られた　4 大声(おおごえ)で泣(な)かれた

問題5　つぎのことばの使い方として最もよいものを、１・２・３・４から一つえらびなさい。

31　懐かしい

1 人前で発表するのが懐かしくて、顔が真っ赤になった。

2 彼は子どもの頃から外国に住んでいたので英語がぺらぺらで懐かしい。

3 何度やってもできなくて、今までの自分が懐かしい。

4 子どもの頃見ていた、アニメソングを聞いて懐かしい気持ちになった。

32　カット

1 スマホはスマートフォンをカットした言い方です。

2 閉店時間の直前にスーパーに行ったら、品物の値段がカットされていた。

3 ダイエットを頑張って、体重を５kgカットした。

4 説明会の時間が残り少ないので、詳しい説明はカットします。

33　真剣

1 面接では真剣な性格をアピールした。

2 ニュースによると、事件の真剣が明らかになり、犯人も無事捕まったそうだ。

3 私は彼女との未来を真剣に考えているので、彼女を両親に紹介するつもりです。

4 このうわさはどこまで真剣なのかわからないので、簡単に信じない方がいいです。

34 するどい

1 このドラマは医師がするどい観察力で事件を解決するというものです。

2 お兄ちゃんだけケーキが食べられるなんて、するどい。

3 山田さんは背も高くするどい体形でモデルのようです。

4 彼女に旅行のお土産としてもらったこのクッキーは食感がするどくておいしい。

35 混ぜる

1 疲れたときは首を混ぜてストレッチするといいですよ。

2 ホットケーキを作るので卵と牛乳を混ぜてください。

3 クリスマスなので、ツリーをきれいに混ぜた。

4 顔色が悪かったので、化粧をして混ぜた。

Language Knowledge (Grammar)・Reading　　　　問題用紙

N3

言語知識（文法）・読解

（70分）

注　　意

Notes

1. 試験が始まるまで、この問題用紙を開けないでください。
   Do not open this question booklet until the test begins.
2. この問題用紙を持って帰ることはできません。
   Do not take this question booklet with you after the test.
3. 受験番号と名前を下の欄に、受験票と同じように書いてください。
   Write your examinee registration number and name clearly in each box below as written on your test voucher.
4. この問題用紙は、全部で１８ページあります。
   This question booklet has 18 pages.
5. 問題には解答番号の[1]、[2]、[3] …が付いています。解答は、解答用紙にある同じ番号のところにマークしてください。
   One of the row numbers [1], [2], [3] … is given for each question. Mark your answer in the same row of the answer sheet.

受験番号　Examinee Registration Number	

名　前　Name	

問題１　つぎの文の（　　）に入れるのに最もよいものを、１・２・３・４から一つえらびなさい。

1　今、魚が焼けたので冷めない（　　）食べてください。

1 かぎり　2 かわりに　3 うちに　4 あいだに

2　彼は息子を助ける（　　）なら、何だってすると言っています。

1 べき　2 はず　3 せい　4 ため

3　病院の先生は熱（　　）下がれば学校に行ってもいいと言っていました。

1 には　2 さえ　3 とともに　4 ほど

4　勉強しないでＮ３に合格できる（　　）。

1 しかありません　2 きれません

3 はずがありません　4 べきじゃありません

5　健康診断の結果、医者に血圧が高いのでお酒をやめる（　　）。

1 と言われた　2 ように言われた　3 かもしれない　4 がっている

6　（会社で）

A「田中さん、青空商事の山田さんが応接室でお待ちです。」

B「わかりました。では、すぐ（　　）と伝えてください。」

1 いらっしゃいます　2 おいでになります

3 お越しになります　4 伺います

7　携帯電話は昔（　　）軽くなってきている。

1 において　2 として　3 に比べて　4 にしたがって

8 （夫婦の会話）

妻「あの子、買ってもらったおもちゃを抱いて寝てるわね。」

夫「きっと、(　　　)。」

1 うれしいはずがないんだな　　2 うれしくてたまらないんだな

3 うれしくてもかまわないんだな　　4 うれしいかもしれないな

9 開店 (　　　) だからか、店に客がいなかった。

1 だから　　2 してしまう　　3 したばかり　　4 しておく

10 妻がしわ (　　　) のシャツにアイロンをかけてくれました。

1 すぎる　　2 だらけ　　3 きる　　4 まま

11 （ホテルで）

A「すいません。こちらのホテル、ペットも一緒に泊まれますか。」

B「ペット (　　　) は、予防接種を受けた犬や猫のみ可能です。」

1 によれば　　2 にとって　　3 によって　　4 に関して

12 私は毎朝早く起きなければならないので、夜９時には (　　　)。

1 寝ることにしている　　2 寝ないことにした

3 寝たくないのにしている　　4 寝ていないのにした

13 スマートフォンを長時間 (　　　) と、目が悪くなりますよ。

1 使いかける　　2 使いすぎる　　3 使いだす　　4 使いながら

問題2　つぎの文の ＿★＿ に入る最もよいものを、1・2・3・4から一つえらびなさい。

（問題例）

つくえの ＿＿＿＿ ＿＿＿＿ ＿★＿ ＿＿＿＿ あります。

1 が　　2 に　　3 上　　4 ペン

（解答のしかた）

1. 正しい答えはこうなります。

つくえの ＿＿＿＿ ＿＿＿＿ ＿★＿ ＿＿＿＿ あります。
3 上　2 に　4 ペン　1 が

2. ＿★＿ に入る番号を解答用紙にマークします。

（解答用紙）

(例)	①　②　③　●

14　専門的な ＿＿＿＿ ＿★＿ ＿＿＿＿ ＿＿＿＿ 川田部長は部下からの信頼も厚い。

1 経験をもつ　　2 知識　　3 に加えて　　4 豊富な

15　土地の値段は ＿＿＿＿ ＿★＿ ＿＿＿＿ ＿＿＿＿ 高くなります。

1 ほど　　2 近ければ　　3 近い　　4 駅から

16　有名な大学を出た ＿＿＿＿ ＿★＿ ＿＿＿＿ ＿＿＿＿ わけではありません。

1 必ずしも　　2 からといって　　3 就職できる　　4 という

17 帰国(きこく)する日を ＿＿＿ ＿★＿ ＿＿＿ ＿＿＿ のに。

1 行った　　2 車で迎え(むか)に　　3 くれれば　　4 教えて

18 子どもを産(う)んで初(はじ)めて、子どもを育てる ＿＿＿ ＿★＿ ＿＿＿ ＿＿＿ わかった。

1 どれだけ　　2 ことが　　3 ことか　　4 大変な

問題３　つぎの文章を読んで、文章全体の内容を考えて、[19] から [22] の中に入る最もよいものを、１・２・３・４から一つえらびなさい。

日本には、お正月特有のさまざまな風習や文化があります。その中でも多くの人が楽しみにしていることの一つに福袋というものがあります。福袋とは、お正月の初売りに様々な商品をつめて、販売する袋やその販売形態のことを指します。福袋はいつから始まったのでしょうか。多様な説がありますが、[19] 歴史は江戸時代にまでさかのぼります。江戸時代の商人たちが客に感謝の気持ち [20] 、商品を詰め合わせた袋を安く販売したことから始まったと言われています。

また、福袋は時代とともに変化してきました。最近では食料品をはじめ、服、家具、家電、アクセサリーなどの物以外にも、演劇や旅行などの体験型の福袋も登場しています。

これまでの福袋は中身が分からず、１年の運試し的要素がありました。[21]、最近では中身を公開している福袋の方が多くなっているそうです。中身を見てから買えるようになったことで、福袋で失敗したくない人も安心して買えるようになりました。

いずれにせよ、中身が見える、見えないにかかわらず、袋を開けるときの楽しみや開けてからの満足感は福袋を買ってみなくては味わえません。機会があれば皆さんもぜひ、買ってみては [22]。

19

1 それ　　2 その　　3 そこ　　4 そのように

20

1 にとって　　2 について　　3 を込(こ)めて　　4 を中心(ちゅうしん)に

21

1 なぜなら　　2 それとも　　3 たとえば　　4 しかし

22

1 いかがしましょうか　　2 いかがなさいましょうか

3 いかがでしょうか　　4 いかがいたしましょうか

問題 4　つぎの(1)から(4)の文章を読んで、質問に答えなさい。答えは、1・2・3・4から最もよいものを一つえらびなさい。

（1）

机の上にメモが置いてありました。

> 高橋さん
>
> マルイ貿易のホンさんから10時に電話がありました。A商品の値段についてお願いがあるそうです。ホンさんは「出かけるので、こちらからまた電話をする」と言っていました。詳しいことはその時に話すそうです。また、電話があった時にもし高橋さんがいなかったら携帯の電話番号を教えてもいいでしょうか。
>
> 青木

23　メモからわかることは何か。

1 高橋さんがホンさんにお願いがあるということ

2 ホンさんが高橋さんに電話をしてほしいと言ったこと

3 ホンさんが高橋さんにまた電話をかけるということ

4 青木さんが高橋さんの電話番号を知りたがっていること

(2)

子供のためのスムージー(注1)チケットで子供に無料でスムージーを飲ませる店ができました。お客さんは自分のためだけでなく他の子供達のためにチケットを買って店の入り口に貼っておきます。子供達は誰かが買ってくれたそのチケットを使って無料で飲めます。店には子供達のお礼の手紙がたくさん貼ってあります。これは誰かがほかの誰かのために買ってくれたチケットで無料で食事ができる店があるというニュースを見た店の人が自分もやってみようと思って始めたことです。善意(注2)は伝わるものなのですね。どちらの店でも多くのお客さんがチケットを買ってくれるそうです。

(注1) スムージー：果物や野菜をミキサーで細かくして作る飲み物
(注2) 善意：他の人や物に対して持つ良い感情

24 どんな善意が次々に伝わっているか。

1 子供達がお礼の手紙を書くこと
2 子供のためにチケットを買うこと
3 何でも無料で食べられる店を開くこと
4 子供が無料でスムージーが飲めること

（3）

妹からメールが来ました。

> お兄さん
>
> お母さんの誕生日のレストランの予約はできた。１人7,000円のランチ。今、プレゼントの財布を買いにデパートに来ている。お母さんが欲しがっていた財布はお金が足りなくて買えない。安い財布なら買えるけど。ランチの飲み物代もかかるし、1人３万の予算では無理。予算を1万増やせば買えるけど。お母さん、喜ぶと思うよ。

25 妹がメールを出した理由は何か。

1 予算内であげる物を決めたかったから

2 誕生日の予算を知りたかったから

3 安い財布にすると伝えたかったから

4 お母さんが欲しがっている財布をあげたいから

（4）

いじわるベンチを知っていますか。ベンチに寝(ね)ることができないように、ベンチの上に棒(ぼう)(注1)をつけたり、ベンチを丸くして座ることしかできないようにしてあります。ベンチだけでなく、ホームレスがシートを敷(し)いて(注2)寝(ね)ることができないように床にいろいろな形の物を置いたりしている場所もあります。本当にいじわるだと感じます。そこにホームレスは寝ることができないから来なくなりますが、それはホームレス問題の解決にはなりません。また、このようなベンチは誰にとっても座りにくいです。このようなベンチを見るたびに日本人の心の貧(まず)しさを感じて悲しくなります。何とかならないでしょうか。

（注1）棒(ぼう)：細くて長い木などでできた物
（注2）敷(し)く：下にうすい物を広げておくこと

26　この文章を書いた人がいちばん言いたいことは何か。

1 いじわるベンチはホームレスを減(へ)らす効果(こうか)がある。

2 いじわるベンチは見た目がよくない。

3 いじわるベンチは誰にとっても使いにくい。

4 いじわるベンチはよくない。

問題５　つぎの(1)と(2)の文章を読んで、質問に答えなさい。答えは、１・２・３・４から最もよいものを一つえらびなさい。

（１）

日本で和製英語がわからないで困っている外国人が大勢いるそうだ。和製英語とは英語をまねして日本で作られた日本語だ。日本人のほとんどがこれらの言葉を理解している。例えば「ノートパソコン・サラリーマン・ハンドル」などはよく使われているが、元の英語とは全く違う意味や使い方をしていることが多いので英語を話す人は困っている。また、和製英語ではないが、日本では多くの外来語(注1)が使われていて、日本語のような発音のせいで理解できないという外国人が多い。外来語の多いことには外国人ばかりではなく日本人も困っている。日本語で表せない場合は仕方がないが、例えば「外部委託(注2)」という言葉を日本人の４人に１人しか理解できない「アウトソーシング」という言葉にわざわざ言い換える必要があるだろうか。言葉は何かを伝えるためにある。何のために言葉を使うのか立ち止まって考えてみる必要があるのではないだろうか。

（注１）外来語：外国から来た言葉
（注２）外部委託：仕事などを外の人に頼むこと

27 この文章を書いた人は和製(わせい)英語で困ることは何だと言っているか。

1 英語から作ったので日本人には理解しにくいこと

2 英語を話す人には理解しにくいこと

3 発音が英語とは違うので理解できないこと

4 英語ができない人には全(まった)くわからないこと

28 この文章を書いた人はなぜ立ち止まって考えてみる必要があると言っているのか。

1 わかりにくい外来語(がいらいご)を使うと伝わらないので役に立たないから

2 外来語(がいらいご)がたくさんあって困っているので減らしたほうがいいから

3 日本語にない言葉を外来語(がいらいご)にしているから意味が通じないと役に立たないから

4 言葉は伝わらないと役に立たないので、外来語(がいらいご)を使うことは止めたほうがいいから

29 本文の内容と合っているのはどれか。

1 外国人は日本人の英語がわからなくて困っている。

2 日本には外国語から作られた言葉がいろいろある。

3 外来語(がいらいご)の発音が原因で困っているのは、日本人だけである。

4 「アウトソーシング」という言葉は、日本人のほとんどが理解している。

（2）

日本人の留学生は2018年の約11万５千人が最高で、日本の経済が悪くなるとともに減ってきて、2024年は約７万人だった。これは、20代の人口が減ったことや円安が進んだせいである。また、就職時に留学経験があまり評価(注1)されないことも大きい。2024年のアメリカへの留学生は日本人の19,060人に対して、韓国人は61,007人だった。韓国人のほうが3.2倍多かった。2024年の人口は韓国5,172万人に対しては日本は約１億2,380万人なので一人当たりで見れば、差(注2)はさらに広がる。韓国にいい大学がないというわけではない。大学のランキングはいろいろあるが100番までに入る大学は日本と韓国とでそんなに変わらない。留学だけではない。大学に行く人も韓国は70％近いが日本は60％にもならない。2024年の世界のデジタル競争力で韓国は６位、日本は31位である。こんなところにもその結果が表われているのではないだろうか。これではこれから日本経済は韓国にさらに差をつけられてしまうだろうと心配になってくる。

（注１）評価する：いいか悪いかを決める
（注２）差：違い

30 2024年の日本人の留学生は2018年に比べてどうなっているか。

1 少し減った。

2 40％ぐらい減った。

3 半分ぐらい減った。

4 60％ぐらい減った。

31 その結果は何を表しているか。

1 デジタル競争力で韓国より遅れていること

2 日本の経済が韓国に差をつけられていること

3 日本人の留学生や大学に行く人が韓国より少ないこと

4 日本と韓国は大学ランキングでほとんど同じであること

32 この文章を書いた人は何を心配しているのか。

1 日本がデジタル競争(きょうそう)で韓国に勝(か)てそうもないこと

2 日本経済が韓国経済より良くなりそうもないこと

3 日本は大学も大学生も韓国より少ないこと

4 韓国と日本の留学生の数に更(さら)に差が出てしまいそうなこと

問題6　つぎの文章を読んで、質問に答えなさい。答えは、1・2・3・4から最もよいものを一つえらびなさい。

ある大企業で長く受付をしていた人の話では挨拶の仕方でその人が出世(注1)するかどうかわかるそうだ。出世する人は目を見て挨拶して声もはっきりしている。「いらっしゃいませ」と言っても返事をしない人もいれば、「こんにちは。お世話になっております」と言う人も、さらに「今日は暖かいですね / 風が強くて大変ですね」など必ず何か加える人もいて、そのような人にはいい印象を受けたそうだ。受付の人は最後のタイプの人が出世することが多かったと言っている。挨拶にもその人の性格や態度が表れるのだと思う。

挨拶というと私は「人は見かけによらぬもの」ということわざ(注2)を思い出す。これは人の本当の性格や能力は、見た目では判断(注3)できない、つまり見た目である外側と中身(注4)は違うという意味だ。私は派手な服やぼうし、そして化粧も濃いことで有名なある女性社長を見るたびに「何だ、この人は。何でこんな人が社長をしているのか」などとその人の能力を疑う批判的な気持ちになっていた。しかしあるとき、彼女は社長なのに誰にでも彼女のほうから先に「おはよう」と挨拶をすると知ってその理由がわかった。普通の人は挨拶を上の人が先にする必要はないと考える。彼女は社長だから一番上にいるが、人より先に挨拶しようと決めているそうだ。彼女は自分より先に挨拶する人に会ったことがないと言っていた。私はそういう人だから会社を大きくできたのだと思った。私はそれを知って深く反省したのだ。

（注1）出世する：社会的・職業的に成功し、高い地位を得る
（注2）ことわざ：生きていく時に役に立つ短い言葉
（注3）判断する：いいとか悪いとか考えて決める
（注4）中身：外側ではなく、中に入っている物。ここでは性格や考え方など

33 受付の人はどうして出世(しゅっせ)する人がわかるのか。

1 会社の人を全員知っているから

2 受付の人は多くの人に会うから

3 挨拶(あいさつ)の仕方でどんな人かわかるから

4 受付の人は挨拶(あいさつ)の仕方を知っているから

34 その理由のそのは何を指しているか。

1 彼女に能力がないこと

2 彼女が社長をしていること

3 彼女のほうから挨拶(あいさつ)すること

4 彼女が派手な格好(かっこう)をしていること

35 「人は見かけによらぬもの」の例はどれか。

1 昨日は親切だった店員が、今日はとても不親切だった

2 いつも100点を取るキムさんが今回は80点だった

3 小さい子が好きな人が大人も好きだとは思わなかった

4 社員に怒ってばかりいる社長が小さい子には笑顔を見せている

36 この文章を書いた人はどうして深く反省(はんせい)したのか。

1 見た目で判断したが実際とは違うことを知ったから

2 見た目が派手な人が派手でないことがわかったから

3 見た目が派手な人は会社を大きくできると知ったから

4 見た目と中身が必ず違うとは限らないとわかったから

問題７　右のページはボランティア募集のお知らせである。これを読んで、下の質問に答えなさい。答えは１・２・３・４から最もよいものを一つえらびなさい。

37　大学生の山本さんは、来月の７月から２か月間、子供に関係があるボランティアをしようと思っている。ただ、月曜と火曜の夜７時からはアルバイトがある。山本さんが参加できるのはどれか。

1　ＣとＤ

2　ＡとＣとＤ

3　ＣとＤの金曜日

4　ＢとＣとＤの金曜日

38　キムさんとホンさんは一緒にボランティアがしたい。キムさんは平日しかできない。ホンさんは月曜・木曜の午後は８時までアルバイトがある。どのボランティアができるか。

1　Ａ

2　Ｂ

3　Ｃ

4　Ｄ

ボランティア募集

A. 日本語教室

国際交流会(こくさいこうりゅうかい)では日本語を教えてくださるボランティアを募集しております。

【資格】18歳以上ならどなたでも先生になれますが、事前に国際交流会(こくさいこうりゅうかい)の講習会(こうしゅうかい)に参加していただきます。講習会(こうしゅうかい)は３月と９月に開かれます。

【日時】月・火・木　19時から21時半

【場所】ひばり駅前コミュニティセンター

B. お年寄りの話相手

お年寄(としよ)りが自由に過ごせる時間をおやつを食べたりしながら一緒に過ごします。

【日時】月・金　14時から16時

【場所】ひばり老人(ろうじん)ホーム食堂

C. 子供たちと外遊(そとあそ)び

最近子供たちが外遊びすることが減っています。子供と一緒に遊びませんか。

「父の会」が中心になっていますが、だれでも参加できます。

【日時】毎週、日曜日(にちようび)　10時から16時まで(午前または午後だけでもよい)

【場所】みんなの広場

※ その他：ボランティア保険(ほけん)(100円)に加入すること

D. 料理を作る・食堂の準備(じゅんび)

子供たちに食べさせる料理を作ったり、食堂の準備(じゅんび)をしたり、食後に子供たちと話したり片づけたりする。希望の仕事を選(えら)んでください。

【日時】火・金　17時から20時半まで（週１回でもよい）

【場所】子供食堂（子供は無料(むりょう)・大人は200円夕食が食べられます）

Listening

問題用紙

N3

聴解(ちょうかい)

(40分)

注　意
Notes

1. 試験が始まるまで、この問題用紙を開けないでください。
   Do not open this question booklet until the test begins.

2. この問題用紙を持って帰ることはできません。
   Do not take this question booklet with you after the test.

3. 受験番号(じゅけんばんごう)と名前を下の欄(らん)に、受験票(じゅけんひょう)と同じように書(か)いてください。
   Write your examinee registration number and name clearly in each box below as written on your test voucher.

4. この問題用紙は、全部(ぜんぶ)で13ページあります。
   This question booklet has 13 pages.

5. この問題用紙にメモをとってもいいです。
   You may make notes in this question booklet.

受験番号(じゅけんばんごう) Examinee Registration Number	

名前 Name	

もんだい 問題 1

問題1では、まず質問を聞いてください。それから話を聞いて、問題用紙の1から4の中から、最もよいものを一つえらんでください。

れい

1　8時45分

2　9時

3　9時15分

4　9時30分

1 ばん

1　受付(うけつけ)に行(い)く

2　本田(ほんだ)さんに連絡(れんらく)する

3　資料(しりょう)を準備(じゅんび)する

4　会議室(かいぎしつ)に行(い)く

2 ばん

1

2

3

4

3 ばん

1　すし屋(や)を予約(よやく)する

2　財布(さいふ)を買(か)う

3　料理(りょうり)をする

4　花(はな)を買(か)う

4 ばん

1　スケジュール表(ひょう)を作成(さくせい)する

2　スケジュール表(ひょう)を印刷(いんさつ)する

3　レストランとホテルの予約(よやく)を確認(かくにん)する

4　メールを確認(かくにん)する

5 ばん

1　ロボットに料理(りょうり)を運(はこ)んでもらう

2　すしロボットを使(うか)う

3　娘(むすめ)に手伝(てつだ)ってもらう

4　外国人(がいこくじん)を雇(やと)う

6 ばん

1　桜川(さくらがわ)

2　野(の)の寺(てら)

3　桜(さくら)が丘(おか)

4　桜公園(さくらこうえん)

もんだい
問題 2

問題 2 では、まず質問を聞いてください。そのあと、問題用紙を見てください。読む時間があります。それから話を聞いて、問題用紙の 1 から 4 の中から、最もよいものを一つえらんでください。

れい

1　いそがしくて時間がないから

2　料理がにがてだから

3　ざいりょうがあまってしまうから

4　いっしょに食べる人がいないから

1ばん

1　日本で初(はじ)めて作られたマンホールを見せたいから

2　カラーのマンホールを見せたいから

3　マンホールカードを見せたいから

4　光(ひか)るマンホールを見せたいから

2ばん

1　いろいろな色が見えてきれいだから

2　中がよく見えるから

3　捨(す)てられる物だったから

4　湿(しめ)らないから

3ばん

1　飲み物がほしいから

2　痩せたいから

3　体を丈夫にしたいから

4　週に5000歩は歩きたいから

4ばん

1　日本のお客の意見がもらいたいから

2　日本の美容師の意見を入れて作ったから

3　イギリスでは売れないから

4　日本で売れれば他の国でもうまくいくから

5 ばん

1 並(なら)んでいる人が多いから

2 博多(はかた)の人は食べるのが速いから

3 料理(りょうり)を一つずつ出すから

4 ３回に分(わ)けて持(も)ってくるから

6 ばん

1 朝(あさ)８時にホテルのロビー

2 朝(あさ)８時にホテルの入口(いりぐち)の外

3 朝(あさ)７時50分にホテルの入口(いりぐち)の外

4 朝(あさ)７時50分に西公園(にしこうえん)の入口(いりぐち)

問題 3

問題３では、問題用紙に何もいんさつされていません。この問題は、ぜんたいとしてどんなないようか聞く問題です。話の前に質問はありません。まず話を聞いてください。それから、質問とせんたくしを聞いて、１から４の中から、最もよいものを一つえらんでください。

−メモ−

問題 4

問題 4 では、えを見ながら質問を聞いてください。やじるし(➡)の人は何と言いますか。1 から 3 の中から、最もよいものを一つえらんでください。

れい

1ばん

2ばん

3 ばん

4 ばん

もんだい 問題 5

問題5では、問題用紙に何もいんさつされていません。まず文を聞いてください。それから、そのへんじを聞いて、1から3の中から、最もよいものを一つえらんでください。

－メモ－

JLPT 실전모의테스트

제2회 실전모의테스트 채점표

학습자의 실력을 확인할 수 있도록 임의적으로 만든 채점표입니다. 실제 시험은 상대 평가 방식이므로 오차가 발생할 수 있습니다.

언어지식 (문자・어휘・문법)

		배점	만점	2회	
				정답 문항 수	점수
문자・어휘	문제 1	1점×8문항	8		
	문제 2	1점×6문항	6		
	문제 3	1점×11문항	11		
	문제 4	1점×5문항	5		
	문제 5	1점×5문항	5		
문법	문제 1	1점×13문항	13		
	문제 2	1점×5문항	5		
	문제 3	1점×4문항	4		
합계			57점		

*** 점수 계산법** : 언어지식(문자・어휘・문법) [ ]점÷57×60 = [ ]점

독해

		배점	만점	2회	
				정답 문항 수	점수
독해	문제 4	3점×4문항	12		
	문제 5	4점×6문항	24		
	문제 6	4점×4문항	16		
	문제 7	4점×2문항	8		
합계			60점		

청해

		배점	만점	2회	
				정답 문항 수	점수
청해	문제 1	2점×6문항	12		
	문제 2	2점×6문항	12		
	문제 3	3점×3문항	9		
	문제 4	2점×4문항	8		
	문제 5	2점×9문항	18		
합계			59점		

*** 점수 계산법** : 청해 [ ]점÷59×60 = [ ]점

Language Knowledge(Vocabulary)

もんだいようし

N3

げんごちしき(もじ・ごい)

(30ぷん)

ちゅうい
Notes

1. しけんが　はじまるまで、この　もんだいようしを　あけないで　ください。
Do not open this question booklet until the test begins.

2. この　もんだいようしを　もって　かえる　ことは　できません。
Do not take this question booklet with you after the test.

3. じゅけんばんごうと　なまえを　したの　らんに、じゅけんひょうと　おなじように　かいて　ください。
Write your examinee registration number and name clearly in each box below as written on your test voucher.

4. この　もんだいようしは、ぜんぶで　7ページ　あります。
This question booklet has 7 pages.

5. もんだいには　かいとうばんごうの　1、2、3 …が　ついて　います。かいとうは、かいとうようしに　ある　おなじ　ばんごうの　ところに　マークして　ください。
One of the row numbers 1, 2, 3 … is given for each question. Mark your answer in the same row of the answer sheet.

じゅけんばんごう　Examinee Registration Number	

なまえ　Name	

問題1　＿＿＿＿のことばの読み方として最もよいものを、１・２・３・４から一つえらびなさい。

1　彼は柔道着の帯を強く締めた。

1 おび　2 ひも　3 なわ　4 つな

2　アメリカは石油の主な産油国です。

1 せきゆう　2 いしゆ　3 せきゆ　4 いしゆう

3　彼は若い頃の父親によく似ている。

1 ちいさい　2 こわい　3 わかい　4 さむい

4　このホテルのサービスに満足した。

1 まんいん　2 まんかい　3 まんそく　4 まんぞく

5　彼の仕事が上司から高く評価された。

1 ひょか　2 ひょが　3 ひょうか　4 ひょうが

6　電話ではなく直接会って話をしましょう。

1 ちょうせつ　2 ちょくせつ　3 ちょうぜつ　4 ちょくぜつ

7　ずっと座っていたので、腰が痛い。

1 こし　2 くび　3 かた　4 あし

8　彼女は月末までにその仕事を終わらせた。

1 けつまつ　2 げつまつ　3 かつまつ　4 がつまつ

問題２　＿＿＿＿のことばを漢字で書くとき、最もよいものを、１・２・３・４から一つえらびなさい。

9　その選手(せんしゅ)はホームランをうった。

1　待った　　2　打った　　3　勝った　　4　持った

10　お正月(しょうがつ)なので、もちをやいて食べました。

1　燃いて　　2　煙いて　　3　焼いて　　4　熱いて

11　日本ではいっぱんてきに７月末から８月末までが夏休(なつやす)みです。

1　一方的　　2　一般的　　3　一時的　　4　一面的

12　壁(かべ)にはかいがが飾(かざ)ってあります。

1　映画　　2　図画　　3　壁画　　4　絵画

13　私は庭(にわ)で野菜(やさい)をそだてています。

1　生て　　2　育て　　3　成て　　4　養て

14　私の妹(いもうと)は今、アルバイトをさがしています。

1　探して　　2　集して　　3　求して　　4　深して

問題3　（　　　）に入れるのに最も よいものを、1・2・3・4から一つえらびなさい。

15 朝(あさ)から何も食べていないので、お腹(なか)が（　　　）です。

1 にこにこ　　2 ぺこぺこ　　3 ごろごろ　　4 いらいら

16 休まず仕事(しごと)をしたので、以前(いぜん)から痛(いた)かった足が（　　　）悪くなってしまった。

1 まあまあ　　2 そろそろ　　3 なかなか　　4 ますます

17 このいすはあしが（　　　）していないので、座(すわ)らない方がいいですよ。

1 すっかり　　2 しっかり　　3 うかっり　　4 そっくり

18 テニスサークルの（　　　）たちと、久しぶりにお酒(さけ)を飲んだ。

1 親友(しんゆう)　　2 仲間(なかま)　　3 同僚(どうりょう)　　4 部下(ぶか)

19 天気予報(てんきよほう)では、今夜(こんや)から雨が（　　　）なるらしい。

1 辛(から)く　　2 怖(こわ)く　　3 激(はげ)しく　　4 鋭(するど)く

20 大阪(おおさか)（　　　）に行く電車(でんしゃ)はとても混(こ)んでいました。

1 方面(ほうめん)　　2 方角(ほうがく)　　3 方位(ほうい)　　4 方法(ほうほう)

21 書類(しょるい)に間違(まちが)っているところがないか（　　　）してください。

1 トップ　　2 アップ　　3 カット　　4 チェック

22 彼氏(かれし)とけんかしたので、友達(ともだち)に相談(そうだん)に（　　　）もらった。

1 乗って　　2 会って　　3 聞いて　　4 受けて

23 子どもが（　　　）道路に飛び出してきたので、驚いた。

1 しばらく　　2 なるべく　　3 いきなり　　4 とにかく

24 明日が（　　　）のレポートがあるので、急いで書かなければなりません。

1 締め切り　　2 受け付け　　3 受け取り　　4 申し込み

25 明日から大学には自転車で（　　　）ことにした。

1 訪ねる　　2 通う　　3 働く　　4 動く

問題4　＿＿＿＿に意味が最も近いものを、１・２・３・４から一つえらびなさい。

26　新人(しんじん)を山田(やまだ)さんが指導(しどう)しています。

1 教(おし)えて　　2 伝(つた)えて　　3 答(こた)えて　　4 育(そだ)てて

27　このスカート、腰(こし)のあたりが少しゆるい気がします。

1 短い　　2 小さい　　3 大きい　　4 きつい

28　他人の気持ちを考えないで行動(こうどう)してしまうところが彼の欠点(けってん)です。

1 いいところ　　2 よくないところ　　3 くらいところ　　4 みえないところ

29　祖母(そぼ)からおこづかいをもらった。

1 お金　　2 服(ふく)　　3 時間　　4 食べ物

30　明日がテストなのにまったく、勉強(べんきょう)していません。

1 はやく　　2 ふかく　　3 だいたい　　4 ぜんぜん

問題5　つぎのことばの使い方として最もよいものを、1・2・3・4から一つえらびなさい。

31　重大

1 夫婦間の争いは子どもの精神形成に重大な影響を及ぼす。

2 池田さんは健康のために重大なことは何もしていないそうだ。

3 重大な時間を使ってアンケートに協力してくださり、ありがとうございます。

4 息子が試験前の重大な時なので、うちは旅行に行かないことにした。

32　なぐさめる

1 祖父の88歳の誕生日を家族みんなでなぐさめた。

2 大きな会社に就職して、心配している両親をなぐさめたい。

3 試験に落ちてしまった友達を優しい言葉でなぐさめた。

4 お金がなかったので海外留学の夢をなぐさめた。

33　枯れる

1 庭の花に水をやらなかったので、枯れてしまった。

2 お腹が枯れたので、コンビニでパンを買いました。

3 パソコンを見すぎて、目が枯れたので目薬をさしました。

4 お菓子がおいしくて、袋の中のお菓子がもう、枯れてしまった。

34 まぶしい

1 机が汚かったので、拭いたらまぶしくなった。

2 部屋が暗いので、電気をまぶしくしてください。

3 外がまぶしいので、カーテンを閉めました。

4 眼鏡をかけたら、まぶしくてよく見えるようになりますよ。

35 知り合う

1 友達が買い物に知り合ってくれた。

2 教師という仕事は彼に知り合っている。

3 彼女とは共通の友人を通じて知り合った。

4 駅の前で偶然、先輩に知り合った。

Language Knowledge (Grammar)・Reading 問題用紙

N3

言語知識（文法）・読解

（70分）

注　意
Notes

1. 試験が始まるまで、この問題用紙を開けないでください。
   Do not open this question booklet until the test begins.

2. この問題用紙を持って帰ることはできません。
   Do not take this question booklet with you after the test.

3. 受験番号と名前を下の欄に、受験票と同じように書いてください。
   Write your examinee registration number and name clearly in each box below as written on your test voucher.

4. この問題用紙は、全部で１８ページあります。
   This question booklet has 18 pages.

5. 問題には解答番号の 1 、 2 、 3 …が付いています。解答は、解答用紙にある同じ番号のところにマークしてください。
   One of the row numbers 1, 2, 3 … is given for each question. Mark your answer in the same row of the answer sheet.

受験番号 Examinee Registration Number	

名 前 Name	

問題1　つぎの文の（　　）に入れるのに最もよいものを、1・2・3・4から一つえらびなさい。

1　冷蔵庫(れいぞうこ)の中に入れ（　　）私のケーキ、もしかして食べましたか。

1 てしまう　　2 てくる　　3 ていく　　4 ておいた

2　つまらないものですが、どうぞ、（　　）。

1 食べなさい　　2 いただきます
3 召(め)し上(あ)がってください　　4 食べさせてください

3　発表者(はっぴょうしゃ)の声が小さくて聞こえないので、もっと大きい声で（　　）。

1 発表(はっぴょう)することにします　　2 発表(はっぴょう)してほしいです
3 発表(はっぴょう)するわけにいきません　　4 発表(はっぴょう)してくれません

4　お店の扉(とびら)に「12月31日から1月3日まで（　　）」と案内が貼(は)ってありました。

1 休ませています　　2 休んでいただきます
3 休ませていただきます　　4 休んでもいいでしょうか

5　雪(ゆき)が降(ふ)っているので、道が混(こ)んでいて約束(やくそく)の時間に間に合いそうもありません。もっと早く家を出る（　　）でした。

1 はず　　2 こと　　3 ほど　　4 べき

6　他の人にはただの古いぬいぐるみに見えても、わたし（　　）は宝物(たからもの)です。

1 について　　2 によって　　3 に対して　　4 にとって

7　家を出るときは鍵を（　　　）が、家に帰るとかかっていなかった。

1 かけるつもりになった　　2 かけたつもりだった
3 かけることになった　　4 かけたことだった

8　（テレビで）
A「新成人になった感想をお聞かせください。」
B「大人（　　　）、恥ずかしくないように責任ある行動をしていきたいと思います。」

1 というのは　　2 として　　3 というと　　4 としたら

9　アメリカへ行くなら、必要な手続き（　　　）事前に調べておくべきです。

1 さえ　　2 にとって　　3 くせに　　4 くらい

10　ちょうど、クッキーが（　　　）へ子ども達が帰ってきました。

1 焼きあがってばかり　　2 焼きあがったばかり
3 焼きあがってところ　　4 焼きあがったところ

11　本人に直接（　　　）が、たぶん彼女は木村君のことが好きなのだと思う。

1 聞くだけではない　　2 聞くはずではない
3 聞いたわけではない　　4 聞いたに違いない

12　配送料金は「荷物のサイズ」、「重量」、「配送距離」（　　　）異なります。

1 によって　　2 について　　3 に対して　　4 に比べて

13　彼女とのデートの約束を忘れてしまって、ただ、謝る（　　　）。

1 しかなかった　　2 ことになっていた
3 かもしれなかった　　4 ことができた

問題2　つぎの文の ＿★＿ に入る最もよいものを、1・2・3・4から一つえらびなさい。

（問題例）

つくえの ＿＿＿ ＿＿＿ ＿★＿ ＿＿＿ あります。

1 が　　2 に　　3 上　　4 ペン

（解答のしかた）

1. 正しい答えはこうなります。

つくえの ＿＿＿ ＿＿＿ ＿★＿ ＿＿＿ あります。
3 上　2 に　4 ペン　1 が

2. ＿★＿ に入る番号(ばんごう)を解答(かいとう)用紙にマークします。

（解答用紙）

(例)(れい)	①　②　③　●

14　私の父はお酒(さけ) ＿＿＿ ＿★＿ ＿＿＿ ＿＿＿、こだわりがあります。

1 わけではなく　　2 何でも　　3 なら　　4 いいという

15　部長(ぶちょう)から紹介(しょうかい)された ＿＿＿ ＿＿＿ ＿★＿ ＿＿＿ 優(やさ)しい人でした。

1 通(とお)りの　　2 田中(たなか)さんは　　3 聞いていた　　4 部長(ぶちょう)から

16　母の ＿＿＿ ＿★＿ ＿＿＿ ＿＿＿ はとても役(やく)に立った。

1 人生の先輩(せんぱい)　　2 アドバイス　　3 の　　4 として

17 先週(せんしゅう)、＿＿＿ ＿★＿ ＿＿＿ ＿＿＿ 会社についてわからないことが多いです。

1 なので　　2 まだ　　3 ばかり　　4 入社した

18 このはさみは ＿＿＿ ＿＿＿ ＿★＿ ＿＿＿ はさみと交換(こうかん)してください。

1 もっと　　2 切(き)れにくくて　　3 切(き)れやすい　　4 使いづらいので

問題3　つぎの文章を読んで、文章全体の内容を考えて、[19] から [22] の中に入る最もよいものを、1・2・3・4から一つえらびなさい。

　寒いこの季節、ラーメンがたまらなく食べたくなる時はありませんか。特にインスタントラーメンは忙しい時にも簡単に食べられて便利な食べ物ですよね。インスタントラーメンは今では身近な食べ物ですが、 [19] 生まれたか皆さんはご存じでしょうか。日清食品の創業者が終戦後の食糧難の日本で、ラーメン屋台に並ぶ人々の行列を見て、値段が安く、おいしく、そして保存性の高いラーメンは作れないかとインスタントラーメンの開発を始めたのがきっかけだそうです。 [20] 、1985年８月25日に日本で初めてインスタントラーメンが発売されました。お湯をかけて３分で食べられるインスタントラーメンは当時「魔法のラーメン」と呼ばれ、あっという間に人気を集めました。

　そんなインスタントラーメンですが、これまでは若者が食べる食べ物だというイメージがありました。しかし、最近では低カロリーで健康志向のカップラーメンや味の種類も豊富で、老若男女様々な人に受け入れられる食べ物になってきました。一人暮らしの私 [21] もインスタントラーメンはなくてはならないものになってきています。

　そして家庭だけでなく、オフィスやアウトドア、災害時の非常食などにも活用されるようになり、時代 [22] 進化し続けるカップラーメン。これからも私たちの食生活の助けになってくれることでしょう。

19

1 このように　2 そのように　3 あのように　4 どのように

20

1 ところで　2 そして　3 やはり　4 ただし

21

1 にとって　2 にしたがって　3 に比べて　4 によって

22

1 といえば　2 とともに　3 としても　4 とすると

問題4　つぎの(1)から(4)の文章を読んで、質問に答えなさい。答えは、1・2・3・4から最もよいものを一つえらびなさい。

（1）

課長からメールが届きました。

> お疲れさまです。20日の会議の準備についてですが、添付(注)ファイルの質問に答えて、15日までにメールで送ってください。その答えを集めてファイルを作って送り返しますから、会議までに読んでおいてください。会議ではそれを使って意見の交換をしたいと思います。また、提案があれば最後に書いてください。また、その日に出席できない場合も意見は送ってください。よろしくお願いします。
>
> 大島正子

（注）添付：書類やメールに、ほかの書類やファイルを一緒につけること

23　メールをもらった人がしなければならないことは何か。

1 質問の答えを集めたファイルを作る。

2 20日までに質問の答えをメールで送る。

3 会議に欠席する場合は、提案を送る。

4 会議に出られない場合は、意見を送る。

（2）

これはひまわり図書館の規則である。

図書館では、次の規則を守ってください。

・本は必ず返却期限までに返してください。
(注1)
・静かにして、他の人の迷惑にならないようにしましょう。
・飲食は禁止です。水だけなら大丈夫です。
・パソコンは予約して使ってください。
・雑誌や新聞は決められた場所で読みましょう。
・携帯電話はマナーモードにして、通話は外でしましょう。
(注2)

（注１）返却：借りたものを返すこと
（注２）通話：電話で話すこと

24 図書館へ行った田中さんは、何をしなければならないか。

1 通話するときは、迷惑をかけないように大きい声で話さない。

2 パソコンを使いたいときは、先に予約をする。

3 飲食は禁止なので、水を持って行かない。

4 雑誌は必ず返却期限までに返す。

（3）

テーブルの上にメモがありました。

貴へ

お帰りなさい。おやつのケーキは冷蔵庫に入っているわ。ジュースも入っているけど牛乳にしなさい。スイミングに行く前に宿題をしたほうがいいけど帰ってきてからでもいいわ。4時に誠君のお母さんが車で来てプールまで連れていってくれるので準備をして待っていなさい。ぼうしを忘れないようにね。スイミングから帰ったらぬれたタオルや水着などを洗濯機の前のかごに入れておいてね。お母さんは6時半には帰れると思います。

25 貴君が最初にしなければならないことは何か。

1 宿題をすること

2 ジュースを飲むこと

3 水泳に使う物を用意すること

4 ぬれた物を洗濯機に入れること

（4）

子供たちの貧富(注)の差が広がっている。ある子供服の会社は40万円もするコートを売り出したが、これがどんどん売れているそうだ。それでこれから他の服も高い商品にすることにしたそうだ。高い服は１つ売れればもうけが大きいから、これは会社としては正しいやり方だと言えるだろう。一方、満足に食事できない子供たちがたくさんいる。学校が長い休みになると先生たちは心配になると言う。給食でやっと生きているような子供たちだからだ。子供食堂など彼らのための施設が増えているが、国が何とかするべきでないだろうか。

（注）貧富の差：経済力の違い。金持ちと貧しい人の経済的な違い

26 文の中で貧富の差を表しているのは何か。

1 高い服を売る会社と貧しい子供がいる学校

2 40万のコートを売る会社とそれを買える家族

3 高い服を作る会社と給食でやっと生きている子供たち

4 高級な服が着れる子供たちと十分に食べられない子供たち

問題5　つぎの(1)と(2)の文章を読んで、質問に答えなさい。答えは、１・２・３・４から最もよいものを一つえらびなさい。

（1）

日本人は塩分を世界保健機関(WHO)が勧めている一日5gの倍の10gほど取っているそうだ。塩分の取り過ぎで病気になって死ぬ人も多い。体に悪いから、多くの人が減塩(注1)しようとしている。イギリスのように国民の健康を守るために国がパンやハムなどの食品の塩分の量を低く決めている国もあるが、日本では、塩分の量を「塩の重さ」として書くだけだ。だから自分の体は自分で守らなければならない。スパイス(注2)や出汁(注3)を使えば減塩してもおいしい料理ができるが毎日作るのは難しい。そんな日本人を救うために塩の味を強く感じる減塩スプーンが作られた。スプーンに電気を入れると塩分の少ない薄味の食べ物が濃い味に感じられておいしく食べられる。特に病気で絶対に減塩の食事をしなければならない人にとって大変嬉しい商品だ。母を驚かせたかったが、その効果が感じられない人もいるそうだから、買った後で母がそうだったら困る。母にも試してもらうほかないだろう。

（注１）減塩：塩分を減らすこと
（注２）スパイス：特別な匂いや辛い味を持っている物
（注３）出汁：いろいろな材料を煮て出した物。おいしさが集まった物

27 どうして自分の体は自分で守らなければならないと言っているのか。

1 国が国民の健康(けんこう)に関心がないから

2 日本には塩(しお)の量(りょう)を書く法律(ほうりつ)がないから

3 国が食品の塩分(えんぶん)を低(ひく)く決めていないから

4 塩分(えんぶん)の取り過ぎで病気になって死ぬ人も多いから

28 減塩(げんえん)スプーンとはどのようなスプーンか。

1 誰もが味を濃(こ)く感じられるスプーン

2 塩分(えんぶん)が減ったように感じられるスプーン

3 実際(じっさい)より塩分(えんぶん)を多く感じられるスプーン

4 実際(じっさい)の料理より味が濃(こ)くできるスプーン

29 この文章を書いた人は減塩(げんえん)スプーンについてどう考えているか。

1 使ってみることができないので困る。

2 母親に効果があるとわかったら買いたい。

3 何でもおいしく食べられるようになるのでいい。

4 塩味(しおあじ)を強く感じるため、減塩(げんえん)が必要な人には良くない。

（2）

先日、散歩中にある家の前で友人と「柚子(注)があんなにたくさんなっている。すごいね」などと話していると、それを聞いていたご主人が「よかったら、差し上げますよ」と言ってくれた。私達は喜んでいただいた。後で友達が「家にたくさん柿がなっているのでお持ちします」と言って柿を届けてくれたので①ほっとした。私の家の近所では時々家の前に野菜や果物、花などが「ご自由にお持ちください」と書いておいてある。それを見ると②嬉しくなる。イギリスではエディブル(食べられる)ウェイといって道に沿って食べられる果物や野菜が植えられていて、誰でも取って食べていいところがあるそうだ。日本でも最近１キロほどの道に沿って食べられる植物を育てている場所がある。同じ絵の植木鉢に果物や野菜を植えている。これを始めたことによって歩いている人から声をかけられることが増えたそうだ。日本でも人にあげることもあるが、残念ながら自由に取って食べてもいいというところまでは進んでいない。

（注）柚子：みかんの仲間。すっぱいが香りがよい。

30 ①ほっとしたとあるが、なぜほっとしたのか。

1 友達が柚子のお礼に柿を届けたから

2 友達の家に柿がなっていたから

3 柚子のお金を払わなくてもいいから

4 柚子をくださいと言わなかったのにもらえたから

31 ②嬉(うれ)しくなるとあるが、この文章を書いた人は、なぜそのように言っているのか。

1 散歩中(さんぽちゅう)に、友人と柚子(ゆず)がたくさんなっているのを見つけられるから

2 散歩(さんぽ)をしながら、近所(きんじょ)の人たちと楽しくおしゃべりができるから

3 自分の家の柿(かき)を近所(きんじょ)の人にいつでも自由に持って帰ってもらえるようになったから

4 果物や野菜を近所(きんじょ)の人にあげるような、人の温かい気持ちを感じるから

32 日本で最近始められた「1キロほどの道に沿(そ)って植物を育てること」によって、どのような変化があったか。

1 イギリスのように、誰でも好きな時に自由に取って食べる人が増(ふ)えた。

2 その道を歩く人が、以前よりも増(ふ)えた。

3 同じ絵の植木鉢(うえきばち)を並べることで、道がとてもきれいになった。

4 そこを歩いている人との会話が増(ふ)えるようになった。

問題6　つぎの文章を読んで、質問に答えなさい。答えは、１・２・３・４から最もよいものを一つえらびなさい。

1974年に日本で初めて開店したコンビニはアメリカと同じ商品を並べた。1978年にサンドイッチ、お弁当、おにぎりを売り始めたが、おにぎりは家で作る物だと考えられていたから一日に２個か３個しか売れなかった。そこで買う価値があるおにぎりにしようと考えた。のりとご飯を分けて、食べる時にのりを巻くようにしたら、のりがパリパリでおいしいので買ってもいい物になった。誰もが忙しい時代になったこともあって次第に売れるようになった。1986年にご飯をのりであっという間に一つに包めるようにするとおにぎりは完全に買う物になった。中身も昔からのサケなどの他に、誰も考えつかなかった「ツナマヨ」(注1)を加えた。これがマヨネーズ好きの若者に喜ばれてよく売れるようになった。今でもコンビニで大変よく売れているそうだ。

コンビニが先導(注2)してきたおにぎりだが、今は専門店も現れて並ばなければならない店も珍しくない。一個300円以上する物も多い。あるレストランのフォアグラ(注3)のおにぎりは一個2,500円もする。おにぎりは外国人にも人気で、海外でもおにぎり専門店が開店してよく売れているそうだ。一方、手軽に買えるコンビニのおにぎりも変わりがない。理由の一つに価格の二極化(注4)がある。昔からある中身の物は安く、新しい高級な中身は高い。このおかげかレストランやお弁当に比べておにぎりの売り上げが増えているそうだ。

（注１）ツナマヨ：ツナとマヨネーズを混ぜた物
（注２）先導：一番前で進むこと
（注３）フォアグラ：アヒルなどのレバーを大きくさせた高級な食べ物
（注４）二極化：２つにはっきりわかれていること

33 おにぎりが発売された時にあまり売れなかったのはなぜか。

1 家で作るおにぎりのほうが美味しかったから

2 昔から、おにぎりは家で作るのが普通だったから

3 食べる時にのりを巻くのがとても難しかったから

4 のりがパリパリすぎて、家で作るおにぎりと違いすぎたから

34 おにぎりが完全に買う物になったとあるが、理由は何か。

1 ご飯をのりで直ぐに巻ける方法が開発されたから

2 おにぎりの中身が珍しい材料に変わったから

3 「ツナマヨ」の発売でマヨネーズが好きな若者が増えたから

4 のりがパリパリのまま食べられるように、ご飯と分けて包んだから

35 この文章を書いた人は今、おにぎりはどのようになったと言っているか。

1 コンビニより専門店のおにぎりがずっと美味しい。

2 高いおにぎりも安いおにぎりもどちらも人気がある。

3 コンビニは安く専門店は高いという違いがはっきりした。

4 専門店ができたのでコンビニのおにぎりは売れなくなった。

36 おにぎりの人気の広がりを表しているのはどれか。

1 安い物と高い物が出てきたこと

2 海外でも専門店ができて売れていること

3 安い物より高い物のほうが売れていること

4 １個2,500円のおにぎりが売られていること

問題 7　**右のページは、植物園のイベントの案内である。これを読んで、下の質問に答えなさい。答えは、1・2・3・4から最もよいものを一つえらびなさい。**

37　今日は日曜日である。本田さんは午後２時に植物園に来て、この案内を見た。小学生の息子と一緒に、今から参加できるイベントはどれか。

1 A

2 B

3 C

4 AとD

38　今日は金曜日である。大学生の森さんは昼のイベントに参加した。今日、「夜の植物園」にも参加したい。「夜の植物園」に参加するために、森さんがしなければならないことはどれか。

1 19時までに西口に行く。

2 参加費1000円を払う。

3 年がわかる物を準備する。

4 カメラを準備する。

昼のイベント	
A. 植物園ガイドツアー 先生の説明を聞きながら、植物園を見学します。見学時間は約１時間です。 【日時】毎日３回 ①10時半　②14時半　③16時 【場所】東口	**B. おりがみ教室** おりがみでいろいろな花を作ります。 【日時】毎週火曜、水曜　11時～12時 毎週木曜、金曜　14時～15時 毎週土曜、日曜　13時～14時 【場所】資料館３階 (途中からも参加できます。)
C. 植物園の仕事見学 植物の世話や準備の様子を見ることができます。見学時間は約1時間です。 【日時】毎週土曜日 14時半～ 【場所】西口	**D. 写真教室** 植物の写真の撮り方を学びます。 【日時】毎週日曜日 14時～16時 【場所】資料館２階 (中学生以上参加できます。)

※申し込み、参加料金すべて不要

夜の植物園

夜に開くきれいな花を観察します。夜だけの特別な体験です。18歳以上の方が参加できます。

【日　時】毎週金曜 20時～22時(入場は19時半まで)

【参加費】1000円(当日の植物園の入園券をお持ちの方は無料)

【場　所】東口は18時で閉めますので、西口からお入りください。

<お申し込み方法>

オンライン(QRコード)または植物園受付窓口

※ 窓口で受付は17時までです。

<注意>

写真撮影はできません。

入場する前に年がわかる物を見せてください。

Listening

問題用紙

N3

聴解（ちょうかい）

(40分)

注　意
Notes

1. 試験が始まるまで、この問題用紙を開けないでください。
   Do not open this question booklet until the test begins.

2. この問題用紙を持って帰ることはできません。
   Do not take this question booklet with you after the test.

3. 受験番号（じゅけんばんごう）と名前を下の欄（らん）に、受験票（じゅけんひょう）と同じように書（か）いてください。
   Write your examinee registration number and name clearly in each box below as written on your test voucher.

4. この問題用紙は、全部（ぜんぶ）で１３ページあります。
   This question booklet has 13 pages.

5. この問題用紙にメモをとってもいいです。
   You may make notes in this question booklet.

受験番号（じゅけんばんごう） Examinee Registration Number	

名 前 Name	

問題 1

問題 1 では、まず質問を聞いてください。それから話を聞いて、問題用紙の 1 から 4 の中から、最もよいものを一つえらんでください。

れい

1　8時45分

2　9時

3　9時15分

4　9時30分

1ばん

1 会議の資料を作る

2 出張報告書を提出する

3 資料のコピーを取る

4 去年の報告書を確認する

2ばん

1

2

3

4

3ばん

1　帰国(きこく)する

2　忍者体験(にんじゃたいけん)をする

3　おてつたびに行く

4　アニメのマンホールを撮(と)る

4ばん

1　学校の図書館(としょかん)で本を予約(よやく)する

2　山田(やまだ)さんに聞いてみる

3　市の図書館(としょかん)に行く

4　高いけど買う

5 ばん

1 部長に報告する

2 マルイ貿易に問い合わせる

3 コピーを届ける

4 販売数などを計算する

6 ばん

1 入り口で年齢証明書を見せる

2 入場時間を確認する

3 入り口横の行列に並ぶ

4 案内されるまで待つ

問題 2

問題 2 では、まず質問を聞いてください。そのあと、問題用紙を見てください。読む時間があります。それから話を聞いて、問題用紙の 1 から 4 の中から、最もよいものを一つえらんでください。

れい

1　いそがしくて時間がないから

2　料理がにがてだから

3　ざいりょうがあまってしまうから

4　いっしょに食べる人がいないから

1 ばん

1 先月はアルバイトをしなかったから

2 海外旅行(かいがいりょこう)に行ったから

3 クレジットを払(はら)ったから

4 先月はあまり働(はたら)けなかったから

2 ばん

1 悪(わる)いことを言われたくないから

2 外国人が日本の嫌(いや)な面(めん)を知らないと思うから

3 日本人が素晴(すば)らしいとばかり言っているから

4 ほめる番組(ばんぐみ)ばかりでは日本が良(よ)くならないと思うから

3ばん

1　先生に気持ちが伝わらなかったから

2　先生は菊の花が好きじゃなかったから

3　先生の気分を悪くさせてしまったから

4　先生に菊の花束をあげてしまったから

4ばん

1　英語の授業だから

2　会話しかできないから

3　専門の授業を日本語で受けるから

4　わからないことを教えてもらえないから

5ばん

1　靴が合っているか知りたかったから

2　明日は閉店だということを知らせたかったから

3　本田さんに電話をもらいたかったから

4　かばんをどう渡したらいいか知りたかったから

6ばん

1　勉強のやり方を教えてもらったから

2　問題解決のためのヒントを得たから

3　母の意見は間違っていると言ってくれたから

4　ミケランジェロの良さをわかってくれたから

もんだい 問題 3

問題3では、問題用紙に何もいんさつされていません。この問題は、ぜんたいとしてどんなないようか聞く問題です。話の前に質問はありません。まず話を聞いてください。それから、質問とせんたくしを聞いて、１から４の中から、最もよいものを一つえらんでください。

－メモ－

問題(もんだい) 4

問題(もんだい) 4 では、えを見(み)ながら質問(しつもん)を聞(き)いてください。やじるし(➡)の人(ひと)は何(なん)と言(い)いますか。1 から 3 の中(なか)から、最(もっと)もよいものを一(ひと)つえらんでください。

れい

1ばん

2ばん

3 ばん

4 ばん

もんだい
問題 5

問題5では、問題用紙に何もいんさつされていません。まず文を聞いてください。それから、そのへんじを聞いて、1から3の中から、最もよいものを一つえらんでください。

－メモ－

memo

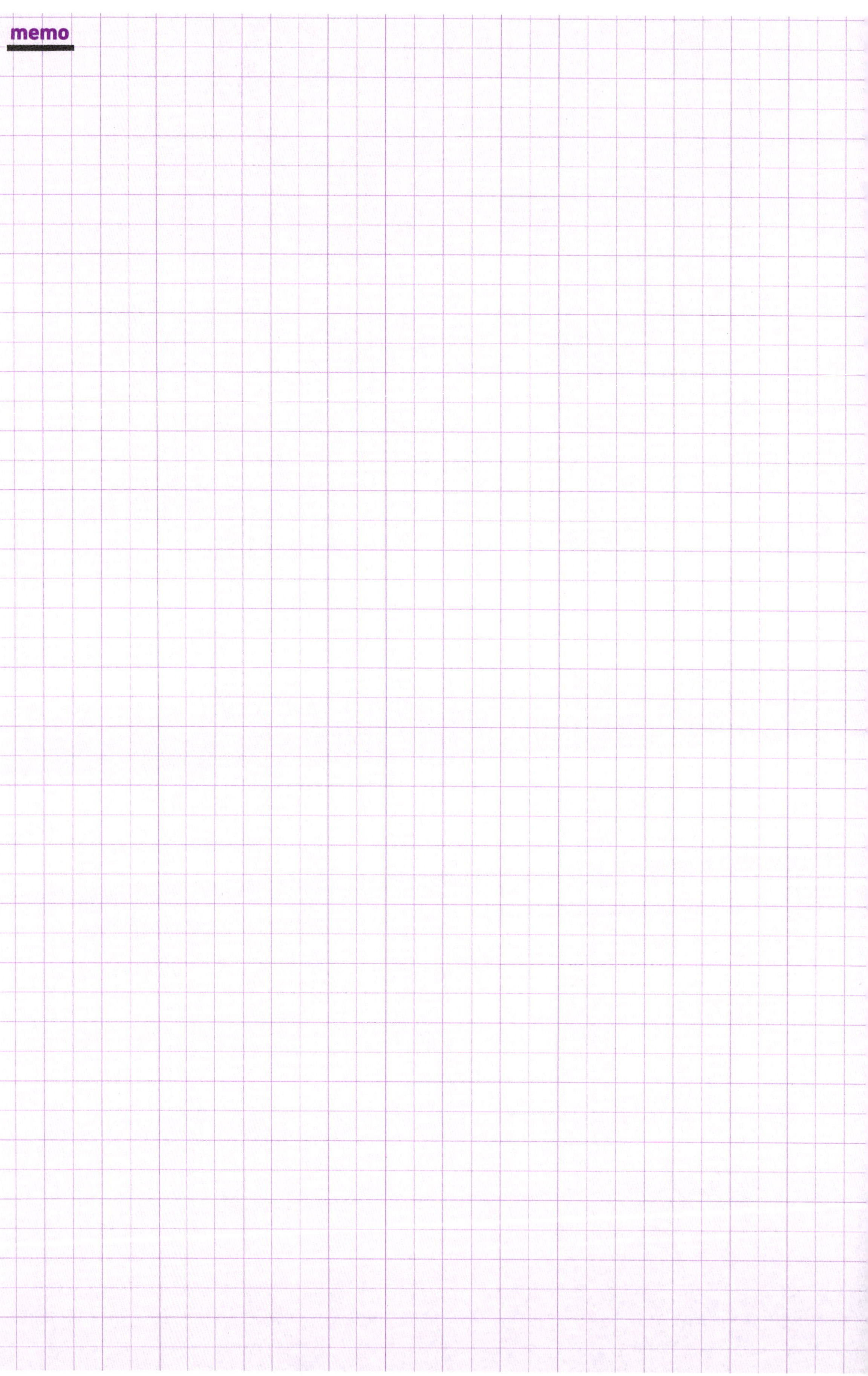
memo

memo

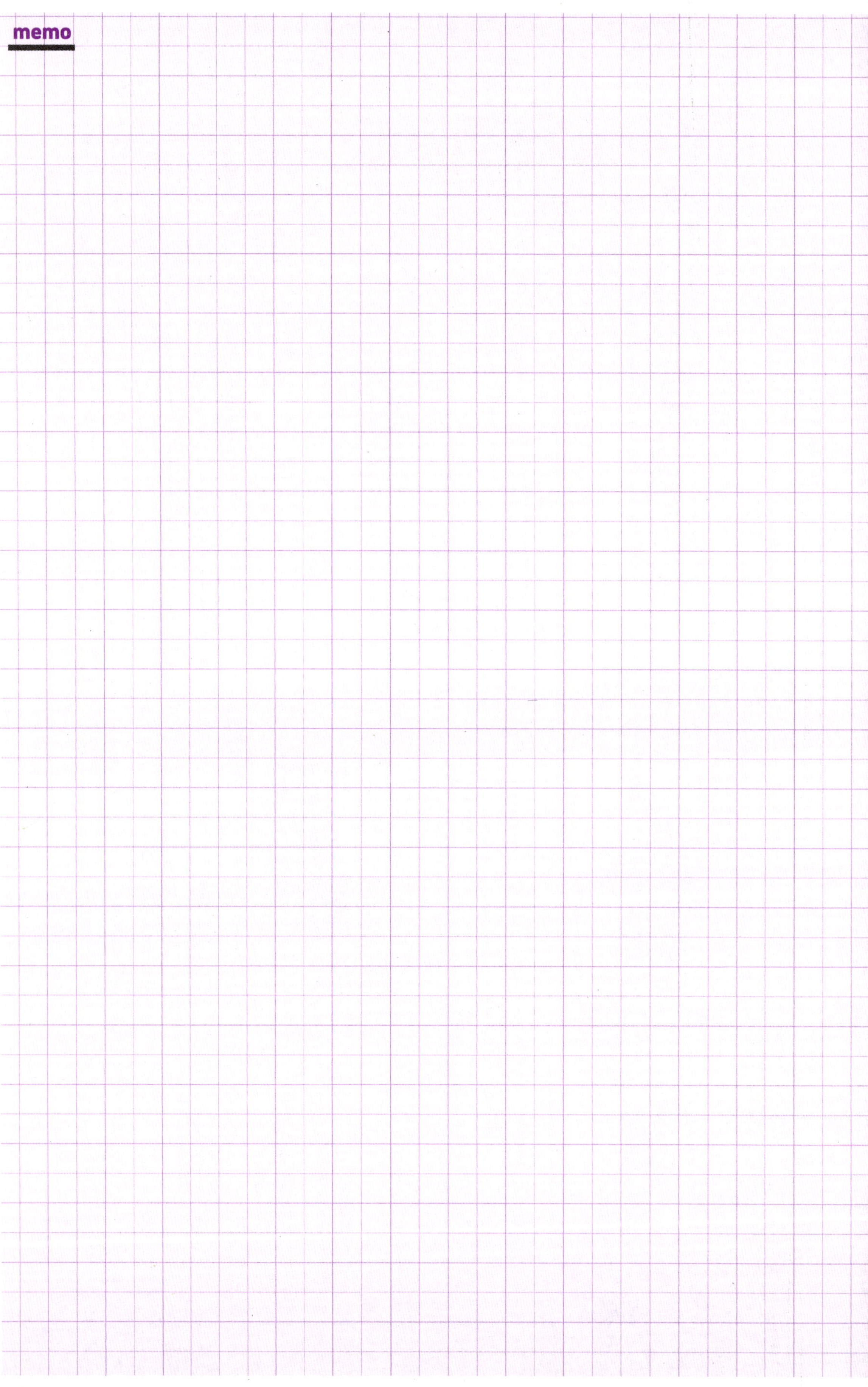
memo

JLPT 일본어능력시험 한권으로 끝내기

이치우, 기타지마 치즈코, 김윤선, 도리이 마이코 공저

스피드 체크북

문자·어휘·문법

N3

다락원

JLPT
일본어능력시험
한 권으로 끝내기

이치우, 기타지마 치즈코, 김윤선, 도리이 마이코 공저

목차

언어지식 문자・어휘 직전 체크!

언어지식 문법 직전 체크!

언어지식

문자·어휘 직전 체크!

01 한자읽기 기출어휘
02 표기 기출어휘
03 문맥구성 기출어휘
04 유의표현 기출어휘
05 용법 기출어휘

01 한자읽기 기출어휘

- □ 合図(あいず) (눈짓, 몸짓, 소리) 신호
- □ 相手(あいて) 상대
- □ 浅い(あさい) 얕다
- □ 預ける(あずける) 맡기다
- □ 汗(あせ) 땀
- □ 遊ぶ(あそぶ) 놀다
- □ 厚い(あつい) 두껍다
- □ 表す(あらわす) 나타내다
- □ 息(いき) 숨
- □ 以降(いこう) 이후
- □ 位置(いち) 위치
- □ 一般的(いっぱんてき) 일반적
- □ 岩(いわ) 바위
- □ 印象(いんしょう) 인상
- □ 疑う(うたがう) 의심하다
- □ 美しい(うつくしい) 아름답다
- □ 移す(うつす) 옮기다
- □ 裏(うら) 뒤, 뒤쪽, 뒷면
- □ 笑顔(えがお) 웃는 얼굴
- □ 横断(おうだん) 횡단
- □ 応募(おうぼ) 응모
- □ 応用(おうよう) 응용
- □ 遅れる(おくれる) 늦다
- □ 遅い(おそい) 늦다
- □ 帯(おび) 허리띠, 띠
- □ 覚える(おぼえる) 기억하다, 외우다
- □ 折る(おる) 접다
- □ 折れる(おれる) 부러지다, 꺾이다

- □ 改札(かいさつ) 개찰(구)
- □ 返す(かえす) 돌려주다
- □ 替える(かえる) 바꾸다, 교환하다
- □ 換える(かえる) 바꾸다
- □ 価格(かかく) 가격
- □ 家具(かぐ) 가구
- □ 各駅(かくえき) 각 역
- □ 各地(かくち) 각지
- □ 過去(かこ) 과거
- □ 下線(かせん) 밑줄
- □ 固い(かたい) 단단하다
- □ 勝つ(かつ) 이기다
- □ 角(かど) 모퉁이
- □ 悲しい(かなしい) 슬프다
- □ 加熱(かねつ) 가열
- □ 観客(かんきゃく) 관객
- □ 感情的(かんじょうてき) 감정적
- □ 完成(かんせい) 완성
- □ 完全だ(かんぜんだ) 완전하다
- □ 機械(きかい) 기계
- □ 汚い(きたない) 더럽다
- □ 基本(きほん) 기본
- □ 疑問(ぎもん) 의문
- □ 休日(きゅうじつ) 휴일
- □ 共通(きょうつう) 공통

□ 協力(きょうりょく) 협력
□ 禁煙(きんえん) 금연
□ 空席(くうせき) 공석
□ 配(くば)る 나누어 주다, 배포하다
□ 組(く)む 짜다
□ 首(くび) 목
□ 比(くら)べる 비교하다
□ 苦(くる)しい 힘들다, 괴롭다
□ 苦労(くろう) 고생
□ 加(くわ)える 더하다, 보태다
□ 訓練(くんれん) 훈련
□ 経営学(けいえいがく) 경영학
□ 計算(けいさん) 계산
□ 外科(げか) 외과
□ 血圧(けつあつ) 혈압
□ 血液型(けつえきがた) 혈액형
□ 月末(げつまつ) 월말
□ 件(けん) 건, 사항
□ 検査(けんさ) 검사
□ 現在(げんざい) 현재
□ 恋(こい)しい 그립다
□ 高価(こうか) 고가
□ 広告(こうこく) 광고
□ 交流(こうりゅう) 교류
□ 小型(こがた) 소형
□ 呼吸(こきゅう) 호흡
□ 腰(こし) 허리
□ 個人(こじん) 개인
□ 断(ことわ)る 거절하다
□ 困(こま)る 곤란하다
□ 転(ころ)ぶ 넘어지다

さ

□ 最初(さいしょ) 최초, 처음
□ 産業(さんぎょう) 산업
□ 塩(しお) 소금
□ 支給(しきゅう) 지급
□ 事情(じじょう) 사정
□ 自然(しぜん) 자연
□ 失業(しつぎょう) 실업, 실직
□ 実力(じつりょく) 실력
□ 島(しま) 섬
□ 示(しめ)す 가리키다, 나타내다
□ 地面(じめん) 지면
□ 集中(しゅうちゅう) 집중
□ 終点(しゅうてん) 종점
□ 手術(しゅじゅつ) 수술
□ 出張(しゅっちょう) 출장
□ 首都(しゅと) 수도
□ 主要(しゅよう)だ 주요하다
□ 種類(しゅるい) 종류
□ 順番(じゅんばん) 순번, 차례
□ 商業(しょうぎょう) 상업
□ 商品(しょうひん) 상품
□ 上品(じょうひん)だ 고상하다
□ 情報(じょうほう) 정보
□ 食器(しょっき) 식기
□ 身長(しんちょう) 신장
□ 税金(ぜいきん) 세금
□ 制服(せいふく) 제복, 교복
□ 西洋(せいよう) 서양
□ 席(せき) 자리
□ 石油(せきゆ) 석유

□ 線(せん) 선

□ 選手(せんしゅ) 선수

□ 増減(ぞうげん) 증감

□ 想像(そうぞう) 상상

□ 早退(そうたい) 조퇴

□ 相談(そうだん) 상담, 상의

□ 卒業(そつぎょう) 졸업

た

□ 退院(たいいん) 퇴원

□ 大会(たいかい) 대회

□ 確(たし)かだ 확실하다

□ 助(たす)ける 돕다, 살리다

□ 他人(たにん) 타인

□ 単語(たんご) 단어

□ 地球(ちきゅう) 지구

□ 駐車(ちゅうしゃ) 주차

□ 昼食(ちゅうしょく) 중식, 점심 식사

□ 朝刊(ちょうかん) 조간

□ 調査(ちょうさ) 조사

□ 朝食(ちょうしょく) 조식, 아침 식사

□ 貯金(ちょきん) 저금

□ 直接(ちょくせつ) 직접

□ 通勤(つうきん) 통근

□ 通知(つうち) 통지

□ 伝(つた)える 전하다

□ 包(つつ)む 싸다, 포장하다

□ 適当(てきとう)だ 적당하다

□ 到着(とうちゃく) 도착

□ 得意(とくい)だ 자신이 있다, 잘하다

□ 動作(どうさ) 동작

□ 独立(どくりつ) 독립

□ 努力(どりょく) 노력

な

□ 泣(な)く 울다

□ 涙(なみだ) 눈물

□ 逃(に)げる 도망치다, 달아나다

□ 荷物(にもつ) 짐, 화물

□ 根(ね) 뿌리

□ 値段(ねだん) 값, 가격

□ 残(のこ)す 남기다

□ 残(のこ)り 나머지

は

□ 生(は)える (풀, 이, 머리 등이) 나다, 자라다

□ 測(はか)る 재다, 달다

□ 発見(はっけん) 발견

□ 発表(はっぴょう) 발표

□ 払(はら)う 내다, 지불하다

□ 冷(ひ)える 차가워지다, 식다

□ 広場(ひろば) 광장

□ 表面(ひょうめん) 표면

□ 秒(びょう) 초

□ 夫婦(ふうふ) 부부

□ 深(ふか)い 깊다

□ 複数(ふくすう) 복수

□ 復習(ふくしゅう) 복습

□ 腹痛(ふくつう) 복통

□ 普通(ふつう) 보통, 대개

□ 部分(ぶぶん) 부분

□ 父母(ふぼ) 부모

□ 文章(ぶんしょう) 문장
□ 分類(ぶんるい) 분류
□ 平均(へいきん) 평균
□ 平日(へいじつ) 평일
□ 変化(へんか) 변화
□ 方角(ほうがく) 방위, 방향
□ 方向(ほうこう) 방향
□ 包丁(ほうちょう) 부엌칼
□ 干(ほ)す 말리다
□ 細(ほそ)い 좁다, 가늘다

ま

□ 豆(まめ) 콩
□ 丸(まる)い 둥글다
□ 回(まわ)す 돌리다, 회전시키다
□ 短(みじか)い 짧다
□ 湖(みずうみ) 호수
□ 未来(みらい) 미래
□ 結(むす)ぶ 매다, 묶다
□ 難(むずか)しい 어렵다
□ 命令(めいれい) 명령
□ 燃(も)える 타다
□ 申(もう)し込(こ)み 신청

や

□ 薬局(やっきょく) 약국
□ 郵送(ゆうそう) 우송
□ 夕日(ゆうひ) 석양
□ 郵便(ゆうびん) 우편
□ 有名(ゆうめい)だ 유명하다
□ 容器(ようき) 용기
□ 横(よこ) 옆
□ 汚(よご)す 더럽히다
□ 汚(よご)れる 더러워지다
□ 予約(よやく) 예약

ら

□ 留守(るす) 부재중, 집을 비움

わ

□ 若(わか)い 젊다
□ 笑(わら)う 웃다
□ 割(わ)れる 깨지다, 부서지다
□ 割(わ)る 나누다, 깨뜨리다

02 표기 기출어휘

- □ 浅(あさ)い 얕다
- □ 預(あず)ける 맡기다
- □ 暖(あたた)かい 따뜻하다
- □ 温(あたた)める 따뜻하게 하다, 데우다
- □ 辺(あた)り 부근, 근처
- □ 当(あ)たる 맞다
- □ 厚(あつ)い 두껍다
- □ 浴(あ)びる 뒤집어쓰다
- □ 現(あらわ)れる 나타나다
- □ 案内(あんない) 안내
- □ 胃(い) 위
- □ 以降(いこう) 이후
- □ 痛(いた)い 아프다
- □ 一般的(いっぱんてき)だ 일반적이다
- □ 右折(うせつ) 우회전
- □ 内側(うちがわ) 안쪽
- □ 打(う)つ 치다, 두드리다
- □ 移(うつ)る 옮기다, 이동하다
- □ 笑顔(えがお) 웃는 얼굴
- □ 追(お)う 좇다, 뒤따르다
- □ 遅(おそ)い 늦다
- □ 降(お)りる (탈것에서) 내리다
- □ 温泉(おんせん) 온천

か

- □ 絵画(かいが) 회화, 그림
- □ 解決(かいけつ) 해결
- □ 会費(かいひ) 회비
- □ 家具(かぐ) 가구
- □ 過去(かこ) 과거
- □ 重(かさ)ねる 겹치다, 포개다
- □ 貸(か)す 빌려주다
- □ 楽器(がっき) 악기
- □ 仮定(かてい) 가정
- □ 必(かなら)ず 반드시
- □ 可能(かのう) 가능
- □ 空(から) (속이) 빔
- □ 借(か)りる 빌리다
- □ 関係(かんけい) 관계
- □ 観光(かんこう) 관광
- □ 観察(かんさつ) 관찰
- □ 関心(かんしん) 관심
- □ 気温(きおん) 기온
- □ 規則(きそく) 규칙
- □ 期待(きたい) 기대
- □ 帰宅(きたく) 귀가
- □ 記念(きねん) 기념
- □ 逆(ぎゃく) 반대, 거꾸로임
- □ 教師(きょうし) 교사
- □ 記録(きろく) 기록
- □ 組(く)む (팔짱을) 끼다
- □ 暮(く)らす 살다, 생활하다, 지내다
- □ 経由(けいゆ) 경유
- □ 消(け)す 지우다
- □ 血液(けつえき) 혈액
- □ 欠席(けっせき) 결석

□ 欠点(けってん) 결점

□ 煙(けむり) 연기

□ 券(けん) 권, 표

□ 原因(げんいん) 원인

□ 健康(けんこう) 건강

□ 検査(けんさ) 검사

□ 現在(げんざい) 현재

□ 減少(げんしょう) 감소

□ 原料(げんりょう) 원료

□ 恋(こい)しい 그립다

□ 高価(こうか) 고가

□ 広告(こうこく) 광고

□ 黒板(こくばん) 칠판

□ 腰(こし) 허리

□ 細(こま)かい 잘다, 작다

□ 困(こま)る 곤란하다

さ

□ 最初(さいしょ) 최초, 맨 처음

□ 坂道(さかみち) 비탈길, 언덕길

□ 雑誌(ざっし) 잡지

□ 左右(さゆう) 좌우

□ 残業(ざんぎょう) 잔업

□ 自信(じしん) 자신

□ 島(しま) 섬

□ 自由(じゆう) 자유

□ 週刊誌(しゅうかんし) 주간지

□ 出勤(しゅっきん) 출근

□ 順番(じゅんばん) 순번, 차례

□ 乗車(じょうしゃ) 승차

□ 信(しん)じる 믿다

□ 身長(しんちょう) 신장, 키

□ 心配(しんぱい) 걱정

□ 森林(しんりん) 삼림

□ 吸(す)う 들이마시다

□ 図(ず) 그림

□ 頭痛(ずつう) 두통

□ 正解(せいかい) 정답

□ 性格(せいかく) 성격

□ 正常(せいじょう) 정상

□ 成績(せいせき) 성적

□ 制服(せいふく) 제복, 교복

□ 専門家(せんもんか) 전문가

□ 送信(そうしん) 송신

□ 相談(そうだん) 상담, 의논

□ 育(そだ)てる 키우다, 기르다

た

□ 退院(たいいん) 퇴원

□ 大量(たいりょう) 대량

□ 短気(たんき)だ 성질이 급하다

□ 確(たし)かだ 확실하다

□ 違(ちが)う 다르다

□ 駐車(ちゅうしゃ) 주차

□ 疲(つか)れ 피로

□ 疲(つか)れる 피곤하다

□ 包(つつ)む 포장하다, 싸다

□ 続(つづ)き 계속, 연결

□ 勤(つと)める 근무하다

□ 伝言(でんごん) 전언

□ 停電(ていでん) 정전

□ 解(と)く 풀다

□ 独身(どくしん) 독신
□ 飛(と)ぶ 날다
□ 泊(と)まる 묵다, 숙박하다

な

□ 泣(な)く 울다
□ 投(な)げる 던지다
□ 涙(なみだ) 눈물
□ 波(なみ) 파도, 물결
□ 逃(に)げる 도망치다, 달아나다
□ 願(ねが)う 바라다, 원하다
□ 熱心(ねっしん)だ 열심이다
□ 眠(ねむ)る 잠자다

は

□ 葉(は) 잎, 잎사귀
□ 歯(は) 이, 이빨
□ ～倍(ばい) ～배
□ 速(はや)い 빠르다
□ 冷(ひ)える 차가워지다
□ 低(ひく)い 낮다
□ ～秒(びょう) ～초
□ 複雑(ふくざつ)だ 복잡하다
□ 復習(ふくしゅう) 복습
□ 複数(ふくすう) 복수
□ 減(へ)る 줄다
□ 方向(ほうこう) 방향
□ 歩道(ほどう) 보도
□ 法律(ほうりつ) 법률

ま

□ 負(ま)ける 지다, 패하다
□ 守(まも)る 지키다
□ 回(まわ)す 돌리다
□ 満足(まんぞく) 만족
□ 短(みじか)い 짧다
□ 緑(みどり) 녹색
□ 結(むす)ぶ 묶다
□ 物語(ものがたり) 이야기
□ 娘(むすめ) 딸
□ 命令(めいれい) 명령

や

□ 焼(や)く 굽다
□ 訳(やく)する 번역하다
□ 薬局(やっきょく) 약국
□ 輸出(ゆしゅつ) 수출
□ 容器(ようき) 용기, 그릇
□ 翌週(よくしゅう) 다음주
□ 予想(よそう) 예상

ら

□ 理由(りゆう) 이유

わ

□ 若(わか)い 젊다

03 문맥구성 기출어휘

あ

- □ あきらめる 포기하다
- □ あきる 질리다, 싫증나다
- □ アクセス 접근, 접근성
- □ あくび 하품
- □ あせ 땀
- □ 預ける(あずける) 맡기다
- □ 当たる(あたる) 맞다
- □ 扱う(あつかう) 취급하다
- □ アドバイス 충고
- □ 穴(あな) 구멍
- □ アナウンス 아나운스, 방송
- □ あふれる 넘치다
- □ 編む(あむ) 엮다, 뜨다
- □ あやしい 수상하다
- □ あわ 거품
- □ 合わせる(あわせる) 맞추다, (마음을) 합치다
- □ 案外(あんがい) 뜻밖에, 의외로
- □ 意外に(いがいに) 의외로
- □ 意志(いし) 의지
- □ 一応(いちおう) 일단
- □ 一度に(いちどに) 한꺼번에
- □ イメージ 이미지
- □ 印象(いんしょう) 인상
- □ インタビュー 인터뷰
- □ うっかり 무심코, 깜박, 멍청히
- □ うまい 맛있다, 솜씨가 좋다
- □ うらやましい 부럽다
- □ うろうろ 허둥지둥
- □ うわさ 소문
- □ 運休(うんきゅう) 운휴
- □ 影響(えいきょう) 영향
- □ 栄養(えいよう) 영양
- □ エネルギー 에너지
- □ 延期(えんき) 연기
- □ 演奏(えんそう) 연주
- □ 追い越す(おいこす) 앞지르다, 추월하다
- □ 追いつく(おいつく) 따라잡다
- □ お祝い(おいわい) 축하, 축하선물
- □ 応援(おうえん) 응원
- □ 応募(おうぼ) 응모
- □ おかしい 이상하다
- □ 起きる(おきる) 기상하다, 발생하다
- □ おしい 아깝다
- □ おたがいに 서로
- □ 落ち着く(おちつく) 가라앉다, 침착하다
- □ おつかれさま 수고하십니다, 수고하셨습니다
- □ おぼれる 빠지다
- □ 思いつく(おもいつく) 생각이 떠오르다
- □ 主に(おもに) 주로

か

- □ カーブ 커브
- □ 解決(かいけつ) 해결
- □ 香り(かおり) 향기
- □ 外食(がいしょく) 외식

□ かかる (병에) 걸리다

□ 確実(かくじつ)だ 확실하다

□ 隠(かく)す 감추다, 숨기다

□ 囲(かこ)む 둘러싸다, 에워싸다

□ 重(かさ)ねる 쌓다, 거듭하다

□ 片方(かたほう) 한 쪽, 한 짝

□ カタログ 카탈로그

□ がっかり 실망, 낙담하는 모양

□ 可能(かのう) 가능

□ カバー 덮개

□ 我慢(がまん) 참음

□ からから 바싹 마른 모양

□ がらがら 텅텅 빈 모양

□ 枯(か)れる 마르다, 시들다

□ かわく 건조하다

□ 渇(かわ)く 마르다

□ 間隔(かんかく) 간격

□ 感覚(かんかく) 감각

□ 観察(かんさつ) 관찰

□ 感(かん)じ 느낌

□ 完成(かんせい) 완성

□ 乾燥(かんそう) 건조

□ 感動(かんどう) 감동

□ 期限(きげん) 기한

□ 傷(きず) 상처, 흠

□ 期待(きたい) 기대

□ きちんと 깔끔히

□ きつい 끼다

□ 記念(きねん) 기념

□ 希望(きぼう) 희망

□ キャンセル 취소

□ 興味(きょうみ) 흥미

□ 距離(きょり) 거리

□ 記録(きろく) 기록

□ 禁止(きんし) 금지

□ 偶然(ぐうぜん) 우연히, 뜻밖에

□ くせ 버릇, 습관

□ 苦(くる)しい 고통스럽다, 난처하다

□ 悔(くや)しい 분하다

□ 訓練(くんれん) 훈련

□ 経営(けいえい) 경영

□ 芸術(げいじゅつ) 예술

□ 経由(けいゆ) 경유

□ 決心(けっしん) 결심

□ 検査(けんさ) 검사

□ 原料(げんりょう) 원료

□ 恋(こい)しい 그립다

□ 効果(こうか) 효과

□ 効果的(こうかてき)だ 효과적이다

□ 交換(こうかん) 교환

□ 合計(ごうけい) 합계

□ 断(ことわ)る 거절하다

□ このあいだ 일전, 요전

さ

□ 差(さ) 차, 차이

□ 最新(さいしん) 최신

□ 材料(ざいりょう) 재료

□ 坂道(さかみち) 언덕길, 비탈길

□ 盛(さか)んだ 번창하다

□ さっそく 즉시

□ 覚(さ)める 잠이 깨다, 눈이 뜨이다

□ ～産(さん) (지역, 나라) ~산

□ しかたない 어쩔 수 없다
□ 資源(しげん) 자원
□ 時差(じさ) 시차
□ 自信(じしん) 자신
□ 事情(じじょう) 사정
□ しずむ 가라앉다, 지다
□ 姿勢(しせい) 자세
□ 親(した)しい 친하다
□ しっかり 꽉, 단단히
□ しつこい 끈질기다
□ 自動的(じどうてき)に 자동적으로
□ しばらく 한동안, 오랫동안
□ しばる 묶다
□ しぼる 짜다
□ しまう 안에 넣다, 치우다
□ 自慢(じまん) 자랑
□ しみ 얼룩
□ 締(し)め切(き)り 마감
□ 〜者(しゃ) 〜자
□ 消極的(しょうきょくてき)だ 소극적이다
□ 就職(しゅうしょく) 취직
□ 渋滞(じゅうたい) 정체, 밀림
□ 冗談(じょうだん) 농담
□ 集中(しゅうちゅう) 집중
□ 主張(しゅちょう) 주장
□ 出張(しゅっちょう) 출장
□ 順番(じゅんばん) 순번, 차례
□ 冗談(じょうだん) 농담
□ 信(しん)じる 믿다
□ 申請(しんせい) 신청
□ 親戚(しんせき) 친척
□ ずいぶん 꽤, 상당히
□ ずきずき 욱신욱신
□ 清潔(せいけつ) 청결
□ 制限(せいげん) 제한
□ 正常(せいじょう)だ 정상이다
□ 整理(せいり) 정리
□ 積極的(せっきょくてき)だ 적극적이다
□ セット 세트, 설정, 조절
□ 全(ぜん)〜 전〜
□ 前後(ぜんご) 전후
□ 想像(そうぞう) 상상
□ 底(そこ) 바닥, 속
□ そっくり 꼭 닮음
□ そっと 살짝

た

□ 代金(だいきん) 대금
□ 代表的(だいひょうてき)だ 대표적이다
□ 体力(たいりょく) 체력
□ たしかめる 확인하다
□ 戦(たたか)う 싸우다, 전투하다
□ たたく 두드리다
□ たたむ 접다, 개다
□ たつ (시간, 세월이) 지나다
□ ためる (돈을) 모으다
□ 頼(たよ)る 의지하다
□ だるい 나른하다
□ チャレンジ 챌린지, 도전
□ 中古(ちゅうこ) 중고
□ 調子(ちょうし) 상태, 컨디션
□ 通知(つうち) 통지
□ 通訳(つうやく) 통역

□ 付(つ)き合(あ)う 사귀다

□ テーマ 테마

□ デザイン 디자인

□ 動作(どうさ) 동작

□ 当日(とうじつ) 당일

□ 登場(とうじょう) 등장

□ どきどき 두근두근

□ 特長(とくちょう) 특별한 장점

□ とける 녹다

□ 閉(と)じる 닫다, (눈을) 감다

□ 土地(とち) 토지, 땅

□ 突然(とつぜん) 돌연, 갑자기

□ 取(と)り消(け)す 취소하다

□ 取(と)り出(だ)す 꺼내다

□ 取(と)り付(つ)ける 설치하다

□ 努力(どりょく) 노력

な

□ 内緒(ないしょ) 비밀, 은밀

□ 仲(なか) 사이, 관계

□ 流(なが)れ 흐름

□ 流(なが)れる 흐르다

□ なつかしい 그립다

□ なめる 핥다

□ なるべく 가능한 한, 되도록

□ 農業(のうぎょう) 농업

□ ノック 노크

□ のばす 연기하다, 연장하다

は

□ 配達(はいたつ) 배달

□ バケツ 양동이

□ 発展(はってん) 발전

□ 発表(はっぴょう) 발표

□ 派手(はで)だ 화려하다

□ 話(はな)し合(あ)う 의논하다

□ 早(はや)めに 빨리, 일찌감치

□ 番(ばん) 차례

□ ヒント 힌트

□ ばらばら 제각각, 제각기

□ 半日(はんにち) 반일, 한나절

□ パンフレット 팸플릿, 소책자

□ 比較(ひかく) 비교

□ 引(ひ)き受(う)ける (일, 역할을) 떠맡다

□ ぴったり 꼭 맞는 모양, 딱

□ ヒント 힌트

□ 不安(ふあん) 불안

□ ふく 닦다, 훔치다

□ 複雑(ふくざつ)だ 복잡하다

□ 防(ふせ)ぐ 방어하다, 막다

□ 物価(ぶっか) 물가

□ ぶつける 부딪치다, 맞부딪치다

□ 不満(ふまん) 불만

□ ふらふら 비틀비틀

□ ぶらぶら 어슬렁어슬렁, 빈둥빈둥

□ 振(ふ)る 흔들다

□ 平気(へいき)だ 괜찮다

□ 平均(へいきん) 평균

□ 別々(べつべつ) 따로따로, 각각

□ ぺこぺこ 몹시 배가 고픈 모양

□ ぺらぺら 줄줄, 술술

□ 報告(ほうこく) 보고

- □ 方法(ほうほう) 방법
- □ ほえる 짖다
- □ 干(ほ)す 말리다

ま

- □ マイク 마이크
- □ 交(ま)ざる 섞이다
- □ 待(ま)ち合(あ)わせる 만나기로 하다
- □ マナー 매너
- □ 守(まも)る 지키다
- □ 迷(まよ)う 망설이다, (길을) 헤매다
- □ 身(み)につける 익히다
- □ ～向(む)き ～향
- □ むく 벗기다, 까다
- □ 無駄(むだ) 낭비, 헛됨
- □ めんどうくさい 귀찮다
- □ 申込書(もうしこみしょ) 신청서
- □ 目的(もくてき) 목적
- □ 目標(もくひょう) 목표
- □ もったいない 아깝다
- □ 文句(もんく) 불만, 불평

や

- □ 家賃(やちん) 집세
- □ 破(やぶ)れる 찢어지다, 깨지다
- □ 床(ゆか) 마루
- □ ユーモア 유머
- □ ゆるい 헐렁하다, 느슨하다
- □ 許(ゆる)す 용서하다, 허락하다
- □ 翌日(よくじつ) 익일, 다음날
- □ 呼(よ)び掛(か)ける 호소하다

ら

- □ リサイクル 리사이클, 재활용
- □ リスト 리스트, 목록
- □ りっぱだ 훌륭하다
- □ 流行(りゅうこう)している 유행하고 있다
- □ ～料(りょう) ～료
- □ 両替(りょうがえ) 환전
- □ 料金(りょうきん) 요금
- □ レシピ 레서피, 조리법
- □ 列(れつ) 줄, 열, 행렬

わ

- □ 別(わか)れる 헤어지다, 작별하다
- □ 分(わ)ける 나누다, 분배하다
- □ 割合(わりあい) 비율

04 유의표현 기출어휘

あ

- □ 相変わらず(あいかわらず) 변함없이 ≒ 前と同じで(まえとおなじで) 전과 같이
- □ あきらめる 포기하다 ≒ やめる 그만두다
- □ 明ける(あける) 끝나다 ≒ おわる 끝나다
- □ あたえる 주다 ≒ あげる 주다
- □ あまりました 남았습니다 ≒ 多すぎて残りました(おおすぎてのこりました) 너무 많아서 남았습니다
- □ あらゆる 모든, 온갖 ≒ すべての 모든, 전부
- □ あわてて 서둘러 ≒ 急いだようすで(いそいだようすで) 서두른 모습으로
- □ 案(あん) 안, 생각 ≒ アイデア 아이디어
- □ 暗記する(あんきする) 암기하다 ≒ 覚える(おぼえる) 외우다
- □ 位置(いち) 위치 ≒ 場所(ばしょ) 장소
- □ 一流の(いちりゅうの) 일류의 ≒ 素晴らしい(すばらしい) 훌륭한, 대단한
- □ 疑っている(うたがっている) 의심하고 있다 ≒ 本当ではないかと思っている(ほんとうではないかとおもっている) 진짜가 아닌가 하고 생각하고 있다
- □ うばう 빼앗다 ≒ 取る(とる) 빼앗다
- □ 売り切れました(うりきれました) 품절되었습니다 ≒ 全部売れました(ぜんぶうれました)·すべて売れました(すべてうれました) 전부 팔렸습니다
- □ 延期になった(えんきになった) 연기되었다 ≒ 後の別の日にすることになった(あとのべつのひにすることになった) 나중의 다른 날로 하게 되었다
- □ おい 남자 조카 ≒ 姉の息子(あねのむすこ) 언니(누나)의 아들
- □ 横断禁止です(おうだんきんしです) 횡단 금지입니다 ≒ 渡ってはいけません(わたってはいけません) 건너서는 안 됩니다
- □ おかしな 이상한 ≒ 変な(へんな) 이상한
- □ おこづかい 용돈 ≒ お金(おかね) 돈
- □ おそろしい 무섭다 ≒ こわい 무섭다
- □ お腹がぺこぺこだ(おなかがぺこぺこだ) 배가 고프다 ≒ お腹がすいている(おなかがすいている) 배가 고프다
- □ 覚える(おぼえる) 외우다 ≒ 暗記する(あんきする) 암기하다

か

- □ カーブしている 굽어 있다 ≒ 曲(ま)がっている 굽어 있다
- □ 回収(かいしゅう)する 회수하다 ≒ 集(あつ)める 모으다
- □ 価格(かかく) 가격 ≒ 値段(ねだん) 값, 가격
- □ かがやく 빛나다 ≒ 光(ひか)る 빛나다
- □ 駆(か)けてきた 달려왔다 ≒ 走(はし)ってきた 달려왔다
- □ がっかりした 실망했다 ≒ 残念(ざんねん)だと思(おも)った 유감스럽게 생각했다
- □ 学校(がっこう)をサボってしまった 학교를 빼먹고 말았다 ≒ 遊(あそ)びたくて学校(がっこう)を休(やす)んでしまった 놀고 싶어서 학교를 쉬고 말았다
- □ 感謝(かんしゃ) 감사 ≒ お礼(れい) 사례
- □ 機会(きかい) 기회 ≒ チャンス 찬스, 기회
- □ 企業(きぎょう) 기업 ≒ 会社(かいしゃ) 회사
- □ きつい 고되다 ≒ 大変(たいへん)だ 힘들다
- □ キッチン 키친 ≒ 台所(だいどころ) 부엌
- □ 気(き)に入(い)っている 마음에 드는 ≒ 好(す)きな 좋아하는
- □ 決(き)まり 규칙, 정해진 바 ≒ 規則(きそく) 규칙
- □ 逆(ぎゃく) 역, 반대 ≒ 反対(はんたい) 반대
- □ 共通点(きょうつうてん) 공통점 ≒ 同(おな)じところ 같은 점
- □ 協力(きょうりょく)する 협력하다 ≒ 手伝(てつだ)う 돕다
- □ くたびれる 지치다, 피로하다 ≒ つかれる 피로하다
- □ グラウンド 그라운드, 운동장 ≒ 運動場(うんどうじょう) 운동장
- □ 苦労(くろう)した 고생했다 ≒ 大変(たいへん)だった 힘들었다
- □ 詳(くわ)しい 상세하다, 자세하다 ≒ 細(こま)かい 자세하다
- □ 欠点(けってん) 결점 ≒ わるいところ·よくないところ 나쁜 점·좋지 않은 점
- □ 検討(けんとう)して 검토해서 ≒ よく考(かんが)えて 잘 생각해서
- □ このごろ 요즘 ≒ さいきん 최근
- □ 混雑(こんざつ)している 혼잡하다 ≒ 客(きゃく)がたくさんいる 손님이 많이 있다

さ

- ☐ サイズ 사이즈 ≒ 大(おお)きさ 크기
- ☐ さっき 아까, 조금 전 ≒ 少(すこ)し前(まえ)に 조금 전에
- ☐ さっそく 곧, 즉시 ≒ すぐに 곧, 바로
- ☐ さまざまな 여러 가지, 가지각색 ≒ いろいろな 여러 가지
- ☐ 次第(しだい)に 점점, 차츰 ≒ 少(すこ)しずつ 조금씩
- ☐ 指定(してい)の場所(ばしょ) 지정 장소 ≒ 決(き)められた場所(ばしょ) 정해진 장소
- ☐ 指導(しどう)する 지도하다 ≒ 教(おし)える 가르치다
- ☐ しゃべらないで 수다떨지 말고 ≒ 話(はな)さないで 이야기하지 말고
- ☐ しゃべる 지껄이다, 재잘거리다 ≒ 話(はな)す 이야기하다
- ☐ 手段(しゅだん) 수단 ≒ やり方(かた) 하는 법, 방법
- ☐ 信(しん)じている 믿고 있다 ≒ 本当(ほんとう)だと思(おも)っている 진짜라고 생각하고 있다
- ☐ ずいぶん 꽤 ≒ 非常(ひじょう)に 매우, 상당히
- ☐ スケジュール 스케줄 ≒ 予定(よてい) 예정
- ☐ 済(す)ませる 끝내나, 마치다 ≒ 終(お)わらせる 끝내다
- ☐ すべて 모두 ≒ 全部(ぜんぶ) 전부
- ☐ 清潔(せいけつ)だ 청결하다 ≒ きれいだ 깨끗하다
- ☐ 整理(せいり)する 정리하다 ≒ 片(かた)づける 정리하다
- ☐ 絶対(ぜったい)(に) 절대로, 반드시, 꼭 ≒ 必(かなら)ず 반드시
- ☐ 早退(そうたい)した 조퇴했다 ≒ 早(はや)く帰(かえ)った 빨리 돌아갔다
- ☐ そっと 가만히, 조용히 ≒ 静(しず)かに 조용히
- ☐ そのまま 그대로 ≒ 何(なに)も変(か)えないで 아무것도 바꾸지 않고

た

- ☐ 退屈(たいくつ)だ 따분하다 ≒ つまらない 재미없다
- ☐ 確(たし)かめる 확인하다 ≒ チェックする 확인하다
- ☐ 多少(たしょう) 다소, 약간 ≒ ちょっと 조금
- ☐ 経(た)つ (시간이) 지나다 ≒ 過(す)ぎる 지나다
- ☐ 黙(だま)って 말하지 않고 ≒ 何(なに)も話(はな)さないで·何(なに)も言(い)わずに 아무것도 말하지 않고
- ☐ たまっている 쌓여 있다 ≒ たくさん残(のこ)っている 많이 남아 있다

□ 短気(たんき)だ 성급하다 ≒ すぐ怒(おこ)る 바로 화내다
□ 単純(たんじゅん)だ 단순하다 ≒ わかりやすい 알기 쉽다
□ 団体(だんたい)で 단체로 ≒ グループで 그룹으로
□ 注文(ちゅうもん)する 주문하다 ≒ たのむ 주문하다
□ 通勤(つうきん)する 통근하다 ≒ 仕事(しごと)に行(い)く 일하러 가다
□ 当然(とうぜん) 당연히 ≒ もちろん 물론
□ 得意(とくい)だ 잘하다 ≒ とても上手(じょうず)だ·上手(じょうず)にできる 아주 잘하다·능숙하게 할 수 있는
□ どならないで 호통치지 말고 ≒ 大声(おおごえ)で怒(おこ)らないで 큰 소리로 화내지 말고
□ トレーニング 트레이닝 ≒ 練習(れんしゅう) 연습

な

□ ないしょにして 비밀로 하고 ≒ だれにも話(はな)さないで 아무에게도 말하지 않고
□ 納得(なっとく)した 납득했다 ≒ とてもよく分(わ)かった 아주 잘 알았다
□ 年中(ねんじゅう) 항상, 끊임없이 ≒ いつも 항상, 늘

は

□ 配達(はいたつ)する 배달하다 ≒ 届(とど)ける 보내다, 배달하다
□ バックしてください 후진해 주세요 ≒ 後(うし)ろに下(さ)がってください 뒤로 물러나 주세요
□ 避難(ひなん)する 피난하다 ≒ にげる 피하다, 도망치다
□ 不安(ふあん)だ 불안하다 ≒ 心配(しんぱい)だ 걱정이다
□ ふだん 평소 ≒ いつも 평소, 여느 때
□ ふれる 만지다 ≒ 触(さわ)る 만지다, 건드리다
□ ぺらぺらです 유창합니다 ≒ 上手(じょうず)に話(はな)せます 능숙하게 말할 수 있습니다
□ ベストだ 최선이다 ≒ 最(もっと)もよい 가장 좋다
□ 減(へ)る 줄다 ≒ 少(すく)なくなる 적어지다
□ 報告(ほうこく)する 보고하다 ≒ 知(し)らせる 통지하다, 알리다

ま

- □ まご 손자 ≒ 娘(むすめ)の息子(むすこ) 딸의 아들
- □ まったく 전혀 ≒ ぜんぜん 전연, 전혀
- □ 学(まな)んでいる 배우고 있다 ≒ 勉強(べんきょう)している 공부하고 있다
- □ まぶしい 눈부시다 ≒ 明(あか)るすぎる 너무 밝다
- □ めい 조카딸 ≒ 兄弟(きょうだい)の娘(むすめ) 형제의 딸

や

- □ 約(やく) 약 ≒ だいたい 대개, 대략
- □ やり直(なお)す 다시 하다 ≒ もう一度(いちど)やる 다시 한 번 하다
- □ ゆるい 느슨하다, 헐렁하다 ≒ 大(おお)きい 크다
- □ ようやく 겨우, 간신히 ≒ やっと 겨우
- □ 翌年(よくねん) 익년, 다음해 ≒ 次(つぎ)の年(とし) 다음 해

ら

- □ 楽(らく)だ 편하다, 쉽다 ≒ 簡単(かんたん)だ 간단하다

- □ わけ 이유 ≒ 理由(りゆう) 이유

05 용법 기출어휘

あ

- □ 諦める(あきら) 단념하다
- □ 預ける(あず) 맡기다
- □ 余る(あま) 남다
- □ あわてる 당황하다, 서두르다
- □ 暗記(あんき) 암기
- □ 異常だ(いじょう) 이상하다, 정상이 아니다
- □ 移動(いどう) 이동
- □ 植える(う) 심다
- □ 受け入れる(う い) 받아들이다
- □ 受け取る(う と) 수취하다, 받다
- □ 埋める(う) 묻다, 메우다
- □ 栄養(えいよう) 영양
- □ 延期(えんき) 연기
- □ 追いつく(お) 따라잡다
- □ 追い抜く(お ぬ) 앞지르다, 추월하다
- □ オーダー 주문
- □ オーバー 초과
- □ お互いに(たが) 서로
- □ 落ち着く(お つ) 차분해지다, 침착하다, 안정되다

か

- □ 回収(かいしゅう) 회수
- □ かき混ぜる(ま) 뒤섞다
- □ 重なる(かさ) 겹치다
- □ 活動(かつどう) 활동
- □ 空(から) (속이) 빔
- □ かれる 마르다, 시들다
- □ 皮(かわ) 껍질
- □ 完成(かんせい) 완성
- □ 期限(きげん) 기한
- □ 気づく(き) 알아채다, 깨닫다
- □ 急だ(きゅう) 급하다, 갑작스럽다
- □ 共通(きょうつう) 공통
- □ 距離(きょり) 거리
- □ 緊張(きんちょう) 긴장
- □ 区切る(くぎ) 구분하다, 구획 짓다
- □ ぐっすり 푹
- □ 区別(くべつ) 구별
- □ 経由(けいゆ) 경유
- □ 欠点(けってん) 결점
- □ 健康だ(けんこう) 건강하다
- □ 減少(げんしょう) 감소
- □ 建設(けんせつ) 건설
- □ 建築(けんちく) 건축
- □ 原料(げんりょう) 원료
- □ 効果(こうか) 효과
- □ 交流(こうりゅう) 교류
- □ 断る(ことわ) 거절하다
- □ こぼす 흘리다, 엎지르다
- □ ころぶ 넘어지다, 구르다

さ

- □ 盛んだ(さか) 왕성하다, 활발하다
- □ 参加(さんか) 참가
- □ 支給(しきゅう) 지급

□ 親しい(した) 친하다
□ 実物(じつぶつ) 실물
□ 指示(しじ) 지시
□ 締め切り(しめきり) 마감
□ 集合(しゅうごう) 집합
□ 渋滞(じゅうたい) 정체
□ 重大だ(じゅうだい) 중대하다
□ 修理(しゅうり) 수리
□ 縮小(しゅくしょう) 축소
□ 出張(しゅっちょう) 출장
□ 正直だ(しょうじき) 정직하다
□ 消費(しょうひ) 소비
□ 知り合う(しりあう) 서로 알게 되다
□ 診察(しんさつ) 진찰
□ 新鮮だ(しんせん) 신선하다
□ 進歩(しんぽ) 진보
□ 性格(せいかく) 성격
□ 清潔だ(せいけつ) 청결하다
□ 制限(せいげん) 제한
□ 整理(せいり) 정리
□ 早退(そうたい) 조퇴
□ そっくり 똑 닮음
□ そろそろ 이제 슬슬, 이제 곧

た

□ 滞在(たいざい) 체재, 체류
□ だく 안다
□ たまる 쌓이다
□ だるい 나른하다, 지루하다
□ 知識(ちしき) 지식
□ 中古(ちゅうこ) 중고
□ 中旬(ちゅうじゅん) 중순
□ 伝わる(つたわる) 전해지다, 알려지다
□ 詰める(つめる) 채워 넣다, 담다
□ 通り過ぎる(とおりすぎる) 지나가다, 통과하다
□ どきどき 두근두근
□ どなる 고함치다, 호통치다
□ 取り消す(とりけす) 취소하다

な

□ 内容(ないよう) 내용
□ 慰める(なぐさめる) 위로하다, 달래다
□ なだらかだ 완만하다
□ なつかしい 그립다
□ 似合う(にあう) 어울리다, 잘 맞다
□ 握る(にぎる) 쥐다, 장악하다
□ にこにこ 생긋생긋, 싱글벙글

は

□ はかる (무게, 길이, 넓이 등을) 재다
□ 発生(はっせい) 발생
□ 発展(はってん) 발전
□ 話しかける(はなしかける) 말을 걸다
□ 離す(はなす) 떼다, 간격을 벌리다
□ ばらばら 흩어짐
□ 引き受ける(ひきうける) 떠맡다
□ ひびく 울리다, 울려 퍼지다
□ 沸騰(ふっとう) 끓어오름, 비등
□ ふらふら 휘청휘청
□ 分類(ぶんるい) 분류
□ 変化(へんか) 변화
□ 報告(ほうこく) 보고

- □ 訪問(ほうもん) 방문
- □ ほえる 짖다
- □ 募集(ぼしゅう) 모집
- □ 翻訳(ほんやく) 번역

ま

- □ 曲(ま)げる 굽히다, 구부리다
- □ まずしい 가난하다
- □ 混(ま)ぜる 섞다
- □ 満員(まんいん) 만원
- □ 見送(みおく)る 배웅하다
- □ 身(み)につける 익히다, 습득하다
- □ 見本(みほん) 견본
- □ 未来(みらい) 미래
- □ 目的(もくてき) 목적

- □ ユーモア 유머
- □ 行(ゆ)き先(さき) 행선지, 목적지
- □ ゆでる 데치다, 삶다
- □ 緩(ゆる)い 느슨하다, 헐렁하다

わ

- □ 割引(わりびき) 할인

언어지식

문법 직전 체크!

 핵심문법 125+12

N3

N3 핵심문법 125+12

001 **～あいだ(に)** ～동안(에), ～사이(에)

試験（しけん）のあいだはしずかにしていてください。
시험 보는 동안에는 조용히 해 주세요.

昨日（きのう）、寝（ね）ている間（あいだ）に地震（じしん）がありました。
어제 자고 있는 동안에 지진이 있었습니다.

002 **いくら～ても(でも)** 아무리～해도
どんなに～ても(でも) 얼마나 ～해도

いくら食べても太（ふと）らない体が欲（ほ）しいです。
아무리 먹어도 살찌지 않는 몸을 원합니다.

いくら優秀（ゆうしゅう）な大学を出ていても、仕事が出来（でき）なければ意味がありません。
아무리 우수한 대학을 나와도 일을 할 수 없으면 의미가 없습니다.

003 **～一方（いっぽう）(で)** ～하는 한편(으로)

彼（かれ）は俳優（はいゆう）として活躍（かつやく）する一方、監督（かんとく）としても高（たか）い評価（ひょうか）を受（う）けている。
그는 배우로서 활약하는 한편, 감독으로서도 높은 평가를 받고 있다.

仕事（しごと）のない人（ひと）がいる一方（いっぽう）で、働（はたら）きすぎで病気（びょうき）になる人もいる。
일이 없는 사람이 있는 한편으로, 과로로 병이 나는 사람도 있다.

004 **～うちに / ～ないうちに** ～하는 동안에 / ～하기 전에

日本（にほん）に来（き）たばかりのときは日本語（にほんご）であいさつもできなかったのに、2年間（ねんかん）いるうちに新聞（しんぶん）も読（よ）めるようになりました。
일본에 막 왔을 때는 일본어로 인사도 할 수 없었는데, 2년간 있는 동안에 신문도 읽을 수 있게 되었습니다.

パパが帰ってこないうちに全部食（ぜんぶた）べちゃおうよ。
아빠가 돌아오기 전에 전부 먹어 버리자.

005 **～(よ)うと思（おも）う** ～하려고 생각하다

来年日本（らいねんにほん）に行（い）こうと思（おも）っています。
내년에 일본에 가려고 생각하고 있습니다.

006 ～(よ)うとする ～하려고 하다

笑(わら)おうとしても歯(は)が痛(いた)くて笑えなかった。
웃으려고 해도 이가 아파서 웃을 수 없었다.

007 ～おかげで / ～おかげだ ～덕분에 / ～덕분이다

一生懸命勉強(いっしょうけんめいべんきょう)したおかげで、成績(せいせき)が上(あ)がりました。
열심히 공부한 덕분에 성적이 올랐습니다.

008 ～終(お)わる 다 ～하다

食(た)べ終わったらテーブルを片(かた)づけてください。
다 먹으면 테이블을 치워 주세요.

009 ～がする (소리·냄새·맛 등)이 나다, (느낌·기분 등)이 들다

喫茶店(きっさてん)に入(はい)るとコーヒーのいい匂(にお)いがした。
커피숍에 들어서자 커피의 좋은 냄새가 났다.

この辺(あた)りは夜遅(よるおそ)くまでバイクの音がします。
이 부근은 밤늦게까지 바이크 소리가 납니다.

010 ～がっている ～하게 여기고 있다, ～워 하고 있다

その話(はなし)をしたら山田(やまだ)さんは不思議(ふしぎ)がっていた。
그 이야기를 했더니 야마다 씨는 이상하게 여기고 있었다.

011 ～かというと・～かといえば ～하는가 하면, ～인가 하면

なぜ日本(にほん)に来(き)たかというと、柔道(じゅうどう)に興味(きょうみ)があったからです。
왜 일본에 왔는가 하면 유도에 흥미가 있었기 때문입니다.

私はどちらかといえば、みんなでさわぐより一人(ひとり)でいるほうが好きです。
나는 어느 쪽인가하면, 여럿이서 떠들기 보다 혼자 있는 것을 더 좋아합니다.

012 必(かなら)ずしも～ない 반드시 ～인 것은 아니다

高(たか)いレストランだからといって、料理(りょうり)が必(かなら)ずしもおいしいとは言(い)えない。
비싼 레스토랑이라고 해서 요리가 반드시 맛있는 것은 아니다.

013 ～かもしれない ～지도 모른다

彼(かれ)が怒(おこ)っているのは、私(わたし)の言(い)い方(かた)のせいかもしれない。
그가 화가 난 것은 내 말투 때문일지도 모른다.

014 ～から～にかけて ～부터 ～에 걸쳐서

朝から夕方にかけて雨が降るでしょう。
아침부터 저녁에 걸쳐서 비가 내리겠죠.

015 ～代(か)わりに ～대신에

新聞を読む代わりにケータイでニュースを見ています。
신문을 읽는 대신에 휴대폰으로 뉴스를 보고 있습니다.

016 ～きる 다 ～하다, 완전 ～하다
～きれる 다 ～할 수 있다 , 완전 ～할 수 있다
～きれない 다 ～할 수 없다, 완전 ～할 수 없다

明日のテストまでに100個の英単語(えいたんご)を覚えきるのは難(むずか)しそうだ。
내일 시험까지 100개의 영어 단어를 다 외우는 것은 어려울 것 같다.

足を怪我(けが)したものの、フルマラソンを最後まで走りきれたのでよかった。
다리를 다쳤지만, 풀코스 마라톤을 마지막까지 완주할 수 있어서 다행이었다.

量(りょう)が多すぎて食べきれません。
양이 너무 많아서 다 먹을 수 없습니다.

017 ～くする・～にする ～(하)게 하다, ～로 하다

テレビの音を小さくしてください。
텔레비전 소리를 작게 해주세요.

子どもが寝(ね)ているので、静(しず)かにしてください。
아이들이 자고 있으니, 조용히 해 주세요.

018 ～くせに ～주제에, ～면서도

彼はお金持(かねも)ちのくせにけちだ。
그는 부자이면서도 인색하다.

部長は仕事ができないくせに、部下には厳(きび)しい。
부장은 일을 못하는 주제에, 부하에게는 엄격하다.

019 ～くなる・～になる ～해 지다, ～이 되다

こんなにうるさい音楽を聞いていると頭がおかしくなる。
이렇게 시끄러운 음악을 듣고 있으면 머리가 이상해진다.

あの歌手は有名になる前にパン屋で働きました。
저 가수는 유명해지기 전에 빵집에서 일했습니다.

020 ～くらい / ～くらいだ ～정도 / ～정도이다

立って歩けないぐらいの風が吹いていた。
서서 걸을 수 없을 정도의 바람이 불고 있었다.

あんな大きな事故だったのに生きているのが不思議なくらいだ。
그렇게 큰 사고였는데 살아 있는 것이 이상할 정도이다.

021 ～こと ～일, ～것

日本のことについて書いてある本をさがしています。
일본에 관해 쓰여 있는 책을 찾고 있습니다.

A「高山さんがこんど課長になるんだってね。」
B「うん、そのことならぼくもさっき聞いたよ。」
A "다카야마 씨가 이번에 과장이 된대."
B "응, 그 이야기라면 나도 아까 들었어."

022 ～ことか ～던가, ～인지

第一希望の会社に就職が決まった。母が生きていたら、どんなに喜んでくれたことか。
제일 가고 싶었던 회사에 취직이 정해졌다. 엄마가 살아 계셨다면 얼마나 기뻐해 주셨을까!

023 ～ことがある ～할 때가 있다, ～할 경우가 있다

時々、駅で木村教授を見かけることがあります。
가끔 역에서 기무라 교수님을 볼 때가 있습니다.

ストレスでたまに、夜眠れないことがあります。
스트레스로 가끔 밤에 잠들지 못하는 경우가 있습니다.

024 ～ことから ～때문에, ～한 이유에서

ここは富士山が見えることから富士見ヶ丘と呼ばれている。
여기는 후지산이 보이기 때문에 후지미가오카라고 불리고 있다.

025 ～ことができる ～할 수 있다

この会議室は予約した人だけが利用する**ことができます**。
이 회의실은 예약한 사람만이 이용할 수 있습니다.

026 ～ことで ～해서, ～로 인해

留学した**ことで**、異なる文化に興味を持つようになった。
유학으로 인해 다른 문화에 흥미를 가지게 되었다.

027 ～ことにする ～하기로 하다

健康のためにお酒は飲まない**ことにします**。
건강을 위해서 술은 마시지 않기로 합니다.

028 ～ことになる / ～ことになっている

～하게 되다 / ～하기로 되어 있다

この電車に乗らないと次の電車まで1時間も待つ**ことになる**よ。
이 전철을 타지 않으면 다음 전철까지 1시간이나 기다리게 돼.

日本では自動車は左側を走る**ことになっている**。
일본에서는 자동차는 왼쪽을 달리게 되어 있다.

029 ～さえ ～조차

忙しすぎて、ご飯を食べる時間**さえ**ない。
너무 바빠서 밥을 먹을 시간조차 없다.

030 ～さえ～ば ～만 ～하면, ～만 ～이면

この薬を飲み**さえ**すれ**ば**、熱は下がるはずです。
이 약을 먹기만 하면 열은 내려갈 겁니다.

031 ～し ～하고, ～하니까

疲れた**し**、お腹もすいた**し**、もう帰ろう。
피곤하고, 배도 고프니까 이제 돌아가자.

032 ～しか～ない / ～しかない ～밖에 ~않다 / ～밖에 없다

郵便局(ゆうびんきょく)は5時(じ)までしか開(あ)いていません。
우체국은 5시까지밖에 열려 있지 않습니다.

033 ～すぎる 너무 ~하다, 지나치게 ~하다

このお茶(ちゃ)は熱(あつ)すぎて飲(の)めない。
이 차는 너무 뜨거워서 마실 수 없다.

034 ～ずに・～ないで ～하지 않고

勉強(べんきょう)せずに、テストを受(う)けた。
공부하지 않고 시험을 보았다.

035 ～せいか / ～せいで ～탓인지, ~때문인지 / ～탓에, ~때문에

最近(さいきん)あまり見(み)かけなかったが、彼女(かのじょ)は気(き)のせいかやせたようだ。
최근 별로 보지는 못했지만, 그녀는 기분 탓인지 살이 빠진 것 같다.

風邪(かぜ)をひいているせいで何(なに)を食(た)べてもおいしく感(かん)じない。
감기에 걸린 탓에 무엇을 먹어도 맛있게 느껴지지 않는다.

036 ～そうだ ① ～한 듯하다, ~일 것 같다 ② ～라고 한다

暗(くら)くなってきましたよ。もうすぐ、雨が降(ふ)りそうですね。
어두워졌어요. 이제 곧 비가 올 것 같네요.

今度(こんど)の競技(きょうぎ)で優勝(ゆうしょう)した選手(せんしゅ)の中から、オリンピック代表(だいひょう)が選(えら)ばれるそうだ。
이번 경기에서 우승한 선수 중에서 올림픽 대표가 선발된다고 한다.

037 ～そうもない・～そうに(も)ない ～할 것 같지도 않다

原稿(げんこう)のしめきりまであと1週間(しゅうかん)では、とても間(ま)に合(あ)いそうもない。
원고 마감까지 앞으로 1주일로는 도저히 맞출 수 있을 것 같지 않다.

林(はやし)さんは寒(さむ)いのが苦手(にがて)だから今日(きょう)は来(き)そうにない。
하야시 씨는 추운 것을 싫어하기 때문에 오늘은 올 것 같지도 않다.

038 ～だけで(は)なく・～ばかりで(は)なく ～ばかりか・～に限らず ～뿐만 아니라

あの工場は、設備だけでなく周りの環境もすばらしい。
저 공장은 설비뿐만 아니라 주위 환경도 훌륭하다.

鈴木さんは私ばかりでなく妻にもプレゼントを持ってきた。
스즈키 씨는 나뿐만 아니라 아내에게도 선물을 가져왔다.

彼は仕事や財産ばかりか、家族まで捨てて家を出てしまった。
그는 일과 재산뿐만 아니라 가족까지 버리고 집을 나가 버렸다.

中年に限らず、肥満の人は糖尿病にかかる危険がある。
중년뿐만 아니라 비만인 사람은 당뇨병에 걸릴 위험이 있다.

039 ～たことがある ～한 적이 있다

学生のころ、一時、家庭教師のアルバイトをしたことがある。
학생 시절에 한 때 가정교사 아르바이트를 한 적이 있다.

040 ～だす ～하기 시작하다

会議中に電話が鳴りだした。
회의 중에 전화가 울리기 시작했다.

041 ～だって ～(라)도, ～일지라도

手伝えることがあるなら、いくらだって手伝います。
도울 수 있는 일이 있다면 얼마든지 도울게요.

あの二人が結婚したと聞けば、だれだってびっくりするよ。
그 두 사람이 결혼했다고 들으면 누구라도 깜짝 놀랄 거야.

042 たとえ～ても 설령(비록)～라고 해도

たとえ冗談でも、人を傷つけることを言ってはいけない。
설령 농담이라고 해도 사람을 상처 입히는 말을 하면 안 된다.

043 ～たところだ 막 ～한 참이다

みんなから旅行のお金を集め終わったところです。
모두에게서 여행 대금을 다 모은 참입니다.

044 ～たとたんに ～하자마자, ～하는 순간

赤(あか)ちゃんはその男の人を見たとたんに泣き出した。
아기는 그 남자의 얼굴을 보자마자 울기 시작했다.

045 ～たばかり ～한 지 얼마 안 됨, 막 ～함

手術(しゅじゅつ)したばかりなのに、もう働(はたら)くなんてとんでもない。
수술한 지 얼마 안 됐는데, 벌써 일을 하다니 당치도 않다.

046 ～たび(に) ～할 때마다

このカードは使(つか)うたびにポイントがたまる。
이 카드는 사용할 때마다 포인트가 쌓인다.

047 ～たほうがいい ～하는 편이 좋다

今日(きょう)は早(はや)くうちへ帰(かえ)ったほうがいいですよ。
오늘은 일찍 집에 돌아가는 게 좋아요.

048 ～まま ① ～한 채로 ② ～대로

電気(でんき)を消(け)さないまま、家(いえ)を出(で)てしまった。
불을 끄지 않은 채로 집을 나와 버렸다.

気(き)の向(む)くまま、町(まち)を歩(ある)いた。
마음 가는 대로 거리를 걸었다.

049 ～ため(に) ① ～하기 위해서 ② ～때문에

日本(にほん)の会社(かいしゃ)で働(はたら)くために、日本語を勉強(べんきょう)しています。
일본 회사에서 일하기 위해서 일본어를 공부하고 있습니다.

彼女(かのじょ)が遅刻(ちこく)したため、計画(けいかく)を変更(へんこう)した。
그녀가 지각했기 때문에 계획을 변경했다.

050 ～だらけ ～투성이

本棚(ほんだな)がほこりだらけだったので掃除(そうじ)をしました。
책장이 먼지투성이였기 때문에 청소를 했습니다.

051 ～たり～たり ① ～했다 ～했다 ② ～하거나 ～하거나

本田(ほんだ)さんはドアの前を行ったり来たりしています。
혼다 씨는 문 앞을 왔다 갔다 하고 있습니다.

友達と遊んだり、買い物をしたりします。
친구와 놀거나, 쇼핑을 하거나 합니다.

052 ～だろうと思(おも)う ～(할) 것으로 생각하다

税金(ぜいきん)が上がり、これから家計(かけい)が厳(きび)しくなるだろうと思う。
세금이 올라 앞으로 가계가 어려워질 것으로 생각한다.

053 ～続(つづ)ける 계속 ～하다

本田(ほんだ)さんは夜遅(よるおそ)くまで働(はたら)き続けています。
혼다 씨는 밤늦게까지 계속 일하고 있습니다.

054 ～って ① ～라고 ② ～란, ～은/는 ③ ～라고 하는, ～라는 ④ ～라고 한다, ～래

彼女(かのじょ)に映画(えいが)に行(い)こうって誘(さそ)われた。
그녀가 영화를 보러 가자고 했다.

登山(とざん)って本当(ほんとう)に楽(たの)しいね。
등산이란 정말로 재미있네.

きのう、本田(ほんだ)さんって人(ひと)に会(あ)った。
어제 혼다 씨라는 사람을 만났다.

スミスさんはもうアメリカに帰ったって。
스미스 씨는 벌써 미국에 돌아갔대.

055 ～つもりだ ～할 생각이다, ～할 작정이다

試験(しけん)が終(お)わるまでテレビは見(み)ないつもりです。
시험이 끝날 때까지 텔레비전은 보지 않을 생각입니다.

056 ～てある ～해져 있다

飛行機(ひこうき)のきっぷは予約(よやく)してあるから安心(あんしん)です。
비행기표는 예약되어 있으니까 안심입니다.

057 ～ている ① ～하고 있다 ② ～해져 있다

強い風が吹いている。
강한 바람이 불고 있다.

駅の周りがすっかり変わっているのを見て驚いた。
역 주변이 완전히 바뀌어져 있는 것을 보고 놀랐다.

058 ～でいい ～로 좋다, ～라도 괜찮다

時間がないから、朝ごはんはコーヒーでいいよ。
시간이 없으니까 아침밥은 커피로 괜찮아.

059 ～ておく ～해 놓다, ～해 두다

だれにも会いたくないの。一人にしといて！
아무도 만나고 싶지 않아. 혼자 놔 둬!

出かける前に新聞を読んどこう。
외출하기 전에 신문을 읽어 둬야지.

060 ～てから ～하고 나서, ～한 뒤
～あとで ～한 후에

母「早くおふろに入りなさい。」
子「うん、宿題終わってからね。」
엄마 "빨리 목욕해라."
아이 "응, 숙제 마치고 나서."

試合のあとで、選手たちは記念写真を撮りました。
경기 후에 선수들은 기념 사진을 찍었습니다.

061 ～てからでないと ～하고 나서가 아니면, ～한 후가 아니면

20歳になってからでないとお酒は飲めません。
스무 살이 된 후가 아니면 술을 마실 수 없습니다.

062 ～てくる ① ～해 오다 ② ～해지다 ③ ～하기 시작하다
～ていく ① ～해 가다 ② ～해지다

パンは近くの店で買ってきます。
빵은 근처의 가게에서 사옵니다.

日が短くなってきましたね。5時にはもう暗いですよ。
해가 짧아졌네요. 5시에는 이미 어두워요.

花が咲いてきたら、水をたくさんやってください。
꽃이 피기 시작하면 물을 많이 주세요.

コンビニで飲み物を買っていきます。
편의점에서 음료를 사서 갑니다.

もう３月だから、だんだん暖かくなっていくでしょう。
벌써 3월이니까 점점 따뜻해져 가겠지요.

063 ～てしまう ～해 버리다, ～하고 말다

どうして彼女がひとりで行ってしまったのか私は知らない。
왜 그녀가 혼자서 가 버렸는지 나는 모르겠다.

困っちゃったなあ。自動車が動かなくなっちゃった。
곤란해졌어. 자동차가 움직이지 않게 되버렸어.

064 ～てたまらない ～해서 견딜 수 없다, 너무~하다

夜中にお腹が空いてたまらなかったのでカップラーメンを食べてしまいました。
밤중에 너무 배가 고팠기 때문에 컵라면을 먹어 버렸습니다.

明日はピアノの発表会ですが、うまく弾けるか不安でたまりません。
내일은 피아노 발표회지만, 잘 칠 수 있을지 불안해서 견딜 수가 없습니다.

065 ～てほしい ～해 주었으면 한다

父に車を使わせてほしいと頼んだが、断られてしまった。
아버지에게 자동차를 쓰게 해 줬으면 하고 부탁했는데, 거절당하고 말았다.

そんなに怒らないでほしい。
그렇게 화내지 말아 주었으면 한다.

066 ～てみる (시험 삼아) ~해 보다

彼女に言いたいことがあるならとりあえず言って、反応を見てみたら？
그녀에게 하고 싶은 말이 있으면 우선 말을 하고, 반응을 봐 보면?

よく調べてみるとエンジンの一部に損傷があった。
잘 살펴보니까 엔진 일부에 손상이 있었다.

067 ～ても ① ～하더라도 ② ～해도

この急カーブではいつ事故が起きてもおかしくない。
이 급커브에서는 언제 사고가 일어나더라도 이상하지 않다.

バスを利用したくても利用できない人がいる。
버스를 이용하고 싶어도 이용할 수 없는 사람이 있다.

068 ～てもいい ～해도 좋다
～てもかまわない ～해도 상관없다(괜찮다)

A「ここでたばこを吸ってもかまいませんか。」
B「ええ、かまいませんよ。どうぞ。」
A "여기서 담배를 피워도 괜찮습니까?"
B "네, 상관없어요. 피우세요."

何時でもいいから、今日電話してください。
몇 시라도 좋으니까 오늘 전화 주세요.

069 ～ても仕方がない ～해도 하는(어쩔) 수 없다, ～해도 소용없다

もうみんな知っているんだから隠してもしかたがない。
이미 모두 알고 있으니까 감춰도 소용없다.

070 ～てばかりいる ～하기만 하다, ～만 하고 있다

弟は家でゲームしてばかりいる。
남동생은 집에서 게임만 하고 있다.

071 ～てよかった ～해서 다행이다

かさを持って来てよかったね。雨が降り出したよ。
우산을 갖고 오길 잘 했네. 비가 내리기 시작했어.

072 ～という ～라는, ～라고 하는

父は姉が大学に合格したという知らせを聞いて、今にも泣きそうな顔をしていた。
아빠는 언니가 대학에 합격했다는 소식을 듣고, 당장이라도 울 것 같은 얼굴을 하고 있었다.

彼は「マル」という犬を飼っています。
그는 '마루'라는 개를 기르고 있습니다.

073 ～というと・～といえば ～라고 하면

北海道(ほっかいどう)というとやはりカニですね。
홋카이도라고 하면 역시 게죠.

秋と言えば食欲の秋です。
가을이라고 하면 식욕의 가을이죠.

074 ～というのは ～이라는 것은, ~란

「下水(げすい)」というのは、台所(だいどころ)などで使(つか)った汚(よご)れた水(みず)のことである。
'하수'라는 것은, 부엌 등에서 사용한 더러워진 물을 말한다.

075 ～とおりに ～대로

母の言うとおりに部屋(へや)を片付(かたづ)けました。
엄마가 말한 대로 방을 정리했습니다.

説明書(せつめいしょ)のとおりに組(く)み立(た)ててください。
설명서대로 조립해 주세요.

会議(かいぎ)は予定(よてい)どおり午後(ごご)２時(じ)から始(はじ)まります。
회의는 예정대로 오후 2시부터 시작됩니다.

076 ～と思(おも)う ～라고 생각하다

すもうはおもしろいと思います。
스모는 재미있다고 생각합니다.

077 ～とか～とか ～든가~든가

焼肉(やきにく)とか中華料理(ちゅうかりょうり)とか脂(あぶら)っこい料理は好きじゃありません。
야키니쿠라든가 중화요리라든가 기름진 요리는 좋아하지 않습니다.

部屋(へや)を選ぶ条件(じょうけん)は駅から近いとか、家賃(やちん)が安いとか人によって様々(さまざま)です。
방을 고르는 조건은 역에서 가깝다든가, 집세가 저렴하다든가 사람에 따라 다양합니다.

078 ～ところだ / ～ているところだ ～하려는 참이다 / ～하고 있는 중이다

早(はや)くおいで。今(いま)、番組(ばんぐみ)が始(はじ)まるところだよ。
빨리 와. 지금 방송이 막 시작되려는 참이야.

オーケストラのメンバーは、今それぞれの楽器(がっき)の音(おと)を合(あ)わせているところです。
오케스트라 멤버는 지금 각각의 악기의 음을 맞추고 있는 중입니다.

079 ～としたら・～とすれば・～とすると ~라고 (가정)하면

宝(たから)くじで1億円(おくえん)当(あ)たったとしたら、あなたは何(なに)に使(つか)いますか。
복권으로 1억 엔 당첨되었다고 하면, 당신은 무엇에 사용하겠습니까?

駅(えき)まで歩(ある)いて行(い)くとすれば、何分(なんぷん)ぐらいかかりますか。
역까지 걸어간다고 하면 몇 분 정도 걸립니까?

あのとき、始(はじ)めていたとすると、今(いま)ごろはもう終(お)わっているでしょう。
그 때 시작하고 있었다면, 지금쯤은 이미 끝나 있을 것입니다.

080 ～として ~로서

私はボランティアとして働(はたら)きたいと思います。
나는 자원봉사자로서 일하고 싶습니다.

081 ～としても ~라고 해도

今回(こんかい)の試験(しけん)にまた落(お)ちたとしても、あきらめないつもりです。
이번 시험에 또 떨어진다해도 포기하지 않을 생각입니다.

082 途中(とちゅう) 도중

彼女が途中までいっしょに来てくれた。
그녀가 도중까지 함께 와 주었다.

083 ～とともに ① ~와 함께 ② ~하면서, ~와 더불어

部長とともに会議に出席しました。
부장님과 함께 회의에 참석했습니다.

年(とし)を取(と)るとともに体力(たいりょく)が落(お)ちてきた。
나이를 먹음에 따라 체력이 떨어졌다.

技術(ぎじゅつ)の発展(はってん)とともに、生活(せいかつ)は便利(べんり)になった。
기술의 발전과 더불어 생활이 편리해졌다.

084 ～な ~하지 마라

きたない手(て)で品物(しなもの)にさわるな。
더러운 손으로 물건에 손대지 마라.

085 ## ～ないといけない・～なくてはいけない・～なければならない ～하지 않으면 안 된다, ～해야 한다

このジーパンは洗濯(せんたく)しないといけない。
이 청바지는 세탁하지 않으면 안 된다.

今日(きょう)は8時(じ)までに家(いえ)に帰(かえ)らなくてはいけません。
오늘은 8시까지 집에 돌아가야 합니다.

1週間(しゅうかん)を1万円(まんえん)で過(す)ごさなきゃならなくなったんだ。
1주일을 만 엔으로 지내지 않으면 안 되게 되었어.

086 ## ～直(なお)す 다시 ～하다, 고쳐 ～하다

その美術館(びじゅつかん)はすっかり建(た)て直(なお)されて、一般(いっぱん)に公開(こうかい)された。
그 미술관은 완전히 새로 지어져서 일반에게 공개되었다.

087 ## ～ながら ① ～하면서 ② ～이지만, ～이면서

ポップコーンを食(た)べながら、映画(えいが)を見(み)ます。
팝콘을 먹으면서 영화를 봅니다.

残念(ざんねん)ながらパーティーには出席(しゅっせき)できません。
유감이지만 파티에는 참석할 수 없습니다.

088 ## ～なんか ～같은 건, ～따위

君(きみ)なんかに負(ま)けるものか。
너 따위에게 질까 보냐!

A「ワンさん、日本語(にほんご)が上手(じょうず)になりましたね。」
B「私なんかまだまだです。」
A "왕 씨, 일본어가 능숙해졌네요."
B "저는 아직 멀었어요."

089 ## ～なんて ① ～라니, ～하다니 ② ～따위 ③ ～같은 거

彼女が大学を辞(や)めていたなんて。
그녀가 대학을 그만뒀다니.

君(きみ)なんて会社(かいしゃ)からいなくなっても全然問題(ぜんぜんもんだい)ない。
너 따위 회사에서 사라져도 전혀 문제 없어.

新婚旅行(しんこんりょこう)はヨーロッパなんてどうかな。
신혼여행은 유럽 같은 데 어때?

090 ～に関(かん)して ～에 관해서, ～에 관련해서

その事故に関して、現在(げんざい)調査(ちょうさ)中(ちゅう)です。
그 사고에 관해서 현재 조사 중입니다.

091 ～にくい ～하기 어렵다, 좀처럼 ～않다

この紙袋(かみぶくろ)はやぶれにくい。
이 종이 봉투는 잘 찢어지지 않는다.

092 ～に比(くら)べ(て) / ～と比(くら)べ(て) ～에 비해(서) / ～와 비교해(서)

野菜(やさい)は、ほかの食料品(しょくりょうひん)にくらべ価格(かかく)の変動(へんどう)がはげしい。
채소는 다른 식료품에 비해 가격 변동이 심하다.

今年(ことし)は去年(きょねん)と比(くら)べると雨(あめ)が少(すく)ない。
올해는 작년과 비교하면 비가 적다.

093 ～に加(くわ)えて ～에 더해서

このスポーツジムでは入会金に加え、月利用料として2000円かかります。
이 체육관에서는 입회금에 더해서, 월 이용료로서 2000엔이 듭니다.

094 ～にしたがって・～にしたがい ～함에 따라(서), ～에 따라

収入(しゅうにゅう)が増(ふ)えるにしたがって、税金(ぜいきん)も多(おお)くなります。
수입이 늘어남에 따라 세금도 많아집니다.

095 ～にする ～로 (정)하다

〈食堂(しょくどう)で〉ええと、ぼくは、カレーライスにします。
〈식당에서〉 음, 저는 카레라이스로 하겠습니다.

096 ～に対(たい)して ① ～에 대해, ～에게 ② ～에 비해

政府は野菜(やさい)に対する農薬(のうやく)の規制を強めた。
정부는 채소에 대한 농약 규제를 강화했다.

姉(あね)はおとなしい性格(せいかく)なのに対して、妹(いもうと)は活発(かっぱつ)だ。
언니는 얌전한 성격인 데 반해, 여동생은 활달하다.

097 ～に違(ちが)いない ～임에 틀림없다, ～인 것이 분명하다

あの男が犯人(はんにん)に**違いない**。
저 남자가 범인임에 틀림없어.

098 ～について ～에 대해서, ～에 관해서

私たちは将来(しょうらい)の希望(きぼう)**について**話(はな)し合(あ)いました。
우리들은 장래 희망에 대해서 이야기를 나누었습니다.

099 ～にとって ～에게 있어, ～에게

そんな失敗(しっぱい)は、研究(けんきゅう)を指導(しどう)した私**にとっても**嬉(うれ)しいことじゃありません。
그런 실패는 연구를 지도한 내게 있어서도 즐거운 일이 아닙니다.

100 ～には ① ～하려면 ② ～에게는

大阪駅(おおさかえき)に行く**には**どの電車に乗ればいいですか。
오사카역에 가려면 어느 전차를 타면 되나요?

自転車は３歳の子ども**には**まだ難しい。
자전거(타기)는 3살짜리 아이에게는 아직 어렵다.

101 ～に反(はん)して ～에 반해서

予想(よそう)**に反して**多くの人が集まった。
예상에 반해서 많은 사람이 모였다.

102 ～によって・～により / ～による
～에 의해, ～에 따라 / ～에 의한, ～에 따른

訪問販売(ほうもんはんばい)**による**トラブルは非常(ひじょう)に多い。
방문 판매에 의한 트러블은 매우 많다.

その話(はなし)を聞(き)けば、人(ひと)**によっては**怒(おこ)るかもしれません。
그 이야기를 들으면 사람에 따라서는 화낼지도 모릅니다.

103 ～の ～것

車が近(ちか)づいてくる**の**が聞こえた。
차가 가까이 오는 것이 들렸다.

104 ～のに ① ～인데도 ② ～하는 데

待ち合わせの時間は９時なのに、彼はまだ来ません。
약속 시간은 9시인데도, 그는 아직 오지 않습니다.

日本からイギリスに行くのに飛行機で12時間くらいかかります。
일본에서 영국에 가는 데 비행기로 12시간 정도 걸립니다.

105 ～のだ・～んだ ～인 것이다, ～이다

寒い日が続いたから花がさかないのだ。
추운 날이 계속되었기 때문에 꽃이 피지 않는 거야.

歯が痛くて眠れなかったんだ。
이가 아파서 잠을 못 잤어.

106 ～はじめる ～하기 시작하다

トンネルを出たあたりから道が悪くなりはじめた。
터널을 빠져 나온 부근부터 길이 나빠지기 시작했다.

107 ～はずがない ～할 리가 없다

こんな時間に中山さんが家にいるはずがないよ。
이런 시간에 나카야마 씨가 집에 있을 리가 없어.

108 ～はずだ ～할 것이다, ～일 터이다

山田さんは今日出かけると言っていたから、留守のはずです。
야마다 씨는 오늘 외출한다고 했으니까 집에 없을 것입니다.

109 ～ば～ほど ～하면 ～할수록

この歌は聞けば聞くほど好きになります。
이 노래는 들으면 들을수록 좋아집니다.

110 ～べきだ ～해야 한다

借りたお金は必ず返すべきです。
빌린 돈은 반드시 돌려줘야 합니다.

111 ～ほど～ない ～만큼 ～하지 않다

この学校で山田さんほど頭のいい人はいないだろう。
이 학교에서 야마다 씨만큼 머리가 좋은 사람은 없을 것이다.

112 ～みたいだ ① ～인 것 같다, ～인 듯하다 ② ～같다

頭が痛いし、熱もあるし、かぜをひいたみたいだ。
머리가 아프고, 열도 있고 감기에 걸린 것 같다.

その子は小さな猫みたいだ。
그 아이는 작은 고양이 같다.

113 ～やすい ～하기 쉽다, ～하기 편하다

A「私の田舎は空気はきれいだし、野菜や魚はおいしいし、とても住みやすいところです。」

B「そうですか。それに比べると東京は住みにくいですね。」

A "제가 사는 시골은 공기는 맑고, 채소나 생선은 맛있고, 무척 살기 편한 곳입니다."
B "그렇습니까. 그에 비하면 도쿄는 살기 불편하네요."

114 ～ようだ ① ～인 것 같다, ～인 듯하다 ② ～같다
～ような ① ～인 듯한 ② ～와 같은
～ように ～같이, ～처럼, ～대로

げんかんのベルが鳴った。だれか来たようだ。
현관 벨이 울렸다. 누군가 온 것 같다.

母が怒ったような顔をしています。
엄마가 화가 난 듯한 표정을 짓고 있습니다.

彼女は飼いネコを我が子のように扱っている。
그녀는 기르는 고양이를 자기 자식처럼 돌보고 있다.

115 ～ようなら ～할 것 같으면

やってもだめなようなら、もう無理しなくていいよ。
해도 안 될 것 같으면, 더 무리하지 않아도 돼.

116 ～ように / ～ないように ～하도록 / ～하지 않도록

みんなに聞(き)こえるようにもっと大(おお)きな声(こえ)で言(い)ってください。
모두에게 들리도록 더 큰 소리로 말해 주세요.

運動不足(うんどうぶそく)にならないように、毎日(まいにち)ジョギングをした。
운동 부족이 되지 않도록 매일 조깅을 했다.

117 ～ようにする / ～ないようにする ～하도록 하다 / ～하지 않도록 하다

毎朝(まいあさ)6時(じ)から軽(かる)い運動(うんどう)をするようにしています。
매일 아침 6시부터 가벼운 운동을 하도록 하고 있습니다.

試験(しけん)に合格(ごうかく)するまで旅行(りょこう)はしないようにします。
시험에 합격할 때까지 여행은 하지 않도록 하겠습니다.

118 ～ようになる ～하게(끔) 되다

日本語で書かれた小説(しょうせつ)が読めるようになりました。
일본어로 쓰여진 소설을 읽을 수 있게 되었습니다.

119 ～らしい ① ～답다 ② ～인 것 같다

今日(きょう)は秋(あき)らしい日(ひ)だった。
오늘은 가을다운 날이었다.

君(きみ)たちは兄弟(きょうだい)らしいね。とてもよく似(に)ている。
너희들은 형제인 것 같아. 무척 닮았어.

120 ～わけだ ～한 셈이다, ～인 것이다

今日は日曜日か。どうりで道が渋滞(じゅうたい)するわけだ。
오늘 일요일인가? 그래서 길이 막히는 거구나.

彼のお父さんは社長らしい。どうりで、着ている服がブランドもののわけだ。
그의 아버지는 사장인 모양이다. 그래서 입고 있는 옷이 명품이었던 것이다.

121 ～わけではない ～인 것은 아니다

毎日料理を作りますが、料理が好きなわけではありません。
매일 요리를 만들지만, 요리하는 것을 좋아하는 것은 아닙니다.

体調(たいちょう)が悪いわけではないですが、食欲(しょくよく)がありません。
컨디션이 나쁜 것은 아닌데, 식욕이 없어요.

122 ～をきっかけに ～을 계기로

結婚をきっかけに、仕事を辞めて専業主婦になりました。
결혼을 계기로, 일을 그만두고 전업주부가 되었습니다.

123 ～を込めて ～을 담아서

彼氏に愛情を込めて、バレンタインチョコレートをプレゼントしました。
남자친구에게 애정을 담아서 발렌타인 초콜릿을 선물했습니다.

124 ～を中心に ～을 중심으로

そのグループは佐藤さんを中心に作業を進めている。
그 그룹은 사토 씨를 중심으로 작업을 진행하고 있다.

125 ～を通して ～을 통해서

私たちは共通の趣味を通して知り合いました。
우리들은 공통의 취미를 통해서 알게 되었다.

126 ～(さ)せる ～하게 하다, ～시키다

お父さんは息子にテレビを消させました。
아버지는 아들에게 텔레비전을 끄게 했습니다.

127 ～(さ)せてください ～하게 해 주세요, ～시켜 주세요

急ですみませんが、すぐに退職させてください。
갑작스레 죄송합니다만, 바로 퇴직하게 해 주세요.

この薬は幼児に絶対に触らせないでください。
이 약은 유아에게 절대로 만지게 하지 마세요.

128 ～(ら)れる ～함을 당하다, ～되다

これまでに発表されてきた彼の曲と大きく違う。
지금까지 발표되어 온 그의 곡과 크게 다르다.

大事に育てていた植木鉢を誰かに持って行かれた。
소중히 키우고 있던 화분을 누군가가 가지고 갔다.

129 ～(さ)せられる 억지로 ~하다, 어쩔 수 없이 ~하다

私は部長に歌を歌わせられました。
나는 부장님이 시켜서 억지로 노래를 했습니다.

電車の事故があって１時間も待たされました。
전철 사고가 있어서 1시간이나 어쩔 수 없이 기다렸습니다.

130 ～たら ~(하)면, ~(하)니까, ~(하)더니

プレゼンの内容に対して質問があったら、今のうちにどうぞ。
발표 내용에 대해서 질문이 있다면 지금 바로 하세요.

電車は平日だから空いているだろうと思ったら、すごく混みあった。
전철은 평일이니까 한산할 거라고 생각했더니, 굉장히 붐볐다.

131 ～と ~(하)면, ~(하)니(까)

春になると、家の庭には花が咲き乱れる。
봄이 되면 우리 집 정원에는 꽃이 만발한다.

132 ～なら ~(하)면, ~(이)라면

全員で賛成するならその案にしよう。
전원이 찬성한다면 그 안으로 하자.

山なら富士山が一番です。
산이라면 후지산이 제일입니다.

133 ～ば ~(하)면

雨が降れば、行きません。
비가 오면 가지 않겠습니다.

134 ～てやる・～てあげる ~해 주다

彼女は孫に毎晩本を読んでやるのが楽しみだった。
그녀는 손자에게 매일 밤 책을 읽어 주는 것이 낙이었다.

妹に自転車を買ってあげた。
여동생에게 자전거를 사 주었다.

135 ～てくれる ～해 주다

彼女(かのじょ)は私にカメラを買(か)ってくれた。

그녀는 나에게 카메라를 사 주었다.

136 ～てもらう (～에게) ～해 받다, (～가) ～해 주다

友達(ともだち)に講義(こうぎ)のノートを貸(か)してもらった。

친구가 강의 노트를 빌려 주었다.

わざわざ来(き)てもらったのにすまないけど、今(いま)から出(で)かけるんだ。

일부러 와 주었는데 미안하지만, 지금부터 나가 봐야 해.

137 ～(さ)せてやる・～(さ)せてあげる ～하게 해 주다

息子(むすこ)は勉強(べんきょう)ができるので大学まで行かせてやりたい。

아들은 공부를 잘해서 대학까지 보내주고 싶다.

弟(おとうと)に私の車(くるま)を運転(うんてん)させてあげた。

남동생에게 내 차를 운전하게 해 줬다.

JLPT
일본어능력시험
한권으로
끝내기
N3

JLPT

일본어능력시험

한권으로 끝내기

이치우, 기타지마 치즈코, 김윤선, 도리이 마이코 공저

다락원

01 問題1 한자읽기 공략하기

문제 1 ____의 단어 읽기로 가장 적당한 것을 1·2·3·4에서 하나 고르시오.

01 기출어휘 확인문제 한자읽기 p.19

1 우리 집 **뒤**는 유치원입니다.
단어 裏(うら) 뒤, 뒤쪽 | 幼稚園(ようちえん) 유치원 | かげ 그림자

2 '결혼 따위 안 해'라고 말했더니 엄마는 **슬픈 듯**했다.
단어 結婚(けっこん) 결혼 | 悲(かな)しい 슬프다 | きびしい 엄하다, 힘들다

3 스페인의 주된 **산업**은 관광업이다.
단어 主(おも)だ 주되다 | 産業(さんぎょう) 산업 | 観光業(かんこうぎょう) 관광업 | じぎょう 사업 | がくぎょう 학업 | しょくぎょう 직업

4 이번에 **퇴원**하심을 축하합니다.
단어 この度(たび) 이번 | 退院(たいいん) 퇴원 | ぜんいん 전원

5 히라가나 옆에 **알맞은** 한자를 적으세요.
단어 横(よこ) 옆 | 適当(てきとう)だ 적당하다, 적합하다, 알맞다 | てきおう 적응

6 급식에 내가 싫어하는 피망이 나와서 **남겼다**.
단어 給食(きゅうしょく) 급식 | 残(のこ)す 남기다 | かえす 돌려주다 | さとす 타이르다, 깨닫게 하다 | あます 남기다, 여분으로 두다

7 두 번째 **모퉁이**를 오른쪽으로 돌면 학교가 있습니다.
단어 ～目(め) ～째, ～차 | 角(かど) 모퉁이, 모서리 | つの 뿔 | すみ 구석

8 작년에 **비해서** 그의 신장은 5센치나 자랐다.
단어 比(くら)べる 비교하다 | 身長(しんちょう) 신장, 키 | のべる 말하다 | しらべる 조사하다 | ならべる 나열하다

9 **서양**의 역사에 대해 공부했다.
단어 西洋(せいよう) 서양 | 歴史(れきし) 역사 | とうよう 동양

10 여권 정보는 **타인**에게 가르쳐 주지 마세요.
단어 パスポート 패스포트, 여권 | 情報(じょうほう) 정보 | 他人(たにん) 타인, 남, 다른 사람

02 기출어휘 확인문제 한자읽기 p.20

1 이사했기 때문에 **가구**를 새로 샀다.
단어 引(ひ)っ越(こ)す 이사하다 | 家具(かぐ) 가구 | どうぐ 도구 | しんぐ 침구

2 달걀을 그대로 전자레인지에서 **가열**하는 것은 위험합니다.
단어 電子(でんし)レンジ 전자레인지 | 加熱(かねつ) 가열 | 危険(きけん)だ 위험하다

3 저의 아버지는 매일 아침 **조간**을 읽으면서 아침밥을 드십니다.
단어 朝刊(ちょうかん) 조간 | ちょうしょく 조식, 아침 식사 | ゆうかん 석간

4 친구와 오후 3시에 역 앞 **광장**에서 만나기로 약속했습니다.
단어 広場(ひろば) 광장 | 待(ま)ち合(あ)わせ (약속하여) 만나기로 함

5 **주차**는 30분 이내입니다.
단어 駐車(ちゅうしゃ) 주차 | 以内(いない) 이내

6 안전한 장소로 **도망쳐** 주세요.
단어 安全(あんぜん)だ 안전하다 | 逃(に)げる 도망가다, 피하다 | こげる 타다, 타서 그을리다 | なげる 던지다

7 스마트폰으로 **현재** 위치를 확인한다
단어 現在(げんざい) 현재 | 位置(いち) 위치 | 確認(かくにん) 확인 | げんだい 현대

8 그는 **여러 개**의 언어를 할 수 있습니다.
단어 複数(ふくすう) 복수, 여러 개 | 言語(げんご) 언어 | きすう 홀수 | ぐうすう 짝수 | たすう 다수

9 그녀는 책을 읽으면서 **울고** 있었습니다.
단어 泣(な)く 울다 | むく 향하다 | うつむく 고개를 숙이다 | すく 비다, 한산하다

10 **우편**으로 도착한 상품이 망가져 있었다.
단어 郵便(ゆうびん) 우편 | 届(とど)く 도착하다, 배달되다 | 商品(しょうひん) 상품 | 壊(こわ)れる 망가지다, 부서지다

03 기출어휘 확인문제 한자읽기 p.21

1 고타쓰가 **그리운** 계절이 되었다.
단어 恋(こい)しい 그립다, 보고 싶다 | したしい 친밀하다 | なつかしい 그립다

2 그의 오랜 **노력**이 결실을 맺었다.
단어 長年(ながねん) 오랜 세월 | 努力(どりょく) 노력 | 実(みの)る 결실을 맺다 | きょうりょく 협력

3 이 서류의 제출은 **월말**까지 부탁합니다.
단어 書類(しょるい) 서류 | 提出(ていしゅつ) 제출 | 月末(げつまつ) 월말

4 아빠가 입학 축하 선물로 고가의 컴퓨터를 사 주셨다.

단어 入学祝(にゅうがくいわ)い 입학 축하 선물 | 高価(こうか)だ 고가이다, 값비싸다 | こうきゅう 고급

5 이 수학 문제는 어렵기 때문에 학원 선생님께 배웠다.

단어 数学(すうがく) 수학 | 難(むずか)しい 어렵다 | 塾(じゅく) 학원 | ややこしい 복잡하다, 까다롭다

6 하와이에는 바다로 저무는 석양을 보면서 식사를 할 수 있는 레스토랑이 있다.

단어 沈(しず)む (해가) 지다, 가라앉다 | 夕日(ゆうひ) 석양, 저녁 해 | あさひ 아침 해 | ゆうやけ 석양빛, 저녁놀

7 어제는 그만 감정적이 되어서 아이를 혼내 버렸다.

단어 つい 나도 모르게, 그만 | 感情的(かんじょうてき) 감정적 | 叱(しか)る 혼내다 | かんどうてき 감동적 | かんかくてきだ 감각적 | かんせいてき 감성적

8 이 참고서로 기본 영어 회화를 공부합니다.

단어 参考書(さんこうしょ) 참고서 | 基本(きほん) 기본 | 英会話(えいかいわ) 영어 회화 | 勉強(べんきょう) 공부 | きそ 기초 | きばん 기반 | きじゅん 기준

9 그의 키가 반에서 제일 큽니다.

단어 身長(しんちょう) 신장, 키

10 산을 오르고 있으니 숨이 가빠지기 시작했다.

단어 登(のぼ)る 오르다 | 息(いき) 숨, 호흡 | 苦(くる)しい 괴롭다, 힘들다 | くやしい 분하다, 억울하다 | あやしい 수상하다 | きびしい 엄하다, 힘들다

04 기출어휘 확인문제 한자읽기 p.22

1 홋카이도는 멜론이 유명해서, 멜론 과자를 선물로 샀다.

단어 有名(ゆうめい)だ 유명하다

2 도시락통이 없었기 때문에 빈 용기에 점심밥을 쌌습니다.

단어 弁当箱(べんとうばこ) 도시락통 | 空(から) (속이) 빔 | 容器(ようき) 용기 | 詰(つ)める 채워 넣다, 담다 | がっき 악기 | しょっき 식기

3 저는 아침에 일어나서 제일 먼저 얼굴을 씻습니다.

단어 最初(さいしょ) 최초, 제일 먼저 | さいこう 최고

4 일본에서는 석유는 거의 생산되지 않기 때문에 수입에 의존하고 있습니다.

단어 石油(せきゆ) 석유 | ほとんど 거의, 대부분 | とる 뽑다, 수확하다 | 輸入(ゆにゅう) 수입 | 頼(たよ)る 의존하다, 의지하다 | しょうゆ 간장

5 그는 동작이 둔하다.

단어 動作(どうさ) 동작 | にぶい 둔하다, 느리다

6 과거에서 배울 것은 많다.

단어 過去(かこ) 과거 | 学(まな)ぶ 배우다

7 부엌에 가는 것이 귀찮아서 침실에도 소형 냉장고를 두었다.

단어 台所(だいどころ) 부엌 | 面倒(めんどう)だ 귀찮다 | 寝室(しんしつ) 침실 | 小型(こがた) 소형 | 冷蔵庫(れいぞうこ) 냉장고

8 내일은 시험이 있어서 친구의 권유를 거절했다.

단어 誘(さそ)い 권유, 초대 | 断(ことわ)る 거절하다 | あやまる 사과하다 | そむく 배반하다 | ふりきる 뿌리치다, 거절하다

9 그 동물원에 가려면 종점에서 내려 주세요.

단어 動物園(どうぶつえん) 동물원 | 終点(しゅうてん) 종점 | 降(お)りる (탈것에서) 내리다

10 약국에 가서 감기약을 사 와 주세요.

단어 薬局(やっきょく) 약국 | 風邪薬(かぜぐすり) 감기약 | 買(か)う 사다 | くすりや 약국, 약사

05 기출어휘 확인문제 한자읽기 p.27

1 입구에서 코트를 맡겼다.

단어 入(い)り口(ぐち) 입구 | 預(あず)ける 맡기다 | とどける 보내다, 배달하다

2 이 열차는 각 역에 정차한다.

단어 列車(れっしゃ) 열차 | 各駅(かくえき) 각 역 | 停車(ていしゃ) 정차

3 개찰구 앞에서 기다릴게.

단어 改札(かいさつ) 개찰구

4 그 가게는 벌써 크리스마스 상품을 진열하고 있다.

단어 商品(しょうひん) 상품 | ならべる 진열하다, 늘어놓다

5 이것은 개인의 힘으로 할 수 있는 것이 아니다.

단어 個人(こじん) 개인

6 영수증은 항목별로 분류해 주세요.

단어 領収書(りょうしゅうしょ) 영수증 | 項目別(こうもくべつ) 항목별 | 分類(ぶんるい) 분류 | ぶんべつ 분별

7 쨍그랑 하고 접시 깨지는 소리가 났습니다.

단어 ガチャンと 쨍그랑 하고 | 割(わ)れる 깨지다 | おれる 부러지다, 꺾이다 | かれる 마르다, 시들다 | たれる 늘어지다

8 그녀는 무리하게 웃어 보였다.

단어 無理(むり)に 억지로, 무리해서 | 笑(わら)う 웃다 | こまる 곤란하다 | うたがう 의심하다

9 10시 시보를 신호로 퍼레이드가 출발했다.

단어 時報(じほう) 시보 | 合図(あいず) 신호 | パレード 퍼레이드, 행진 | 出発(しゅっぱつ) 출발

10 사진 콘테스트에 응모했다.

단어 コンテスト 콘테스트, 경연 | 応募(おうぼ) 응모, 지원

06 기출어휘 확인문제 한자읽기 p.28

1 그는 그 노인에게 있어서 좋은 이야기 **상대**이다.
단어 老人(ろうじん) 노인 | 話(はな)し相手(あいて) 이야기 상대, 대화 상대

2 다음 달 오사카로 1주일간 **출장**갑니다.
단어 出張(しゅっちょう) 출장

3 그녀는 **웃는 얼굴**로 나를 맞이해 주었다.
단어 笑顔(えがお) 웃는 얼굴 | 迎(むか)える 맞이하다

4 접시 **표면**에는 조금 상처가 나 있었다.
단어 表面(ひょうめん) 표면, 겉 | 傷(きず) 상처, 흠

5 자리를 뒤에서 앞으로 **옮기다**.
단어 席(せき) 자리 | 移(うつ)す 옮기다 | すごす (시간을) 보내다, 지내다 | わたす 건네다, 양도하다 | なおす 고치다, 치료하다

6 **바위**가 많은 산에 올랐습니다.
단어 岩(いわ) 바위 | 登(のぼ)る 오르다 | かい 조개 | すな 모래 | どろ 진흙

7 **젊어** 보이는 것은 좋은 일만은 아니다.
단어 若(わか)い 젊다

8 창문을 열고 **공기**를 바꿔(환기시켜) 주세요.
단어 窓(まど) 창문 | 開(あ)ける 열다 | 空気(くうき) 공기 | 換(か)える 바꾸다, 교환하다 | つたえる 전하다 | くわえる 더하다, 보태다 | つかまえる 잡다, 체포하다

9 이것을 리본으로 **묶어** 주세요.
단어 結(むす)ぶ 묶다 | たたむ 접다, 개다 | つつむ 싸다, 포장하다 | ならぶ 늘어서다

10 내일 **아침 식사**는 조금 늦어도 괜찮습니다.
단어 朝食(ちょうしょく) 조식, 아침 식사 | 遅(おそ)め 조금 늦게

07 기출어휘 확인문제 한자읽기 p.29

1 나는 내 눈을 **의심했다**.
단어 自分(じぶん) 자신 | 疑(うたが)う 의심하다 | ことわる 거절하다 | きらう 싫어하다

2 **미래**에는 인류는 달에 살게 될지도 모른다.
단어 未来(みらい) 미래 | 人類(じんるい) 인류 | 月(つき) 달 | しょうらい 장래

3 이케다 씨는 **기계**에 약한 것 같다.
단어 機械(きかい) 기계 | 弱(よわ)い 약하다

4 나는 야마모토 선생님 강의의 **주요**한 점을 메모했다.
단어 講義(こうぎ) 강의 | 主要(しゅよう) 주요, 중요 | 点(てん) 점, 요점 | メモ 메모

5 어제 몸무게를 **쟀다**.
단어 体重(たいじゅう) 체중 | 測(はか)る 재다, 측정하다 | まもる 지키다 | したがう 따르다, 순종하다 | しまう 안에 넣다, 치우다/끝내다

6 그 가게는 신문에 **광고**를 냈다.
단어 広告(こうこく) 광고 | 出(だ)す 내다, 발행하다

7 자세한 **사정**을 알면 바로 연락하겠습니다.
단어 詳(くわ)しい 상세하다, 자세하다 | 事情(じじょう) 사정, 상황 | 連絡(れんらく) 연락

8 **땀**을 흘렸더니 감기가 나았다.
단어 汗(あせ)をかく 땀을 흘리다 | 風邪(かぜ) 감기 | 治(なお)る 낫다, 치료되다 | なみだ 눈물 | いき 숨 | あわ 거품

9 아이는 여러 가지 것에 **의문**을 가집니다.
단어 疑問(ぎもん) 의문, 의심

10 아이들은 **차례**대로 서서 노래를 불렀다.
단어 順番(じゅんばん) 순번, 차례

08 기출어휘 확인문제 한자읽기 p.30

1 이 가게는 케이크 **종류**가 많다.
단어 種類(しゅるい) 종류

2 그는 시장을 **도와서** 시정을 재건했다.
단어 市長(しちょう) 시장 | 助(たす)ける 돕다, 살리다 | 市政(しせい) 시정, 시의 운영 | 再建(さいけん) 재건 | うける 받다 | とどける 보내다, 배달하다 | かたづける 정리하다

3 병원에서 **혈압**을 재 주었다.
단어 病院(びょういん) 병원 | 血圧(けつあつ) 혈압

4 **수술**은 성공했다.
단어 手術(しゅじゅつ) 수술 | 成功(せいこう) 성공

5 **노력**해도 소용없습니다.
단어 努力(どりょく) 노력 | むだだ 소용없다

6 회비는 야마시타 군에게 **내** 주세요.
단어 会費(かいひ) 회비 | 払(はら)う 지불하다, 내다 | ひろう 줍다 | くばる 나누어 주다, 배포하다 | かざる 장식하다

7 나의 전문은 **경영학**입니다.
단어 専門(せんもん) 전문, 전공 | 経営学(けいえいがく) 경영학 | けいざいがく 경제학

8 나는 그의 **옆**에 앉았습니다.
단어 横(よこ) 옆 | 座(すわ)る 앉다 | たて 세로 | そば 곁 | うら 뒤

9 나는 어떤 싸움에도 **이긴** 적이 없다.
단어 けんか 싸움 | 勝(か)つ 이기다 | かざる 장식하다 | おる 접다 | のこる 남다

10 저렴한 아파트를 찾느라 **고생**했다.
단어 探(さが)す 찾다 | 苦労(くろう) 고생, 수고

09 기출어휘 확인문제 한자읽기 p.31

1 누나는 부모님에게서 독립하여 생계를 꾸리고 있다.
단어 親(おや) 부모 | 独立(どくりつ) 독립 | 生計(せいけい) 생계, 생활 | 立(た)てる 세우다, 꾸리다

2 역은 어느 방향입니까?
단어 方向(ほうこう) 방향

3 이 그래프는 가격의 변화를 나타내고 있다.
단어 グラフ 그래프 | 価格(かかく) 가격 | 変化(へんか) 변화 | 表(あらわ)す 나타내다 | うごかす 움직이다, 옮기다 | しめす 나타내다, 가리키다 | ふやす 늘리다

4 지시가 있을 때까지 자리를 뜨지 말 것.
단어 指示(しじ) 지시 | 席(せき) 자리, 좌석 | ふた 뚜껑, 덮개 | あな 구멍 | かぎ 열쇠

5 타인에게 폐를 끼쳐서는 안 된다.
단어 他人(たにん) 타인, 다른 사람 | 迷惑(めいわく) 폐

6 단어 테스트는 월요일입니다.
단어 単語(たんご) 단어

7 저 사람들과는 교류가 없다.
단어 交流(こうりゅう) 교류

8 그는 영어 실력이 있습니다.
단어 実力(じつりょく) 실력

9 딸은 내년에 졸업합니다.
단어 娘(むすめ) 딸 | 卒業(そつぎょう) 졸업

10 이 테이블의 위치를 바꾸는 게 좋아.
단어 位置(いち) 위치 | 変(か)える 바꾸다, 변경하다

10 기출어휘 확인문제 한자읽기 p.32

1 그 남자에게는 복잡한 과거가 있었다.
단어 複雑(ふくざつ)だ 복잡하다 | 過去(かこ) 과거

2 넘어져서 앞니가 2개 부러졌다.
단어 転(ころ)ぶ 넘어지다, 구르다 | 前歯(まえば) 앞니 | 折(お)れる 부러지다 | われる 깨지다, 부서지다 | ぬれる 젖다 | こわれる 고장나다, 망가지다

3 사회자가 설명을 덧붙였습니다.
단어 司会者(しかいしゃ) 사회자 | 説明(せつめい) 설명 | 加(くわ)える 더하다, 첨가하다 | かえる 바꾸다, 교환하다 | おえる 끝내다 | つたえる 전하다

4 그렇게 하는 것이 일반적입니다.
단어 一般的(いっぱんてき)だ 일반적이다

5 매일 아침 5시에 일어나는 것은 매우 괴로웠다.
단어 苦(くる)しい 괴롭다, 힘들다 | くやしい 분하다, 억울하다

6 도로 횡단에는 조심해 주세요.
단어 道路(どうろ) 도로 | 横断(おうだん) 횡단, 가로지름 | 気(き)をつける 조심하다, 주의하다

7 대한민국의 수도는 서울입니다.
단어 大韓民国(だいかんみんこく) 대한민국 | 首都(しゅと) 수도

8 그 마을의 인구를 조사합니다.
단어 町(まち) 마을, 동네 | 人口(じんこう) 인구 | 調査(ちょうさ) 조사

9 할아버지는 나이 탓에 조금 허리가 굽었습니다.
단어 祖父(そふ) 조부, 할아버지 | 腰(こし) 허리 | むね 가슴 | かた 어깨 | くび 목

10 야마모토 씨는 수학을 잘합니다.
단어 数学(すうがく) 수학 | 得意(とくい)だ 잘하다, 자신 있다

11 기출어휘 확인문제 한자읽기 p.33

1 그녀는 여행을 가서 부재중이다.
단어 旅行(りょこう) 여행 | 留守(るす) 부재중, 집을 비움

2 선물은 빨간 종이로 싸여 있었다.
단어 包(つつ)む 싸다, 포장하다

3 그렇게 명령하는 듯한 말투는 그만두었으면 한다.
단어 命令(めいれい) 명령 | 言(い)い方(かた) 말투, 말하는 방식

4 중요한 곳에 빨간색으로 밑줄을 그어 주세요.
단어 重要(じゅうよう) 중요 | 所(ところ) 장소, 곳 | 下線(かせん)を引(ひ)く 밑줄을 긋다(치다)

5 음악은 인류에게 공통된 언어이다.
단어 音楽(おんがく) 음악 | 人類(じんるい) 인류 | 共通(きょうつう) 공통

6 그 이야기를 듣고 그가 뭐라고 말할지는 쉽게 상상이 간다.
단어 容易(ようい)だ 용이하다, 손쉽다 | 想像(そうぞう)がつく 상상이 되다, 짐작이 가다

7 햄을 두껍게 잘랐습니다.
단어 厚(あつ)い 두껍다 | あさい 얕다 | うすい 얇다, 연하다 | かたい 단단하다

8 수영을 잘 못하기 때문에, 항상 수영장의 얕은 쪽에서 헤엄치고 있다.
단어 泳(およ)ぐ 수영하다, 헤엄치다 | 浅(あさ)い 얕다 | ふかい 깊다

9 병 뚜껑이 단단해서(꽉 닫혀서) 좀처럼 열리지 않는다.
단어 びん 병 | ふた 뚜껑 | 固(かた)い 단단하다

10 시계가 5분 늦다.
단어 遅(おく)れる 늦다 | よごれる 더러워지다, 오염되다 | こわれる 고장나다, 망가지다 | たおれる 쓰러지다

12 기출어휘 확인문제 한자읽기 p.34

1 열차는 오전 11시에 우에노역에 **도착**했다.
단어 列車(れっしゃ) 열차 | 到着(とうちゃく) 도착

2 티켓 **신청**을 인터넷으로 했다.
단어 申(もう)し込(こ)み 신청, 접수 | 行(おこな)う 행하다, 실시하다

3 날씨가 좋은 날은 이불을 **말린다**.
단어 布団(ふとん) 이불 | 干(ほ)す 말리다, 건조시키다

4 오늘은 머리가 아파서 일에 **집중**할 수 없었다.
단어 痛(いた)い 아프다 | 集中(しゅうちゅう) 집중

5 **저금**이라면 300만엔 있습니다.
단어 貯金(ちょきん) 저금, 저축 | だいきん 대금 | げんきん 현금 | ぜいきん 세금

6 금일의 **외과** 담당 의사는 야마다 선생님입니다.
단어 本日(ほんじつ) 금일, 오늘 | 外科(げか) 외과 | 担当(たんとう) 담당 | 医師(いし) 의사

7 친구에게 노트를 **돌려줬다**.
단어 返(かえ)す 돌려주다 | わたす 건네다, 양도하다 | さがす 찾다 | もどす 되돌리다

8 나의 아버지는 **실직**했다.
단어 失業(しつぎょう) 실업, 실직

9 이 그림을 보고 강한 **인상**을 받았다.
단어 印象(いんしょう) 인상 | 受(う)ける 받다

10 내일부터 **금연**할 생각입니다.
단어 禁煙(きんえん) 금연

02 問題2 표기 공략하기

문제 2 ___의 단어를 한자로 쓸 때 가장 적당한 것을 1·2·3·4에서 하나 고르시오.

13 기출어휘 확인문제 한자읽기 p.39

1 싫은 **과거**의 기억을 가끔 떠올려 버릴 때가 있다.
단어 嫌(いや)だ 싫다 | 過去(かこ) 과거 | 思(おも)い出(で) 추억 | 時々(ときどき) 때때로, 가끔 | 思(おも)い出(だ)す 생각나다, 떠오르다 | 過小(かしょう) 과소

2 갑자기 무거운 짐을 들어서 **허리**를 다쳤다.
단어 急(きゅう)に 갑자기 | 重(おも)い 무겁다 | 荷物(にもつ) 짐 | 腰(こし) 허리 | 痛(いた)める 다치다 | 肩(かた) 어깨 | 髪(かみ) 머리카락 | 肌(はだ) 피부

3 회식의 **회비**는 3천엔이기 때문에, 당일에 잊지 말고 가지고 오세요.
단어 飲(の)み会(かい) 회식 | 会費(かいひ) 회비 | 当日(とうじつ) 당일 | ~ずに ~하지 않고 | 食費(しょくひ) 식비 | 出費(しゅっぴ) 지출 | 旅費(りょひ) 여행 경비, 여비

4 과자를 먹으려고 상자를 열었더니, 안이 **비어** 있었다.
단어 お菓子(かし) 과자 | 箱(はこ) 상자 | 開(あ)ける 열다 | 中身(なかみ) 알맹이, 내용 | 空(から) (안이) 빔

5 저는 너무 긴장하면, 늘 **위**가 아파집니다.
단어 緊張(きんちょう) 긴장 | ~すぎる 지나치게 ~하다 | 胃(い) 위 | 鼻(はな) 코 | 胸(むね) 가슴

6 그녀는 언제나 **웃는 얼굴**로 인사를 해 줍니다.
단어 笑顔(えがお) 웃는 얼굴 | あいさつ 인사 | 顔面(がんめん) 안면, 얼굴 | 表情(ひょうじょう) 표정 | 顔色(かおいろ) 안색

7 이제 막차에는 못 맞춰. 오늘 밤은 우리 집에 **묵고** 가면 어때?
단어 終電(しゅうでん) 막차 | 泊(と)まる 숙박하다 | 止(と)まる 멈추다 | 留(と)まる 고정되다

8 올해 겨울은 **따뜻하다**.
단어 暖(あたた)かい 따뜻하다

9 **인도**에서는 자전거를 타고 가서는 안 됩니다.
단어 歩道(ほどう) 보도, 인도 | 車道(しゃどう) 차도

10 다나카 씨는 밝은 **성격**으로 인기가 많습니다.
단어 明(あか)るい 밝다 | 性格(せいかく) 성격 | 正確(せいかく) 정확 | 精確(せいかく) 정확, 정밀하고 정확함

14 기출어휘 확인문제 표기 p.40

1 의사의 처방전이 없으면, **약국**에서 약을 살 수 없다.
단어 医師(いし) 의사 | しょほうせん 처방전 | 薬局(やっきょく) 약국 | 薬(くすり) 약

2 친구가 읽을 수 있도록 **전언**을 남겼다.
단어 伝言(でんごん) 전언, 전할 말 | 残(のこ)す 남기다 | 伝記(でんき) 전기

3 횡단보도는 **좌우**를 확인하고 나서 건너자.
단어 横断歩道(おうだんほどう) 횡단보도 | 左右(さゆう) 좌우 | 確認(かくにん) 확인 | 渡(わた)る 건너다 | 前後(ぜんご) 전후 | 縦横(じゅうおう) 종횡

4 선생님이 **차례**대로 학생의 이름을 부르며 출석을 확인하고 있다.
단어 順番(じゅんばん) 순번, 차례 | 生徒(せいと) 학생 | 出席(しゅっせき) 출석 | 確認(かくにん) 확인 | 順序(じゅんじょ) 순서 | 順次(じゅんじ) 순차, 차례차례 | 順位(じゅんい) 순위

5 6시가 되어도 아이가 집에 돌아오지 않아서, **걱정**되었습니다.
단어 心配(しんぱい) 걱정 | 不安(ふあん) 불안 | 思案(しあん) 근심, 걱정 | 困難(こんなん) 곤란

6 그는 **성미가 급하기** 때문에 친구가 적은 것 같다.
단어 短気(たんき)だ 성미가(성질이) 급하다 | 短期(たんき) 단기, 짧은 기간

7 저는 다음 주 피카소의 그림을 보러 미술관에 갈 예정입니다.
단어 絵画(かいが) 회화, 그림 | 美術館(びじゅつかん) 미술관 | 予定(よてい) 예정

8 눈이 잘 보이지 않게 되어서 안과에서 시력 검사를 했습니다.
단어 ~づらい ~하기 어렵다, ~하기 힘들다 | 眼科(がんか) 안과 | 視力(しりょく) 시력 | 検査(けんさ) 검사 | 審査(しんさ) 심사 | 診断(しんだん) 진단 | 調査(ちょうさ) 조사

9 어제 밥을 먹지 않고 잤더니 체중이 1키로 줄었습니다.
단어 体重(たいじゅう) 체중 | 減(へ)る 줄다 | 残(のこ)る 남다 | 下(くだ)る 내려가다

10 이 근처에 새로운 쇼핑 센터가 생긴다고 합니다.
단어 辺(あた)り 부근, 근처 | 当(あ)たり 맞음, 명중 | 周(まわ)り 주위, 주변 | 回(まわ)り 주변, 둘레

15 기출어휘 확인문제 표기

p.41

1 글씨가 작아서 읽을 수 없다.
단어 細(こま)かい 작다, 잘다 | 細(ほそ)い 가늘다

2 그는 대학에서 법률을 배우고 있다.
단어 法律(ほうりつ) 법률 | 学(まな)ぶ 배우다 | 法理(ほうり) 법리

3 은행에 돈을 맡기는 것을 싫어하는 사람도 있다.
단어 預(あず)ける 맡기다

4 접시는 포개서 놔 주세요.
단어 重(かさ)ねる 포개다, 겹치다

5 한 시간짜리 시험이었는데, 시간이 부족해서 마지막 문제를 풀 수 없었다.
단어 足(た)りる 충분하다 | 最後(さいご) 마지막, 최후 | 解(と)く (문제를) 풀다 | 説(と)く 설득하다, 설명하다

6 여기서부터 도쿄타워는 어느 방향으로 가면 됩니까?
단어 方向(ほうこう) 방향 | 方角(ほうがく) 방위, 방향 | 方位(ほうい) 방위, 방향 | 方面(ほうめん) 방면, ~쪽

7 선생님이 칠판에 어려운 한자를 적었습니다.
단어 黒板(こくばん) 칠판 | 難(むずか)しい 어렵다

8 크게 숨을 들이마시면서 스트레칭 합시다.
단어 息(いき) 숨 | 吸(す)う 들이마시다

9 회의에 필요한 자료를 메일로 송신했습니다.
단어 会議(かいぎ) 회의 | 必要(ひつよう) 필요 | 資料(しりょう) 자료 | メール 메일 | 送信(そうしん) 송신, 보내기 | 返信(へんしん) 답장, 회신 | 発信(はっしん) 발신

10 지구를 위해 삼림을 소중히 하지 않으면 안 됩니다.
단어 地球(ちきゅう) 지구 | 森林(しんりん) 삼림, 숲 | 大切(たいせつ)だ 소중하다, 중요하다 | 山林(さんりん) 산림

16 기출어휘 확인문제 표기

p.45

1 오늘 발매된 주간지를 읽었다.
단어 発売(はつばい) 발매 | 週刊誌(しゅうかんし) 주간지 | 日刊誌(にっかんし) 일간지

2 아버지는 업무 관계로 출장을 자주 갑니다.
단어 仕事(しごと) 일, 직업 | 関係(かんけい) 관계 | 出張(しゅっちょう) 출장

3 공을 이쪽으로 던져 주세요.
단어 投(な)げる 던지다

4 30대 남성의 4할이 독신입니다.
단어 男性(だんせい) 남성 | 割(わり) 할, 비율 | 独身(どくしん) 독신 | 単身(たんしん) 단신, 혼자

5 그 아이의 눈에 눈물이 넘쳐흐르기 시작했다.
단어 涙(なみだ) 눈물 | あふれる 넘치다, 넘쳐흐르다 | 泡(あわ) 거품 | 泉(いずみ) 샘 | 汗(あせ) 땀

6 아기가 울고 있습니다.
단어 あかちゃん 아기 | 泣(な)く 울다

7 그것은 문제를 복잡하게 할 뿐이다.
단어 複雑(ふくざつ)だ 복잡하다

8 그 나라는 원료를 일본에 수출하고 있다.
단어 国(くに) 나라 | 原料(げんりょう) 원료 | 輸出(ゆしゅつ) 수출

9 오늘은 파도가 거칠다.
단어 波(なみ) 파도 | 荒(あら)い 거칠다, 험하다 | 池(いけ) 연못 | 湖(みずうみ) 호수 | 港(みなと) 항구

10 그녀는 그 산에 오른 최초의 외국인이었습니다.
단어 登(のぼ)る 오르다 | 最初(さいしょ) 최초, 처음 | 外国人(がいこくじん) 외국인 | 最後(さいご) 최후, 마지막 | 最終(さいしゅう) 최종

17 기출어휘 확인문제 표기

p.46

1 이 장소에 주차하면 안 됩니다.
단어 場所(ばしょ) 장소 | 駐車(ちゅうしゃ) 주차 | 停車(ていしゃ) 정차

2 친구에게 책을 3권 빌려주다.
단어 貸(か)す 빌려주다 | 消(け)す 지우다, (불을) 끄다

3 그 개는 눈이 불편한 주인을 여러 가지 위험으로부터 지켰다.
단어 不自由(ふじゆう)だ 불편하다, 자유롭지 못하다 | 主人(しゅじん) 주인 | 危険(きけん) 위험 | 守(まも)る 지키다, 보호하다 | 迷(まよ)う 망설이다, (길을) 헤매다 | 移(うつ)る 옮기다, 이동하다 | 保(たも)つ 유지하다

4 모두 상의해서 문제를 해결했다.
단어 話(はな)し合(あ)う 서로 이야기하다, 상의하다, 의논하다 | 解決(かいけつ) 해결

5 전철에서 **내릴** 때에 우산을 잊고 말았다.
단어 降(お)りる (탈것에서) 내리다 | 移(うつ)る 옮기다, 이동하다

6 그 **섬**에는 아무도 살고 있지 않습니다.
단어 島(しま) 섬

7 그는 **열심**히 공부하고 있습니다.
단어 熱心(ねっしん) 열심, 열성적임

8 아들이 공원에서 여러 가지 모양의 **잎**을 모아왔습니다.
단어 息子(むすこ) 아들 | 公園(こうえん) 공원 | 形(かたち) 모양 | 葉(は) 잎, 잎사귀 | 草(くさ) 풀 | 菜(な) 채소 | 芽(め) 싹

9 빵을 오븐에 **구워서** 먹었다.
단어 焼(や)く 굽다

10 그녀는 은행에 **근무하고** 있습니다.
단어 勤(つと)める 근무하다 | 務(つと)める (역할을) 맡다

18 기출어휘 확인문제 표기 p.47

1 오늘 아침에는 **두통**이 났습니다.
단어 今朝(けさ) 오늘 아침 | 頭痛(ずつう) 두통 | 腹痛(ふくつう) 복통

2 나는 어느새 **잠들어** 버렸다.
단어 いつのまにか 어느새 | 眠(ねむ)る 잠들다

3 젊은 사람들의 정치로의 **관심**이 줄어들고 있습니다.
단어 若者(わかもの) 젊은 사람, 청년 | 政治(せいじ) 정치 | 関心(かんしん) 관심 | 薄(うす)れる 옅어지다, 줄어들다 | 歓心(かんしん) 환심 | 感心(かんしん) 감탄 | 肝心(かんじん)だ 가장 중요하다

4 옆 자리로 **옮겨서** 이야기를 듣는다.
단어 移(うつ)る 옮기다, 이동하다

5 이 강은 저곳에서 **얕아**지고 있습니다.
단어 浅(あさ)い 얕다 | 軽(かる)い 가볍다 | 厚(あつ)い 두껍다 | 細(ほそ)い 가늘다

6 남편은 매일 밤 **귀가**가 늦다.
단어 主人(しゅじん) 남편, 주인 | 帰宅(きたく) 귀가 | 遅(おそ)い 늦다

7 아기는 1년에 체중이 3**배**가 되었다.
단어 体重(たいじゅう) 체중 | ~倍(ばい) ~배, 배수

8 그 일을 의사에게 **상담**했습니까?
단어 医者(いしゃ) 의사 | 相談(そうだん) 상담

9 나는 **건강**을 위해서 매일 달리고 있습니다.
단어 健康(けんこう) 건강

10 엄마가 아이 뒤를 **쫓아** 달리고 있다.
단어 母親(ははおや) 엄마, 어머니 | 後(あと) 뒤, 뒤쪽 | 追(お)う 쫓다, 뒤따르다

19 기출어휘 확인문제 표기 p.48

1 헤어진 그녀가 **그립다**.
단어 別(わか)れる 헤어지다 | 恋(こい)しい 그립다, 보고 싶다 | 愛(いと)しい 사랑스럽다 | 悲(かな)しい 슬프다

2 불고기를 양상추에 **싸서** 먹는다.
단어 やきにく 불고기 | 包(つつ)む 싸다, 포장하다 | 含(ふく)む 포함하다

3 고무줄로 머리를 하나로 **묶는다**.
단어 髪(かみ) 머리, 머리카락 | 結(むす)ぶ 묶다, 잇다 | 運(はこ)ぶ 나르다

4 **일반적**으로 말해서 일본인은 야구를 좋아합니다.
단어 一般的(いっぱんてき) 일반적 | 野球(やきゅう) 야구 | 一方的(いっぽうてき) 일방적 | 一時的(いちじてき) 일시적

5 아버지는 일요일도 **출근**했다.
단어 出勤(しゅっきん) 출근

6 저 형제는 성격이 전혀 **다릅니다**.
단어 性格(せいかく) 성격 | まったく 전혀, 완전히 | 違(ちが)う 다르다

7 **도망치는** 범인을 뒤쫓았다.
단어 逃(に)げる 도망가다 | 犯人(はんにん) 범인 | 追(お)いかける 뒤쫓다

8 어제 새로운 **악기**를 샀습니다.
단어 楽器(がっき) 악기

9 열차는 예정보다 1시간 **늦게** 도착했다.
단어 列車(れっしゃ) 열차 | 遅(おそ)い 늦다 | 着(つ)く 도착하다 | 早(はや)い (시간적으로) 빠르다, 이르다 | 速(はや)い (동작, 속도가) 빠르다

10 그는 환경 문제의 **전문가**입니다.
단어 環境(かんきょう) 환경 | 専門家(せんもんか) 전문가

20 기출어휘 확인문제 표기 p.49

1 이 소설은 많은 언어로 **번역되어** 있습니다.
단어 小説(しょうせつ) 소설 | 言語(げんご) 언어 | 訳(やく)される 번역되다

2 다음 신호에서 **우회전**해 주세요.
단어 信号(しんごう) 신호 | 右折(うせつ) 우회전 | 左折(させつ) 좌회전

3 그는 부모의 **기대**대로는 공부하지 않았다.
단어 親(おや) 부모 | 期待(きたい) 기대 | ~どおり ~대로, ~와 같이

4 나는 성공할 **자신**이 있다.
단어 成功(せいこう) 성공 | 自信(じしん) 자신, 자신감 | 自身(じしん) 자신, 자기 자신

5 올해 여름은 기온이 높았다.
단어 気温(きおん) 기온

6 건강 검진에서 혈액검사를 받았다.
단어 健康診断(けんこうしんだん) 건강 검진 | 血液検査(けつえきけんさ) 혈액 검사 | うける 받다 | 血圧(けつあつ) 혈압

7 일본어 시험에서 좋은 성적을 받았다.
단어 成績(せいせき) 성적

8 사고의 원인은 과속입니다.
단어 事故(じこ) 사고 | 原因(げんいん) 원인 | ～すぎる 너무 ~하다

9 이 마을의 인구는 감소하고 있다.
단어 人口(じんこう) 인구 | 減少(げんしょう) 감소

10 머리가 아파서 약을 먹었습니다.
단어 痛(いた)い 아프다 | 薬(くすり) 약

21 기출어휘 확인문제 표기 p.50

1 그는 팔짱을 끼고 서 있었다.
단어 腕(うで) 팔 | 組(く)む (팔짱을) 끼다 | 結(むす)ぶ 묶다, 잇다

2 저는 고향의 초등학교에서 교사를 하고 있습니다.
단어 地元(じもと) 고향, 지역 | 教師(きょうし) 교사

3 공이 머리에 맞았다.
단어 当(あ)たる 맞다

4 그녀는 문 바로 안쪽에 서 있었다.
단어 門(もん) 문 | 内側(うちがわ) 안쪽

5 호수의 얼음이 두꺼워졌습니다.
단어 湖(みずうみ) 호수 | 氷(こおり) 얼음 | 厚(あつ)い 두껍다 | 丸(まる)い 둥글다 | 細(ほそ)い 가늘다 | 浅(あさ)い 얕다

6 사건을 기록한 영화가 공개되었다.
단어 事件(じけん) 사건 | 記録(きろく) 기록 | 公開(こうかい) 공개

7 그는 어제 감기로 학교를 결석했다.
단어 欠席(けっせき) 결석

8 전자레인지로 요리를 데우다.
단어 レンジ 전자레인지 | 料理(りょうり) 요리 | 温(あたた)める 데우다, 따뜻하게 하다 | 覚(さ)める (잠이) 깨다 | 冷(さ)める 식다

9 학창 시절은 교토에서 살았다.
단어 学生時代(がくせいじだい) 학창 시절 | 暮(く)らす 살다, 생활하다, 지내다

10 오늘은 기온이 낮다.
단어 気温(きおん) 기온 | 低(ひく)い 낮다

03 問題3 문맥구성 공략하기

문제 2 ( )에 들어갈 가장 적당한 것을 1·2·3·4에서 하나 고르시오.

22 기출어휘 확인문제 문맥구성 p.57

1 꽃은 물을 주지 않으면 바로 시들어 버린다.
단어 かれる 시들다 | やせる 살이 빠지다 | さめる (열 등이) 식다 | とける 녹다
해설 꽃이 시들어 버리는 상태를 나타내므로 「かれる」가 가장 자연스럽다.

2 전철을 놓치지 않도록 알람 시계를 5시로 설정했다.
단어 乗(の)り遅(おく)れる 늦어서 타지 못하다, 놓치다 | 目覚(めざ)まし時計(どけい) 알람 시계 | セット 세트, 설정 | マーク 마크, 표시 | スタート 스타트, 시작
해설 '알람 시계'와 '5시' 등 시계의 장치를 맞추는 행위를 나타내는 데 알맞은 외래어는 「セット」이다.

3 케이크 가게가 정기휴일이었기 때문에 케이크는 포기하고 빵을 사왔습니다.
단어 定休日(ていきゅうび) 정기휴일 | あきらめる 포기하다, 단념하다 | 受(う)け入(い)れる 받아들이다 | 交換(こうかん)する 교환하다
해설 케이크를 구하지 못한 상황에서 포기했음을 나타내므로 「あきらめる」가 가장 자연스럽다.

4 이 호텔은 역에서 가깝고 교통편이 좋기 때문에 외국인에게 인기입니다.
단어 アクセス 접근, 접근성 | アプローチ (연구 등에의) 접근 | アテンド 접대
해설 교통편의 접근성이 좋고 나쁨을 나타내는 표현으로는 「アクセス」가 가장 자연스럽다.

5 쭉 추운 곳에 있었기 때문에 손가락 감각이 없습니다.
단어 指(ゆび) 손가락 | 感覚(かんかく) 감각 | 知覚(ちかく) 지각 | 味覚(みかく) 미각 | 聴覚(ちょうかく) 청각
해설 신체의 감각 기능이 없음을 나타내므로 「感覚」가 가장 자연스럽다.

6 예정된 기한까지 도로 공사를 마치지 않으면 안 된다.
단어 期限(きげん) 기한 | 道路(どうろ) 도로 | 工事(こうじ) 공사 | 終(お)わらせる 끝내다, 마치게 하다 | 制限(せいげん) 제한 | 時限(じげん) 시한 | 無限(むげん) 무한
해설 '도로 공사'라는 과정·행동의 종료 지점을 나타내므로 「期限」이 가장 자연스럽다.

7 충치 때문인지 이가 욱신욱신 아파서 치과를 예약했습니다.
단어 虫歯(むしば) 충치 | ～せいか ~탓인지 | 歯(は) 치아, 이 | ずきずき 욱신욱신, 지끈지끈 | 痛(いた)む 아프다 | 歯科(しか) 치과 | 予約(よやく) 예약 | むかむか 메슥메슥 | くすくす 낄낄, 키득키득 | からから 바싹바싹, 텅텅

해설 욱신거리는 통증을 표현할 때는 의태어 「ずきずき」를 사용한다. 히라가나로 표기하는 의성어, 의태어는 「胃がむかむか(속이 메스껍다)」, 「くすくす笑う(킥킥 웃다)」, 「のどがからから(몹시 목 마르다)」와 같이 다른 어휘와 연결해서 외우도록 하자.

8 야마다 씨는 돌다리도 **두드리고** 건너는 듯한 성격으로 늘 완벽한 준비를 해 옵니다.

단어 石橋(いしばし) 돌다리 | たたく 두드리다 | 渡(わた)る 건너다 | 性格(せいかく) 성격 | 完璧(かんぺき)だ 완벽하다 | 準備(じゅんび) 준비 | うつ 치다, 때리다 | ～ぶる ～인 체하다, 뽐내다 | なぐる 때리다

해설 「石橋をたたいて渡る」는 '돌다리도 두드려 보고 건너다'라는 속담으로 '잘 아는 일이라도 세심하게 주의를 기울여서 하다'라는 의미이다.

9 도쿄와 파리는 7시간의 **시차**가 있습니다.

단어 時差(じさ) 시차 | 空白(くうはく) 공백 | 間隔(かんかく) 간격

해설 '도쿄'와 '파리'라는 서로 다른 지역이 나와 있고, '7시간'이라는 시간 표현이 있으므로 「時差」가 가장 자연스럽다.

10 그는 일을 그만둘 **결심**을 했습니다.

단어 辞(や)める 그만두다, 사직하다 | 決心(けっしん) 결심 | 結論(けつろん) 결론 | 実行(じっこう) 실행 | 意志(いし) 의지

해설 '마음을 굳게 정하다'라는 의미가 있고, 「しました」와의 호응을 살펴볼 때 「決心」이 가장 자연스럽다.

23 기출어휘 확인문제 문맥구성 p.58

1 부부끼리 아이의 교육 방침에 대해서 **상의했다**.

단어 夫婦(ふうふ) 부부 | 教育(きょういく) 교육 | 方針(ほうしん) 방침 | 話(はな)し合(あ)う 서로 이야기하다, 상의하다 | 打(う)ち合(あ)わせる 미리 상의하다, 조율하다 | 待(ま)ち合(あ)わせる (약속해서) 만나기로 하다 | 持(も)ち合(あ)わせる 마침 가지고 있다

해설 「～について(～에 대해서)」는 이야기하거나 생각하고자 하는 주제에 쓰는 문형이므로, 서로 의견을 나누고 결정했다는 의미의 「話し合う」가 가장 자연스럽다.

2 야마다 씨는 파티에 여자친구와 함께 왔지만, 돌아가는 것은 **따로따로**였다.

단어 帰(かえ)り 귀가 | 別々(べつべつ) 따로따로 | 色々(いろいろ) 여러 가지 | 少々(しょうしょう) 조금, 잠시 | 日々(ひび) 매일, 나날

해설 「帰り」와 연결 가능하며, 「いっしょに」라는 말에 대비되는 단어로는 「別々」가 가장 자연스럽다.

3 아직 입을 수 있는 옷을 버리는 것은 **아깝다**.

단어 もったいない 아깝다 | しつこい 끈질기다 | しょうがない 어쩔 수 없다 | こいしい 그립다, 보고 싶다

해설 쓸 수 있는 것을 버리는 상황이므로 「もったいない」가 가장 자연스럽다.

4 선전의 직접적인 **효과**는 아무것도 없었다.

단어 宣伝(せんでん) 선전 | 直接的(ちょくせつてき) 직접적 | 効果(こうか) 효과 | 応援(おうえん) 응원 | 価値(かち) 가치 | 成績(せいせき) 성적

해설 어떤 결과나 영향이 있었는지에 대해 말하고 있으므로 「効果」가 가장 자연스럽다.

5 테니스를 쳐서 **땀**을 흘렸기 때문에 샤워를 했습니다.

단어 あせをかく 땀을 흘리다 | シャワーを浴(あ)びる 샤워를 하다 | なみだ 눈물 | あくび 하품 | はなみず 콧물

해설 「あせをかく」는 '땀을 흘리다'라는 관용 표현으로 통째로 암기해 두자.

6 학교 앞에 선글라스를 낀 **수상한** 남자가 서 있었다.

단어 サングラス 선글라스 | あやしい 수상하다, 의심스럽다 | うらやましい 부럽다

해설 수상하거나 의심스러운 사람에 대해 말하고 있으므로 「あやしい」가 가장 자연스럽다.

7 크리스마스는 친구와 **서로** 선물을 주고 받았습니다.

단어 おたがいに 서로 | 渡(わた)しあう 서로 건네다 | たまに 가끔, 이따금 | おおいに 대단히, 매우 | さいわいに 다행히

해설 「渡しあう」는 서로 주고받는 행위를 나타내므로 「おたがいに」가 가장 자연스럽다.

8 그 기일까지 서류를 제출하는 것은 **가능**하겠습니까?

단어 期日(きじつ) 기일 | 書類(しょるい) 서류 | 提出(ていしゅつ) 제출 | 可能(かのう) 가능 | 有能(ゆうのう) 유능 | 才能(さいのう) 재능 | 不能(ふのう) 불능, 불가능

해설 서류 제출을 할 수 있는지 여부를 묻는 상황이므로 「可能」가 가장 자연스럽다.

9 이번 주 화요일에 에어컨을 방에 **설치해** 받을 예정입니다.

단어 取(と)り付(つ)ける 설치하다 | 取(と)り外(はず)す 떼어 내다, 빼다 | 取(と)り出(だ)す 끄집어내다, 꺼내다 | 取(と)り戻(もど)す 되찾다, 회수하다

해설 본문의 조사를 정확하게 해석해야 한다. 「エアコンを部屋に」라고 했으므로 「取り付ける」가 가장 자연스럽다. 1번은 '떼어 내다, 빼다'라는 의미이고, 2번은 '끄집어내다, 꺼내다' 의 의미이므로 둘 다 앞부분을 「部屋から」로 고쳐야 자연스럽다.

10 무섭다고 소문난 선생님이었는데, 이야기해 보니 **예상외로** 상냥한 선생님이었다.

단어 怖(こわ)い 무섭다 | うわさ 소문 | 案外(あんがい) 의외로, 뜻밖에 | 優(やさ)しい 상냥하다 | 以外(いがい) 이외 | 意外(いがい) 의외

해설 문장 앞부분에는 '무섭다는 소문의 선생님'이, 뒷부분에는 '상냥한 선생님'이라고 나와서 예상과 다른 결과를 나타내므로 「案外」가 가장 자연스럽다. 2번을 '의외로, 예상외로, 뜻밖에도'라는 부사로 사용하려면 「意外と」로 활용해야 하는 점을 기억해 두자.

24 기출어휘 확인문제 문맥구성

p.59

1 잊고 온 물건이 없는지, 일단 확인해 두는 편이 좋겠지.

단어 忘(わす)れ物(もの) 잊은 물건 | 一応(いちおう) 일단, 우선 | 確認(かくにん) 확인 | 仮(かり)に 가령, 만일, 만약 | やっと 겨우, 가까스로 | ようやく 겨우, 간신히

해설 잊은 물건이 없는지 '일단 혹시 모른다'는 의미로 확인하는 것이므로 「一応」가 가장 자연스럽다.

2 이 3개의 약을 한번에 복용하는 것은 힘들다.

단어 一度(いちど)に 한꺼번에, 한번에 | 大変(たいへん)だ 힘들다 | 一部(いちぶ)に 일부에서 | 一般的(いっぱんてき)に 일반적으로 | 一方的(いっぽうてき)に 일방적으로

해설 세 가지 약을 동시에 복용하고 「大変だ」와의 호응을 볼 때 「一度に」가 가장 자연스럽다.

3 급한 내리막길에서 전방의 차를 추월하는 것은 법률로 금지되어 있습니다.

단어 急(きゅう)だ 급하다, 갑작스럽다 | 下(くだ)り坂(ざか) 내리막길 | 前方(ぜんぽう) 전방, 앞 방향 | 追(お)い越(こ)す 추월하다, 앞지르다 | 法律(ほうりつ) 법률 | 禁止(きんし) 금지 | 追(お)い出(だ)す 내보내다 | 追(お)いつく 따라잡다 | 追(お)い払(はら)う 내쫓다, 쫓아내다

해설 앞차를 지나쳐 나아가는 행동인데 '법률로서 금지되어 있다'고 했으므로 「追い越す」가 가장 자연스럽다.

4 점심에 먹었던 라면이 짜서, 굉장히 목이 마릅니다.

단어 昼食(ちゅうしょく) 점심 | 塩辛(しおから)い 짜다 | 喉(のど) 목 | 渇(かわ)く 마르다 | かゆい 가렵다 | 痛(いた)い 아프다 | 詰(つ)まる 가득 차다, 막히다

해설 「喉が渇く」는 '목이 마르다'라는 관용 표현이고, '점심에 먹었던 라면이 짜서'라는 문장과의 호응을 볼 때 「渇く」가 가장 자연스럽다.

5 태풍 때문에 버스는 하루 종일 운행을 멈췄습니다.

단어 台風(たいふう) 태풍 | 一日中(いちにちじゅう) 하루 종일 | 運休(うんきゅう) 운행 중지, 운행을 멈춤 | 休息(きゅうそく) 휴식 | 延期(えんき) 연기 | 縮小(しゅくしょう) 축소

해설 교통수단이 운행을 쉬는 경우를 나타낼 때는 '운전이나 운항을 쉬거나 멈추다'라는 의미의 「運休」가 가장 자연스럽다.

6 엄마에게 케이크 재료와 만드는 법을 배웠다.

단어 材料(ざいりょう) 재료 | 作(つく)り方(かた) 만드는 법 | 資源(しげん) 자원 | 仲間(なかま) 동료 | 部品(ぶひん) 부품

해설 요리에 필요한 것을 나타내므로 「材料」가 가장 자연스럽다.

7 방이 너무나도 어질러져 있어서, 아침 중에 깔끔하게 정리하기로 했다.

단어 あまりにも 너무, 지나치게 | 散(ち)らかる 어질러지다, 흩어지다 | きちんと 깔끔하게 | 整理(せいり) 정리 | すっきりと 산뜻하게, 상쾌하게 | うっかりと 깜빡하고, 무심코 | はっきりと 확실하게, 분명하게

해설 「きちんと」는 정리를 체계적으로 꼼꼼하게 하는 느낌, 「すっきりと」는 정리를 해서 마음이 깔끔해지는 것을 나타낸다. 여기서는 정리정돈을 제대로 하는 것을 의미하므로 「きちんと」가 가장 자연스럽다.

8 유학하고 있어서, 엄마의 요리가 그립습니다.

단어 留学(りゅうがく) 유학 | こいしい 그립다 | おしい 아깝다, 아쉽다 | くやしい 분하다 | かなしい 슬프다

해설 유학 중인 상황에서 엄마의 요리가 어떠한지를 묻고 있는데, 선택지 중 「料理」라는 명사를 꾸며줄 수 있는 단어로는 「こいしい」가 가장 자연스럽다.

9 그는 어릴 때부터 상당한 노력을 해서, 세계적인 야구 선수가 되었습니다.

단어 頃(ころ) 때, 무렵, 쯤 | 大変(たいへん)だ 힘들다, 고생스럽다 | 努力(どりょく) 노력 | 世界的(せかいてき) 세계적 | 野球選手(やきゅうせんしゅ) 야구 선수 | 協力(きょうりょく) 협력 | 体力(たいりょく) 체력 | 能力(のうりょく) 능력

해설 세계적인 선수가 되기 위해 어떤 행동을 했는지를 생각하자. 3, 4번은 괄호 뒷부분의 「して」와 어울리지 않으므로 정답이 될 수 없다.

10 그는 농담만 하는 재미있는 사람입니다.

단어 冗談(じょうだん) 농담 | 悪口(わるくち) 욕 | 文句(もんく) 불평

해설 선택지의 단어 모두가 괄호 뒷부분의 「言っている」와 호응하지만, '재미있는 사람'이라는 결론과 자연스러운 흐름이 되는 것은 「冗談」이다.

25 기출어휘 확인문제 문맥구성

p.60

1 옆집에서 기르고 있는 개가 한밤중에 짖기 때문에 어제는 전혀 잘 수 없었다.

단어 飼(か)う 기르다, 키우다 | 夜中(よなか) 한밤중 | ほえる 짖다 | 全(まった)く 전혀, 아주, 완전히 | 叫(さけ)ぶ 소리 지르다 | 怒鳴(どな)る 고함치다, 호통치다 | 叱(しか)る 혼내다

해설 개가 밤중에 내는 소리로는, 「ほえる」가 가장 자연스럽다. 1, 2, 4번의 동사는 사람의 행동이므로 오답임을 알 수 있다.

2 말린 고구마는 생것인 상태보다 달고, 영양소도 증가합니다.

단어 干(ほ)す 말리다 | 生(なま) 날것, 생 | 状態(じょうたい) 상태 | 甘(あま)い 달다 | 栄養素(えいようそ) 영양소 | 増加(ぞうか) 증가 | 掘(ほ)る (구멍 등을) 파다

해설 「生の状態」와 비교되어야 할 다른 상태의 고구마여야 하기 때문에, 「干す」가 가장 자연스럽다.

3 나는 하와이로 가족 여행을 가는 다나카 씨가 부럽다.

단어 家族旅行(かぞくりょこう) 가족 여행 | うらやましい 부럽다 | すばらしい 훌륭하다 | ほこらしい 자랑스럽다 | おかしい 이상하다

해설 다른 사람의 좋은 상황을 부러워하는 마음을 나타내므로 「うらやましい」가 가장 자연스럽다.

4 비행기 내로의 가위 반입은 금지되어 있습니다.

단어 飛行機内(ひこうきない) 비행기 내, 기내 | はさみ 가위 | 持(も)ち込(こ)み 반입 | 禁止(きんし) 금지 | 中止(ちゅうし) 중지 | 終止(しゅうし) 종지, 끝 | 停止(ていし) 정지

해설 비행기 안에 가위를 가져오는 행위나 행동을 금하는 것이므로 「禁止」가 가장 자연스럽다.

5 비로 마라톤 대회는 다음 주까지 **연기**되었습니다.

단어 マラソン 마라톤 | 大会(たいかい) 대회 | 延期(えんき) 연기 | 遅刻(ちこく) 지각 | 連休(れんきゅう) 연휴 | 早退(そうたい) 조퇴

해설 일정이 뒤로 미뤄지는 상황을 나타내므로, 「延期」가 가장 자연스럽다.

6 내년에는 어려웠던 일본어 공부에 **도전**하려고 합니다.

단어 苦手(にがて)だ 잘 못하다, 어렵다 | チャレンジ 도전 | アクセス 접근 | オープン 오픈, 개장 | セット 설정

해설 새로운 목표나 도전을 시도하는 것을 나타내므로 「チャレンジ」가 가장 자연스럽다.

7 다이어트에 **효과적**인 약이 있다면 시도해 보고 싶다.

단어 効果的(こうかてき) 효과적 | 試(ため)す 시도하다, 시험하다 | 意図的(いとてき) 의도적 | 一時的(いちじてき) 일시적 | 印象的(いんしょうてき) 인상적

해설 '다이어트'와 '약'이라는 어휘와 연결해서 사용할 수 있는 표현으로는 「効果的」가 가장 자연스럽다.

8 야마다 군과 다나카 씨는 키가 10㎝ 차이가 난다.

단어 身長(しんちょう) 신장, 키 | 差(さ) 차이 | 仲(なか) 사이

해설 '10㎝'라는 키 차이에 대해 말하고 있으므로 「差」가 가장 자연스럽다.

9 저는 매일 아침 유치원에 아이를 **맡기고** 나서 일하러 갑니다.

단어 幼稚園(ようちえん) 유치원 | 預(あず)ける 맡기다 | 迎(むか)える 맞이하다 | 受(う)ける 받다 | 与(あた)える 주다

해설 2, 3번은 각각 '받다, 주다'의 의미로 사람 명사에 접속하여 사용할 수 없다. 1번은 '맞이하다'라는 의미로 앞부분의 「幼稚園に」의 조사와 어울리지 않으므로 「預ける」가 가장 자연스럽다.

10 사건 현장에서 그를 봤다는 것은 **확실한** 정보입니까?

단어 事件現場(じけんげんば) 사건 현장 | 確実(かくじつ)な 확실한 | 情報(じょうほう) 정보 | 誠実(せいじつ)な 성실한 | 忠実(ちゅうじつ)な 충실한 | 実質(じっしつ) 실질

해설 '정보'를 꾸며줄 수 있는 な형용사를 찾는 문제이다. 2, 3번은 앞뒤 문맥의 흐름과 자연스럽지 않고, 4번은 명사이므로 형태로서 맞지 않아 「確実な」가 가장 자연스럽다.

26 기출어휘 확인문제 문맥구성 p.61

1 이 요리책은 저도 간단하게 만들 수 있는 **레서피**가 50종류나 실려 있습니다.

단어 簡単(かんたん)だ 간단하다 | レシピ 레서피, 조리법 | 種類(しゅるい) 종류 | 載(の)る 실리다 | リスト 리스트 | レベル 레벨 | プリント 프린트

해설 「料理本」과 「50種類」라는 명사로 유추해 볼 때 「レシピ」가 가장 자연스럽다.

2 투수가 던진 공이 상대팀 선수의 머리에 **맞아서** 시합이 중단되었습니다.

단어 投手(とうしゅ) 투수 | 投(な)げる 던지다 | 相手(あいて) 상대 | 選手(せんしゅ) 선수 | 当(あ)たる 맞다 | 試合(しあい) 시합 | 中断(ちゅうだん) 중단 | 触(ふ)れる 접촉하다, 닿다 | 打(う)つ 치다, 때리다

해설 「頭に」에 이어서 사용할 수 있는 동사는 1, 4번이다. 하지만 1번은 '가볍게 스치듯 닿다'는 의미이므로 '투수가 던진 공'과 문맥상 어울리지 않고, 공이 사람에게 부딪힌 상황일 때는 「当たる」가 가장 자연스럽다.

3 국도 1호선은 사고 때문에 8킬로미터 **정체**되고 있다.

단어 国道(こくどう) 국도 | ～号線(ごうせん) ～호선 | 事故(じこ) 사고 | 渋滞(じゅうたい) 정체 | 集中(しゅうちゅう) 집중 | 故障(こしょう) 고장 | 運休(うんきゅう) 운행 중지, 운행을 멈춤

해설 차량이 밀려 막히는 상황을 나타내므로 「渋滞」가 가장 자연스럽다.

4 감독을 계속하고 싶은 **의지**는 있지만 건강에 자신이 없다.

단어 監督(かんとく) 감독 | 続(つづ)ける 계속하다 | 意志(いし) 의지 | 健康(けんこう) 건강 | 自信(じしん) 자신, 자신감 | 意識(いしき) 의식 | 目的(もくてき) 목적 | 目標(もくひょう) 목표

해설 계속 하고 싶다는 마음이나 결심을 나타내므로 「意志」가 가장 자연스럽다.

5 그녀는 싱가포르를 **경유**하는 비행기로 일본에 돌아왔습니다.

단어 経由(けいゆ) 경유 | 中間(ちゅうかん) 중간 | 途中(とちゅう) 도중 | 理由(りゆう) 이유

해설 '싱가포르'와 '비행기'를 연결하는 명사로서는 문맥상 「経由」가 가장 자연스럽다.

6 그녀는 **소극적**인 성격이기 때문에 눈에 띄는 것을 싫어한다.

단어 消極的(しょうきょくてき) 소극적 | 性格(せいかく) 성격 | 目立(めだ)つ 눈에 띄다 | 積極的(せっきょくてき) 적극적 | 対照的(たいしょうてき) 대조적 | 論理的(ろんりてき) 논리적

해설 문장 끝부분의 '눈에 띄는 것을 싫어한다'는 내용으로 보아 「消極的」가 가장 자연스럽다.

7 다리가 **노곤**해서 마사지를 받으러 갔다 왔다.

단어 だるい 노곤하다, 나른하다 | マッサージ 마사지 | 受(う)ける 받다 | かるい 가볍다 | きびしい 엄하다, 힘들다

해설 「足」라는 명사를 꾸며줄 수 있는 형용사이자, '마사지를 받았다'라는 문장과 연결되고 피곤하거나 무거운 느낌을 나타낼 수 있는 표현으로는 「だるい」가 가장 자연스럽다.

8 그들은 **사귀고** 있는 것을 아직 주변에 말하지 않았다.

단어 付(つ)き合(あ)う 사귀다, 교류하다, 어울리다 | 周(まわ)り 주변, 주위 | 混(こ)み合(あ)う 붐비다, 북적이다 | 折(お)り合(あ)う 타협하다

해설 술어인 「周りに言っていない」와 어울리는 상황을 찾는 것이 핵심이다. 선택지 중 타인에게 비밀로 할 만한 상태를 나타내는 단어는 2번뿐이다.

9 운동회에서 아이들이 열심히 하고 있는 모습을 보고 **감동**했다.

단어 運動会(うんどうかい) 운동회 | 姿(すがた) 모습 | 感動(かんどう) 감동 | 感謝(かんしゃ) 감사 | 感想(かんそう) 감상 | 感情(かんじょう) 감정

해설 운동회에서 노력하고 있는 아이들의 모습을 보고 감정적으로 할 수 있는 행동인데, 4번은 「した」와 호응할 수 없고, 문맥상 '감사'나 '감상'보다는 「感動」가 가장 자연스럽다.

10 그토록 공부했는데 100점을 받지 못해서 **분하다**.

단어 取(と)る (점수 등을) 얻다, 획득하다 | くやしい 분하다 | ひさしい 오래되다 | ややこしい 까다롭다, 복잡하다 | はげしい 심하다, 격렬하다

해설 기대에 못 미쳤을 때 느끼는 안타까움과 속상함을 나타내므로 「くやしい」가 가장 자연스럽다.

27 기출어휘 확인문제 문맥구성 p.62

1 대학으로부터 입학 허가의 **통지**가 도착했다.

단어 入学(にゅうがく) 입학 | 許可(きょか) 허가 | 通知(つうち) 통지 | 届(とど)く 도착하다, 배달되다 | 通告(つうこく) 통고 | 通達(つうたつ) 통지, 전달 | 通報(つうほう) 통보

해설 대학으로부터 입학을 허가한다는 '공식적인 내용, 사실'을 나타내므로 「通知」가 가장 자연스럽다.

2 봉지에서 초콜릿을 **꺼내**, 친구에게 나눠 주었습니다.

단어 袋(ふくろ) 주머니, 봉지 | 取(と)り出(だ)す 꺼내다, 빼내다 | 配(くば)る 나누어 주다, 배포하다 | 取(と)り持(も)つ 손에 쥐다, 중재하다 | 取(と)り除(のぞ)く 제거하다, 없애다 | 取(と)り替(か)える 바꾸다, 교환하다

해설 「袋から」와 연결되는 동사로는 '봉지나 상자에서 꺼내다'라는 의미의 「取り出す」가 가장 자연스럽다.

3 컴퓨터 용량이 적은 탓에 **동작**이 느려졌다.

단어 容量(ようりょう) 용량 | 動作(どうさ) 동작 | 遅(おそ)い 늦다 | 行動(こうどう) 행동 | 運動(うんどう) 운동 | 言動(げんどう) 언동

해설 컴퓨터 같은 기계가 작동하는 속도에 대한 단어로는 「動作」가 가장 자연스럽다.

4 겉모양만으로는 소금인지 설탕인지 몰라서 **핥아서** 확인했습니다.

단어 見(み)た目(め) 겉모양, 외면 | 塩(しお) 소금 | 砂糖(さとう) 설탕 | なめる 핥다 | 確認(かくにん) 확인

해설 맛을 통해 구분하는 상황이므로 「なめる」가 가장 자연스럽다.

5 업무가 끝났기 때문에 상사에게 '**수고하셨습니다**. 먼저 실례하겠습니다'라고 말을 건네고 귀가했다.

단어 上司(じょうし) 상사 | 声(こえ)をかける 말을 걸다 | お世話(せわ)さまでした 수고 많으셨습니다, 폐를 끼쳤습니다 | 恐(おそ)れ入(い)りました 죄송합니다

해설 업무가 끝나고 귀가하는 상황에서 상사에게 할 수 있는 인사말로, 1, 2, 3번의 해석은 동일하나, 1, 3번은 상사나 윗사람에게 쓰면 실례가 되는 표현임을 기억해 두자.

6 인기 있는 레스토랑이라서 줄을 서서 자신의 **순서**가 되는 것을 기다리고 있습니다.

단어 列(れつ)に並(なら)ぶ 줄을 서다 | 番(ばん) 순서 | 役(やく) 역, 역할 | 側(がわ) ~측, ~쪽

해설 레스토랑에서 기다리고 있는 상황이므로 순서를 뜻하는 「番」이 가장 자연스럽다.

7 그 문제의 답을 전혀 몰랐기 때문에 **힌트**를 받았다.

단어 全(まった)く 전혀, 아주, 완전히 | ヒント 힌트 | コツ 요령 | ポイント 포인트 | チャンス 찬스

해설 문제를 해결하기 위한 단서를 뜻하는 말이므로 「ヒント」가 가장 자연스럽다.

8 저는 노래가 서투르니까 노래방에 가도 **마이크**를 건네주지 말아 주세요.

단어 渡(わた)す 건네주다

해설 노래를 부르기 위해 건네주는 물건이므로 「マイク」가 가장 자연스럽다.

9 장보러 가기 전에 필요한 물건의 **리스트**를 작성해 두었다.

단어 リスト 리스트, 목록 | サイト 웹사이트 | メリット 메리트, 장점 | インターネット 인터넷

해설 '필요한 물건을 작성해 두었다'고 하므로 「リスト」가 가장 자연스럽다.

10 땀을 흘렸기 때문에 수건으로 얼굴을 **닦았다**.

단어 汗(あせ)をかく 땀을 흘리다 | ふく 닦다, 훔치다 | ながす 흘리다, 떠내려 보내다 | あびる 뒤집어쓰다

해설 수건으로 할 수 있는 동작을 생각해 보자. 1번은 자연스러운 해석은 가능하지만, 「洗う」는 '물로 닦다, 씻다'라는 의미이므로 '땀을 닦다'의 「ふく」가 가장 자연스럽다.

28 기출어휘 확인문제 문맥구성 p.68

1 전철 안에서 **우연히** 학창 시절의 친구를 만나 매우 놀랐다.

단어 偶然(ぐうぜん) 우연히 | 学生時代(がくせいじだい) 학창 시절 | 友人(ゆうじん) 친구 | 驚(おどろ)く 놀라다 | 案外(あんがい) 의외로, 뜻밖에 | せっかく 모처럼 | ついでに 겸사겸사, 하는 김에

해설 의도하지 않은 만남을 나타내는 상황이므로 '우연히'의 의미인 「偶然」이 가장 자연스럽다.

2 서두르고 있었기 때문에 **깜빡** 다른 버스를 타고 말았다.

단어 うっかり 깜빡, 무심코 | 違(ちが)う 다르다 | ぐっすり 푹(자다) | がっかり 실망, 낙담하는 모양 | ぴったり 딱 맞는 모양

해설 부주의로 인한 실수를 나타내는 표현이 필요하므로 「うっかり」가 가장 자연스럽다.

3 **소문**에 따르면 장차 이곳에 큰 슈퍼가 생긴다고 한다.

단어 うわさ 소문 | 将来(しょうらい) 장래, 장차 | 宣伝(せんでん) 선전 | 冗談(じょうだん) 농담

해설 확실하지 않은 전해 들은 정보를 나타내는 말이므로 「うわさ」가 가장 자연스럽다.

4 오늘 이야기의 **주제**는 사랑입니다.

단어 テーマ 테마, 주제 | 愛(あい) 사랑 | メリット 메리트, 장점 | ドラマ 드라마 | セミナー 세미나

해설 이야기 전체의 중심 내용을 가리키는 말이므로 「テーマ」가 가장 자연스럽다.

5 바나나 껍질을 손으로 **벗기다**.

단어 皮(かわ) 껍질 | むく 벗기다 | ふせぐ 막다 | はぶく 생략하다 | ぬく 뽑다

해설 과일 껍질을 벗기는 동작이므로 「むく」가 가장 자연스럽다.

6 **모든** 학생이 체육관에 모였다.

단어 全(ぜん) 전, 전부, 모든 | 生徒(せいと) 학생 | 体育館(たいいくかん) 체육관 | 集(あつ)まる 모이다 | 再(さい) 재, 다시 | 名(めい)~ 명~, 뛰어난 | 半(はん) 반, 절반

해설 사람 전체를 빠짐없이 나타내는 표현이므로 「全」이 가장 자연스럽다.

7 슈퍼에 가서 산 상품을 당일 중에 자택 현관까지 **배달**해 준다.

단어 商品(しょうひん) 상품 | 当日中(とうじつじゅう) 당일 중 | 自宅(じたく) 자택 | 玄関(げんかん) 현관 | 配達(はいたつ) 배달 | 報告(ほうこく) 보고 | 送信(そうしん) 송신 | 訪問(ほうもん) 방문

해설 물건을 집까지 가져다 주는 행위를 나타내므로 「配達」가 가장 자연스럽다.

8 스즈키 씨는 많은 작가와 **친하게** 지내고 있다.

단어 多(おお)くの 많은 | 作家(さっか) 작가 | したしく 친하게 | つきあう 사귀다, 교류하다, 어울리다 | おとなしく 얌전히 | えらく 매우, 대단히 | めずらしく 드물게

해설 사람 사이의 가까운 관계를 나타내는 부사이므로 「したしく」가 가장 자연스럽다.

9 초콜릿이 주머니 안에서 **녹아** 버렸다.

단어 とける 녹다 | もえる 타다 | さめる 식다 | かれる 마르다, 시들다

해설 열로 인해 형태가 변한 상태이므로 '녹다'의 「とけて」가 가장 자연스럽다.

10 야마다 씨는 자신의 사업을 전국 체인점까지 **발전**시켰다.

단어 事業(じぎょう) 사업 | 全国(ぜんこく) 전국 | チェーン 체인(점) | 発展(はってん) 발전 | 進歩(しんぽ) 진보 | 開始(かいし) 개시 | 出発(しゅっぱつ) 출발

해설 규모나 범위가 커지며 성장함을 나타내는 표현이므로 「発展」이 가장 자연스럽다.

29 기출어휘 확인문제 문맥구성 p.69

1 전철이 흔들리므로 가까이에 있는 손잡이나 기둥을 **꽉** 잡아 주세요.

단어 列車(れっしゃ) 전철 | ゆれる 흔들리다 | お近(ちか)くの 가까운 | つり革(かわ) 손잡이 | 手(て)すり 난간, 기둥 | しっかり 꽉, 단단히 | つかまる 잡다 | ぐっすり 푹 (자다) | そっくり 꼭 닮음 | はっきり 확실히, 분명히

해설 흔들리는 상황에서 안전하게 붙잡는 의미가 필요하므로 「しっかり」가 가장 자연스럽다.

2 나의 **목표**는 올림픽에서 금메달을 따는 것입니다.

단어 目標(もくひょう) 목표 | オリンピック 올림픽 | 金(きん)メダル 금메달 | 取(と)る (점수 등을) 얻다, 획득하다 | 効果(こうか) 효과 | 予報(よほう) 예보 | 投票(とうひょう) 투표

해설 장래에 이루고자 하는 목적을 나타내는 문맥이므로 「目標」가 가장 자연스럽다.

3 방의 **이미지**를 바꾸기 위해 벽을 연핑크색으로 했습니다.

단어 イメージ 이미지 | 変(か)える 바꾸다, 변경하다 | 薄(うす)い 얇다, 연하다 | タイトル 타이틀, 제목 | ヒント 힌트 | アイディア 아이디어

해설 공간의 분위기나 인상을 의미하는 말이 필요하므로 「イメージ」가 가장 자연스럽다.

4 동생은 자나**깨나** 축구 생각만 하고 있다.

단어 さめる 잠이 깨다, 눈이 뜨이다 | とめる 멈추다 | とじる 닫다 | ためる (돈을) 모으다

해설 '자면서도 계속'이라는 의미를 나타내는 표현이므로 「さめても」가 가장 자연스럽다.

5 항상 사 주고 있으니까 이 토마토 **값**은 필요 없어요.

단어 代金(だいきん) 대금, 값 | 要(い)る 필요하다 | 家賃(やちん) 집세 | 資源(しげん) 자원 | 会費(かいひ) 회비

해설 물건의 가격을 의미하는 말이 필요하므로 「代金」이 가장 자연스럽다.

6 **거품**이 컵에서 넘쳤다.

단어 あわ 거품 | あふれる 넘치다 | ひも 끈 | すがた 모습

해설 액체에서 생겨 넘칠 수 있는 것은 거품이므로 「あわ」가 가장 자연스럽다.

7 번호표를 뽑고 **차례**를 기다려 주세요.

단어 番号札(ばんごうふだ) 번호표 | 取(と)る 뽑다 | 順番(じゅんばん) 순번, 차례 | 順調(じゅんちょう) 순조로움 | 調子(ちょうし) 몸 상태, 컨디션 | 調節(ちょうせつ) 조절

해설 대기 순서를 의미하는 말이 필요하므로 「順番」이 가장 자연스럽다.

8 다나카 씨는 중국어를 일본어로 **통역**해 준다.

단어 通訳(つうやく) 통역 | 案内(あんない) 안내 | 伝言(でんごん) 전언 | 連絡(れんらく) 연락

해설 한 언어를 다른 언어로 옮겨 말해 주는 행위이므로 「通訳」가 가장 자연스럽다.

9 나는 고바야시 씨와 오후 1시에 미술관 입구에서 **만나**기로 했다.

단어 美術館(びじゅつかん) 미술관 | 入口(いりぐち) 입구 | 待(ま)ち合(あ)わせる (약속하여) 만나기로 하다 | 付(つ)き合(あ)う 사귀다, 교류하다, 어울리다 | 間(ま)に合(あ)わせる 시간에 맞추다 | 知(し)り合(あ)う 서로 알게 되다, 아는 사이가 되다

해설 시간과 장소를 정해 만나는 상황이므로 「待ち合わせる」가 가장 자연스럽다.

10 아이에게 신선한 오렌지를 **짜서** 주스를 만들어 주었다.

단어 新鮮(しんせん)だ 신선하다 | しぼる 짜다 | たたむ 접다, 개다 | つかむ 잡다, 쥐다

해설 과일에서 액체를 짜내는 동작을 나타내는 말이 필요하므로 「しぼって」가 가장 자연스럽다.

30 기출어휘 확인문제 문맥구성

p.70

1 휴대전화의 등장으로 최근에는 공중전화를 이용하는 사람이 적어졌다.

단어 登場(とうじょう) 등장 | 公衆電話(こうしゅうでんわ) 공중전화 | 入門(にゅうもん) 입문 | 外出(がいしゅつ) 외출 | 発生(はっせい) 발생

해설 '휴대전화의 등장(출현)으로'가 자연스러우므로 「登場」가 가장 자연스럽다.

2 이렇게 큰 쇼핑몰에서는 헤맬 것 같다.

단어 まよう 망설이다, (길을) 헤매다 | うたがう 의심하다 | こわがる 무서워하다 | はらう 지불하다

해설 큰 쇼핑몰에서 '길을 잃어 헤맬 것 같다'의 의미로 「まよって」가 가장 자연스럽다.

3 아르바이트 모집의 마감일까지 한 건의 신청도 없었다.

단어 募集(ぼしゅう) 모집 | 締(し)め切(き)り 마감 | 一件(いっけん) 한 건 | 申(もう)し込(こ)み 신청 | あて先(さき) 수신처 | 合図(あいず) 신호 | 合計(ごうけい) 합계

해설 신청을 받는 기한을 의미하므로 「締め切り」가 가장 자연스럽다.

4 아마 갈 수 있을 것 같은데, 확실한 대답은 내일까지 기다려 줘.

단어 確実(かくじつ) 확실 | 単純(たんじゅん) 단순 | 簡単(かんたん) 간단 | 身近(みぢか)だ 가깝다, 친근하다

해설 '확실한 대답'이라는 문맥이므로 「確実」가 가장 자연스럽다.

5 의사는 규칙적으로 운동하라고 충고해 주었습니다.

단어 医者(いしゃ) 의사 | 規則的(きそくてき) 규칙적 | 運動(うんどう) 운동 | アドバイス 충고 | アンケート 앙케이트, 설문 | インタビュー 인터뷰 | スピーチ 스피치, 연설

해설 '의사의 충고, 조언'을 뜻하는 문맥이므로 「アドバイス」가 가장 자연스럽다.

6 가을에 신제품을 발표할 예정입니다.

단어 新製品(しんせいひん) 신제품 | 発表(はっぴょう) 발표 | 発見(はっけん) 발견 | 発展(はってん) 발전 | 発生(はっせい) 발생

해설 '신제품을 발표하다'가 문맥에 필요하므로 「発表」가 가장 자연스럽다.

7 그는 술 취한 사람처럼 비틀비틀 걸어갔다.

단어 よっぱらい 술 취한 사람 | ふらふら 비틀비틀 | どきどき 두근두근 | ばらばら 제각각, 제각기, 흩어짐 | がらがら 텅텅 빈 모양

해설 취해서 중심을 못 잡는 걸음걸이를 나타내므로 「ふらふら」가 가장 자연스럽다.

8 스웨터를 접어서 상자에 넣어 주세요.

단어 たたむ 접다, 개다 | 箱(はこ) 상자 | 入(い)れる 넣다 | むすぶ 묶다 | まげる 굽히다, 구부리다 | しめる 닫다

해설 옷을 상자에 넣기 위해 개거나 접는 행위가 이루어지므로 「たたんで」가 가장 자연스럽다.

9 그 노래를 들으면 그리운 고향이 생각난다.

단어 なつかしい 그립다 | 故郷(こきょう) 고향 | 思(おも)い出(だ)す 생각나다, 떠오르다 | あやしい 수상하다, 의심스럽다 | おそろしい 무섭다 | すばらしい 훌륭하다

해설 노래를 들을 때 고향이 떠오르는 감정은 '그립다, 향수'이므로 「なつかしい」가 가장 자연스럽다.

10 세미나에 참가하고 싶은 사람은 신청서에 주소, 성명, 희망일을 기입해 주세요.

단어 セミナー 세미나 | 参加(さんか) 참가 | 申込書(もうしこみしょ) 신청서 | 氏名(しめい) 성명 | 希望日(きぼうび) 희망일 | 記入(きにゅう) 기입 | 参考書(さんこうしょ) 참고서 | 証明書(しょうめいしょ) 증명서 | 領収書(りょうしゅうしょ) 영수증

해설 주소·성명·희망일을 적는 서류에 해당하는 말로는 「申込書」가 가장 자연스럽다.

31 기출어휘 확인문제 문맥구성

p.71

1 우리들은 그 문제가 조속히 해결되기를 진심으로 희망합니다.

단어 早急(そうきゅう)に 조속히 | 解決(かいけつ) 해결 | 心(こころ)より 진심으로 | 希望(きぼう) 희망 | 感覚(かんかく) 감각 | 意識(いしき) 의식 | 決心(けっしん) 결심

해설 바람이나 소망을 나타내는 문맥이므로 「希望」가 가장 자연스럽다.

2 문을 열면 불은 자동적으로 켜집니다.

단어 開(あ)ける 열다 | 明(あ)かり 불, 빛 | 自動的(じどうてき)に 자동적으로 | つく (불이) 켜지다 | 受動的(じゅどうてき)に 수동적으로 | 一般的(いっぱんてき)に 일반적으로 | 絶対的(ぜったいてき)に 절대적으로

해설 사람의 조작 없이 스스로 작동하는 상황이므로 「自動的に」가 가장 자연스럽다.

3 취소 수수료란 예약을 취소한 경우에 부과되는 요금을 말합니다.

단어 キャンセル料(りょう) 취소 수수료 | 取(と)り消(け)す 취소하다 | 料金(りょうきん) 요금 | 引(ひ)き落(お)とす 인출하다 | 言(い)い直(なお)す 고쳐 말하다 | 投(な)げ捨(す)てる 내버리다

해설 예약을 없애는 행위를 나타내므로 「取り消した」가 가장 자연스럽다.

4 잠깐 안 본 사이에 꽤 컸네.

단어 ずいぶん 꽤, 상당히 | かならず 반드시 | なるべく 가능한 한, 되도록

해설 변화의 정도가 큼을 나타내는 부사이므로 「ずいぶん」이 가장 자연스럽다.

5 매사에 긍정적인 자세로 대처하는 것이 중요하다고 생각한다.

단어 なにごとにも 무슨 일이든 | 前向(まえむ)き 긍정적임 | 姿勢(しせい) 자세 | 取(と)り組(く)む 임하다, 몰두하다 | 様子(ようす) 모습 | 間隔(かんかく) 간격 | 印象(いんしょう) 인상

해설 태도나 마음가짐을 나타내는 명사가 필요하므로 「姿勢」가 가장 자연스럽다.

6 인간의 성격을 혈액형 타입으로 **나눠서** 설명하는 것은 이상하다.

단어 人間(にんげん) 인간 | 性格(せいかく) 성격 | 血液型(けつえきがた) 혈액형 | タイプ 타입, 유형 | わける 나누다, 분배하다 | 説明(せつめい) 설명 | のせる 올리다, 태우다 | かれる 마르다, 시들다 | ためる (돈을) 모으다

해설 분류하여 설명한다는 의미이므로「わけて」가 가장 자연스럽다.

7 어릴 때, 수영장에서 물에 **빠진** 적이 있기 때문에 물이 무섭습니다.

단어 おぼれる 빠지다 | すべる 미끄러지다 | ころぶ 넘어지다, 구르다 | こおる 얼다

해설 '수영장'과 연관되는 동사이며, '물이 무섭다'라는 부분과도 어울려야 하므로「おぼれた」가 가장 자연스럽다.

8 우선은 프로젝트 전체의 **흐름**을 파악하는 것이 중요합니다.

단어 プロジェクト 프로젝트 | 全体(ぜんたい) 전체 | ながれ 흐름 | 把握(はあく) 파악 | みのり 결실, 소득, 성과 | むかい 건너편, 맞은편 | みだし 제목, 표제

해설 일의 진행 상태를 의미하므로「ながれ」가 가장 자연스럽다.

9 미래를 위해 돈을 **모으고** 있습니다.

단어 将来(しょうらい) 장래, 미래 | ためる (돈을) 모으다 | のせる 올리다, 태우다 | くわえる 더하다, 보태다 | かさねる 포개다, 겹치다

해설 저축의 의미이므로「ためて」가 가장 자연스럽다.

10 삼촌의 이야기는 **유머**로 가득했기 때문에 우리들은 계속 웃기만 했다.

단어 ユーモア 유머 | たっぷり 듬뿍, 가득 | カロリー 칼로리 | アップ 업, 상승 | レジャー 레져, 여가

해설 말이나 이야기의 재미를 나타내므로「ユーモア」가 가장 자연스럽다.

32 기출어휘 확인문제 문맥구성 p.72

1 아까 입어 본 원피스는 조금 컸는데, 이 원피스는 **딱** 맞습니다.

단어 ワンピース 원피스 | ぴったり 딱 맞는 모양 | はっきり 확실히, 분명히 | がっかり 실망, 낙담하는 모양 | そっくり 꼭 닮음

해설 크기나 치수가 정확히 맞는다는 의미이므로「ぴったり」가 가장 자연스럽다.

2 100년 후의 미래를 **상상**해 보세요.

단어 未来(みらい) 미래 | 想像(そうぞう) 상상 | 縮小(しゅくしょう) 축소 | 確認(かくにん) 확인 | 観察(かんさつ) 관찰

해설 실제로 존재하지 않는 미래를 머릿속에 그려 보는 의미이므로「想像」가 가장 자연스럽다.

3 이 옷, 내가 직접 **디자인** 했어.

단어 デザイン 디자인 | レシピ 레서피, 조리법 | サイン 사인, 서명 | ミックス 믹스, 혼합

해설 옷의 형태나 모양을 스스로 구상했다는 의미이므로「デザイン」이 가장 자연스럽다.

4 여동생의 귀가가 늦어서 어머니는 **침착하지 않은** 모습이었습니다.

단어 帰(かえ)り 귀가 | 遅(おそ)い 늦다 | 落(お)ち着(つ)く 가라앉다, 침착하다 | 様子(ようす) 모습 | 引(ひ)き受(う)ける (일, 역할을) 떠맡다 | 気(き)になる 신경쓰이다

해설 마음이 안정되지 않고 불안해하는 상황이므로「落ちつかない」가 가장 자연스럽다.

5 아직 **비밀**인데, 그 두 사람은 올 가을에 결혼한대.

단어 内緒(ないしょ) 비밀 | 結婚(けっこん) 결혼 | 裏側(うらがわ) 뒷면, 뒤쪽 | 後方(こうほう) 후방, 뒤쪽 | 中身(なかみ) 알맹이, 내용

해설 남에게 알리지 않은 비밀이라는 의미이므로「内緒」가 가장 자연스럽다.

6 만일의 경우에는 스스로 자기 몸을 확실히 **지킨다**.

단어 万一(まんいち)の時(とき) 만일의 경우 | 身(み) 몸 | まもる 지키다 | まぜる 섞다 | まなぶ 배우다 | まげる 굽히다, 구부리다

해설 위험으로부터 보호한다는 의미이므로「守る」가 가장 자연스럽다.

7 호주는 천연 **자원**이 풍족하다.

단어 天然(てんねん) 천연 | 資源(しげん) 자원 | 恵(めぐ)まれる 풍족하다, 혜택을 받다 | 貴重(きちょう) 귀중 | 秘密(ひみつ) 비밀 | 満点(まんてん) 만점

해설 자연에서 얻을 수 있는 자원을 뜻하므로「資源」이 가장 자연스럽다.

8 콘서트 참가자는 **주로** 학생이었다.

단어 参加者(さんかしゃ) 참가자 | おもに 주로 | かならず 반드시

해설 중심이 되는 구성원을 말하므로「おもに」가 가장 자연스럽다.

9 아이는 과자를 달라고 어머니에게 **끈질기게** 말했다.

단어 お菓子(かし) 과자 | 母親(ははおや) 엄마, 어머니 | きびしい 엄하다 | しつこい 끈질기다 | くわしい 자세하다 | こまかい 세세하다

해설 같은 요구를 반복하는 상황이므로「しつこく」가 가장 자연스럽다.

10 이 오렌지는 일본**산**입니다.

단어 ～産(さん) ～산 | ～製(せい) ～제 | ～作(さく) ～작 | ～品(ひん) ～품

해설 생산된 나라를 나타내는 표현이므로「産」이 가장 자연스럽다.

33 기출어휘 확인문제 문맥구성 p.73

1 일부 손님에게서 이 레스토랑의 서비스에 대해 **불평**이 나오고 있다.

단어 一部(いちぶ) 일부 | 客(きゃく) 손님 | サービス 서비스 | 文句(もんく) 불평, 불만 | 失礼(しつれい) 실례, 무례 | 我慢(がまん) 참음 | 反対(はんたい) 반대

해설 서비스에 대한 불만을 말하는 문맥이므로「文句」가 가장 자연스럽다.

2 첫 연설이었기 때문에 완전히 긴장해서 두근두근했다.

단어 スピーチ 스피치, 연설 | すっかり 완전히 | 上(あ)がる 긴장하다 | からから (목이) 바싹바싹 | どきどき 두근두근 | ぶらぶら 어슬렁어슬렁, 빈둥빈둥 | うろうろ 서성서성

해설 긴장으로 심장이 두근거리는 상태이므로 「どきどき」가 가장 자연스럽다.

3 세계적으로 유명한 피아니스트의 연주는 기대대로였다.

단어 世界的(せかいてき) 세계적 | 有名(ゆうめい)だ 유명하다 | ピアニスト 피아니스트 | 演奏(えんそう) 연주 | 期待(きたい) 기대 | 応援(おうえん) 응원 | 感動(かんどう) 감동 | 歓迎(かんげい) 환영

해설 「～どおり」는 앞의 명사와 일치함을 나타내므로, 「期待」와 결합하여 '유명 피아니스트의 연주가 기대했던 만큼 훌륭했다'는 의미를 완성하는 것이 가장 적절하다.

4 무슨 소리가 났기 때문에, 문에 달린 구멍으로 살짝 복도를 들여다보았다.

단어 物音(ものおと)がする 소리(기척)가 나다 | 扉(とびら) 문 | のぞき穴(あな) 문구멍 | そっと 조용히 | 廊下(ろうか) 복도 | のぞく 들여다보다 | がらがら 덜컹덜컹 | とんとん 똑똑(가볍게 두드리는 소리) | ぐっすり 푹 (자다)

해설 들키지 않게 '조용히' 들여다보는 상황이므로 「そっと」가 가장 자연스럽다.

5 이것은 스페인의 대표적인 가정요리입니다.

단어 代表的(だいひょうてき) 대표적 | 家庭料理(かていりょうり) 가정 요리 | 定期的(ていきてき) 정기적 | 絶対的(ぜったいてき) 절대적 | 一方的(いっぽうてき) 일방적

해설 한 나라를 대표하는 전형적인 요리를 말하므로 「代表的」가 가장 자연스럽다.

6 아기가 책상 모서리에 머리를 부딪쳐서 운다.

단어 あかんぼう 아기 | 机(つくえ) 책상 | かど 모퉁이, 모서리 | ぶつける 부딪치다 | うばう 빼앗다 | にぎる 쥐다 | はなす 떼다, 간격을 벌리다

해설 '모서리에 머리를 부딪치다'의 의미로는 「ぶつけて」가 가장 자연스럽다.

7 오늘 아침부터 배의 상태가 이상하다.

단어 今朝(けさ) 오늘 아침 | 調子(ちょうし) 몸 상태, 컨디션 | おかしい 이상하다 | 感覚(かんかく) 감각 | 感心(かんしん) 감탄 | 調査(ちょうさ) 조사

해설 몸 상태, 컨디션을 말하는 표현으로는 「調子」가 가장 자연스럽다.

8 코트에 커버를 씌워 옷장에 넣었다.

단어 カバー 커버, 덮개 | かける 씌우다, 덮다 | たんす 옷장, 장롱 | しまう 안에 넣다, 치우다 | ケース 케이스 | オーバー 오버코트(외투), 오버(과장)

해설 옷 위에 덮어 보관하는 '덮개'는 「カバー」가 가장 자연스럽다.

9 근처 사람들과 힘을 합쳐 불을 껐다.

단어 近所(きんじょ) 근처 | あわせる 맞추다, 합치다 | 火事(かじ) 화재, 불 | 消(け)す 지우다, (불을) 끄다 | ながめる 바라보다 | ためる (돈을) 모으다 | あつかう 취급하다

해설 여러 사람이 협력해 불을 끄는 상황이므로 「あわせて」가 가장 자연스럽다.

10 이 주변에서 아파트를 빌리는 데에는 매달 집세로 5만엔 필요하다.

단어 あたり 근처, 주변 | 借(か)りる 빌리다 | 毎月(まいつき) 매달 | 家賃(やちん) 집세 | 会費(かいひ) 회비 | 代金(だいきん) 대금 | 価格(かかく) 가격

해설 아파트를 빌리면서 매달 내는 비용으로는 「家賃」이 가장 자연스럽다.

34 기출어휘 확인문제 문맥구성 p.74

1 친구 결혼식의 사회를 부탁받아 맡았지만, 어떻게 해야 좋을지 모르겠다.

단어 友人(ゆうじん) 친구 | 結婚式(けっこんしき) 결혼식 | 司会(しかい) 사회 | 頼(たの)まれる 부탁받다 | 引(ひ)き受(う)ける (일, 역할을) 떠맡다 | 引(ひ)き出(だ)す 꺼내다 | 受(う)け取(と)る 수취하다, 받다 | 取(と)り付(つ)ける 설치하다

해설 부탁을 받아 역할을 맡는 상황이므로 「引き受けた」가 가장 자연스럽다.

2 갑자기 방 불이 모두 꺼졌다.

단어 とつぜん 갑자기 | 明(あ)かり 불, 빛 | 消(き)える 꺼지다 | ずいぶん 꽤, 상당히 | さっそく 곧, 즉시 | なるべく 가능한 한, 되도록

해설 예고 없이 불이 꺼진 상황이므로 「とつぜん」이 가장 자연스럽다.

3 나는 그 퀴즈에 엽서로 응모했습니다.

단어 応募(おうぼ) 응모 | 交流(こうりゅう) 교류

해설 모집이나 퀴즈에 신청하는 행위이므로 「応募」가 가장 자연스럽다.

4 그 회사에서는 에너지 있는 유능한 인재를 구하고 있습니다.

단어 エネルギー 에너지 | 有能(ゆうのう) 유능 | 人材(じんざい) 인재 | 求(もと)める 구하다, 바라다 | エンジン 엔진 | ヒント 힌트

해설 사람의 활력과 의욕을 나타내는 표현이 필요하므로 「エネルギー」가 가장 자연스럽다.

5 소지품을 검사하겠습니다. 테이블 위에 놓아 주세요.

단어 持(も)ち物(もの) 소지품 | 検査(けんさ) 검사 | 研究(けんきゅう) 연구 | 証明(しょうめい) 증명 | 観察(かんさつ) 관찰

해설 소지품을 확인하는 상황이므로 「検査」가 가장 자연스럽다.

6 엄마가 방에 들어와서 서둘러 만화책을 숨겼다.

단어 漫画本(まんがぼん) 만화책 | かくす 감추다, 숨기다 | のばす 펴다, 늘리다 | くらす 살다, 생활하다, 지내다 | すごす (시간을) 보내다, 지내다

해설 들키지 않기 위해 감추는 행동이 필요하므로 「かくした」가 가장 자연스럽다.

7 그녀의 상태가 이상한 것이 걱정이다.

단어 様子(ようす) 모습, 상태 | おかしい 이상하다 | 心配(しんぱい) 걱정 | まずしい 가난하다 | しつこい 끈질기다 | きびしい 엄하다, 힘들다

해설 상태가 정상적이지 않음을 나타내므로 「おかしい」가 가장 자연스럽다.

8 졸린 것을 **참고** 열심히 공부했다.

단어 我慢(がまん) 참음 | 一生懸命(いっしょうけんめい) 열심히 | 自慢(じまん) 자랑 | 目標(もくひょう) 목표 | 目的(もくてき) 목적

해설 졸음을 억누르고 행동하는 상황이므로 「我慢」이 가장 자연스럽다.

9 태풍 때문에 시합을 다음날로 **연기했습니다**.

단어 翌日(よくじつ) 익일, 다음날 | のばす 연장하다, 연기하다 | ながす 흘리다, 떠내려 보내다 | くらす 살다, 생활하다, 지내다 | はなす 떼다, 간격을 벌리다

해설 일정을 뒤로 미루는 의미이므로 「のばしました」가 가장 자연스럽다.

10 나는 오사카로의 **출장**을 명령받았다.

단어 出張(しゅっちょう) 출장 | 命(めい)じる 명령하다 | 注文(ちゅうもん) 주문 | 注目(ちゅうもく) 주목 | 主張(しゅちょう) 주장

해설 근무 목적의 이동을 의미하므로 「出張」가 가장 자연스럽다.

35 기출어휘 확인문제 문맥구성

p.75

1 어제 밤늦게 공항에 도착한 한국 가수는, 기다리고 있던 많은 팬들에게 **둘러싸였다**.

단어 空港(くうこう) 공항 | ファン 팬 | かこむ 둘러싸다 | うめる 묻다, 메우다 | つつむ 싸다, 포장하다 | まぜる 섞다

해설 많은 팬들이 주변을 에워싼 상황이므로 「かこまれた」가 가장 자연스럽다.

2 테스트를 시작할 테니, 사전은 가방 안에 **넣어** 주세요.

단어 しまう 안에 넣다, 치우다 | たたむ 접다, 개다 | とじる 닫다, (눈을) 감다 | ためる (돈을) 모으다

해설 물건을 가방 안에 넣는다는 의미이므로 「しまって」가 가장 자연스럽다.

3 **건조**하면 정전기가 발생하기 쉬워집니다.

단어 乾燥(かんそう) 건조 | 静電気(せいでんき) 정전기 | 発生(はっせい) 발생 | 減少(げんしょう) 감소 | 沸騰(ふっとう) 끓어오름, 비등 | 縮小(しゅくしょう) 축소

해설 공기가 마를 때 정전기가 잘 생기므로 「乾燥」가 가장 자연스럽다.

4 오늘 아침 컵을 **바닥**에 떨어뜨려 깨고 말았습니다.

단어 今朝(けさ) 오늘 아침 | 床(ゆか) 마루, 바닥 | 落(お)とす 떨어뜨리다 | 割(わ)る 깨뜨리다, 나누다 | 屋根(やね) 지붕 | 天井(てんじょう) 천장

해설 선택지 중 컵이 떨어져서 깨질 만한 장소로 가장 자연스러운 것은 「床」이다.

5 그렇게 열심히 했는데도 시험에 떨어져서 **분하다**.

단어 くやしい 분하다 | まぶしい 눈부시다 | こいしい 그립다, 보고 싶다 | うらやましい 부럽다

해설 노력에 비해 결과가 나빠 분한 감정을 나타내므로 「くやしい」가 가장 자연스럽다.

6 갑자기 용무가 생겨서 레스토랑 예약을 **취소**했다.

단어 急(きゅう)に 갑자기 | 予約(よやく) 예약 | キャンセル 취소 | オーダー 주문 | チェックアウト 체크아웃

해설 예약을 없애는 상황이므로 「キャンセル」가 가장 자연스럽다.

7 그들은 도로에 2미터의 **구멍**을 팠다.

단어 道路(どうろ) 도로 | あな 구멍 | 掘(ほ)る 파다 | いわ 바위 | ふた 뚜껑, 덮개 | きず 상처, 흠

해설 땅을 파서 생기는 것으로는 '구멍'인 「あな」가 가장 자연스럽다.

8 이 기계를 새로운 것과 **교환**하고 싶다.

단어 機械(きかい) 기계 | 交換(こうかん) 교환 | 入力(にゅうりょく) 입력 | 変化(へんか) 변화 | 移動(いどう) 이동

해설 물건을 새것으로 바꾸는 의미이므로 「交換」이 가장 자연스럽다.

9 또 양말 **한쪽**에 구멍이 나 버렸다.

단어 片方(かたほう) (둘 중) 한쪽, 한 짝 | 穴(あな)があく 구멍이 나다 | 大方(おおかた) 대부분 | 他方(たほう) 다른 쪽 | 一方(いっぽう) 한편, 한쪽

해설 짝이 있는 물건의 한쪽을 가리키므로 「片方」가 가장 자연스럽다.

10 그 운동선수의 이마에서 땀이 **흐르고** 있었다.

단어 運動選手(うんどうせんしゅ) 운동선수 | 額(ひたい) 이마 | 汗(あせ) 땀 | ながれる 흐르다 | しまう 안에 넣다, 치우다 | かかる (벽 등에) 걸리다 | おぼれる 빠지다

해설 액체가 아래로 흘러내리는 상황이므로 「ながれて」가 가장 자연스럽다.

36 기출어휘 확인문제 문맥구성

p.76

1 사람은 잠이 올 때나 지루할 때 **하품**이 나와 버립니다.

단어 人間(にんげん) 인간, 사람 | 眠(ねむ)い 졸리다 | 退屈(たいくつ)だ 지루하다 | あくび 하품 | くしゃみ 재채기 | せき 기침 | しゃっくり 딸꾹질

해설 졸리거나 지루할 때 나오는 생리적 반응이므로 「あくび」가 가장 자연스럽다.

2 전화국에 전화를 해서 물으니 **즉시** 번호를 찾아 주었다.

단어 電話局(でんわきょく) 전화국 | 聞(き)く 묻다 | さっそく 곧, 즉시 | 調(しら)べる 찾다, 조사하다 | ずいぶん 꽤, 상당히 | なるべく 가능한 한, 되도록 | まもなく 머지않아, 곧

해설 요청하자마자 즉시 대응한 상황이므로 「さっそく」가 가장 자연스럽다.

3 나는 등산할 때는 양말을 세 켤레 정도 **겹쳐서** 신습니다.

단어 登山(とざん) 등산 | かさねる 포개다, 겹치다 | むかえる 맞이하다 | あずける 맡기다 | そそぐ (액체를) 붓다, 따르다

해설 여러 겹으로 신는다는 의미이므로 「かさねて」가 가장 자연스럽다.

4 술에는 곡물을 **원료**로 하는 것이 많다.

단어 穀物(こくもつ) 곡물 | 原料(げんりょう) 원료 | 基礎(きそ) 기초 | 栄養(えいよう) 영양 | 資源(しげん) 자원

해설 술을 만드는 재료를 뜻하므로 「原料」가 가장 자연스럽다.

5 치마에 커피가 묻어 얼룩이 져버려 몇 번이나 빨았지만 좀 처럼 지워지지 않는다.

단어 つく 붙다, 묻다 | しみ 얼룩 | 落(お)ちる 지워지다, 없어지다 | 泡(あわ) 거품 | かび 곰팡이 | 傷(きず) 상처, 흠

해설 액체가 배어 남은 자국이므로 「しみ」가 가장 자연스럽다.

6 반 친구들 앞에서 제대로 발표할 수 있어 자신이 붙었습니다.

단어 きちんと 제대로, 깔끔하게 | 発表(はっぴょう) 발표 | 自信(じしん) 자신(감) | 関心(かんしん) 관심 | 印象(いんしょう) 인상 | 興味(きょうみ) 흥미

해설 성공 경험으로 생기는 감정이므로 「自信」이 가장 자연스럽다.

7 플라스틱을 재활용하면 쓰레기는 줄어듭니다.

단어 プラスチック 플라스틱 | リサイクル 리사이클, 재활용 | キャンセル 취소 | カット 컷, 삭제 | サービス 서비스

해설 쓰레기를 줄이는 방법이므로 「リサイクル」가 가장 자연스럽다.

8 가족 모두가 신년 축하를 했습니다.

단어 新年(しんねん) 새해 | おいわい 축하, 축하선물 | おみまい 문병, 병문안 | おれい 사례, 감사의 말

해설 새해를 기념하는 행위이므로 「おいわい」가 가장 자연스럽다.

9 살이 빠져서 바지가 헐렁해졌다.

단어 やせる 살이 빠지다 | ズボン 바지 | ゆるい 느슨하다, 헐렁하다 | えらい 훌륭하다, 심하다 | あわい 연하다 | だるい 나른하다

해설 옷이 맞지 않게 느슨해진 상태이므로 「ゆるく」가 가장 자연스럽다.

10 역에서 친구와 헤어지고 집에 돌아왔습니다.

단어 わかれる 헤어지다, 작별하다 | あふれる 넘치다 | おぼれる 빠지다 | はずれる 빠지다, 벗어나다

해설 함께 있다가 헤어지는 상황이므로 「わかれて」가 가장 자연스럽다.

37 기출어휘 확인문제 문맥구성 p.77

1 미국의 휘발유 가격은 일본과 비교가 되지 않을 정도로 싸다.

단어 価格(かかく) 가격 | 比較(ひかく) 비교 | 区別(くべつ) 구별 | 選択(せんたく) 선택 | 戦争(せんそう) 전쟁

해설 두 대상의 차이를 대조하는 표현이므로 「比較」가 가장 자연스럽다.

2 다나카 씨는 자주 농담을 하는 재미있는 사람입니다.

단어 冗談(じょうだん) 농담 | 文句(もんく) 불평, 불만 | 感想(かんそう) 감상 | 希望(きぼう) 희망

해설 웃기기 위해 하는 말을 가리키므로 「冗談」이 가장 자연스럽다.

3 구두가 꽉 끼어서 발이 아픕니다.

단어 きつい 꽉 끼다 | ぬるい 미지근하다 | まぶしい 눈부시다 | ゆるい 느슨하다, 헐렁하다

해설 신발이 작아 불편한 상황이므로 「きつくて」가 가장 자연스럽다.

4 그 유명한 가수의 사인회에는 팬들의 긴 줄이 생겼다.

단어 サイン会(かい) 사인회 | 列(れつ) 줄, 열 | 波(なみ) 파도, 물결 | 帯(おび) 허리띠, 띠 | 線(せん) 선

해설 사인회에서는 사람들이 차례를 기다리며 늘어서 있으므로 「列」가 가장 자연스럽다.

5 좌우 안전을 잘 확인한 후에 길을 건너 주세요.

단어 左右(さゆう) 좌우 | 安全(あんぜん) 안전 | たしかめる 확인하다 | 道路(どうろ) 도로, 길 | 渡(わた)る 건너다 | 見(み)つめる 응시하다 | くりかえす 되풀이하다, 반복하다 | 気(き)にする 걱정하다, 신경쓰다

해설 위험 여부를 점검하는 의미이므로 「たしかめて」가 가장 자연스럽다.

6 평소 버릇으로 나는 그만 아들들의 대화에 끼어들고 말았다.

단어 くせ 버릇, 습관 | つい 무심코, 그만 | 口(くち)をはさむ 말참견하다, 끼어들다 | むき 방향 | せい 탓 | わけ 이유

해설 반복되는 행동 습관을 나타내므로 「くせ」가 가장 자연스럽다.

7 근무하고 아직 2년밖에 지나지 않았다.

단어 勤(つと)める 근무하다 | たつ (시간이) 지나다 | のびる 늘다 | かわる 바뀌다 | おる 있다

해설 시간의 경과를 나타내는 표현이므로 「たって」가 가장 자연스럽다.

8 손님이 보이지 않을 때까지 손을 흔들어 배웅합니다.

단어 ふる 흔들다 | 見送(みおく)る 배웅하다 | にぎる 쥐다 | さわる 만지다 | かこむ 둘러싸다, 에워싸다

해설 작별 인사로 손을 흔드는 행동이므로 「ふって」가 가장 자연스럽다.

9 이 계산은 복잡하기 때문에 컴퓨터를 사용해도 시간이 걸린다.

단어 計算(けいさん) 계산 | 複雑(ふくざつ) 복잡 | 重大(じゅうだい) 중대 | 正常(せいじょう) 정상 | 意外(いがい) 의외

해설 구조가 복잡해 처리에 시간이 드는 상황이므로 「複雑」가 가장 자연스럽다.

10 새로운 차를 사기 위해서 상점에서 카탈로그를 받아왔다.

단어 カタログ 카탈로그 | オーダー 주문 | セール 세일 | レシート 영수증

해설 상품 정보를 보기 위한 인쇄물을 가리키므로 「カタログ」가 가장 자연스럽다.

38 기출어휘 확인문제 문맥구성 p.78

1 그녀는 지역의 자원봉사 활동에 적극적으로 참가하고 있다.

단어 地域(ちいき) 지역 | ボランティア活動(かつどう) 자원봉사 활동 | 積極的(せっきょくてき) 적극적 | 参加(さんか) 참가 | 比較的(ひかくてき) 비교적 | 感情的(かんじょうてき) 감정적 | 一般的(いっぱんてき) 일반적

해설 자발적이고 열성적으로 참여하는 의미이므로 「積極的」가 가장 자연스럽다.

2 수건으로 젖은 손을 **닦다**.

단어 ぬれる 젖다 | ふく 닦다, 훔치다 | 吹(ふ)く 불다

해설 물기를 제거하는 동작이므로 「ふく」가 가장 자연스럽다.

3 그는 너무 빨리 몰아서 **커브**를 끝까지 돌지 못하고 가드레일에 부딪쳤다.

단어 飛(と)ばす 속도를 내다 | カーブ 커브 | ~切(き)る 완전히 ~하다 | ガードレール 가드레일 | ぶつかる 부딪치다 | エネルギー 에너지 | セット 세트, 설정 | スケート 스케이트

해설 도로의 굽은 부분을 의미하므로 「カーブ」가 가장 자연스럽다.

4 **한동안** 그와는 만나고 있지 않습니다.

단어 しばらく 한동안, 오랫동안 | まもなく 머지않아, 곧 | ただちに 즉시, 당장 | それなら 그렇다면

해설 일정 기간 동안의 공백을 나타내므로 「しばらく」가 가장 자연스럽다.

5 매일 아침 출근 전 면도를 하는 것은 **귀찮다**.

단어 出勤(しゅっきん) 출근 | ひげをそる 수염을 깍다, 면도하다 | めんどうくさい 귀찮다 | にくらしい 얄밉다 | だらしない 단정치 못하다 | しょうがない 어쩔 수 없다

해설 반복되는 번거로운 행동을 표현하므로 「めんどうくさい」가 가장 자연스럽다.

6 그 시험은 어렵다고 생각했는데, **의외로** 쉬웠다.

단어 試験(しけん) 시험 | 難(むずか)しい 어렵다 | 意外(いがい)に 의외로 | 無理(むり)に 억지로 | 急(きゅう)に 갑자기 | 完全(かんぜん)に 완전히

해설 예상과 다른 결과를 나타내므로 「意外に」가 가장 자연스럽다.

7 나는 그 스위트 홈의 완벽한 **청결**함에 감탄했습니다.

단어 スイートホーム 스위트 홈 | 完璧(かんぺき) 완벽 | 清潔(せいけつ) 청결 | 感心(かんしん) 감탄 | 新鮮(しんせん) 신선 | 正常(せいじょう) 정상 | 丁寧(ていねい) 정중, 공손

해설 집의 위생 상태를 평가하는 표현이므로 「清潔」가 가장 자연스럽다.

8 외과 의사 선생님은 다리에 생긴 **상처**에 약을 바르고 붕대를 감아 주셨습니다.

단어 外科医(げかい) 외과 의사 | 傷(きず) 상처, 흠 | 薬(くすり)をつける 약을 바르다 | 包帯(ほうたい)を巻(ま)く 붕대를 감다 | 欠点(けってん) 결점 | 故障(こしょう) 고장 | 汚(よご)れ 더러움

해설 치료 대상이 되는 신체의 상처를 의미하므로 「傷」가 가장 자연스럽다.

9 17시에는 **텅텅 비었던** 가게 안이 19시에는 가득 차 있었다.

단어 がらがら 텅 비어 있음 | 店内(てんない) 가게 안 | うっかり 무심코, 깜빡 | ふらふら 비틀비틀 | ぐっすり 푹 (자다)

해설 손님이 거의 없는 상태를 나타내므로 「がらがら」가 가장 자연스럽다.

10 야마다 씨는 중병에 **걸려** 있습니다.

단어 重(おも)い病気(びょうき) 중병 | かかる (병에) 걸리다 | ためる (돈을) 모으다 | とまる 멈추다 | しまう 안에 넣다, 치우다

해설 병에 걸린 상태를 나타내는 표현이므로 「かかって」가 가장 자연스럽다.

39 기출어휘 확인문제 문맥구성 p.79

1 현관문을 **노크**하는 소리가 들린다.

단어 ノック 노크 | マーク 마크, 표시 | チェック 체크, 확인 | インク 잉크

해설 문을 두드리는 소리를 의미하므로 「ノック」가 가장 자연스럽다.

2 저 자매는 쌍둥이처럼 얼굴이 **똑같아서**, 구별할 수 없다.

단어 そっくり 꼭 닮음 | 区別(くべつ) 구별 | すっかり 완전히 | はっきり 확실히, 분명히 | うっかり 무심코, 깜빡

해설 외모가 매우 닮은 상태를 나타내므로 「そっくり」가 가장 자연스럽다.

3 호텔에서 엔을 한국의 원으로 **환전**받았다.

단어 両替(りょうがえ) 환전 | 両側(りょうがわ) 양쪽 | 両面(りょうめん) 양면 | 両方(りょうほう) 양쪽 모두

해설 화폐를 다른 나라 돈으로 바꾸는 행위이므로 「両替」가 가장 자연스럽다.

4 필요 없는 신문이나 잡지를 쌓아서 끈으로 **묶어서** 버렸다.

단어 要(い)る 필요하다 | 雑誌(ざっし) 잡지 | 重(かさ)ねる 쌓다 | ひも 끈 | しばる 묶다 | かこむ 둘러싸다, 에워싸다 | しめる 닫다 | あむ 뜨다, 짜다

해설 끈으로 단단히 묶는 동작을 나타내므로 「しばって」가 가장 자연스럽다.

5 버스는 10분 **간격**으로 발차합니다.

단어 間隔(かんかく) 간격 | 発車(はっしゃ) 발차, 출발 | 規則(きそく) 규칙 | 普段(ふだん) 평소 | 共通(きょうつう) 공통

해설 시간의 사이를 나타내는 표현이므로 「間隔」가 가장 자연스럽다.

6 인원수에 **제한**이 있기 때문에, 신청자가 다수일 경우는 추첨을 하게 됩니다.

단어 人数(にんずう) 인원수 | 制限(せいげん) 제한 | 申(もう)し込(こ)み者(しゃ) 신청자 | 多数(たすう) 다수 | 抽選(ちゅうせん) 추첨 | 最終(さいしゅう) 최종 | 禁止(きんし) 금지 | 順番(じゅんばん) 순번, 차례

해설 인원수의 한도를 의미하므로 「制限」이 가장 자연스럽다.

7 이 가방은 **바닥** 부분에 구멍이 뚫려 있다.

단어 底(そこ) 바닥 | 穴(あな)があく 구멍이 뚫리다 | 見(み)かけ 외관, 겉보기 | 辺(あた)り 부근, 근처

해설 가방의 아래쪽을 가리키는 말이므로 「底」가 가장 자연스럽다.

8 현재 각 열차 모두 **정상적으로** 운행되고 있습니다.

단어 列車(れっしゃ) 열차 | 正常(せいじょう)に 정상적으로 | 運行(うんこう) 운행 | 丁寧(ていねい)に 정중하게 | 立派(りっぱ)に 훌륭하게 | 健康(けんこう)に 건강하게

해설 문제없이 운행되는 상태를 나타내므로 「正常に」가 가장 자연스럽다.

9 나의 방은 동**향**이다.

단어 東(ひがし) 동쪽 | ~向(む)き ~향 | ~沿(ぞ)い ~을 따라 | ~込(こ)み ~을 포함 | ~建(だ)て ~층짜리

해설 방향을 나타내는 표현이므로 「向き」가 가장 자연스럽다.

10 우리 학교에서는 지각 3회를 결석 1회로 취급하고 있다.

단어 欠席(けっせき) 결석 | あつかう 취급하다 | ことわる 거절하다 | うしなう 잃어버리다 | あたえる 주다

해설 동일한 기준으로 간주하는 의미이므로 「あつかって」가 가장 자연스럽다.

04 問題4 유의표현 공략하기

문제 4 ＿＿에 의미가 가장 가까운 것을 1・2・3・4에서 하나 고르시오.

40 기출어휘 확인문제 유의표현 p.86

1 그는 일류(≒굉장한) 가게에서 일하는 요리사입니다.

단어 一流(いちりゅう) 일류 | 働(はたら)く 일하다 | 料理人(りょうりにん) 요리사 | 難(むずか)しい 어렵다 | 素晴(すば)らしい 훌륭하다, 굉장하다

해설 「一流」는 '어떤 방면에서 가장 높은 지위'를 말하므로 「素晴らしい」와 바꿔 쓸 수 있다.

2 신상품에 관한 사항은 현재 검토하고(≒잘 생각하고) 있습니다.

단어 新商品(しんしょうひん) 신상품 | 件(けん) 건, 사항 | 検討(けんとう) 검토 | 実行(じっこう) 실행 | 達成(たっせい) 달성 | 練習(れんしゅう) 연습

3 재해가 일어났을 때에는 근처 학교로 피난하도록(≒도망치도록) 되어 있다.

단어 災害(さいがい) 재해 | 避難(ひなん) 피난 | 守(まも)る 지키다 | 逃(に)げる 도망치다, 달아나다

해설 「避難」는 '재난을 피해 다른 곳으로 옮겨가다'라는 의미로 「逃げる」와 바꿔 쓸 수 있다.

4 회사를 그만두는 것은 그녀에게 있어서 최선인(≒가장 좋은) 선택이었다.

단어 辞(や)める 그만두다, 사직하다 | ベスト 베스트, 최선 | 選択(せんたく) 선택 | 最(もっと)も 가장, 제일 | 目立(めだ)つ 눈에 띄다

해설 「ベスト」는 '최고, 최선'이라는 의미로 「最もよい」와 바꿔 쓸 수 있다.

5 제 남자 조카(≒형제자매의 아들)는 올해 스무 살이 됩니다.

단어 おい 남자 조카 | 二十歳(はたち) 스무 살

6 그녀는 검사하기 전에 의사로부터 상세한(≒자세한) 설명을 들었다.

단어 検査(けんさ) 검사 | 詳(くわ)しい 상세하다, 자세하다 | 説明(せつめい) 설명 | 細(こま)かい 세세하다 | 苦(くる)しい 괴롭다

7 사과, 배, 그 외 여러 가지(≒여러 가지) 종류의 과일이 있다.

단어 さまざまだ 여러 가지이다, 다양하다 | 種類(しゅるい) 종류 | とくべつだ 특별하다 | すばらしい 훌륭하다

8 이야기는 그것으로 끝(≒끝)입니다.

단어 おしまい 끝 | 終(お)わり 끝 | 成功(せいこう) 성공 | 簡単(かんたん) 간단

9 레스토랑은 청결한(≒깨끗한) 상태여야 합니다.

단어 清潔(せいけつ)だ 청결하다 | 状態(じょうたい) 상태 | すてきだ 멋지다 | にぎやかだ 번화하다 | しずかだ 조용하다

10 그는 조금 전(≒조금 전에) 막 일어난 참입니다.

단어 さっき 아까, 조금 전 | すぐに 곧, 바로

41 기출어휘 확인문제 유의표현 p.87

1 그 텔레비전 드라마는 따분했다(≒재미없었다).

단어 退屈(たいくつ)だ 따분하다, 지루하다

2 이 룰은 절대로(≒반드시) 지켜 주세요.

단어 ルール 룰, 규칙 | 絶対(ぜったい)に 절대로, 반드시 | 守(まも)る 지키다 | 必(かなら)ず 반드시

3 갑자기 후진한(≒뒤로 물러난) 차와 충돌했다.

단어 いきなり 갑자기 | バックする 백하다, 후진하다 | ぶつかる 충돌하다, 부딪치다 | 停車(ていしゃ) 정차 | 進(すす)む 나아가다 | 下(さ)がる 내려가다, (뒤로) 물러나다 | 横(よこ) 옆 | 移動(いどう) 이동

해설 「バック」는 영어 'back'의 외래어 표기로, 「後ろに下がって」와 바꿔 쓸 수 있다.

4 바지가 헐렁해서(≒커서) 벨트를 했습니다.

단어 ゆるい 헐렁하다, 느슨하다 | ベルト 벨트, 허리띠 | 細(ほそ)い 좁다, 가늘다

5 매일 아침 그라운드(≒운동장)를 다섯 바퀴 뛰고 있다.

단어 グラウンド 그라운드, 운동장 | ~周(しゅう) ~바퀴 | 体育館(たいいくかん) 체육관 | 運動場(うんどうじょう) 운동장

해설 「グラウンド」는 'ground'의 외래어 표기로 「運動場」와 바꿔 쓸 수 있다.

6 사토 씨가 호통쳤다(≒큰소리로 화냈다).

단어 どなる 고함치다, 호통치다 | 大声(おおごえ) 큰소리 | 小声(こごえ) 작은 소리 | 怒(おこ)る 화내다

해설 「どなる」는 크게 꾸짖는 것을 말하므로 「大声で怒られた」와 바꿔 쓸 수 있다.

7 상품을 집으로 배달받았다(≒보내 받았다).

단어 商品(しょうひん) 상품 | 配達(はいたつ) 배달 | とどける 보내다, 배달하다 | なげる 던지다 | のばす 연장하다, 연기하다 | つなげる 연결하다

8 그는 성급하다(≒바로 화낸다).

단어 短期(たんき)だ 성질이 급하다 | 怒(おこ)る 화내다 | 驚(おどろ)く 놀라다

해설 성급하다는 성질이 급한 것을 말하므로 「すぐ怒る」와 바꿔 쓸 수 있다.

9 이 이야기는 마치도록 합시다(≒끝내기로 합시다).

단어 終(お)わり 끝 | 秘密(ひみつ) 비밀

해설 「しまう」는 '안에 넣다, 간수하다' 외에 '파하다, 끝내다'라는 의미가 있으며, 「終わりにしましょう」와 바꿔 쓸 수 있다.

10 열이 있어서 조퇴하고(≒일찍 돌아가고) 싶은데요.
단어 熱(ねつ) 열 | 早退(そうたい) 조퇴 | 帰(かえ)る 돌아가다

42 기출어휘 확인문제 유의표현 p.88

1 혹시 무슨 일이 있으면 미리 보고해(≒알려) 주세요.
단어 早(はや)めに 미리, 조금 일찍 | 報告(ほうこく) 보고 | 頼(たの)む 부탁하다 | 知(し)らせる 알리다 | たずねる 방문하다, 질문하다 | さがす 찾다
해설 '보고하다'는 어떤 일을 알리는 것으로 「知らせて」와 바꿔 쓸 수 있다.

2 지난주 학원을 빼먹고 말았다(≒놀고 싶어서 학원을 쉬고 말았다).
단어 塾(じゅく) 학원 | サボる 빼먹다, 게으름을 피우다
해설 「サボる」는 게으름을 피우며 일을 쉬는 것으로 「遊びたくて塾を休んでしまった」와 바꿔 쓸 수 있다.

3 주문했던 옷이 도착했기 때문에 즉시(≒바로) 입어 봤다.
단어 注文(ちゅうもん) 주문 | 届(とど)く 도착하다, 닿다 | さっそく 즉시, 곧 | 一度(いちど)に 한번에

4 어느 정도의 사이즈(≒크기)를 원하십니까?
단어 求(もと)める 구하다, 원하다

5 어려운 한자를 고생해서 외우다(≒암기하다).
단어 苦労(くろう)する 고생하다 | 覚(おぼ)える 외우다 | 暗記(あんき)する 암기하다

6 공연 전에는 모두 불안했다(≒걱정했다).
단어 公演(こうえん) 공연 | 不安(ふあん)だ 불안하다 | 上品(じょうひん)だ 고상하다, 품위 있다 | 危険(きけん)だ 위험하다 | 心配(しんぱい)だ 걱정하다

7 전부 스케줄(≒예정)대로 처리했다.
단어 スケジュール 스케줄, 일정 | ～どおりに ～대로 | 行(おこな)う 행하다, 실시하다 | 希望(きぼう) 희망 | 目的(もくてき) 목적 | 期待(きたい) 기대 | 予定(よてい) 예정

8 그의 이야기는 간신히(≒겨우) 끝났다.
단어 ようやく 겨우, 간신히 | やっと 겨우

9 이 가게에는 가지각색의(≒다양한) 상품이 놓여져 있습니다.
단어 商品(しょうひん) 상품 | ほうふだ 풍부하다 | とくべつだ 특별하다

10 이 집에 이사 온 지 10년이 지났습니다(≒지났습니다).
단어 引(ひ)っ越(こ)す 이사하다 | たつ (시간이) 지나다 | 過(す)ごす (시간을) 보내다, 지내다 | 過(す)ぎる (시간이) 지나가다, 경과하다 | 通(とお)る 지나가다 | 暮(く)らす 살다, 지내다

43 기출어휘 확인문제 유의표현 p.95

1 아버지에게서 용돈(≒돈)을 받았습니다.
단어 おこづかい 용돈
해설 '용돈'은 돈을 의미하므로 「お金」와 바꿔 쓸 수 있다.

2 학교에서는 학생에게 좀 더 책을 읽도록 지도하고(≒가르치고) 있다.
단어 指導(しどう) 지도 | おぼえる 외우다 | おしえる 가르치다 | はずれる 빠지다, 벗어나다 | ながれる 흐르다
해설 '지도하다'는 가르치는 것을 의미하므로 「おしえて」와 바꿔 쓸 수 있다.

3 복장에 대한 규정(≒규칙)은 특별히 없습니다.
단어 服装(ふくそう) 복장 | きまり 규정 | 特(とく)に 특히, 특별히 | 規則(きそく) 규칙 | 秘密(ひみつ) 비밀 | 計画(けいかく) 계획 | 連絡(れんらく) 연락

4 이번 일은 아주 고되다(≒힘들다).
단어 きつい 고되다, 힘들다 | つまらない 재미없다 | 簡単(かんたん)だ 간단하다 | 大変(たいへん)だ 힘들다
해설 '고되다'는 일이 힘들다는 의미이므로 「大変だ」와 바꿔 쓸 수 있다.

5 포기하는(≒그만두는) 것은 아직 이르다.
단어 あきらめる 포기하다 | おえる 끝내다 | やめる 그만두다

6 일이 쌓여 있다(≒많이 남아 있다).
단어 たまる 쌓이다 | 無(な)くなる 없어지다 | だいぶ 꽤, 상당히 | 片(かた)づく 정돈되다 | 順調(じゅんちょう)に 순조롭게 | 進(すす)む 나아가다, 진행되다 | 残(のこ)る 남다

7 밤하늘에 별이 빛나고(≒빛나고) 있습니다.
단어 夜空(よぞら) 밤하늘 | かがやく 빛나다 | 光(ひか)る 빛나다 | 揺(ゆ)れる 흔들리다 | 汚(よご)れる 더러워지다 | 止(と)まる 멈추다

8 냄비 안에는 수프가 약간(≒조금) 남아 있다.
단어 なべ 냄비 | 多少(たしょう) 다소, 약간 | 残(のこ)る 남다
해설 '다소'는 양이 적음을 나타내므로 「ちょっと」와 바꿔 쓸 수 있다.

9 나는 단체로(≒그룹으로) 행동했다.
단어 団体(だんたい) 단체 | 行動(こうどう) 행동 | グループ 그룹, 단체

10 요즘(≒최근) 식욕이 별로 없다.
단어 このごろ 요즘 | 食欲(しょくよく) 식욕 | 最初(さいしょ) 처음 | 最後(さいご) 최후, 마지막 | 最近(さいきん) 최근 | 最新(さいしん) 최신

44 기출어휘 확인문제 유의표현 p.96

1 앙케이트 용지를 회수했습니다(≒모았습니다).
단어 アンケート 앙케이트, 설문조사 | 用紙(ようし) 용지 | 回収(かいしゅう) 회수 | あつめる 모으다 | しまう 안에 넣다, 치우다 | むすぶ 묶다 | かえる 바꾸다, 변경하다

해설 설문지를 다시 거두어 모으는 의미이므로 「あつめました」와 바꿔 쓸 수 있다.

2 어머니는 지금 주방(≒부엌)에 있습니다.
단어 キッチン 키친, 주방 | 居間(いま) 거실 | 屋上(おくじょう) 옥상 | 台所(だいどころ) 부엌

3 그 말은 전속력으로 달려(≒달려)왔다.
단어 全速力(ぜんそくりょく) 전속력 | 駆(かけ)る 달리다 | 走(はし)る 달리다 | 登(のぼ)る 오르다 | 集(あつ)まる 모이다

4 그는 모든(≒모든) 기회를 이용했다.
단어 あらゆる 모든, 온갖 | 機会(きかい) 기회 | 利用(りよう) 이용 | すべての 모든

5 파티 음식이 남았습니다(≒많아서 남았습니다).
단어 あまる 남다 | 多(おお)すぎる 너무 많다 | 残(のこ)る 남다 | 足(た)りない 부족하다

6 아직 그 정도 시간은 지나지(≒지나지) 않았다.
단어 たつ (시간이) 지나다 | すぎる (시간이) 지나가다, 경과하다 | あきる 질리다 | くむ 짜다 | はえる 자라다

7 냉장고를 둘 위치(≒장소)를 알려 주세요.
단어 位置(いち) 위치 | 地位(ちい) 지위 | 地方(ちほう) 지방 | 近所(きんじょ) 근처 | 場所(ばしょ) 장소

8 아기가 깨지 않도록 조용히(≒조용히) 걸어 주세요.
단어 目(め)をさます 잠에서 깨다, 눈을 뜨다 | そっと 살살, 조용히 | 単純(たんじゅん)に 단순하게 | 簡単(かんたん)に 간단하게

9 최근, 이 강은 물이 준(≒적어진) 느낌이 듭니다.
단어 へる 줄다 | 少(すく)なくなる 적어지다
해설 '줄다'는 수나 분량이 적어진 것을 의미하므로 「少なくなった」 바꿔 쓸 수 있다.

10 휴가가 끝나면(≒끝나면) 다시 연락하겠습니다.
단어 明(あ)ける 끝나다 | 連絡(れんらく) 연락 | きまる 정해지다

45 기출어휘 확인문제 유의표현 p.97

1 편지보다 전화로 연락하는 게 쉽다(≒간단하다).
단어 連絡(れんらく) 연락 | 楽(らく)だ 쉽다, 편하다 | 簡単(かんたん)だ 간단하다 | 短気(たんき)だ 성급하다
해설 '쉽다'는 어렵지 않고 복잡하지 않은 것을 의미이므로 「簡単だ」와 바꿔 쓸 수 있다.

2 다른 사람에게 들은 이야기를 그대로(≒아무것도 바꾸지 않고) 말했습니다.
단어 そのまま 그대로 | 変(か)える 바꾸다, 변경하다

3 무심코 선생님 앞에서 난처한 것을 말해(≒말해) 버렸다.
단어 うっかり 무심코, 깜빡 | まずい 곤란하다, 상황이 나쁘다 | しゃべる 지껄이다, 재잘거리다 | どなる 고함치다, 호통치다 | きれる 화를 내다

4 그녀는 반대(≒반대)쪽으로 갔어.
단어 逆(ぎゃく) 반대 | ～ほう ～쪽 | 反対(はんたい) 반대 | 遠(とお)く 멀리 | 奥(おく) 안쪽

5 그는 전혀(≒전혀) 술을 마시지 않습니다.
단어 まったく 전혀 | あまり 별로 | ぜんぜん 전혀

6 오늘은 아주 지친다(≒피곤하다).
단어 くたびれる 지치다 | こまる 곤란하다 | つかれる 피곤하다

7 카레라이스를 주문했습니다(≒주문했습니다).
단어 注文(ちゅうもん) 주문 | たのむ 부탁하다, 주문하다 | くわえる 더하다 | かさねる 겹치다

8 우리들에게는 공통점(≒같은 점)이 많다.
단어 われわれ 우리들 | 共通点(きょうつうてん) 공통점

9 나는 아내와 함께 출근하고(≒일하러 가고) 있다.
단어 通勤(つうきん) 통근, 출근

10 이 스포츠의 규칙은 단순하다(≒알기 쉽다).
단어 ルール 룰, 규칙 | 単純(たんじゅん)だ 단순하다 | 知(し)られる 알려지다
해설 '단순하다'는 복잡하지 않고 간단한 것을 의미하므로 「わかりやすい」와 바꿔 쓸 수 있다.

46 기출어휘 확인문제 유의표현 p.98

1 채소의 가격(≒가격)이 올랐다.
단어 価格(かかく) 가격 | 上(あ)がる 오르다 | 結果(けっか) 결과 | 返事(へんじ) 대답 | 都合(つごう) 사정 | 値段(ねだん) 값, 가격

2 이 파일을 정리해(≒정리해) 주세요.
단어 ファイル 파일, 서류철 | 整理(せいり) 정리 | あきらめる 포기하다 | かたづける 치우다, 정리하다 | たずねる 묻다 | くらべる 비교하다

3 문제를 해결하기 위한 수단(≒방법)을 생각해 보았다.
단어 解決(かいけつ) 해결 | 手段(しゅだん) 수단 | 乗(の)り気(き) 내키는 상태 | 乗(の)り物(もの) 탈것 | やる気(き) 의욕 | やり方(かた) 하는 방법

4 역까지 걸어서 약(≒대략) 10분 정도이다.
단어 約(やく) 약, 대략 | たぶん 아마 | つまり 즉 | たいへん 매우, 몹시 | だいたい 대략
해설 「約」는 대략, 대강의 의미이므로 「だいたい」와 바꿔 쓸 수 있다.

5 모리 씨는 회사에 늦을 것 같아서 서둘러(≒서두른 모습으로) 집을 나섰다.
단어 遅(おく)れる 늦다 | あわてる 서두르다 | がっかりする 실망하다 | 急(いそ)ぐ 서두르다 | 困(こま)る 곤란하다 | 疲(つか)れる 피곤하다

6 그와는 아까(≒조금 전에) 막 이야기했습니다.
단어 さっき 아까 | だいぶ 꽤, 상당히 | 内緒(ないしょ) 비밀 | そっと 살짝

7 답을 확인하고(≒확인하고) 나서 제출해 주세요.
단어 確(たし)かめる 확인하다 | カバーする 커버하다, 보완하다 | オーバー 오버

8 그는 항상(≒항상) 바쁘다.
단어 年中(ねんじゅう) 연중, 항상, 끊임없이 | ほとんど 거의 | たまに 때때로

9 그의 최대 결점(≒나쁜 점)은 쉽게 포기하는 것이다.
단어 最大(さいだい) 최대 | 欠点(けってん) 결점 | あきらめる 포기하다 | 単純(たんじゅん)だ 단순하다
해설 '결점'은 잘못되거나 부족해 완전하지 못한 것을 의미이므로 「わるいところ」와 바꿔 쓸 수 있다.

10 어제 손자(≒딸의 아들)가 놀러 왔다.
단어 まご 손자 | いとこ 사촌

47 기출어휘 확인문제 유의표현 p.99

1 이상한(≒이상한) 꿈을 꾸었다.
단어 おかしな 이상한 | 大変(たいへん)な 힘든 | 楽(らく)な 편한 | 変(へん)な 이상한

2 아베 씨는 입을 다물고(≒아무것도 말하지 않고) 있었습니다.
단어 だまる 입을 다물다, 말을 하지 않다
해설 '말없이 있었다'는 의미이므로 「何も話さないで」와 바꿔 쓸 수 있다.

3 매일 아침 트레이닝(≒연습)을 하고 있다.
단어 トレーニング 트레이닝, 훈련 | 準備(じゅんび) 준비 | 競争(きょうそう) 경쟁 | 質問(しつもん) 질문 | 練習(れんしゅう) 연습

4 눈부셔서(≒너무 밝아서) 간판의 글씨를 읽을 수 없습니다.
단어 まぶしい 눈부시다 | 看板(かんばん) 간판 | 字(じ) 글자 | 暗(くら)い 어둡다 | 薄(うす)い 엷다, 희미하다 | 明(あか)るい 밝다

5 그 팀이 졌다는 것을 알고 실망했다(≒유감스럽게 생각했다).
단어 負(ま)ける 지다 | がっかりする 실망하다 | 残念(ざんねん)だ 아쉽다, 유감스럽다 | 驚(おどろ)く 놀라다 | 安心(あんしん)する 안심하다

6 텔레비전으로 일본어를 배우고 있다(≒공부하고 있다).
단어 紹介(しょうかい) 소개 | 飾(かざ)る 꾸미다, 장식하다

7 사고가 아들의 목숨을 빼앗았다(≒빼앗다).
단어 事故(じこ) 사고 | 命(いのち) 목숨 | うばう 빼앗다 | どなる 고함치다, 호통치다 | たまる 쌓이다 | 取(と)る 취하다, 빼앗다 | 握(にぎ)る 쥐다
해설 '목숨을 앗아가다'의 의미이므로 「取った」와 바꿔 쓸 수 있다.

8 발매한 다음해(≒다음해)에는 폭발적으로 히트했다.
단어 発売(はつばい) 발매 | 翌年(よくねん) 익년, 다음해 | 爆発的(ばくはつてき)に 폭발적으로 | ヒット 히트 | 次々(つぎつぎ)の年(とし) 다음다음 해 | 前々(まえまえ)の年(とし) 전전해

9 서둘러 끝내(≒끝내) 주세요.
단어 済(す)ます 끝내다 | 使(つか)わせる 사용하게 하다 | 終(お)わらせる 끝내다 | 見(み)せる 보이다 | 帰(かえ)らせる 돌려보내다, 가게 하다
해설 '끝내다'라는 뜻이므로, 「終わる」의 사역형인 「終わらせて」와 바꿔 쓸 수 있다.

10 인터넷을 저렴하게 사용하려면, 좋은 생각(≒아이디어)이 있어.
단어 案(あん) 안, 생각 | サービス 서비스 | プラン 계획, 요금제 | アイデア 아이디어 | イメージ 이미지

48 기출어휘 확인문제 유의표현 p.100

1 내 여자 조카(≒형제자매의 딸)는 외국에 살고 있다.
단어 めい 여자 조카 | 両親(りょうしん) 부모님
해설 「めい」는 형제자매의 딸이므로 「兄弟の娘」와 바꿔 쓸 수 있다.

2 반드시(≒반드시) 그 편지를 써 주세요.
단어 絶対(ぜったい)に 반드시, 꼭 | かならず 반드시 | さっそく 곧, 즉시 | いきなり 갑자기

3 시간의 경과와 함께 통증도 점점(≒조금씩) 좋아질 것으로 보입니다.
단어 経過(けいか) 경과 | ともに 함께 | 痛(いた)み 통증 | 次第(しだい)に 점점, 차츰 | 思(おも)われる 생각되다, 여겨지다
해설 '점점, 차츰'은 조금씩 진행되는 것을 나타내므로 「少しずつ」와 바꿔 쓸 수 있다.

4 이 책임은 모두(≒전부) 저에게 있습니다.
단어 責任(せきにん) 책임 | すべて 모두 | 全部(ぜんぶ) 전부 | 半分(はんぶん) 절반

5 선생님께 이유(≒이유)를 말했다.
단어 わけ 이유 | 理由(りゆう) 이유 | 秘密(ひみつ) 비밀 | ルール 룰, 규칙 | アイデア 아이디어

6 매우 무서운(≒무서운) 경험을 했습니다.
단어 おそろしい 무섭다 | 経験(けいけん) 경험 | こわい 무섭다

7 이 가게는 항상 붐빈다(≒손님이 많다).
단어 混雑(こんざつ)する 붐비다 | 客(きゃく) 손님 | 品物(しなもの) 물건
해설 '붐비다'는 손님이 많은 상태이므로 「客がたくさんいる」와 바꿔 쓸 수 있다.

8 가와무라 씨도 협력해(≒도와) 주세요.
단어 協力(きょうりょく) 협력 | 決(き)める 정하다 | 手伝(てつだ)う 돕다

9 이 드라마에서 가장 마음에 드는(≒좋아하는) 에피소드는 무엇입니까?
단어 気(き)に入(い)る 마음에 들다 | 清潔(せいけつ)な 청결한

10 그녀는 일본어가 유창합니다(≒능숙하게 말할 수 있습니다).
단어 ぺらぺらだ 유창하다

問題5 용법 공략하기

문제 5 다음 단어의 사용법으로 가장 적당한 것을 1·2·3·4 에서 하나 고르시오.

49 기출어휘 확인문제 용법 p.105

1 握る 잡다, 쥐다

1 미아가 되지 않도록 아이의 손을 꽉 잡고 걸었다.

2 경찰이 범인을 잡았기 때문에, 이제 안심입니다. (握ったので → 捕まえたので 붙잡았기 때문에)

3 그는 야구 선수가 되겠다는 오랜 꿈을 잡았다. (握った → かなえた 이뤘다)

4 그 영화는 많은 사람의 마음을 잡았다. (握った → つかんだ 사로잡았다)

단어 握(にぎ)る 잡다, 쥐다 | 迷子(まいご) 미아 | しっかり 꽉, 단단히 | 警察(けいさつ) 경찰 | 犯人(はんにん) 범인 | 捕(つか)まえる 붙잡다 | 安心(あんしん) 안심 | 野球選手(やきゅうせんしゅ) 야구 선수 | 長年(ながねん) 긴 세월, 오랜 동안 | かなう (소원을) 이루다 | つかむ 사로잡다

해설 「握る」는 손으로 무엇을 꽉 쥐거나 잡는 동작을 나타낼 때 사용한다. 물리적인 행동뿐만 아니라, 상황이나 권력, 정보 등을 장악하거나 통제하는 의미로도 쓰인다.

2 知識 지식

1 그는 안경을 쓰면 지식으로 보여서 멋있다. (知識 → 知識人 지식인)

2 눈이 마주치면 인사를 하는 것은 지식이다. (知識 → 常識 상식)

3 자동차의 자동 운전에 인공 지식이 쓰였다. (知識 → 知能 지능)

4 이 책은 돈에 관한 지식을 소개하고 있다.

단어 知識(ちしき) 지식 | 知識人(ちしきじん) 지식인 | 常識(じょうしき) 상식 | 自動(じどう) 자동 | 運転(うんてん) 운전 | 人工(じんこう) 인공 | 知能(ちのう) 지능

해설 「知識」는 사람이 배우거나 경험해서 알게 된 정보나 사실, 이해를 나타낼 때 사용한다.

3 重なる 겹치다

1 이번 여행은 태풍 시기와 겹치기 때문에 걱정이다.

2 그는 입이 겹치니까 회의 때에서 그다지 발언하지 않는다. (重なる → 重い 무겁다)

3 시험이 있어서 학교에 가는 것이 마음이 겹친다. (重なる → 重い 무겁다)

4 그녀에게 리더를 맡기는 것은 책임이 겹치겠지. (重なる → 重い 무겁다)

단어 重(かさ)なる 겹치다 | 台風(たいふう) 태풍 | 時期(じき) 시기 | 会議(かいぎ) 회의 | 発言(はつげん) 발언 | 任(まか)せる 맡기다

해설 2번은 「口が重い(입이 무겁다)」, 3번은 「気が重い(마음이 무겁다, 침울하다)」, 4번은 「荷が重い(책임이 무겁다)」라는 관용 표현이다.

4 中古 중고

1 이케다 씨는 대학에서 나보다 2년 중고였습니다. (中古 → 先輩 선배)

2 어제 가게에서 중고 컴퓨터를 아주 싸게 샀다.

3 이시하라 씨는 초등학교 시절부터의 중고 친구입니다. (中古の → 古い 오랜)

4 같은 고등학교를 졸업한 두 사람은 중고 우정으로 연결되어 있다. (中古 → 長年 오랜)

단어 中古(ちゅうこ) 중고 | 卒業(そつぎょう) 졸업 | 友情(ゆうじょう) 우정 | 結(むす)ぶ 연결하다

해설 「中古」는 이전에 사용된 적 있는 물건으로, 새것이 아닌 상태를 가리킬 때 사용한다.

5 修理 수리

1 매일 목욕한 후에 피부 수리를 합니다. (修理 → 手入れ 손질, 관리)

2 플라스틱은 쓰레기로 버리지 말고, 수리해 주세요. (修理 → 再利用 재이용)

3 지금 제 차는 수리 중이기 때문에 사용할 수 없습니다.

4 틀린 문제는 한번 더 수리합니다. (修理します → やり直します 다시 합니다)

단어 修理(しゅうり) 수리 | お風呂(ふろ)に入(はい)る 목욕하다 | 肌(はだ) 피부 | 手入(てい)れ 손질, 관리 | 再利用(さいりよう) 재이용 | 間違(まちが)える 틀리다, 잘못하다, 착각하다 | やり直(なお)す 다시 하다

해설 「修理」는 고장나거나 허름한 데를 손보아 고친다는 의미를 나타낼 때 사용한다.

50 기출어휘 확인문제 용법 p.106

1 減少 감소

1 과거 10년간 이 시의 인구는 끊임없이 감소해 왔다.

2 나의 성적은 반에서 15등까지 감소하고 말았다. (減少して → 落ちて 떨어지고)

3 일본 여행을 위해 지금 용돈을 감소하고 있다. (減少して → 減らして 줄이고)

4 풍작 덕분에 양배추의 가격이 감소했다. (減少した → 下がった 내려갔다)

단어 減少(げんしょう) 감소 | 過去(かこ) 과거 | 絶(た)えず 끊임없이 | 成績(せいせき) 성적 | 減(へ)らす 줄이다, 덜다 | 豊作(ほうさく) 풍작 | 値段(ねだん) 값, 가격 | 下(さ)がる 내려가다

해설 「減少」는 수량이나 인원 등이 자연적으로 줄었을 때 사용한다.

2 活動 활동

1 사전을 좀 더 활동해 주세요. (活動 → 活用 활용)

2 아침 일찍부터 활동하면 기분이 좋다.

3 매일 아침 개를 활동시키기로 하고 있다. (活動 → 運動 운동)

4 그는 평화로운 활동을 보내고 있다. (活動 → 生活 생활)

단어 活動(かつどう) 활동 | 活用(かつよう) 활용 | 運動(うんどう) 운동 | 平和(へいわ) 평화 | 生活(せいかつ) 생활

해설 「活動」는 특정한 목표를 달성하기 위해 실제로 행동에 옮기는 것을 의미한다. 사람이나 단체에 사용할 수 있으며, 사물에는 어울리지 않는다.

3 だるい 나른하다

1 감기에 걸려서 매우 나른해졌다.

2 이번 학기의 성적에는 아주 나른했다.
(だるかった → 悪かった 나빴다)

3 창문이 나른하니까 닦아주세요.
(だるいから → 汚れているから 더러우니까)

4 강의 흐름은 이 주변에서는 나른하다.
(だるい → 遅い 느리다)

단어 だるい 나른하다 | 風邪(かぜ)をひく 감기에 걸리다 | 今学期(こんがっき) 이번 학기 | 成績(せいせき) 성적 | 窓(まど)ガラス 창문 | 汚(よご)れる 더러워지다 | 磨(みが)く 닦다 | 流(なが)れ 흐름

해설 「だるい」는 몸이나 마음이 무겁고 힘이 없으며 나른한 상태를 나타낼 때 사용한다.

4 進歩 진보

1 건설 공사의 진보는 당초 계획대로다. (進歩 → 進行 진행)

2 담임 선생님께 진보 상담을 하러 갔다. (進歩 → 進路 진로)

3 일본 자동차 산업은 해외 각지에 진보해 있다.
(進歩 → 進出 진출)

4 그가 영어를 말하는 힘은 상당히 진보했다.

단어 進歩(しんぽ) 진보 | 建設(けんせつ) 건설 | 工事(こうじ) 공사 | 進行(しんこう) 진행 | 当初(とうしょ) 당초 | 計画(けいかく) 계획 | 担任(たんにん) 담임 | 進路(しんろ) 진로 | 相談(そうだん) 상담, 상의 | 産業(さんぎょう) 산업 | 各地(かくち) 각지 | 進出(しんしゅつ) 진출

해설 「進歩」는 일, 기술, 상황 따위의 진전, 개인의 실력 향상 등을 나타낼 때 사용한다.

5 変化 변화

1 약속 장소를 변화해도 될까요? (変化 → 変更 변경)

2 최근 연구 결과를 토대로 교과서가 변화되었다.
(変化 → 改訂 개정)

3 가을이 되면 나뭇잎이 노랑이나 빨강으로 변화합니다.

4 이사했기 때문에, 새로운 학교에 변화하게 되었습니다.
(変化 → 転校 전학)

단어 変化(へんか) 변화 | 変更(へんこう) 변경 | 最新(さいしん) 최신 | 研究結果(けんきゅうけっか) 연구 결과 | 改訂(かいてい) 개정 | 木(こ)の葉(は) 나뭇잎 | 引(ひ)っ越(こ)す 이사하다 | 転校(てんこう) 전학

해설 「変化」는 사물의 성질, 모양, 상태 따위가 바뀌는 것을 나타낼 때 사용한다.

51 기출어휘 확인문제 용법 p.107

1 あわてる 당황하다, 서두르다

1 많은 사람들 앞에서 연주하기 때문에 긴장으로 손이 당황했다. (あわてた → 震えた 떨렸다)

2 그 영화를 보고 감동해서 마음이 당황했다.
(あわてた → 震えた 떨렸다)

3 이번 큰 지진으로 창문이 당황했다.
(あわてた → 割れた 깨졌다)

4 캠핑하고 있다가 화재가 날 뻔해서 당황했다.

단어 あわてる 당황하다, 서두르다 | 大勢(おおぜい) 많은 사람 | 演奏(えんそう) 연주 | 緊張(きんちょう) 긴장 | 震(ふる)える 떨리다 | 感動(かんどう) 감동 | 地震(じしん) 지진 | 窓(まど)ガラス 창문 | 割(わ)れる 깨지다 | キャンプ 캠핑 | 火事(かじ) 화재

해설 「あわてる」는 갑작스러운 상황에서 마음이 급해져 침착함을 잃을 때 사용한다.

2 性格 성격

1 수학은 예상 이상으로 성격이 좋았다. (性格 → 成績 성적)

2 그녀는 훌륭한 성격의 소유자다.

3 그런 사람에게 교사를 할 성격은 없다. (性格 → 資格 자격)

4 그녀는 배탈이 나기 쉬운 성격이다. (性格 → 体質 체질)

단어 性格(せいかく) 성격 | 数学(すうがく) 수학 | 予想(よそう) 예상 | 以上(いじょう) 이상 | 成績(せいせき) 성적 | りっぱだ 훌륭하다 | 持(も)ち主(ぬし) 소유자 | 教師(きょうし) 교사 | 資格(しかく) 자격 | おなかをこわす 배탈이 나다 | 体質(たいしつ) 체질

해설 「性格」는 사람의 성질이나 성향, 사고방식 등을 가리킬 때 사용한다.

3 交流 교류

1 처음 만난 거래처 사람과 명함을 교류했습니다.
(交流 → 交換 교환)

2 매년 크리스마스에는 그와 선물을 교류합니다.
(交流 → 交換 교환)

3 대학에서 다양한 나라의 유학생들과 교류했다.

4 그는 3년 동안 탔던 자동차 타이어를 교류했다.
(交流 → 交換 교환)

단어 交流(こうりゅう) 교류 | 取引先(とりひきさき) 거래처 | 名刺(めいし) 명함 | 交換(こうかん) 교환 | タイヤ 타이어

해설 「交流」는 문화나 사상 따위를 서로 주고받는 것을 나타낼 때 사용한다.

4 見本 견본

1 전기 조리 기구의 견본을 읽으면서 자동 조리 기능으로 요리를 만들었다. (見本 → 説明書 설명서)

2 청소기는 견본을 보고 나서 결정하고 싶었기 때문에 가게에서 사기로 했다.

3 연극 견본을 몇 번 읽어봐도 외울 수 없었다.
(見本 → 台本 대본)

4 그는 드라마나 영화와 관련된 일을 하고 싶다고 매일 견본을 쓰고 있다. (見本 → 脚本 각본)

단어 見本(みほん) 견본 | 電気調理器(でんきちょうりき) 전기 조리 기구 | 説明書(せつめいしょ) 설명서 | 自動調理機能(じどうちょうりきのう) 자동 조리 기능 | 掃除機(そうじき) 청소기 | 演劇(えんげき) 연극 | 台本(だいほん) 대본 | かかわる 관련되다, 관계되다 | 脚本(きゃくほん) 각본

해설 「見本」은 물건이나 내용의 기준이 되도록 보여주는 예나 샘플을 가리킬 때 사용한다.

5 重大 중대

1 정부로부터 오늘 밤 중대한 발표가 있다고 합니다.

2 그는 입이 중대해서, 비밀은 절대로 말하지 않습니다.
(口が重大なので → 口が堅いので 입이 무거워서)

3 그녀의 사랑이 중대해서, 헤어져버렸습니다.
(重大で → 重くて 너무 무거워서)

4 냉장고를 이동시키고 싶은데, 중대해서 움직이지 않습니다.
(重大で → 重くて 무거워서)

단어 重大(じゅうだい) 중대 | 政府(せいふ) 정부 | 発表(はっぴょう) 발표 | 口(くち)が堅(かた)い 입이 무겁다 | 秘密(ひみつ) 비밀 | 絶対(ぜったい)に 절대로 | 愛(あい) 사랑 | 別(わか)れる 헤어지다 | 移動(いどう) 이동

해설 「重大」는 '가볍게 여길 수 없을 만큼 크고 중요하다'는 의미를 나타낼 때 사용한다.

52 기출어휘 확인문제 용법 p.108

1 完成 완성

1 그의 병은 완성으로 나았다. (完成に → 完全に 완전히)

2 나는 그녀를 완성으로 신뢰하고 있습니다.
(完成に → 完全に 완전히)

3 여름방학 숙제는 거의 완성되고 있다.

4 머리카락을 완성하게 말리지 않으면 감기에 걸립니다.
(完成に → 完全に 완전히)

단어 完成(かんせい) 완성 | 完全(かんぜん)に 완전히 | 治(なお)る 치료되다, 낫다 | 信頼(しんらい) 신뢰 | 宿題(しゅくだい) 숙제 | ほとんど 거의, 대부분 | 髪(かみ) 머리카락 | 乾(かわ)かす 말리다, 건조시키다 | 風邪(かぜ)をひく 감기에 걸리다

해설 「完成」는 어떤 일을 이루어 완전한 것으로 만든 것을 말한다.

2 落ち着く 차분해지다, 침착하다

1 전철이 역에 침착해지면 전화를 주세요.
(落ち着いたら → 着いたら 도착하면)

2 당황하지 말고 침착하게 이야기해 주세요.

3 집 열쇠가 구멍에 침착했다.
(落ち着いた → 落ちた 빠졌다)

4 이 상품은 인기가 없어서 선반에 계속 침착해 있다.
(落ち着いた → 置いてある 놓여 있다)

단어 落(お)ち着(つ)く 차분해지다, 침착하다 | あわてる 당황하다 | かぎ 열쇠 | 穴(あな) 구멍 | 商品(しょうひん) 상품 | 棚(たな) 선반

해설 「落ち着く」는 마음이나 기분이 차분해지고 안정된 상태를 나타낼 때 사용한다

3 行き先 행선지, 목적지

1 무슨 일이 있으면 행선지에 연락해 주세요.
(行き先 → 係員 계원, 담당자)

2 반드시 행선지를 말하고 가 주세요.

3 독감이 넓은 행선지에서 유행했다.
(行き先 → 地域 지역)

4 딸은 회사 행선지에 아파트를 빌리고 있다.
(行き先 → 近く 근처)

단어 行(い)き先(さき) 행선지, 목적지 | 係員(かかりいん) 계원, 담당자 | 連絡(れんらく) 연락 | インフルエンザ 인플루엔자, 독감 | 地域(ちいき) 지역 | 流行(りゅうこう) 유행 | 借(か)りる 빌리다

해설 「行き先」는 가려고 하는 곳이나 목적지를 가리킬 때 사용한다.

4 発展 발전

1 그녀의 신작 발전은 늦어지고 있다. (発展 → 発表 발표)

2 눈으로 열차의 발전이 몇 시간 늦어졌다.
(発展 → 運行 운행)

3 그 사건은 큰 정치 사건으로 발전했다.

4 이 레스토랑에서는 비행기의 발전이 보인다.
(発展 → 離着陸 이착륙)

단어 発展(はってん) 발전 | 新作(しんさく) 신작 | 発表(はっぴょう) 발표 | 遅(おく)れる 늦어지다 | 運行(うんこう) 운행 | 政治事件(せいじじけん) 정치 사건 | 離着陸(りちゃくりく) 이착륙

해설 「発展」은 더 좋은 상태나 높은 단계로 나아가는 것을 나타낼 때 사용한다.

5 ばらばら 뿔뿔이 흩어짐

1 뿔뿔이 흩어진 의견을 하나로 정리하는 것은 어렵다.

2 아이가 나무에 올라타고 있는 것을 보고 뿔뿔이 흩어졌다.
(ばらばらした → はらはらした 조마조마했다)

3 그녀는 늘 머리카락이 뿔뿔이 흩어져서 예쁘다.
(ばらばらで → さらさらで 찰랑거리고)

4 김 씨는 어려운 한자를 뿔뿔이 쓸 수 있어서 부럽다.
(ばらばらで → すらすら 척척, 막힘없이)

단어 ばらばら 뿔뿔이 흩어짐 | まとめる 정리하다 | 登(のぼ)る 오르다 | はらはら 조마조마함 | 髪(かみ)の毛(け) 머리카락 | さらさら 찰랑거림, 매끄러움 | すらすら 술술, 척척, 막힘없이 | うらやましい 부럽다

해설 「ばらばら」는 제각기 다른 모양, 따로따로 흩어져 있는 모양을 나타낼 때 사용한다.

53 기출어휘 확인문제 용법 p.109

1 ぐっすり 푹 (자다)

1 아이가 열이 나서 푹 하고 있다.
(ぐっすりしている → ぐったりしている 축 처져 있다)

2 이 주변은 사람의 왕래가 적기 때문에 밤은 푹 하고 있다.
(ぐっすりしている → ひっそりしている 고요하다)

3 이 소설을 읽으면서 푹 울 것 같았다.
(ぐっすり → ほろりと 울컥)

4 스트레스로 최근에는 푹 자지 못한다.

단어 ぐっすり 푹 (자다) | 熱(ねつ)を出(だ)す 열이 나다 | ぐったり 축 처진 모습 | 辺(あた)り 부근, 주변 | 人通(ひとどお)り 사람들의 통행 | ひっそり 고요한 모습 | ほろりと 울컥 | 眠(ねむ)る 잠들다

해설 「ぐっすり」는 깊이 잠든 모습을 나타낼 때 사용한다.

2 共通 공통

1 결혼식에서 첫 공통 작업으로서 케이크 커팅을 했다. (共通 → 共同 공동)

2 친구와 공통해서 돈을 대서, 회사를 설립했다.
(共通して → 共同で 공동으로)

3 그는 혼자만의 시간을 좋아해서 공통 생활에 맞지 않다.
(共通 → 共同 공동)

4 우리들은 스포츠 관전이라는 공통의 취미로 알게 되었다.

단어 共通(きょうつう) 공통 | 結婚式(けっこんしき) 결혼식 | 共同(きょうどう) 공동 | 作業(さぎょう) 작업 | 出(だ)し合(あ)う 서로 내다, 각출하다 | 立(た)ち上(あ)げる 설립하다 | 向(む)く 알맞다, 적합하다 | 観戦(かんせん) 관전 | 趣味(しゅみ) 취미 | 知(し)り合(あ)う 서로 알게 되다

해설 「共通」는 둘 이상 사이에서 서로 해당하고 관계된다는 의미이며, 「共同」는 둘 이상의 사람이나 단체가 함께 일을 하는 것을 말한다.

3 話しかける 말을 걸다

1 경찰에 사고를 말을 걸어 주세요.
(話しかけて → 説明して 설명해)

2 사람과 인사를 말을 걸어 주세요.
(話しかけて → 交わして 나눠)

3 지금 바쁘니까 말을 걸지 말아 주세요.

4 친구와 말을 걸어 수업에 늦고 말았다.
(話しかけ → 話して 이야기해서)

단어 話(はな)しかける 말을 걸다 | 警察(けいさつ) 경찰 | 事故(じこ) 사고 | 説明(せつめい) 설명 | 交(か)わす 나누다, 주고받다

해설 「話しかける」는 상대방에게 말을 걸거나 대화를 시작한다는 의미를 나타낼 때 사용한다.

4 原料 원료

1 이 제품의 원료는 해외에서 수입하고 있습니다.

2 고속도로를 이용했기 때문에 원료를 지불합니다.
(原料 → 料金 요금)

3 오늘 카레의 원료는 양파와 소고기입니다.
(原料 → 材料 재료)

4 오늘은 원료를 살린 요리를 만들고자 합니다.
(原料 → 素材 소재)

단어 原料(げんりょう) 원료 | 製品(せいひん) 제품 | 輸入(ゆにゅう) 수입 | 高速道路(こうそくどうろ) 고속도로 | 利用(りよう) 이용 | 料金(りょうきん) 요금 | 払(はら)う 내다, 지불하다 | 材料(ざいりょう) 재료 | 玉(たま)ねぎ 양파 | 牛肉(ぎゅうにく) 소고기 | 素材(そざい) 소재 | 生(い)かす 살리다

해설 「原料」는 무언가를 만들 때 토대가 되는 것으로, 완성품에는 그 토대의 형태가 남아있지 않는 것을 의미한다. 4번의 「素材を生かす」는 '원래의 성질과 품질을 그대로 살린다'라는 표현으로 기억해 두자.

5 オーダー 오더, 주문

1 카페에서 커피와 케이크를 주문했습니다.

2 이 가게의 입구에는 한국 상품 오더가 있습니다.
(オーダー → コーナー 코너)

3 그는 이번 프로젝트에서 오더로 지명되었습니다.
(オーダー → リーダー 리더 / 担当者 담당자)

4 내일은 일찍부터 나가야 하기 때문에, 알람 시계의 시간을 6시로 오더했습니다. (オーダー →セット 설정)

단어 オーダー 오더, 주문 | 入(い)り口(ぐち) 입구 | 商品(しょうひん) 상품 | コーナー 코너 | プロジェクト 프로젝트 | リーダー 리더 | 担当者 (たんとうしゃ) 담당자 | 指名(しめい) 지명 | 目覚(めざ)まし時計(どけい) 알람 시계 | セット 세트, 설정

해설 「オーダー」는 물건이나 음식을 주문하거나 요청할 때 사용한다.

54 기출어휘 확인문제 용법 p.110

1 実物 실물

1 그 축제를 실물하는 사람으로 가득했다. (実物 → 見物 구경)

2 그녀가 이사한다는 소문은 실물이었다.
(実物 → 本当 사실, 진짜)

3 이 이상, 거짓말은 하지 말고 실물을 말해 주세요.
(実物 → 真実 진실)

4 그녀는 사진보다 실물 쪽이 귀엽다고 생각한다.

단어 実物(じつぶつ) 실물 | 見物(けんぶつ) 구경 | 引(ひ)っ越(こ)す 이사하다 | うわさ 소문 | 嘘(うそ)をつく 거짓말을 하다 | 真実(しんじつ) 진실

해설 「実物」는 실제로 있는 물건이나 사람을 가리킬 때 사용한다.

2 にこにこ 생긋생긋, 싱글벙글

1 오늘은 봄처럼 싱글벙글해서 따뜻했다.
(にこにこ → ぽかぽか 따끈따끈)

2 저 레스토랑, 가격은 싸지만 맛은 싱글벙글이다.
(にこにこ → そこそこ 그럭저럭)

3 그는 오늘 데이트라서 하루 종일 싱글벙글하고 있습니다.

4 그는 법률에 대해서 싱글벙글한 지식이 있습니다.
(にこにこの → そこそこ 그럭저럭)

단어 にこにこ 생긋생긋, 싱글벙글 | ぽかぽか (햇살 등이) 따끈따끈 | 暖(あたた)かい 따뜻하다 | 値段(ねだん) 값, 가격 | そこそこ 그럭저럭, 적당히 | 一日中(いちにちじゅう) 하루 종일 | 法律(ほうりつ) 법률 | 知識(ちしき) 지식

해설 「にこにこ」는 부드럽게 웃거나 살짝 미소를 짓는 모습을 나타낼 때 사용한다.

3 詰める 채워 넣다

1 여행 가방에 짐을 잘 채워 넣는 방법을 가르쳐 주세요.

2 찾아뵐 때는 아이들을 집에 채워 넣고 가겠습니다.
(詰めて → 連れて 데리고)

3 서류 기입은 연필이 아닌 볼펜으로 채워 넣어 주세요.
(詰めて → 書いて 써)

4 파티에 나도 채워 넣어 줘서 정말로 감사합니다.
(詰めて → 呼んで 불러)

단어 詰(つ)める 채워 넣다, 담다 | 荷物(にもつ) 짐, 화물 | 方法(ほうほう) 방법 | おうかがいする 찾아뵙다 | 書類(しょるい) 서류 | 記入(きにゅう) 기입

해설 「詰める」는 장소, 용기, 공간에 물건이나 사람을 채우는 것을 나타낼 때 사용한다.

4 通り過ぎる 지나가다, 통과하다

1 학교 운동장으로 차를 지나가지 말아 주세요.
(通り過ぎないでください → 通さないでください 통과시키지 말아 주세요)

2 서두르지 않으면 마지막 전철에 지나가요.
(通り過ぎる → 乗り遅れる 놓쳐요)

3 이 호텔은 서비스가 지나가 있다.
(通り過ぎている → 行き過ぎて 지나치다)

4 태풍이 지나간 후는 시원하게 개었다.

단어 通(とお)り過(す)ぎる 통가게 하다, 지나가게 하다 | 運動場(うんどうじょう) 운동장 | 通(とお)す 통하게 하다, 지나가게 하다 | 最終(さいしゅう) 최종, 마지막 | 乗(の)り遅(おく)れる 놓치다 | 行(い)き過(す)ぎる 지나치다 | 台風(たいふう) 태풍 | さわやかだ 상쾌하다 | 晴(は)れ上(あ)がる 맑게 개다

해설 「通り過ぎる」는 길이나 장소, 지점을 지나쳐 가는 물리적인 움직임을 나타낼 때 사용한다. 반면 「行き過ぎる」는 목적지를 지나쳐 가는 상황이나, 행동, 말, 감정 등에서 정도가 지나쳐 너무 심하게 되는 상황을 나타낼 때 사용한다.

5 皮 가죽, 껍질

1 오토바이가 내 차 껍질에 부딪쳤다. (皮 → 側面 측면)

2 생선은 껍질에도 영양이 있기 때문에 먹는 편이 좋다.

3 다쳤기 때문에 껍질을 소독했습니다. (皮 → 傷 상처)

4 방 껍질을 새로운 페인트로 다시 칠했습니다. (皮 → 壁 벽)

단어 皮(かわ) 가죽, 껍질 | 側面(そくめん) 측면 | ぶつかる 부딪치다 | 栄養(えいよう) 영양 | けがをする 다치다 | 傷(きず) 상처 | 消毒(しょうどく) 소독 | ペンキ 페인트 | 塗(ぬ)りなおす 다시 칠하다

해설 「皮」는 동물이나 식물, 과일 등의 겉껍질이나 표면을 나타낼 때 사용한다.

55 기출어휘 확인문제 용법

p.114

1 割引 할인

1 그 시의 인구는 10년간 20만명에서 18만명으로 할인되었다. (割引された → 減少した 감소했다)

2 저 가게에 이 쿠폰을 가져가면 500엔 할인이 된다.

3 야마다 씨는 가벼운 할인으로 그 일을 맡았다.
(割引 → 気持ち 마음)

4 아내가 머리카락을 할인했는데도, 나카무라 씨는 눈치채지 못했다. (割引したのに → 切ったのに 잘랐는데도)

단어 割引(わりびき) 할인 | 人口(じんこう) 인구 | 減少(げんしょう) 감소 | クーポン 쿠폰 | 引(ひ)き受(う)ける 맡다 | 髪(かみ) 머리카락 | 気(き)づく 눈치채다, 깨닫다

해설 「割引」는 정가에서 일정 금액이나 비율을 깎아 주는 것을 나타낼 때 사용한다.

2 追いつく 따라잡다

1 그 선반은 높은 곳에 있어서 나에게는 손이 따라잡지 못한다. (追いつかない → 届かない 닿지 않는다)

2 심한 감기에 걸려서 보고서 마감에 따라잡지 못했다.
(追いつかなかった → 間に合わなかった 맞추지 못했다)

3 여기저기 헤매고 우리는 겨우 콘서트홀에 따라잡았다.
(追いついた → 着いた 도착했다)

4 고바야시 씨는 열심히 공부해서 반의 모두를 따라잡았다.

단어 追(お)いつく 따라잡다 | 棚(たな) 선반 | 届(とど)く 닿다 | 風邪(かぜ)をひく 감기에 걸리다 | 締切(しめきり) 마감 | 迷(まよ)う 헤매다

해설 「追いつく」는 뒤처져 있던 사람, 진도, 수준 등이 속도나 진행면에서 같아지거나, 기한, 요구에 맞춰 도달하는 것을 나타낼 때 사용한다.

3 空 빔

1 텔레비전을 보는 빔이 있다면, 방 정리라도 해.
(空 → 暇 여유)

2 다 마셔서 빈 캔이나 페트병은 이 상자에 넣어 주세요.

3 빔의 계획에는 공사는 훨씬 전에 끝났어야 했다.
(空 → 当初 당초)

4 설탕이나 우유를 넣은 홍차도 맛있지만 나는 빈 홍차가 좋다. (空 → ストレート 아무것도 넣지 않음)

단어 空(から) 빔 | 暇(ひま) 짬, 여유 | 片付(かたづ)け 정리, 정돈 | 飲(の)み終(お)わる 다 마시다 | 缶(かん) 캔 | ペットボトル 페트병 | 箱(はこ) 상자 | 当初(とうしょ) 당초 | 計画(けいかく) 계획 | 工事(こうじ) 공사 | とっくに 이미 오래전에 | 紅茶(こうちゃ) 홍차 | ストレート 아무것도 넣지 않음

해설 「空」는 '내용물이 비어 있음', '아무것도 들어 있지 않은 상태'를 나타낼 때 사용한다. 내용물이 없어졌거나 처음부터 아무것도 없는 경우에 사용된다.

4 はなす 떼다, 간격을 벌리다

1 시험 때는 책상을 떨어뜨려서 배열했다.

2 병이 낫기까지 결혼식을 떨어뜨리다.
(はなした → 延期した 연기했다)

3 지진으로 사랑하는 가족을 떨어뜨리다.
(はなした → 失った 잃었다)

4 빠른 시계침을 5분 떨어뜨리다.
(はなした → 戻した 되돌렸다)

단어 はなす 떼다, 간격을 벌리다 | 治(なお)る 치료되다, 낫다 | 結婚式(けっこんしき) 결혼식 | 延期(えんき) 연기 | 地震(じしん) 지진 | 失(うしな)う 잃다 | 進(すす)む 나아가다, 앞서가다 | 針(はり) 바늘 | 戻(もど)す 되돌리다

해설 「はなす」는 손이나 물건을 떼다, 서로 떨어지게 하다는 의미를 나타낼 때 사용하며, 물리적인 간격을 두는 경우에 사용된다.

5 正直 정직

1 이 상품의 정직한 사용법을 이제부터 설명하겠습니다. (正直な → 正しい 올바른)

2 이 문제는 정직한 답을 모르겠습니다. (正直 → 正確 정확)

3 우치다 씨는 정직한 사람으로 결코 거짓말을 하지 않습니다.

4 정직한 거리는 모르겠지만 10킬로미터 정도라고 생각합니다. (正直 → 正確 정확)

단어 正直(しょうじき)だ 정직하다 | 商品(しょうひん) 상품 | 正(ただ)しい 올바르다 | 使(つか)い方(かた) 사용법 | 説明(せつめい) 설명 | 正確(せいかく)だ 정확하다 | 決(けっ)して 결코 | うそ 거짓말 | 距離(きょり) 거리

해설 「正直」는 마음이나 태도가 솔직하고 참된 상태를 나타낼 때 사용한다.

56 기출어휘 확인문제 용법 p.115

1 気づく 알아채다, 깨닫다

1 많은 사람들이 가까운 미래에 또 대지진이 오는 것인가 하고 깨닫고 있다. (気づいている → 思っている 생각하고 있다)

2 나는 어릴 때 간호사가 되고 싶다고 깨닫고 있었다. (気づいていた → 思っていた 생각하고 있었다)

3 집에 도착했을 때, 지갑이 없어진 것을 깨달았다.

4 이 사진을 보면 일본에서 보낸 날들을 깨닫다. (日々に気づく → 日々を思い出す 날들을 떠올린다)

단어 気(き)づく 알아채다, 깨닫다 | 将来(しょうらい) 장래, 미래 | 大地震(だいじしん) 대지진 | 看護師(かんごし) 간호사 | 過(すご)す (시간을) 보내다, 지내다 | 日々(ひび) 나날들 | 思(おも)い出(だ)す 생각나다, 떠오르다

해설 「気づく」는 어떤 사실, 변화, 상태를 인식하여 알아차리다, 깨닫다는 의미를 나타낼 때 사용하며, 주관적인 생각이나 감정 상태를 나타내는 말과는 어울리지 않는다.

2 距離 거리

1 2대의 차는 5센티도 안될 정도의 거리에서 스쳐 지나갔다. (距離 → 間隔 간격)

2 몇 초인가의 거리에서 마지막 전철을 놓쳤다. (距離 → 差 차)

3 교토에서 나라까지의 거리는 얼마나 됩니까?

4 치마 거리를 3센티미터 줄였다. (距離 → 長さ 길이)

단어 距離(きょり) 거리 | 間隔(かんかく) 간격 | すれ違(ちが)う 스쳐 지나가다 | 秒(びょう) 초 | 差(さ) 차, 차이 | 最終電車(さいしゅうでんしゃ) 막차 | 乗(の)り遅(おく)れる 늦어서 타지 못하다, 놓치다

해설 「距離」는 두 지점, 두 대상 사이의 공간적인 떨어짐, 간격을 나타낼 때 사용한다.

3 募集 모집

1 현재, 테니스부에서는 부원을 모집하고 있습니다.

2 그 자료는 나중에 모집하므로, 가지고 가지 말아 주세요. (募集 → 回収 회수)

3 우리 마을에서는 매주 화요일과 토요일에 쓰레기를 모집하러 옵니다. (募集 → 収集 수거 / 回収 회수)

4 저의 취미는 여러가지 장난감을 모집하는 것입니다. (募集 → 収集 수집)

단어 募集(ぼしゅう) 모집 | 部員(ぶいん) 부원 | 資料(しりょう) 자료 | 回収(かいしゅう) 회수 | 持(も)ち帰(かえ)る 가지고 돌아가다 | 収集(しゅうしゅう) 수집, 수거

해설 「募集」는 사람, 의견, 작품, 참가자처럼 자발적으로 응모하거나 참여하는 대상을 널리 알리고 모으는 것을 나타낼 때 사용한다.

4 つたわる 전해지다

1 어려운 시험에 멋지게 전해졌다. (つたわった → 合格した 합격했다)

2 회의 내용을 부장님에게 전해져 주세요. (つたわって → つたえて 전해)

3 합격자 안에는 나도 전해져 있다. (つたわっている → 含まれている / 入っている 포함되어 있다)

4 수화기를 통해서 기쁜 기색이 전해져 왔다.

단어 つたわる 전해지다 | 見事(みごと)に 훌륭하게, 멋지게 | 合格(ごうかく) 합격 | つたえる 전하다 | 合格者(ごうかくしゃ) 합격자 | 含(ふく)まれる 포함되다 | 受話器(じゅわき) 수화기 | 気配(けはい) 기척, 기색

해설 「つたわる」는 어떤 정보, 내용, 감정 상태 등이 자연스럽게 상대에게 전해진다는 의미를 나타낼 때 사용한다. 따라서 명령형이나 사람을 주어로 삼아 쓰는 경우에는 부적합하다.

5 そろそろ 이제 슬슬, 이제 곧

1 미술 관계의 책을 이제 슬슬 가지고 있다. (そろそろ → もう 이미)

2 이제 슬슬 점심을 먹을까?

3 아들도 이제 슬슬 어른이 되었다. (そろそろ → いつの間にか 어느새)

4 밖은 이제 슬슬 눈이었다. (そろそろ → すっかり 완전히)

단어 そろそろ 이제 슬슬, 이제 곧 | 美術(びじゅつ) 미술 | 関係(かんけい) 관계 | 昼食(ちゅうしょく) 중식, 점심 식사

해설 「そろそろ」는 시간의 흐름에 따라 곧 어떤 변화나 행동을 해도 좋을 시점에 가까워졌음을 나타낼 때 사용한다.

57 기출어휘 확인문제 용법 p.116

1 栄養 영양

1 이 자동차는 속도는 빠르지만 아주 많은 영양이 든다. (栄養 → 燃料 연료)

2 인형에 대해서라면 그녀는 아주 영양이 풍부하다. (栄養 → 知識 지식)

3 영양이 편중된 식사를 하지 않도록 주의하세요.

4 그 회사는 신상품 발매가 성공해, 점점 영양이 늘고 있다. (栄養 → 利益 이익)

단어 栄養(えいよう) 영양 | 速(はや)い 빠르다 | 燃料(ねんりょう) 연료 | 知識(ちしき) 지식 | ゆたかだ 풍부하다 | 偏(かたよ)る 치우치다 | 気(き)をつける 조심하다, 주의하다 | 新商品(しんしょうひん) 신상품 | 発売(はつばい) 발매 | 成功(せいこう) 성공 | 利益(りえき) 이익 | 増(ふ)える 늘어나다

해설 「栄養」는 음식이나 식사를 통해 몸에 공급되는 영양분을 나타낼 때 사용한다.

2 埋める 묻다

1 열대 식물은 일본에 가지고 와서 묻어도 대부분은 잘 자라지 않다. (埋めても → 植えても 심어도)

2 이 스웨터를 전부 묻기에는 서랍이 너무 작다. (埋めるには → 入れるには 넣기에는)

3 야마다 씨의 집에서는, 음식물 쓰레기를 정원에 묻고 있다고 한다.

4 손이 더러워지니까 장갑을 묻고 만들어 주세요. (埋めて → はめて/つけて 끼고)

단어 埋(う)める 묻다 | 熱帯(ねったい) 열대 | 植物(しょくぶつ) 식물 | 植(う)える 심다 | 育(そだ)つ 자라다 | 引(ひ)き出(だ)し 서랍 | 生(なま)ごみ 음식물 쓰레기 | 汚(よご)れる 더러워지다 | 手袋(てぶくろ) 장갑 | はめる 끼다 | つける 끼다

해설 「埋める」는 '땅 등에 넣어 가리다, 묻다', '빈 곳을 채우다'라는 의미로, 주로 땅에 묻는 행위나 공간을 가득 채우는 상황을 나타낼 때 사용한다.

3 ゆでる 데치다, 삶다

1 추웠기 때문에 물을 삶아서 차를 마셨습니다.
(ゆでて → 沸かして 끓여서)

2 이 파스타는 뜨거운 물에 소금을 넣고 5분간 삶으면 맛있게 먹을 수 있습니다.

3 저는 오래 목욕탕에 삶는 것을 좋아합니다.
(お風呂にゆでるのが → お風呂に入るのが 목욕하는 것을)

4 배가 고팠기 때문에 감자를 기름으로 삶아서 먹었습니다.
(ゆでて → 揚げて 튀겨서)

단어 ゆでる 데치다, 삶다 | お湯(ゆ) 뜨거운 물 | 沸(わ)かす 끓이다 | お腹(なか)がすく 배가 고프다 | じゃがいも 감자 | 油(あぶら) 기름 | 揚(あ)げる 튀기다

해설 「ゆでる」는 '뜨거운 물에 넣고 가열하다'라는 '삶다'의 의미를 나타낼 때 사용하며, 1번은 「お湯を沸かす(물을 끓이다)」, 3번은 「お風呂に入る(목욕하다)」라는 관용표현이다.

4 どなる 고함치다, 소리치다

1 저녁이 되면 시장은 점점 활기를 고함치기 시작한다.
(どなって → 帯びて 띠기)

2 전화가 고함쳐서 잠에서 깼다. (どなって → 鳴って 울려서)

3 부상자를 보고 '구급차를 불러'라고 고함쳤다.

4 고함친 것에 개점과 동시에 전부 팔렸다고 한다.
(どなったことに → 驚いたことに 놀랍게도)

단어 どなる 고함치다, 소리치다 | 市場(いちば) 시장 | 次第(しだい)に 점점, 차츰 | 活気(かっき) 활기 | 目(め)が覚(さ)める 잠이 깨다 | 怪我人(けがにん) 부상자 | 救急車(きゅうきゅうしゃ) 구급차 | 開店(かいてん) 개점 | 同時(どうじ)に 동시에 | 売(う)れる 팔리다 | 帯(お)びる 띠다, 지니다 | 鳴(な)る 소리가 나다, 울리다

해설 「どなる」는 화가 나거나 주목을 끌기 위해 목소리를 높여 크게 소리치다, 고함친다는 의미를 나타낼 때 사용한다.

5 ゆるい 헐렁하다

1 더위와 습도로 그녀는 헐렁해졌다.
(ゆるくなった → だるくなった 나른해졌다)

2 살이 빠져서 바지가 헐렁해졌다.

3 그녀는 남편에게 언제나 헐렁한 것을 말한다.
(ゆるいこと → ひどいこと 심한 말)

4 담당자가 헐렁하게 설명해 주었다.
(ゆるく → 丁寧に 정중하게, 공손하게)

단어 ゆるい 헐렁하다 | 湿度(しつど) 습도 | だるい 나른하다 | やせる 살이 빠지다 | 係(かかり) 담당 | 丁寧(ていねい)だ 정중하다, 공손하다 | 説明(せつめい)する 설명하다

해설 「ゆるい」는 단단하지 않고 느슨한 상태, 엄격하지 않음, 강도가 약함을 나타내는 말로, 옷, 끈처럼 물리적으로 헐거운 상태나 규칙, 기준 등이 엄격하지 않은 상태를 표현할 때 사용한다. 사람의 몸 상태나 성격 등에는 쓰이지 않는다.

58 기출어휘 확인문제 용법

p.117

1 滞在 체재, 체류

1 이 열차는 센다이에서 3분간 체류합니다.
(滞在 → 停車 정차)

2 조금 지쳐서 나무 아래에서 10분간 체류했다.
(滞在した → 休憩した 휴식했다)

3 우리들은 아침에 아이들을 부모님에게 체류하고나서 일을 간다. (滞在して → 預けて 맡기고)

4 내일부터 2주간 일로 오사카에 체류합니다.

단어 滞在(たいざい) 체재, 체류 | 停車(ていしゃ) 정차 | 疲(つか)れる 피곤하다 | 休憩(きゅうけい) 휴게, 휴식 | 両親(りょうしん) 양친, 부모 | 預(あず)ける 맡기다

해설 「滞在」는 어떤 장소에 일정 기간 머무르는 상태를 나타낼 때 사용한다.

2 延期 연기

1 여느 때보다 연기해서 공부했기 때문에, 이번 성적은 올랐다.
(延期した → 長く 오래)

2 날씨가 나빴기 때문에 운동회는 연기되었다.

3 체크아웃 시간을 오후 1시까지 연기할 수 있습니까?
(延期 → 延長 연장)

4 오늘 아침은 상태가 안 좋아서 회사에 가는 시간을 3시간 연기했다. (延期した → 遅らせた 늦췄다)

단어 延期(えんき) 연기 | 成績(せいせき) 성적 | 上(あ)がる 오르다 | 運動会(うんどうかい) 운동회 | チェックアウト 체크아웃 | 延長(えんちょう) 연장 | 具合(ぐあい)が悪(わる)い 상태가 안 좋다 | 遅らせる 늦추다

해설 「延期」는 예정되어 있던 시기나 기한을 뒤로 미룬다는 의미를 나타낼 때 사용한다.

3 似合う 어울리다

1 토요일이라면 모두의 예정이 어울리기 때문에, 그 날에 파티를 합시다. (似合う → 合う 맞기)

2 너무 매워서 나의 입에는 어울리지 않았습니다.
(似合いませんでした → 合いませんでした 맞지 않았습니다)

3 이 세제 개혁안에 대해서 그들은 수상과 의견이 어울리지 않았다. (似合わなかった → 合わなかった 맞지 않았다)

4 그 스카프, 고바야시 씨에게 잘 어울리네요.

단어 似合う(にあう) 어울리다 | 予定(よてい) 예정 | 口(くち)に合(あ)う 입맛에 맞다 | 税制改革案(ぜいせいかいかくあん) 세제 개혁안 | 首相(しゅしょう) 수상 | 意見(いけん) 의견

해설 「似合う」는 옷, 색, 스타일 등이 사람의 외모나 분위기와 조화를 이룰 때 사용하는 말로, 주로 외형적, 인상적 조화를 나타낼 때 사용한다.

4 たまる 쌓이다

1 일이 빨리 끝나서 반나절 쌓였다.
(たまった→余った 남았다)

2 책상 위에 낡은 잡지가 쌓여 있다.

3 부딪쳤지만 차에는 흠집이 쌓이지 않았다.
(たまらなかった →つかなかった 생기지 않았다)

4 정체로 차의 행렬이 쌓인 채 움직이지 않는다.
(たまったまま→並んだまま 늘어선 채)

단어 たまる 쌓이다 | すむ 끝나다, 해결되다 | 半日(はんにち) 반일, 반나절 | 余(あま)る 남다 | 雑誌(ざっし) 잡지 | ぶつかる 부딪치다 | 傷(きず)がつく 흠집이 나다, 상처가 생기다 | 渋滞(じゅうたい) 정체 | 列(れつ) 줄, 행렬

해설 「たまる」는 '모이다, 쌓이다, 축적되다'라는 의미로, 물건, 사람, 일, 피로, 쓰레기처럼 양이 점점 늘어나 한곳에 모이는 상태를 나타낼 때 사용한다.

5 指示 지시

1 '화장실은 어디에 있습니까'라고 점원에게 지시했다.
(指示した → 聞いた 물었다)

2 '내일 영화를 보러 가자'라고 친구에게 지시했다.
(指示した → 誘われた 권유받았다)

3 '이 서류 25부 복사해 둬'라고 비서에게 지시했다.

4 '이 작문을 봐주실 수 있나요'라고 선생님에게 지시했다.
(指示した → お願いした 부탁했다)

단어 指示(しじ) 지시 | 店員(てんいん) 점원 | 誘(さそ)う 꾀다, 권유하다, 부르다 | 書類(しょるい) 서류 | ~部(ぶ) ~부 | 秘書(ひしょ) 비서

해설 「指示」는 상대에게 해야 할 일이나 행동 방침을 구체적으로 알려 준다는 의미를 나타낼 때 사용한다.

59 기출어휘 확인문제 용법 p.118

1 ふらふら 휘청휘청

1 저 가게의 카레는 혀가 휘청휘청할 정도로 맵다.
(ふらふらする → ひりひりする 얼얼할)

2 오랫동안 병으로 누워 있었기 때문에 아직도 다리가 휘청거린다.

3 긴장한 끝에 입안이 휘청휘청해서, 연설을 잘 할 수 없었다.
(口の中がふらふらなので → 喉がカラカラして 입이 바싹 말라서)

4 더위 속에서 일하니까 땀으로 온몸이 휘청휘청이다.
(ふらふらだ → べたべただ 끈적끈적하다)

단어 ふらふら 휘청휘청, 어지러운 상태 | ひりひり 얼얼함 | 緊張(きんちょう) 긴장 | カラカラ 바싹 마른 느낌 | 汗(あせ) 땀 | 体中(からだじゅう) 온몸 | べたべただ 끈적끈적하다

해설 「ふらふら」는 몸이나 물체가 안정되지 않고 흔들리는 상태, 어지럽고 힘이 없어 제대로 서거나 걷기 어려운 상태를 나타낼 때 사용한다.

2 区別 구별

1 자신에게 맞는 학교를 구별하는 것은 정말로 어렵다.
(区別する → 選ぶ 고르는)

2 언니보다 이렇게 용돈이 적은 것은 구별이라고 생각한다.
(区別だ → 差別 차별)

3 남녀의 구별에 관계없이 동등한 기회가 주어지고 있다.

4 대학에서는 수업을 자유롭게 구별할 수 있다.
(区別 → 選択 선택)

단어 区別(くべつ) 구별, 구분 | 差別(さべつ) 차별 | 男女(だんじょ) 남녀 | 関係(かんけい)なく 상관없이 | 同等(どうとう) 동등 | 機会(きかい) 기회 | 選択(せんたく) 선택

해설 「区別」는 '둘 이상을 나누어 차이를 분명히 하다', '같은 것이 아님을 가려내다'라는 의미로, 성별, 종류, 성질처럼 구분의 기준이 되는 차이를 명확히 할 때 사용한다.

3 慰める 위로하다

1 실은 하고 싶지 않았지만 위로해서 일을 맡기로 했다.
(慰めて → 我慢して 참고)

2 야마다 씨는 커피를 마시면서 경치를 위로하고 있다.
(慰めて → 眺めて 바라보고)

3 실패했지만 처음이니까 어쩔 수 없다고 자신을 위로했다.

4 우리들은 결혼 10주년을 위로해서 샴페인으로 건배했다.
(慰めて → 祝って 축하하며)

단어 慰(なぐさ)める 위로하다 | 我慢(がまん) 참음 | 引(ひ)き受(う)ける (일, 역할을) 떠맡다 | 景色(けしき) 경치 | 眺(なが)める 바라보다 | 失敗(しっぱい) 실패 | 自分(じぶん) 자기 자신 | 結婚(けっこん) 결혼 | ~周年(しゅうねん) ~주년

해설 「慰める」는 슬픔, 실망, 고통 등을 느끼는 사람의 마음을 달래거나, 위로할 때 사용한다.

4 暗記 암기

1 저는 7살 때부터 암기를 쓰고 있다. (暗記 → 日記 일기)

2 가격은 뚜껑 위에 암기되어 있다.
(暗記して → 書いて 쓰여)

3 버스 안에서 영어 단어를 암기했다.

4 그 통신문은 암기로 쓰여 있다.
(暗記で → 手書きで 손글씨로)

단어 暗記(あんき) 암기 | 価格(かかく) 가격 | ふた 뚜껑, 덮개 | 英単語(えいたんご) 영어 단어 | 通信文(つうしんぶん) 통신문 | 手書(てが)き 손글씨

해설 「暗記」는 글자, 내용, 정보 등을 외워서 기억하는 행위를 나타낼 때 사용한다.

5 見送る 배웅하다

1 전철의 창에서 경치를 배웅하는 것을 좋아한다.
(見送る → 眺める 바라보는)

2 몇 페이지인가 배웅해 봤지만, 어려워서 이해하지 못했다.
(見送ってみたが → めくってみたが 넘겨 봤지만)

3 매일 반드시 메일을 배웅하도록 하고 있다.
(見送るように → 送るように 보내도록)

4 모습이 보이지 않을 때까지 애인을 배웅했다.

단어 見送る(みおくる) 배웅하다 | 景色(けしき) 경치 | 眺(なが)める 바라보다 | めくる (종이 등을 한 장씩) 넘기다 | 姿(すがた) 모습 | 恋人(こいびと) 연인, 애인

해설 「見送(みおく)る」는 사람을 떠나는 자리에서 배웅하다, 기차, 비행기 등이 출발할 때까지 지켜본다는 의미를 나타낼 때 사용한다.

60 기출어휘 확인문제 용법

p.119

1 発生する 발생하다

1 역 앞에 수퍼마켓이 발생한 것 같다.
(発生するらしい→できるらしい 생기는 것 같다)

2 봄이 되면 흰 꽃이 정원에 발생한다.
(発生する→咲く 핀다)

3 65살에 연금을 받을 권리가 발생한다.

4 친구의 활약이 신문에 발생되었다.
(発生している → 載っている 실렸다)

단어 発生(はっせい)する 발생하다 | 年金(ねんきん) 연금 | 受(う)け取(と)る 수취하다, 받다 | 権利(けんり) 권리 | 活躍(かつやく) 활약 | 載(の)る 실리다

해설 「発生(はっせい)する」는 어떤 현상이나 사건, 상태가 새롭게 생긴다는 의미를 나타낼 때 사용한다.

2 分類 분류

1 에어컨 대금을 6회 분류해서 내기로 했다.
(分類 → 分割 분할)

2 이 주변은 보도와 차도가 분류되어 있지 않다.
(分類 → 分離 분리)

3 독감 바이러스는 A형, B형, C형의 3가지로 분류된다.

4 인간과 동물을 분류하고 있는 것 중 하나는 언어의 사용이다. (分類 → 区別 구별)

단어 分類(ぶんるい) 분류 | 代金(だいきん) 대금 | 分割(ぶんかつ) 분할 | 払(はら)う 지불하다 | 歩道(ほどう) 보도 | 車道(しゃどう) 차도 | 分離(ぶんり) 분리 | インフルエンザ 인플루엔자, 독감 | ~型(かた) ~형 | 動物(どうぶつ) 동물 | 区別(くべつ) 구별 | 言語(げんご) 언어 | 使用(しよう) 사용

해설 「分類」는 '공통된 기준이나 성질에 따라 나누어 묶다'라는 의미로, 사물, 개념, 대상 등을 체계적으로 구분할 때 사용한다.

3 修理 수리

1 일하러 가는 도중에 차가 수리해 버렸다.
(修理して → 故障して 고장나)

2 우리 회사에서도 인원 수리가 시작됐다.
(修理 → 削減 삭감)

3 이 기계는 수리할 수 없을 정도로 망가졌다.

4 이 요리는 수리에 매우 수고가 든다. (修理 → 調理 조리)

단어 修理(しゅうり) 수리 | 途中(とちゅう) 도중 | 故障(こしょう)する 고장나다 | 人員(じんいん) 인원 | 削減(さくげん) 삭감 | 機械(きかい) 기계 | こわれる 고장 나다, 망가지다 | 調理(ちょうり) 조리 | 手間(てま) 수고, 노력

해설 「修理」는 고장나거나 손상된 기계, 물건, 시설 등을 고쳐서 원래의 기능을 회복하게 하는 것을 나타낼 때 사용한다.

4 あまる 남다

1 남은 빵은 버리지 않고 새에게 준다.

2 이 백화점은 밤 8시 반에 남는다. (あまる → 閉まる 닫는다)

3 광장에는 많은 사람이 남아 있다.
(あまって → あつまって 모여)

4 폐를 끼쳐서 모두에게 남았다.
(あまった → 謝った 사과했다)

단어 あまる 남다 | 捨(す)てる 버리다 | 閉(し)まる 닫히다 | 広場(ひろば) 광장 | あつまる 모이다 | 迷惑(めいわく) 폐, 민폐 | 謝(あやま)る 사과하다

해설 「あまる」는 '필요한 양보다 많아서 남다'라는 의미로, 남아도는 상태를 나타낼 때 사용한다.

5 ユーモア 유머

1 야마다 씨는 유머가 있어 같이 있으면 즐겁다.

2 저는 영화를 좋아해서 유머한 영화를 잘 보다.
(ユーモアした → ユーモアのある 유머가 있는)

3 어제 친구가 빌려준 책은 아주 유머였다.
(ユーモアだった → おもしろかった 재미있었다)

4 그는 유머에 자기소개를 해서, 이름을 기억하게 했다(각인시켰다).
(ユーモアに → ユーモラスに 유머러스하게)

단어 ユーモア 유머 | 貸(か)す 빌려주다 | 自己紹介(じこしょうかい) 자기소개 | 覚(おぼ)える 기억하다, 외우다

해설 「ユーモア」는 '웃음을 자아내는 재치나 익살스러움'이라는 의미로, 사람의 성격이나 말, 표현, 분위기를 나타낼 때 사용한다.

61 기출어휘 확인문제 용법

p.120

1 まぜる 섞다

1 실험은 실패를 섞은 결과, 결국 중지되었다.
(まぜた → 重ねた 거듭한)

2 선물을 리본으로 섞어서 예쁘게 꾸몄다.
(まぜて → 結んで 묶어서)

3 국내산에 외국산 쌀을 섞어서 팔고 있다.

4 소설의 마지막을 인상적인 장면으로 섞고 있다.
(まぜている → 締めくくっている 마무리하고 있다)

단어 まぜる 섞다 | 実験(じっけん) 실험 | 失敗(しっぱい) 실패 | 重(かさ)ねる 거듭하다 | 中止(ちゅうし) 중지 | 贈(おく)り物(もの) 선물 | 結(むす)ぶ 묶다 | 飾(かざ)る 꾸미다, 장식하다 | 国内産(こくないさん) 국내산 | 外国産(がいこくさん) 외국산 | 小説(しょうせつ) 소설 | 最後(さいご) 최후, 마지막 | 印象的(いんしょうてき) 인상적 | 場面(ばめん) 장면 | 締(し)めくくる 마무리하다

해설 「まぜる」는 서로 다른 것들을 하나로 섞는다는 의미로, 음식, 재료, 성분처럼 실제로 물질을 섞는 행위에 주로 쓰인다.

2 どきどき 두근두근

1 처음 그녀의 손을 잡았을 때는 가슴이 두근거렸다.

2 샹들리에가 두근두근 흔들리고 있다고 생각했더니 지진이었다. (どきどき → ゆらゆら 흔들흔들)

3 병이 나면 몸이 두근두근할 때가 있다.
(どきどきする → がたがたする 덜덜 떨릴)

4 방이 아주 조용해서 시계의 두근두근하는 소리가 들린다.
(どきどきする → チクタクする 똑딱거리는)

단어 どきどき 두근두근 | 握(にぎ)る 잡다, 쥐다 | 胸(むね) 가슴 | シャンデリア 샹들리에 | ゆらゆら 흔들흔들 | 揺(ゆ)れる 흔들리다 | 地震(じしん) 지진 | がたがた 덜덜 떨림 | チクタクする 똑딱거리다

해설 「どきどき」는 긴장, 불안, 흥분, 놀람 등으로 인해 심장이 빠르게 뛰는 상태를 나타낼 때 사용한다.

3 **移動 이동**

1 여기에서 예정을 이동해서 최신 뉴스를 전합니다.
(移動 → 変更 변경)

2 그 책상을 왼쪽으로 이동해 주세요.

3 조부는 젊었을 때 브라질에 이동했다. (移動 → 移住 이주)

4 다음주 사무소를 이동합니다. (移動 → 移転 이전)

단어 移動(いどう) 이동 | 予定(よてい) 예정 | 変更(へんこう) 변경 | 最新(さいしん) 최신 | 伝(つた)える 전하다 | 祖父(そふ) 할아버지 | ブラジル 브라질 | 移住(いじゅう) 이주 | 事務所(じむしょ) 사무소 | 移転(いてん) 이전

해설 「移動」는 사람, 물건, 조직 등이 한 위치에서 다른 위치로 옮겨 가는 것을 나타낼 때 사용한다.

4 **早退 조퇴**

1 어제는 머리가 아파서 회사를 조퇴했다.

2 2주 전에 조퇴해서 몸 상태도 좋아졌다. (早退 → 退院 퇴원)

3 조퇴 후에는 아내와 한가롭게 시골에서 지낼 생각이다.
(早退 → 引退 은퇴)

4 치료가 끝나서 다음주 조퇴하게 되었습니다.
(早退する → 退院する 퇴원하게)

단어 早退(そうたい) 조퇴 | 退院(たいいん) 퇴원 | 体調(たいちょう) 컨디션, 몸 상태 | 引退(いんたい) 은퇴 | のんびり 느긋하게 | 暮(くら)す 살다, 생활하다, 지내다 | 治療(ちりょう) 치료

해설 「早退」는 근무나 수업 도중에 정해진 시간보다 일찍 나가는 것을 나타낼 때 사용한다.

5 **回収 회수**

1 그녀는 저의 질문에 편지로 회수했다. (回収 → 回答 회답)

2 피로 회수 때문에 오렌지 주스를 마셨다. (回収 → 回復 회복)

3 답안지는 모두 회수했다.

4 그 회사는 지금 사무원을 회수하고 있다.
(回収 → 採用 채용)

단어 回収(かいしゅう) 회수 | 回答(かいとう) 회답 | 疲労(ひろう) 피로 | 回復(かいふく) 회복 | 答案用紙(とうあんようし) 답안지 | 事務員(じむいん) 사무원 | 採用(さいよう) 채용

해설 「回収」는 흩어져 있거나 이미 나누어 준 물건, 자료, 용지, 금품 등을 다시 거두어 모으는 것을 나타낼 때 사용한다.

62 기출어휘 확인문제 용법 p.121

1 **満員 만원**

1 강좌는 만원을 넘었기 때문에 접수를 마감했다.
(満員 → 定員 정원)

2 컴퓨터 고장으로 일이 만원하고 있다.
(満員している → たまっている 밀려 있다)

3 그의 집 주변은 좁은 길이 만원해서 알기 어렵다.
(満員で → 多くて 많아서)

4 전철이 만원이라서 탈 수 없었다.

단어 満員(まんいん) 만원 | 講座(こうざ) 강좌 | 定員(ていいん) 정원 | 越(こ)す 넘다, 초과하다 | 受(う)け付(つ)け 접수 | 締(し)め切(き)る 마감하다 | 故障(こしょう) 고장 | たまる 쌓이다, 밀리다 | 細(ほそ)い 좁다, 가늘다

해설 「満員」은 사람이나 물건이 정해진 수용 한계까지 가득 찬 상태를 나타낼 때 사용한다.

2 **身につける 익히다, 습득하다**

1 아버지는 재취업하기 위해서 뭔가 기술을 익히고 싶다고 말하고 있다.

2 졸업한 학생들은 모두 손에 꽃다발을 몸에 지니고 있다.
(身につけて → 持って 들고)

3 그녀는 매일 두 번, 개를 몸에 지니고 산책을 나간다.
(身につけて → 連れて 데리고)

4 저는 영양을 몸에 지니고 있어서 아주 건강하다.
(身につけてい → とって 섭취하고)

단어 身(み)につける 익히다, 습득하다 | 再就職(さいしゅうしょく) 재취업 | 技術(ぎじゅつ) 기술 | 卒業(そつぎょう) 졸업 | 花束(はなたば) 꽃다발 | 栄養(えいよう) 영양 | 健康(けんこう) 건강

해설 「身につける」는 '몸에 익히다, 습득하다'라는 의미로, 지식이나 기술, 습관처럼 노력과 반복을 통해 얻는 것을 나타낼 때 사용한다.

3 **あずける 맡기다**

1 부하가 열쇠를 나에게 맡긴 채 받으러 오지 않는다.

2 그는 나의 중요한 서류를 맡겨 주었다.
(あずけて → あずかって 맡아)

3 곤란할 때 친구에게 꽤 맡겨 받았다.
(あずけてもらった → 助けてもらった 도움 받았다)

4 잡지에서 소개된 레스토랑을 맡겼다.
(あずけた → 予約した 예약했다)

단어 あずける 맡기다 | 部下(ぶか) 부하 | 書類(しょるい) 서류 | あずかる 맡다, 보관하다 | 困(こま)る 곤란하다 | 助(たす)ける 돕다

해설 「あずける」는 '물건이나 책임, 아이 등을 다른 사람에게 맡기다'라는 의미로, 맡긴 뒤 다시 돌려받거나 맡긴 상태로 관리, 보관, 처리를 기대하는 경우에 사용한다.

4 **建設 건설**

1 집에 태양열 난방을 건설했다. (建設 → 設置 설치)

2 해외에서 건설된 차를 샀다.
(建設された → 製造された 제조된)

3 새로운 체육관이 건설되었다.

4 이 공장에서는 차의 부품을 건설하고 있다.
(建設 → 製造 제조)

단어 建設(けんせつ) 건설 | 太陽熱(たいようねつ) 태양열 | 暖房(だんぼう) 난방 | 設置(せっち) 설치 | 製造(せいぞう) 제조 | 体育館(たいいくかん) 체육관 | 工場(こうじょう) 공장 | 部品(ぶひん) 부품

해설 「建設」는 건물이나 시설, 도로, 다리 등과 같이 규모가 있는 구조물을 새로 만들거나 세운다는 의미를 나타낼 때 사용한다.

5 そっくり 똑 닮음

1 남편과 아들은 얼굴뿐만 아니라 목소리도 똑 닮았다.

2 나와 할머니 생신은 똑 닮았다.
(そっくりだ → 同じだ 같다)

3 아버지는 매일 아침 똑 닮은 시간에 회사에 간다.
(そっくりの → 同じ 같은)

4 나에게 똑 닮은 사이즈의 옷이 발견되었다.
(そっくり → ぴったり 딱 맞는)

단어 そっくり 꼭 닮음 | 祖母(そぼ) 할머니 | 見(み)つかる 발견되다

해설 「そっくり」는 모양이나 성질, 상태가 거의 같음을 나타낼 때 사용한다. 주로 비슷함이 명확한 대상에 사용되며, 시간, 날짜의 일치나 단순한 우연을 나타내는 의미로는 사용되지 않는다.

63 기출어휘 확인문제 용법 p.122

1 ほえる 짖다

1 벨이 짖으면 스즈키 씨는 현관으로 달려갔다.
(ほえると → 鳴ると 울리자)

2 한밤중에 개가 컹컹 짖어서 잠이 깼다.

3 대기실에서는 조용하고 기분 좋은 음악이 짖고 있다.
(ほえて→流れて 흐르고)

4 선생님이 저의 작문을 짖어 주었습니다.
(ほえて→ほめて 칭찬해)

단어 ほえる 짖다 | 鳴(な)る 울리다, 소리가 나다 | 玄関(げんかん) 현관 | 飛(と)ぶ 뛰어가다, 날다 | 夜中(よなか) 한밤중 | きゃんきゃん (개 짖는 소리) 컹컹 | 目(め)が覚(さ)める 잠이 깨다 | 待合室(まちあいしつ) 대기실 | 心地(ここち)よい 기분 좋다 | 流(なが)れる 흐르다, 떠내려가다 | 作文(さくぶん) 작문 | ほめる 칭찬하다

해설 「ほえる」는 농불이 큰소리로 울부짖는 것을 나타낼 때 사용한다.

2 制限 제한

1 다이어트 중이기 때문에 단것을 제한하고 있습니다.

2 저는 어젯밤 9시까지 돌아간다는 집의 제한을 어겼습니다.
(制限 → 門限 통금)

3 제한이 지난 식품을 먹으면 배가 아플 가능성이 있습니다.
(制限 → 期限 기한)

4 이 리포트의 제한은 다음주 월요일까지입니다.
(制限 → 期限 기한)

단어 制限(せいげん) 제한 | 門限(もんげん) 통금 | 破(やぶ)る 찢다, (약속 등을) 어기다 | 期限(きげん) 기한 | 切(き)れる (기한 등이) 다 되다 | 可能性(かのうせい) 가능성

해설 「制限」은 정해진 범위나 한계를 두어 넘지 못하게 하거나 제한하는 것을 나타낼 때 사용한다.

3 清潔 청결

1 자신의 마음을 청결하게 전달하는 것은 어렵다.
(清潔に → 正直に 솔직하게)

2 치안도 좋고, 도로도 항상 청소되어 있어서 청결하다.

3 수술 후 2주 만에 청결한 건강 상태로 돌아왔다.
(清潔な → 良好な 양호한)

4 그 밤, 무엇을 하고 있었는지 청결한 기억이 없다.
(清潔な → はっきりした 확실한)

단어 清潔(せいけつ)だ 깨끗하다, 청결하다 | 正直(しょうじき)だ 솔직하다 | 伝(つた)える 전하다 | 治安(ちあん) 치안 | 道路(どうろ) 도로 | 常(つね)に 항상 | 掃除(そうじ) 청소 | 手術(しゅじゅつ) 수술 | 良好(りょうこう)だ 양호하다 | 健康状態(けんこうじょうたい) 건강 상태 | はっきり 확실히, 분명히 | 記憶(きおく) 기억

해설 「清潔」는 위생 상태나 환경의 청결함을 나타낼 때 사용한다.

4 訪問 방문

1 최근 몇 년 사이에 통신 수단은 놀랄 정도로 방문했다.
(訪問 → 発達 발달)

2 회의는 방문보다 30분 빨리 끝났다. (訪問 → 予定 예정)

3 우리들은 아직 방문의 답을 받지 못했다.
(訪問 → 質問 질문)

4 그는 취직을 위한 회사 방문을 시작했다.

단어 訪問(ほうもん) 방문 | 数年(すうねん) 수년 | 通信手段(つうしんしゅだん) 통신 수단 | 驚(おどろ)く 놀라다 | 発達(はったつ) 발달 | 就職(しゅうしょく) 취직, 취업

해설 「訪問」은 사람이나 장소를 직접 찾아가 만나다'라는 의미를 나타낼 때 사용한다.

5 まずしい 가난하다

1 그녀는 아들을 가난하게 혼냈다.
(まずしく → きびしく 엄하게)

2 그녀는 가난한 집에 태어났다.

3 이 요리는 가난해서 먹고 싶지 않다.
(まずしくて → まずくて 맛없어서)

4 다이아몬드는 가난할 정도로 반짝반짝 빛났다.
(まずしい → まぶしい 눈부실)

단어 まずしい 가난하다 | きびしい 엄하다, 힘들다 | しかる 꾸짖다 | まずい 맛없다 | まぶしい 눈부시다 | きらきら 반짝반짝 | 輝(かがや)く 빛나다

해설 「まずしい」는 '경제적으로 넉넉하지 않다, 가난하다'라는 의미로, 사람의 생활 형편이나 집안 사정을 나타낼 때 사용한다.

64 기출어휘 확인문제 용법 p.123

1 かき混ぜる 뒤섞다

1 파티 출석자는 거의 남성이고 몇 명만 여성이 뒤섞여 있었다. (かき混ぜて → 混ざって 섞여)

2 커피에 설탕을 넣어 스푼으로 천천히 뒤섞었다.

3 네가 찾고 있던 서류가 내 파일에 뒤섞여 있었다.
(かき混ぜて → 混ざって 섞여)

4 이 대학은 3개 학부가 뒤섞여 있다.
(かき混ぜられて → 統合されて 통합되어)

단어 かき混(ま)ぜる 뒤섞다, 휘젓다 | 出席者(しゅっせきしゃ) 참석자 | 数名(すうめい) 수명, 몇 명 | 混(ま)ざる 섞이다 | 捜(さ)がす 찾다 | 書類(しょるい) 서류 | 学部(がくぶ) 학부 | 統合(とうごう) 통합

해설 「かき混ぜる」는 '여러 요소를 휘저어 뒤섞다'라는 의미로, 주로 액체나 가루처럼 실제로 저어 섞는 물리적 행위에 사용한다.

2 断る 거절하다

1 아무리 어려워도 희망을 거절해서는 안된다.
(断っては → 失っては 잃어서는)

2 나는 50살 때 근무하고 있던 은행을 거절하고, 농업을 시작했다. (断って → 辞めて 그만두고)

3 반년간이나 행방불명이었던 아들이 살아서 돌아온 때는 자신의 눈을 거절할 수 없었다.
(断られなかった → 疑った 의심했다)

4 그는 형편없는 모습을 하고 있었기 때문에, 레스토랑에 들어가는 것을 거절당했다.

단어 断(ことわ)る 거절하다 | 希望(きぼう) 희망 | 失(うしな)う 잃다 | 勤(つと)める 근무하다 | 辞(や)める 그만두다 | 農業(のうぎょう) 농업 | 行方不明(ゆくえふめい) 행방불명 | 格好(かっこう) 차림새, 모습 | 疑(うたが)う 의심하다

해설 「断る」는 요청, 제안, 초대, 신청 등을 받아들이지 않고 거절한다는 의미를 나타낼 때 사용한다.

3 新鮮 신선

1 자원봉사는 신선한 기분만으로는 계속되지 않는다.
(新鮮な → 軽い 가벼운)

2 신선한 기분으로 말했지만 상대해 주지 않았다.
(新鮮な → 正直な 솔직한)

3 부모님이 신선한 얼굴로 선생님과 상담하고 있다.
(新鮮な → 真剣な 진지한)

4 신선한 식재료를 사용한 요리는 매우 맛이 좋다.

단어 新鮮(しんせん)だ 신선하다 | ボランティア 자원봉사 | 続(つづ)く 계속되다 | 正直(しょうじき)だ 정직하다, 솔직하다 | 相手(あいて)にされる 상대가 되다, 대접받다 | 真剣(しんけん)だ 진지하다 | 相談(そうだん) 상담 | 食材(しょくざい) 식재료

해설 「新鮮」은 '갓 만들어지거나 오래되지 않아 상태가 좋음'이라는 의미로, 식재료처럼 물리적인 신선함이나, 비유적으로는 '새롭고 참신한 느낌'을 나타낼 때 사용한다.

4 翻訳 번역

1 이 히라가나를 가타카나로 번역해 주세요.
(翻訳して → 書き換えて 바꿔 써)

2 그 소설은 일본어 번역으로 읽었다.

3 둘은 번역을 주고받지 않고 눈과 눈으로 신호했다.
(翻訳 → 言葉 말)

4 그런 것은 지각의 번역이 되지 않는다. (翻訳 → 言い訳 변명)

단어 翻訳(ほんやく) 번역 | 書(か)き換(か)える 바꿔 쓰다 | 小説(しょうせつ) 소설 | 交(か)わす 주고받다 | 合図(あいず) 신호, 눈짓 | 言(い)い訳(わけ) 변명

해설 「翻訳」는 한 언어로 된 말이나 글의 내용을 다른 언어로 옮기는 것을 나타낼 때 사용한다.

5 なだらか 완만함

1 완만해 보이는 산이지만 실제로는 바위투성이이다.

2 이 배는 입안에 착 감기는 단맛과 완만한 식감이 특징이다.
(なだらかな → なめらかな 부드러운)

3 냉방이 잘 된 실내는 완만해서, 밖의 더위가 거짓말 같다.
(なだらかで → 涼しくて 시원해서)

4 부모에게 있어 내 아이가 가장 귀여운 것은 완만하다.
(なだらかだ → 当然だ 당연하다)

단어 なだらかだ 완만하다 | 実際(じっさい) 실제 | 岩(いわ) 바위 | ~だらけ ~투성이 | 口当(くちあ)たりのいい 입에 착 붙는 | なめらかだ 매끄럽다, 부드럽다 | 食感(しょっかん) 식감 | 特徴(とくちょう) 특징이 | 冷房(れいぼう) 냉방 | 利(き)く 잘 작동하다, 통하다 | 室内(しつない) 실내 | 涼(すず)しい 시원하다 | 当然(とうぜん)だ 당연하다

해설 「なだらか」는 경사나 변화가 급하지 않고 완만한 상태를 나타낼 때 사용한다.

65 기출어휘 확인문제 용법 p.124

1 中旬 중순

1 다음 대회에서는 이 젊은 선수들이 팀의 중순이 됩니다.
(中旬 → 中心 중심)

2 이 회사의 사원은 거의가 20대나 50대로 중순이 없습니다.
(中旬 → 中間 중간)

3 여동생은 7월 중순에 일본으로 귀국합니다.

4 호수 중순에 작은 섬이 있습니다. (中旬 → 中央 중앙)

단어 中旬(ちゅうじゅん) 중순 | 選手(せんしゅ) 선수 | 中心(ちゅうしん) 중심 | 社員(しゃいん) 사원 | 中間(ちゅうかん) 중간 | 帰国(きこく) 귀국 | 湖(みずうみ) 호수 | 中央(ちゅうおう) 중앙

해설 「中旬」은 한달을 상·중·하로 나눌 때의 가운데 기간, 즉 11일~20일 무렵을 가리키는 말이다. 날짜·시기와 함께 쓰이며, 장소의 '중앙'이나 '중간 집단' 등을 나타내는 의미로는 사용되지 않는다.

2 知り合う 서로 알게 되다

1 이 취급 설명서를 잘 읽고 서로 알게 된 후에 본품을 사용해 주세요. (知り合ってから → 理解してから 이해한 뒤에)

2 이 근처에 이런 큰 공원이 있다니 바로 2, 3일 전까지 서로 알지 못했다. (知り合わなかった → 知らなかった 알지 못했다)

3 야마시타 씨와는 피아노 교실에서 서로 알게 되었다.

4 다나카 씨에게 손을 흔들었지만, 다나카 씨는 서로 알지 못했다. (知り合わなかった → 気づかなかった 알아채지 못했다)

단어 知(し)り合(あ)う 서로 알게 되다 | 取扱説明書(とりあつかいせつめいしょ) 취급 설명서 | 理解(りかい) 이해 | 本品(ほんぴん) 본품 | 使用(しよう) 사용 | つい 바로, 얼마 안 되어 | 気(き)づく 알아차리다, 눈치채다

해설 「知り合う」는 '사람과 사람 사이에서 서로 알게 되다, 아는 사이가 되다'라는 의미를 나타낼 때 사용한다.

3 消費 소비

1 평소부터 부지런히 운동하며 칼로리 소비에 힘쓰고 있다.

2 이 약은 음식을 소비하는 것을 돕는다. (消費 → 消化 소화)

3 야마모토 씨는 매우 바쁜 스케줄을 예정대로 소비하고 있다.
(消費 → 消化 소화)

4 이 문제의 소비를 잘못하면 나는 곤란한 입장이 된다.
(消費 → 処理 처리)

단어 消費(しょうひ) 소비, 소모 | 日(ひ)ごろ 평소 | こまめに 부지런히 | 努(つと)める 힘쓰다 | 消化(しょうか) 소화 | 多忙(たぼう)だ 다망하다, 매우 바쁘다 | 処理(しょり) 처리 | あやまる 잘못하다 | 立場(たちば) 입장

해설 「消費」는 재화나 서비스를 사용하여 없어지게함을 뜻한다.

4 緊張 긴장

1 긴장할 때의 연락처를 정하다.
(緊張のとき → 緊急のとき 긴급할 때)

2 시합 시간이 가까워질수록 긴장이 고조되었다.

3 그는 어디까지나 자신은 옳다고 긴장했다.
(緊張 → 主張 주장)

4 모두가 너의 장래를 긴장하고 있다. (緊張 → 期待 기대)

단어 緊張(きんちょう) 긴장 | 緊急(きんきゅう) 긴급 | 連絡先(れんらくさき) 연락처 | 試合(しあい) 시합 | 近(ちか)づく 다가오다 | 高(たか)まる 높아지다 | あくまで 어디까지나 | 正(ただ)しい 옳다, 바르다 | 主張(しゅちょう) 주장 | 将来(しょうらい) 장래, 미래 | 期待(きたい) 기대

해설 「緊張」는 마음이나 몸이 긴장된 상태를 나타내며, 시험이나 경기 등 중요한 상황을 앞두고 느끼는 심리적 긴장이나 분위기의 팽팽함을 표현할 때 사용한다.

5 はかる 재다

1 채소 장수는 수박을 하나하나 손으로 무게를 쟀다.

2 사과 수를 재봤더니 12개였다.
(はかってみたら → 数えてみたら 세어 봤더니)

3 이 숙제는 1시간 정도로 끝난다고 재고 있다.
(はかって → 予想して 예상하고)

4 지난달 생활비를 계산기로 재봤다.
(はかってみた → 計算してみた 계산해 봤다)

단어 はかる 재다, 가늠하다 | 八百屋(やおや) 채소 가게, 채소 가게 주인 | 数(かぞ)える 세다 | 宿題(しゅくだい) 숙제 | 予想(よそう) 예상 | 生活費(せいかつひ) 생활비 | 電卓(でんたく) 계산기 | 計算(けいさん) 계산

해설 「はかる」는 어떤 기준에 따라 수치나 정도, 가능성을 재다(헤아린다)는 의미를 나타낼 때 사용한다.

66 기출어휘 확인문제 용법 p.125

1 引き受ける 맡다

1 너의 감기를 맡은 것 같아서, 나도 열이 났다.
(風邪を引き受けた → 風邪がうつった 감기가 옮은 것)

2 송년회의 간사를 맡기로 했다.

3 우리 학교에서는 지각을 엄격하게 맡고 있다.
(引き受けて → 取り締まって 단속하고)

4 모든 제품은 출하되기 전에 꼼꼼한 검사를 맡다.
(引き受ける → 受ける 받다)

단어 引(ひ)き受(う)ける 맡다, 떠맡다 | うつる 옮기다 | 忘年会(ぼうねんかい) 망년회, 송년회 | 幹事(かんじ) 간사 | 取(と)り締(し)まる 단속하다 | 製品(せいひん) 제품 | 出荷(しゅっか) 출하 | 入念(にゅうねん)だ 공들이다, 꼼꼼하다 | 検査(けんさ) 검사

해설 「引き受ける」는 부탁, 역할, 책임, 일 등을 (떠)맡는 의미를 나타낼 때 사용한다.

2 縮小 축소

1 쌀 생산량은 작년보다 축소했다. (縮小 → 減少 감소)

2 차 안에서는 목소리를 축소해 주세요.
(縮小して → 小さくして 줄여)

3 공장 규모를 축소할 필요가 있다.

4 일본의 인구는 조금씩 축소하고 있다. (縮小 → 減少 감소)

단어 縮小(しゅくしょう) 축소 | 生産量(せいさんりょう) 생산량 | 減少(げんしょう) 감소 | 工場(こうじょう) 공장 | 規模(きぼ) 규모 | 必要(ひつよう) 필요

해설 「縮小」는 사물의 규모, 범위, 크기 등을 줄여서 작게 만드는 것을 나타낼 때 사용한다.

3 かれる 시들다

1 일주일 이상이나 물 주는 것을 잊었기 때문에, 정원의 꽃이 시들어 버렸다.

2 이제 곧 떡이 시드니까 기다려 주세요.
(かれる→できる 다 되니까)

3 아들이 만든 눈사람도 저녁에는 시들어 버렸다.
(かれて→溶けて 녹아)

4 이 복사기는 시들었기 때문에 이쪽에 있는 것을 사용해 주세요. (かれている→壊れている 고장났기)

단어 かれる 마르다, 시들다 | おもち 떡 | 雪(ゆき)だるま 눈사람 | 溶(と)ける 녹다 | コピー機(き) 복사기 | 壊(こわ)れる 고장나다, 망가지다

해설 「かれる」는 '식물, 자원, 감정 등이 생명력이나 수분을 잃어 생기가 없어지다, 소모되다'라는 의미를 나타낼 때 사용한다.

4 制限 제한

1 그 지방에는 독특한 가족 제한이 남아 있다.
(制限 → 制度 제도)

2 여자 고등학교에 간다면 멋진 제한인 곳이 좋다.
(制限 → 制服 교복)

3 딸은 어머니의 제한을 뿌리치고 집을 나갔다.
(制限 → 制止 제지)

4 이번 구인 모집에 연령 제한은 없다.

단어 制限(せいげん) 제한 | 地方(ちほう) 지방 | 独特(どくとく) 독특 | 制度(せいど) 제도 | おしゃれだ 멋지다, 세련되다 | 制服(せいふく) 교복 | 制止(せいし) 제지 | 振(ふ)り切(き)る 뿌리치다 | 求人(きゅうじん) 구인 | 募集(ぼしゅう) 모집 | 年齢(ねんれい) 연령

해설 「制限」은 범위, 조건, 행동 등을 일정한 기준 안으로 제한함을 나타내며, 객관적으로 정해진 한계나 제한에 사용한다.

5 未来 미래

1 우치다 씨는 미래 무엇이 되고 싶습니까?
(未来 → 将来 장래)

2 미래의 꿈은 의사가 되는 것입니다. (未来 → 将来 장래)

3 언제 올 수 있을지 미래의 상태를 가르쳐 주세요.
(未来 → 今後 앞으로)

4 이대로는 우리에게 미래는 없다.

단어 未来(みらい) 미래 | 将来(しょうらい) 장래, 미래 | 都合(つごう) 형편, 사정

해설 「未来」는 사회 전체, 인류, 기술과 같이 큰 범위와 아주 먼 시간이나 공상적인을 의미할 때 사용하고, 「将来」는 개인, 본인과 같이 작은 범위나 비교적 가까운 미래, 계획을 말할 때 사용한다.

01 예상어휘 확인문제 한자읽기 p.152

1 회사의 신사옥으로의 이전은 1주일 걸렸다.
단어 新社屋(しんしゃおく) 신사옥 | 移転(いてん) 이전 | はってん 발전 | じてん 사전 | かいてん 개점

2 이것은 현대 미국 문학을 대표하는 작품입니다.
단어 代表(だいひょう) 대표 | 作品(さくひん) 작품

3 일본에서는 차는 좌측통행, 사람은 우측입니다.
단어 左側(ひだりがわ) 왼쪽 | 通行(つうこう) 통행 | 右側(みぎがわ) 오른쪽

4 여러 책을 펼치기 때문에 큰 책상이 갖고 싶다.
단어 広(ひろ)げる 펼치다 | 机(つくえ) 책상 | ほしい 원하다, 갖고 싶다 | はこ 상자 | たな 선반

5 불만에는 재빨리 응대하는 것이 중요합니다.
단어 苦情(くじょう) 불만 | 応対(おうたい) 응대 | 大切(たいせつ)だ 중요하다 | おうえん 응원 | おうせつ 응접 | おうよう 응용

6 마을의 초등학교는 신입생이 줄어서 폐교 직전이다.
단어 新入生(しんにゅうせい) 신입생 | 減(へ)る 줄다 | 廃校(はいこう) 폐교 | 寸前(すんぜん) 직전 | あまる 남다 | そる 깎다, 면도하다 | いたる 이르다

7 도쿄에는 세계 각국에서 최신 정보가 들어온다.
단어 各国(かっこく) 각국 | 最新(さいしん) 최신 | 情報(じょうほう) 정보

8 회담은 쌍방합의에 이르지 않고 끝났습니다.
단어 会談(かいだん) 회담 | 双方(そうほう) 쌍방 | 合意(ごうい) 합의 | 至(いた)る 이르다

9 일부러 역까지 마중 나오지 않으셔도 괜찮아요.
단어 迎(むか)えに来(く)る 마중 나오다, 데리러 오다 | ささえる 지지하다, 떠받치다 | そろえる 정돈하다 | おさえる 누르다, 억제하다

10 아침 식사 전에 신문을 읽는 것이 나의 일과입니다.
단어 朝食(ちょうしょく) 조식, 아침 식사 | 日課(にっか) 일과 | にっき 일기

02 예상어휘 확인문제 한자읽기 p.153

1 차는 역과는 반대 방향으로 달려갔다.
단어 反対(はんたい) 반대 | 方向(ほうこう) 방향

2 모리 씨의 의견에는 부분적으로 찬성입니다.
단어 部分的(ぶぶんてき) 부분적 | 賛成(さんせい) 찬성

3 사소한 방심에서 절호의 기회를 잃고 말았다.
단어 ふとした 사소한, 우연한 | 油断(ゆだん) 방심 | 絶好(ぜっこう) 절호 | 失(うしな)う 잃다 | まかなう 제공하다, 조달하다 | おこなう 행하다, 실시하다 | あきなう 장사하다, 영업하다

4 이 시간이 영원히 계속되었으면 좋겠다.
단어 永遠(えいえん) 영원 | 続(つづ)く 계속되다

5 이번 회의는 교토에서 개최되는 것으로 결정되었다.
단어 会議(かいぎ) 회의 | 開催(かいさい) 개최 | 決(き)まる 결정되다, 정해지다 | おさまる 진정되다, 정리되다 | かたまる 굳다, 단단해지다 | まとまる 정리되다

6 그때, 아내의 수입은 나의 두 배 이상이 되어 있었습니다.
단어 収入(しゅうにゅう) 수입 | 以上(いじょう) 이상

7 연락해 두면 역이나 공항까지 마중 나와 줍니다.
단어 連絡(れんらく) 연락 | 空港(くうこう) 공항 | 迎(むか)えにくる 마중 나오다

8 일본의 대미 무역은 매년 증가하고 있습니다.
단어 対米(たいべい) 대미 | 貿易(ぼうえき) 무역 | 年々(ねんねん) 매년, 해마다 | 増加(ぞうか) 증가

9 야당은 정부의 방침에 격하게 반발했습니다.
단어 野党(やとう) 야당 | 政府(せいふ) 정부 | 方針(ほうしん) 방침 | はげしい 격하다, 심하다 | 反発(はんぱつ) 반발

10 오늘 밤은 아주 밝아서 별빛으로도 책을 읽을 수 있을 정도다.
단어 星明(ほしあ)かり 별빛

03 예상어휘 확인문제 한자읽기 p.154

1 감독은 5회에 선발 투수를 교체시켰다.
단어 監督(かんとく) 감독 | 先発(せんぱつ) 선발 | ピッチャー 피처, 투수 | 交代(こうたい) 교체

2 오늘 아침은 물이 얼음처럼 차가웠습니다.
단어 氷(こおり) 얼음 | あぶら 기름 | こな 가루

3 그의 행동은 양국에게는 아무 이득도 되지 않는다.
단어 行動(こうどう) 행동 | 両国(りょうこく) 양국 | 得(とく) 이익

4 이 소포를 보내는 데 얼마 듭니까?
단어 小包(こづつみ) 소포 | かかる (시간・돈 등이) 걸리다

5 자신의 역할은 잘 알고 있다고 생각합니다.
단어 役目(やくめ) 맡은 일, 역할

6 나의 아버지는 최근 컨디션이 좋지 않다.
단어 体調(たいちょう) 몸 상태, 컨디션

7 오래된 신문을 재이용해서 에코백을 만들었습니다.
단어 古新聞(ふるしんぶん) 헌 신문 | 再利用(さいりよう) 재사용 | エコバッグ 에코백

8 밖으로 나가니 다행히 눈이 그쳐 있었다.
단어 幸(さいわ)いだ 다행이다 | やむ (눈・비 등이) 그치다

9 이것이 지금, 젊은이 사이에서 유행하는 수영복입니다.
단어 若者(わかもの) 젊은이, 청년 | 流行(りゅうこう) 유행 | 水着(みずぎ) 수영복

10 그 상해 사건은 신문에서 상세하게 보도되었습니다.
단어 傷害(しょうがい) 상해 | 事件(じけん) 사건 | 詳(くわ)しい 상세하다, 자세하다 | 報道(ほうどう) 보도

04 예상어휘 확인문제 한자읽기 p.155

1 그 법률은 예외 없이 적용되어야 합니다.
단어 法律(ほうりつ) 법률 | 例外(れいがい) 예외 | 適用(てきよう) 적용

2 당사를 방문하시는 분은 정문으로 들어와 주세요.
단어 当社(とうしゃ) 당사 | 訪問(ほうもん) 방문 | 正門(せいもん) 정문

3 야당은 국회에서 과반수를 차지하는 것을 목표로 하고 있다.
단어 野党(やとう) 야당 | 国会(こっかい) 국회 | 過半数(かはんすう) 과반수 | 占(し)める 차지하다 | 目指(めざ)す 노리다, 목표로 하다 | うめる 묻다, 메우다 | つめる 채워 넣다, 담다 | はめる (단추 등을) 끼우다, 채우다

4 인류의 오랜 역사에서 보면, 이것도 하나의 작은 변화에 지나지 않는다.
단어 人類(じんるい) 인류 | 歴史(れきし) 역사 | 変化(へんか) 변화 | ~に過(す)ぎない ~에 지나지 않다

5 이 곡은 5주 연속 싱글 차트 1위이다.
단어 曲(きょく) 곡 | 連続(れんぞく) 연속 | シングルチャート 싱글 차트

6 외국에서 온 방문객을 따뜻하게 맞이했다.
단어 訪問客(ほうもんきゃく) 방문객 | 温(あたた)かい 따뜻하다 | 迎(むか)える 맞이하다 | やわらかい 부드럽다 | こまかい 잘다, 세세하다

7 고민하고 있을 때가 성장하고 있을 때이기도 합니다.
단어 悩(なや)む 고민하다 | 成長(せいちょう) 성장

8 방귀는 생리 현상이기에 어쩔 수가 없다.
단어 おなら 방귀 | 生理現象(せいりげんしょう) 생리 현상 | しかたがない 어쩔 수가 없다

9 우주에서 보는 경치는 마치 꿈만 같았습니다.
단어 宇宙(うちゅう) 우주 | 景色(けしき) 풍경 | まるで 마치

10 솔직히 그녀는 그다지 좋아하지 않습니다.
단어 正直(しょうじき)だ 솔직하다

05 예상어휘 확인문제 표기 p.156

1 귀가 시에는 우산을 잊지 않도록 주의하세요.
단어 お帰(かえ)り 돌아옴, 귀가 | ~さい ~때 | 注意(ちゅうい) 주의

2 유적은 상상했던 것보다 거대합니다.
단어 遺跡(いせき) 유적 | 想像(そうぞう) 상상 | 巨大(きょだい) 거대 | 過大(かだい) 과대, 지나침 | 偉大(いだい) 위대 | 絶大(ぜつだい) 절대적

3 최근 계속 더운 날이 이어지고 있습니다.
단어 続(つづ)く 계속되다, 이어지다

4 집의 개축은 예산 초과가 되고 말았다.
단어 リフォーム 리폼, 개조 | 予算(よさん) 예산 | オーバー 오버, 초과

5 경기가 좋은 것은 일부 백화점뿐입니다.
단어 景気(けいき) 경기 | 一部(いちぶ) 일부

6 시험에 필요하지 않은 것은 회장에 가지고 들어오지 마세요.
단어 必要(ひつよう) 필요 | 会場(かいじょう) 회장 | 持(も)ち込(こ)む 가져오다, 반입하다

7 길 폭이 넓어져서 걷기 편해졌습니다.
단어 道幅(みちはば) 길가, 길 폭 | 広(ひろ)がる 넓어지다

8 그가 왜 그런 일을 했는지 이해할 수 없습니다.
단어 理解(りかい) 이해

9 나는 수면 시간을 최저 5시간은 취하도록 하고 있습니다.
단어 睡眠(すいみん) 수면 | 最低(さいてい) 최저, 최소 | 取(と)る 취하다, 확보하다

10 그 책은 일반 독자에게 많이 읽혀지고 있습니다.
단어 一般(いっぱん) 일반 | 読者(どくしゃ) 독자

06 예상어휘 확인문제 표기 p.157

1 전망대에서 주위의 산들을 바라볼 수 있었습니다.
단어 展望台(てんぼうだい) 전망대 | 周囲(しゅうい) 주위, 주변 | 山々(やまやま) 산들 | 見渡(みわた)す 한눈에 바라보다

2 이 약에는 벌레가 좋아하지 않는 성분이 함유되어 있다.
단어 好(この)む 좋아하다, 선호하다 | 成分(せいぶん) 성분 | 含(ふく)む 포함하다, 함유하다

3 분발해서 절약하고 있는데도 왠지 저금액이 늘지 않는다.
단어 節約(せつやく) 절약 | 貯金額(ちょきんがく) 저축액 | 増(ふ)える 늘다, 증가하다 | 倹約(けんやく) 검약, 절약

4 숨을 깊게 쉬면 등이 아픕니다.
단어 息(いき) 숨 | 深(ふか)い 깊다 | 吸(す)う 들이마시다 | 背中(せなか) 등

5 나는 개와 함께 **공원**을 산책하는 것을 좋아합니다.
단어 公園(こうえん) 공원

6 농가의 사람이 **밭**에 채소 씨앗을 뿌리고 있다.
단어 農家(のうか) 농가 | 畑(はたけ) 밭 | 種(たね) 씨 | まく (씨 등을) 뿌리다

7 설산에서 길을 잃었지만, 어떻게든 **살아날** 방법을 찾았다.
단어 雪山(ゆきやま) 설산 | 迷(まよ)う 망설이다, (길을) 헤매다 | 方法(ほうほう) 방법 | 探(さが)す 찾다 | 何(なん)とか 어떻게든 | 助(たす)かる 도움이 되다, 살아나다

8 이 **표현**은 윗사람에 대한 것으로서는 **적절**하지 않다.
단어 表現(ひょうげん) 표현 | 目上(めうえ) 윗사람 | 適切(てきせつ)だ 적절하다

9 그 **도로**는 주의해서 건너 주세요.
단어 道路(どうろ) 도로 | 気(き)をつける 조심하다, 주의하다 | 渡(わた)る 건너다

10 유학은 **고학력**이 될수록 활발해지는(활성화되는) 경향이 있다.
단어 留学(りゅうがく) 유학 | 高学歴(こうがくれき) 고학력 | 活発化(かっぱつか) 활발화, 활성화 | 傾向(けいこう) 경향

07 예상어휘 확인문제 표기 p.158

1 **어제** 최저 기온이 0.8도를 기록했습니다.
단어 昨日(さくじつ) 어제 | 最低(さいてい) 최저 | 気温(きおん) 기온 | 記録(きろく) 기록

2 주위 사람들에게 **지원을 받아** 오늘날까지 아이를 키울 수 있었습니다.
단어 周囲(しゅうい) 주위, 주변 | 人々(ひとびと) 사람들 | 支(ささ)える 지지하다, 떠받치다 | 子育(こそだ)て 아기 키우기, 육아

3 지금 3개의 프로젝트를 **동시** 진행으로 담당하고 있습니다.
단어 プロジェクト 프로젝트 | 同時(どうじ) 동시 | 進行(しんこう) 진행 | 担当(たんとう) 담당

4 **성능**이 좋은 기계일수록 고가가 됩니다.
단어 性能(せいのう) 성능 | 機械(きかい) 기계 | 高価(こうか) 고가, 비쌈

5 그 책은 2026년에 처음으로 **발간**되었습니다.
단어 発刊(はっかん) 발간

6 어제 금붕어를 2**마리** 샀다.
단어 金魚(きんぎょ) 금붕어 | ~匹(ひき) ~마리

7 그녀는 세계 선수권에서 일본 **최고**기록을 냈다.
단어 世界選手権(せかいせんしゅけん) 세계 선수권 | 最高(さいこう) 최고 | 記録(きろく) 기록

8 **교통**기관이 끊길 경우에는 휴강합니다.
단어 交通(こうつう) 교통 | 機関(きかん) 기관 | 不通(ふつう) 불통, (교통·통신 등이) 끊김 | 休講(きゅうこう) 휴강

9 머릿속의 영상을 **구체화**해 봅니다.
단어 映像(えいぞう) 영상 | 具体化(ぐたいか) 구체화

10 나는 학교에서의 수업 재개를 기대하고 있습니다.
단어 再開(さいかい) 재개

08 예상어휘 확인문제 문맥구성 p.159

1 수술한 지 얼마 안 됐는데, 일을 하다니 **당치도 않다**.
단어 手術(しゅじゅつ) 수술 | 働(はたら)く 일하다 | とんでもない 터무니없다, 당치도 않다 | くだらない 하찮다, 시시하다 | やむをえない 어쩔 수 없다 | だらしない 단정하지 못하다
해설 수술 직후의 몸 상태를 생각해 보면 '일을 하는 것은 말도 안 된다'와 같은 강한 부정 표현이 필요하다. 따라서 「とんでもない」가 가장 적절하다.

2 그는 어느 **정도** 일본어를 말할 수 있다고 합니다.
단어 程度(ていど) 정도 | 速度(そくど) 속도 | 高度(こうど) 고도, 수준이 높음 | 限度(げんど) 한도
해설 일본어의 구체적인 실력 수준을 나타내는 상황이므로 「程度」가 가장 자연스럽다.

3 뉴스를 듣더니 그는 **바로** 사고 현장으로 달려갔다.
단어 ただちに 즉시, 곧 | 事故(じこ) 사고 | 現場(げんば) 현장 | かけつける 급히 가다, 달려가다 | げんに 실제로 | めったに 좀처럼 ~하지 않다 | ついに 마침내, 끝내
해설 「かけつける」는 '급히 가다, 달려가다'라는 뜻이므로, '듣자마자 바로'라는 의미의 「ただちに」가 가장 자연스럽다.

4 그 신문을 한 **부** 사 오세요.
단어 ~部(ぶ) ~부, 〈신문 부수 등을 세는 단위〉 | ~通(つう) ~통 〈편지 등을 세는 단위〉 | ~冊(さつ) ~권 | ~巻(かん) ~권, ~편 〈두루마리나 서적 등을 세는 단위〉
해설 신문이나 잡지 같은 간행물의 낱개 수량(부수)을 셀 때는 「~部」를 사용한다.

5 사고방식을 유연하게 하려면 젊은 사람과 **접하는** 것이 제일입니다.
단어 考(かんが)え方(かた) 사고방식 | 柔軟(じゅうなん)だ 유연하다 | 若(わか)い 젊다 | 接(せっ)する 접하다, 관계를 맺다 | 達(たっ)する 도달하다 | 関(かん)する 관하다, 관계하다 | 適(てき)する 적합하다
해설 사람과 직접 만나 소통하거나 관계를 맺는 교류와 접촉의 의미를 담아야 하므로, 「接する」가 가장 적절하다.

6 전 직장은 **도산**했기 때문에 이미 없습니다.
단어 職場(しょくば) 직장 | 倒産(とうさん) 도산, 파산 | すでに 이미, 벌써 | 発売(はつばい) 발매, 출시 | 連休(れんきゅう) 연휴 | 手配(てはい) 준비, 조치, 수배
해설 회사가 이제는 없다고 하므로 문맥상 「倒産」이 가장 자연스럽다.

7 아침부터 의논을 계속하고 있지만 좀처럼 **결론**이 나지 않는다.
단어 話(はな)し合(あ)い 서로 이야기함, 의논 | 続(つづ)ける 계속하다 | 結論(けつろん) 결론 | 完成(かんせい) 완성 | 完了(か

んりょう) 완료 | 結局(けっきょく) 결국

해설 여러 의견을 조율하여 최종적으로 도달해야 하는 결정된 판단이나 결과를 나타내려면 「結論」이 가장 자연스럽다.

8 전 세계에서 **잇달아** 문의 편지가 왔다.

단어 世界(せかい)じゅう 전 세계 | 続々(ぞくぞく) 잇달아, 계속해서 | 問(と)いあわせ 문의 | 着々(ちゃくちゃく) 착착, 차근차근 | 別々(べつべつ) 따로따로 | 点々(てんてん) 여기저기 흩어져 있는 모양, 점점이

해설 「世界じゅう」에서 미루어 보아 끊이지 않고 연달아 계속해서 편지가 오는 상황이므로 「続々」가 가장 적절하다.

9 어렸을 때, 남동생을 **괴롭혀서** 혼났습니다.

단어 いじめる 괴롭히다 | しかる 혼내다 | いばる 거만하게 굴다 | あいする 사랑하다 | かわいがる 귀여워하다, 예뻐하다

해설 혼이 날 만한 상황이 되려면 동생을 곤란하게 하거나 괴롭혔다는 뉘앙스가 필요하므로 「いじめて」가 가장 자연스럽다.

10 내일 시합에서는 이 두 **팀**이 처음으로 겨루기로 되어 있다.

단어 試合(しあい) 경기 | チーム 팀 | 戦(たたか)う 싸우다, 겨루다 | メンバー 멤버 | シリーズ 시리즈

해설 경기에서 서로 맞붙어 승패를 겨루는 조직이나 집단을 가리키는 말로는 「チーム」가 가장 적절하다.

09 예상어휘 확인문제 문맥구성 p.160

1 이 케이크의 **주된** 재료는 밀가루, 설탕, 계란과 버터입니다.

단어 おもな 주요한 | 材料(ざいりょう) 재료 | こむぎこ 밀가루 | まれな 드문, 희귀한 | らくな 편한, 쉬운 | むだな 쓸데없는

해설 케이크를 구성하는 여러 재료 중 비중이 크고 바탕이 되는 중심적인 재료들을 나열하고 있으므로 「おもな」를 쓰는 것이 가장 자연스럽다.

2 고등교육의 국제**화**에 대응하는 커리큘럼 개혁이 급선무이다.

단어 高等教育(こうとうきょういく) 고등교육 | 国際化(こくさいか) 국제화 | カリキュラム 커리큘럼, 교육 과정 | 改革(かいかく) 개혁 | 急務(きゅうむ) 급무, 급선무

해설 「~化」는 어떤 대상이 그러한 성질이나 상태로 변하거나 또는 그렇게 만든다는 의미이므로, 교육 시스템이 전 세계적 흐름에 맞춰 변해가는 상황에 대한 표현으로서 가장 적절하다.

3 저 슈퍼마켓은 밤늦게까지 **영업**하고 있어서 편리하다.

단어 営業(えいぎょう) 영업 | 便利(べんり)だ 편리하다 | 作業(さぎょう) 작업 | 商業(しょうぎょう) 상업

해설 슈퍼마켓이 밤늦게까지 문을 열고 장사하는 상황을 표현하기에는 「営業」가 가장 적절하다.

4 그녀는 파트타임 일을 하지만 **착실히** 집안일도 해내고 있다.

단어 パートに出(で)る 파트타임(시간제) 일을 하다 | ちゃんと 제대로, 착실히 | 家事(かじ) 집안일 | こなす 해내다 | ふたたび 다시 | すなわち 즉, 다시 말해 | ~かわりに ~대신에

해설 맡은 일을 소홀히 하지 않고 빈틈없이 해낸다는 뉘앙스가 필요하므로, '제대로, 착실히'라는 의미의 「ちゃんと」가 가장 자연스럽다.

5 이번 마라톤은 여기에서 **시작**하기로 되어 있습니다.

단어 マラソン 마라톤 | スタート 스타트, 시작 | サービス 서비스 | ノック 노크 | ライト 라이트, 빛

해설 「スタート」는 운동 경기나 일의 시작, 또는 출발을 의미하므로, 마라톤 경기가 특정 지점(ここから)에서 시작됨을 나타내는 상황에 쓰기에 가장 적합하다.

6 이 회의를 각국의 대립의 **장**으로 만드는 것은 피해야만 한다.

단어 会議(かいぎ) 회의 | 各国(かっこく) 각국 | 対立(たいりつ) 대립 | 場(ば) 장, 장소 | 避(さ)ける 피하다 | 対照(たいしょう) 대조 | 対策(たいさく) 대책 | 対面(たいめん) 대면

해설 「避ける」는 부정적인 상황이나 결과를 피한다는 의미이므로, 국가 간의 의견 충돌이나 싸움을 뜻하는 「対立」가 오는 것이 가장 자연스럽다.

7 학창 시절에는 **불**규칙적인 생활을 보내고 있었다.

단어 学生時代(がくせいじだい) 학창 시절 | 不規則(ふきそく) 불규칙 | 生活(せいかつ) 생활

해설 「規則」라는 명사 앞에 붙어 '규칙적이지 않음'이나 '고르지 못함'을 나타낼 때는 부정의 접두사 「不(ふ)」를 쓰는 것이 가장 자연스럽다.

8 약이 **효과가 있어서** 열이 내리기 시작했습니다.

단어 きく 듣다, 효과가 있다 | 熱(ねつ) 열 | 下(さ)がる 내려가다, 떨어지다 | きれる 끊어지다 | なおる 낫다, 치료되다 | はずれる 빠지다, 벗어나다

해설 '약이 잘 듣다, 효과가 있다'는 「薬が効(き)く」라고 표현하므로 외워 두도록 하자.

9 저 차의 **엔진** 소리는 매우 시끄럽습니다.

단어 エンジン 엔진 | アクセント 악센트 | アンテナ 안테나 | オイル 오일

해설 자동차에서 소음을 유발하고 「うるさい」와 연결될 수 있는 단어로는 「エンジン」이 가장 적합하다.

10 야마다 씨는 일이 끝나면 언제나 **빠르게** 귀가해 버립니다.

단어 さっさと 재빨리 | 帰宅(きたく) 귀가 | ちゃんと 분명히, 정확하게 | せめて 적어도 | せっかく 모처럼

해설 일이 끝나자마자 주저하지 않고 곧바로 움직이는 태도를 나타내므로, '지체 없이, 미련 없이'라는 의미의 「さっさと」를 쓰는 것이 가장 자연스럽다.

10 예상어휘 확인문제 문맥구성 p.161

1 외국어로 자신의 생각을 **말하는** 것은 아주 어렵다.

단어 外国語(がいこくご) 외국어 | のべる 말하다, 진술하다 | すべる 미끄러지다 | しらべる 조사하다 | くらべる 비교하다

해설 자신의 생각이나 의견을 공식적인 자리나 정돈된 형태로 표현할 때는 「のべる」를 사용한다.

2 4월 1일 **마감**까지 꼭 제출해 주세요.

단어 しめきり 마감 | 提出(ていしゅつ) 제출 | ふみきり 건널목 | つめきり 손톱깎이 | おもいきり 마음껏

해설 문맥상 서류나 과제 등을 제출해야 하는 최종 기한이나 날짜를 의미하는 「しめきり」가 가장 자연스럽다.

3 이번에 귀국하게 되었습니다. 오랫동안 **신세졌습니다**.

단어 このたび 이번에 | 帰国(きこく) 귀국 | おまちどおさま 오래 기다리셨습니다

해설 귀국한다는 소식 뒤에는 그동안의 도움에 감사하는 인사가 오는 것이 일반적이므로, 「おせわになりました」가 가장 자연스럽다.

4 한자를 쓰는 것은 **서툴**지만, 읽는 것은 문제없다.

단어 漢字(かんじ) 한자 | 苦手(にがて)だ 서투르다, 잘하지 못하다 | 得意(とくい)だ 잘하다, 자신 있다 | 敬意(けいい) 경의, 존경

해설 읽기는 괜찮지만 쓰기는 잘 못한다는 반전의 의미가 필요하므로, 「苦手だ」를 쓰는 것이 가장 자연스럽다.

5 저 대학은 제가 시험을 보기에는 **수준**이 너무 높습니다.

단어 レベル 수준, 난이도 | パターン 패턴 | スタイル 스타일 | ゴール 골, 목표

해설 「高すぎます」라는 말과 어울려 실력이나 난이도를 나타낼 수 있는 명사로는 「レベル」가 가장 적합하다.

6 영화**관** 주변은 사람으로 가득합니다.

단어 映画館(えいがかん) 영화관 | まわり 주위, 주변

해설 영화를 상영하는 건물이나 시설을 뜻하는 접미사로는 「~館」이 가장 자연스럽다. 「~店(てん)」은 일반적인 상점, 「~堂(どう)」는 식당(食堂)이나 강당(講堂) 등 특정 용도의 큰 건물을 뜻한다.

7 여행 **비용**은 적어도 10만 엔은 들 것입니다.

단어 費用(ひよう) 비용 | 少(すく)なくとも 적어도 | 価値(かち) 가치 | 価格(かかく) 가격 | 利用(りよう) 이용

해설 여행이나 사업 등 어떤 일을 하는 데 들어가는 돈을 의미하는 「費用」를 쓰는 것이 가장 자연스럽다.

8 이것을 만들려면 상당한 **품**이 듭니다.

단어 ずいぶん 꽤, 상당히 | 手間(てま) 수고, 노력 | 手段(しゅだん) 수단 | 手入(ていれ 손질 | 手続き(てつづ)き 절차

해설 어떤 일을 완성하는 데 들어가는 시간과 노력을 뜻하는 「手間」를 쓰는 것이 가장 자연스럽다. '시간이나 노력이 들다'는 「手間がかかる」라고 하며, 자주 쓰이는 관용 표현이므로 외워 두도록 하자.

9 **평화**로운 가정을 이루는 것이 제 꿈입니다.

단어 平和(へいわ)だ 평화롭다 | 家庭(かてい) 가정, 집안 | きずく 쌓다, 이루다 | 安易(あんい)だ 안이하다 | 簡易(かんい)だ 간단하다, 간편하다 | 平気(へいき)だ 태연하다

해설 행복한 가정이나 화목한 가정을 꿈꾼다는 문맥이 되어야 하므로, 「平和」가 가장 자연스럽다.

10 딸은 **꼭** 일본에 유학가고 싶다고 말하고 말을 듣지 않는다.

단어 留学(りゅうがく) 유학 | どうしても 무슨 일이 있어도, 꼭 | くれぐれも 부디, 아무쪼록 | 必 (かなら)ずしも 반드시 ~라고는 | すなわち 즉, 다시 말해

해설 문장 뒷부분의「~と言ってきかない」라는 상황과 호응하여 어떤 수단을 써서라도 꼭 하겠다는 강력한 의지를 나타내는 표현으로는 「どうしても」가 가장 자연스럽다.

11 예상어휘 확인문제 문맥구성 p.162

1 어렸을 때부터 좋은 습관을 **들이도록** 합시다.

단어 習慣(しゅうかん)をつける 습관을 들이다, 습관을 만들다 | とる 취하다

해설 '습관을 만들다(들이다)'는 「習慣をつける」라는 관용 표현을 사용하므로 외워 두도록 하자.

2 A "지금 바쁘신가요?"
B "**실은** 지금 나가려고요."

단어 実(じつ)は 사실은 | 少(すく)なくとも 적어도 | たしかに 분명히, 확실히 | いったい 도대체

해설 대화의 흐름상 '사실은'이라고 말하며 지금 바쁜 구체적인 이유를 밝히는 것이 자연스러우므로, 「実は」가 가장 적절하다.

3 창립기념**일**의 식전이 거행됩니다.

단어 創立記念日(そうりつきねんび) 창립기념일 | 式典(しきてん) 식전, 행사 | 行(おこな)う 행하다, 실시하다

해설 단체가 세워진 날을 뜻하므로 「日」를 써서 「創立記念日」를 만드는 것이 가장 자연스럽다.

4 무책임한 아빠는 아기를 차 안에 내버려 둔 채로 파칭코에 **몰두**하고 있었다.

단어 無責任(むせきにん) 무책임 | 赤(あか)ん坊(ぼう) 갓난아기 | 放(ほう)る 내버려 두다, 방치하다 | パチンコ 파칭코, 슬롯 머신 | 夢中(むちゅう) 열중, 몰두 | 集中(しゅうちゅう) 집중 | 確実(かくじつ) 확실 | 明確(めいかく) 명확

해설 어떤 일에 빠져서 다른 일은 전혀 신경 쓰지 않는 상태를 뜻하므로 「夢中」가 가장 자연스럽다.

5 지사는 그 문제에 관해 스스로의 입장을 **명확히** 했다.

단어 知事(ちじ) 지사 | 自(みずか)ら 스스로, 자기 자신 | 立場(たちば) 입장 | 明確(めいかく) 명확 | 清潔(せいけつ) 청결 | 面倒(めんどう) 귀찮음 | 得意(とくい) 잘함, 특기

해설 자신의 생각이나 태도가 어느 쪽인지 남들이 알 수 있게 분명히 밝힌다는 뜻인 「明確」를 쓰는 것이 가장 자연스럽다.

6 그녀는 그에게 무례한 **태도**를 취한 것을 후회했다.

단어 失礼(しつれい) 실례, 무례 | 態度(たいど) 태도 | 後悔(こうかい) 후회 | 現状(げんじょう) 현상, 현 상태 | 状態(じょうたい) 상태 | 対比(たいひ) 대비

해설 문맥상 상대방에게 무례한 태도를 보였다가 후회했다는 흐름이 가장 자연스러우므로 「態度」가 가장 적합하다. 「態度をとる」는 '태도를 취하다'라는 뜻으로 자주 쓰이는 관용 표현이니 외워 두도록 하자.

7 머리가 **자라서** 미용실에 가서 머리를 잘랐습니다.

단어 かみ 머리카락 | のびる 자라다 | 美容院(びよういん) 미용실 | すすむ 나아가다 | しまう 안에 넣다, 치우다 | こぼれる 넘쳐흐르다

해설 머리를 자른 것은 당연히 머리가 길게 자랐기 때문일 것이므로, 머리카락이나 손톱 등이 자란다는 뜻의 「のびた」가 가장 자연스럽다.

8 내 **수염**은 매우 **빽빽해서**, 매일 아침 **면도하는** 게 힘듭니다.

단어 ひげ 수염 | こい 진하다, 짙다 | そる 깍다, 면도하다

해설 매일 수염을 깍는 것이 힘들다고 하므로 '수염이 많다(진하다)'는 표현이 가장 자연스럽고, 일본어로는 「ひげが濃(こ)い)」라고 한다.

9 아들은 **우수한** 작문을 써서 칭찬받았습니다.

단어 すぐれる 뛰어나다 | 作文(さくぶん) 작문 | ながれる 흐르다 | おさめる 손에 넣다, (성공을) 거두다 | すすめる 추천하다

해설 문장 뒷부분의 「ほめられました」와 호응하는 말로는 「優れた」가 가장 자연스럽다.

10 이 기타는 **반음** 낮은 듯하다.

단어 半音(はんおん) 반음 | 半額(はんがく) 반액 | 半面(はんめん) 반면 | 半分(はんぶん) 반

해설 악기(기타)에 대해 「低い(낮다)」라는 표현은 음정에 관한 이야기이므로, 음악에서 음의 높낮이 단위인 '반음'을 뜻하는 「半音」을 쓰는 것이 가장 자연스럽다.

12 예상어휘 확인문제 문맥구성 p.163

1 지진 후의 해일을 걱정했지만 **무사**했다.

단어 地震(じしん) 지진 | つなみ 쓰나미, 해일 | 心配(しんぱい) 걱정 | 無事(ぶじ) 무사 | 安定(あんてい) 안정 | 用心(ようじん) 조심 | 不足(ふそく) 부족

해설 해일에 대한 걱정과는 달리 아무런 사고나 피해가 없었다는 안도의 상황이므로, 「無事」가 가장 자연스럽다.

2 성적이 좋은 학생이 **반드시** 머리가 좋다고는 할 수 없다.

단어 成績(せいせき) 성적 | 必(かなら)ずしも 반드시 ~라고는 | なんでも 무엇이든지 | さすがに 과연, 역시 | まさか 설마

해설 맥락상 성적이 좋다고 해서 100% 머리가 좋다고 단정 지을 수는 없다는 의미이므로, 어떤 사실이 예외 없이 언제나 그렇지는 않다는 뜻의 「必ずしも」를 쓰는 것이 가장 자연스럽다.

3 커튼을 바꿨더니 방 **전체**가 밝아졌다.

단어 替(か)える 바꾸다, 교환하다 | 全体(ぜんたい) 전체 | 全身(ぜんしん) 전신 | 全力(ぜんりょく) 전력 | 全集(ぜんしゅう) 전집

해설 커튼을 바꿔서 방 안의 모든 곳이 환해졌다는 의미가 가장 자연스러우므로, 어떤 공간의 모든 부분을 뜻하는 「全体」가 가장 적합하다.

4 그들은 **단**기간으로 충분한 효과를 올릴 수 있었다.

단어 短期間(たんきかん) 단기간 | 効果(こうか) 효과 | 上(あ)げる 올리다

해설 맥락상 짧은 시간 안에 충분한 성과를 냈다는 의미이므로, 「短」이 가장 자연스럽다.

5 뭐니 뭐니 해도 이 **패키지** 투어는 상당히 알맞은 가격이다.

단어 なんといっても 뭐니뭐니 해도 | パッケージ 패키지 | ツアー 투어 | 非常(ひじょう)に 상당히, 매우 | 手ごろな 알맞은, 적당한 | 値段(ねだん) 값, 가격 | サンプル 샘플 | メール 메일 | ルール 룰, 규칙

해설 「ツアー」와 함께 쓰여 가격이 저렴하거나 합리적임을 나타내기에는 「パッケージ」가 가장 자연스럽다.

6 그는 새로운 여자친구가 얼마나 멋있는지 2시간이나 **말했다**.

단어 すてきだ 멋있다 | しゃべる 수다를 떨다 | かさねる 겹치다

해설 「しゃべる」는 수다를 떨거나 길게 이야기할 때 자주 쓰이는 표현으로, '여자친구 자랑을 2시간이나 말하다'라는 의미에 가장 잘 어울린다.

7 그는 입이 **무거워서**, 이 일을 이야기해도 괜찮습니다.

단어 口(くち)がかたい 입이 무겁다 | きつい 엄하다, 힘들다

해설 「口がかたい」는 '입이 무겁다, 비밀을 잘 지킨다'라는 뜻의 관용 표현으로, 문장 뒷부분의 「話してもだいじょうぶ」와 호응한다.

8 숙박이군요. 그럼, 여기에 주소와 성명을 **기입**해 주세요.

단어 宿泊(しゅくはく) 숙박 | 氏名(しめい) 성명 | 記入(きにゅう) 기입 | 記憶(きおく) 기억 | 記念(きねん) 기념 | 記録(きろく) 기록

해설 체크인 상황에서 숙박부에 주소와 이름을 적어달라고 하는 것이므로, '(서류나 용지에) 적어 넣다'는 의미의 「記入」가 가장 자연스럽다.

9 이 호텔은 바다 **전망**이 멋지다.

단어 ながめ 전망, 경치 | ひびき 울림 | かおり 향기 | のぞみ 희망

해설 호텔에서 바다가 멋지다고 말할 수 있는 상황은 객실이나 창밖으로 보이는 풍경을 감상하는 경우이므로, 멀리 내다보이는 경치나 전망을 뜻하는 「眺め」가 가장 자연스럽다.

10 이 운동장은 시가 **관리**하고 있습니다.

단어 運動場(うんどうじょう) 운동장 | 市(し) 시 | 管理(かんり) 관리 | 観察(かんさつ) 관찰 | 生産(せいさん) 생산 | 調節(ちょうせつ) 조절

해설 문맥상 시설이나 물건이 제대로 유지되도록 보살피고 통제한다는 뜻의 「管理」를 쓰는 것이 가장 자연스럽다.

13 예상어휘 확인문제 문맥구성 p.164

1 인터넷 등의 **통신**의 발달로 세계는 하나가 되고 있다.

단어 インターネット 인터넷 | 通信(つうしん) 통신 | 発達(はったつ) 발달 | 通知(つうち) 통지 | 通行(つうこう) 통행 | 通用(つうよう) 통용

해설 인터넷은 정보를 전달하는 통신망의 일종이므로, 「通信」이 가장 자연스럽다.

2 비와 바람은 **점점** 심해져서 결국 폭풍우가 되었습니다.

단어 ますます 점점, 더욱 | とうとう 결국, 드디어 | あらし 폭풍우 | そろそろ 슬슬, 곧 | なかなか 좀처럼 ~하지 않다 | いちいち 하나하나

해설 비와 바람이 멈추지 않고 시간이 갈수록 정도가 심해져 결국 폭풍우가 되었으므로, 「ますます」가 가장 자연스럽다.

3 틀림없이 야마다 씨는 유능하지만, 혼자서 할 수 있는 일에는 **한계**가 있다.

단어 たしかに 확실히, 틀림없이 | 有能(ゆうのう) 유능 | 一人(ひとり)で 혼자서 | 限界(げんかい) 한계 | 欠点(けってん) 결점 | 無限(むげん) 무한 | 欠陥(けっかん) 결함

해설 아무리 유능해도 혼자서 해낼 수 있는 역량에는 제약이 있다는 뜻이므로, 능력의 끝이나 범위를 의미하는 「限界」가 가장 자연스럽다.

문자・어휘 예상공략편

4 부모가 자기 자식을 귀엽다고 생각하는 것은 **당연하다**.

단어 あたりまえだ 당연하다 | かわいそうだ 불쌍하다, 안쓰럽다 | おおざっぱだ 대충대충이다 | なまいきだ 건방지다

해설 부모가 자기 자식을 귀엽게 여기는 것은 너무나 자연스러운 본능이므로, 「あたりまえだ」가 가장 자연스럽다.

5 내방객은 반드시 **접수처**를 통하도록 되어 있습니다.

단어 来訪者(らいほうしゃ) 내방객, 방문자 | 受付(うけつけ) 접수 | 通(とお)す 통하게 하다, 지나가게 하다 | 受身(うけみ) 수동 | 受取(うけとり) 수취함, 받음 | 受入(うけいれ) 받아들임, 승인, 승낙

해설 방문객이 건물에 들어올 때 가장 먼저 거쳐야 하는 안내 장소를 말하므로, '접수처'나 '안내데스크'를 뜻하는 「受付」가 가장 자연스럽다.

6 "포기하지마"라는 아버지의 한마디에 나는 큰 영향을 **받았다**.

단어 あきらめる 포기하다 | 一言(ひとこと) 한마디 | 影響(えいきょう) 영향 | 受(う)ける 받다 | 得(え)る 얻다 | 集(あつ)める 모으다 | とらえる 파악하다, 이해하다

해설 '영향을 받다(입다)'는 「影響を受ける」라고 한다. 자주 쓰이는 관용 표현이니 외워 두도록 하자.

7 초등학생은 정해진 **통학**로를 매일 걷고 있다.

단어 決(き)める 정하다 | 通学路(つうがくろ) 통학로 | 通用(つうよう) 통용 | 通知(つうち) 통지 | 通勤(つうきん) 통근, 출근

해설 초등학생이 매일 정해진 길을 걷는다는 내용이므로, 학교에 오가는 행위인 「通学」가 가장 적절하다.

8 좌우를 보고 안전을 **확인**한 후에 도로를 건너세요.

단어 左右(さゆう) 좌우 | 安全(あんぜん) 안전 | 確認(かくにん) 확인 | 道路(どうろ) 도로 | わたる 건너다 | 確立(かくりつ) 확립 | 確実(かくじつ) 확실 | 確信(かくしん) 확신

해설 길을 건너기 전에 주변 상황을 자세히 살피고 점검하는 행동이 필요하므로, 「確認」이 가장 자연스럽다.

9 눈앞에서 교통사고가 일어났다. 그 **장면**이 꿈에 나왔다.

단어 交通事故(こうつうじこ) 교통사고 | 起(お)こる 일어나다, 발생하다 | 場面(ばめん) 장면 | 動作(どうさ) 동작 | 手間(てま) 수고, 노력 | 性能(せいのう) 성능

해설 눈앞에서 벌어진 사고의 강렬한 기억이나 이미지가 꿈속에 그대로 나타났다는 의미이므로, 사건의 한순간을 뜻하는 「場面」이 가장 적절하다.

10 지진으로 집이 **기울고** 말았다.

단어 地震(じしん) 지진 | かたむく 기울다 | たとえる 예를 들다, 비유하다 | うしなう 잃다 | かたづける 치우다, 정리하다

해설 지진으로 땅이 흔들리면 건물이 비스듬해지는 피해가 흔히 발생하므로 구체적인 피해 상태를 나타내는 「かたむいて」가 가장 자연스럽다. 「うしなって」도 말이 되지만 '기울어져 버렸다'는 표현이 지진 상황의 물리적 변화를 더 잘 보여준다.

14 예상어휘 확인문제 유의표현 p.165

1 저는 **수상한**(≒의심스러운) 사람이 아닙니다.

단어 あやしい 수상하다 | まじめだ 성실하다 | ほがらかだ 명랑하다 | 不審(ふしんな)だ 의심스럽다, 확실하지 않다 | 誠実(せいじつ)だ 성실하다

2 이렇게 밀어닥쳐서 **미안하다**(≒미안하다) 고 생각하고 있습니다.

단어 押(お)しかける 불쑥 찾아가다, 들이닥치다 | すまない 미안하다 | もうしわけない 죄송하다, 미안하다 | かなしい 슬프다 | くやしい 분하다

3 아이를 야단칠 때는 **갑자기**(≒돌연) 큰소리로 꾸짖거나 하지 말 것.

단어 しかる 혼내다 | いきなり 갑자기 | どなりつける 큰소리치다 | 初(はじ)めに 처음에, 처음으로 | うっかり 깜빡, 무심코 | いつのまにか 어느새 | 突然(とつぜん) 돌연, 갑자기

4 오늘은 지금까지의 인생에서 **가장**(≒가장) 행복한 하루입니다.

단어 人生(じんせい) 인생 | もっとも 가장, 제일 | 幸(しあわ)せ 행복 | ～わりに ～에 비해 | ずっと 계속 | 一番(いちばん) 가장

5 귀사의 신제품 **샘플**(≒견본)을 보내 주십시오.

단어 貴社(きしゃ) 귀사 | 新製品(しんせいひん) 신제품 | サンプル 샘플, 견본 | 見本(みほん) 견본, 샘플 | 資料(しりょう) 자료 | 材料(ざいりょう) 재료 | 価格(かかく) 가격

6 빨리 수술을 하지 않으면 생명이 **위태롭다**(≒위태롭다).

단어 手術(しゅじゅつ) 수술 | 命(いのち) 생명 | あぶない 위험하다, 위태롭다 | けわしい 험하다, 가파르다 | あやうい 위태롭다, 아슬아슬하다 | はげしい 심하다, 격렬하다 | みにくい 못생기다

7 새 집이 **마음에 든**(≒좋아하게 된) 모양이네요.

단어 気(き)に入(い)る 마음에 들다

8 달콤한 이야기에는 **조심하는**(≒주의하는) 게 좋아요.

단어 うまい話(はなし) 달콤한 이야기, 잇속 있는 이야기 | 気(き)をつける 조심하다, 주의하다 | 中止(ちゅうし) 중지 | 下車(げしゃ) 하차 | 注意(ちゅうい) 주의 | 変更(へんこう) 변경

9 그 이야기는 근처 **여기저기**(≒이곳저곳)서 소문이 났다.

단어 近所(きんじょ) 근처 | ほうぼう 여기저기, 여러 곳 | うわさされる 소문이 나다 | うろうろ 어슬렁어슬렁, 허둥지둥 | まごまご 우물쭈물, 갈팡질팡

10 나의 부주의한 발언이 언쟁의 **계기**(≒계기)가 되었다.

단어 不用意(ふようい) 경솔함, 부주의함 | 発言(はつげん) 발언 | 口論(こうろん) 말다툼, 언쟁 | 契機(けいき) 계기 | ささえ 지지, 지원 | すくい 구원 | きっかけ 계기 | つながり 연계, 연결

15 예상어휘 확인문제 유의표현 p.166

1 야마다 씨의 노래는 **훌륭했다**(≒훌륭했다).

단어 見事(みごと)だ 훌륭하다 | きびしい 엄격하다 | ただしい 올바르다 | すばらしい 훌륭하다 | めずらしい 드물다

2 오토바이 **오일**(≒기름)을 사 왔습니다.

단어 オイル 오일, 기름 | ぶひん 부품 | くうき 공기 | ざせき 좌석 | あぶら 기름

3 운전사는 엔진 테스트(≒검사)를 했다.

단어 運転手(うんてんしゅ) 운전사 | エンジン 엔진 | 様子(ようす) 모양, 상태 | 具合(ぐあい) 몸 상태 | 検査(けんさ) 검사 | 都合(つごう) (다른 일과의) 관계, 형편, 사정

4 모리 씨는 수다스러운(≒잘 말하는) 사람입니다.

단어 おしゃべりだ 말이 많다, 수다스럽다 | 怒(おこ)る 화내다

5 아마(≒아마) 이 기획은 잘 되지 않을 것이다.

단어 おそらく 아마 | 企画(きかく) 기획 | たしかに 확실히, 틀림없이 | たとえ 설령 | 多分(たぶん) 아마

6 할아버지는 완전히 건강해지셨다(≒건강을 회복하다).

단어 祖父(そふ) 할아버지 | すっかり 완전히 | 健康(けんこう) 건강 | 回復(かいふく) 회복 | 体力(たいりょく)をつける 체력을 기르다 | 風邪(かぜ)を引(ひ)く 감기에 걸리다

7 아직 행선지(≒목적지)는 정하지 않았다.

단어 行(い)き先(さき) 행선지, 목적지 | 決(き)める 정하다 | 事務所(じむしょ) 사무실 | 営業所(えいぎょうしょ) 영업소 | 目的地(もくてきち) 목적지 | 名産地(めいさんち) 특산지

8 시험에 떨어졌다고 듣고 실망(≒실망)했다.

단어 がっかりする 실망하다, 낙담하다 | 希望(きぼう) 희망 | 落第(らくだい) 낙제 | 失望(しつぼう) 실망 | 期待(きたい) 기대

9 이 끈을 힘껏(≒힘을 넣어) 당겨 주세요

단어 ひも 끈 | ぐっと 힘껏 | 引(ひ)く 당기다 | 力(ちから)を入(い)れる 힘을 주다 | 手(て)をふれる 손을 대다 | 形(かたち)を変(か)える 모양을 바꾸다 | 口(くち)をはさむ 끼어들다, 말참견하다

10 열차는 곧(≒이제 곧) 교토에 도착합니다.

단어 まもなく 머지않아, 곧 | 到着(とうちゃく) 도착 | いずれ 머지않아, 언젠가는 | もうすぐ 이제 곧 | やっと 겨우

16 예상어휘 확인문제 유의표현 p.167

1 사고의 원인을 조사하고(≒확인하고) 있습니다.

단어 報告(ほうこく) 보고 | 準備(じゅんび) 준비 | 確認(かくにん) 확인

2 당 호텔은 일식 준비(≒준비)도 되어 있습니다.

단어 当(とう) 당, 해당 | 和食(わしょく) 일식 | 用意(ようい) 준비 | 準備(じゅんび) 준비 | 用途(ようと) 용도 | 予約(よやく) 예약 | 売上(うりあげ) 매출

3 지장(≒문제)이 없다면, 이름과 주소를 여기에 써 주세요.

단어 差(さ)し支(つか)え 지장, 장애 | 仕方(しかた) 방법 | 変更(へんこう) 변경 | 問題(もんだい) 문제 | 不平(ふへい) 불평, 불만

4 그의 출석은 예상외의 사건(≒사건)이었다.

단어 出席(しゅっせき) 출석 | 予想外(よそうがい) 예상외 | できごと 사건 | 事件(じけん) 사건 | 条件(じょうけん) 조건 | 期待(きたい) 기대 | 期限(きげん) 기한

5 이 칼은 고기를 자르는데 쓴다(≒사용한다).

단어 ナイフ 나이프, 칼 | もちいる 사용하다 | 借(か)りる 빌리다 | 向(む)く 향하다 | 加(くわ)える 더하다

6 경찰의 경계가 느슨했던(≒엄하지 않았던) 것 같다.

단어 警察(けいさつ) 경찰 | 警戒(けいかい) 경계 | ゆるい 느슨하다 | とんでもない 터무니없다 | きびしい 엄하다, 힘들다 | しかたがない 어쩔 수 없다

7 그 돈은 모두 공평하게(≒균등하게) 나눕시다.

단어 公平(こうへい)に 공평하게 | 分(わ)ける 나누다 | 絶対(ぜったい)に 절대로 | 幸福(こうふく)に 행복하게 | 均等(きんとう)に 균등하게 | 次第(しだい)に 차례대로

8 그 잡지는 무료(≒무료)입니까?

단어 ただ 무료 | 無料(むりょう) 무료 | 有料(ゆうりょう) 유료 | 料金(りょうきん) 요금 | 料理(りょうり) 요리

9 그는 학생운동에 참가했다(≒참가했다).

단어 学生運動(がくせいうんどう) 학생운동 | くわわる 참여하다 | 記入(きにゅう) 기입 | 参考(さんこう) 참고 | 加入(かにゅう) 가입 | 参加(さんか) 참가

10 그는 잇달아(≒잇달아) 신기한 발명을 해서 세계를 놀라게 하고 있다.

단어 次々(つぎつぎ)に 차례차례 | 珍(めずら)しい 드물다, 희귀하다 | 発明(はつめい) 발명 | おどろかせる 놀라게 하다 | どんどん 속속, 잇달아

17 예상어휘 확인문제 용법 p.168

1 夢中 열중함, 몰두함, 빠져 있음

1 아들은 지금 게임에 푹 빠져 있습니다.

2 그녀는 그때 푹 빠져서 고민하고 있었습니다.
(夢中に → 真剣に 진지하게)

3 지금 어린 아이들의 사이에서 무엇이 열중입니까?
(夢中 → 人気 인기)

4 그들이 한 일에 비판이 열중했습니다.
(夢中しました → 集中しました 집중되었습니다)

단어 夢中(むちゅう)だ 열중하다, 몰두하다 | 真剣(しんけん)に 진지하게 | なやむ 고민하다 | 批判(ひはん) 비판 | 集中(しゅうちゅう) 집중

해설 「夢中」는 어떤 것에 정신이 온전히 빠져 몰두한 상태를 나타낼 때 사용하며, 흥미나 몰입 대상에 사용한다.

2 中身 알맹이, 내용물

1 이 상자의 내용물은 아무도 모릅니다.

2 그녀는 항상 반에서 내용물에 어긋난 상태가 되어 있습니다.
(中身はずれになっています → 仲間はずれになっています 따돌림을 당하고 있습니다)

3 그는 수업 중에는 내용물 자고 있었습니다.
(中身ねむっていました → 居眠りしていました 졸고 있었습니다)

4 피해자의 내용물은 아직 밝혀지지 않았습니다.
(中身 → 身元 신원)

단어 中身(なかみ) 알맹이, 내용물 | はこ 상자 | 中身(なかみ)はずれ 내용물이 기대와 다름, 속이 실망스러움 | 仲間(なかま)はずれになる 따돌림 당하다 | ねむる 잠자다 | 居眠(いねむ)りする 앉아서 졸다, 말뚝잠을 자다 | 被害者(ひがいしゃ) 피해자 | 身元(みもと) 신원 | あきらかになる 밝혀지다

해설 「中身」는 겉이 아닌 속에 들어 있는 것, 내용물이나 본질을 나타낼 때 사용한다.

3 たしか 분명함, 확실함

1 이 로프를 확실히 잡고 있어라.
(たしか → しっかり 단단히)

2 남에게 들은 이야기이므로, 확실함은 모릅니다.
(たしか → 事実 사실)

3 마지막 열차에 맞을 수 있는지, 확실함을 해주세요.
(たしか → 確認 확인)

4 야마다 씨가 온 것은 확실히 지난주 수요일입니다.

단어 たしかだ 분명하다, 확실하다 | ロープ 로프, 줄 | にぎる 잡다 | 事実(じじつ) 사실 | 最終(さいしゅう) 최종, 마지막 | 間(ま)に合(あ)う 제시간에 도착하다 | 確認(かくにん) 확인

해설 「たしか」는 확실하다고 기억되거나 믿는 상태를 나타낼 때 사용한다. '틀림없다면, 아마'정도의 뉘앙스를 가진다.

4 オープン 오픈, 개업

1 일본 서점에서는, 책을 사면 대체로 오픈을 걸어 준다.
(オープンをかけてくれる → カバーをかけてくれる 커버를 씌워 준다)

2 이 엘리베이터는 10명 이상 타면 정원 오픈이다.
(オープン → オーバー 초과)

3 새로운 레스토랑이 이 근처에 어제 개업했다.

4 세일 중이라서, 이 가방은 반값 오픈으로 살 수 있습니다.
(オープン → オフ 할인)

단어 オープン 오픈, 개업 | 書店(しょてん) 서점 | カバー 커버, 덮개 | 定員(ていいん) 정원 | オーバー 오버, 초과 | セール 세일 | バッグ 가방 | 半額(はんがく) 반값 | オフ 오프, 할인

해설 「オープン」은 '열려 있음' 또는 '영업・개방 시작'을 나타낼 때 사용한다.

5 抜ける 빠지다, 빠져나가다, 빠져나오다

1 올해 여름은 보너스가 거의 빠지지 않는다고 한다.
(抜けないらしい → 出ないらしい 나오지 않는다고 한다)

2 어떻게 하면 아버지의 화를 빠져나갈 수 있을까.
(抜けることができるだろうか → しずめることができるだろうか 진정시킬 수 있을까?)

3 다가오는 구급차에게는 길을 빠져나가는 것이 법으로 정해져 있다. (抜ける → ゆずる 양보하는)

4 우리들은 상점가를 빠져나와 역으로 향했다.

단어 抜(ぬ)ける 빠지다, 빠져나가다, 빠져나오다 | ボーナス 보너스 | 怒(いか)り 화, 분노 | しずめる 진정시키다, 가라앉히다 | 救急車(きゅうきゅうしゃ) 구급차 | ゆずる 양보하다 | 法律(ほうりつ) 법 | 定(さだ)める 정하다, 결정하다 | 商店街(しょうてんがい) 상점가

해설 「抜ける」는 공간, 경로를 통과할 때나 집단, 과정에서 빠져나올 때 사용한다.

18 예상어휘 확인문제 용법

p.169

1 行方 행방

1 콘서트 회장으로의 행방을 알고 있나요?
(行方 → 行き方 가는 방법)

2 그는 행방을 정하지 않은 채 자유로운 여행을 떠났습니다.
(行方 → 行き先 행선지)

3 그 아이는 얼마 전 집을 나간 뒤로 행방을 알 수 없다.

4 태풍은 행방을 서쪽으로 바꾸었다. (行方 → 進路 진로)

단어 行方(ゆくえ) 행방 | コンサート 콘서트 | 会場(かいじょう) 회장, 공연장 | 行(い)き方(かた) 가는 방법 | 行(い)き先(さき) 행선지 | 決(き)める 정하다 | 気(き)ままだ 마음 내키는 대로 하다, 제멋대로 행동하다 | 旅(たび) 여행 | 進路(しんろ) 진로 | 変(か)える 바꾸다

해설 「行方」는 간 곳이나 방향을 말하며, 「行き先」는 가려고 하는 목적지를 말한다.

2 あきらか 분명함, 명백함

1 그녀가 일을 맡는 것은 분명하다.

2 그녀는 대학에 합격해서, 요즘 분명한 얼굴 표정을 하고 있다. (あきらかな → 明るい 밝은)

3 그는 항상 내 질문에 분명하게 대답해 준다.
(あきらかに → はっきり 분명하게)

4 글씨가 흐려서 잘 보이지 않으니, 분명하게 써 주세요.
(あきらかに → はっきり 확실하게)

단어 あきらかだ 분명하다, 명백하다 | 引(ひ)きうける 맡다 | 合格(ごうかく) 합격 | はっきり 확실히, 분명히

해설 「あきらか」는 객관적인 판단이나 사실 등이 분명함을 나타낼 때 사용한다.

3 いちいち 일일이, 하나하나

1 하야시 씨, 하나하나 친절하게 해 줘서 고마워요.
(いちいち → 一つ一つ 하나하나)

2 면접이 진행되는 방에 들어가자 간부 사원의 얼굴이 하나하나 늘어서 있었다. (いちいち → ずらりと 죽)

3 시간이 없으면 하나하나 자세하게 설명하지 않아도 됩니다.

4 이 세 개, 하나하나 포장해 주실 수 있나요.
(いちいち → 一つ一つ 하나하나)

단어 いちいち 일일이, 하나하나 | 一(ひと)つ一(ひと)つ 하나하나 | 面接(めんせつ) 면접 | 幹部(かんぶ) 간부 | 社員(しゃいん) 사원 | ずらりと 죽(여럿이 늘어선 모양), 즐비하게 | 並(なら)ぶ 늘어서다 | くわしい 자세하다 | 説明(せつめい) 설명 | つつむ 싸다, 포장하다

해설 「いちいち」는 '쓸데없다', '과하다'라는 부정적인 뉘앙스가 포함되어 있다.

4 支配する 지배하다

1 시골의 부모님이 보내 준 포도를 이웃에게 지배했다.
(支配した → 配った 나눠주었다)

2 이 원숭이 그룹을 지배하고 있는 것은 저 큰 원숭이 같다.

3 친구에게 지배받아서 훌륭한 유학 생활을 보낼 수 있었다.
(支配してもらって → 支えてもらって 지원받아서)

4 위에서 누르는 힘과 아래에서 지배하는 힘의 균형이 잘 잡혀 있다. (支配する → 支える 받치는)

단어 支配(しはい)する 지배하다 | 両親(りょうしん) 양친, 부모 | 近所(きんじょ) 이웃 | 配(くば)る 나누어 주다 | 支(ささ)える 버티다, 유지하다 | 留学(りゅうがく) 유학 | 生活(せいかつ) 생활 | バランス 밸런스, 균형 | とれる 잡히다

해설 「支配する」는 권력이나 힘으로 어떤 대상이나 영역을 통제하거나 지배함을 나타낼 때 사용한다.

5 だらけ 투성이

1 저 사람의 방은 먼지투성이다.

2 저 사람의 방은 더럽다투성이다.
(きたないだらけだ → 汚れだらけだ 더러움(때)투성이다)

3 저 사람의 방을 어질러 놓음투성이다.
(ちらかしだらけだ → きたない 더럽다)

4 저 사람의 방은 불결투성이다.
(不潔だらけだ → 不潔だ 불결하다)

단어 ~だらけ ~투성이 | ほこり 먼지 | きたない 더럽다 | 汚(よご)れ 더러움, 때 | 散(ち)らかす 어지르다 | 不潔(ふけつ)だ 불결하다

해설 「~だらけ」는 '온통 ~투성이'인 상태를 나타낼 때 사용하며, 주로 좋지 않은 것이 가득할 때 사용한다.

19 예상어휘 확인문제 용법 p.170

1 単身 단신, 혼자

1 이번에 최고경영자는 단신으로 방일했다.

2 딸은 어머니의 사랑을 단신으로 받으며 자랐다.
(単身に → 一身に 한몸에)

3 미국에서는 무게를 재는 단신은 파운드다.
(単身 → 単位 단위)

4 대량 구매로 단신을 낮출 수 있었다. (単身 → 単価 단가)

단어 単身(たんしん) 단신, 혼자 | 最高経営者(さいこうけいえいしゃ) 최고경영자 | 訪日(ほうにち) 방일 | 母親(ははおや) 어머니 | 愛情(あいじょう) 애정 | 一身(いっしん)に受(う)ける (관심 등을) 한몸에 받다 | 育(そだ)つ 자라다 | はかる 재다 | 単位(たんい) 단위 | ポンド 파운드 | 大量(たいりょう) 대량 | 購入(こうにゅう) 구입, 구매 | 単価(たんか) 단가 | 下(さ)げる 내리다, 낮추다

해설 「単身」은 혼자서 몸을 움직일 때, 가족 등이 없이 홀몸임을 나타낼 때 사용한다.

2 分解 분해

1 점원은 시계를 분해해서 고장 원인을 조사해 보았다.

2 제시된 답은 남자와 여자로 분해되었습니다.
(分解 → 分類 분류)

3 케이크를 사 왔으니까, 다 같이 분해해서 먹자.
(分解して → 分けて 나눠서)

4 예전에는 이 식물이 일본 전역에 널리 분해되어 있었습니다.
(分解 → 分布 분포)

단어 分解(ぶんかい) 분해 | 店員(てんいん) 점원 | 故障(こしょう) 고장 | 原因(げんいん) 원인 | 調(しら)べる 조사하다 | 分類(ぶんるい) 분류 | 分(わ)ける 나누다 | 植物(しょくぶつ) 식물 | 日本中(にほんじゅう) 일본 전역 | 分布(ぶんぷ) 분포

해설 「分解」는 복잡한 구조나 기계를 부분적으로 쪼개는 상황을 나타낼 때 사용한다.

3 あびる (물을) 들쓰다, 끼얹다

1 아이가 2층에서 끼얹어서 다쳤다.
(あびて → 落ちて 떨어져서)

2 전쟁에서 끼얹은 상처가 아직 남아 있다.
(あびた → 負った 입은)

3 너무나도 더웠기 때문에 머리부터 물을 끼얹었다.

4 많은 일을 끼얹고 있어서 여행도 못 간다.
(あびて → 抱えて 떠안고)

단어 あびる (물을) 들쓰다, 끼얹다 | けがをする 상처를 입다, 부상을 당하다 | 戦争(せんそう) 전쟁 | 負(お)う 부상당하다, 상처를 입다 | きず 상처 | のこる 남다 | あまりにも 너무나도 | 抱(かか)える (걱정, 책임 등을) 떠안다

해설 「あびる」는 위에서 쏟아지는 것을 한꺼번에 받는다는 의미이다.

4 今ごろ 지금쯤

1 새가 우는 소리를 지금쯤 조금도 듣지 못한다.
(今ごろ → このごろ 요즘)

2 저 사람은 지금쯤 교토에 도착해 있을 것이다.

3 그럼, 지금쯤 시험을 시작하겠습니다.
(今ごろ → 今から 지금부터)

4 지금쯤 울 것 같은 얼굴을 하고 있다.
(今ごろ → 今にも 당장이라도)

단어 今(いま)ごろ 지금쯤 | 試験(しけん) 시험 | 泣(な)き出(だ)す 울기 시작하다

해설 「今ごろ」는 어떤 일이 진행되어 현재 어떤 상태에 도달했을 것이라고 짐작할 때 사용한다.

5 少しも 조금도

1 네 조언을 받아서 아주 조금도 마음이 편해졌다.
(少しも → 少し 조금)

2 간단한 수술이니 조금도 걱정할 필요 없습니다.

3 영어는 별로 잘하진 않지만, 조금도 말할 수 있다.
(少しも → 多少 다소)

4 재미있다고 해서 읽은 책은 조금도 재미없었다.
(少しも → 非常に 매우)

단어 少(すこ)しも 조금도 | アドバイス 조언, 충고 | 気(き)が楽(らく)になる 마음이 편해지다 | 簡単(かんたん)だ 간단하다 | 手術(しゅじゅつ) 수술 | 心配(しんぱい) 걱정 | 多少(たしょう) 다소, 약간 | 非常(ひじょう)に 매우, 상당히

해설 「少しも」는 전혀 없거나 전혀 아닌 상태를 강조할 때 사용한다. 뒤에 반드시 부정 표현이 온다.

20 예상어휘 확인문제 용법 p.171

1 差別 차별

1 이것을 크기 순으로 차별해 주세요. (差別 → 区別 구별)

2 먼저 온 사람부터 5명씩 차별해서 앉게 했습니다.
(差別して → 分けて 나눠서)

3 사람을 성이나 인종에 따라 **차별**해서는 안 된다.

4 일본인에게는 L과 R 소리의 **차별**을 붙이기 어렵다.
(差別がつけにくい → 区別がつけにくい 구별이 지어지기 어렵다)

단어 差別(さべつ) 차별 | ~順(じゅん) ~순, 순서 | 区別(くべつ) 구별 | 先(さき)に 먼저, 앞서 | 分(わ)ける 나누다 | 性(せい) 성 | 人種(じんしゅ) 인종 | 区別がつく 구별이 가다

해설 「差別」는 부당하게 구별하여 대우한다는 뜻이다.

2 感心 감탄

1 연금 문제는 지금 국민의 **감탄**이 높다. (感心 → 関心 관심)

2 야마다 씨의 유창한 영어를 **감탄**했다.
(英語を感心した → 英語に感心した 영어에 감탄했다)

3 그는 스스로 일하며 대학에 다니는 **감탄**한 청년이다.
(感心した → 感心な 기특한)

4 나는 그 초등학생의 작문에 **감탄**했다.

단어 感心(かんしん) 감탄, 감동 | 年金(ねんきん) 연금 | 問題(もんだい) 문제 | 国民(こくみん) 국민 | 関心(かんしん) 관심 | 働(はたら)く 일하다 | 通(かよ)う 다니다 | 青年(せいねん) 청년 | 作文(さくぶん) 작문

해설 「感心」은 상대의 행동이나 능력, 생각 등이 훌륭해서 놀라거나 감탄하며 인정할 때 사용한다. 동음이의어(関心)나 접속 형태(~に感心する), 동사(感心する의 형태로 '(행동에) 감탄하다)와 な형용사(感心な의 형태로 (평가, 성질이) 감탄할만한)로 쓰일 때의 차이점에 주의한다.

3 はっきり 확실히, 분명히

1 **확실히** 준비가 되어 있어서 언제든 나갈 수 있다.
(はっきり → しっかり 단단히)

2 바빠서 **확실히** 텔레비전을 볼 틈도 없다.
(はっきり → ゆっくり 느긋하게)

3 제 질문에 **확실히** 대답해 주세요.

4 오늘 밤은 **확실히** 주무세요. (はっきり → ゆっくり 편히)

단어 はっきり 확실히, 분명히 | 用意(ようい) 준비 | しっかり 단단히 | ゆっくり 느긋하게, 편히 | 質問(しつもん) 질문

해설 「はっきり」는 말이나 표현, 태도가 명확한 상태를 나타낼 때 사용한다.

4 むかい 맞은편, 정면

1 창문의 **맞은편**에 보이는 경치를 나는 좋아합니다.
(むかい → 向こう 건너편)

2 역까지 **맞은편**에 갑니다. (むかいに → 迎えに 마중하러)

3 지금 차의 **맞은편**을 반대로 해 두세요.
(むかい → 向き 방향)

4 아버지는 역 **맞은편** 우체국에 근무합니다.

단어 むかい 맞은편, 정면 | 向(む)こう 맞은편, 건너편 | 景色(けしき) 경치 | 迎(むか)える 마중하다 | 向(む)き 방향 | 反対(はんたい) 반대 | 勤(つと)める 근무하다

해설 「むかい」는 두 대상이 가까이에서 마주 보고 있는 것을 말한다.

5 実に 실로, 참으로

1 기대하고 있었던 네가 부상으로 출전할 수 없다니 **실로** 유감이다.

2 죄송합니다. **참으로** 제가 한 것입니다. (実に → 実は 실은)

3 **참으로** 말씀드리자면, 이 다이아는 진짜가 아닙니다.
(実に → 実を 사실을)

4 **실로** 내 눈으로 봤으니, 틀림없다. (実に → 実際に 실제로)

단어 実(じつ)に 실로, 참으로 | 期待(きたい) 기대 | けが 부상 | 出場(しゅつじょう) 출전 | 残念(ざんねん)だ 유감이다 | もうしわけない 미안하다, 죄송하다 | ダイヤ 다이아몬드 | 本物(ほんもの) 진짜, 정품 | 実際(じっさい)に 실제로 | まちがいない 틀림없다

해설 「実に」는 자신의 감동이나 안타까움 등 감정의 정도가 매우 깊음을 강조할 때 사용한다.

21 예상어휘 확인문제 용법

p.172

1 案外 뜻밖에, 의외로

1 만약 그것이 **의외로**라면, 너는 회사를 그만두는 게 좋다.
(案外 → 本当 진짜)

2 나는 그 뉴스를 듣고 **의외로** 놀랐다.
(案外 → 本当に 진짜로)

3 부모가 아이를 돌보는 것은 **의외로**입니다.
(案外です → 当然です 당연합니다)

4 무서운 사람일 줄 알았는데, **의외로** 좋은 사람이었다.

단어 案外(あんがい) 뜻밖에, 의외로 | やめる 그만두다 | 親(おや) 부모 | 世話(せわ)をする 돌보다 | 当然(とうぜん)だ 당연하다

해설 「案外」는 나의 예상이나 기준보다 정도가 더하거나 덜할 때 사용한다.

2 どんどん 계속, 자꾸, 척척

1 그는 그 남자가 근처를 **계속**하고 있는 것을 봤다.
(どんどんしているのを → うろうろしているのを 서성이고 있는 것을)

2 **자꾸** 구름 위를 걷는 기분이다.
(どんどんと → ふわふわと 푹신푹신한)

3 말하고 싶은 것이 있으면 **계속** 말해 주세요.

4 내 여동생도 졸업이니까, **자꾸** 취직 걱정을 해도 될 시기다.
(どんどん → そろそろ 이제 슬슬)

단어 どんどん 계속, 자꾸, 척척 | 近所(きんじょ) 근처 | うろうろ 어슬렁어슬렁, 허둥지둥 | ふわふわと 푹신푹신한 | 卒業(そつぎょう) 졸업 | そろそろ 이제 슬슬 | 就職(しゅうしょく) 취직, 취업 | 心配(しんぱい) 걱정

해설 「どんどん」은 주저하거나 막힘 없이 일이 진행되거나 동작이 기세 좋게 계속될 때 사용한다.

3 わずか 불과, 겨우, 조금

1 시간은 **불과** 10분밖에 남지 않았다.

2 이 아이들도 **조금** 집을 나가겠지.
(わずか → いずれ 머지않아)

3 **조금** 작가의 아들이구나. 그는 글을 잘 쓴다.
(わずかに → さすが 과연)

4 **조금** 이전에 한 번 여기 온 분이시죠.
(わずか以前に → 少し前に 조금 전에)

단어 わずか 불과, 겨우, 조금 | 残(のこ)す 남기다 | いずれ 머지않아, 언젠가는 | 作家(さっか) 작가 | 作文(さくぶん) 작문

해설 「わずか」는 수량이나 정도가 극히 적은 것을 나타낼 때 사용한다.

4 工夫 궁리, 고안, 생각해 낸 방법

1 그는 그 땅을 아들들에게 궁리하게 분배했다.
(工夫 → 公平に 공평하게)

2 그들의 궁리 사이가 좋은 것은 모두가 알고 있다.
(工夫 → 夫婦 부부)

3 도쿄는 1년 내내 어디선가 궁리를 하고 있다.
(工夫 → 工事 공사)

4 한자를 외우는 데 뭔가 좋은 방법이 없을까요?

단어 工夫(くふう) 궁리, 고안, 생각해 낸 방법 | 土地(とち) 토지, 땅 | 公平(こうへい) 공평 | 分配(ぶんぱい) 분배 | 夫婦(ふうふ) 부부 | 仲(なか) 사이 | 工事(こうじ) 공사

해설 「工夫」는 문제를 해결하거나 더 좋게 만들기 위해 머리를 쓰거나 방법을 생각함을 나타낼 때 사용한다.

5 メリット 메리트, 장점

1 이 글은 간단한 말로 쓰여 있지만, 장점이 좋다.
(メリット → 内容 내용)

2 당신의 경력을 간단히 여기에서 장점해 주세요.
(メリット → 記入 기입)

3 이번 일본 대표는 장점워크가 좋다.
(メリット → チームワーク 팀워크)

4 영어를 말할 수 있는 것은 큰 장점이다.

단어 メリット 메리트, 장점 | 文章(ぶんしょう) 문장 | 簡単(かんたん)だ 간단하다 | 内容(ないよう) 내용 | 経歴(けいれき) 경력 | 記入(きにゅう) 기입 | 代表(だいひょう) 대표 | チームワーク 팀워크

해설 「メリット」는 사람, 사물, 상황의 좋은 점을 나타낼 때 사용한다.

22 예상어휘 확인문제 용법 p.173

1 達する 달하다, 도달하다, 달성하다

1 이집트는 동쪽이 이스라엘과 도달해 있다.
(達している → 接している 접해 있다)

2 올해는 어떻게든 목표에 도달할 수 있었다.

3 그는 의사가 되는 것이 가장 도달해 있다.
(達している → 向いている 적성에 맞다)

4 그것은 내 질문에 도달하는 답이 되지 않는다.
(達する → 対する 대한)

단어 達(たっ)する 달하다, 도달하다, 달성하다 | ~側(がわ) ~측, ~쪽 | イスラエル 이스라엘 | 接(せっ)する 접하다 | どうにか 어떻게든, 간신히 | 目標(もくひょう) 목표 | 向(む)いている 적성에 맞다 | 質問(しつもん) 질문 | 対(たい)する 대하다

해설 「達する」는 목표, 수치, 장소, 상태 등에 사용한다.

2 かわいらしい 귀엽다, 사랑스럽다

1 이번에 새로 연 가게입니다. 부디 귀엽게 해 주세요.
(かわいらしくしてください → ごひいきにしてください 애용해 주세요)

2 옆집에서 귀여운 아이 목소리가 들려온다.

3 이 생선은 될 수 있으면 귀엽게 조려 두세요.
(かわいらしく → やわらかく 부드럽게)

4 우리는 그의 귀여운 이야기를 듣고 울었다.
(かわいらしい → かわいそうな 불쌍한)

단어 かわいらしい 귀엽다, 사랑스럽다 | ひらく 열다, 개업하다 | ひいき 편애, 자주 이용함 | やわらかい 부드럽다 | にる 익히다, 조리다 | かわいそうだ 불쌍하다

해설 「かわいらしい」는 외모, 목소리, 행동 등이 작고 예쁘거나 사랑스러울 때 사용한다.

3 かっこう 모습, 모양

1 모양으로 잠들어 있는 옷을 재활용에 보냈다.
(かっこうに → 長い間 오랫동안)

2 죄송합니다, 손님. 이쪽은 모양이 됩니다.
(かっこうになります → 売り切れになります 매진되었습니다)

3 부탁입니다. 우리의 모양이 되어 주세요. (かっこう → 力 힘)

4 새로 지어진 빌딩은 이상한 모양을 하고 있었습니다.

단어 かっこう 모습, 모양 | ねむる 잠들다 | リサイクルにまわす 재활용으로 돌리다 | 売(う)り切(き)れ 품절, 매진 | 建(た)つ 세워지다, 지어지다 | 変(へん)だ 이상하다

해설 「かっこう」는 사람이나 사물의 외모, 모습, 차림새 등의 겉모양을 나타낼 때 사용한다.

4 ルール 룰, 규칙

1 딸이 다니는 여자 고등학교는 규칙이 엄격하다.

2 그는 점점 일이 규칙이 되어왔다.
(ルール → ルーチン 루틴, 일과)

3 규칙 서비스에 전화해서 음료를 주문했다.
(ルールサービス → ルームサービス 룸서비스)

4 이 상품은 비밀 규칙으로 얻었다.
(ルール → ルート 루트, 경로)

단어 ルール 룰, 규칙 | 通(かよ)う 다니다 | 女子高(じょしこう) 여자 고등학교 | きびしい 엄격하다 | ルーチン 루틴, 일과 | 注文(ちゅうもん) 주문 | 品物(しなもの) 물건 | 秘密(ひみつ) 비밀 | ルート 루트, 경로 | 手(て)に入(い)れる 손에 넣다, 입수하다

해설 「ルール」는 규칙이나 법칙, 지켜야 하는 기준 등을 나타낼 때 사용한다.

5 才能 재능

1 나는 그의 재능을 너무 높이 평가하고 있었습니다.

2 행방불명 되었던 등산객은 무사히 재능되었습니다.
(才能 → 発見 발견)

3 이 기구 덕분에 재능을 덜 수 있었습니다.
(才能 → 手間 수고)

4 안타깝게도, 재능에는 응할 수 없습니다.
(ご才能 → ご要望 요청)

단어 才能(さいのう) 재능 | 評価(ひょうか) 평가 | 行方不明(ゆくえふめい) 행방불명 | 登山者(とざんしゃ) 등산객 | 無事(ぶじ) 무사 | 発見(はっけん) 발견 | 器具(きぐ) 기구 | だいぶ 상당히, 꽤 | 手間(てま) 수고, 노력 | はぶく 줄이다, 덜다 | 残念(ざんねん)ながら 안타깝게도, 유감스럽게도 | 要望(ようぼう) 요망, 요청 | おうじる 응하다

해설 「才能」는 어떤 일을 하는 데 필요한 재주와 능력을 말한다.

01 문법 확인문제 001~025 p.194

문제 1

1 이 가게는 정오부터 1시쯤에 걸쳐 점심시간의 샐러리맨으로 가득 찬다.

단어 正午(しょうご) 정오 | サラリーマン 샐러리맨

해설 샐러리맨들로 가득 차는 시간의 범위를 묻는 문제이다. 앞부분에 시작점인 「～から」가 있으니, 뒷부분에서 끝나는 지점인 「～まで」나 「～にかけて」를 찾으면 된다.

2 그녀는 아주 조용한 사람이라 있는지 없는지 모를 정도다.

단어 静(しず)かだ 조용하다 | くらい 정도

해설 「～くらいだ」는 '～정도다'의 의미로, 앞의 상태가 매우 심함을 비유적으로 나타내는 표현이다. 2번은 '～덕분이다', 3번은 '～할 필요는 없다', 4번은 '～일 리가 없다'의 의미로 문맥에 맞지 않다.

3 기무라 씨는 컴퓨터에 관한 것이라면, 뭐든지 알고 있습니다.

단어 コンピューター 컴퓨터 | 知(し)る 알다

해설 「～ことなら」는 '～라면'의 의미로, 특정 분야를 화제로 삼아 그 범위 안에서의 능력이나 평가를 말할 때 쓰는 표현이다. 해당 분야에 대해 잘 알고 있다는 의미가 내포되어 있다. 1번은 '만일 ～할 수 있다면', 4번은 '～한 경우에는'의 의미로 문맥에 맞지 않다. 2번은 용법상 부자연스럽다.

4 하드웨어와 소프트웨어를 통합한 물건이 팔리지 않았기 때문에, 우리는 생각을 근본적으로 재검토해야 했다.

단어 統合(とうごう) 통합 | 売(う)れる 팔리다 | 根本的(こんぽんてき) 근본적 | 見直(みなお)す 재검토하다

해설 생각을 재검토해야 하게 된 것은 물건이 안 팔렸기 때문이므로, 앞의 사실을 원인・근거로 삼아 뒤의 결과가 나왔다는 표현이 필요하다. 따라서 '～때문에, ～한 이유에서'의 의미인 4번 「～ことから」가 정답이 된다.

5 지금까지의 연습의 성과를 다 낼 수 있도록 분발합시다.

단어 練習(れんしゅう) 연습 | 成果(せいか) 성과 | 頑張(がんば)る 노력하다

해설 「동사 ます형+きれる」는 '다 ～할 수 있다', '끝까지 ～할 수 있다'의 의미로 동작의 완결을 나타낸다. 2번은 '(시험 삼아) ～해 보다', 3번은 '～해 오다', 4번은 '～해 버리다'의 의미로 문맥상 맞지 않다.

6 방이 어두워서 불을 켜서 밝게 합니다.

단어 暗(くら)い 어둡다 | 明(あか)るい 밝다

해설 「～くする/～にする」는 어떠한 일이나 상태, 성질을 원하는 결과로 의도적으로 바꾼다는 의미이다. 「する」 앞에 오는 い형용사와 な형용사의 접속 형태에 주의하자.

7 정원에 감나무가 한 그루 있어, 수확한 열매로 곶감을 만들려고 했지만 잘 되지 않았다.

단어 庭(にわ) 정원 | 柿(かき) 감 | 収穫(しゅうかく) 수확 | 実(み) 열매 | 干(ほ)し柿(がき) 곶감

해설 문맥상 시도나 노력을 나타내는 표현이 와야 하므로, '만들려고 하다'의 의미인 4번 「作ろう」가 가장 자연스럽다. 1번은 '만들었다', 2번은 '만들 수 있다', 3번은 '만들고'의 의미로 문맥에 맞지 않다.

8 선생님 "대학 합격, 축하해."
학생 "고맙습니다. 선생님께서 늘 친절하게 가르쳐 주신 덕분이에요."

단어 生徒(せいと) 학생 | 合格(ごうかく) 합격 | 丁寧(ていねい)に 정성스럽게

해설 문맥상 도움이나 은혜의 결과로 좋은 일이 생겼음을 나타내는 표현이 와야 하므로, '～덕분입니다'라는 의미의 1번 「～おかげです」가 정답이 된다. 2번은 '～일 것입니다', 3번은 '～탓입니다', 4번은 '～인 것 같습니다'의 의미로 문맥에 맞지 않다.

9 가게 밖까지 아주 좋은 냄새가 날 정도로, 맛있는 카레집입니다.

단어 店(みせ) 가게 | 外(そと) 밖 | におい 냄새 | 屋(や) 가게

해설 「～がしてくる」는 '소리・맛・느낌 등이 나다(들다)'는 의미로, 감각을 나타내는 표현이다. 1번은 '～가 (준비)되어 있다', 2번은 '～을 하고 가다', 4번은 '～을 하고 있다'의 의미로 문맥에 맞지 않다.

10 야마다 "이 DVD, 다 봤으면 다카기 씨에게 전해 줘."
다나카 "응, 알았어."

단어 渡(わた)す 전달하다 | 見終(みお)わる 다 보고 끝내다

해설 DVD를 다 본 뒤 전달하라고 하므로, 앞의 행동이 끝난 뒤 다음 행동을 한다는 완료와 순서를 나타내는 표현을 찾는다. 「見終わったら」는 「동사 ます형+終わる」의 형태로 '다 ～하다'는 완료를 나타내므로 3번이 정답이 된다. 1번은 '계속 보고 있다면', 2번은 '보고 있는 중이면', 4번은 '봐 두고 있었다면'의 의미로 문맥에 맞지 않다.

11 그녀는 아이 때 미국에 살았기 때문에 영어를 말할 수 있습니다.

단어 頃(ころ) ～경, ～쯤 | 住(す)む 살다

해설 어릴 적 미국에 살았다는 이유와 자연스럽게 이어지는 문장을 찾으면 된다. 1번은 '정도'라는 뜻으로 문맥상 맞지 않고, 3번은 동사 た형, 4번은 동사 ます형에 접속한다는 것을 알아두자.

12 엄마 "지금 장난감을 산 애가 마코토 군?"
아이 "아니야. 저기서 울면서 과자를 갖고 싶어 하는 애야."

단어 母親(ははおや) 어머니 | 泣(な)く 울다 | お菓子(かし) 과자 | ほしがる 갖고 싶어하다

해설 「ほしがっている」는 '갖고 싶어 하다'의 의미로, 제3자의 욕구를 객관적으로 묘사할 때 쓰는 표현이다. 1번은 '갖고 싶다'의 의미로 화자 자신의 욕구, 2번은 '갖고 싶어 보이는'의 의미로 문맥에 맞지 않고, 4번은 형태와 의미 모두 맞지 않는다.

13 끓는 물에 소금과 무를 넣고, 무가 부드러워질 때까지 끓입니다.

단어 沸騰(ふっとう) 끓음 | お湯(ゆ) 뜨거운 물 | 塩(しお) 소금 | 大根(だいこん) 무 | やわらかい 부드럽다 | 煮(に)る 삶다

해설 무의 상태 변화가 완료되는 시점의 표현이 와야 한다. 2번은 '부드러워지는 동안', 3번은 '부드럽게 하기까지', 4번 '부드럽게 하는 동안'의 의미로 문맥에 맞지 않다. 따라서 완료의 표현「~まで」를 사용한 1번「やわらかくなるまで」가 정답이 된다.

문제 2

14 일본에 있는 동안 되도록 많은 친구를 만들고 싶다고 생각한다.

단어 友達(ともだち) 친구 | 作(つく)る 만들다 | 思(おも)う 생각하다

해설 「日本にいる」로 유추해 볼 때, 뒷부분에는 체류 기간을 뜻하는「~あいだに」가 와야 자연스럽다. 이후 무엇을 어떻게 하고 싶은 지 화자의 희망을 나타낸다고 하면 3-4-2-1 순이 가장 자연스럽다.

15 내가 지금 살고 있는 아파트는 철길을 따라 있다. 살기 시작했을 때는 전철이 지나가는 소리가 나서 시끄럽다고 생각할 때도 있었지만, 곧 신경 쓰이지 않게 되었다.

단어 住(す)む 살다 | 線路(せんろ) 철로 | 電車(でんしゃ) 전철 | 音(おと) 소리

해설 먼저 3번의「音」에 해당하는 소리를 찾고,「~と思う」의 형태로 '~라고 생각하다'는 표현을 연결하면 2-3-4가 된다. 마지막으로「すぐ」는 문맥상 바로 생각을 고쳤다는 전환의 의미로 쓰였으므로, 역접의「~が」가 쓰인 4번 뒤에 연결하는 것이 가장 자연스럽다. 그러므로 2-3-4-1이 올바른 순서가 된다.

16 아무리 좋은 재료를 사용해도, 요리를 잘하지 않으면 의미가 없습니다.

단어 良(よ)い 좋다 | 材料(ざいりょう) 재료 | 料理(りょうり) 요리 | 上手(じょうず)だ 능숙하다, 잘하다 | 意味(いみ) 의미

해설 「どんなに~ても」는 '아무리 ~해도'라는 강조 표현이다. 하지만 3, 4번을 바로 연결하면 '아무리 사용해도'라고 해석되며 자연스럽지 않다. 따라서 1, 2번의 '좋은 재료'를 가운데에 넣어서 배열한 3-1-2-4가 올바른 순서가 된다.

17 견학 후에는 급식센터에서 급식을 먹었습니다. 급식을 만드는 일이 얼마나 힘든 일인지 알았기 때문에, 평소보다 맛있게 먹을 수 있었습니다.

단어 見学(けんがく) 견학 | 後(あと) 후 | 給食(きゅうしょく) 급식 | 以上(いじょう) 이상

해설 맨 앞은 주어에 해당하는 명사절을 만들려면 4번「ことが」가 와야 한다. 이후 '얼마나 ~인지'라는 감탄과 탄식의 표현인「どんなに~ことか」를 연결하고 '~'에 해당하는 내용으로「大変な」를 사이에 넣으면 4-2-3-1이 올바른 순서가 된다.

18 부자라고 해서 반드시 행복하다고는 한정할 수 없다.

단어 お金持(かねも)ち 부자 | 幸(しあわ)せだ 행복하다 | 必(かなら)ずしも 반드시, 꼭 | 限(かぎ)る 한정하다, 제한하다

해설 「~からといって(~라고 해서)」는 '앞에 서술한 이유나 근거로 뒷부분의 내용을 단정할 수 없다'는 의미를 나타낸다. 따라서 이후에는 문맥상 부분 부정을 나타내는「必ずしも~ない(반드시 ~인 것은 아니다)」가 오는 것이 자연스럽다. 그리고 사이에 '~인 것'에 해당하는 내용을 넣으면 4-2-1-3이 올바른 순서가 된다.

문제 3

개인주의

사토 마코토

나는 6학년이 되기 전 봄방학에 유럽을 여행했습니다. 또 6학년 여름방학에는 하와이에 갈 수 있었습니다. 일본 이외의 나라에 가서, 일본과 다른 사고방식을 접할 수 있었습니다.

19 예를 들면, 호텔 안의 엘리베이터나 로비에서 다른 사람과 부딪치면, 바로

"익스큐즈미(실례)"

라고 서로 말을 겁니다. 일본의 러시아워 때의 전철에서는 생각할 수 없는 일입니다.

하지만 그 반면, 주로 프랑스 등에서는 도로의 교통신호가 빨간 불일 때에도 차나 사람이 튀어나옵니다. 20 이것을 보고 나는 놀랐습니다. 하지만, 남에게 폐를 끼치지는 않습니다. 그것은 자기 일은 자기가 책임을 진다는 사고방식이 있기 때문입니다. 일본에서는 사람이 도로로 튀어나와 차에 치였을 경우 21 차의 책임이 되지만, 프랑스에서는 튀어나온 사람 자신의 책임이 됩니다.

이와 같이 스스로 자신의 책임을 지고, 소중히 여기는 개인주의는, 타인에게 폐를 끼치는 것을 반성하지 않고 제멋대로 행동하는 이기주의와는 달리 매우 22 바람직한 것이라고 생각합니다.

단어 個人主義(こじんしゅぎ) 개인주의 | 春休(はるやす)み 봄방학 | 旅行(りょこう) 여행 | 夏休(なつやす)み 여름방학 | 考(かんが)え方(かた) 사고방식 | ふれる 접하다 | 他人(たにん) 타인, 남 | 失礼(しつれい) 실례 | 声(こえ)をかける 말을 걸다 | ラッシュ時(じ) 러시아워, 출퇴근시의 혼잡시간 | 電車(でんしゃ) 전철 | 反面(はんめん) 반면 | 主(おも)に 주로 | 道路(どうろ) 도로 | 交通信号(こうつうしんごう) 교통신호 | 赤(あか) 빨간 불 | とび出(だ)す (갑자기) 튀어나오다 | おどろく 놀라다 | めいわくをかける 폐를 끼치다 | 自分(じぶん)で 스스로, 직접 | 責任(せきにん) 책임 | 車(くるま)にひかれる 차에 치이다 | 場合(ばあい) 경우 | 自身(じしん) 자기자신 | かえりみる 되돌아보다, 반성하다 | 自分(じぶん)かって 제멋대로 | 利己主義(りこしゅぎ) 이기주의

해설

19 호텔에서「エクスキューズミー(失礼)」라고 말하는 구체적 사례가 나오므로 '예를 들면'의 의미인 3번「たとえば」가 정답이다. 1번은 '아니면, 혹은', 2번은 '따라서', 4번은 '그러니까'의 의미로 문맥에 맞지 않다.

20 바로 앞의 '빨간 불인데도 차나 사람이 튀어나오는 행동·상황을 보면'이라는 뜻이므로, 바로 앞에 나온 말을 가리키는 지시대명사를 찾는다. 따라서 정답은 1번「これ」가 된다.

21 바로 뒤에 역접을 나타내는 접속조사「が」가 나오므로 뒷문장과는 반대되는 내용이 나와야 한다. 프랑스에서는 사람이 튀어나와 사고가 나면 그 사람의 책임이 된다고 했으니, 반대의 의미인 4번「車の責任になります」가 정답이 된다.

22 글의 결론(개인주의는 이기주의가 아니라 바람직하다)와 맞는 것은 2번 「よいことだと思います」이다. 나머지는 모두 부정 평가이므로 문맥에 맞지 않다.

02 문법 확인문제 001~025 p.198

1 우리 형은 노래를 못하는 **주제에** 자주 노래방에 가고 싶어 합니다.

단어 下手(へた)だ 서투르다 | カラオケ 노래방 | 行(い)きたがる 가고 싶어하다

해설 문맥상 역접의 표현이 와야 한다. 1번 「きる」는 동사 ます형에 접속하고, 3, 4번은 의미상 맞지 않다. 따라서 역접의 의미로 비난하는 뉘앙스를 가진 2번 「～くせに」가 정답이 된다.

2 아무리 **졸려도** 수업 중에 자면 안 됩니다.

단어 授業中(じゅぎょうちゅう) 수업 중 | 眠(ねむ)い 졸리다

해설 「いくら」는 '얼마'라는 의미이지만, 역접의 강조 구문인 「いくら～ても」 문형으로 자주 사용된다. 앞부분에 「いくら」나 「どんなに」가 나와 있다면, 뒷부분에서 「～ても(でも)」를 찾으면 된다. 2번은 '졸린 탓인지', 3번은 '졸린 동안에', 4번은 '졸릴 정도로'의 의미로 문맥에 맞지 않다.

3 어머니가 걱정하기 때문에 어두워지기 **전에** 들어가는 것이 좋아요.

단어 心配(しんぱい) 걱정 | 暗(くら)くなる 어두워지다 | 帰(かえ)る 돌아가다

해설 어머니께 걱정을 끼치지 않으려면 어두워지기 전에 들어가는 것이 좋으므로, '시간이 지나기 전에'라는 표현이 와야 한다. '～하기 전에'라는 의미를 갖고 바로 앞의 동사 ない형과 접속하기에는 4번 「～うちに」가 가장 자연스럽다. 해석상 2번도 가능할 것처럼 보이지만, 동사의 부정형 뒤에는 「～までに」를 직접 붙여서 '기한'을 나타내지 않는다.

4 여러분의 뜨거운 성원 **덕분에** 우승할 수 있었습니다.

단어 みなさま 여러분, 모두 | 熱(あつ)い 뜨겁다, 열정적이다 | 声援(せいえん) 응원 | 優勝(ゆうしょう) 우승

해설 '우승'이라는 좋은 결과가 발생한 원인에 대한 표현으로는 '～덕분에'의 의미인 4번 「～おかげで」가 가장 자연스럽다. 1번은 '～에 따라', 2번은 '～을 계기로', 3번은 '～때문에'의 의미로 문맥에 맞지 않다.

5 내가 회사에 가 있는 **동안** 할머니가 집을 봐주고 있습니다.

단어 祖母(そぼ) 할머니 | 留守番(るすばん) 집을 지킴

해설 내가 회사에 가 있는 것과 할머니가 집을 봐주는 것은 같은 시간에 일어나고 있는 상황이다. 선택지 중 시간적으로 동시에 발생하는 두 동작을 연결하는 표현으로는 '～하는 동안 내내'의 의미를 가진 3번 「あいだ」가 가장 알맞다. 1번은 쓰이지 않는 표현이고, 2번은 '～동안에'의 의미이지만 그 기간 안에서 특정한 일이 한 번 발생한다는 뜻이어서 문맥상 맞지 않다. 4번은 '～사이에서'의 의미로, 시간보다 공간, 범위에 관련된 표현에 많이 쓰인다.

6 최근 현금 **대신에** 전자 화폐를 사용할 수 있는 가게가 늘고 있다.

단어 現金(げんきん) 현금 | 電子(でんし)マネー 전자 화폐 | 増(ふ)える 증가하다

해설 현금을 대체해서 사용할 수 있다는 표현이 필요하므로, '～대신에'의 의미인 2번 「～の代わりに」가 가장 자연스럽다. 1번은 '～주제에', 3번은 '～대로', 4번은 '～인 것 같다면'의 의미로 문맥에 맞지 않다.

7 저는 어느 쪽**인가 하면** 낯을 가리는 쪽입니다.

단어 人見知(ひとみし)り 낯가림

해설 3, 4번은 '～라고 하면'이라는 가정의 의미로 동일한 해석이니 제외하고 생각한다. 문맥상 '어느 쪽인지 굳이 말하자면'이라는 단정적인 표현이 필요하므로 2번 「どちらかというと」가 가장 자연스럽다. 「どちらかというと」와 「なぜかというと」는 관용 표현으로서 같이 외워 두도록 하자. 1번은 '～라는 것은'의 의미이다.

8 기르고 있던 고양이 타마가 죽어서, 얼마나 슬펐**는지**.

단어 飼(か)う 기르다 | 猫(ねこ) 고양이 | 亡(な)くなる 죽다 | 悲(かな)しい 슬프다

해설 「どんなに～ことか」는 '얼마나 ～했는지'라는 의미로 감탄과 탄식의 의미를 나타내는 표현이다. 2번은 '～한 적이 있다', 3번은 '～하기로 하다', 4번은 '～하게 되다'의 의미로, 동사에 접속하는 문형임을 알아 두자.

9 현역 시절과 같은 수입을 얻기는 어려워도, 20만 엔이면 꼭 **어려운 것은 아니지** 않을까요?

단어 現役時代(げんえきじだい) 현역 시절 | 稼(かせ)ぎ 수입 | 得(え)る 얻다 | 難(むずか)しい 어렵다

해설 「必ずしも～ない」는 '반드시 ～인 것은 아니다'라는 의미로 부분 부정을 나타낸다. 따라서 괄호 안에도 마찬가지로 '그렇게까지 어렵지는 않다'는 완화 표현이 오는 것이 자연스럽다. 「～ことではない」는 '～한 것은 아니다, 그리 ～하지 않다'의 의미로 부정적인 판단을 완곡하게 나타내므로, 이 표현이 들어간 3번 「難しいことではない」가 정답이 된다. 1번은 '어려움이 틀림없다, 틀림없이 어렵다', 2번은 '어려울 리가 없다', 4번은 '어려울 지도 모른다'의 의미로 문맥에 맞지 않다.

10 야마다 씨는 소설가로서 **유명한 한편으로**, 환경활동가로서도 알려져 있다.

단어 小説家(しょうせつか) 소설가 | 環境(かんきょう) 환경 | 活動家(かつどうか) 활동가 | 知(し)られている 알려져 있다 | 一方(いっぽう) 한편

해설 「～一方で」는 두 개의 다른 성격이나 역할을 대비하거나 병렬로 함께 제시하는 표현이다. 1번은 '유명한 것처럼', 3번은 '유명하다고 하면', 4번은 '유명하니까'의 의미로 문맥에 맞지 않다.

11 시험을 본 후 커피를 **마시려고 생각해서** 대학 카페에 갔는데, 너무 붐벼서 대학 근처의 카페에 마시러 갔다.

단어 後(あと) 후, 뒤 | 混(こ)む 붐비다 | 喫茶店(きっさてん) 찻집 | 近(ちか)く 근처

해설 어떠한 일의 의도나 목적을 나타내는 표현이 와야 하므로 '～하려고 생각해서'라는 의미의 「～と思って」가 사용된 1번 「飲もうと思って」가 정답이 된다. 2번은 '마시고 있어서', 3번은 '마시려고 생각하는데', 4번은 '마시고 있는데'의 의미로 문맥에 맞지 않다.

12 우리 아빠는 술을 그다지 좋아하지 않지만 가끔 맥주를 마시는 경우가 있습니다.

단어 たまに 가끔, 드물게

해설 「동사 사전형+ことがある」는 '자주는 아니지만 (가끔) ~할 때가 있다'라는 문형이다. 같이 사용되는 부사로 「たまに」 또는 「時々」를 같이 외워 두자.

13 저는 대학 동아리에 가입하지 않았으면, 일본인 학생과 쭉 친구가 될 기회는 없을지도 모른다고 생각했습니다.

단어 クラブ 동아리 | 入(はい)る 들어가다 | ずっと 계속, 줄곧 | 機会(きかい) 기회

해설 앞부분에 「~たら」라는 가정이 나오므로 뒷부분에는 추측의 표현이 오는 것이 자연스럽다. 따라서 「~かもしれない」가 쓰인 2번 「ないかもしれないと思いました」가 정답이 된다. 1번은 '없다고 합니다', 3번은 '없을까요?', 4번은 '없다고 생각했기 때문입니다'의 의미로 문맥에 맞지 않다.

문제 2

14 일기예보가 반드시 적중한다고는 한정할 수 없습니다.

단어 天気予報(てんきよほう) 일기예보 | 当(あ)たる 적중하다, 맞다 | 限(かぎ)る 한정하다, 제한하다

해설 '반드시 ~인 것은 아니다'라는 부분 부정을 나타내는 「必ずしも~ない」의 문형과 '~라고 한정할 수 없다'는 의미의 「~とは限らない」 문형을 4-3-2로 연결해 둔다. 그리고 이 문형은 보통형에 접속하므로 앞에는 「当たる」가 와야 한다. 이후 문맥에 맞게 연결하면 4-1-3-2가 올바른 순서가 된다.

15 이것은 초등학생이라도 대답할 수 있을 정도로 쉬운 문제입니다.

단어 答(こた)える 대답하다 | 問題(もんだい) 문제

해설 「~くらい」는 '~할 정도로'의 의미로 동작이나 상태의 정도를 예를 들어 설명하는 표현이다. 따라서 「くらい」를 기준으로 '~도 ~할 수 있을 정도의 ~'라는 의미로 배열하면, 1-3-2-4가 올바른 순서가 된다.

16 컴퓨터의 과한 사용으로 목부터 어깨에 걸쳐서 아팠기 때문에 병원에 가기로 했다.

단어 使(つか)いすぎ 지나치게 사용함 | 首(くび) 목 | 肩(かた) 어깨

해설 「~から~にかけて」는 '~부터 ~에 걸쳐서'의 의미로 대략적인 범위를 나타내는 표현이다. 명사에 접속하는 「~から」를 이유로 해석하지 않도록 유의하자. 통증의 범위를 나타내므로 3-2-1-4가 올바른 순서가 된다.

17 여러가지 일이 일어난 2025년 시즌이 드디어 끝나 버렸습니다.

단어 さまざまな 여러 가지, 다양한 | シーズン 시즌 | とうとう 마침내 | 起(お)きる (사건 등이) 일어나다, 발생하다

해설 「さまざまな」는 な형용사로 명사를 꾸며주므로 뒤에 올 표현으로는 3, 4번이 가능하며 문맥상 「ことが」가 자연스럽다. 따라서 「ことが」를 제일 앞에 두고, 문장의 주제인 「2025年シーズンが」를 기준으로 어떤 시즌이고 어떻게 끝났는지 꾸며주는 말을 넣어 자연스럽게 연결하면, 3-2-4-1이 올바른 순서가 된다.

18 이 근처는 자연이 풍부해 언젠가 이런 곳에 살아 볼까 하는데, 근처에 슈퍼마켓이나 편의점이 없는 곳이라서, 차 운전을 못하는 나에게는 생활하기는 힘들 것 같다.

단어 辺(へん) 주변, 근처 | 自然(しぜん) 자연 | 場所(ばしょ) 장소 | 運転(うんてん) 운전 | 生活(せいかつ) 생활 | 大変(たいへん)だ 힘들다

해설 2번 「こういう」가 1번 「ところに住んで」를 꾸며 '이런 곳에 살다'라는 핵심 내용을 만든다. 이어서 '~하려고 생각하다'라는 「~と思っている」의 의지 표현으로 3-4번이 연결되면 2-1-3-4가 올바른 순서가 된다.

문제 3

저는 일본에 온 지 3년이 됩니다만, 지금도 일본 문화에 놀라는 일이 많이 있습니다. 예를 들면, 쇼핑을 할 때입니다. 19 우선, 가게에 들어가면 점원이 "어서 오세요"라고 기분 좋게 인사해 줍니다. 그리고 상품에 대해서 질문하면, 정중하고 알기 쉽게 설명해 줍니다. 제가 가장 놀란 것은, 계산이 끝나면 출구까지 물건이 든 봉투를 점원이 들고 와 주는 것입니다. 20 거기에서도 그 봉투를 저에게 건네면서 "감사합니다. 또 오십시오."라고 깊게 머리를 숙여 주는 것입니다.

이러한 점원의 정중한 말씨나 서비스 21 덕분에, 손님인 우리들은 기분 좋게 쇼핑을 할 수 있는 것이라고 생각합니다. 일본에서의 생활은 문화 차이로 놀라는 일도 많지만, 매일 새로운 발견이 있어서 즐겁습니다. 일본에 살고 있는 22 동안, 일본의 문화나 좋은 점을 좀 더 배워 가고 싶다고 생각합니다.

단어 驚(おどろ)く 놀라다 | 例(たと)えば 예를 들면 | 商品(しょうひん) 상품 | 質問(しつもん) 질문 | 丁寧(ていねい)だ 정중하다, 공손하다 | 説明(せつめい) 설명 | 会計(かいけい) 계산 | 品物(しなもの) 물건, 물품 | 袋(ふくろ) 봉투 | 渡(わた)す 건네다 | お越(こ)し 오심, 가심 | 頭(あたま)を下(さ)げる 머리를 숙이다, 인사하다 | 違(ちが)い 차이, 다름 | 発見(はっけん) 발견 | 学(まな)ぶ 배우다

해설

19 일본에서 놀랐던 사례를 하나씩 설명하는 내용이 뒤에 나오므로 2번 '먼저, 우선'이 정답이 된다. 1번은 '하지만, 그러나'라는 뜻으로 반대 내용을 연결하는 접속사이고, 3번은 '또는, 혹은'이라는 의미이다. 4번은 화제를 전환할 때 사용하는 접속사이므로 맞지 않다.

20 빈칸에는 봉투를 건네며 인사하는 장소가 나와야 하므로 3번이 정답이 된다. 1, 2번은 '그것, 저것'이라는 의미로 물건을 나타내고, 4번은 '저곳'이라는 의미로 문장과 맞지 않다.

21 빈칸 뒷부분에 '기분 좋게 쇼핑할 수 있다'라는 좋은 결과가 나와 있으므로 4번 '덕분에'가 정답이 된다. 1번은 '~대로'라는 의미이고, 2번은 '~도중'이라는 의미이다. 3번은 '~한편으로'라고 해서 앞과 뒷문장을 대비, 대조할 때 사용한다.

22 「~あいだに」는 '~하는 동안에, ~사이에'라는 의미로 어떤 기간 내에 완료되는 동작이 뒷부분에 나온다. 일본에 사는 동안에 일본의 좋은 점을 배우고 싶다는 문장이므로 3번이 정답이 된다. 1번은 '~주제에'라는 의미이고, 2번은 '~탓에, ~때문에'라는 이유를 나타낸다. 4번은 가정의 의미로 '~라고 하면'이라는 의미이다.

03 문법 확인문제 026~050 p.216

1 야마다 씨는 상냥하고, 귀여워서 반에서 인기가 있습니다.

단어 優(やさ)しい 상냥하다 | クラス 클래스, 학급 | 人気(にんき) 인기

해설 반에서 인기가 있는 이유를 나열하는 문장이다. 2번은 '탓인지', 3번은 '～동안에', 4번은 '～때문에'라는 의미로 문맥에 맞지 않다.

2 일이 바빠서 점심밥을 먹을 시간 조차 없었다.

단어 忙(いそが)しい 바쁘다 | 昼(ひる)ごはん 점심밥 | 時間(じかん) 시간

해설 「時間」에 붙는 알맞은 조사를 찾는 문제이다. 2, 3, 4번은 '시간'이라는 명사에 바로 접속할 수 없고, 각각 '(「そうもない」의 형태로) ～할 것 같지도 않다', '～때마다', '～때문에'라는 의미로 문맥에도 맞지 않다.

3 잔업이 계속된 때문인지 그는 쓰러지고 말았다.

단어 残業(ざんぎょう) 잔업, 야근 | 続(つづ)く 계속되다 | 倒(たお)れる 쓰러지다

해설 원인·이유를 추측하는 표현을 찾는 문제이다. 1번은 '～겠는가', 2번은 '얼마나 ～인가', 3번은 '～것인가'라는 의미로 문맥에 맞지 않다. 따라서 '～때문인지, ～탓인지'라는 의미의 4번 「ためか」가 정답이 된다.

4 최근 수면 부족이기 때문에 이불에 들어가자마자 잠들어 버렸다.

단어 最近(さいきん) 최근 | 睡眠不足(すいみんぶそく) 수면 부족 | 布団(ふとん) 이불

해설 '이불에 들어갔다'와 '잠들어 버렸다' 사이를 자연스럽게 연결시킬 수 있는 해석이 뭔지 생각해 본다. 또한 동사 た형에 접속하는 것도 고려해야 한다. 「동사 た형+とたん(に)」는 '～하자마자, ～한 순간'이라는 의미의 문형임을 외워 두자.

5 어제 술을 너무 마셔서 머리가 아픕니다.

단어 頭(あたま) 머리 | 痛(いた)い 아프다

해설 뒷부분의 '머리가 아프다'와 어울리는 내용인 동시에, 동사 ます형인 「飲み」에 접속할 수 있는 문형을 찾아야 한다. 「동사 ます형/い형용사·な형용사 어간+すぎる」는 '지나치게 ～하다'라는 의미임을 알아 두자.

6 그의 흰 셔츠는 주름 투성이 되어 있었다.

단어 シャツ 셔츠 | シワ 주름

해설 しわ(주름)라는 단어를 모르더라도 와이셔츠와 연결되는 의미를 생각해 보자. 「だらけ」는 명사에 접속하여 좋지 않은 것이 잔뜩 있는 것을 의미한다. 「どろだらけ(진흙투성)」, 「ほこりだらけ(먼지투성)」과 같이 자주 쓰이는 명사와 접속해서 암기해 두자. 1번은 '동안, 사이', 4번은 '정도'라는 의미로 문맥에 맞지 않고, 2번은 '완전히 다 ～하다'의 의미로 동사에 접속하는 문형이다.

7 근무 중에는 개인적인 전화를 걸어서는 안 되게 되어 있다.

단어 勤務中(きんむちゅう) 근무 중 | 個人的(こじんてき) 개인적 | 電話(でんわ)をかける 전화를 걸다

해설 규칙이나 결정된 사항을 나타내는 표현을 찾는 문제이다. 「～ことになっている」는 '～하기로 되어 있다'의 의미로 의사 결정을 통해 정해진 기정 사실을 나타낸다. 1번은 '～한 것은 아니다', 3번은 '～할 것도 아니다'의 의미로 문맥에 맞지 않고, 2번은 부자연스러운 표현이다.

8 도쿄의 여름이 더운 것은 온도가 높을 뿐만 아니라 습도도 높기 때문이다.

단어 温度(おんど) 온도 | 湿度(しつど) 습도

해설 '온도도 습도도 높다'고 하므로, '추가'를 나타내는 표현이 필요하다. 2번은 '～만으로도', 3번은 '～인 만큼', 4번은 '～만은'의 의미로 문맥에 맞지 않다. 따라서 'A뿐 아니라 B도'라는 의미의 1번 「～だけでなく」가 정답이 된다.

9 저녁에 역 앞의 케이크 가게에 갔더니, 거의 다 팔려서 초콜릿 케이크와 치즈 케이크가 1개씩밖에 남아 있지 않았다.

단어 夕方(ゆうがた) 저녁 무렵 | 売(う)り切(き)れる 매진되다 | 残(のこ)る 남다

해설 수량의 적음을 강조하는 표현을 찾는 문제이다. 거의 다 팔리고 남은 양이 적다는 부정적인 상황이 제시되었으므로, 수량 뒤에 배분을 나타내는 「ずつ」와 '그것 이외에는 없다'는 강한 한정을 나타내며 뒤의 부정문(ない/なかった)과 호응하는 「しか」가 결합한 「ずつしか」가 오는 것이 가장 자연스럽다. 1번은 '～정도씩'이라는 의미로 뒤에 부정문이 오면 어색하며, 3번은 문법상 성립하지 않고, 4번은 주로 긍정문과 호응하므로 뒤에 오는 부정어 「なかった」와 어울리지 않는다.

10 학급에 있던 돈을 도둑맞은 걸로, 다들 나를 의심하고 있는 듯하다.

단어 ぬすむ 훔치다 | 疑(うたが)う 의심하다

해설 원인이나 계기를 나타내는 표현이 와야 하므로, '～해서, ～로 인해'의 의미인 4번 「ことで」가 정답이 된다. 1번은 '～것이니까', 2번은 '～라면', 3번은 '～하지 않고서는'의 의미로 문맥에 맞지 않다.

11 불경기 탓인지 텔레비전의 광고가 줄어든 것 같다.

단어 不景気(ふけいき) 불경기 | 減(へ)る 줄다

해설 광고가 줄어든 원인에 대해 추측하는 표현을 찾는 문제이다. 1번은 '～때마다', 3번은 '～주제에', 4번은 '～덕분에'라는 의미로 문맥에 맞지 않다. 따라서 '～탓인지, ～때문인지'라는 의미의 2번 「～せいか」가 정답이 된다.

12 내일 데이트할 생각만 해 버려서, 오늘은 흥분해서 잘 수 있을 것 같지 않다.

단어 考(かんが)える 생각하다 | 興奮(こうふん) 흥분 | 眠(ねむ)る 자다

해설 「～そうにない」는 동사 ます형에 붙어 '～할 것 같지도 않다'는 의미로 실현될 가능성이 적다는 의미를 나타낸다. 따라서 정답은 「眠れる (잘 수 있다)」의 ます형인 2번 「眠れ」가 된다.

13 이시하라 씨는 집에 올 때마다 선물을 가지고 옵니다.

단어 プレゼント 선물 | 持(も)つ 가지다

해설 반복 표현을 찾는 문제이다. 1번은 '～동안에', 2번은 '～하기 위해', 3번은 '～대로'의 의미로 문맥에 맞지 않다. 따라서 '～할 때마다'라는 의미의 4번 「～たびに」가 정답이 된다.

문제 2

14 설령 가족이라도 돈을 빌려주고 빌리는 것은 좋지 않습니다.

단어 貸(か)し借(か)り (돈・물건 등을) 빌리고 빌려주는 것

해설 「たとえ~ても(でも)」는 '설령 ~라고 해도'라는 역접 표현으로, 「~」에 들어갈 단어로 가장 자연스러운 것을 찾아 연결시키면 3-1-4가 된다. 그리고 2번 「お金の」는 명사와 접속하므로, 3-1-4-2가 올바른 순서가 된다.

15 영어로 쓰여진 책을 사전에서 찾아보지 않고 많이 읽는 것을 '영어 다독'이라고 합니다.

단어 辞書(じしょ) 사전 | 引(ひ)く 찾다 | 英語多読(えいごたどく) 영어 다독

해설 우선 '사전에서 찾다'를 연결해 두자. 그리고 「~ずに」는 '~하지 않고'의 의미로 어떤 일을 하지 않은 상태에서 다른 행동을 한다는 것을 뜻하므로 뒤에 행동 표현이 와야 한다. 그러므로 「~ずに」 뒤에 「読む」를 연결하고, 「読む」를 꾸미는 말로 「たくさん」을 사이에 두면 2-3-1-4가 올바른 순서가 된다.

16 우리 아버지는 몸이 튼튼할 뿐만 아니라 마음도 젊다.

단어 気持(きも)ち 마음 | からだ 몸 | 若(わか)い 젊다 | じょうぶだ 튼튼하다

해설 「~だけでなく」는 'A뿐만 아니라 B도'라는 의미이므로, 앞뒤에 A, B에 해당하는 내용을 배치한다. 'B도'의 형태를 가진 「気持ちも」를 뒤에 두면, A의 내용으로는 '몸이 튼튼하다'가 제일 자연스럽다. 따라서 차례대로 연결하면 3-1-2-4가 올바른 순서가 된다.

17 어제 아이랑 동물원에 갔다가, 얼마 전에 갓 태어난 새끼 판다를 볼 수 있었습니다.

단어 動物園(どうぶつえん) 동물원 | 先日(せんじつ) 지난번, 얼마 전 | 生(う)まれる 태어나다 | パンダ 판다

해설 「~たばかり」는 '막 ~함'의 의미로 어떤 동작을 하고 시간이 얼마 지나지 않은 상태를 나타낸다. 동사 た형에 접속하므로 우선 4-3번을 연결해 둔다. 「ばかりの」와 「パンダの」는 둘 다 「の」로 끝나서 뒤에 명사가 와야 하는데, 의미가 자연스럽게 이어지도록 연결하면 4-3-1-2가 올바른 순서가 된다.

18 재활용하려고 생각하면, 얼마든지 방법이 있다.

단어 リサイクル 재활용 | いくら 얼마 | やり方(かた) 방법

해설 「いくらだって」는 '얼마든지'의 의미로 강조를 나타내는데, 정형화되어 많이 사용하므로 외워 두도록 하자. 또한 문장 맨 끝에는 동사가 와야 하므로 2번을 맨 뒤에 두면 「~がある」 앞에는 1번밖에 올 수 없다. 이후 의미가 이어지도록 자연스럽게 배열하면 4-3-1-2이 올바른 순서가 된다.

문제 3

최근 신경 쓰이는 일이 있습니다. 그것은 집 근처 등에서 인사를 하는 사람이나 병원, 우체국 등에서 이름이 불렸을 때 대답을 하는 사람이 점점 적어지고 있는 일입니다. 조금 반응을 보였다고 해도 머리를 약간 숙일 정도이고, 확실한 목소리를 내는 사람은 적은 듯합니다.

19 말없이 편의점에서 물건을 사고, 휴대전화도 메시지를 주고 받는 것으로 끝내는 일이 많아진 현대인에게는, 타인과 말을 나누는 것이 귀찮아진 것일지도 모릅니다.

20 하지만 저와 같은 옛날 사람에게는 역시 쓸쓸한 느낌이 듭니다. 아침의 " 21 안녕하세요" 부터 저녁의 "안녕히 가세요" 까지 사회 속에서 평온하게 지내기 위해서 빠뜨릴 수 없는 것이 인사일 것입니다.

앞으로의 고령화 사회에서는 독거 노인도 늘어가겠지만, 말 한마디를 걸거나 누군가 말을 걸어오는 것이 점점 중요해지리라 생각합니다. 하루하루를 기분 좋게 보내기 위해 인사나 대답은 확실히 22 소리를 내어 봅시다.

단어 気(き)になる 신경 쓰이다 | 近所(きんじょ) 근처 | 返事(へんじ) 대답 | 反応(はんのう) 반응 | 示(しめ)す 보이다 | 下(さ)げる (고개를) 숙이다 | 程度(ていど) 정도 | はっきりとした 분명한, 명확한 | 無言(むごん) 무언, 말이 없음 | やりとり 주고받음 | すます 끝내다, 처리하다 | 現代人(げんだいじん) 현대인 | 他人(たにん) 타인 | 言葉(ことば)を交(か)わす 말을 주고받다 | わずらわしい 번거롭다 | さびしい 쓸쓸하다 | 夕方(ゆうがた) 저녁 | おだやかに 평온하게 | 過(す)ごす 지내다 | 欠(か)かせない 빠질 수 없다 | 高齢化社会(こうれいかしゃかい) 고령화 사회 | 独居老人(どっきょろうじん) 독거노인 | 増(ふ)える 늘다, 증가하다 | 一言(ひとこと) 한마디 | かける (말을) 걸다 | ますます 점점 더, 갈수록 | 大切(たいせつ)だ 중요하다 | 気持(きも)ちよく 기분 좋게 | きちんと 제대로

해설

19 바로 앞에서 '확실한 목소리를 내는 사람은 적은 듯합니다'라고 하고, 뒤에서도 소리를 내지 않는 상황에 대해 언급하고 있으므로, 문맥상 '말없는 채로'의 의미인 1번 「無言のまま」가 가장 자연스럽다. 2번은 '마음먹은 대로', 3번은 '있는 그대로', 4번은 '그대로'의 의미로 문맥에 맞지 않다.

20 문맥상 앞부분과 반대되는 내용을 이어주는 접속사가 와야 하므로 '하지만'의 의미인 4번 「けれど」가 정답이 된다. 1번은 '아니면', 2번은 '결코', 3번은 '게다가'의 의미로 문맥에 맞지 않다.

21 하루를 시작하는 인사와 끝내는 인사를 말하는 내용이므로 아침 인사인 2번 「おはようございます」가 가장 자연스럽다. 1번은 '어서 오세요', 3번은 '축하합니다', 4번은 '감사합니다'의 의미로 문맥에 맞지 않다.

22 '소리 내어 말하다'는 의미의 「声に出す」는 정형화되어 자주 쓰이므로 외워 두도록 하자.

04 문법 확인문제 026~050 p.220

문제 1

1 마침 숙제가 끝난 참입니다.

단어 ちょうど 마침 | 宿題(しゅくだい) 숙제 | 終(お)わる 끝나다

해설 어떤 동작이 막 끝난 직후를 나타내는 표현을 찾는 문제이다. 「~たところだ」는 '막 ~한 참이다'의 의미로 「동사 た형+たところだ」의 형태로 쓰이며, 「今」, 「ちょうど」 등이 같이 나오는 경우가 많다.

2 이 빵은 지금 막 구운 거라서 부드러워요.

단어 焼(や)く 굽다 | やわらかい 부드럽다

문법 공략편

해설 어떤 동작을 하고 시간이 얼마 지나지 않은 상태를 나타내는 표현을 찾는 문제이다. 「～たばかり」는 '～한 지 얼마 안 됨, 막 ～함'의 의미로 「동사 た형+たばかり」의 형태로 쓰인다.

3 아버지는 가끔 불을 **켜 둔 채** 나갑니다.

단어 電気(でんき)をつける 불을 켜다, 전등을 켜다 | 出(で)かける 외출하다

해설 자동사와 타동사를 구분하는 문제이다. '불을 켜다'라는 의미의 타동사는 つける이고, '불이 켜지다'라는 의미의 자동사는 つく이므로 헷갈리지 않게 제대로 외워 두도록 하자. 1번은 '켜진 채', 3번은 '켜져 있는 동안', 4번은 '켜 두고 있는 동안'의 의미로 문맥에 맞지 않으므로, 2번 「つけたまま」가 정답이 된다. 「～たまま」는 '～한 채로'의 의미로, 어떤 상태가 변하지 않고 계속되는 상태를 나타낸다.

4 초등학생 때 수영 교실에 **다녀본 적이 있지**만, 어려워서 한 달 만에 그만둬 버렸다.

단어 水泳教室(すいえいきょうしつ) 수영 교실 | 通(かよ)う 다니다

해설 경험을 나타내는 표현을 찾는 문제이다. 「～たことがある」는 '～한 적이 있다'는 의미로 경험을 나타낸다. 1번은 '다녀 본 참이다', 3번은 '다녀 둔 참이다', 4번은 '다녀 둔 적이 있다'는 의미로 문맥과 맞지 않다.

5 부하 "죄송합니다. 이건 제 실수였습니다."
상사 "괜찮아. 누구**나** 실수할 때는 있으니까."

단어 部下(ぶか) 부하 | 間違(まちが)い 실수 | 上司(じょうし) 상사

해설 「～だって」는 의문사나 수량・정도를 나타내는 말에 붙어 '～라도 예외없이 그렇다'라는 의미를 갖는다.

6 주소**만** 알면 혼자서 갈 수 있으니 걱정하지 마세요.

단어 住所(じゅうしょ) 주소 | 心配(しんぱい) 걱정

해설 「～さえ」는 '～조차'라는 의미의 부사지만 「～ば」라는 조건 문형과 같이 쓰이면 「～さえ～ば」의 형태로 '～만 ～하면'이라는 최소 조건을 나타내는 의미를 갖는다.

7 그 여자 엄청 화내고 있으니, 빨리 사과하는 **편이 좋아**요.

단어 すごく 매우, 대단히 | 怒(おこ)る 화내다 | 謝(あやま)る 사과하다

해설 「동사 た형+ほうがいい」는 '～하는 편이 좋다'라는 조언의 의미를 가진 문형이다. 1번은 '～하는 도중', 2, 4번은 동사 た형에 접속하여 각각 '～한 적이 있다', '～하자마자'의 의미를 가진다.

8 오늘 아침은 늦잠을 자서 아침밥을 **먹지 않고** 학교에 갔습니다.

단어 今朝(けさ) 오늘 아침 | 寝坊(ねぼう)する 늦잠 자다

해설 「～ずに」는 동사 ない형에 접속하여 '～하지 않고, ～하지 말고' 라는 의미를 갖는다. 2번은 '먹은 탓인지', 3번은 '먹었기 때문에', 4번은 '막 먹은 참'의 의미로 문맥에 맞지 않다.

9 갑자기 **비가 내리기 시작**해서 편의점에서 우산을 샀습니다.

단어 急(きゅう)に 갑자기 | 傘(かさ) 우산

해설 「동사 ます형+出す」는 예기치 못한 상황에서 갑작스러운 일이 발생함을 나타내는 표현이다. 문장 앞의 「急に」가 힌트이다. 1번은 '내리는 것', 2번은 '내릴 것 같다', 4번은 '방금 내렸다'는 의미로 문맥에 맞지 않다. 참고로 2번은 「今にも(금방이라도)」와 호응하는 문형임을 외워 두자.

10 성격이 맞지 않는 그와는 헤어지**기로 했다**.

단어 性格(せいかく) 성격 | 別(わか)れる 헤어지다

해설 동사 사전형에 접속하는 「～ことにする」는 '～하기로 하다'라는 의미로 자신의 의지로 내린 결정을 나타낸다. 1번은 '～할 것 같지도 않다', 3번은 '～하고 싶어 하다', 4번은 '～한 적이 있다'의 의미로, 의미 뿐만 아니라, 접속 형태도 맞지 않다.

11 그 아기는 신기한 **듯**이 자신의 손을 보고 있었다.

단어 不思議(ふしぎ)だ 이상하다, 신기하다

해설 겉모습을 보고 판단하는 추측 표현을 찾는 문제이다. 「い형용사・な형용사 어간/동사 ます형+そうだ」는 '～한 듯 하다, ～일 것 같다'의 의미이다. 2번은 '～위해서, ～때문에', 3번은 '～투성', 4번은 '～할 때마다'의 의미로 문맥에 맞지 않다.

12 설령 부모님이 반대**해도** 우리들은 결혼할 생각입니다.

단어 両親(りょうしん) 부모님 | 反対(はんたい) 반대 | 結婚(けっこん) 결혼

해설 「たとえ～ても」는 '설령 ～라도(해도)'의 의미로 역접을 나타내는 표현이다. 역접의 의미인 「～ても」의 강조 구문으로 외워 두자. 이외에 「いくら・どんなに～ても(아무리 ～해도)」도 「～ても」와 호응하는 문법으로 함께 외워 두자.

13 이 만화는 재미있을 **뿐만 아니라** 화학도 배울 수 있습니다.

단어 漫画(まんが) 만화 | 化学(かがく) 화학 | 学(まな)ぶ 배우다

해설 앞부분에서는 재미있다는 내용이, 뒷부분에서는 화학도 배울 수 있다는 내용이 있으므로 추가・첨가의 문형이 알맞다. 1번은 '～할 것 같지도 않고'로 い형용사 어간에 접속하는 문형이므로 맞지 않다. 3번 '～때문에'와 4번 '～탓으로'는 이유를 나타내므로 뒷문장과 어울리지 않는다. 따라서 정답은 '～뿐만 아니라'의 의미인 2번 「～ばかりでなく」가 된다.

문제 2

14 너무나도 많은 **서비스가 있는 탓으로 어느 것을** 고르면 좋을지 모르겠다.

단어 あまりにも 너무나 | 選(えら)ぶ 고르다

해설 たくさんの 뒤에는 명사가 와야 하므로 4번 「サービスが」를 첫번째에 둔다. '서비스가' 뒤에 올 표현으로는 '있다'가 가장 자연스러우므로 4-3번을 연결하고, 「選べば」의 앞에 목적어로 「どれを」를 연결, 남은 자리에 「せいで」가 들어가면 4-3-1-2가 올바른 순서가 된다.

15 A "나 화장실 좀 갔다 올게."
B "응. 근데 영화가 **시작되기까지 앞으로 5분밖에 없어**. 서둘러."

단어 映画(えいが) 영화 | 始(はじ)まる 시작하다 | 急(いそ)ぐ 서두르다

해설 「～しかない」는 '～밖에 없다'는 의미로 앞에 한정을 나타내는 표현이 와야 하므로 4-3번이 연결되고, 「映画が」 뒤에는 남은 선택지 중 「始まる」가 들어가는 것이 가장 자연스럽다. 여기에 기한을 정하는 「まで」가 연결되면 2-1-4-3이 올바른 순서가 된다.

16 이 **카페에서 커피를 마실 때마다 아내와 첫 데이트로** 왔을 때가 생각난다.

단어 妻(つま) 아내 | 思(おも)い出(だ)す 떠올리다, 생각나다

해설 「この」 뒤에 올 표현으로는 2, 3, 4번이 다 가능해 보이므로, 먼저 마지막에 연결되는 내용을 확인하자. 「来たときのことを」와 이어지기 가장 자연스러운 표현은 「デートで」이므로 3번을 제일 뒤에 두면, 「この」 뒤에는 2, 4번이 올 수 있다. 문맥상 「カフェで」로 장소를 먼저 제시하고 「コーヒーを飲むたびに」를 연결하는 것이 자연스러우므로 4-2순으로 배열하고 1번을 연결하면, 4-2-1-3이 올바른 순서가 된다.

17 원자력으로 전기를 만들 수 있다. 그러나 그것**은 전쟁을 위해서도** 쓰여진다.

단어 原子力(げんしりょく) 원자력 | 電気(でんき) 전기 | 戦争(せんそう) 전쟁

해설 「それ」 뒤에는 「は」가 붙어 주제를 나타내는 것이 자연스럽다. 이어서 '~하기 위해서'라는 동작의 목적과 목표를 나타내기 위해 「~のため」 문형이 1-4번의 순으로 연결된다. 마지막으로 「~にも」가 붙어 3-1-4-2가 올바른 순서가 된다.

18 단순한 감기이기 때문에 오늘 하루 **푹 쉬기만 하면** 나을 것 같아요.

단어 ただ 그냥, 그저 | 風邪(かぜ) 감기 | 治(なお)る 낫다

해설 「~さえ~ば」는 '~만 ~하면'이라는 조건 표현으로, 「さえ」는 명사 또는 동사 ます형에 접속한다. 그러므로 「休みさえすれば」가 되고 「ゆっくり」는 문맥상 제일 앞에 오는 것이 자연스러우므로, 4-1-3-2가 올바른 순서가 된다.

문제 3

최근 집 마당이나 공원 등에서 벌을 자주 보게 된다. 이상하게 생각하고 있었는데, 며칠 전 공원의 나무에 벌이 집을 짓고 있는 것을 발견했다. 나는 지금까지 한 번, 벌에 쏘인 적이 있다. 그때는 쏘인 부위가 빨갛게 부어오르고, 욱신욱신 아파서 낫는 데까지 일주일 정도 걸렸다. 19 **게다가**, 병원 의사 선생님께 한 번 더 벌에 쏘이면 알레르기 반응으로 쇼크사할 수도 있으니 가능한 한 벌에 쏘이지 않도록 하라는 말을 들었었다. 20 **그런** 이유로, 나는 벌을 보면 바로 그 장소에서 벗어나도록 하고 있다. 실제로 가까이에서 벌을 볼 수는 없기 때문에, 나는 인터넷으로 벌에 대해서 조사해 보기로 했다.

어느 전문가에 의하면, 일본에는 대략 4,000종 이상의 벌이 서식하고 있지만, 사람에게 많은 피해를 주는 벌은 3종류 21 **라고 한다**. 또한 벌은 검은 것을 공격하는 경향이 있기 때문에, 흰옷이나 모자를 착용하면 좋다고 한다. 게다가 벌은 큰 소리나 움직임에 반응하기 때문에 벌이 가까이 오면 당황하지 말고, 천천히 조용하게 그 장소를 떠나는 것이 좋다. 조사하며 알게 된 것은 벌은 지구 생태계에 불가결한 생명이기도 하다는 것이다. 벌은 식물의 수분을 도와준다 22 **든가**, 해충을 잡는다 22 **든가**, 생태계에 있어서 중요한 역할을 다하고 있다. 나에게 있어서 벌은 지금까지 무섭기만 한 존재였는데 이와 같이 벌의 종류나 생태를 이해하고, 적절하게 대응한다면 벌은 단순히 무섭기만 한 존재는 아니라는 것을 알았다.

단어 蜂(はち) 벌 | 見(み)かける 우연히 보다, 자주 눈에 띄다 | 不思議(ふしぎ)だ 이상하다, 신기하다 | 先日(せんじつ) 얼마 전, 지난번 | 巣(す) 둥지, 집 | 発見(はっけん) 발견 | 刺(さ)される 쏘이다 | 腫(は)れ上(あ)がる 부어오르다 | ズキズキ 욱신욱신, 지끈지끈 | 痛(いた)む 아프다 | 治(なお)る 낫다 | かかる (시간 등이) 걸리다 | アレルギー反応(はんのう) 알레르기 반응 | ショック死(し) 쇼크사 | 離(はな)れる 떠나다, 떨어지다 | 実際(じっさい)に 실제로 | 調(しら)べる 조사하다 | 専門家(せんもんか) 전문가 | おおよそ 대략 | 種(しゅ) 종, 종류 | 以上(いじょう) 이상 | 生息(せいそく) 서식 | 被害(ひがい) 피해 | 種類(しゅるい) 종류 | 攻撃(こうげき) 공격 | 傾向(けいこう) 경향 | 帽子(ぼうし) 모자 | 身(み)に着(つ)ける 걸치다, 착용하다 | さらに 게다가 | 近(ちか)づく 다가오다 | パニックになる 패닉에 빠지다, 당황하다 | 地球(ちきゅう) 지구 | 生態系(せいたいけい) 생태계 | 不可欠(ふかけつ) 불가결 | 生(い)き物(もの) 생물 | 植物(しょくぶつ) 식물 | 受粉(じゅふん) 수분, 꽃가루받이 | 助(たす)ける 돕다 | 害虫(がいちゅう) 해충 | 重要(じゅうよう)だ 중요하다 | 役割(やくわり) 역할 | 果(は)たす 해내다, 다하다 | 存在(そんざい) 존재 | 理解(りかい) 이해 | 適切(てきせつ)だ 적절하다 | 対応(たいおう) 대응

해설

19 벌을 피하게 된 이유를 덧붙여 설명하는 내용이 뒤에 나오기 때문에, 정답은 '게다가'의 의미인 2번 「さらに」가 된다. 1번은 '그러면', 3번은 '예를 들어', 4번은 '또는'의 의미로 문맥에 맞지 않다.

20 '이유, 영문'의 의미인 명사 「わけ」에 접속하는 형태를 찾아야 한다. 1, 2, 3번은 모두 명사 앞에 접속할 수 없으므로 정답은 4번 「そういう」가 된다.

21 앞부분에 「ある専門家によると」라는 전문 표현이 나와 있으므로 뒤에는 전달되는 내용이 나와야 한다. 1, 2번은 '~같다'는 추측의 의미이고, 4번은 '~인 것이다'라는 결론을 도출하는 의미로 문맥에 맞지 않다. 따라서 정답은 '~라고 한다'는 전문을 나타내는 3번 「そうだ」가 된다.

22 두 가지 동작을 나열할 때 사용하며 동사의 ます형, 또는 て형에 붙는 문형을 찾아야 한다. 1번은 '~때마다'의 의미로 동사 사전형에, 3번은 '~위해서'로 동사 보통형에, 4번은 '~한 채'의 의미로 동사 た형에 접속하므로 모두 접속 형태와 의미가 맞지 않다. 따라서 '~하거나 ~하기도 하고'의 의미인 2번 「たり」가 정답이 된다.

05 문법 확인문제 051~075 p.238

문제 1

1 모르는 것은 인터넷으로 알아보**거나**, 도서관에서 책을 찾아보**거나** 합니다.

단어 調(しら)べる 조사하다, 알아보다 | 探(さが)す 찾다

해설 「~たり~たり」는 '~하거나 ~하거나'라는 뜻으로 비슷한 의미의 단어를 열거하는 문형이다. 1, 3번은 각각 '~만 ~하면', '~하면 ~할수록'의 의미로 자주 쓰이는 문형이니 외워 두도록 하자. 4번의 「て/て」는 동사의 경우 시간 순서를 나타내므로 자연스럽지 않다. 또한 「~たり~たり」는 「する」로 문장이 마무리된다는 것도 외워 두자.

2 성실한 그녀이니까 내일 반드시 약속 시간에 나올 **거라고 생각합니다**.

단어 まじめだ 성실하다, 진지하다 | 必(かなら)ず 반드시

문법 공략편

해설 앞부분에 '성실한 그녀'라는 이유가 있으니 뒤에는 '내일 약속 시간에 올 것이다'라는 내용이 오는 것이 자연스럽다. 따라서 추측・예상을 나타내는 「~だろうと思う」가 사용된 4번이 정답이 된다.

3 엄마는 아빠가 사 준 가방을 10년 동안 **계속 사용하고 있다**.

단어 使(つか)う 사용하다

해설 「동사 ます형+続ける」는 '계속 ~하다'의 의미로, 본문의 '아빠에게 받은 가방', '10년 동안'이라는 부분과 자연스럽게 연결된다. 1번은 '사용되어 있다', 2번은 '사용하기 쉽다', 3번은 '사용하기 시작하다'의 의미로 문맥에 맞지 않다.

4 파티장에는 술이 준비되**어 있습니다**.

단어 会場(かいじょう) 회장 | 用意(ようい) 준비

해설 「~てある」는 '~해져 있다'는 의미로 상태를 나타낸다. 1번은 '(시험삼아) ~해 봅니다', 3번은 '~해 둡니다', 4번은 '(~해서) 다행이었습니다'의 의미로 문맥에 맞지 않다.

5 이 약은 밥을 **먹은 후에** 물과 함께 복용해 주세요.

단어 薬(くすり) 약

해설 「~あとで」는 '~한 후에'라는 의미로, 시간의 순서를 나타낸다. 1번은 '먹는 것에서부터', 2번은 '먹음으로써', 4번은 '먹었으면서'의 의미로 문맥에 맞지 않다.

6 조금 전에 이 동네는 근처에 수영장이 없다**고** 말했지?

단어 さっき 아까 | 町(まち) 동네

해설 「~って」는 '~라고'의 의미로, 구어체에서 쓰이는 인용 표현이다. 2번은 '~였지?', 3번은 '~때문에', 4번은 '이유, 사정'의 의미로 문맥에 맞지 않다.

7 한국의 대표적인 음식**이라고 하면** 김치겠지.

단어 韓国(かんこく) 한국 | 代表的(だいひょうてき)だ 대표적이다

해설 「명사+と言えば」는 앞에 나온 단어를 듣고, 연상되는 대표적인 예시를 말할 때 사용한다.

8 이 조리법**대로** 만들면, 맛있는 케이크를 만들 수 있습니다.

단어 レシピ 레서피, 조리법

해설 「~とおりに」는 '~대로'라는 뜻으로, 앞에 나온 내용과 동일하다는 의미를 가진다. 명사와 접속할 때는 조사 「の」가 붙는데, 「の」 없이 바로 접속하는 경우에는 「レシピどおり」처럼 탁음이 붙는다.

9 A "너는 더위에 약하지? 오늘은 외출하는 거 **그만두자**."
B "그건 안 돼. 모처럼의 황금연휴니까."

단어 暑(あつ)さ 더위 | 弱(よわ)い 약하다 | 外出(がいしゅつ) 외출 | やめる 그만두다 | せっかく 모처럼

해설 A는 더위에 약한 B를 걱정하고 있으므로 문맥상 '외출은 하지 말자'는 표현이 나와야 한다. 2번은 '그만두고 싶어질 것이다', 3번은 '그만둬 볼까?', 4번은 '그만두고 싶지 않니?'의 의미로 문맥에 맞지 않다. 따라서 정답은 '그만두자'는 의미인 1번 「やめておこう」가 된다.

10 좀 비쌌던 가죽 구두가 아침 통근 전철에서 **밟혀 버린** 적이 있습니다.

단어 革靴(かわぐつ) 가죽 구두 | 通勤電車(つうきんでんしゃ) 통근 전철 | 踏(ふ)む 밟다

해설 문맥상 '상대에게 구두를 밟히는 피해를 당했다'는 수동피해 표현이 나와야 한다. 1번 '밟아 버렸다'는 내가 밟은 상황이고, 2번 '밟아 두었다'와 4번 '밟혀 두었다'는 부자연스러운 표현이다. 따라서 '밟혀 버렸다'는 의미의 3번 「踏まれてしまった」가 정답이 된다.

11 야마다 "스즈키 씨, 회사 근처에서 좋은 치과를 알고 있으면 **알려 주었으면 하는데요**."
스즈키 "아, 내 단골 치과는 친절하고 정중해요."

단어 歯医者(はいしゃ) 치과 | かかりつけ 단골, 다니는 곳 | 丁寧(ていねい)だ 정중하다

해설 좋은 치과를 알려 달라고 정중하게 부탁하는 표현이 필요하다. 1번 '알려 주고 싶은데요'는 화자의 의지, 2번 '알려 줘도 될까요'는 허락 요청, 4번 '알려 받고 있나요'는 부자연스러운 표현이다. 따라서 '알려 주셨으면 합니다'의 의미인 3번 「教えてほしいんですが」가 정답이 된다.

12 학생 때 자주 다니던 카페나 과자가게, 악기점 등이 지금도 아직 **영업하고 있어서** 그리웠다고 니시다 씨는 말한다.

단어 通(かよ)う 다니다 | 喫茶店(きっさてん) 찻집, 카페 | お菓子屋(かしや) 과자가게 | 楽器店 (がっきてん) 악기점 | 営業(えいぎょう)する 영업하다 | なつかしい 그립다 | 語(かた)る 말하다

해설 문맥상 '지금도 계속 존재하고 있다'는 표현이 와야 한다. 1번 '영업해서'는 계속의 의미가 없고, 2번 '영업하지 않고 있어서'와 3번 '영업하지 않아서'는 반대의 의미여서 문맥에 맞지 않다. 따라서 '영업하고 있어서'의 의미인 4번 「営業していて」가 정답이 된다.

13 '팬'**이라는 것은** 어떤 것에 열중하고 있는 사람을 말한다.

단어 ファン 팬 | 夢中(むちゅう) 열중, 몰두 | 者(もの) 사람

해설 괄호의 뒷부분은 '팬'에 대한 정의를 말하고 있다. 1번은 '~라고 하기에는', 2번은 '~로서는', 4번은 '~라고 하기에는'의 의미로 문맥에 맞지 않다. 따라서 '~라는 것은'의 의미인 3번 「~というのは」가 정답이 된다.

문제 2

14 다리 **부상이 낫고 나서가 아니면 축구는** 해서는 안 된다고 의사에게 들었습니다.

단어 怪我(けが) 상처, 부상 | 治(なお)る 낫다 | 医者(いしゃ) 의사

해설 문맥상 「足の」의 뒤에는 '부상'이 이어지고, '부상'에는 '낫다, 고치다'의 「治る」가 이어지는 것이 가장 자연스럽다. 여기에 동사 て형에 접속하는「~てからでないと」를 연결하면 2-1-3-4가 올바른 순서가 된다.

15 다나카 씨는 제 생일에 진귀한 **술을 가지고 와 줄** 모양입니다.

단어 誕生日(たんじょうび) 생일 | 珍(めずら)しい 진귀하다, 드물다, 희귀하다

해설 「珍しい」는 명사를 수식하는 형태이니 4번을 첫번째에 둔다. 또한 「~らしい」는 보통형에 접속해서 추측의 의미를 지니므로 1번은 마지막에 두고, 가운데에는 2-3번(와서 가지고)이나 3-2번(가지고 와서)의 연결 중 자연스러운 것을 찾으면, 4-3-2-1이 올바른 순서가 된다.

16 모르는 한자가 있으면 **사전을 사용해서 찾아도 상관없습니다.**

단어 漢字(かんじ) 한자 | 辞書(じしょ) 사전 | 調(しら)べる 조사하다, 알아보다 | かまわない 상관없다, 괜찮다

해설 우선 '~해도 상관없다, ~해도 좋다'의 의미인 「~てもかまわない」 문형을 찾아서 2-4번을 연결해 둔다. 다음으로 1, 3번 중 「漢字があれば」 뒤에 올 표현으로는 3번이 더 자연스러우므로, 문맥에 맞게 배열하면 3-1-2-4가 올바른 순서가 된다.

17 인생 중에서 한 번**이라도 좋으니 만나 보고 싶은** 인물은 누구입니까?

단어 人生(じんせい) 인생 | 一度(いちど) 한 번 | 人物(じんぶつ) 인물

해설 「一度」에 이어지는 표현으로 범위를 나타내는「~で」를 첫번째로 두고, 이유를 나타내는 4-3번의 「いいから」, 마지막에 2번 「会ってみたい」를 연결하면 1-4-3-2가 올바른 순서가 된다.

18 매년 ABC사에는 많은 신입 사원이 들어오지만, 일이 **너무나 많아서 2년 이내에 그만둬 버리는 사원이** 많다고 한다.

단어 毎年(まいとし) 매년 | 新入社員(しんにゅうしゃいん) 신입사원 | 入(はい)る 들어오다 | やめる 그만두다 | あまりにも 너무나

해설 「仕事が」의 뒤에는 일이 어떠해서 그만두는지 원인을 나타내는 표현이 와야 하므로 4번 「あまりにも多くて」를 첫 번째로 둔다. 「多いそうだ」의 앞에는 무엇이 많은지 그 대상에 해당하는 말로 1번이 오고, 4-1번 사이에 기간과 결과에 대한 행동을 배열하면 4-3-2-1이 올바른 순서가 된다.

문제 3

공부만큼, 하는 사람과 하지 않는 사람의 차이가 큰 것도 좀처럼 없지 않을까. 특히 중고생 정도라면 학교에서 돌아와 학원이나 집에서 하루에 6시간이나 7시간씩 공부하고 있는 사람도 있는가 하면, 방과 후에는 일절 노트를 펼치지 않는다는 사람도 있을 것이다. 19 **그리고** 공부만큼 그 후의 인생에서 도움이 되지 않는다고 말하는 것도 없다. 그토록 열심히 학교에서 공부했던 수학이나 화학은, 어른이 되면 20 **거의 잊어버리고 만다.** 그러면 그런 지식은 도대체 언제 사라져 버리는 것일까? 그것은 자신의 목표를 달성했을 때라고 해도 좋지 않을까?

21 **예를 들어** '좋은 대학에 들어가는 것이 목표'라고 생각하면서 공부를 계속해 온 젊은이는 대학에 합격한 순간, 긴장이 풀려 그때까지 배워 온 인수분해 방법이나 영어 구문을 한 번에 잊어버릴 것이다. '고등학교를 나와서 빨리 취직해야지'라고 생각하는 사람은 취직이 결정된 단계에서 모든 것을 잊어버리는 것은 아닐까? '아, 다행이다'하고 한숨을 돌린 순간에 머리에서 팍 하고 22 **흩어져 날아가 버리는** 것, 그것이 공부가 아닐까 하는 생각이 든다.

(가야마 리카 「젊은이의 법칙」에서)

단어 差(さ) 차이 | なかなか 좀처럼 | とくに 특히 | 中高生(ちゅうこうせい) 중고생 | 塾(じゅく) 학원 | 自宅(じたく) 자택 | 放課後(ほうかご) 방과 후 | いっさい 전혀 | 開(ひら)く 열다 | 役(やく)に立(た)つ 도움이 되다 | 数学(すうがく) 수학 | 化学(かがく) 화학 | 大人(おとな) 어른 | 知識(ちしき) 지식 | いったい 도대체 | 消(き)える 사라지다 | 目標(もくひょう) 목표 | 達成(たっせい) 달성 | 続(つづ)ける 계속하다 | 若者(わかもの) 젊은이 | 合格(ごうかく) 합격 | 瞬間(しゅんかん) 순간 | 気(き)がゆるむ 긴장이 풀리다 | 学(まな)ぶ 배우다 | 因数分解(いんすうぶんかい) 인수분해 | 方法(ほうほう) 방법 | 構文(こうぶん) 구문 | 一気(いっき)に 한번에 | 忘(わす)れる 잊다 | 就職(しゅうしょく) 취업 | 決(き)まる 정해지다 | 段階(だんかい) 단계 | ほっと 한숨 돌리는 모양 | ひと息(いき)つく 한숨 돌리다 | ぱーっと 확 | 飛(と)び散(ち)る 튀어 흩어지다, 사방으로 튀다 | 気(き)がする ~인 느낌이 든다, ~한 것 같다 | 法則(ほうそく) 법칙

해설

19 접속사의 앞 문장과 뒤 문장이 서로 이어지는 내용이므로, '그리고'라는 의미의 4번 「そして」가 가장 자연스럽다. 1번은 '그런데', 2번은 '하지만', 3번은 '자, 그럼'의 의미로 문맥에 맞지 않다.

20 뒤 문장의 '그러한 지식은 언제 사라지는 것일까'라는 문장으로 유추해 보아 3번 「ほとんど忘れてしまう(거의 잊어버리다)」가 가장 잘 어울린다. 1번은 '전혀 잊지 않는 것이다', 2번은 '전혀 잊지 않았을 것이다', 4번은 '거의 잊었을 것이었다'의 의미로 문맥에 맞지 않다.

21 뒷부분에 '대학에 합격한 순간 잊어버린다' 같은 구체적인 예시가 나오므로, 2번 「たとえば」가 정답이 된다. 1번은 '소위', 3번은 '그런데', 4번은 '즉'의 의미로 문맥에 맞지 않다.

22 「飛び散る」는 '사방으로 튀어 흩어지다'라는 의미이므로, 지식이 점점 없어진다는 내용을 표현하기에는 「~ていく」가 들어간 3번 「飛び散っていく」가 가장 자연스럽다. 1, 2, 4번은 의미와 문법 자체가 맞지 않는 표현이다.

06 문법 확인문제 051~075 p.242

문제 1

1 반려동물을 키울지 말지는 가족과 상담**한 후가 아니면** 결정할 수 없습니다.

단어 飼(か)う 키우다 | 相談(そうだん) 상담 | 決(き)める 정하다

해설 「~てからでないと」는 동사 て형에 접속해서 '~하고 나서가 아니면'이라고 해석한다. 앞부분의 행동을 하고 나서가 아니면 뒷부분의 행동을 할 수 없다는 의미이다. 「~てからでなければ」로 활용해서 사용할 수 있다. 1번은 '~했냐고 하면', 2번은 '~했다고 해도', 3번은 '막 ~한'의 의미로 문맥에 맞지 않다.

2 아침부터 아무것도 먹지 않아서 배가 고파 **왔다.**

단어 お腹(なか)が空(す)く 배가 고프다

해설 「~てくる」는 '~해 오다, ~해지다'라는 뜻으로 장소 이동의 의미도 있지만 과거로부터의 변화를 나타내기도 한다. 1, 3, 4번은 모두 동사 て형에 접속하는 문형으로 각각 '~해져 있었다', '~해 두었다', '~해 보았다'의 의미로 문맥상 맞지 않다.

3 어제 밤늦게까지 깨어 있었기 때문에 오늘 졸려서 **참을 수가 없습니다.**

단어 夜(よる)遅(おそ)く 밤늦게 | 眠(ねむ)い 졸리다

해설 「~てたまらない」는 '~해서 견딜 수 없다'라고 해석하며 어떤 감정이나 감각의 강조를 의미한다. 1번은 '~해 버립니다', 2번은 '~하길 바랍니다', 4번은 '~만 하고 있습니다'의 의미로 문맥상 맞지 않다.

4 이 문제는 N2 레벨의 문제이므로, N3을 공부하고 있는 지금은 **풀 수 없어도 상관없습니다**.

단어 解(と)く 풀다

해설 문장의 의미는 수준보다 높은 문제이므로 풀 수 없어도 괜찮다는 의미가 자연스럽다. 따라서 3번이 정답이다. 1번은 '풀 수 있을 거라고 생각합니다', 2번은 '풀 수 있어야만 합니다'라는 뜻으로 앞뒤 논리가 맞지 않고, 4번 '풀 수 있어도 괜찮습니다'는 문맥상 어울리지 않는다.

5 **고민만 하지 말고** 한번 병원에 가 보는 게 어때?

단어 悩(なや)む 고민하다 | 病院(びょういん) 병원

해설 「~なくて(~하지 않아서)」와 「~ないで(~하지 않고, ~하지 말고)」문형을 정확히 알아야 한다. 1, 2, 3번은 모두 문장 끝이 「~なくて」로 이유의 해석이 된다. 그러므로 병원에 가보기를 권하는 뒤 문장과는 어울리지 않는다. 따라서 「~ないで」가 들어간 4번 「悩んでばかりいないで」가 정답이 된다. 참고로 1번은 '고민할 것 같지도 않아서', 2번은 '고민할 수밖에 없어서', 3번은 '고민할 리가 없어서'라는 의미이고, 4번의 「~てばかりいる」는 '~하기만 하다'라는 의미이다.

6 누나 "벌써 9시야. 서두르지 않으면 기차가 출발**해 버려**."
남동생 "아, 정말이다. 서둘러서 가자."

단어 急(いそ)ぐ 서두르다 | 汽車(きしゃ) 기차 | 出発(しゅっぱつ) 출발

해설 '서두르지 않을 경우 기차를 놓치는 유감스러운 일이 벌어질 지도 모른다'는 내용이므로, 후회나 유감을 나타내는 「~てしまう」의 구어체 줄임말인 「~ちゃう」가 가장 잘 어울린다.

7 다다미방에서 지내는 것으로, 다다미의 장점을 알 수 있었습니다. 저도 다다미방이 있는 집에 **살아보고 싶습니다**.

단어 畳(たたみ) 다다미 | 過(す)ごす 지내다 | よさ 장점 | 知(し)る 알다 | 住(す)む 살다

해설 다다미의 장점을 알기 위해 다다미방에서 살아보기를 원한다는 희망, 의지를 나타내는 표현이 필요하다. 따라서 「~てみたい」를 사용한 1번 「住んでみたいです」가 정답이 된다. 2번은 '살 생각이기 때문입니다', 3번은 '살 거라면 좋습니다', '살려고 하는 것입니다'의 의미로 문맥상 맞지 않다.

8 그는 아직 일본어 공부를 시작한 지 얼마 안 됐기 때문에 **틀려도 어쩔 수 없다**.

단어 始(はじ)める 시작하다 | 間違(まちが)える 틀리다

해설 초보라서 실수하는 건 당연하다는 의미가 와야 하므로 , '~해도 어쩔 수 없다'는 의미의 「~てもしかたがない」를 사용한 3번 「間違えてもしかたがない」가 정답이 된다. 1번 '틀린 적이 없다'와 4번 '틀릴 리가 없다'는 초보자인 상황과 모순되며, 2번 '틀릴 정도는 아니다'는 문맥에 맞지 않다.

9 A "어제 잃어버린 지갑, 차 안에 떨어져 있었어."
B "그렇구나. **찾아서 다행이야**."

단어 なくす 잃어버리다 | 財布(さいふ) 지갑 | 落(お)ちる 떨어지다 | 見(み)つかる 찾다, 발견되다

해설 잃어버린 것을 찾은 상황이므로, 상대의 좋은 소식을 듣고 안심하는 표현이 자연스럽다. 따라서 '~해서 다행이다'라는 의미의 「~てよかった」가 쓰인 1번 「見つかってよかった」가 정답이 된다. 2번은 '찾은 것 같다', 3번은 '찾는 편이 좋다', 4번은 '찾을 것 같았다'의 의미로 문맥에 맞지 않다.

10 나는 당신의 개인적인 문제에 참견할 **생각은** 없습니다.

단어 個人的(こじんてき)だ 개인적이다 | 問題(もんだい) 문제 | 口(くち)を出(だ)す 참견하다, 간섭하다

해설 「口を出す~ありません」이라고 하므로 '참견하지 않을 것이다'라는 내용이 나와야 한다. 「동사 기본형+つもりはない」는 '~할 생각이 없다'는 강한 부정의 의지 표현이므로 2번이 정답이 된다. 1번 '사이, 동안', 3번 '점, 부분', 4번 '만, 뿐'은 뒤에 「ありません」과 결합했을 때 '간섭할 의도가 없다'는 본래의 의미를 전달하지 못하거나 문법적으로 어색하다.

11 '하얀 새'**라는** 이름의 레스토랑을 아시나요?

단어 名前(なまえ) 이름

해설 '하얀 새'가 레스토랑의 이름이므로, 문맥상 '~라고 하는'이라는 표현이 필요하다. 따라서 「~という」의 구어체 표현인 3번 「~って」가 정답이 된다. 1번은 '~같은 것, ~따위', 2번은 '~라도', 4번은 '~등'의 의미로 문맥에 맞지 않다.

12 매일 샐러드밖에 먹지 않는다면, 언제 빈혈이 **생겨도 이상하지 않아**.

단어 サラダ 샐러드 | 貧血(ひんけつ) 빈혈 | 不思議(ふしぎ)だ 이상하다

해설 「~ても」는 어떤 상황이나 조건이 성립되도 결과가 변하지 않음을 강조할 때 사용되는 역접의 문형으로, 「いつ~ても」, 「いくら~ても」 등의 형태로 자주 쓰인다. 1번은 '되는 것은 아닐까', 3번은 '될 것이다', 4번은 '되면 좋겠다'의 의미로 문맥에 맞지 않다.

13 저 회사는 이제 곧 도산한다**는** 소문이 퍼져 있다.

단어 倒産(とうさん) 도산 | うわさ 소문 | 流(なが)れる (소문 등이) 퍼지다

해설 이 문제는 「~という＋명사」 형태의 인용 표현을 묻는 문제로, 앞의 내용(倒産する)을 하나의 문장으로 묶어 뒤의 명사(うわさ)를 수식하는 구조이다. 「~という」는 앞의 내용을 '~라고 하는' 형태로 인용하여 명사와 연결해 주는 역할을 하므로 4번이 정답이 된다.

문제 2

14 이 토마토는 아직 녹색이니까 좀 더 **빨갛게 되고 나서가 아니면 먹을 수 없어요**.

단어 緑色(みどりいろ) 녹색 | もっと 좀 더 | 赤(あか)い 빨갛다

해설 3번 「赤く」는 동사를 꾸며주는 형태이므로 뒤에는 1번의 「なって」나 4번 「食べられません」이 와야 한다. 자연스러운 해석은 '빨갛게 되다'이므로 3-1번을 연결하고, 앞의 행위가 중요한 조건이 되는 「~てからでないと」까지 연결하면 3-1-2-4가 올바른 순서가 된다.

15 스마트폰이나 텔레비전을 **1시간 이상 계속 보면** 눈이 나빠지기 때문에 주의합시다.

단어 スマホ 스마트폰 | 見続(みつづ)ける 계속 보다 | 気(き)を付(つ)ける 주의하다, 조심하다

해설 '텔레비전을(テレビを)'이라는 목적어와 연결되는 것은 동작을 나타내는 말인 '계속 보다(見続ける)'이다. 이 동작의 정도를 나타내는 '1시간'과 '이상'이 그 앞에 놓여 '1시간 이상 계속 보다'라는 의미가 된다. 마지막으로 뒤에 오는 '눈이(目が)' 나빠진다는 결과와 이어주기 위해, 동사 뒤에 '~하면'이라는 뜻의 조사「~と」를 붙이면 3-1-2-4의 순서가 된다.

16 고민하고 있어도 어쩔 수 없으니, 일단 행동해 봅시다.

단어 悩(なや)む 고민하다 | 仕方(しかた)がない 어쩔 수 없다 | とりあえず 일단, 우선 | 行動(こうどう) 행동

해설 '어쩔 수 없다, 별 수 없다'의 의미인「仕方がない」를 찾아서 1-4번을 연결해 둔다. 또한 밑줄 다음인「~ので」는 보통형에 접속하기 때문에 1, 2, 3번과는 연결할 수 없다. 그러므로 1-4번의 연결이 끝부분에 오고 2-3번의 연결이 앞부분으로 가면, 2-3-1-4가 올바른 순서가 된다.

17 아무리 그녀에게 부탁을 받더라도, 함께 쇼핑하러 갈 생각은 없습니다.

단어 どんなに 아무리 | 頼(たの)む 부탁하다 | つもり 의도, 생각

해설 '쇼핑하러 가다'의 의미인「買い物に行く」를 찾아서 연결하고, '~할 생각은 없다'는 의미인「つもりはありません」을 찾아 문맥에 맞게 연결하면, 1-2-3-4가 올바른 순서가 된다.

18 학급 인원수를 줄이든지, 그렇지 않으면 교사를 늘려서 담임을 둘 이상으로 했으면 한다.

단어 人数(にんずう) 인원수 | 減(へ)らす 줄이다 | それとも 그렇지 않으면 | 教師(きょうし) 교사 | 増(ふ)やす 늘리다 | 担任(たんにん) 담임 | 複数(ふくすう) 복수, 여러 명 | ほしい 원하다

해설 문장의 마지막은 용언으로 끝나야 하므로 동사「ほしい」를 제일 끝에 두고, '~해 주었으면 한다'의 의미인「~てほしい」를 찾아서 2-3번을 연결한다. 또한 '무엇을 어떻게 하기를 원하는지'가 자연스러운 문맥이므로,「担任を複数」가 앞부분에 오게 하면 1-4-2-3이 올바른 순서가 된다.

문제 3

미술관에 가서 그림을 보고 있으면, 주위 사람들의 행동 중에 눈에 띄는 행동 패턴이 두 가지 있다는 것을 깨닫는다. 누구나 지향하는 것은 그림이다. 하지만, 그 그림 옆의 벽에는 작자명과 작품 타이틀, 기타 사항이 쓰여진 작은 플레이트(주)가 19 붙어 있다.

명사를 나열했을 뿐인 무뚝뚝한 표시이지만, 이것이 상당히 신경이 쓰이는 물건이라, 20 이 플레이트에 대한 태도로 군중들은 두 무리로 나뉘는 것처럼 보인다. 이 두 무리의 사람들을 교양파와 심미파로 이름을 붙이기로 하자.

교양파는 그림을 보는 것보다 빠르게, 제일 먼저 플레이트를 들여다보고, 누가 그린 무엇이라는 그림인지를 확인한다. 까다로운 관객이라면, 더욱 제작 연대에도 주목할 것이다. 교양파의 사람들은 이것들을 머리에 넣은 후에 천천히 그림을 보기 시작한다. 플레이트에서 얻어진 이런 지식이 이 그림들을 이해하고 감상하는 데 있어서 필요한 것이라고 생각하고 있기 때문임에 틀림없다.

그에 반해 심미파는 다음과 같이 행동한다. 그/그녀는 플레이트에는 눈길도 주지 않는다. 조용히 21 그림만을 계속 응시한다. 그리고 다음 그림으로 옮겨 간다. 작자나 타이틀은 이미 알고 있었는지도 모른다. 그러나 22 어느 그림 앞에서도 그 태도는 변하지 않는다. 즉 명확한 의지인 것이다.

(사사키 겐이치「타이틀의 마력」에서)

(주) プレート: 판자로 만들어진 표시물

단어 美術館(びじゅつかん) 미술관 | ふるまい 행동 | 目立(めだ)つ 눈에 띄다 | 行動(こうどう) 행동 | パターン 패턴 | 気(き)づく 깨닫다 | 誰(だれ)しも 누구나 | 目指(めざ)す 목표로 하다, 지향하다 | 傍(かたわ)ら 곁, 옆 | 壁(かべ) 벽 | 作者名(さくしゃめい) 작가명 | 作品(さくひん) 작품 | プレート 표지판, 플레이트 | 貼(は)る 붙이다 | 名詞(めいし) 명사 | 並(なら)べる 나열하다 | 無愛想(ぶあいそう)だ 무뚝뚝하다 | 表示(ひょうじ) 표시 | なかなか 상당히 | 気(き)になる 신경 쓰이다 | 代物(しろもの) 물건, 것 | 態度(たいど) 태도 | 群衆(ぐんしゅう) 군중 | 二群(にぐん) 두 무리 | 分(わ)かれる 나뉘다 | 教養派(きょうようは) 교양파 | 審美派(しんびは) 심미파 | 名(な)づける 이름 붙이다 | 真(ま)っ先(さき)に 맨 먼저 | のぞき込(こ)む 들여다보다 | 描(えが)く 그리다 | 確(たし)かめる 확인하다 | うるさい 까다롭다 | 観客(かんきゃく) 관객 | 更(さ)らに 더, 더욱 | 制作年代(せいさくねんだい) 제작 연대 | 注目(ちゅうもく) 주목 | 頭(あたま)に入(い)れる 머릿속에 넣다, 기억해 두다 | おもむろに 조용히, 천천히 | 取(と)りかかる 착수하다 | 得(え)る 얻다 | 知識(ちしき) 지식 | 理解(りかい) 이해 | 鑑賞(かんしょう) 감상 | 目(め)もくれない 거들떠보지 않다 | 移(うつ)ってゆく 옮겨 가다 | 既(すで)に 이미 | 変(か)わる 변하다 | つまり 즉 | 明確(めいかく)だ 명확하다 | 意志(いし) 의지 | 魔力(まりょく) 마력 | 板(いた) 판자 | 表示物(ひょうじぶつ) 표시물

해설

19 '벽에 붙어 있다'는 상태의 지속을 나타내는 표현이 필요하므로, 2번「貼られている」가 정답이 된다. 1번은 '붙어 있어서 견딜 수 없다', 3번은 '붙어 있어서 다행이다'의 의미로 문맥에 맞지 않고, 4번은 문법적으로 맞지 않는 표현이다.

20 앞 문장의「小さなプレート」를 가리키는 지시어가 와야 하므로, 2번「この」가 정답이 된다. 1번은 '온갖', 3번은 '어느', 4번은 '어떤'의 의미로 문맥에 맞지 않다.

21 바로 앞의 '심미파는 플레이트에는 눈길도 주지 않는다'는 문장에서 유추해 볼 때 그림에만 집중한다는 내용이 오는 것이 가장 자연스럽다. 따라서 1번「絵だけを見つめ続ける」가 정답이 된다. 2번은 '벽만 계속 바라보다'로 의미가 어색하고, 3번 '그림과 벽이 서로 바라보다'와 4번 '플레이트와 제목이 서로 바라보다'는 말이 안되는 문장이다.

22 그림이 바뀌어도 태도가 변하지 않는다고 했으므로, '어느 ~라도'의 의미로 범위를 넓혀 말할 때 사용하는 표현인「どの~ても(でも)」가 쓰인 4번「どの」가 정답이 된다. 1번은 '이런', 2번은 '그런', 3번은 '플레이트의'의 의미로 문맥에 맞지 않다.

07 문법 확인문제 076~100 p.260

문제 1

1 다나카 씨는 지금 교실에 있을 것으로 생각합니다만, 불러다 주실 수 있나요?

단어 教室(きょうしつ) 교실 | 呼(よ)ぶ 부르다

해설 선택지 모두 보통형에 접속하지만, 본문과 알맞는 해석은 '~라고 생각한다'의 추측 표현인 2번 「と思う」이다. 1번은 '~(한) 참', 3번은 '~도중', 4번은 '~대로'의 의미로 문맥에 맞지 않다.

2 지금 저녁밥을 만들고 있는 **참이기 때문에**, 조금 더 기다려 주세요.

단어 夕飯(ゆうはん) 저녁밥 | 待(ま)つ 기다리다

해설 밥을 만드는 동작이 진행되고 있다는 표현이 필요하므로, '~하고 있는 참이다(중이다)'의 의미인 4번 「~ところなので」가 정답이 된다. 1번은 '~라고 하면', 2번은 '~라고 해도', 3번은 '그런데'라는 의미로 문맥에 맞지 않다.

3 아이가 사용할 거니까 튼튼하고 **잘** 깨지**지 않는** 컵은 있을까요?

단어 丈夫(じょうぶ)だ 튼튼하다 | 割(わ)れる 깨지다

해설 아이가 사용하려면 깨지기 어려운 컵이 필요할 것이므로, '~하기 어렵다, 힘들다'는 의미의 1번 「~にくい」가 정답이 된다. 2번은 '~하기 쉽다', 3번은 '~같다, ~인 경향이 강하다', 4번은 '~하다 만'의 의미로 문맥에 맞지 않다.

4 올해 크리스마스는 가족**과 함께** 집에서 보낼 생각입니다.

단어 今年(ことし) 올해 | 家族(かぞく) 가족 | 過(すご)す 지내다, 보내다

해설 괄호 안에는 '가족과 함께'라는 의미가 들어가야 자연스럽다. 「~とともに」는 '~와 함께, ~와 더불어'라는 뜻으로 「~と一緒に」와 같은 의미이다.

5 저는 초콜릿**이라든가** 쿠키**라든가** 단 과자를 엄청 좋아합니다.

단어 甘(あま)い 달다 | お菓子(かし) 과자

해설 단 과자의 예시를 나열하는 문형을 찾는 문제이다. 「~とか~とか」는 비슷한 예를 나열할 때 쓰는 문형으로, 반드시 반복적으로 사용하지 않아도 된다.

6 올해부터 사회인**으로서** 일하게 되었다.

단어 社会人(しゃかいじん) 사회인 | 働(はたら)く 일하다

해설 '사회인'이라는 입장, 자격으로 일하게 되었다는 문장이다. 「명사+として」는 '~로서'라는 의미로 주로 사람에 접속해서 입장과 자격을 나타낸다.

7 학교에 가는 **도중에** 다나카 씨를 만났다.

단어 学校(がっこう) 학교 | 途中(とちゅう) 도중

해설 「~途中」는 '~하는 도중'이라는 뜻으로 동사 사전형과 명사에 접속한다. 2번은 '~라든가', 3번은 '~하면서', 4번은 '~한 채로'의 의미로 문맥에 맞지 않다.

8 형제란 좀 더 사이 좋게 **지내지 않으면** 안 돼.

단어 兄弟(きょうだい) 형제 | 仲(なか)よく 사이좋게

해설 '형제는 사이좋게 지내야 한다'는 의무감을 나타내는 표현이 필요하므로 뒤의 「いけない」와 연결해서 '~하지 않으면(안 된다)'는 의미를 갖는 4번 「~しなくては」가 정답이 된다. 1번은 '~해도', 2번은 '안 해도', 3번은 '해서는'의 의미로 문맥에 맞지 않다.

9 선생님은 질문**에 대해서** 분명하게 대답해 주셨습니다.

단어 質問(しつもん) 질문 | はっきりと 분명히 | 答(こた)える 대답하다

해설 대상·상대를 나타내는 표현이 필요하므로 '~에 대해서'라는 의미의 4번 「~に対して」가 정답이 된다. 1번은 '~외에', 2번은 '~때문에', 3번은 '~에 비해'의 의미로 문맥에 맞지 않다.

10 설령 이번 도전이 실패로 끝났다**고 해도** 좌절하지 않았으면 한다.

단어 たとえ 비록 | 挑戦(ちょうせん) 도전 | 不成功(ふせいこう) 실패 | くじける 좌절하다

해설 앞의 사실을 가정으로 인정하면서도 뒤에 상반된 태도나 상황을 연결하는 '양보'의 표현을 묻는 문제이다. 문장 앞에 「たとえ」라는 부사가 쓰였으므로, 이와 호응하는 「~としても」가 와야 문맥상 가장 자연스럽다. 1, 2, 3번은 '~라고 (가정)하면'이라는 의미로, 설령이라는 의미와 뒤의 권유나 바람과 어울리지 않는다.

11 옛날부터 아버지에게 거짓말은 **하지 말라**고 배웠다.

단어 うそをつく 거짓말을 하다

해설 「동사 사전형+な」는 '~하지 마'라는 뜻으로 금지 명령을 나타낸다. 거짓말을 하지 않도록 교육받았다는 내용이 문맥상 알맞으므로 2번이 정답이 된다.

12 이 문제에 **대해서**는 다음에 다시 검토합시다.

단어 問題(もんだい) 문제 | 次回(じかい) 다음 번, 다음 기회 | あらためて 다시 | 検討(けんとう) 검토

해설 주제나 대상을 가리키는 표현이 와야 한다. 1번 「~して」는 '~해서'라는 연결, 2번 「~したがって」는 '에 따라서'라는 결과를 나타내므로 문맥에 맞지 않다. 3번 「~とって」는 '~에게 있어서'라는 의미로 대상을 나타내지만 주로 사람에 접속한다. 따라서 '~에 대해서'라는 의미의 4번「~ついて」가 정답이 된다.

13 (포스터에서)
사회가 변했다면 제도도 변해 **가지 않으면 안 된다**.

단어 社会(しゃかい) 사회 | 変(か)わる 변하다, 바뀌다 | 制度(せいど) 제도

해설 앞부분의 「~なら(~라면)」와 호응하여, 뒤에는 '변화가 계속되어야 한다'는 의미의 「~ていく(~해 가다)」와 '해야 한다'는 의미의 구어체 「~なくちゃ(なければならない)」가 결합한 「~ていかなくちゃ」가 오는 것이 문맥상 가장 자연스럽다. 1번 '~해 두어야 한다', 3번 '~해 보자', 4번 '~해 버리자'는 변화의 지속성이나 필수적인 의무를 전달하기에는 적절하지 않으므로 정답이 될 수 없다.

문제 2

14 이 설명회는 내년도 입학 예정인 **신입생을 대상으로 행해지는 것**입니다.

단어 説明会(せつめいかい) 설명회 | 来年度(らいねんど) 내년도 | 入学 (にゅうがく) 입학 | 予定(よてい) 예정 | 新入生(しんにゅうせい) 신입생 | 行(おこな)う 행하다, 실시하다

해설 「~に対して」는 '~에 대해서, ~을 대상으로'라는 의미로, 앞에는 행동의 대상이 나온다. 설명회의 대상인 4번과 연결해서 자연스럽게 배열하면, 4-2-3-1이 올바른 순서가 된다.

15 만약, **다시 태어날 수 있다고 하면, 무엇이** 되고 싶나요?

단어 もし 만약 | 生(う)まれ変(か)わる 다시 태어나다

해설 '만약'이라는 의미인 'もし'가 나왔으므로 뒷부분은 「~としたら」와 같은 가정 표현이 와야 한다. 또한 「~としたら」는 보통형에 접속하므로 「生まれ変わる」와 연결하면 2-1-3-4가 올바른 순서가 된다.

16 술을 매일 마시는 사람은 그렇지 않은 사람에 비해 병에 걸릴 위험이 두 배 오릅니다.

단어 比(くら)べる 비교하다 | リスク 위험 | 上(あ)がる 오르다

해설 「~に比べて」는 두 가지 사항을 비교하는 문형으로 명사에 접속한다. 술을 매일 마시는 사람과 마시지 않는 사람을 비교하는 문장이므로 2-1-4-3이 올바른 순서가 된다.

17 성장기의 아이에게 있어서 수면은 매우 중요합니다.

단어 成長期(せいちょうき) 성장기 | 睡眠(すいみん) 수면 | 重要(じゅうよう)だ 중요하다

해설 「~にとって」는 '~에게 있어'라는 의미로 주로 사람에 접속해서 그 대상을 가리키는 표현이므로, 3번 「子供」와 연결해 둔다. 「子供」에 대한 설명으로는 '성장기의 아이'라는 의미가 가장 자연스러우므로 순서대로 연결하면 1-3-2-4가 올바른 순서가 된다.

18 지금은 일이 바빠서 연애 따위 하고 있을 여유는 없습니다.

단어 仕事(しごと) 일 | 忙(いそが)しい 바쁘다 | 暇(ひま) 틈, 시간, 여유 | 恋(こい) 사랑

해설 「~なんか」는 '~같은 건, ~따위'라는 의미로 예를 들어 말할 때 대상을 가리켜 경시·경멸·겸손의 기분을 나타내는 표현이다. 「~なんか」의 대상이 될 만한 단어로는 1, 2번이 있는데, '사랑(연애) 따위를 하다'라는 내용이 문맥상 자연스러우므로 순서대로 연결하면 2-3-4-1이 올바른 순서가 된다.

문제 3

제 취미는 집에서 텃밭을 가꾸는 것입니다. 매년 새로운 채소나 과일을 키우고 있습니다. 이번에는 집에서 텃밭 가꾸기 초보자라도 키우기 쉬운 오크라 19 에 대해서 여러분에게 소개하려고 합니다. 오크라 20 라는 것은 풋고추와 같은 가늘고 긴 형태의 채소입니다. 또한, 오크라는 더위에 강하고 키우기 쉽다는 특징이 있습니다. 그리고 크고 아름다운 노란색 꽃을 피웁니다. 제철은 7월부터 9월로 여름 채소입니다. 오크라는 자르면 끈적거리는 것이 나옵니다. 이것은 펙틴이라는 성분입니다. 펙틴은 당뇨수치 상승을 억제하거나, 변을 나오기 쉽게 하는 작용이 있습니다. 21 단, 수용성이기 때문에 물에 오래 담그거나, 너무 오래 데치면 효과가 없어져 버립니다.

22 또한, 오크라는 씨앗부터 키울 수 있습니다. 성장이 빠르고 수분을 많이 필요로 하기 때문에 흙의 표면이 말랐다면 물을 줘서 건조를 방지합시다. 수확 시기는 개화 후 5일 후가 좋다고 여겨집니다. 수확이 늦으면 열매가 딱딱해지기 때문에 빨리 수확하도록 합시다. 이와 같이 오크라는 다른 채소에 비해 비교적 손이 많이 가지 않고 키우기 쉬운 채소입니다. 밭은 물론 텃밭용 화분에서도 키울 수 있기 때문에 베란다 텃밭에 도전하고 싶은 분들에게도 추천 드릴 수 있습니다. 여러분도 꼭 도전해 보세요.

단어 趣味(しゅみ) 취미 | 家庭菜園(かていさいえん) 가정 채원, 집에서 텃밭 가꾸기 | 育(そだ)てる 키우다, 기르다 | 挑戦(ちょうせん) 도전 | 初心者(しょしんしゃ) 초보자 | 紹介(しょうかい) 소개 | 青唐辛子(あおとうがらし) 풋고추 | 細長(ほそなが)い 가늘고 길다 | 形(かたち) 형태 | 特徴(とくちょう) 특징 | 黄色(きいろ) 노란, 노란색 | 旬(しゅん) 제철 | 粘(ねば)り 끈적임 | ペクチン 펙틴 | 成分(せいぶん) 성분 | 血糖値(けっとうち) 혈당치 | 上昇(じょうしょう) 상승 | 抑(おさ)える 억제하다 | 便(べん) 변 | 働(はたら)き 작용 | つける 담그다 | ゆでる 데치다, 삶다 | 効果(こうか) 효과 | 種(たね) 씨앗 | 成長(せいちょう) 성장 | 必要(ひつよう) 필요 | 土(つち) 흙 | 表面(ひょうめん) 표면 | 乾(かわ)く 마르다 | 与(あた)える 주다 | 乾燥(かんそう) 건조 | 防(ふせ)ぐ 막다, 방지하다 | 収穫時期(しゅうかくじき) 수확 시기 | 開花(かいか) 개화 | 実(み) 열매, 결실 | 硬(かた)い 딱딱하다, 단단하다 | 早(はや)めに 미리, 서둘러 | 比較的(ひかくてき) 비교적 | 手間(てま)がかかる 손이 많이 가다 | 畑(はたけ) 밭 | プランター 텃밭용 상자형 화분 | チャレンジ 도전 | おすすめ 추천

해설

19 소개하고자 하는 주제에 붙는 문형을 찾아야 하므로 주제, 대상, 내용, 사물 등에 대해 말할 때 사용하는 2번 「~について」가 정답이 된다. 1번은 '~에게 있어서'의 의미로 주로 사람에 접속한다. 3번은 '~함에 따라'의 의미로 원인에 붙어서 뒤 문장에는 결과가 나오며, 4번은 '~에 비해'의 의미로 비교 대상이 앞뒤에 나와야 하므로 맞지 않다.

20 오크라의 생김새에 대한 설명이 뒷부분에 나오므로, 정의를 내리거나 주어부의 내용이나 의미를 해설하는 3번 「~というのは」가 정답이 된다. 1번 '~라고 하면'은 해석상은 맞지만 가정의 의미를 지닌 문형이므로 맞지 않다. 2번은 '~라고 해도', 4번은 '~와 함께'의 의미로 문맥에 맞지 않다.

21 접속사 앞부분에서는 펙틴의 효과를 설명했고, 뒷부분에는 그 효과가 없어지는 상황이 나오므로 조건을 다는 접속사인 1번 「ただし」가 정답이 된다. 2번은 '설령', 3번은 '우선', 4번은 '왜냐하면'의 의미로 문맥에 맞지 않다.

22 오크라에 대한 설명을 이어 나가는 부분이므로 추가 표현인 2번 「また」가 적합하다. 1번 '아직'은 문맥상 맞지 않고, 3번 '아니면'은 선택 사항이 있어야 하며, 4번 '그러나'는 역접이므로 앞뒤 연결이 되지 않는다.

08 문법 확인문제 076~100 p.264

문제 1

1 여권을 만들려면 증명사진이 필요합니다.

단어 パスポート 여권 | 証明写真(しょうめいしゃしん) 증명사진 | 必要(ひつよう)だ 필요하다

해설 '여권을 만들 때 사진이 필요하다'라는 문장이므로, '~하려면'의 의미인 2번 「~には」가 가장 적절하다.

2 이 보험은 질병이나 상처 치료비에 더해, 통원에 드는 비용도 보장됩니다.

단어 保険(ほけん) 보험 | 病気(びょうき) 질병 | ケガ 부상, 상처 | 治療費(ちりょうひ) 치료비 | 通院(つういん) 통원 | 費用(ひよう) 비용 | 保障(ほしょう) 보장

문법 공략편

해설 조사를 꼼꼼하게 보자. 뒷부분에 '통원에 드는 비용도'라고 되어 있으니, 내용을 추가하는 표현이 들어가야 한다. 따라서 '~에 더해서'라는 의미인 2번 「~に加えて」가 정답이 된다. 1번은 '~에 비해서', 3번은 '~에 대해서', 4번은 '~에 반해서'의 의미로 문맥에 맞지 않다.

3 하늘도 어둡고 천둥도 치니까 비가 내릴 **게 분명해**.

단어 空(そら) 하늘 | 雷(かみなり)が鳴(な)る 천둥이 치다

해설 '하늘도 어둡고, 천둥도 친다'라는 이유와 자연스럽게 연결되는 문장을 찾으면 된다. 「~に違いない」는 '~임에 틀림없다'라는 강한 확신을 가지는 추측 표현으로 앞 문장과 어울린다. 1번 '~에 비해서'는 동사 ます형에 접속하고, 2번은 '~하기로 하다', 4번은 '~덕분이다'라는 의미로 문맥에 맞지 않다.

4 그가 시험에 떨어지**다니**, 믿을 수 없어요.

단어 試験(しけん) 시험 | 落(お)ちる 떨어지다 | 信(しん)じる 믿다

해설 「~なんて」는 '~라니'라는 의미로, 놀람, 의외, 신기의 뉘앙스로 뒷문장에 '믿을 수 없다', '놀랍다', '의외이다'라는 표현이 온다.

5 환경 문제**에 관해서** 알아보는 것이 오늘의 숙제입니다.

단어 環境問題(かんきょうもんだい) 환경 문제 | 調(しら)べる 조사하다, 알아보다 | 宿題(しゅくだい) 숙제

해설 「~に関して」는 '~에 관해서'라는 의미로, 어떤 주제에 대해 설명하거나 언급할 때 사용한다. 따라서 뒤 문장에는 언어활동이나 사고활동에 관한 표현이 나온다. 유사한 문형으로는 「~について」가 있다. 1번은 '~하기 어렵다', 2번은 '~에게 있어서', 4번은 '~에 의해'의 의미로 문맥에 맞지 않다.

6 그렇지 않아도 좁은 방이니까, 큰 액정 텔레비전 **같은 건** 들어가지 않아.

단어 狭(せま)い 좁다 | 液晶(えきしょう) 액정 | 入(はい)る 들어가다

해설 「なんか」는 '~같은 건, ~따위는'의 의미로 '그런 건'처럼 낮춰 말하는 뉘앙스를 가진다. 2번 '어떻게'와 3번 '왜'는 문맥에 맞지 않고, 4번은 '무엇에'의 의미로 문법에 맞지 않는다.

7 나이를 먹음**에 따라** 잊는 일이 많아지는 것은 어쩔 수 없다.

단어 年(とし)を取(と)る 나이 들다 | 忘(わす)れる 잊다 | しかたがない 어쩔 수 없다

해설 앞의 상황에 따라 뒤의 상황도 변한다는 의미이므로, '~에 따라'라는 의미의 2번 「したがって」가 정답이 된다.

8 식당에는 모리 선생님의 모습은 없었다. 수업 중이 아니**라고 한다면** 아마 교무실일 거야.

단어 食堂(しょくどう) 식당 | 姿(すがた) 모습 | 授業中(じゅぎょうちゅう) 수업 중 | 職員室(しょくいんしつ) 교무실

해설 뒷부분에 「たぶん~だろう」라는 추측 표현이 나오므로, '~라고 한다면'의 의미로 추측을 나타내는 1번 「~としたら」가 정답이 된다. 2번은 '~라고 해도', 3번은 '그런데', 4번은 '~하면서'의 의미로 문맥에 맞지 않다

9 이 문제의 답은 틀렸습니다. 한번 더 **다시 해** 주세요.

단어 答(こた)え 정답 | 違(ちが)う 틀리다 | やり直(なお)す 다시 하다

해설 앞부분에 '한번 더'가 있으므로 다시 또 한다는 내용이 오는 게 자연스럽다. 「やりなおして」는 '다시 해서'의 의미로, 「동사 ます형+なおす」의 형태로 쓰인다. 2번은 '다 끝내고', 3번은 '미리 해 두고', 4번은 '해 놓아져 있고'의 의미로 문맥에 맞지 않다.

10 도쿄에 **비하면** 오사카 쪽이 물가가 싸다.

단어 比(くら)べる 비교하다 | 物価(ぶっか) 물가 | 安(やす)い 싸다

해설 문맥상 비교 기준을 나타내는 표현이 와야 하므로, '비교하면'이라는 의미의 3번 「くらべると」가 정답이 된다. 1번은 '시작하면', 2번은 '조사해 보면', 4번은 '따르면'의 의미로 문맥에 맞지 않다.

11 유감스럽**지만** 그 점에서 당신과 나는 의견이 다릅니다.

단어 残念(ざんねん) 유감 | 意見(いけん) 의견 | 違(ちが)う 다르다

해설 「~ながら」는 '~이지만, ~하면서'의 의미로 역접을 나타낸다. 「残念ながら」는 '유감이지만'이라는 뜻으로 관용적 표현으로 회화에 많이 쓰이니 외워 두도록 하자. 1번은 잘못된 문법이고 3번은 '~하게도', 4번은 '~인데도, ~임에도'의 의미로 문맥에 맞지 않다.

12 우에노 "나, 치즈 케이크랑 홍차. 야마다 씨는?"
야마다 "나는 밥 먹었으니까, 커피**만** 할래."

단어 チーズケーキ 치즈 케이크 | 紅茶(こうちゃ) 홍차

해설 「~にする」는 '~로 하다'의 의미로 무언가를 선택하거나 결정할 때 쓰는 표현이므로 정답은 3번 「だけに」이다. 쇼핑을 하거나 식당에서 주문할 때 많이 쓰이므로 외워 두도록 하자. 1번 '~만을', 2번 '~만으로'는 문맥에 맞지 않고, 4번 '~만'은 뒤에 조사가 생략되어 문장이 부자연스럽다.

13 저에게 **있어** 이 트로피는 일생의 보물입니다

단어 一生(いっしょう) 평생 | 宝物(たからもの) 보물

해설 「私」라는 대상을 가리키는 표현이 필요하므로, '~에게 있어'라는 의미의 1번 「とって」가 정답이 된다. 2번은 '~에 의해서', 3번은 '~에 비해서', 4번은 '~에 대해서'의 의미로 문맥에 맞지 않다.

문제 2

14 부동산 매매에서는 많은 **서류에 일일이 서명하지 않으면 안 된다**.

단어 不動産(ふどうさん) 부동산 | 売買(ばいばい) 매매 | 書類(しょるい) 서류 | いちいち 일일이 | 署名(しょめい) 서명

해설 「たくさんの」의 뒤에는 명사가 와야 하므로 4번 「書類に」를 맨 앞에 둔다. 「~なければならない」를 찾아서 1-2번을 연결하고 「署名する」를 꾸미는 말로 「いちいち」를 앞에 두면 4-3-1-2가 올바른 순서가 된다.

15 보낼 **사진을 지금 고르고 있는 중**이니까 조금 더 기다려.

단어 送(おく)る 보내다 | 写真(しゃしん) 사진 | 選(えら)ぶ 고르다

해설 '보낼 사진을'의 의미로 목적어인 「写真を」를 맨 앞에 둔다. 「~ところだ」는 동사 사전형에 접속하므로 1-2번이 연결되고, 「今」는 부사이므로 동사인 「選んでいる」를 꾸미면 3-4-1-2가 올바른 순서가 된다.

16 에둘러 말하는 표현을 너무 많이 쓰면, 취지가 **전달되기 어렵고 읽기 힘든 문장이 될 우려가 있다**.

단어 遠(とお)まわし 에두름 | 表現(ひょうげん) 표현 | 趣旨(しゅし) 취지 | 伝(つた)わる 전달되다 | 文章(ぶんしょう) 문장

해설 「趣旨が」의 뒤에 올 표현으로 1번과 3번이 헷갈리기 쉬운데, '전달되기 어렵다'와 '읽기 어렵다'라는 두 특징을 나란히 표현하기 위해서는 い형용사의 연결형인 「~く(て)」가 먼저 나와

야 자연스럽다. 따라서 3-1이 이어지고, 「伝わりにくく読みにくい」가 「文章」를 꾸미면서 최종적으로 3-1-4-2가 올바른 순서가 된다.

17 그녀는 오늘 회의에서 외교 문제에 대해 강연하기로 되어 있다.

단어 外交問題(がいこうもんだい) 외교 문제 | 講演(こうえん) 강연

해설 「外交問題」라는 대상을 가리키는 표현으로 4번 「～について」가 오고, '～하기로 되어 있다'는 의미로 「～になっている」의 문형이 연결되면, 4-2-1-3이 올바른 순서가 된다.

18 배달원 "물건 배달 시간 말인데요, 내일 저녁 7시쯤 어떠세요?"
손님 "그 시간은 아마 집에 있을 것 같으니 괜찮아요. 부탁해요."

단어 配達員(はいたついん) 배달원 | 荷物(にもつ) 짐, 택배 | 配達(はいたつ) 배달

해설 「その」는 배달원의 말 중 '저녁 7시'를 가리키므로, 뒤에는 시간에 대한 말인 1번 「時間は」가 와야 한다. 「～と思う」는 보통형과 연결되므로 2-4가 이어지면, 1-3-2-4가 올바른 순서가 된다.

문제 3

여러분은 어릴 적, 어떤 꿈을 가지고 있었습니까? 매년, 잡지나 텔레비전 등에서 아이들에게 인기인 직업이 소개됩니다. 뉴스에 따르면 옛날에는 의사나 야구 선수 등이 인기 직업이었습니다. 한편으로 최근에는, 인터넷에 관한 일의 인기가 높다고 합니다. 이렇게 보면, 아이들의 꿈은 사회의 변화나 미디어의 영향을 크게 받고 있다고 말할 수 있습니다.

저는 어떤 꿈이라도 아이의 꿈 19 에 대해서, 부모가 부정하지 않고, 응원해 나가는 것이 중요하다고 생각하고 있습니다. 20 왜냐하면, 꿈이 있으면, 그 꿈을 이루려고 매일 노력할 수 있기 때문입니다.

또한, 아이들의 장래 꿈은 성장 21 과 함께 변화하는 일이 있습니다. 왜냐하면, 아이들이 성장해 가는 동안에, 새로운 것에 흥미를 갖거나, 자신의 성격이나 재능에 맞는 일을 찾아내거나 하기 때문입니다. 중요한 것은 22 그 변화 속에서 자신의 흥미나 가능성을 넓히고, 노력해 나가는 것이라고 생각합니다.

단어 皆(みな)さん 여러분, 모두 | 頃(ころ) 쯤, 경 | 夢(ゆめ) 꿈 | 雑誌(ざっし) 잡지 | 職業(しょくぎょう) 직업 | 紹介(しょうかい) 소개 | 一方(いっぽう) 한편 | 関(かん)する 관계하다 | 変化(へんか) 변화 | メディア 미디어 | 影響(えいきょう) 영향 | 受(う)ける 받다 | 親(おや) 부모 | 否定(ひてい) 부정 | 応援(おうえん) 응원 | かなえる 이루다 | 頑張(がんば)る 분발하다 | 将来(しょうらい) 장래 | 成長(せいちょう) 성장 | 興味(きょうみ) 흥미 | 性格(せいかく) 성격 | 才能(さいのう) 재능 | 可能性(かのうせい) 가능성 | 広(ひろ)げる 넓히다 | 努力(どりょく) 노력

해설

19 3번 「～に対して」는 '～에 대해서, (사람)～에게'라는 의미로 빈칸에 가장 자연스럽다. 1번은 주로 사람에 접속하며 '～에게 있어서'라는 의미이고, 2번은 '～에 의해서'라는 의미로 주로 이유나 원인을 나타낸다. 4번은 '～에 비해서'라는 의미로 비교할 때 사용한다.

20 빈칸 문장의 뒷부분이 '～からです(때문입니다)'로 끝나기 때문에 이유를 설명하는 강조 구문을 찾아야 한다. 그러므로 3번 '왜냐하면'이 정답이다. 1번은 '하지만, 그러나'라는 역접의 의미이고, 2번은 '그러면, 그러자'라는 의미이다. 4번은 '게다가'라는 의미로 추가되는 내용이 있을 때 사용한다.

21 4번 「～とともに」는 '～와 함께, ～와 더불어'라는 의미로 빈칸의 뒷부분과 가장 자연스러운 해석이 된다. 1번은 '～라고 말하면'이라는 의미로 대표적인 예시를 말할 때 사용하고, 2번은 '～라고 (가정)하면'이라는 뜻으로 가정을 나타내는 문형이다. 3번은 '～라고 해도'라는 의미로 역접의 의미이다.

22 앞에서 말한 '변화'를 다시 가리키는 지시어가 필요하므로 「その」가 가장 적절하다. 1, 3, 4번은 각각 '이, 저, 어느'라는 뜻의 지시어이다.

09 문법 확인문제 101~125 p.282

문제 1

1 할머니가 밝은 성격이셨던 것처럼, 엄마도 또한 사교적인 성격으로 친구도 많다.

단어 祖母(そぼ) 할머니 | 明(あか)るい 밝다 | 性格(せいかく) 성격 | 社交的(しゃこうてき)だ 사교적이다

해설 「～ように」는 '～처럼, ～인 것과 같이'라는 의미의, 예시 표현이다. 엄마의 사교적인 성격이 할머니와 같다는 의미이므로 1번이 정답이 된다. 2번은 '～같은 것', 3번은 '～할 때마다', 4번은 '～채로'라는 의미로 문맥에 맞지 않다.

2 보석과 같이 아름다운 마카롱이었지만, 겉보기와 다르게 맛없었다.

단어 宝石(ほうせき) 보석 | 美(うつく)しい 아름답다 | 見(み)た目(め) 외견, 겉보기 | まずい 맛없다

해설 앞 문장에 나오는 '보석처럼 아름답다'와 뒤 문장의 '맛없다'라는 표현은 서로 상반되는 느낌의 단어이다. 그러므로 '～에 반해서'라는 역접의 의미를 가진 4번 「～に反して」가 정답이 된다. 1번은 '～에 대해서', 2번은 '～에 의해', 3번은 '～에 있어서'의 의미로 문맥에 맞지 않다.

3 수박이 맛있는 계절이 되었습니다.

단어 スイカ 수박 | 季節(きせつ) 계절

해설 '수박이 맛있는 계절'이라는 문장이지만, '계절'이라는 명사를 수식할 때는 주격조사 「が」 대신 「の」를 쓴다는 것을 알아 두자.

4 A 오늘 이 근처에서 여름 축제가 있는 모양이야.
B 그래서 유카타를 입은 사람이 많은 거구나.

단어 近(ちか)く 근처, 주변 | 夏祭(なつまつ)り 여름 축제 | どうりで 어쩐지, 그래서 | 浴衣(ゆかた) 유카타

해설 「～わけだ」는 앞 문장에 나온 근거, 이유로부터 결론을 낼 때 쓰이는 문형이다. 「どうりで」는 '어쩐지, 그 때문에, 그래서'라는 의미로 「わけだ」와 같이 자주 사용된다. 1번은 '막 ～한 참이다', 3번은 '～해야 한다', 4번은 '～덕분이다'의 의미로 문맥에 맞지 않다.

5 그는 축구는 잘하는데 야구는 못한다.

단어 上手(じょうず)だ 능숙하다, 잘하다 | 野球(やきゅう) 야구 | 下手(へた)だ 서투르다

해설 선택지에 「上手だ」라는 단어가 나와 있고 문장의 뒷부분에는 「下手だ」가 나와 있기 때문에, 역접을 나타내는 표현인 「～のに」가 가장 적절하다.

6 어머니날에는 감사의 마음을 담아서 엄마께 카네이션 꽃다발을 드렸습니다.

단어 感謝(かんしゃ) 감사 | 気持(きも)ち 마음, 기분 | 花束(はなたば) 꽃다발 | 贈(おく)る 보내다

해설 「～を込めて」는 '～을 담아서'라는 의미로, 주로 「心, 愛, ～の気持ち」에 접속해서 사용한다.

7 카페인은 혈관을 수축시켜 버리는 작용이 있기 때문에, 혈행이 나빠지기 쉽습니다.

단어 血管(けっかん) 혈관 | 収縮(しゅうしゅく) 수축 | 作用(さよう) 작용 | 血行(けっこう) 혈행

해설 '혈관이 수축되면 혈행은 나빠진다'는 결과가 자연스러우므로, 어떤 상태가 쉽게 일어나는 경향을 나타내는 「～やすい」가 와야 한다. 그리고 '～해지다'라는 의미로는 동사 「なる」가 와야 하므로, 3번 「なりやすい」가 정답이 된다. 1번은 '～하기 쉽다', 2번은 '～하기 어렵다', 4번은 '～해지기 어렵다'는 의미로 문맥에 맞지 않다.

8 저 학생은 일본어를 알게 된 후 밝아진 것 같습니다.

단어 明(あか)るい 밝다

해설 「わかる」는 '알다, 이해하다'로 이미 가능의 의미가 포함되어 있기 때문에 '～할 수 있다'는 의미의 3번 「～ことができる」와 같이 쓰면 다소 부자연스럽다. 또한 문제의 문장은 단순 능력보다는 '알게 된 후의 변화'가 중요하므로, 상태의 변화를 나타내는 「～ようになる」가 쓰인 2번 「ようになってから」가 가장 자연스럽다. 1번은 '～하게 될 때까지', 4번은 '～할 수 있게 된 후에'의 의미로 문맥에 맞지 않다.

9 그런 일을 내가 알고 있을 리가 없다.

단어 知(し)る 알다

해설 「～はずがない」는 '～일 리가 없다'라는 강한 부정을 나타내므로 문맥에 가장 자연스럽다. 1번은 '～해서는 안 된다', 3번은 '～밖에 없다', 4번은 '～에 지나지 않는다'라는 의미로 문맥과 맞지 않다.

10 상대가 강하면 강할수록 의욕이 솟아납니다.

단어 相手(あいて) 상대 | 強(つよ)い 강하다 | ～ほど ～할수록 | やる気(き) 할 의욕 | わく 솟다

해설 상대가 강하면 강할수록 의욕이 생긴다는 뜻이므로 가정 표현이 와야 한다. 「～ば～ほど」는 '～하면 ～할수록'의 의미로 가정을 나타내고, い형용사의 경우 「가정형+ければ」의 형태로 접속하므로 4번 「強ければ」가 정답이 된다. 1번은 '강하기 때문에', 2번은 '강해서', 3번은 '강해도'의 의미로 문맥에 맞지 않다.

11 이 텔레비전 게임은 생각했던 만큼 어렵지 않다.

단어 思(おも)う 생각하다 | 難(むずか)しい 어렵다

해설 앞부분의 「思った」와 뒷부분의 「難しくない」가 함께 쓰여 '생각했던 것과는 다르다'는 대비 의미를 나타낸다. 「～ほど～ない」는 '～만큼 ～하지 않다'라는 문형으로, 예상과 실제가 다름을 의미하므로, 2번 「ほど」가 정답이 된다. 1번은 '～라서', 3번은 '～까지', 4번은 '～밖에'의 의미로 문맥에 맞지 않다.

12 아무리 해도 안 될 것 같으면 빨리 포기하세요.

단어 どうしても 도무지, 아무리 해도 | だめだ 안 되다 | あきらめる 포기하다

해설 안 되면 포기하라는 의미로 조건을 나타내는 표현이 필요하므로, '～할 것 같으면'의 의미인 1번 「～ようなら」가 정답이 된다. 3번은 보통 「～というものには(～라는 것에는)」의 형태로 쓰인다. 2번은 '～하는 김에', 4번은 '너무나'라는 의미로 문맥과 맞지 않다.

13 저는 여행할 때는 가능한 한 그 지역에밖에 없는 가게에서 식사를 하도록 하고 있습니다.

단어 旅行(りょこう) 여행 | 土地(とち) 땅, 지역 | 食事(しょくじ) 식사 | できるだけ 가능한 한

해설 화자의 다짐, 결의, 습관을 나타내는 표현을 찾는 문제이다. 여행할 때 가능한 한 그 지역만의 가게에서 식사하려고 노력한다는 의미이므로, 「～ようにする(～하도록 하다, 노력하다)」가 쓰인 1번 「～するようにしています」가 가장 자연스럽다. 2, 4번의 「させる」는 각각 '～하게 될 거라고 생각합니다', '～하게 하도록 하고 있습니다'라는 사역형의 의미로 문장 주체가 다른 사람에게 시킨다는 뜻이 되어 어색하다. 3번은 '～할 것이라고 생각한다'로 추측을 나타내므로 문맥에 맞지 않다.

문제 2

14 최근 화제인 이 영화는 내가 생각하고 있었던 만큼 재미있지는 않았다.

단어 最近(さいきん) 최근 | 話題(わだい) 화제

해설 이 문장은 비교 대상보다 결과가 못 미칠 때 쓰는 「～ほど～ない」가 핵심이다. 「～ほど」와 연결할 수 있는 것은 1번 「思っていた」뿐이므로 1-4를 먼저 연결한다. 그다음 문장 맨 앞의 「話題の」 뒤에는 명사가 와야 하므로 3번 「この映画は」를 연결하고, 마지막으로 누가 그렇게 생각했는지를 나타내는「私が」를 남은 자리에 넣으면 자연스러운 문장이 완성된다. 따라서 3-2-1-4가 올바른 문장이 된다.

15 이 접시는 장인이 마음을 담아 손수 만들고 있기 때문에, 세계에서 하나밖에 없습니다.

단어 お皿(さら) 접시, 그릇 | 職人(しょくにん) 장인 | 心(こころ) 마음 | 手作(てづく)り 손수 만듦

해설 「～を込めて」는 주로 「心」나 「愛」에 붙어 '～을 담아서'라는 의미를 가진다. 따라서 1-4가 연결되고, 마음을 담은 주체인 「職人が」를 그 앞에 두면 2-1-4의 순서가 된다. 마지막으로 「手作り」를 붙여 '손수 만든'이라는 특징을 완성하면 2-1-4-3이 정답이 된다.

16 주요 매체에 의한 대통령 선거 출구 조사에 따르면, 현 대통령이 재선될 전망이다.

단어 主要(しゅよう) 주요 | メディア 미디어, 매체 | 大統領選挙(だいとうりょうせんきょ) 대통령 선거 | 出口調査(でぐちちょうさ) 출구 조사 | 現大統領(げんだいとうりょう) 현 대통령 | 再選(さいせん) 재선 | 見込(みこ)み 전망

해설 우선 「大統領選挙の」에는 명사가 접속해야 하므로 「出口調査」를 연결해 둔다. 이후 「～による」와 「～によると」가 헷갈릴 수 있는데, 「～による」는 '～에 의한'의 의미로 수단을 나타

내므로 제일 마지막에 넣으면 뒷문장과 자연스럽게 이어지지 않는다. 따라서 「主要メディア」에 연결하고 전문 표현인 「～によると」를 맨 뒤에 두면, 2-4-3-1이 올바른 순서가 된다.

17 온통 서리가 내려서 마치 눈이 내린 것 같다.

단어 一面(いちめん) 온통 | 霜(しも) 서리 | 下(お)りる 내리다

해설 서리 내린 것이 눈이 온 것처럼 보인다는 의미이므로 비유 표현을 찾는다. 「まるで～みたいだ」를 연결하고, 사이에 '눈이 내리다'라는 문장을 넣으면 4-3-1-2가 올바른 순서가 된다.

18 어머니도 나도 오늘은 우산이 없어도 괜찮겠지 하고 나갔지만, 돌아올 때는 비를 맞고 말았다.

단어 傘(かさ) 우산 | 出(で)かける 외출하다 | 帰(かえ)り 돌아오는 것, 귀가 | 雨(あめ)に降(ふ)られる 비를 맞다

해설 화자의 생각에 해당하는 「大丈夫だ」와 화자가 어떤 것에 대해 추측하거나 예상할 때 사용하는 표현인 「～だろうと思う(～할 것으로 생각하다)」를 연결하면 2-4-1이 된다. 괜찮다고 생각해서 한 행동이 「出かけたのだ」이므로 2-4-1-3이 올바른 순서가 된다.

문제 3

나는 어릴 적부터 사과를 좋아해서, 지금까지 아무 문제 없이 먹어왔다. 19 그런데, 어느 날 아침 식사로 사과를 먹은 후, 입 안이 가려워진 것이다. 그때는 알레르기라고는 조금도 생각하지 않았다. 왜냐하면 그때까지, 사과를 먹고 몸 상태가 나빠졌던 적은 한 번도 없었기 때문이다. 하지만, 그 이후에도 사과를 먹을 때마다 증상이 심하게 나타나게 된 것이다. 역시 이상하다고 생각해서 병원에 가니, 음식이 원인인 알레르기라는 것을 알게 되었다. 음식 20 에 인한 알레르기라고 들으면, 많은 사람은 아이들의 병이라고 생각하는 것이 아닐까. 나도 그 중 한 명이었다.

의사의 말에 따르면, 나처럼 성인이 되고 나서 알레르기가 생기는 사람이 최근 늘어나고 있다 21 고 한다. 증상은 가벼운 경우도 있지만, 심한 경우는 생명에 관계되는 경우도 있다. 그렇기 때문에 몸에 이상을 느꼈을 때는 스스로의 판단으로 계속 먹는 것이 아니라 병원에 가서 상담하고, 검사를 받아 22 보길 바란다. 어쩌면 나처럼 알레르기가 발견될지도 모른다.

단어 問題(もんだい) 문제 | ある日(ひ) 어느 날 | かゆい 가렵다 | アレルギー 알레르기 | なぜなら 왜냐하면 | 体調(たいちょう) 몸 상태, 컨디션 | 症状(しょうじょう) 증상 | ひどい 심하다 | 現(あらわ)れる 나타나다 | おかしい 이상하다 | 原因(げんいん) 원인 | 大人(おとな) 어른, 성인 | 近年(きんねん) 최근 | 増(ふ)える 늘다 | 軽(かる)い 가볍다 | 命(いのち) 생명, 목숨 | 関(かか)わる 관계되다 | 異常(いじょう) 이상 | 自己判断(じこはんだん) 자기판단 | 相談(そうだん) 상담 | 検査(けんさ) 검사 | もしかすると 혹시, 어쩌면 | 見(み)つかる 발견되다

해설

19 아무 문제없이 사과를 먹어오다가 어느 날 알레르기 증상이 나타나기 시작했기 때문에 4번 '하지만, 그런데'가 정답이 된다. 1번은 '만약'이라는 의미이고 2, 3번은 '그렇게 때문에, 그래서'라는 의미이므로 맞지 않다.

20 음식이 원인인 알레르기에 대한 문장이므로 이유를 나타내는 2번 '～에 의한'이 정답이 된다. 1번은 '～에 관한'이라는 의미이고, 3번은 '～에 반대되는'이라는 의미이다. 4번은 '～에 비한, ～와 비교한'이라는 의미이므로 맞지 않다.

21 빈칸 앞부분이 「医者の話によると(의사의 말에 따르면),」이므로 뒷부분에는 말을 전하는 1번 '～라고 한다'가 오는 것이 자연스럽다. 2번은 강한 추측(～일 것이다)을 나타내고, 3번은 '～해야 한다'라는 의미이다. 4번은 '～인 법이다, ～인 것이다'라는 의미로 일반적인 개념과 상식, 진리에 사용된다.

22 문맥상 병원에 가서 검사를 받아 보라는 조언, 충고를 하는 문장이 나와야 하므로 2번 '～하길 바란다'가 알맞다. 1번은 '～본 적이 없다'라는 뜻이고, 3번은 '보지 않아도 상관없다'라는 의미이다. 4번을 변화를 나타내는 의미로 '～보게 되다'라는 의미이다.

10 문법 확인문제 101~025 p.286

문제 1

1 오늘 짐을 보냈으니까 내일은 도착할 것이다.

단어 荷物(にもつ) 짐 | 送(おく)る 보내다 | 着(つ)く 도착하다

해설 「～はずだ」는 '～일 것이다'의 의미로, 어떠한 근거·이유로부터 강한 확신을 가지고 추측하는 문형이다. 1, 2, 4번은 모두 동사 ます형에 접속하며, 각각 '～하기 시작하다', '～하기 쉽다', '너무 ～하다'의 표현임을 알아 두자.

2 아무리 서두르고 있어도 신호 무시를 해서는 안 됩니다. 교통 규칙을 지켜야 합니다.

단어 急(いそ)ぐ 서두르다 | 信号(しんごう) 신호 | 無視(むし) 무시 | 交通(こうつう) 교통 | ルール 룰, 규칙 | 守(まも)る 지키다

해설 「동사 사전형+べきだ」는 '～해야 한다'라는 뜻으로, 주관적이 아닌 사회적, 도덕적 기준에 의한 판단일 때 사용된다. 1, 3번은 추측의 의미이기 때문에 문맥과 맞지 않고, 4번은 동사 ます형에 접속하기 때문에 맞지 않다.

3 유학했단 적이 있다고 해서 영어를 할 수 있는 것은 아니다.

단어 留学(りゅうがく) 유학 | 英語(えいご) 영어

해설 「～からといって」는 '～라고 해서'라는 의미로, 그 이유만으로 결론을 단정할 수 없다는 뉘앙스를 가진 표현이다. 따라서 뒤에는 내용을 부정하는 「わけではない」와 같은 표현이 와야 자연스럽다. 당연한 결과를 나타내는 1번이나 '해야 한다'라는 당위의 3번, 동작의 시점을 나타내는 4번은 어울리지 않는다.

4 애인에게 차인 것을 계기로 다이어트를 시작했습니다.

단어 恋人(こいびと) 애인 | 振(ふ)る 차다 | ダイエット 다이어트

해설 「～をきっかけに」는 '～을 계기로'라는 의미로, 앞의 행동을 기점으로 해서 뒤의 변화가 일어났음을 나타낸다. 1번은 '조차', 2번은 '～할 때마다', 3번은 '～을 담아'의 의미로 문맥에 맞지 않다.

5 대학 동아리 활동을 통해 많은 친구가 생겼습니다.

단어 サークル 서클, 동아리 | 活動(かつどう) 활동

해설 「～を通して」는 '～을 통해서'라는 의미로, 뒤의 행동을 하기 위한 수단과 매개를 나타낸다. 1, 3, 4번은 각각 '～을 담아서', '～에게 있어서', '～에 반해서'의 의미로 문맥에 맞지 않다.

6 사정에 의해 출발은 내일로 연기했다.

단어 都合(つごう) 사정 | 出発(しゅっぱつ) 출발 | のばす 미루다, 연기하다

해설 출발을 내일로 미룬 이유를 나타내는 표현을 묻는 문제이다. 1, 2번은 모두 '~에 걸쳐', 4번은 '~에 대해서'의 의미로 문맥에 맞지 않다. 따라서 '~에 의해, ~에 따라'의 의미로 이유・사정을 나타내는 3번 「~よって」가 정답이 된다.

7 가게 앞에 많은 사람이 줄을 서고 있습니다. 그것은 가게 안으로 들어가기 위해서 기다리고 있는 것입니다.

단어 並(なら)ぶ 줄지어 서다 | 店内(てんない) 매장 안

해설 줄을 서고 있는 이유에 대해 설명하는 표현을 찾는 문제이다. 「~のだ」는 어떤 상황의 구체적인 사정이나 근거 등을 강조하여 말할 때 사용하므로, 3번 「待っているのです」가 정답이 된다. 1번은 '기다릴 것입니다'로 강한 추측을 나타내며, 2번은 '막 기다렸습니다'로 완료, 4번은 '기다리기 어려워서입니다'의 의미로 문맥에 맞지 않다.

8 찬 것을 지나치게 먹지 않도록 조심하세요.

단어 気(き)をつける 조심하다

해설 뒤에 조심하라는 말이 나오므로 주의・부탁을 나타내는 표현이 필요하다. 2번은 '~하기 위해', 3번은 '~이기 때문에', 4번은 '~하게도'의 의미로 문맥에 맞지 않다. 따라서 '~하도록'의 의미인 1번 「~ように」가 정답이 된다.

9 오늘은 하루 종일 흐리고 추운 날이었지만, 저녁부터 눈이 조금씩 내리기 시작했습니다.

단어 くもる 흐려지다, 구름이 끼다 | 夕方(ゆうがた) 저녁 무렵 | ちらちら 조금씩, 흩날리다

해설 '저녁부터'라는 행위가 시작되는 말이 나오므로, '~하기 시작하다'는 의미의 「~はじめる」가 사용된 1번 「降りはじめました」가 정답이 된다. 2번은 '너무 내렸습니다'의 의미로 문맥에 맞지 않고, 3번 '다시 내렸습니다'는 어색한 표현, 4번 '내리기 끝났습니다'는 쓰지 않는 표현이다.

10 그 사람처럼 화를 잘 내는 사람은 본 적이 없습니다.

단어 怒(おこ)りっぽい 화내기 쉬운, 화를 잘 내는

해설 화를 잘 내는 사람을 '그 사람'에게 비유한 것이므로 '~처럼'의 의미로 비유를 나타내는 3번 「みたいに」가 정답이 된다. 1번은 '~처럼'이라고 해석하지만 접속 형태가 맞지 않으며, 2번은 '~때문에, ~위해서', 4번은 '~때문에'의 의미로 문맥에 맞지 않다.

11 붉은 얼굴을 하고 있어. 술을 먹고 온 것 같네.

단어 顔(かお) 얼굴

해설 얼굴이 왜 붉은 지 추측하는 표현을 찾는 문제이다. 「~らしい」는 '~인 것 같다'는 객관적인 정보(들은 것, 본 것 등)에 근거를 둔 추측 표현이므로 1번이 정답이 된다. 2번은 '~라고 한다', 3번은 '~할 생각이다', 4번은 '~하고 싶다'의 의미로 문맥에 맞지 않다.

12 학생회 선거에서는, 서로 개인 공격은 그만두고 어떤 학교를 만들지를 중심으로 서로 논의했다.

단어 生徒会(せいとかい) 학생회 | 選挙(せんきょ) 선거 | たがいに 서로 | 個人(こじん) 개인 | 攻撃(こうげき) 공격 | 中心(ちゅうしん) 중심 | 議論(ぎろん) 논의

해설 개인보다는 학교를 중요하게 생각하자는 의미이므로, 주제를 집중시키는 표현인 1번 「~を中心に」가 정답이 된다. 2번은 '~와 동시에', 3번은 '~라고 생각하자마자', 4번은 '~를 불문하고'의 의미로 문맥에 맞지 않다.

13 오늘은 길이 얼어 있어서 미끄러지기 쉬우니까 조심해서 걸으세요.

단어 道(みち) 길 | 凍(こお)る 얼다 | すべる 미끄러지다

해설 「すべり」는 「すべる(미끄러지다)」의 ます형이므로 접속 형태가 맞는 것은 3, 4번이다. 단, 길이 얼어있고, 조심해서 걸어야 한다는 내용과 어울리는 것은 「~やすい(~하기 쉽다)」이므로 3번이 정답이 된다.

문제 2

14 저축 계획을 세워 주세요. 빠르면 빠를수록 좋아요.

단어 貯蓄(ちょちく) 저축 | プラン 계획 | 立(た)てる 세우다

해설 '~하면 ~할수록'을 뜻하는 「~ば~ほど」 문형이므로, 이를 중심으로 연결하면 2-4-1-3이 올바른 순서가 된다.

15 이쪽으로 오실 것 같으면 그때는 전화해 주세요.

단어 電話(でんわ) 전화

해설 「~ようなら」는 '~할 것 같으면'의 의미로「~ようだ」의 가정형이다. 상대의 입장이나 기분을 생각해 완곡하게 말할 때 자주 사용되는 표현인데, 동사 사전형에 연결되므로 앞에 올 표현으로는 3번 「来られる」가 가장 자연스럽다. 따라서 셋을 연결하면 3-1-4가 되고, 마지막으로 その를 연결하면 3-1-4-2가 올바른 순서가 된다.

16 10만 엔이 1년 만에 100만 엔이 되다니, 그런 솔깃한 이야기가 있을 리 없다.

단어 うまい話(はなし) 솔깃한 이야기

해설 「うまい話」는 '솔깃하게 들리는, 조건이 좋아서 혹할 만한 이야기'라는 의미의 관용 표현이므로 우선 2번 「話が」를 맨 앞에 둔다. 「~はずが」는 「~はずがない(~할 리 없다)」를 떠올릴 수 있는데, 이 문형은 보통형에 연결되므로 앞에 올 수 있는 표현으로 「ある」가 있다. 따라서 2-4-1-3이 올바른 순서가 된다.

17 이 아르바이트는 경험 있는 사람을 모집하고 있기 때문에 누구든 응모할 수 있는 것은 아닙니다.

단어 経験(けいけん) 경험 | 募集(ぼしゅう) 모집 | 応募(おうぼ) 응모

해설 「~わけではない」는 보통형에 접속하는 문형으로 '~인 것은 아니다'라는 부분 부정을 나타낸다. 4-1번 앞에 올 수 있는 보통형의 형태는 2번이므로 3-2-4-1이 올바른 순서가 된다.

18 좀처럼 일본어 단어가 외워지지 않아서, 일본어를 잘하는 친구가 했던 것처럼 몇 번이고 써 보기로 했다.

단어 なかなか 좀처럼 | 単語(たんご) 단어 | 覚(おぼ)える 외우다 | 得意(とくい) 잘함 | 友人(ゆうじん) 친구

해설 「~ことにする」는 '~하기로 하다'라는 결정 표현이므로, 4번 「~ことに」는 반드시 「した」 바로 앞에 와야 한다. 또한 「やっていたように」는 '(친구가) 하던 것처럼'이라는 의미로 하나의 덩어리를 이룬다. 얼핏 「何度も書いてみるようにした(여러 번 써 보려고 노력했다)」도 가능할 것 같지만, 그렇게 되면 「ことに」의 해석이 어색해지며 부자연스러운 문장이 된다. 따라서 「~ことに」가 마지막에 연결된 3-2-1-4가 올바른 순서가 된다.

문제 3

'나는 다로 씨와 하나코 씨에게 내일 예정을 설명했다.'라는 문장에는 두 가지 의미가 있다. 하나는 '나는 다로 씨와 하나코 씨 두 사람에게 내일 예정을 설명했다.'라는 의미이고, 나머지 하나는 '나는 다로 씨와 둘이서 하나코 씨에게 내일 예정을 설명했다.'라는 의미이다. 의미 구별을 확실히 시키 19 **려면**, 첫 번째 의미라면 '나는' 뒤에 쉼표를 찍는 방법이 있다.

20 **같은** 예로서 '내가 아주 좋아하는 엄마.'라는 문장이 있다. 하나는 '내가 엄마를 아주 좋아한다고 생각한다.'라는 의미이고, 다른 하나는 '엄마가 나를 아주 좋아한다고 생각한다.'라는 의미이다. 21 **다만**, 이 예의 경우에는 쉼표를 찍는 것 22 **만으로는** 의미 구별을 하기 어렵다. 첫 번째 의미를 전달하고 싶다면 '내가 아주 좋아하는 엄마.', 두 번째 의미를 전달하고 싶다면 '나를 아주 좋아하는 엄마.'라고 하면 의미 구별을 할 수 있다.

단어 予定(よてい) 예정 | 説明(せつめい) 설명 | 文(ぶん) 문장 | 意味(いみ) 의미 | 区別(くべつ) 구별 | はっきり 분명히, 확실히 | 一(ひと)つ目(め) 첫 번째 | 読点(とうてん)を打(う)つ 쉼표를 찍다 | 方法(ほうほう) 방법 | 例(れい) 예 | ただし 다만, 하지만 | 場合(ばあい) 경우 | 二(ふた)つ目(め) 두 번째 | 伝(つた)える 전하다

해설

19 앞 문장에서는 의미의 구별을 확실히 시킨다고 하고, 이어지는 문장에서는 그 방법을 설명하고 있다. 따라서 이를 위해 '~하기 위한'이라는 표현이 필요하다. 3번 「~には」는 '~하기 위해', '~하려면'이라는 뜻으로, 이 목적을 나타내는 표현으로 적절하다. 1번은 '~부터는', 2번은 '~까지는', 4번은 '~란'의 의미로 문맥에 맞지 않다.

20 「例として」와 함께 앞서 설명한 두 가지 의미가 있는 문장과 비슷한 예를 들고자 하는 상황이므로, '비슷한 예로서'라는 의미의 「同じような」가 자연스럽다. 따라서 정답은 1번이 된다. 2번은 '틀림없다', 3번은 '그러한', 4번은 '가장 좋다'는 의미로 문맥에 맞지 않다.

21 앞의 예문은 쉼표로 의미 구별이 가능하다고 했지만, 뒤의 예문은 「意味の区別がしにくい」라고 했다. 따라서 앞 문장과 내용이 달라지는 '예외, 전환'의 의미가 필요하므로, 4번 「ただし」가 정답이 된다. 1번은 '완전히', 2번은 '상당히', 3번은 '드디어'의 의미로 문맥상 맞지 않다.

22 '쉼표만 찍어서는 의미 구별이 어렵다'고 범위를 한정하고 있으므로, '~만으로는'의 의미로 한정을 나타내는 1번 「~だけでは」가 정답이 된다. 2, 4번은 둘 다 '~뿐만 아니라', 3번은 '~뿐만으로는'의 의미로 문맥상 맞지 않다. 참고로 「~だけ」는 단순 제한을 뜻하고, 「~ばかり」는 한쪽으로 치우친 상태를 강조하고 비판하는 뉘앙스가 있다.

11 문법 확인문제 126~137/기타

p.316

문제 1

1 A "초등학교 4학년 아이에게 국어와 산수를 **배우게 할까** 하는데, 한 달에 얼마 정도 들까요?"

B "비용은 월 12,600엔입니다."

단어 国語(こくご) 국어 | 算数(さんすう) 산수 | 習(なら)う 배우다 | 費用(ひよう) 비용 | 月(つき) 달

해설 아이에게 국어와 산수를 시키겠다는 화자의 의지 표현을 찾는 문제이다. 「~(よ)うと思う」는 동사의 의지형에 접속해, 앞으로 무언가를 하겠다는 화자의 의지를 나타낼 때 쓰인다. 따라서 정답은 2번 「習わせようか」가 된다. 1번은 '배우게 할 수(시킬 수) 있을까?'로 추측의 느낌이 강해 문맥에 맞지 않고, 3번은 '배우게 하고(시키고) 있다', 4번은 '배우게 할(시킬) 예정이다'라는 종지형이므로 뒤 문장과 이어지지 않는다. 참고로 「習わせる」는 「習う」의 사역형으로 '누군가가 배우도록 시키다, 배우게 하다'라는 의미이다.

2 학점이나 졸업 등을 인정하는 대신에 일을 **억지로 돕게 하는** 일이 있었다.

단어 単位(たんい) 학점 | 卒業(そつぎょう) 졸업 | 認(みと)める 인정하다 | 代(か)わりに ~대신에 | 手伝(てつだ)う 돕다

해설 문맥상 하고 싶지 않은 일을 억지로 시켜서 당한다는 표현이 필요하다. 4번 「手伝わされる」는 '억지로 돕게 되다'는 의미의 사역수동 표현이다. 1번은 '도울 수 있는'으로 가능, 2번은 '도움을 받는'으로 수동, 3번은 '도와주는'의 의미로 문맥에 맞지 않다.

3 창밖을 봤**더니**, 눈이 내리고 있었다.

단어 窓(まど) 창문 | 外(そと) 밖

해설 「~たら」는 '~하면, ~라면'이라는 가정의 뜻이 있지만 과거형으로 끝나는 문장 안에서는 '~했더니'라고 해석된다. 따라서 2번 「~たら」가 정답이 된다. 1번은 '막 ~한', 3번은 '~한 채로', 4번은 '~위해서, ~때문에'의 의미로 문맥과 맞지 않다.

4 선생님 "네, 사쿠라 일본어학교입니다."

학생 "여보세요, B반 스미스인데요, 호시 선생님은 **계신가요?**"

단어 いらっしゃる 계시다 | 拝見(はいけん)する 뵙다, 보다

해설 '있다'의 존경어를 찾는 문제로 2번 「いらっしゃいます」가 정답이 된다. 1번 '있습니다'는 「ある」의 정중한 표현, 3번 '보겠습니다'는 「見る」의 겸양어, 4번 '뵙겠습니다'는 「会う」의 겸양어이므로 문맥에 맞지 않다.

5 손님 "이 신발의 한 치수 작은 것은 없습니까?"

점원 "아, 네, 확인해 볼 테니 조금만 **기다려 주세요.**"

단어 靴(くつ) 신발 | 確認(かくにん)する 확인하다 | 少々(しょうしょう) 잠시

해설 「少々お待ちください」는 정중한 부탁 표현으로 일상 생활에서 자주 쓰이니 관용 표현으로 익혀 두자. 1번은 '기다리고 있겠습니다', 3번은 '기다릴 수 있습니다', 4번은 '기다리죠'의 의미로 문맥에 맞지 않다.

6 나는 이시하라 선생님에게 생신 축하 꽃다발을 **드렸다.**

단어 誕生日祝(たんじょうびいわ)い 생일 축하 | 花束(はなたば) 꽃다발 | さしあげる 드리다 | いただく 받다

해설 윗사람에게 쓰는 겸양 표현을 찾는 문제이다. 1번 'くれた(주었다)'는 상대가 나에게 주는 것이고, 3번 'やった(주었다)'는 격식 없는 표현이며, 4번 「いただいた(받았다)」는 내가 받았다는 의미여서 문맥에 맞지 않다. 따라서 '(윗사람에게) 드리다'는 의미의 겸양어인 2번 「さしあげた」가 정답이 된다.

7 혼다 선생님이 작문을 고쳐 주셨습니다.

단어 作文(さくぶん) 작문 | 直(なお)す 고치다

해설 '선생님이 작문을 고쳐 주셨다'나, '선생님에게 작문을 고쳐 받았다'의 형태가 되어야 하는데, 「くださる(주시다)」를 쓰려면 「本田先生に」의 조사 「に」를 「が」로 바꾸어야 한다. 따라서 겸양어인 「いただく(받다)」가 쓰인 1번 「いただきました(받았습니다)」가 정답이 되며, 직역하면 '선생님께 고쳐 주심을 받다'의 의미이다. 2번 「さしあげました(드렸습니다)」는 내가 드린다는 뜻, 4번 「いらっしゃいました(계셨습니다)」는 의미가 맞지 않다.

8 나는 매일 아침 베란다에서 키우고 있는 식물에 물을 주고 있다.

단어 毎朝(まいあさ) 매일 아침 | 育(そだ)てる 키우다 | 植物(しょくぶつ) 식물

해설 「やる」는 「する(하다)」와 「あげる(주다)」의 두 가지 의미가 있다. 내가 다른 사람에게 주는 행동을 나타내며, 나보다 아랫사람이나 동물, 식물에게 주는 경우에 사용한다. 2번은 '받다', 3번은 '(다른 사람이 나에게) 주다', 4번은 '시키다'의 의미로 문맥에 맞지 않다.

9 야마다 씨가 제 이사를 도와 주셨습니다.

단어 引(ひ)っ越(こ)し 이사 | 手伝(てつだ)う 돕다, 거들다

해설 문맥상 '다른 사람이 나에게 주다'는 표현이 필요하므로 3번 「くれる」가 정답이 된다. 1번은 '(내가 다른 사람에게) 주다', 2번은 '받다', 4번은 '(내가 나보다 아랫사람에게) 주다'의 의미로 문맥에 맞지 않다.

10 점원 "전화 감사합니다. 야마모토 미용실입니다."
손님 "실례합니다. 오늘 오후 3시쯤 예약하고 싶은데요."

단어 美容室(びようしつ) 미용실 | 予約(よやく) 예약

해설 2번 「～でございます(~입니다)」는 「～です」의 정중한 형태로, 가게 전화 응대에서 쓰는 매우 공손한 표현이다. 1번 '~이십니다'는 사람에게 쓰는 존경 표현이라 가게 소개에는 어색하다. 3번 '~라고 말씀드립니다'는 겸양 표현으로 자기 소개나 설명에 쓰이며, 4번 '~라고 말씀하십니다'는 존경 표현으로 '상대가 말하다'는 의미여서 문맥에 맞지 않다.

11 그 작업복은 아무리 빨아도 조금도 깨끗해지지 않았다.

단어 作業服(さぎょうふく) 작업복 | 洗(あら)う 씻다, 빨다 | 少(すこ)しも 조금도

해설 「いくら洗っても(아무리 빨아도)」라는 표현에 호응하여 기대한 만큼의 변화가 전혀 없음을 나타내는 부사는 1번 「少しも」가 가장 적절하다. 2번 '절대로'는 문법적 부정 호응은 가능하나 의미상 지나치게 단정적이고, 3번 '즉'은 요약, 4번 '모처럼'은 수고로움을 나타내어 전체 문맥에 맞지 않다.

12 지난번 만났을 때랑 넌 조금도 변한 게 없구나.

단어 この前(このまえ) 지난번, 얼마 전 | ちっとも 전혀 | 変(か)わる 바뀌다

해설 문장 끝의 '변하지 않았다'라는 부정 표현과 함께 쓰여 '조금도 ~않다'라는 의미를 만드는 부사는 3번 「ちっとも」뿐이다. 1번 '겨우'는 기대한 결과의 실현, 2번 '꼭'은 강한 추측, 4번 '모처럼'은 어렵게 얻은 기회나 수고를 나타내므로 문맥에 맞지 않다.

13 그 이야기는 텔레비전인가 뭔가에서 하고 있었지요?

단어 話(はなし) 이야기

해설 이야기가 어딘가에서 나왔다는 이야기로 선택 표현이 필요하다. 「～か」는 '~인지'의 의미로 불확실한 추정을 뜻하지만, 「～か. ～か」의 형태로 '~인지 ~인지' 둘 중 하나라는 선택을 나타내므로 정답은 3번이 된다. 1, 2번은 연결이 어색하고 4번은 인용, 나열의 의미여서 문맥에 맞지 않다.

문제 2

14 어제 처음으로 사쿠라역에 갔습니다. 사쿠라역까지 어느 전철로 가면 가장 빨리 도착하는지 몰라서, 전철을 타기 전에 역무원에게 물었습니다.

단어 到着(とうちゃく) 도착 | 駅員(えきいん) 역무원

해설 「どの」 뒤에는 명사가 와야 하므로 2번을 연결해 둔다. 그리고 맥락상 '가장 빨리 도착하다'가 자연스러운 흐름이 되므로 1-4를 연결하면 3-2-1-4가 올바른 순서가 된다.

15 아기에게 오르골을 들려주면, 당장이라도 울음을 터뜨릴 것 같은 얼굴을 할 때가 있습니다.

단어 オルゴール 오르골 | 聴(き)く 듣다

해설 「今にも」는 '지금이라도, 금방이라도'라는 의미로 그 뒤에는 「동사 ます형+そうだ(~할 것 같다)」가 따라 나온다. 2번은 명사를 수식하는 형태이므로 1번과 접속해야 한다. 따라서 3-2-1-4가 올바른 순서가 된다.

16 지난주 토요일에 아이와 갔던 동물원에는 약 500종류의 동물이 있었다. 그렇게 다양한 동물을 볼 수 있는 동물원은 좀처럼 없다고 한다.

단어 動物園(どうぶつえん) 동물원 | 種類(しゅるい) 종류 | あんなに 그렇게

해설 「そうだ」 앞에는 동사나 형용사가 와야 하므로 4번을 맨 뒤에 둔다. 「なかなかない」의 앞에 올 표현으로는 1번과 3번이 헷갈릴 수 있으나, 맥락상 1번의 「見られる」는 '볼 수 있다'는 의미의 가능형으로 쓰였다. 따라서 앞에 가능을 나타내는 조사 が가 와야 하므로 3-1번의 순서임을 알 수 있다. 「あんなに」는 맨 앞에 두는 것이 의미상 자연스러우므로 2-3-1-4가 올바른 순서가 된다.

17 이 다큐멘터리는 생명의 소중함에 대해서 생각하게 되는 내용이었다.

단어 ドキュメンタリー 다큐멘터리 | 命(いのち) 생명, 목숨 | 大切(たいせつ)さ 소중함 | 内容(ないよう) 내용

해설 「～について」는 이야기하거나 생각하고자 하는 주제에 붙는 문형이므로 3번에 연결해 둔다. 4번은 사역수동 형태로 '억지로 ~하다'라는 의미 외에도 '저절로 ~하다'의 자발의 의미도 가지며 「考える, 思う, 感じる」 등의 동사에 주로 접속한다. 따라서 3-1-2-4가 올바른 순서가 된다.

18 먼 곳에서 일부러 와 주셨는데 만나 뵙지 못해서 아쉽습니다.

단어 遠(とお)く 먼 곳 | わざわざ 일부러 | お越(こ)し 오심 | お目(め)にかかる 만나 뵙다 | 残念(ざんねん)だ 유감이다, 아쉽다

해설 1번의 「ことができず(~할 수 없다)」는 동사 사전형에 접속한다. 그러므로 3-1번을 연결한다. 이것은 '만나 뵙지 못해서'라는 의미이므로 '아쉽다'는 표현이 이어지는 것이 자연스럽다. 따라서 2-4-3-1이 올바른 순서가 된다. 「お越しいただく」는 '와 주시다'라는 의미의 경어 표현으로 암기해 두자.

문제 3

나는 사이좋은 사치코 씨에게 작은 알뿌리를 3개 19 받았습니다. 딱 새끼손가락 끝 정도의 크기로 앞쪽이 조금 뾰족했습니다. 나는 꽃을 좋아해서 여러 알뿌리를 심은 적이 있는데, 이런 알뿌리를 본 것은 처음이었습니다. 어떤 꽃이 피는지 당장에라도 알고 싶었지만, 사치코 씨는, "기대하세요"라며 웃고 있을 뿐 20 가르쳐 주지 않습니다. 어쩔 수 없어서 꽃이 피기를 기다리기로 했습니다.

사치코 씨에게 배운 대로 돌봤더니, 녹색의 날렵한 잎이 나왔습니다. 21 머지않아 앞쪽에 하얀 꽃이 피었습니다. 마치 새가 날고 있는 듯한 모양을 하고 있습니다. 그 알뿌리는 해오라비 난초(주)였던 것입니다. 이야기로는 들은 적이 있습니다만, 보는 것은 처음입니다. 정말 너무 기뻤습니다.

22 그런데, 모처럼 생긴 해오라비 난초를 도둑맞아 버린 것입니다. 잠깐 현관 앞에 내놓았던 사이에 누군가가 가져가 버린 것입니다. 나는 분하고 분해서 나도 모르게 눈물을 흘리고 말았습니다. 말없이 남의 물건을 가져가다니 절대로 용서할 수 없습니다.

(주) さぎ草: 난초과의 다년초. 산야의 습지에 자생

단어 球根(きゅうこん) 구근, 알뿌리 | 小指(こゆび) 새끼손가락 | 先(さき) 끝, 앞부분 | とがる 뾰족하다 | うえる 심다 | 楽(たの)しみにする 기대하다 | 花(はな)が 꽃이 피다 | 世話(せわ)をする 돌보다, 보살피다 | 緑色(みどりいろ) 초록색 | スラットする 늘씬하다 | 葉(は)っぱ 잎 | 形(かたち) 모양 | さぎ草(そう) 해오라비 난초 | せっかく 모처럼, 애써 | ぬすむ 훔치다 | 玄関(げんかん) 현관 | 出(だ)す (밖으로) 내다, 꺼내다 | くやしい 분하다 | 思(おも)わず 무심코 | 涙(なみだ)を流(なが)す 눈물을 흘리다 | だまって 말없이 | ぜったいに 절대로 | 許(ゆる)す 용서하다 | ラン科(か) 난초과 | 多年草(たねんそう) 다년초 | 山野(さんや) 산야, 산과 들 | 湿地(しっち) 습지 | 自生(じせい) 자생

해설

19 남에게 받았다고 할 때는 2번 「もらいました」를 쓴다. 1번 「くれました(주었습니다)」라는 남이 나에게 줄 때, 3번 「やりました(주었습니다)」는 내가 아랫사람이나 동물에게 줄 때, 4번 「あげました(주었습니다)」도 내가 줄 때 쓰는 표현이므로 문맥에 맞지 않다.

20 문맥상 '가르쳐 주지 않았다'라는 표현이 와야 한다. 1, 3번은 「数(かぞ)える(세다, 계산하다)」라는 한자만 비슷한 전혀 다른 의미의 단어이고, 4번 「教えてあげません(알려주지 않았습니다)」는 내가 남에게 하는 행위로 문맥에 맞지 않다. 그러므로 2번 「教えてくれません」이 정답이 된다.

21 시간이 지나 다음 일이 일어났다는 내용이 나오므로 시간을 나타내는 접속사가 나와야 한다. 1번은 '게다가', 2번은 '그대로', 4번은 '그러면서도'의 의미로 문맥에 맞지 않다. 따라서 '그 후, 머지않아'의 의미인 3번 「そのうち」가 정답이 된다.

22 꽃이 피어 기뻤는데 도둑을 맞았다고 하므로, 앞뒤 내용의 전환을 나타내는 접속사가 필요하다. 1번은 '예를 들면', 2번은 '왜냐하면', 3번은 '그럼'의 의미로 문맥에 맞지 않다. 따라서 '그런데, 하지만'의 의미인 4번 「ところが」가 정답이 된다.

12 문법 확인문제 126~137/기타 p.320

문제 1

1 내 남동생은 13살부터 마라톤을 계속해 와서 현의 대표 선수로 뽑힌 적도 있다.

단어 マラソン 마라톤 | 続(つづ)ける 계속하다 | 代表(だいひょう) 대표 | 選手(せんしゅ) 선수 | 選(えら)ぶ 뽑다

해설 「〜たことがある」는 '〜한 적이 있다'는 경험을 나타낸다. 1번은 '뽑고 있는 중이다', 2번은 '뽑고 있는 것이다', 4번은 '뽑기 위해서이기도 하다'의 의미로 문맥과 맞지 않다. 따라서 정답은 3번 「選ばれたこともある」가 된다.

2 점원 "네, 사쿠라 미용실입니다."
손님 "오후 3시에 예약한 야마시타입니다. 미안하지만 갑자기 일이 생겨서, 오늘 예약을 취소시켜 주세요."

단어 店員(てんいん) 점원 | 美容室(びようしつ) 미용실 | 客(きゃく) 손님 | 予約(よやく) 예약 | 急(きゅう)に 갑자기 | 用事(ようじ) 볼일, 용무 | キャンセル 취소

해설 일이 생겼으니 예약을 취소하고 싶다는 내용일 것이다. 1번은 '〜입니까?', 2번은 '〜을 주시겠습니까?', 3번은 '〜하고 싶은 거죠?'의 의미로 문맥에 맞지 않다. 따라서 '〜하게 해 주세요'의 의미를 갖는 사역수동형의 4번 「させてください」가 정답이 된다.

3 시간이 있으면, 서울 시내를 관광할 예정입니다.

단어 時間(じかん) 시간 | 市内(しない) 시내 | 観光(かんこう) 관광

해설 「〜ば」는 '〜하면, 〜라면'이라는 가정을 나타내는 문형이다. 1번의 「〜と」도 동일한 해석으로 가정의 의미를 갖지만, 뒤 문장에 주관적인 표현이 나올 수 없으니 주의하자. 3번은 '있듯이', 4번은 '있어도'의 의미로 맥락에 맞지 않다.

4 야마다 선생님은 친절하게도 나에게 이 책을 주셨습니다.

단어 親切(しんせつ)にも 친절하게도 | 召(め)し上(あ)がる 드시다

해설 '윗사람이 나에게 주다'라는 표현이 와야 하는데, 2번 「いただきました(받았습니다)」라는 '〜에게 받다'라고 해야 하므로 「先生は」를 「先生に」로 바꿔야 한다. 3번 「差し上げました(드렸습니다)」는 내가 드리는 것이라 방향이 반대이고, 4번 「召し上がりました(드셨습니다)」는 '먹다, 마시다'의 존경어로 문맥에 맞지 않다. 따라서 '(남이 나에게) 주시다'의 의미인 1번 「くださいました」가 정답이 된다.

5 A "커피와 홍차 중 어느 것으로 하시겠습니까?"
B "커피로 하겠습니다."

단어 紅茶(こうちゃ) 홍차 | なさる 하시다

해설 둘 중 무엇을 선택할 지 묻는 표현으로 「〜にする」가 쓰이는데, 선택지는 모두 경어 표현이다. 따라서 「する」의 존경어를 찾아야 하므로 「なさる」가 쓰인 3번 「なさいますか」가 정답이 된다. 1번 '드실 수 있습니다'와 2번 '드리겠습니다'는 문맥에 맞지 않고, 4번 '있습니다'는 질문 형태가 성립하지 않는다.

6 점원 "어서 오세요. 몇 분이세요?"
손님 "3명입니다."
점원 "이쪽으로 오세요. 자리로 안내해 드리겠습니다."

단어 何名様(なんめいさま) 몇 분 | ご案内(あんない) 안내 | いたします 하겠습니다

해설 「案内する」의 겸양어를 찾는 문제이다. 「する」의 겸양 표현은 「お / ご~いたす」이므로, 1번 「いたします」가 정답이 된다. 2번은 '하시겠습니다'의 의미로 「する」의 존경어이고, 3번은 '찾아 뵙겠습니다, 여쭙겠습니다', 4번은 '계십니다'로 문맥에 맞지 않다.

7 학창 시절의 친구와 만나면, 즐거워서 항상 몇 시간이나 수다를 떨게 됩니다.

단어 学生時代(がくせいじだい) 학창 시절 | おしゃべり 수다, 잡담

해설 몇 시간 동안 수다를 떤다고 수를 강조하고 있다. 「~も」는 기본적으로 '~도'의 의미이지만, 수사에 붙으면 '~이나'의 의미로 수나 양이 많다는 것을 강조한다. 1번은 '~은', 3번은 '~등', 4번은 '~정도'의 의미로 문맥에 맞지 않다.

8 저는 왕 씨에게 일본어를 가르쳐 주는 대신에, 중국어를 배워 받기로 했습니다.

단어 教(おし)える 가르치다 | 代(か)わりに 대신에 | 中国語(ちゅうごくご) 중국어

해설 '다른 사람이 나에게 해 주다'라는 표현이 와야 한다. 얼핏 2번 「~てくれる」가 맞을 것 같지만, 그러려면 해 주는 주체의 조사로 「が」가 나와야 한다. 문제의 문장은 앞부분에 「ワンさんに」라고 나와 있으므로 「~に~てもらう(~에게 ~해 받다)」의 표현인 3번이 정답이 된다. 1, 4번은 둘 다 '내가 해 주다'의 의미로 문맥에 맞지 않다.

9 이번 여행에서 저는 부모님께 맛있는 음식을 드시게 하고 싶다고 생각하고 있습니다.

단어 今回(こんかい) 이번 | 旅行(りょこう) 여행 | 両親(りょうしん) 부모님

해설 「~させてあげる」는 「~させる(~하게 하다, 시키다)」에 「あげる(주다)」가 연결된 문형으로 '~하게 해 주다'라는 의미이다. 괄호 앞에 있는 '両親に(부모님에게)'와 자연스러운 연결이 되는 것은 3번이 된다.

10 손님 "저기요. 전화는 어디에 있어요?"
직원 "저쪽 엘리베이터 옆에 있습니다."

단어 横(よこ) 옆

해설 전화의 위치를 묻는 문제이므로 '있다'는 의미의 「ある」가 와야 한다. 선택지는 모두 경어 표현이고, 직원이 손님에게 대답하는 경우이므로 정중한 표현이 필요하다. 따라서 「ある」의 정중어인 「ござる」가 쓰인 2번 「ございます」가 정답이 된다. 1번은 '있습니다'로 「ある」의 겸양어, 3번은 '하겠습니다'로 する의 겸양 표현, 4번은 '계십니다'로 「いる」의 존경어이므로 문맥에 맞지 않다.

11 제가 그 이야기를 들은 것은 겨우 지난주가 되고 나서였습니다.

단어 ようやく 겨우, 마침내 | 先週(せんしゅう) 지난주

해설 늦게 알게 되었다는 뉘앙스가 필요하므로, '겨우, 마침내'의 의미인 2번 「ようやく」가 정답이 된다. 1번은 '금방이라도', 3번은 '절대로', 4번은 '너무나'의 의미로 문맥에 맞지 않다.

12 영화를 보는 동안에 어느새 꾸벅꾸벅 졸고 말았습니다.

단어 うとうと 꾸벅꾸벅 졸다

해설 자기도 모르는 사이에 상태가 변했음을 나타내고 있으므로, 정답은 '어느새, 모르는 사이에'라는 의미의 4번 「いつのまにか」가 된다. 1번은 '금방이라도', 2번은 '혹시', 3번은 '더'의 의미로 문맥에 맞지 않다.

13 A "죄송합니다, 바빠서 그러는데, 먼저 복사할 수 없을까요?"
B "아, 괜찮아요. 먼저 하세요."

단어 急(いそ)ぐ 서두르다 | 先(さき)に 먼저 | コピーを取(と)る 복사하다

해설 정중하게 허락을 요청할 때는 「동사 사역형+ていただけませんか」라고 표현한다. 따라서 정답은 2번 「取らせていただけませんか(복사하게 해 주실 수 없나요?)」이다. 1번은 '복사하게 시키시겠습니까?'로 상대방을 명령하는 뉘앙스여서 어색하고, 3번은 '복사하면 어때요?', 4번은 '(아마) 복사하지 않을까요?'의 의미로 문맥에 맞지 않다.

문제 2

14 벌써 3시간이나 공부한 것 같았는데, 시계를 보니 아직 1시간밖에 지나지 않았다.

단어 勉強(べんきょう) 공부 | 時計(とけい) 시계 | たつ (시간이) 지나다

해설 이 문장은 「~しか~ない(~밖에 ~않다)」 구조가 핵심이다. 「しか」와 연결할 수 있는 것은 4번 「1時間」뿐이므로, 4-2를 연결한다. 그다음 '아직'이라는 의미의 「まだ」는 「1時間しかたっていなかった」를 수식하기 때문에 4번 앞에 오는 것이 자연스럽다. 마지막으로 시간 확인의 계기를 나타내는 「見たら」를 가장 앞에 두면 자연스러운 문장이 완성된다. 따라서 1-3-4-2가 올바른 순서가 된다.

15 이번 토요일에 친구의 결혼식이 있다. 날이 맑으면 좋을 텐데.

단어 結婚式(けっこんしき) 결혼식 | 晴(は)れる 맑다

해설 결혼식이니 날이 맑아야 좋을 것이므로, 먼저 「晴れる」에 '~하면'의 의미인 조건의 「と」를 붙이고, 뒤에 '좋을 것이다'의 의미로 「いいのだ」가 연결되면 1-3-4-2가 올바른 순서가 된다.

16 할머니는 병원 접수처에서 2시간이나 기다리셔서 매우 지쳤다고 말했다.

단어 祖母(そぼ) 할머니 | 病院(びょういん) 병원 | 受付(うけつけ) 접수처 | 疲(つか)れる 피곤하다

해설 「病院の」 뒤에는 명사가 와야 하므로 문맥상 자연스러운 것은 4-1이 된다. 「待たされて」는 사역수동형으로 '억지로 기다림을 당하다'로 해석된다. 기다리게 된 시간은 그 앞에 나와야 하므로 4-1-3-2가 올바른 순서가 된다.

17 이 프로그램은 보고 계시는 스폰서의 제공으로 보내 드렸습니다.

단어 番組(ばんぐみ) 프로그램 | ご覧(らん) 보심 | スポンサー 스폰서, 후원사 | 提供(ていきょう) 제공 | 送(おく)る 보내다, 전송하다

해설 문장 마지막의 「しました」와 문맥상 자연스러운 연결은 2번이다. 「お+ます형+する」는 '~하다, ~해 드리다'라는 의미의 겸양어를 만드는 공식임을 외워 두자. 나머지 선택지는 대부분 명사이므로 자연스러운 의미로 연결하면 3-1-4-2가 올바른 순서가 된다.

18 아이에게 감기약을 먹이고 있는데 좀처럼 낫지 않아서 걱정입니다.

단어 風邪薬(かぜぐすり) 감기약 | 飲(の)ませる 먹이다, 먹게 하다 | なかなか 좀처럼 | 治(なお)る 낫다

해설 「風邪薬を」 뒤에 어울리는 동사는 「飲ませている」이고, '~인데도'의 의미인 「~のに」는 보통형에 접속하는 문형이므로 2-3번이 연결된다. 그리고 나머지 표현들을 자연스럽게 연결하면 2-3-1-4가 올바른 순서가 된다.

문제 3

'시험을 보다' '편지를 쓰다' 등이라고 말하는 경우에, 손윗사람이 '보다' '쓰다'라는 동작을 할 때는 '시험을 보시다' '편지를 19 쓰시다'라고 합니다.

이와 같은 방법으로 동작을 하는 사람을 높이려고 하면, '책을 읽다' '집에 돌아가다' '귤을 먹다' '6시에 일어나다' 등의 말도 '책을 읽으시다' '집에 돌아가시다' '귤을 드시다' '6시에 일어나시다'가 되는 것입니다.

또한 「れる」나 「られる」를 손윗사람의 동작을 나타내는 말에 붙여서 20 그 사람을 높이는 방법이 있습니다.

'시험을 보시다(試験を受けられる)' '편지를 쓰시다(手紙を書かれる)'라고 말하면 앞의 「お受けになる」 「お書きになる」와 같은 뜻이 됩니다. 21 그러나 이 경우 「れる」가 붙는 말에는 「られる」는 붙지 않고, 「られる」가 붙는 말에는 「れる」가 붙지 않습니다. 이 방법을 쓰면, 앞의 예로 든 말도 '책을 22 읽으시다((ご)本を読まれる)' '집에 돌아가시다((お)家に帰られる)' '귤을 드시다(みかんを食べられる)' '6시에 일어나시다(六時に起きられる)'라고 말하면 되는 것입니다.

단어 試験(しけん)を受(う)ける 시험을 보다 | 場合(ばあい) 경우 | めうえの人(ひと) 손윗사람 | 動作(どうさ) 동작 | 方法(ほうほう) 방법 | うやまう 공경하다 | 表(あらわ)す 나타내다 | つける 붙이다 | 意味(いみ) 의미 | 実(じつ)は 사실은 | つく 붙다 | 例(れい)にあげる 예로 들다

해설

19 3번 「お書きになる(쓰시다)」는 書く의 존경 표현으로 「お+ます형+になる」의 형태로 쓰인다. 1번 「書かれる(쓰시다)」도 가능하나 같은 형식으로 맞추기 위해서는 3번이 맞고, 2번 「書かせる(쓰게 하다)」는 사역, 4번 「お書きになる」는 형태가 잘못되어 문맥에 맞지 않다.

20 뒤의 「人」는 「めうえの人」를 가리키므로, 방금 앞에서 말한 것을 나타내는 지시대명사인 4번 「その」가 정답이 된다. 1번은 '이하의', 2번은 '표현한', 3번은 '동작한'의 의미로 문맥에 맞지 않다.

21 앞 문장의 내용을 전환하는 내용(같은 의미가 되지만, 「れる/られる」가 동시에 붙지는 않는다)이 나오므로, '하지만'의 의미인 2번 「しかし」가 정답이 된다. 1번은 '사실은', 3번은 '게다가', 4번은 '즉, 다시 말해서'의 의미로 문맥에 맞지 않다.

22 「れる/られる」를 붙여서 존경을 나타낼 때 「れる」가 붙는 말에는 「られる」가 붙지 않는다고 했다. 「読む」는 「れる」가 붙는 1그룹 동사이므로, 2번 「読まれる(읽으시다)」가 정답이 된다.

제 4 장
독해 공략편

문제 4	1 ④	2 ④	3 ①	4 ①	5 ④	6 ②	7 ③	8 ③	9 ②				
문제 5	1 ④	2 ②	3 ③	4 ③	5 ③	6 ③	7 ④	8 ③	9 ③	10 ④	11 ④	12 ②	13 ②
	14 ④	15 ④	16 ④	17 ②	18 ④	19 ②	20 ④	21 ③					
문제 6	1 ①	2 ③	3 ②	4 ③	5 ②	6 ①	7 ②	8 ④	9 ③	10 ①	11 ④	12 ③	13 ③
	14 ③	15 ②	16 ②	17 ③	18 ④	19 ④	20 ②	21 ③	22 ④	23 ①	24 ②		
문제 7	1 ④	2 ②	3 ②	4 ④	5 ④	6 ③	7 ②	8 ④	9 ③	10 ①			

01 문제4 내용이해 단문

p.331

문제 4 다음 (1)부터 (9)의 문장을 읽고 질문에 답하시오. 답은 1·2·3·4에서 가장 적당한 것을 하나 고르시오.

단문(1)

해석 야마다 과장에게 메일을 받았습니다.

기무라 씨

수고 많으십니다. 조금 전에 20일 발표(주1)용 자료를 받았습니다. 설명문은 문제 없었습니다. 또 사진도 좋은 것을 골라 두었다고 생각합니다. 매출 말인데, 표로 나타내는 것보다 그래프로 하는 편이 알기 쉽지 않을까요? 또 과거의 매출은 실선(주2)으로, 앞으로의 매출은 점선(주3)으로 하면 좋다고 생각합니다. 그 밖의 전체 디자인은 맡기겠습니다. 가능하다면 금요일까지 자료를 고쳐서 보내 주셨으면 합니다. 잘 부탁드립니다.

야마다

(주1) プレゼン : 프레젠테이션의 줄임말. 사람들 앞에서 하는 설명 등
(주2) 実線 : ―로 나타내는 선
(주3) 点線 : …로 나타내는 선

1 **기무라 씨가 고쳐야 하는 것은 무엇인가?**
1 설명문
2 전체 디자인
3 그래프 작성 방법
4 매출의 표현 방법

단어 課長(かちょう) 과장 | 先(さき)ほど 조금 전 | プレゼン 프레젠테이션 | 資料(しりょう) 자료 | 受(う)け取(と)る 받다 | 説明(せつめい) 설명 | 問題(もんだい) 문제 | 選(えら)ぶ 고르다 | 売(う)り上(あ)げ 매출 | 表(ひょう) 표 | 表(あらわ)す 나타내다 | グラフ 그래프 | 過去(かこ) 과거 | 実線(じっせん) 실선 | 点線(てんせん) 점선 | 全体(ぜんたい) 전체 | デザイン 디자인 | 任(まか)せる 맡기다 | 金曜(きんよう) 금요일 | 直(なお)す 고치다

해설 설명문은 문제가 없다고 했고, 디자인도 맡기겠다고 했으므로 1번과 2번은 정답이 아니다. 또 아직 그래프를 만들지 않았으므로 3번도 정답이 아니다. 매출을 표에서 그래프로 바꾸라고 했으므로 정답은 4번이 된다.

단문(2)

해석 외국인 관광객이 늘어남에 따라 방치(주1)된 여행 가방이 늘어나 문제가 되고 있습니다. 나리타 공항에서는 2024년도에는 1,073건이 방치되었습니다. 공항이나 역, 호텔 등에 방치된 여행 가방은 안에 위험한 물건이 들어 있을 가능성도 있고, 걷는 사람들에게 방해가 됩니다. 잊어버리는 경우도 있지만, 필요 없어서 일부러 두고 가는 경우가 많습니다. 이러한 여행 가방은 공항이나 지자체가 검사, 보관(주2), 처분(주3) 비용을 내고 있고, 연간 수십만 엔에 이르는 경우도 있다고 합니다.

(주1) 放置 : 가지고 있는 사람이 없는 채로 놓여 있는 것
(주2) 保管 : 안전한 장소에 두고 관리하는 것
(주3) 処分 : 여기에서는 버리는 것

2 방치된 여행 가방의 문제는 무엇인가?

1 경찰이 관리해야 한다는 것
2 위험한 물건이 들어 있는 경우가 많다는 것
3 누구의 물건인지 모른다는 것
4 여러 가지 비용이 든다는 것

단어 観光客(かんこうきゃく) 관광객 | 増(ふ)える 늘다 | 放置(ほうち) 방치 | スーツケース 슈트 케이스, 여행 가방 | 問題(もんだい) 문제 | 空港(くうこう) 공항 | 危(あぶ)ない 위험하다 | 可能性(かのうせい) 가능성 | 迷惑(めいわく) 폐, 민폐 | 忘(わす)れる 잊다 | わざと 일부러 | 自治体(じちたい) 지자체 | 検査(けんさ) 검사 | 保管(ほかん) 보관 | 処分(しょぶん) 처분 | 費用(ひよう) 비용 | 年間(ねんかん) 연간 | 上(のぼ)る 이르다

해설 1번은 경찰이 아니라 공항이나 지자체가 비용을 낸다고 했으므로 맞지 않고, 2번은 위험한 물건이 들어 있을 가능성이 많다고 했으므로 정답이 아니다. 3번은 누구의 물건인지 모른다는 것이 중심 문제로 제시된 것은 아니고, 검사·보관·처분에 비용이 든다고 했으므로 정답은 4번이 된다.

단문(3)

해석 이것은 시험 내용에 대한 안내이다.

시험 안내

다음 주 월요일에 일본어 시험을 실시합니다. 1교시에는 문법·독해·한자 시험을 실시합니다. 교과서 「초급 일본어」의 50쪽까지 중에서 문제가 나옵니다. 문제는 전부 50문항입니다. 그 중 한자는 10문항으로 「즐거운 한자」 20쪽까지의 100자 안에서 나옵니다. 2교시는 청해 시험입니다. 어느 쪽도 시험 결과가 65점 이하인 경우, 다음 주 금요일에 다시 한번 시험을 봐야 합니다.

3 이 시험에 대한 올바른 설명은 어느 것인가?

1 재시험은 다음 주 금요일에 실시된다.
2 1교시 시험에서는 60문항이 출제된다.
3 한자는 「즐거운 한자」 50쪽까지 중에서 나온다.
4 모든 시험에서 66점을 받아도 다시 시험을 봐야 한다.

단어 試験(しけん) 시험 | お知(し)らせ 안내, 공지 | 時間目(じかんめ) 교시 | 文法(ぶんぽう) 문법 | 読解(どっかい) 독해 | 漢字(かんじ) 한자 | 教科書(きょうかしょ) 교과서 | 初級(しょきゅう) 초급 | 問(もん) 문제, 문항 | 聴解(ちょうかい) 청해 | 結果(けっか) 결과 | 点(てん) 점수 | 受(う)ける 치르다, 응시하다 | 再試験(さいしけん) 재시험

해설 1번 재시험은 금요일에 실시하므로 정답이다. 2번 1교시 시험은 전부 50문항이므로 맞지 않다. 3번 한자는 즐거운 한자 20쪽 까지의 내용에서 출제된다. 4번 65점 이하인 경우 재시험이므로 정답이 아니다.

단문(4)

해석　우리 봉사단은 매년 시민축제에서 쿠키를 팔아 그 이익을 '어린이의 집'에 기부하고 있다. 가게를 내기 위해서는 자릿세로 5,000엔을 내야 한다. 쿠키는 1봉지에 100엔으로 300봉 팔렸다. 밀가루 등을 기부해준 사람이 있어서 재료비는 7,000엔밖에 들지 않았다. 작년보다 2,000엔 많게 기부할 수 있어서 좋았다.

4　**작년의 이익은 얼마였는가?**

1 16,000엔

2 18,000엔

3 23,000엔

4 25,000엔

단어　ボランティア 자원봉사 | 利益(りえき) 이익 | 寄付(きふ) 기부 | 場所代(ばしょだい) 자릿세 | 払(はら)う 내다, 지불하다 | 袋(ふくろ) 봉지 | 小麦粉(こむぎこ) 밀가루 | かかる (비용 등이) 들다

해설　올해의 매출 30,000엔(100엔X300봉)에서 자릿세 5,000엔과 재료비 7,000엔을 빼면 수익은 18,000엔이다. 작년보다 2,000엔이 많다고 했으므로 작년 이익은 16,000엔이 된다.

단문(5)

해석　파와 계란을 익히고 간을 한 것을 큰 그릇에 담은 밥 위에 올린 것을 '달걀 돈부리(덮밥)(주)'라고 한다. 거기에 닭고기를 넣으면 '오야코돈부리(부모 자식 덮밥)'라는 음식이 된다. 달걀과 닭이기 때문에 부모 자식이라고 하는 것이다. 닭고기 대신 돼지 등의 고기를 넣으면 달걀과 그 고기는 아무 관계도 없다는 이유에서 '타인 덮밥'이 된다. 잘도 이런 이름을 붙였구나 하고 감탄했다.

(주) 丼 : 밥 등을 넣은 큰 그릇. ㅇㅇ돈부리(덮밥)이라고도 한다.

5　**이런 이름은 어떤 이름인가?**

1 재료를 알 수 있는 이름

2 달걀에 관계가 있는 이름

3 돈부리라고 붙여진 이름

4 붙인 이유가 재미있는 이름

단어　ネギ 파 | 卵(たまご) 달걀 | 煮(に)る 삶다, 익히다 | 丼(どんぶり) 덮밥 | のせる 얹다, 위에 놓다 | 鶏肉(とりにく) 닭고기 | 鶏(にわとり) 닭 | 親子(おやこ) 부모와 자식 | 豚(ぶた) 돼지 | 肉(にく) 고기 | 名前(なまえ)を付(つ)ける 이름을 짓다 | 感心(かんしん) 감탄

해설　1번 오야코돈부리와 타인 덮밥은 이름만으로 재료를 알 수 없다. 2번 달걀에 관계있는 이름이 아니라 재료의 조합에서 나온 이름이다. 3번 돈부리라고 이름이 붙여진 것은 밥 위에 얹은 형태를 말하는 것으로 질문과 관계 없다. 4번 이름의 이유를 알고 감탄했다고 했으므로 4번이 정답이 된다.

단문(6)

해석 이것은 신규 개점 빵집의 광고 전단지이다.

수제 빵집 개점 알림

히가시 역 앞에 4월 1일 수제 빵가게가 개점합니다. 1일부터 7일까지 이 전단지를 가지고 오신 분은 10% 할인해드립니다. 또 가게가 자랑하는 빵 중 크림빵, 잼빵, 멜론빵은 1일은 1개 180엔인 것을 150엔으로 할인합니다. 이것은 10% 할인은 되지 않습니다. 또 가게 안에서 시식(주)이 가능하니 여러분 꼭 오시기를 부탁드립니다.

(주) 試食 : 먹어보는 것

6 4월 1일에 전단지를 가지고 300엔짜리 샌드위치와 멜론빵을 2개씩 산 경우 얼마가 되는가?

1 810엔
2 840엔
3 874엔
4 900엔

단어 新規(しんき) 신규 | 開店(かいてん) 개점 | 広告(こうこく) 광고 | チラシ 전단, 전단지 | 手作(てづく)り 손수 만듦, 수제 | お知(し)らせ 알림 | ～より ～부터 | 割引(わりびき) 할인 | じまん 자랑 | ～個(こ) ～개 | 試食(ししょく) 시식 | ぜひ 꼭, 아무쪼록 | ～ずつ ～씩 | 場合(ばあい) 경우

해설 300엔 샌드위치는 10% 할인이고 2개이므로 300엔x0.9x2개=540엔, 멜론빵은 150엔x2개=300엔이므로 합계 840엔이다. 따라서 2번이 정답이다.

단문(7)

해석 이것은 게임을 산 사람에게 보내진 사례의 글이다.

이번에는 점프 게임을 구입해 주셔서 정말로 감사합니다. 물건과 함께 배송료 무료 서비스권을 넣어드렸으니, 다음 쇼핑 때 아무쪼록 이용해 주십시오. 이 서비스권은 고객님이 상품을 구입해 주신 날부터 반년간 사용할 수 있습니다. 고객님이 구입하신 날은 8월 20일입니다. 앞으로도 잘 부탁드립니다.

7 이 편지의 설명과 맞는 것은 어느 것인가?

1 점프 게임의 배송료를 지불하지 않아도 되는 것
2 서비스권이 나중에 배송되어 오는 것
3 올해, 다음 쇼핑을 할 때 배송료는 필요 없는 것
4 서비스권을 3월에 쓸 수 있는

단어 お礼(れい) 사례 | このたび 이번 | お買(か)い上(あ)げ (물건을) 사심 | 誠(まこと)に 정말로 | 品物(しなもの) 물품, 물건 | 送料(そうりょう) 배송료 | 無料(むりょう) 무료 | サービス券(けん) 서비스권 | 商品(しょうひん) 상품 | 手紙(てがみ) 편지 | 説明(せつめい) 설명 | 払(はら)う 지불하다

해설 1번 배송료 무료 서비스권은 다음 쇼핑 때 사용할 수 있다. 이번에 구입한 점프 게임 배송료와는 관계가 없다. 2번 서비스권은 물건과 함께 넣었다고 했으므로 정답이 아니다. 3번 서비스권은 다음 쇼핑에서 사용할 수 있으므로 정답이다. 4번 서비스권의 유효 기간은 6개월로 8월 20일에 샀기 때문에 2월 19일까지 쓸 수 있다. 3월에는 사용할 수 없으므로 정답이 아니다.

단문(8)

해석 이것은 히가시 역 주변이 자전거 주차 금지가 되는 것을 알리는 글이다.

알림

2026년 10월 1일부터 히가시 역 주변 500미터 이내는 모든 도로에서 자전거 주차(주)가 금지됩니다. 그 이후 도로상에서 자전거는 세울 수 없게 되니 주의해 주십시오. 길에 세워져 있는 자전거는 니시역의 보관 장소까지 이동합니다. 자전거를 세우고 싶을 때에는 근처 시의 자전거 주차장을 이용해 주십시오. 자전거 주차 요금은 자전거 1대당 하루에 200엔입니다. 여러분의 협조를 부탁드립니다.

(주) 駐輪 : 자전거를 세워 두는 것

8 내용에서 알 수 없는 것은 무엇인가?

1 자전거를 세울 수 없게 되는 장소
2 시의 자전거 주차장 이용 요금
3 시의 자전거 주차장 장소
4 자전거를 세울 수 없게 되는 연월일

단어 周辺(しゅうへん) 주변 | 駐輪(ちゅうりん) 자전거 주차 | 禁止(きんし) 금지 | ~より ~부터 | メートル 미터 | 道路(どうろ) 도로 | ~上(じょう) ~상 | 自転車(じてんしゃ) 자전거 | 止(と)める 멈추다, 세우다 | 注意(ちゅうい) 주의 | 保管(ほかん) 보관 | 場所(ばしょ) 장소 | 移動(いどう) 이동 | 近(ちか)く 근처, 가까운 곳 | 市(し) 시 | 置(お)き場(ば) 두는 곳 | 利用(りよう) 이용 | ~につき ~당 | 皆様(みなさま) 여러분 | 協力(きょうりょく) 협력 | 内容(ないよう) 내용 | 年月日(ねんがっぴ) 연월일

해설 1번 '자전거를 세울 수 없게 되는 장소'와 4번 '자전거를 세울 수 없게 되는 연월일'은 첫 문장에서 2026년 10월 1일부터 히가시 역 주변 500미터 이내의 모든 도로에서 자전거 주차가 금지된다고 했으므로 알 수 있다. 2번 '시에 있는 자전거 주차장의 이용 요금'은 자전거 1대당 하루에 200엔이라고 한 것으로 알 수 있다. 3번은 근처 시의 자전거 주차장을 이용하라고 했고, 주차장의 장소를 말하지 않았으므로 알 수 없다. 따라서 3번이 정답이다.

단문(9)

해석 이것은 ABC서점의 신용카드 신청 설명문이다.

오늘 'ABC서점' 하라주쿠점에서 'ABC서점 신용카드'를 만드신 분 전원에게 그 자리에서 2,000엔의 도서권을 드립니다. 이것은 언제든지 일본 전역의 'ABC서점'에서 사용할 수 있습니다. 카드를 만드실 때에는 마이넘버카드(주)나 운전면허증이나 여권 등의 사진이 있는 신분증명서가 필요합니다. 카드를 만들고 싶으신 분은 접수처에 신청해 주세요.

(주) マイナンバーカード : 일본의 신분증명서

9 오늘 이 신용카드를 만들면 무엇을 받을 수 있는가?

1 일본의 모든 서점에서 사용할 수 있는 도서권
2 이 가게에서 당장이라도 사용할 수 있는 도서권
3 ABC서점 하라주쿠점에서밖에 쓸 수 없는 도서권
4 마이넘버카드와 운전면허증과 여권

단어 クレジットカード 신용카드 | 申(もう)し込(こ)み 신청 | 説明文(せつめいぶん) 설명문 | 本日(ほんじつ) 금일, 오늘 | 全員(ぜんいん) 전원 | 図書券(としょけん) 도서권 | 差(さ)し上(あ)げる 드리다 | ~中(じゅう) 온~, 전~ | お~になる ~하시다 | マイナンバーカード 마이넘버카드 | 運転免許証(うんてんめんきょしょう) 운전면허증 | パスポート 여권 | ~つき ~딸림, 붙어 있음 | 身分証明書(みぶんしょうめいしょ) 신분증명서 | 受付(うけつけ) 접수처 | 申(もう)し込(こ)む 신청하다

해설 신용카드를 만들면 받을 수 있는 상품권에 대한 설명으로, '무엇을 받을 수 있는지'를 묻고 있다. 지문에서 '상품권은 언제라도 일본 전역의 ABC서점에서 사용할 수 있다'고 했으므로 이것과 관련이 있는 것은 2번이다.

02 문제5 내용이해 중문

p.344

문제 5 다음 (1)부터 (7)의 문장을 읽고 질문에 답하시오. 답은 1·2·3·4에서 가장 적당한 것을 하나 고르시오.

중문(1)

해석 일본에 온 외국인이 놀라는 일 중의 하나로 택시의 자동문이 있습니다. 손님은 택시를 타거나 내릴 때에 문을 열지 않아도 되므로 아주 편리합니다. 특히 많은 짐을 들고 있을 때 등은 매우 도움이 됩니다. 이것을 보고 일본의 서비스는 세계 제일이라고 생각할지도 모릅니다. 그러나 이것은 처음에는 운전사를 위해서 고안된 것입니다. 손님이 내리고 문을 열어둔 채로 가버리는 일이 자주 있었기 때문에 운전사는 항상 곤란했습니다. 그때마다 운전사는 밖에 나가거나, 차 안에서 몸을 문에 가까이 해서 닫지 않으면 안 되었습니다. 비오는 날 등은 아주 힘들었기 때문에 회사의 (주)정비사에게 어떻게 안 되는지 하고 상담했더니 운전석과 문을 파이프로 묶어 자동문을 만들어 주었다고 합니다. 처음에는 간단한 방법이었지만, 점점 좋아져서 지금의 자동문이 만들어졌습니다. 지금은 손님들도 기뻐하고 있습니다. 너무나 편리해서 해외에도 수출되고 있습니다.

(주) 整備士 : 여기서는 차에 나쁜 부분이 있는지 조사하거나 고치는 사람

1 그때마다의 그가 가리키는 것은 어느 것인가?

1 손님이 내릴 때 문을 연다.
2 손님이 탈 때 문을 연다.
3 손님이 탄 후 문을 닫는다.
4 손님이 닫지 않은 문을 닫는다.

2 자동문은 어떻게 변화해 왔는가?

1 운전사를 위해서였던 것이 손님을 위한 것이 되었다.
2 간단한 것이었던 것이 점점 사용하기 편한 것이 되었다.
3 간단히 만들 수 있었던 것이 설치하는 것이 어려워졌다.
4 택시에서 다른 차로도 퍼져 갔다.

3 어떤 때에 자동문이 도움이 된다고 쓰여 있는가?

1 일본의 서비스가 세계 제일이라고 알릴 때
2 택시에 탈 때 젖지 않을 때
3 손님이 문을 여는 것이 힘들 때
4 자동문이 달린 차를 수출할 때

단어 外国人(がいこくじん) 외국인 | 驚(おどろ)く 놀라다 | 自動(じどう)ドア 자동문 | すむ 해결되다, 잘 되다 | 特(とく)に 특히 | 荷物(にもつ) 짐 | 持(も)つ 가지다 | 助(たす)かる 도움이 되다 | 世界一(せかいいち) 세계 제일 | 運転手(うんてんしゅ) 운전사 | ～のために ～을 위해 | ～まま ～한 채로 | ～たび ～때마다 | 近(ちか)づける 가까이 대다 | 閉(し)める 닫다 | 整備士(せいびし) 정비사 | 何(なん)とか 어떻게든 | 相談(そうだん) 상담 | 運転席(うんてんせき) 운전석 | パイプ 파이프 | 結(むす)ぶ 묶다 | どんどん 점점 | 喜(よろこ)ぶ 기뻐하다 | 海外(かいがい) 해외 | 輸出(ゆしゅつ)する 수출하다 | 示(しめ)す 가리키다 | だんだん 점점 | つける 붙이다 | 広(ひろ)がる 퍼지다 | 役(やく)に立(た)つ 도움이 되다 | ぬれる 젖다

해설 〈질문 1〉 운전사가 곤란한 이유는 손님이 문을 열어둔 채로 가 버리는 일이 자주 있었기 때문이라고 했다. '그때마다'라는 표현은 바로 앞 문장의 상황을 가리키므로, 운전사가 직접 문을 닫아야 했던 상황인 4번이 정답이 된다.

〈질문 2〉 '처음에는 간단한 방법이었지만, 점점 좋아져서 지금의 자동문이 생겼다'라고 했다. 간단한 방식으로 만들어졌지만 시간이 지나면서 개선되어 사용이 편리한 현재의 자동문이 완성되었다는 의미이다. 따라서 2번이 정답이 된다.

〈질문 3〉 지문에서 특히 많은 짐을 가지고 있을 때 등은 매우 도움이 된다고 했다. 이것은 손님이 문을 여는 것이 힘든 상황을 말하는 것이므로 정답은 3번이다.

중문(2)

해석 일본에서는 최근에 식사를 만들지 않는 사람, 혼자서 먹는 편이 좋다는 사람, 함께 먹고 있어도 대화를 하지 않는 사람이 늘고 있다고 한다. 만들지 않는 것은 바쁘거나 편리한 조리 완료 식품(주1)이 있는 탓도 있다. 혼자 하는 식사에 대해서는 '외롭다'고 느낀 사람이 1993년에는 64.1% 있었지만, 2024년에는 34.9%로 줄어들었다. 그것이 좋다는 사람이 20대뿐만 아니라 60대 이상의 고령자까지 60% 이상이나 된다는 것에 놀랐다. 또한 식사 중에 「스마트폰으로 SNS나 동영상(주2)을 보거나 게임 등을 한다」는 사람이 33.3%, 「가족이나 친구와 함께라도 스마트폰 등으로 혼자 시간을 보내는 일이 있다」는 사람이 32.5% 있고, 20대는 각각 60%, 46%에 이른다. 젊은 사람일수록 사람과의 관계를 맺지 않게 되고 있는 것처럼 보인다. 인간은 「사람(人)」의 「사이(間)」라고 쓰는 것처럼 사람과 관계를 맺으며 살아간다고 생각해 왔지만, 그것을 필요 없다고 생각하는 사람의 증가가 걱정되었다. 그러나 많은 사람이 함께 즐겁게 여러 가지 것을 하는 것을 보고, 이것은 식사 중만의 일일지도 모른다고 생각했다. 그리고 그렇게 되길 바랐다.

(주1) 調理済み : 이미 요리되어 먹을 수 있도록 되어 있는 것
(주2) 動画 : 컴퓨터나 스마트폰으로 볼 수 있는 움직이는 그림이나 사진의 것

4 혼자서 식사하는 것의 데이터로 무엇을 알 수 있는가?

1 혼자 먹는 것이 즐겁다고 말하는 사람이 늘어났다는 것
2 고령자는 혼자가 좋다고 생각하지 않는다는 것
3 절반 이상의 사람이 혼자 식사하는 것이 좋다고 생각한다는 것
4 혼자하는 식사를 외롭다고 느끼는 사람은 거의 없어졌다는 것

5 혼자서 식사하는 것에 대해서 이 글을 쓴 사람은 무엇에 놀랐는가?

1 외롭지 않다는 사람이 34.9%밖에 없었다는 것
2 외롭다는 사람이 절반 정도로 줄어든 것
3 젊은 사람도 노인도 혼자가 좋다는 것
4 모든 연령이 외롭지 않다고 말했다는 것

6 이 글을 쓴 사람의 생각은 무엇인가?

1 사람과 사람의 관계를 맺고 싶어 하는 사람이 거의 없어서 걱정이다.
2 식사 중의 데이터이므로 전혀 걱정하지 않아도 된다.
3 인간은 사람과의 관계를 없애지 않았으면 좋겠다.
4 사람과의 관계를 만드는 것이 어려워지고 있어서 걱정이다.

단어 最近(さいきん) 최근 | 食事(しょくじ) 식사 | 一緒(いっしょ)に 함께, 같이 | 増(ふ)える 늘다 | 忙(いそが)しい 바쁘다 | 便利(べんり)だ 편리하다 | 調理済(ちょうりず)み 조리 완료 | 食品(しょくひん) 식품 | 寂(さび)しい 외롭다 | 感(かん)じる 느끼다 | 減(へ)る 줄다 | 高齢者(こうれいしゃ) 고령자 | 驚(おどろ)く 놀라다 | 動画(どうが) 동영상 | 過(す)ごす 보내다 | 関係(かんけい) 관계 | 人間(にんげん) 인간 | 増加(ぞうか) 증가

해설 〈질문 4〉 1993년에는 혼자하는 식사가 외롭다고 느낀 사람이 64.1%였지만, 2024년에는 34.9%로 줄었고, 혼자 먹는 것이 좋다고 생각하는 사람이 20대뿐 아니라 60대 이상 고령자까지 60% 이상이라고 했다. 따라서 절반이 넘는 사람들이 혼자 식사하는 것이 좋다고 생각한다는 점을 알 수 있으므로 3번이 정답이다.

〈질문 5〉 혼자 먹는 것이 좋다고 생각하는 사람이 20대뿐 아니라 60대 이상 고령자까지 60% 이상이나 된다는 점에 놀랐다고 했다. 따라서 젊은 사람뿐 아니라 노인도 혼자가 좋다고 한다는 내용인 3번이 정답이다.

〈질문 6〉 필자는 젊은 사람일수록 사람과의 관계를 맺지 않게 되는 것 같아 걱정된다고 하면서도, 이것이 식사 중에만 나타나는 현상이기를 바란다고 말했다. 즉 인간은 사람과 관계를 맺으며 살아가는 존재이므로 그런 관계를 없애지 않았으면 좋겠다는 생각을 드러내고 있으므로 3번이 정답이다.

중문(3)

해석 긴 시간 계속해서 앉아 있으면 수명이 줄어든다고 한다. 세계 20개국에서 평소 앉아 있는 시간을 조사했더니 일본인이 가장 장시간 앉아 있는 것을 알게 되었다. 20개국의 평균은 약 5시간, 그에 비해 일본인은 약 2시간이나 길다고 한다. 조사에서는 하루에 앉아 있는 시간이 4시간 미만인 사람에 비해 8~11시간인 사람의 사망 위험은 15% 증가, 11시간 이상이면 40% 증가한다는 것을 알았다. 몸 근육의 70%을 차지하는 다리 근육을 움직이지 않기 때문에 혈류가 나빠져, 대사기능이 저하되기 때문이라고 한다. 이를 방지하기 위해서는 30분에 한 번 서거나 1~2시간에 한 번 가볍게 움직이거나, 혹은 앉아 있더라도 다리를 움직일 필요가 있다. 그 밖의 시간에 뛰거나 헬스클럽에 가는 것으로는 유감스럽지만 회복할 수 없다고 한다. 그렇다고는 해도 열중하고 있으면 움직이는 것을 그만 잊어버리는 것이 인간이다. 그래서, 사원을 위해서 높낮이 조절 책상(주)을 도입하거나 미팅은 서서 하기로 한 회사도 있을 정도이다. 여담이지만 후자는 시간 단축도 되기 때문에 평판이 좋다고 한다.

(주) 昇降デスク : 책상이 위아래로 움직이는 책상. 서서도 앉아서도 일을 할 수 있다.

7 왜 앉아있는 시간이 길면 수명이 줄어드는가?

1 운동을 못하니까
2 피가 흐르지 않게 되니까
3 다리에 70%의 근육이 있으니까
4 대사기능이 나빠지니까

8 수명을 줄이지 않기 위해서는 어떻게 하면 좋다고 말하는가?

1 운동을 거르지 않는다.
2 앉지 않는다.
3 자주 다리를 움직인다.
4 계속 서 있는다.

9 이 문장의 내용과 맞는 것은 어느 것인가?

1 장시간 앉아 있은 후에는 헬스클럽에 가는 것이 좋다.
2 하루에 앉는 것은 4시간 미만으로 하지 않으면 안된다.
3 일본인은 평소 약 7시간 앉아 있는다고 한다.
4 장시간 앉아 있으면 다리 근육의 70%가 움직이지 않게 된다.

단어 寿命(じゅみょう) 수명 | 縮(ちぢ)む 줄어들다 | 平日(へいじつ) 평소 | 調査(ちょうさ) 조사 | 平均(へいきん) 평균 | ~に比(くら)べ ~에 비해 | リスク 리스크, 위험 | 筋肉(きんにく) 근육 | 占(し)める 차지하다 | 血流(けつりゅう) 혈류 | 代謝機能(たいしゃきのう) 대사기능 | 低下(ていか) 저하 | 防(ふせ)ぐ 막다, 방지하다 | あるいは 혹은, 또는 | ジム 헬스클럽, 체육관 | 取(と)り戻(もど)す 되찾다, 회복하다 | 熱中(ねっちゅう) 열중 | 昇降(しょうこう) 승강 | 導入(どうにゅう) 도입 | 余談(よだん) 여담 | 短縮(たんしゅく) 단축 | 評判(ひょうばん) 평판

해설 〈질문 7〉 2번 피가 흐르지 않는 것과 혈류가 나빠지는 것은 다른 내용이며, 3번은 70%의 근육이 다리에 있는 것이 문제가 아니라, 그것을 움직이지 않는 것이 문제이므로 정답이 될 수 없다. 다리 근육을 움직이지 않으면 혈류가 나빠져 대사기능이 저하된다고 했으므로 4번이 정답이 된다.

〈질문 8〉 대사기능이 저하되는 것을 방지하기 위해 서거나 몸을 가볍게 움직이거나, 앉아 있어도 다리를 움직일 필요가 있다고 했다. 따라서 정답은 3번이 된다.

〈질문 9〉 20개국 평균 5시간에 비해 일본인은 앉아 있는 시간이 2시간이 길다고 했으므로 3번이 정답이 된다.

중문(4)

해석 아시아 사람들에게서 일본은 깨끗한 나라라는 말을 자주 듣습니다. 그러나 실은 그렇지도 않다고 나는 생각합니다. 이따금 길에 쓰레기가 떨어져 있는 것을 보기 때문입니다. 그리고 항상 부끄러운 마음이 듭니다. 언제부터 길 같은 곳에 쓰레기가 버려지게 되었을까요. 자동판매기나 편의점이 늘어난 것이 원인의 하나라고 생각됩니다. 음료수 병, 캔, 페트병 등의 쓰레기가 많기 때문입니다. 빵 등을 싸고 있는 종이도 있습니다. 걸으면서 마시거나 먹는 사람이 늘어서 이러한 쓰레기가 늘고 있습니다. 또 일본인에게 도덕심(주)이 없어지게 된 점도 원인이겠지요. 옛날에 비해 쓰레기통이 없는 것도 그 중 하나입니다. 쓰레기를 가지고 있고 싶지 않은 기분도 이해되므로 버릴 장소가 필요합니다. 최근에는 공원에서도 쓰레기통이 사라져 버렸습니다. 이유는 여러 가지지만 쓰레기는 자기가 가지고 돌아가는 것이 매너가 되었기 때문입니다. 그러나 쓰레기를 넣을 것을 가지고 있지 않은 사람도 있기 때문에 역시 쓰레기통은 필요하다고 생각합니다.

(주) 道徳心 : 무엇이 좋은가 나쁜가를 생각해서 좋은 것을 하려고 하는 마음

10 실은 그렇지도 않다고 되어 있는데, 그것은 왜인가?

1 쓰레기가 여기저기 떨어져 있으니까
2 쓰레기를 버리고 있는 사람을 보니까
3 쓰레기통이 놓여 있지 않으니까
4 길에 쓰레기가 떨어져 있는 것을 보니까

11 이 글을 쓴 사람이 생각하는 「쓰레기가 떨어져 있는 원인」으로 맞지 않는 것은 어느 것인가?

1 도덕심이 줄어서
2 쓰레기통이 놓여지지 않게 되어서
3 걸으면서 먹거나 마시게 되어서
4 쓰레기를 버리는 사람에게 주의를 주지 않게 되어서

12 이 글을 쓴 사람은 어떻게 하면 좋다고 말하고 있는가?

1 집에 쓰레기를 가져가게 한다.
2 쓰레기통을 둔다.
3 매너를 지키게 한다.
4 밖에서 먹거나 마시게 하지 않는다.

단어 たまに 이따금 | 道(みち) 길 | ゴミ 쓰레기 | 落(お)ちる 떨어지다 | 目(め)にする 보다 | 恥(は)ずかしい 부끄럽다 | 気持(きも)ちになる 마음이 들다 | 捨(す)てる 버리다 | 自動販売機(じどうはんばいき) 자동판매기 | コンビニ 편의점 | 増(ふ)える 늘어나다 | 原因(げんいん) 원인 | 飲(の)み物(もの) 음료 | ビン 병 | カン 캔 | ペットボトル 페트병 | 多(おお)い 많다 | 包(つつ)む 싸다 | 紙(かみ) 종이 | 歩(ある)く 걷다 | ~ながら ~하면서 | 道徳心(どうとくしん) 도덕심 | 昔(むかし) 옛날 | ~に比(くら)べて ~와 비교해서 | ゴミ箱(ばこ) 쓰레기통 | 場所(ばしょ) 장소 | 必要(ひつよう)だ 필요하다 | 最近(さいきん) 최근 | 公園(こうえん) 공원 | 消(き)える 사라지다 | ~てしまう ~해 버리다 | 理由(りゆう) 이유 | いろいろ 여러 가지 | 自分(じぶん) 자기 | マナー 매너 | しかし 그러나 | 入(い)れる 넣다 | やはり 역시 | あちこち 여기저기 | 置く(おく) 놓다, 두다 | 間違(まちが)う 틀리다 | 選(えら)ぶ 고르다

해설 〈질문 10〉 '일본은 깨끗한 나라라는 말을 듣지만' 그렇지도 않다고 말하고 있다. 그 이유는 '이따금 길에 쓰레기가 떨어져있는 것을 본다'고 했으므로 4번이 정답이다. 1번은 쓰레기는 여기저기(あちこち) 떨어진게 아니라 이따금(たまに) 떨어진 것을 본다고 했기 때문에 정답이 아니다. 2번은 쓰레기가 떨어져 있는 것을 본 것이지, 버리는 사람을 본 것이 아니므로 정답이 아니다. 3번은 쓰레기가 버려지는 원인을 말하고 있으므로 질문에 적당한 답이 아니다.

〈질문 11〉 글쓴이는 쓰레기가 버려져 있는 원인으로 자동판매기와 편의점이 늘어난 것, 걸으면서 마시거나 먹는 사람이 늘어난 것, 도덕심이 없어진 것, 옛날에 비해 쓰레기통이 없는 것을 들고 있다. 따라서 정답은 4번이다.

〈질문 12〉 걸으면서 먹고 마시는 사람이 늘었기 때문에 쓰레기가 늘었는데 쓰레기통이 사라졌다고 했다. 그리고 마지막에 '역시 쓰레기통은 필요하다'라고 말하고 있다. 따라서 2번이 정답이다.

중문(5)

해석　집을 지을 때 조금이라도 에너지 절약(주) 주택으로 하기 위해서 단열재를 넣습니다. 단열재란 문자 그대로 열을 전하지 않는, 즉 열을 이동시키지 않는 물건입니다. 여러 가지 재료가 있어서 외측 벽과 내측 벽 사이에 끼워서 사용하는 것이 보통입니다만, 그 나름의 두께가 필요합니다. 유리에 바르거나 붙이거나 하는 것도 있습니다. 이번에 만들어진 종이와 같은 단열재는 열을 통과하기 어렵게 하는 물질과 합성 섬유를 종이처럼 얇게 해서 만들었습니다. 가장 큰 특징은 그 두께입니다. 겨우 1㎜밖에 되지 않으며 자르거나 구부리거나 할 수 있어서 아주 쓰기 쉽습니다. 이것은 집의 재료로 사용하는 것도 가능합니다만, 종이를 딱딱하게 한 것 같은 물건이기 때문에 식품 등을 싸는 데 쓰면 아주 편리하다고 생각합니다. 하지만 가격이 문제입니다. 현재는 1㎡에 2만 엔 정도 하므로 용도가 한정되어 버리겠지요. 널리 사용되기 위해서는 그것을 해결해야 한다고 생각합니다.

(주) 省エネ : 에너지 절약을 말함. 에너지를 낭비 하지 않는 것. 에너지를 가능한 한 쓰지 않는 것.

13　그나름의 두께란 이 경우 어느 정도의 두께인가?

1 벽 사이에 끼우기에 딱 알맞은 두께
2 열을 이동시키지 않기 위해 필요한 두께
3 필요한 재료에 따라 다른 두께
4 외측과 내측 벽 사이의 두께

14　종이와 같은 단열재의 특징은 무엇인가?

1 벽에 바를 수 있는 것
2 사용이 한정되는 것
3 벽을 쌀 수 있는 것
4 얇아서 구부릴 수 있는 것

15　이 문장의 주된 내용은 무엇인가?

1 단열재의 종류와 가격
2 단열재를 사용하는 목적
3 단열재의 새로운 사용법
4 단열재와 신제품

단어　建(た)てる 세우다, 짓다 | 省(しょう)エネ 에너지 절약 | 住宅(じゅうたく) 주택 | 断熱材(だんねつざい) 단열재 | ～通(どお)り ～대로 | 熱(ねつ) 열 | 伝(つた)える 전하다 | つまり 즉 | 移動(いどう) 이동 | 材料(ざいりょう) 재료 | 外側(そとがわ) 외측 | 壁(かべ) 벽 | 内側(うちがわ) 내측 | 間(あいだ) 사이 | はさむ 끼우다 | 普通(ふつう) 보통 | それなり 그나름 | 厚(あつ)さ 두께 | ガラス 유리 | 塗(ぬ)る 바르다 | はる 붙이다 | 今回(こんかい) 이번 | 紙(かみ) 종이 | 通(とお)す 통하게 하다 | ～にくい ～하기 어렵다 | 物質(ぶっしつ) 물질 | 合成繊維(ごうせいせんい) 합성 섬유 | 薄(うす)い 얇다 | 一番(いちばん) 가장, 제일 | 特長(とくちょう) 특장, 특색 | わずか 불과 | 切(き)る 자르다 | 曲(ま)げる 구부리다 | ～やすい ～하기 쉽다 | 硬(かた)い 딱딱하다 | 食品(しょくひん) 식품 | 値段(ねだん) 가격 | 問題(もんだい) 문제 | 現在(げんざい) 현재 | 使(つか)い道(みち) 용도, 사용법 | 限(かぎ)る 한하다, 한정하다 | ～てもらう ～해 받다 | ～ために ～위해 | 解決(かいけつ) 해결 | ～なければならない ～해야만 한다

해설　〈질문 13〉 지문에서 단열재를 '문자 그대로 열을 전하지 않는, 즉 열을 이동시키지 않는 물건'이라고 정의하고 있으며, 이어서 '외벽과 내벽 사이에 끼워서 사용하는 것이 보통이지만, 그 나름의 두께가 필요하다'고 했다. 따라서 여기서 말하는 '그 나름의 두께'란 단열재 본연의 역할인 '열을 이동시키지 않는 기능'을 위해 필요한 최소한의 두께를 의미하므로, 정답은 2번이 된다.

〈질문 14〉 종이와 같은 단열재는 가장 큰 특징이 두께라고 했다. 얇아서 자르거나 구부릴 수 있고, 식품을 싸는 것에 쓰면 편리할 것이라고 했다. 따라서 정답은 4번이 된다.

〈질문 15〉 이 글은 단열재와 새로 개발된 단열재의 설명을 하고 있다. 따라서 정답은 4번이 된다.

중문(6)

해석 　시골에서 살면 뭐든지 싸기 때문에 생활비가 그다지 들지 않습니다. 넓은 집을 사도 빌려도 놀랄 만큼 저렴하게 해결됩니다. 정원도 넓어서 그곳에서 채소 등을 재배해서 먹을 수도 있겠지요. 자연이 풍부하고 한가로워서 아이를 키우는 데에도 좋습니다. 학력 평가를 하면 초등학교도 중학교도 1등은 지방의 현이었습니다. 어린이만이 아닙니다. 노인에게도 살기 좋은 곳인 것입니다. 이웃 사람은 모두 아는 사이이고, 교류가 많아서 도시처럼 혼자서 쓸쓸할 일이 없습니다.

　그럼 왜 시골 인구는 계속 줄어들고 있는 것일까요? 시골의 생활에는 자동차가 필요하다든가 가게가 그다지 없다든가 불편한 점도 있습니다. 그러나 가장 큰 문제는 시골에는 일자리가 없는 것입니다. 일자리가 있으면 젊은이도 돌아옵니다. 이 문제를 해결해서 좀 더 시골에서 살 수 있도록 하고 싶습니다.

16 시골의 좋은 점은 어느 것인가?

1 시골은 뭐든지 싸기 때문에 열심히 일하지 않아도 된다.
2 아이들은 한가롭게 공부하기 때문에 시험 점수가 좋다.
3 아는 사람과 함께 살 수 있다.
4 아이를 키우는 데에도 좋고 사는 데에도 돈이 그다지 들지 않는다.

17 시골 인구가 줄고 있는 가장 큰 이유는 어느 것인가?

1 젊은이가 시골에 살고 싶어 하지 않기 때문에
2 일자리가 별로 없기 때문에
3 차를 운전할 수 없는 사람이 늘어났기 때문에
4 가게가 없어서 불편하기 때문에

18 이 글을 쓴 사람은 시골에 대해서 어떻게 생각하고 있는가?

1 시골은 좋은 점투성이다.
2 시골은 뭐든지 싸기 때문에 일자리가 없어도 된다.
3 시골의 인구는 이제 늘어날 일은 없다.
4 일자리가 늘어나면 시골에 사는 사람이 늘어난다.

단어 田舎(いなか) 시골, 고향 | 暮(く)らす 살다 | 生活費(せいかつひ) 생활비 | かかる (비용 등이) 들다 | 借(か)りる 빌리다 | 驚(おどろ)く 놀라다 | すむ 해결되다, 끝나다 | 庭(にわ) 정원, 뜰 | 自然(しぜん) 자연 | のんびりする 한가롭게 있다 | 育(そだ)てる 키우다, 기르다 | 学力(がくりょく)テスト 학력 평가, 학력 검사 | 地方(ちほう) 지방 | 県(けん) 현〈일본의 지방 행정구역의 하나〉 | お年寄(としよ)り 노인 | 近所(きんじょ) 근처, 이웃 | 知(し)り合(あ)い 아는 사람 | お付(つ)き合(あ)い 교제, 교류 | 都会(とかい) 도시 | 人口(じんこう) 인구 | 減(へ)り続(つづ)ける 계속 줄어들다 | 必要(ひつよう)だ 필요하다 | 不便(ふべん)だ 불편하다 | 若者(わかもの) 젊은이 | 解決(かいけつ) 해결 | 一生懸命(いっしょうけんめい) 열심히 | 働(はたら)く 일하다 | 運転(うんてん) 운전 | ~だらけ ~투성이 | 給料(きゅうりょう) 급료, 급여

해설 〈질문 16〉 첫 번째 단락에서 시골의 좋은 점에 대해서 말하고 있다. 1번은 뭐든지 싸다고 한 부분은 맞지만, 열심히 일하지 않아도 된다고는 말하지 않았다. 2번은 시험 점수가 좋은 것은 맞지만, 아이들이 한가롭게 공부한다고 하지 않았다. 3번은 이웃과 교류가 많아서 아는 사람이 많아진 것이므로 내용과 맞지 않다. 4번은 자연이 풍부하고 한가로워 아이들을 키우기에도 좋고, 뭐든지 싸기 때문에 생활비가 그다지 들지 않는다고 했으므로 정답이 된다.

〈질문 17〉 두 번째 단락에서 시골의 가장 큰 문제가 일자리가 없다는 것이라고 했으므로, 정답은 2번이 된다.

〈질문 18〉 1번 차가 필요하고 가게가 별로 없다는 불편한 점도 있다고 했으므로 맞지 않다. 2번 뭐든지 싸다고 말했지만 일자리가 없는 것이 인구 감소의 원인이므로 글쓴이의 생각과 맞지 않다. 3번 글쓴이는 일자리가 있으면 젊은이도 돌아온다고 했으므로 맞지 않다. 4번 시골에 일자리가 있으면 인구가 늘어나므로 정답이 된다.

중문(7)

해석 지금 외식이 아니라 나카쇼쿠가 유행하고 있다. 외식은 레스토랑 등에서 먹는 것이지만 나카쇼쿠란 자기가 만드는 것이 아니라 만들어진 음식을 사 와서 먹는 것이다. 외식에 비해 훨씬 싸다. 혼자 사는 사람 등은 조금 만드는 것은 귀찮고 옛날에 비해 맛도 좋아져서 일부러 만들고 싶지 않게 된 것 같다. 그래서 슈퍼마켓이나 백화점의 반찬(주) 매장은 어디든 많은 사람들로 북적이고 있다. 어머니의 맛이라 불리는 옛날에 어머니가 만들어 준 그리운 요리도 팔고 있다. 비싸서 갈 수 없을 것 같은 레스토랑의 요리도 싸지는 않지만 손에 넣을 수 있다. 그것을 사 와서 테이블에 늘어놓는 것만으로 바로 식사를 할 수 있어서 바쁜 사람에게는 아주 고마운 것이다.

그러나 옛날에는 같은 요리라도 집에 따라 맛이 달랐는데, 지금은 모두 비슷한 맛이 되어 버렸다. 부모에서 자식으로 전해지던 우리 집의 맛이 사라져 간다. 좀 쓸쓸하다.

(주) お総菜 : 반찬

19 그것은 무엇을 가리키는가?

1 레스토랑에서 산 요리
2 요리된 음식
3 봉지에 들어 있는 요리
4 여러 가지 재료로 만들어진 음식

20 나카쇼쿠가 유행하고 있는 이유는 어느 것인가?

1 집에서 만드는 것보다 싸니까
2 레스토랑의 맛을 맛보고 싶어서
3 혼자 사는 사람이 늘고 있어서
4 외식보다 싸고 편리하니까

21 이 글을 쓴 사람의 의견은 어느 것인가?

1 요리는 사지 말고 집에서 만드는 것이 좋다.
2 나카쇼쿠는 편리하지만 너무 비싸다.
3 나카쇼쿠로는 그 집의 맛이 전해지지 않으므로 유감이다.
4 산 요리는 모두 비슷한 맛이라서 맛없다.

단어 外食(がいしょく) 외식 | 中食(なかしょく) 반찬·도시락 등을 사와서 집에서 하는 식사. 또, 그 식품 | はやる 유행하다 | 比(くら)べる 비교하다 | ずっと 훨씬 | 一人暮(ひとりぐ)らし 독신 생활, 혼자 삶 | めんどうだ 번거롭다, 귀찮다 | 味(あじ) 맛 | わざわざ 일부러 | ～ようだ ~인 듯하다, ~인 것 같다 | スーパー 슈퍼마켓 | お総菜(そうざい) 반찬, 부식 | 売(う)り場(ば) 매장 | おおぜい 여러 사람, 많은 사람 | にぎわう 붐비다, 북적거리다 | お袋(ふくろ) 어머니 | なつかしい 그립다 | 料理(りょうり) 요리 | 売(う)る 팔다 | 手(て)に入(はい)る 손에 들어오다 | テーブル 테이블 | 並(なら)べる 늘어놓다 | ありがたい 고맙다 | 同(おな)じだ 같다 | 違(ちが)う 다르다 | 似(に)る 닮다, 비슷하다 | 親(おや) 부모(님) | 伝(つた)える 전하다, 전수하다 | わが家(や) 우리 집 | 消(き)える 사라지다 | おかず 반찬 | 指(さ)す 가리키다 | 袋(ふくろ) 주머니, 봉지 | 味(あじ)わう 맛보다 | 伝(つた)わる 전해지다 | 残念(ざんねん)だ 유감이다 | まずい 맛없다

해설 〈질문 19〉 앞의 내용을 살펴보면, 만들어진 음식을 사 와서 먹는 나카쇼쿠라는 것이 유행하고 있어서 슈퍼마켓이나 백화점 반찬 매장에 많은 사람들로 북적이는데, 거기에는 옛날에 어머니가 만들어 준 그리운 음식이나, 비싸서 갈 수 없었던 레스토랑 음식도 판다고 했다. 뒤의 내용은 그것을 사 와서 테이블에 늘어놓고 바로 식사할 수 있다고 했으므로, 그것이 가리키는 것이 요리된 음식이라는 것을 알 수 있다. 따라서 2번이 정답이 된다.

〈질문 20〉 나카쇼쿠는 '외식에 비해 훨씬 싸다'고 했으며, '테이블에 늘어놓는 것만으로 바로 식사를 할 수 있다'고 했다. 따라서 4번이 정답이 된다.

〈질문 21〉 '나카쇼쿠에 대한 필자의 의견'을 묻고 있다. 필자는 두 번째 단락에서 옛날에는 같은 요리라도 집에 따라서 맛이 달랐는데, 지금은 모두 비슷한 맛이 되어 버렸고, 부모에서 자식으로 전해졌던 맛이 사라져 간다고 아쉬워하고 있다. 따라서 3번이 정답이 된다.

03 문제6 내용이해 장문

p.362

문제 6 다음 (1)부터 (6)의 문장을 읽고 질문에 답하시오. 답은 1·2·3·4에서 가장 적당한 것을 하나 고르시오.

장문(1)

해석 일본은 오랫동안 구급차 이용은 무료였지만, 2024년에 구급차로 병원에 가서 입원하지 않은 경우 7,700엔을 내게 한 도시가 나왔다. 덕분에 이용자가 한 달 만에 약 22% 감소했다고 한다. 구급차는 외국에서는 돈을 내는 곳이 많고, 예를 들어 미국에서는 타는 것만으로도 10만 엔이나 받는 지역도 있다고 하니, 7,700엔이 지나치게 비싸다고는 할 수 없지만, 시민은 불안하다. 실제로는 입원하지 않아도 의사가 긴급(주1)하다고 판단한 경우에는 지불은 필요없기 때문에 그렇게까지 큰일은 아니지만, 시민의 불안한 마음도 이해할 수 있다. 왜 돈을 받아야만 하는 것일까? 이유는 어디나 같다. 사용되는 세금이나 의료비를 줄이기 위한 것도 있지만, 예전부터 필요가 없는데도 구급차를 부르는 사람이 많다는 문제가 있었다. 구급차라면 병원에서 순서를 기다리지 않아도 되고, 그 중에는 택시 대신 사용하는 사람까지 있기 때문이다. 노인이 증가한 것도 있지만, 그 탓에 해마다 구급차 이용자가 늘어나고 있다. 그리고 구급차가 병원에 도착하는 시간이 늦어져, 정말로 필요한 사람의 생명이 위험해지게 되었다. 가슴이나 머리의 중한 병이나, 많은 출혈이 있는 경우 시간과의 싸움(주2)이라고 말해진다. 2012년에 구급차 도착 시간은 약 8.3분이었지만, 2022년에는 평균 10.3분으로 늘어나 버렸다. 이렇게 되면 원래 구할 수 있었던 사람을 구하지 못하게 된다. 자기 자신밖에 생각하지 않는 사람이 늘어난 결과, 일본 전역에서 돈을 받게 될 것 같아 슬프다.

(주1) 緊急 : 매우 급하게 해야만 하는 일
(주2) 時間との勝負 : 얼마나 빨리 행동할 수 있는지가 결과를 결정하는 것

1 구급차가 유료가 된 시는 어떻게 되었는가?
 1 구급차를 이용하는 사람이 줄었다.
 2 시민들이 구급차가 아니라 택시를 부르게 되었다.
 3 7,700엔을 내고 구급차를 사용하게 되었다.
 4 입원하지 않으면 7,700엔을 내야만 하게 되었다.

2 그 탓에의 그가 무엇을 가리키는가?
 1 노인이 늘어난 것
 2 택시가 부족한 것
 3 필요 없는데도 구급차를 사용하는 사람이 있는 것
 4 구급차를 무료로 이용할 수 있는 것

3 이 글을 쓴 사람은 구급차 이용료에 대해서 어떻게 생각하는가?
 1 시가 힘드니까 돈을 받는 편이 좋다.
 2 필요가 없는데도 사용하는 사람이 줄지 않는다면 늘어날 것이다.
 3 정말로 필요한 사람을 돕기 위해서는 돈을 받는 편이 좋다.
 4 돈을 받는 것은 올바르게 사용하기 위해 척척 진행하는 편이 좋다.

4 왜 이 글을 쓴 사람은 슬퍼하는가?
 1 무료로 이용할 수 없게 되기 때문에
 2 불안해서 구급차를 이용하지 못하게 되기 때문에
 3 일부 사람들 때문에 돈을 받게 되기 때문에
 4 다른 사람을 생각하는 사람이 줄고 있기 때문에

단어 救急車(きゅうきゅうしゃ) 구급차 | 無料(むりょう) 무료 | 病院(びょういん) 병원 | 入院(にゅういん) 입원 | 場合(ばあい) 경우 | 払(はら)う 지불하다, 내다 | おかげで 덕분에 | 例(たと)えば 예를 들면 | 地域(ちいき) 지역 | 実際(じっさい) 실제 | 医師(いし) 의사 | 緊急(きんきゅう) 긴급 | 支払(しはら)い 지불 | 税金(ぜいきん) 세금 | 医療費(いりょうひ) 의료비 | 減(へ)らす 줄이다 | 順番(じゅんばん) 순번 | 済(す)む 끝나다, 해결되다 | 代(が)わり 대신 | 老人(ろうじん) 노인 | 年々(ねんねん) 해마다 | 命(いのち) 목숨 | 胸(むね) 가슴 | 病気(びょうき) 병 | 勝負(しょうぶ) 승부 | 到着(とうちゃく) 도착 | 平均(へいきん) 평균 | 伸(の)びる 늘어나다 | 救(すく)う 구하다

해설 〈질문 1〉 7,700엔을 내게 했더니 구급차 이용자가 22% 감소했다고 했으므로 1번이 정답이다.

〈질문 2〉 「そのせいで」의 「その」는 앞 문장의 내용을 가리킨다. 앞에서 필요하지 않은데도 구급차를 부르거나 택시 대신 이용하는 사람이 많다는 문제를 설명하고 있으므로, 정답은 3번이 된다.

〈질문 3〉 글쓴이는 구급차 이용료를 받는 이유(불필요한 이용 감소, 세금 절약 등)는 설명하지만, 마지막에서 자기밖에 생각하지 않는 사람이 늘어난 결과, 일본 전역에서 돈을 받게 될 것 같아 슬프다고 하며 이 제도가 퍼질 것에 대해 안타까운 감정을 나타냈다. 따라서 2번이 정답이 된다.

〈질문 4〉 4번 '타인을 생각하는 사람이 줄었다'는 필자가 느끼는 현상에 대한 설명이며, 3번은 그 현상으로 인해 돈을 내게 되는 구체적인 결과까지 포함하고 있다. 따라서 글쓴이의 '슬픔(유료화에 대한 아쉬움)'을 더 정확히 설명한 것은 3번이 된다.

장문(2)

해석 전갈(주1)을 비롯해 20종류나 되는 곤충식이 팔리고 있는 자동판매기가 있다. 일본인은 옛날부터 메뚜기라는 곤충이나 벌의 새끼 등을 먹어 온 역사가 있기 때문에 곤충식이라고 들어도 놀라지 않을 것이다. 그러나 일반인이 기꺼이 먹느냐 하면 그건 또 다른 이야기이다. 외형도 나쁘고, 가격이 비싼 점도 있어서, 소수의 새로운 것을 좋아하는 사람만이 흠칫거리며 손을 대고 있는 상황이다. 언제나 어디서나 (이야깃거리)로 하려고 생각하는 사람이 있기 마련이다. 그러나 곤충이라는 것만으로 먹지 않고 싫어하는 것은 아깝다고 생각한다. 실제로 메뚜기는 새우 맛, 매미는 견과류 향기가 나서 꽤 괜찮다고 한다. 또한 곤충은 양질의 단백질, 지방, 칼슘, 식이섬유 등의 영양소가 많이 포함되어 있어 건강에 좋다. 그대로가 아니라, 「곤충 전병」이나 「곤충 라면」 등과 같이 다른 재료에 넣어 버리면 저항 없이 먹을 수 있어 영양도 섭취할 수 있으며, 곤충이 가질 가능성이 있는 세균이나 기생충을 먹을 염려도 없기 때문에, 이쪽을 시도해 보는 것은 어떨까.

곤충이 주목받고 있는 것은 개인적인 이유만은 아니다. 유엔(주2)도 인구 증가나 온난화에 따른 식량 부족을 해결하기 위해서 곤충의 이용을 진행하려고 하고 있다. 직접 먹는 것도 그렇지만, 주로 물고기나 닭 등을 기르는 사료로 하는 것이 요구되고 있다. 곤충의 사육은 넓은 장소도 필요로 하지 않고, 그렇게 어렵지 않은 점도 권장하는 이유라고 생각한다. 가까운 장래에 곤충의 이용이 확대될 것은 틀림없다고 생각한다.

(주1) サソリ : 쏘이면 죽을 정도로 강한 독을 가지고 있는 곤충
(주2) 国連 : 국제 연합의 약자, United Nations

5 ( ) 에 넣기에 가장 적당한 것은 어느 것인가?
1 이야기의 열매
2 이야깃거리(이야기의 소재)
3 이야기의 꽃
4 이야기의 뿌리

6 꽤 괜찮다란 어떤 의미인가?
1 생각보다 맛있는 것이다.
2 생각 외로 맛있지 않은 것이다.
3 맛있지 않은 것이다.
4 생각한 대로 매우 맛있는 것이다.

7 이 글을 쓴 사람이 곤충식을 권하는 이유는 무엇인가?
1 너무 맛있어서
2 몸에 도움이 되니까
3 식량 부족을 해결할 수 있으니까
4 이것만으로 영양을 섭취할 수 있으니까

8 이 문장의 내용과 맞는 것은 어느 것인가?
1 곤충식은 너무 비싸서 일반인은 먹을 수 없다.
2 곤충식은 기생충을 먹을 염려가 있기 때문에 위험하다.
3 메뚜기는 새우와 동일한 영양소를 가지고 있다.
4 유엔은 식량 부족을 해결하기 위해 곤충을 이용하려고 하고 있다.

단어 サソリ 전갈 | 昆虫食(こんちゅうしょく) 곤충식 | 自動販売機(じどうはんばいき) 자동판매기 | イナゴ 메뚜기 | 蜂(はち) 벌 | しかし 그러나 | 喜(よろこ)ぶ 기쁘다 | 値段(ねだん) 가격 | 少数(しょうすう) 소수 | おっかなびっくり 벌벌 떨면서, 흠칫거리며 | 状況(じょうきょう) 상황 | バッタ 메뚜기 | エビ 새우 | セミ 매미 | ナッツ 견과 | 香(かお)り 향기 | 蛋白質(たんぱくしつ) 단백질 | 脂肪(しぼう) 지방 | 食物繊維(しょくもつせんい) 식이 섬유 | 栄養素(えいようそ) 영양소 | 含(ふく)まれる 포함되다 | 抵抗(ていこう) 저항 | 摂(と)れる 섭취할 수 있다 | 細菌(さいきん) 세균 | 寄生虫(きせいちゅう) 기생충 | 増加(ぞうか) 증가 | 温暖化(おんだんか) 온난화 | 直接(ちょくせつ) 직접 | 餌(えさ) 먹이, 사료 | 飼育(しいく) 사육 | 勧(すす)める 추천하다

해설 〈질문 5〉 話の種는 '이야깃거리'라고 관용적으로 쓰이는 표현이다.

〈질문 6〉 본문의 「なかなか」는 뒤에 긍정적인 서술이 생략된 형태로, '예상했던 것보다 수준이 높거나 좋다'는 의미를 나타낸다. 곤충식에 대해 편견을 가지고 있었지만, 실제로 먹어보니 '생각보다 맛이 좋다'는 뜻으로 쓰였다. 따라서 정답은 1번이 된다.

〈질문 7〉 곤충은 양질의 영양소가 많이 함유되어 있어 건강에 좋다고 했으므로 정답은 2번이 된다.

〈질문 8〉 1번 일반인이 곤충식을 기꺼이 먹지 않는 것은 외형과 가격 때문이지만, 비싸서 일반인이 먹을 수 없는 것이 아니다. 2번 곤충식은 기생충과 세균을 먹을 염려가 없는 식품이다. 3번 메뚜기는 새우와 맛이 비슷하지만 영양소가 동일한 것이 아니다.

장문(3)

해석 내가 가장 존경하고 있는 사람은 할머니입니다. 할머니는 해외 텔레비전 드라마에서 지금도 인기가 있는 '오신'과 같은 시대를 산 사람입니다. 오신과 똑같이 9살부터 먹는 입을 줄이기 위해 아이 돌보미(주)로서 일하러 내보내졌습니다. 그 시대의 가난한 집의 아이는 모두 일하고 있었습니다만, 어린이가 다른 사람의 집에서 일하는 것은 힘들었을 것입니다. 할머니는 학교도 가지 못했습니다. 그래서 문자도 읽지 못했습니다. 할아버지가 신문을 읽는 것을 보고 자주 부럽다고 말했습니다. 이유는 모르지만, 할머니는 70세가 지나고 나서 문자를 배우기 시작했습니다. 겨우 그 시간을 가질 수 있게 된 것입니다. 필요 없어진 손자의 교과서를 사용해 「あ」부터 하나하나 배워 나갔습니다. 나는 함께 살고 있지 않아서 히라가나·가타카나를 외우는 데 어느 정도 시간이 걸렸는지 모릅니다. 하지만 지금 할머니와 같은 나이가 되고 보니, 할머니가 대단한 노력을 했다는 것을 잘 알겠습니다. 지금의 나는 새로운 단어를 외우기 보다 잊어버리는 쪽이 많은 상태이니까요. 할머니는 히라가나를 외우면 가타카나, 그리고 한자를 공부하는 것을 죽을 때까지 계속했기 때문에, 간단한 한자는 읽거나 쓸 수 있게 되었습니다. 내가 기억하고 있는 할머니는 항상 노트에 글씨를 계속 쓰고 있었습니다. 손자인 나에게도 자주 질문을 했습니다. 할머니는 건강에도 신경을 쓰고 있었습니다. 자기 전에 이불 위에서 운동도 했던 덕분에 90세가 지나서도 건강했습니다. 지금 나도 자연스럽게 운동하게 되었습니다. 하지만 공부는 좀처럼 안 됩니다. 나는 대학을 졸업했지만 항상 할머니에게는 지고 있다고 느끼고 있습니다.

(주) 子守 : 아기 돌보는 일을 하는 것/사람

9 이 글을 쓴 사람은 왜 할머니에게는 지고 있다고 느끼고 있는가?

1 할머니보다 지식이 적어서
2 할머니를 아주 존경하고 있어서
3 할머니처럼 공부를 계속하고 있지 않아서
4 할머니와 같은 것을 하고 있어서

10 할머니는 왜 아이 돌보미로 내보내졌는가?

1 가난해서 음식을 먹는 사람을 줄이기 위해
2 집에 아이 돌보미가 필요한 아기가 없었기 때문에
3 일할 수 없는 자식은 집에 둘 수 없었기 때문에
4 다른 집에서 맛있는 식사를 하기 위해

11 할머니의 시대는 어떤 시대였는가?

1 아이도 성인과 같은 일을 하고 있던 시대
2 아이의 직업은 아이 돌보미밖에 없었던 시대
3 부모님이 아니라 아이 돌보미가 아기를 키웠던 시대
4 가난한 집 아이가 일하는 것이 드물지 않았던 시대

12 이 글을 쓴 사람이 할머니를 존경하는 이유로 틀린 것은 어느 것인가?

1 나이가 들어서도 공부를 시작한 것
2 포기하지 않고 문자를 계속 배운 것
3 신문을 읽을 수 있게 된 것
4 모르면 손자에게도 질문한 것

단어 最(もっと)も 가장 | 尊敬(そんけい) 존경 | 祖母(そぼ) 할머니 | 同(おな)じ 같다 | 生(い)きる 살다 | ～歳(さい) ～살, ～세 | 人減(ひとべ)らし 감원, 인원 감축 | ～ために ～위해 | 子守(こもり) 아이를 봄, 아이를 보는 사람 | ～として ～로써 | 働(はたら)く 일하다 | 貧(まず)しい 가난하다 | 他人(たにん) 타인 | ～はず 당연히 ～할 것 | ですから 그래서, 그러니까 | うらやましい 부럽다 | 過(す)ぎる 지나치다 | 学(まな)ぶ 배우다 | ～始(は)じめる ～하기 시작하다 | やっと 겨우 | 持(も)つ 가지다 | ～ように ～하도록 | いる 필요하다 | 孫(まご) 손자 | 教科書(きょうかしょ) 교과서 | 一緒(いっしょ)に 같이, 함께 | 住(す)む 살다 | 覚(おぼ)える 기억하다 | 努力(どりょく) 노력하다 | 言葉(ことば) 말 | 忘(わす)れる 잊다 | 状態(じょうたい) 상태 | 勉強(べんきょう) 공부 | 死(し)ぬ 죽다 | 続(つづ)ける 계속하다 | 簡単(かんたん)だ 간단하다 | 漢字(かんじ) 한자 | 質問(しつもん) 질문 | 健康(けんこう) 건강 | 気(き)をつける 조심하다, 신경쓰다 | 寝(ね)る 자다 | ふとん 이불 | 運動(うんどう) 운동 | おかげ 덕분에 | 自然(しぜん)に 자연히 | 負(ま)ける 지다 | 感(かん)じる 느끼다 | 知識(ちしき) 지식 | 減(へ)らす 줄이다 | 赤(あか)ちゃん 아기 | 食事(しょくじ) 식사 | 大人(おとな) 어른 | 両親(りょうしん) 양친 | 育(そだ)てる 키우다 | 珍(めずら)しい 드물다

해설 〈질문9〉 70세를 넘어서도 공부하며 노력하던 할머니에 비해 자신은 좀처럼 할 수 없다고 말하고 있다. 따라서 3번이 정답이 된다.

〈질문10〉 글에서 '먹는 입을 줄이기 위해서 일하러 보내졌다'라고 말하고 있다. 그것은 가족의 수를 줄이는 것으로, 목적은 먹는 사람을 줄이는 것이다. 따라서 1번이 정답이 된다.

〈질문11〉 '가난한 집의 아이는 모두 일했다'라고 말하고 있으므로 4번이 정답이다.

〈질문12〉 글쓴이는 글을 배우기 위해 꾸준히 노력하는 할머니를 존경하고 있고, 1, 2, 4번은 할머니의 노력의 예로써 제시되었다. 따라서 3번이 정답이다.

장문(4)

해석 일본인은 많이 일한다·시간을 지킨다고들 합니다. 일본의 전철 시간이 정확한 것은 전 세계 사람을 놀라게 하고 있습니다. 하지만 일본인이 옛날부터 그런 말을 들었던 것은 아닙니다. 에도 시대(주1)의 매너라고 일컬어지는 '에도 행동' 중의 하나에 '시간 도둑'이라는 것이 있습니다. 이것은 연락하지 않고 방문하거나 약속 시간에 늦어서는 안 된다는 가르침입니다. 따라서 시간을 지키지 않으면 안 된다고 생각하고 있었을 터이지만, 사실은 에도 시대 말부터 메이지 초기에 서양에서 온 외국인에게 '일본인은 너무 느긋하다. 약속을 지키지 않는다' '일이 좀처럼 끝나지 않는다' 심할 때에는 '굼벵이(주2)다. 게으름뱅이다.'라는 말까지 들었습니다. 노동 시간은 에도 시대, ①농민이나 상인 등은 예외입니다만 무사는 대단히 짧아서 아침 10시경부터 늦어도 오후 4시경까지로, 번(주3)에 따라서는 2시경까지밖에 일하고 있지 않았다고 합니다. 그 사이 식사나 휴식 시간도 있습니다. 그래서 일본인은 그 정도로 일하지 않았던 것이지요. 그것이 지금은 병에 걸리거나 죽거나 할 정도로 일하는 사람도 있다는 것은 도대체 어떻게 된 것일까요? 또 개발도상국이라 불리는 나라들에서 비즈니스를 하는 일본인이 ②완전히 같은 말을 하고 있는 것도 우스꽝스럽습니다. 일본인이 시간을 지키게 된 것은 철도·공장·학교·군대 등 서양의 기술이나 문화를 받아들이고 나서부터라고 합니다. 또 이렇게 일하게 된 것은 열심히 일해서 서양을 따라잡으려고 분발해서 경제가 고도성장한 1954년부터 1973년 무렵의 일이었다고 합니다. 그것은 전쟁으로 모든 것을 잃은 일본 상태를 생각하면 자연스러운 일이었다고도 생각됩니다. 그러나 일본은 이제 충분히 발전했으니 이쯤에서 조금 느긋하게 지내도 괜찮지 않을까요?

(주1) 江戸時代 : 1603년~1868년
(주2) ぐず : 뭔가를 하는 것이 대단히 느린 것/사람
(주3) 藩 : 옛날의 현

13 ①농민이나 상인 등은 예외입니다에서 무엇을 알 수 있는가?

1 농민이나 상인 등은 다른 곳에서 일하고 있었다는 것
2 농민이나 상인 등은 다른 시간에 일하고 있었다는 것
3 농민이나 상인 등은 더 길게 일하고 있었다는 것
4 농민이나 상인 등은 받는 돈이 달랐다는 것

14 ②완전히 같은 말을 하고 있다란 누가 누구에게 무엇을 말하고 있는가?

1 서양인이 일본인에게 '느긋하다'라든가 '약속을 지키지 않는다'라든가 말하고 있다.
2 서양인이 개발도상국 사람에게 '느긋하다'라든가 '약속을 지키지 않는다'라든가 말하고 있다.
3 일본인이 개발도상국 사람에게 서양인에게 들은 것과 같은 말을 하고 있다.
4 일본인이 개발도상국 사람에게 '더 일해라' 등 들은 대로 말하고 있다.

15 일본인이 이렇게 일하게 된 것은 왜인가?

1 서양보다 먼저 발전해 가기 위해
2 서양과 같은 상태가 되기 위해
3 서양을 추월하기 위해
4 서양을 뒤를 따르기 위해

16 이 글의 내용과 맞는 것은 어느 것인가?

1 옛날 일본인은 모두 단시간밖에 일하고 있지 않았다.
2 서양의 기술과 문화를 받아들인 덕분에 시간을 지키게 되었다.
3 옛날 일본인은 게으름뱅이뿐이었다.
4 충분히 일해 왔으니 이제 일하지 않아도 된다.

단어 働(はたら)く 일하다 | 守(まも)る 지키다 | 正確(せいかく)だ 정확하다 | 世界中(せかいじゅう) 온 세계 | 驚(おどろ)く 놀라다 | ~わけではない ~한 것이 아니다 | マナー 매너 | しぐさ 행위, 행동 | 連絡(れんらく) 연락 | 訪問(ほうもん) 방문 | 約束(やくそく) 약속 | 遅(おく)れる 늦다 | ~てはならない ~해서는 안 된다 | 教(おし)え 가르침 | ですから 따라서, 그래서 | ~なければならない ~해야만 한다 | ~はず ~할 터, ~할 리 | 実(じつ)は 사실은 | 終(お)わり 끝 | 初(はじ)め 시작 | のんびりする 느긋하다 | ~すぎる 너무 ~하다 | 仕事(しごと) 일 | ひどい 심하다 | ぐず 굼뜬 사람 | 怠(なま)け者(もの) 게으름뱅이 | 労働(ろうどう) 노동 | 農民(のうみん) 농민 | 商人(しょうにん) 상인 | 別(べつ)だ 다르다 | 武士(ぶし) 무사 | ごろ 쯤, 경 | 遅(おそ)い 늦다 | 藩(はん) 번〈일본의 과거 행정구역〉 | ~によって ~에 따라서 | ~しか ~밖에 | 休憩(きゅうけい) 휴게, 휴식 | それほど 그렇게, 그다지 | 病気(びょうき) 병 | 死(し)ぬ 죽다 | いったい 도대체 | 発展途上国(はってんとじょうこく) 개발도상국 | 全(まった)く 완전히 | おかしい 우스꽝스럽다, 이상하다 | 鉄道(てつどう) 철도 | 工場(こうじょう) 공장 | 軍隊(ぐんたい) 군대 | 技術(ぎじゅつ) 기술 | 取(と)り入(い)れる 받아들이다, 도입하다 | 一生懸命(いっしょうけんめい) 열심히 | 追(お)いつく 따라붙다 | がんばる 분발하다 | 経済(けいざい) 경제 | 高度(こうど) 고도 | 成長(せいちょう) 성장 | 戦争(せんそう) 전쟁 | 全(すべ)て 모든 | 失(うしな)う 잃다 | 十分(じゅうぶん) 충분히 | 発展(はってん) 발전 | おいこす 앞지르다 | 全員(ぜんいん) 전원 | 短時間(たんじかん) 단기간 | ~ばかり ~만, ~뿐 | 十分(じゅうぶん) 충분히

독해 공략편

해설 〈질문13〉 '무사는 대단히 짧아서'라고 무사의 노동 시간에 대해서 말하고 있다. 그 때 '농민이나 상인은 예외'라고 무사와의 차이를 지적하고 있다. 즉 무사와 달리 긴 시간 일을 하고 있다는 의미이다. 따라서 3번이 정답이다.

〈질문14〉 일본인이 개발도상국에게 말하고 있기 때문에 1번과 2번은 정답이 아니다. 글에서 개발도상국에서 비즈니스를 하는 일본인이 같은 말을 하고 있는 것도 우스꽝스럽다'라고 말하고 있다. 서양인에게 들었던 말을 일본인이 그대로 하고 있다는 것을 의미하므로 정답은 3번이 된다.

〈질문15〉 '따라잡으려고 분발했다'라고 말하고 있다. 따라잡는 것은 같은 레벨에 도달하는 것이므로 2번이 정답이다.

〈질문16〉 '철도·공장·학교·군대 등 서양의 기술이나 문화를 받아들였기 때문에 일본은 시간을 지키게 되었다'라고 했으므로 2번이 정답이다.

장문(5)

해석 일본인은 '고토다마(言霊)'라고 해서 옛날부터 말에는 특별한 힘이 있다고 믿어 왔다. 고토다마라는 것은 말이 가진 불가사의한 힘을 말한다. 옛날 사람은 한 번 말을 사용해 버리면 그것이 사실이 되어 버린다고 생각하고 있었다. 그래서 '4'를 「し」라고 발음하면 '죽음'으로 통한다고 하여 싫어했다. 병원에 4호실이 없는 것은 그 때문이다. 말을 아주 무서워했기 때문에 결혼식이나 장례식 등에서 사용하면 안 되는 말도 생겨났다. 결혼식에서 '헤어지다·떨어지다·자르다' 등은 쓰지 않았다. 축의금도 2만 엔 등 짝수(주1)는 나누어질 수 있다, 즉 헤어질 수 있기 때문에 나눌 수 없는 홀수(주2) 인 3만·5만 등을 반겼다.

말에 관심이 있었기 때문에 말장난도 자주 했다. 그 중에서도 '고로아와세'를 가장 좋아했던 것 같다. 고로아와세란 소리를 맞추는 것이다. 역사의 연호나 전화번호 등 숫자를 기억할 때 아주 편리해서 지금도 자주 사용되고 있다. 예를 들어 8783은 「はなやさん(꽃집)」, 4192는 「よいくに(좋은 나라)」처럼 말한다. 그 때문에 인기가 있는 전화번호는 팔거나 사거나 한다. 시합 전에 돈가스(トンカツ)를 먹는 것도 「カツ」를 「勝つ(이기다)」에 연결시킨 것이다. 최근에는 「刺身(생선회)」는 외국인에게도 인기가 있는데 사시미라는 말은 '찌르다·몸' 즉 '몸을 (칼 등으로) 찌르다'로 연결된다고 해서 고급요리점 등에서는 사용하지 않고 「お造り」라고 말한다. 「お造り」라는 말을 들어도 외국인은 무슨 말인지 모를 것이다. 지금에도 말에 힘이 있다고 믿고 있는 것은 아니지만, 듣는 사람의 기분을 상하게 하지 않도록 말을 바꿔 사용하는 일이 자주 있다.

(주1) 偶数 : 2, 4, 6과 같이 2로 나눠지는 수
(주2) 奇数 : 1, 3, 5와 같이 2로 나눠지지 않는 수

17 왜 일본의 병원에는 4호실이 없는 것인가?
1 4호실에 입원한 사람은 죽어 버리니까
2 병원은 3호실까지밖에 만들지 않으니까
3 4는 '죽음'을 떠올리게 하니까
4 4는 죽음과 강한 관계가 있으니까

18 왜 시합 전에 '돈가스'를 먹는 것인가?
1 돈가스를 먹으면 시합에 이길 수 있으니까
2 돈가스에는 불가사의한 힘이 있으니까
3 돈가스는 맛있어서 힘이 나는 음식이니까
4 돈가스의 カツ가 勝つ(이기다)로 통하고 있으니까

19 왜 요즘도 말을 바꿔서 사용하는가?
1 말에 힘이 있다고 믿고 있기 때문에
2 말을 짧게 해서 외우기 쉽게 하기 위해
3 같은 의미의 말이 많이 있기 때문에
4 듣는 사람의 기분이 나빠지지 않기 위해

20 이 글의 내용과 맞는 것은 어느 것인가?
1 일본인은 말의 힘을 이용하려고 생각하고 있었다.
2 일본인은 말에는 불가사의한 힘이 있다고 생각하고 있었다.
3 일본인은 말에 힘을 가지게 하려고 하고 있다.
4 일본인은 말한 대로 해야 한다고 생각하고 있다.

단어 言霊(ことだま) 고대 일본에서 말이 지니고 있다고 믿어졌던 불가사의한 힘 | 特別(とくべつ)だ 특별하다 | 信(しん)じる 믿다 | 不思議(ふしぎ)だ 불가사의하다 | 発音(はつおん) 발음 | 死(し) 죽음 | 通(つう)じる 통하다, 연결되다 | 嫌(きら)う 싫어하다 | ～号室(ごうしつ) ～호실 | 怖(こわ)がる 무서워하다 | 葬式(そうしき) 장례식 | ～てはいけない ～해서는 안 되다 | わかれる 헤어지다, 갈라지다 | はなれる 떨어지다, 멀어지다 | きる 자르다 | お祝(いわ)い 축하, 축하 선물 | 偶数(ぐうすう) 짝수 | 分(わ)ける 나누다 | つまり 결국, 즉 | 別(わ)ける 헤어지다 | 奇数(きすう) 홀수 | 喜(よろこ)ぶ 기뻐하다, 좋아하다 | 関心(かんしん) 관심 | 言葉遊(ことばあそ)び 말장난 | 語呂合(ごろあ)わせ 속담, 성구 등의 가락을 흉내내어 뜻이 전혀 다른 새로운 구를 만듦으로써 웃음을 자아내게 하는 말장난 | 合(あ)わせる 맞추다 | 歴史(れきし) 역사 | 年号(ねんごう) 연호 | 数字(すうじ) 숫자 | 例(たと)えば 예를 들면 | はなやさん 꽃집 | 人気(にんき)がある 인기가 있다 | 試合(しあい) 시합 | トンカツ 돈가스 | 勝(か)つ 이기다 | 刺身(さしみ) 생선회 | 刺(さ)す 찌르다 | ナイフ 나이프, 칼 | 高級料理屋(こうきゅうりょうりや) 고급 요리점 | お造(つく)り 생선회 | 気分(きぶん) 기분 | 変(か)える 바꾸다 | 入院(にゅういん)する 입원하다 | イメージ 이미지 | 関係(かんけい) 관계 | つく (힘, 재능이) 붙다 | 聞(き)き手(て) 청자, 듣는 사람 | ～通(どお)り ～대로

해설 〈질문 17〉 병원에 4호실이 없는 이유를 '4'를 「し」라고 발음하면 '죽음'과 연결된다고 해서 싫어했다고 말하고 있으므로, 3번이 정답이 된다.

〈질문 18〉 시합 전에 돈가스(トンカツ)를 먹는 것도 「カツ」를 「勝つ(이기다)」의 뜻으로 사용하고 있기 때문이라고 했다. 따라서 4번이 정답이 된다.

〈질문 19〉 지문의 마지막에서 지금도 말에 힘이 있다고 믿는 것은 아니지만, 듣는 사람의 기분을 상하게 하지 않도록 말을 바꿔서 사용할 때가 자주 있다고 했으므로, 4번이 정답이다.

〈질문 20〉 지문의 앞부분에 고토다마를 설명하면서 말에는 불가사의한 힘이 있다고 했으므로 2번이 정답이 된다.

장문(6)

해석 내 친구 중에 항상 무슨 일이 일어났을 때 긍정적으로 생각하는 사람이 있다. 언젠가 함께 드라이브 여행을 했던 적이 있었다. 온천을 향하고 있을 때 길을 잘못 들어서 1시간 정도 시간을 낭비하고 말았다. 그런데 그 때 그녀는 "길을 잘못 든 덕분에 아름다운 후지산을 볼 수 있었어. 다행이야"라고 말했다. 사실 후지산은 아름다웠다. 하지만 어느 길을 가든 그 주변은 아름다운 후지산을 볼 수 있는 장소였다. 돌아가는 길에 밤에 휴게소에 멈췄을 때, 차 헤드라이트를 끄는 것을 잊어 버렸다. 쇼핑에서 돌아와 막상 시동을 걸려고 하니 배터리가 방전되어 있어서 차는 움직이지 않게 되었다. 우리들이 허둥대고 있자 옆에 정차해 있던 사람이 무슨 일인가 하고 물어 주었다. 그 사람은 마침 코드를 가지고 있어서 바로 자기 차의 배터리에 연결해서 우리들의 배터리를 회복시켜 주었다. 정말 어떻게 될까 하고 조마조마했다. 차가 움직이자 바로 "우리들은 정말 운이 좋아. 옆에 코드를 가진 사람이 주차해 있었다니"하고 그녀가 말했다. 어디가 운이 좋다는 말인가. 좀처럼 일어나지 않는 운이 나쁜 일이라고 보통은 생각할 것이다. 수리하는 사람을 불러야 했을지도 모르는 일이다. 하지만 그럴 때에도 그녀는 운이 좋다고 생각하는 것이다.

자신을 운이 좋다고 생각할지, 운이 나쁘다고 생각할지는 사람마다 다르다. 그녀를 보고 있으면 나는 운이 좋다고 생각하는 사람 쪽으로 행복이 찾아오는 듯한 기분이 든다.

21 휴게소에서 어떤 일이 일어났는가?

1 라이트를 끈 채로 둬서 배터리가 방전되어 버렸다.
2 배터리의 코드를 가진 사람을 찾아야 했다.
3 라이트를 켠 채로 둬서 배터리의 전기가 없어졌다.
4 옆 차 사람에게 배터리의 전기를 받을 수 없겠냐고 부탁했다.

22 친구는 어떤 사람인가?

1 어떤 때라도 누군가에게 도움을 받을 수 있는 운이 좋은 사람
2 운이 나쁜 경험을 좋은 결과로 바꿀 수 있는 사람
3 어느 때든 긍정적이라서 운이 나쁜 일을 당하지 않는 사람
4 운이 나쁘다고 생각될 일도 나쁘다고 생각하지 않는 사람

23 운에 대한 필자의 생각은 어느 것인가?

1 운이 좋다고 생각하는 사람에게는 좋은 일이 일어날 가능성이 높아질 것이다.
2 사고방식을 바꾸면 운이 나쁜 일은 일어나지 않을 것이다.
3 운이 좋다고 생각하면 어떤 불행도 좋은 것이라고 생각될 것이다.
4 운이 좋은 사람은 운이 좋다고 생각하는 사람일 것이다.

24 이 글의 내용과 맞는 것은 어느 것인가?

1 길을 헤맸던 탓에 좀 더 아름다운 후지산을 볼 수 없었다.
2 배터리가 방전됐을 때 어떻게 될지 걱정했다.
3 차가 움직이지 않았던 것은 코드가 연결되어 있지 않았기 때문이다.
4 그녀처럼 생각하면 자신의 운도 바꿀 수 있다.

단어 友人(ゆうじん) 친구 | 起(お)きる 일어나다, 생기다 | 前向(まえむ)き 긍정적인 생각이나 태도 | ある 어느, 어떤 | 一緒(いっしょ)に 함께, 같이 | 温泉(おんせん) 온천 | 向(む)かう 향하다 | 間違(まちが)える 착각하다, 틀리다 | 無駄(むだ)だ 헛되다, 쓸데없다 | おかげ 덕분, 덕택 | 富士山(ふじさん) 후지산 | 事実(じじつ) 사실 | 辺(あた)り 근처, 부근 | 帰(かえ)り 돌아올 때, 돌아갈 때 | ドライブイン 드라이브인, 휴게소 | 止(と)まる 멈추다, 세우다 | ヘッドライト 헤드라이트 | 消(け)す 끄다 | 忘(わす)れる 잊다 | 戻(もど)る 돌아오다 | いざ 막상, 정작 | エンジンをかける 엔진을 걸다 | バッテリーが上(あ)がる 배터리가 방전되다 | 動(うご)く 움직이다 | 騒(さわ)ぐ 허둥대다, 술렁거리다 | たまたま 마침 | コード 코드 | つなげる 잇다, 연결하다 | 回復(かいふく)する 회복하다 | 冷(ひ)や冷(ひ)やする 조마조마하다 | 駐車(ちゅうしゃ) 주차 | 起(お)こる 일어나다, 발생하다 | 普通(ふつう) 보통 | 修理(しゅうり) 수리 | それぞれ 저마다, 각각 | 幸(しあわ)せ 행복, 행운 | やってくる 다가오다, 찾아오다 | 気(き)がする 기분이 들다 | 探(さが)す 찾다 | ~っぱなし ~인 채로 둠 | なくなる 없어지다 | 頼(たの)む 부탁하다 | 助(たす)ける 돕다, 구하다 | 経験(けいけん) 경험 | 不幸(ふこう) 불행 | 迷(まよ)う 헤매다, 망설이다 | せい 탓, 원인 | 心配(しんぱい) 걱정

독해 공략편

해설 〈질문 21〉 휴게소에 정차했을 때 헤드라이트를 끄는 것을 잊어 버려서 배터리가 방전되는 일이 발생했다고 했으므로, 정답은 3번이다.

〈질문 22〉 이 지문은 객관적으로 발생한 사건 자체보다 그 상황을 받아들이는 '인식의 차이'에 초점을 두고 있다. 글쓴이는 길을 잘못 들어 시간을 낭비하거나 자동차 배터리가 방전된 일을 두고 보통은 운이 나쁜 일이라고 생각할 것이라 말하지만, 친구는 그 상황 속에서도 예쁜 풍경을 보았다는 점이나 옆 차의 도움을 받을 수 있었다는 점에 주목하며 오히려 "운이 좋다"고 말한다. 즉, 2번의 나쁜 결과나 상황 자체를 실제로 바꾸는 것이 아니라, 일반적으로는 나쁘다고 여겨질 수 있는 상황도 나쁘게 생각하지 않는 긍정적인 사고방식을 보여 준다. 따라서 이러한 태도를 설명한 4번이 정답이다.

〈질문 23〉 필자는 마지막 단락에서 자신을 운이 좋다고 생각할지, 운이 나쁘다고 생각할지는 사람마다 다르다고, 운이 좋다고 생각하는 사람 쪽으로 행복이 찾아오는 것 같다고 했다. 따라서 1번이 정답이 된다.

〈질문 24〉 배터리가 방전됐을 때 어떻게 될지 조마조마했다고 했으므로 2번이 정답이 된다. 4번은 '그녀처럼 생각하면 자신의 운도 바꿀 수 있다'고 했는데, 필자는 그녀처럼 생각하면 행복이 찾아오는 듯한 기분이 든다고는 했지, 자신의 운을 바꿀 수 있다고는 하지 않았다.

04 문제7 정보검색

p.378

정보 검색(1)

문제 7 오른쪽 페이지는 히바리시의 콘테스트 안내이다. 이것을 읽고 아래 질문에 답하시오. 답은 1·2·3·4 중에서 가장 적당한 것을 하나 고르시오.

해석

A. 방재(주1) 포스터	B. 교통 안전을 위한 표어(주2)
테마: 화재·지진 응모자: 누구나 마감: 8월 31일 기타: B4 사이즈 작품은 접히지 않도록 하여 시청 방재센터 접수처에 제출해 주십시오. 창구는 평일 9:00부터 17:00까지 열려 있습니다. 입선 작품은 시청 홀에 전시합니다.	테마: 교통사고로부터 아이들을 지키자 응모자: 히바리시에 살거나 히바리시의 학교에 다니는 고등학생까지의 아이들 마감: 9월 10일 기타: 20자 이내의 알기 쉬운 말을 엽서에 써서 보내 주십시오.
C. 공원 디자인	**D. 외국인과의 공생에(주3) 대한 작문**
테마: 기념 공원 디자인 응모자: 누구나 마감: 9월 10일 기타 : 우선, 7월 1일부터 7월 15일 사이에 시청 접수처에서 신청 용지를 받으십시오. 설명서도 함께 드리므로, 그것에 따라 그려 주십시오. 전문적인 지식은 필요하지 않습니다. 창구는 평일 9:00부터 17:00까지 열려 있습니다.	테마: 외국인과 사이좋게 살다 응모자: 누구나 마감: 9월 30일 기타: 외국인분도 의견을 부탁드립니다. 1,000자 이내·일본어나 영어로 써 주십시오. 우편으로 보내 주십시오.

(주1) 防災 : 지진·태풍·홍수·화재 등을 막거나 피해를 줄이기 위한 준비 등
(주2) 標語 : 어떤 생각이나 하고 싶은 말을 짧고 알기 쉽게 나타낸 것
(주3) 共生 : 다른 사람들이 함께 살아가는 것

1 **대학교를 졸업한 한국인 김 씨는 일본 회사에서 월요일부터 금요일까지 오전 9시부터 오후 5시까지 일하고 있다. 회사에서 시청까지 1시간 걸린다. 김 씨는 어느 것에 신청할 수 있는가?**

1 A
2 B
3 C
4 D

2 **린 씨는 히바리 고등학교의 1학년이다. 글을 쓰거나 생각하거나 하는 것은 서투르지만, 그림을 그리거나 디자인을 생각하거나 하는 것을 좋아한다. 린 씨는 어느 것에 응모할 수 있는가?**

1 A
2 A와 C
3 C
4 C 또는 A

단어 卒業(そつぎょう) 졸업 | 働(はたら)く 일하다 | 申(もう)し込(こ)む 신청하다 | 苦手(にがて)だ 서투르다 | 応募(おうぼ) 응모 | 防災(ぼうさい) 방재 | 火事(かじ) 화재 | 地震(じしん) 지진 | 締(し)め切(き)り 마감 | 折(お)れる 접히다 | 受付(うけつけ) 접수 | 窓口(まどぐち) 창구 | 入選(にゅうせん) 입선 | 市役所(しやくしょ) 시청 | 標語(ひょうご) 표어 | 知識(ちしき) 지식 | 共生(きょうせい) 공생 | 暮(く)らす 살다 | 郵便(ゆうびん) 우편 | 台風(たいふう) 태풍 | 洪水(こうずい) 홍수 | 防(ふせ)ぐ 막다 | 被害(ひがい) 피해

해설 〈질문 1〉 김 씨는 평일 오전 9시부터 오후 5시까지 일하므로 우편으로 보낼 수 있는 D에 응모할 수 있다.

〈질문 2〉 린 씨는 디자인을 좋아한다고 했으므로 방재 포스터와 공원 디자인에 응모할 수 있다.

정보 검색(2)

문제 7 오른쪽 페이지는 「도쿄일본어학교 졸업식의 예정과 홀의 리스트」이다. 이것을 읽고 아래 질문에 답하시오. 답은 1·2·3·4 중에서 가장 적당한 것을 하나 고르시오.

해석

도쿄일본어학교 졸업식(예정)

9:30	접수
10:00~11:30	졸업식
11:30~11:45	정리
12:00~14:00	파티
14:30	해산
참가자	졸업생 100명, 교사·직원 20명
예산	250,000엔

홀	금액	수용 인원	기타
A	1시간 3,000엔	150명	음료+요리 1인 1,500엔부터 주문 가능합니다.
B	9:00~17:00 30,000엔	150명	음료+요리 1인 1,800엔부터 주문 가능합니다.
C	1시간 5,000엔	200명	음료+요리 1인 1,900엔부터 주문 가능합니다.
D	1시간 2,000엔	100명	음료+요리 1인 2,000엔부터 주문 가능합니다.

※ 홀 사용 시간은 1시간이 되지 않을 경우에도 1시간의 사용 요금이 부과됩니다.

3 졸업식은 어느 홀에서 할 수 있는가?

1 A나 D
2 A나 B
3 B나 C
3 C나 D

4 학생에게 300엔짜리 기념품을 주면 A홀의 식대는 한 명에 얼마나 쓸 수 있는가?

1 2,000엔
2 1,900엔
3 1,800엔
4 1,700엔

단어 受付(うけつけ) 접수 | 片(かた)づけ 정리 | 解散(かいさん) 해산 | 参加者(さんかしゃ) 참가자 | 教師(きょうし) 교사 | 職員(しょくいん) 직원 | 予算(よさん) 예산 | ホール 홀 | 金額(きんがく) 금액 | 収容人数(しゅうようにんずう) 수용 인원 | 施設(しせつ) 시설

해설 〈질문 3〉 A홀 : 사용료는 3,000엔X5시간=15,000엔. 식대 1,500엔X120명=180,000엔. 합계 195,000엔이므로 사용할 수 있다. B홀 : 사용료는 30,000엔. 식대 1,800엔X120명=216,000엔. 합계 246,000엔이므로 사용할 수 있다. C홀 : 사용료 5,000엔X5시간=25,000엔. 식대 1,900엔X120명=228,000엔. 합계 253,000엔이므로 사용할 수 없다. D홀 : 수용 인원이 100명이므로 사용할 수 없다. 따라서 A와 B홀을 사용할 수 있다.

〈질문 4〉 홀 사용료 3,000엔X5시간=15,000엔. 기념품 값 300엔X100명=30,000엔. 합계가 45,000엔이고, 예산은 250,000엔이므로 식대는 205,000엔을 쓸 수 있다. 인원수로 나누면 1,700엔의 식사를 할 수 있다. 따라서 정답은 4번이 된다.

정보 검색(3)

문제 7 오른쪽 페이지는 일본어학교 칠석축제 일정이다. 이것을 읽고 아래 질문에 답하시오. 답은 1·2·3·4 중에서 가장 적당한 것을 하나 고르시오.

해석 선생님께

《유카타 체험 스케줄과 주의·부탁》

【일시】 202X년 7월 7일(금) 8:30~12:20
【순서】

	반	교실	여학생	남학생	담임〈○는 남성〉
1교시 8:30~9:20	A	101	5명	15명	혼다 미도리
2교시 9:30~10:20	B	102	6명	14명	다나카 켄○
3교시 10:30~11:20	C	201	5명	12명	오가와 아이코
4교시 11:30~12:20	D	202	4명	10명	야마다 기요시○

① 여학생은 103교실에서, 남학생은 203교실에서 옷을 갈아입습니다. 남자 담임선생님은 남학생, 여자 담임선생님은 여학생 교실에서 유카타 입는 법을 가르쳐 주세요.
② 유카타는 남성용이 16벌, 사이즈 M/L/LL. 여성용은 6벌, 프리사이즈입니다.
③ 유카타 체험은 담임 선생님을 상근 여자 선생님 1명과 남자 사무원 1명이 돕습니다.
④ 학생이 벗은 유카타는 다음 학생을 위해 소독합니다(주1). 여성용은 상근 선생님, 남성용은 사무원이 합니다.
⑤ 담임 선생님은 유카타 체험 전 수업에서는 칠석 이야기를 하거나 단자쿠(주2)를 쓰게 해 주세요. A반은 체험이 1교시이므로 전날 수업 중에 단자쿠를 쓰게 해 주세요. 칠석 이야기 등은 유카타 체험 후의 수업으로 부탁합니다.
⑥ 유카타 체험 전에 단자쿠를 조릿대에 붙입니다.
⑦ 칠석 관련된 수업은 2시간입니다. 그 외는 보통 수업을 해주세요.
⑧ 칠석 장식은 전날까지 상근 선생님과 사무원이 붙여 두겠습니다.

(주1) 消毒する : 병의 원인이 되는 균 등을 죽이는 것
(주2) 短冊 : 여기에서는 희망이나 소원 등을 쓰는 3cm×12cm 정도의 종이

5 상근 여자 선생님이 칠석축제 날에 하는 것은 무엇인가?
1 학생에게 단자쿠를 쓰게 하는 것
2 칠석 장식을 붙이는 것
3 유카타 소독을 203 교실에서 하는 것
4 103교실에서 2교시와 4교시에 옷입는 것을 가르치는 것

6 B반 남학생은 언제, 어디서 유카타 체험을 하는가?
1 1교시 – 203 교실
2 2교시 – 103 교실
3 2교시 – 203 교실
4 2교시 – 102 교실

단어 七夕(たなばた) 칠석 | 常勤(じょうきん) 상근 | 短冊(たんざく) 희망이나 소원을 쓰는 작은 종이 | 飾(かざ)り 장식 | ゆかた 유카타 | 消毒(しょうどく) 소독 | 体験(たいけん) 체험 | 注意(ちゅうい) 주의 | お願(ねが)い 부탁 | 順番(じゅんばん) 순서 | 担任(たんにん) 담임 | 着替(きが)える 갈아입다 | ~着(ちゃく) ~벌 | 事務員(じむいん) 사무원 | 脱(ぬ)ぐ 벗다 | 玄関(げんかん) 현관 | 横(よこ) 옆 | 笹(ささ) 조릿대 | 関係(かんけい) 관계 | 普通(ふつう) 보통

해설 〈질문 5〉 1번 단자쿠를 쓰게 하는 것은 담임 선생님의 일이므로 정답이 아니다. 2번 칠석 장식은 칠석축제 전날에 붙이는 것이므로 정답이 아니다. 3번 상근 선생님은 103 교실에서 소독을 하므로 정답이 아니다. 4번 2교시, 4교시는 남자 담임 선생님이므로, 상근 여자 선생님이 대신해서 103 교실에서 여학생에게 옷 입는 법을 가르친다. 따라서 4번이 정답이 된다.

〈질문 6〉 B반은 2교시(9:30~10:20) 체험이고, 남학생은 203 교실에서 옷을 갈아입는다. 따라서 정답은 3번이다.

정보 검색(4)

문제 7 오른쪽 페이지는 조이키즈의 안내이다. 이것을 읽고, 아래의 질문에 답하시오. 답은 1·2·3·4에서 가장 적당한 것을 하나 고르시오.

해석 조이키즈는 직업 체험의 A존과 애슬레틱이 있는 B존으로 나뉘어 있습니다.

입장 시간	8:30~18:00			
입장료	A존	1,500엔		
	B존	일반 코스	어른	1,200엔
			중학생·고등학생	800엔
			초등학생	500엔
		어린이 코스	무료	

【A존】
중학생 이하의 어린이들이 즐기면서 여러 가지 직업을 체험할 수 있습니다. 1회 2시간, 정원은 100명입니다. 입장권을 사실 때 반드시 ①~④ 시간의 하나를 골라 주세요. 희망하는 시간에 예약할 수 없는 경우도 있으므로 양해해 주십시오. 체험자 이외는 가게 등의 내부에 들어갈 수 없으므로 주의해 주십시오. 파일럿·경관·의사·소방관·아나운서·빵가게 주인·댄서·건설 스태프·요리사·목수·도예가를 체험할 수 있습니다.
〈시간〉
① 9:00~11:00
② 11:15~13:15
③ 13:30~15:30
④ 15:45~17:45

【B존】
초등학생 이상이 이용할 수 있는 일반 코스와 초등학교 입학 전의 아이들이 이용할 수 있는 어린이 코스가 있습니다. 양쪽 모두 연못 등이 있으므로, 초등학생까지 어린이만은 입장할 수 없습니다. 30종류의 애슬레틱이 있는 일반 코스와 5종류의 어린 아이용의 코스가 있습니다. 일반 코스는 한 바퀴에 최저 1시간 걸립니다. 되도록 정해진 코스 순서대로 돌아주십시오.

7 야마시타 씨는 중학교 1학년인 딸과 초등학교 5학년인 아들과 셋이서 A존과 B존에 입장할 경우, 입장료는 얼마가 되는가?

1 7,000엔
2 5,500엔
3 4,300엔
4 4,000엔

8 야마시타 씨의 가족이 조이키즈에서 할 수 없는 것은 무엇인가?

1 애슬래틱을 좋아하는 순서로 하는 것
2 딸이 혼자서 먼저 B존에 입장하는 것
3 아들이 댄서를 체험하는 것
4 A존에서 연속해서 3시간 동안 있는 것

단어 案内(あんない) 안내 | 入場料(にゅうじょうりょう) 입장료 | アスレチック 애슬레틱, 체육, 운동 경기 | 順番(じゅんばん) 순서 | 体験(たいけん) 체험 | 分(わ)かれる 나뉘다 | 様々(さまざま) 여러 가지 | 定員(ていいん) 정원 | 希望(きぼう) 희망 | 予約(よやく) 예약 | 了承(りょうしょう) 양해 | 一般(いっぱん) 일반 | 池(いけ) 연못 | 無料(むりょう) 무료 | 内部(ないぶ) 내부 | パイロット 파일럿 | 警官(けいかん) 경찰관 | ダンサー 댄서 | 料理人(りょうりにん) 요리사 | 大工(だいく) 목수 | 陶芸家(とうげいか) 도예가 | 種類(しゅるい) 종류 | 一周(いっしゅう) 일주 | 最低(さいてい) 최저 | なるべく 되도록 | 決(き)める 정하다

해설 〈질문 7〉 A존은 중학생 이하의 어린이들이 즐기는 곳으로 체험자 이외는 들어갈 수 없다. 야마시타 씨는 들어갈 수 없으므로 딸과 아들의 입장료를 합치면 3,000엔이다. B존은 세 명 모두 들어갈 수 있으므로 1,200엔+800엔+500엔=2,500엔이다. A존과 B존을 합하면 5,500엔이 된다.

〈질문 8〉 '조이키즈에서 할 수 없는 것'을 묻고 있다. 1번의 애슬래틱은 되도록 정해진 코스를 돌라고 했으므로 좋아하는 순서대로 돌아도 된다. 2번 딸은 중학생이므로 B존에 혼자서 입장할 수 있다. 3번 A존에서 댄서 직업 체험을 할 수 있다. 4번 A존은 1회 2시간으로 제한되므로 3시간 동안 있을 수 없다.

정보 검색(5)

문제 7 오른쪽 페이지는 어느 집의 설명이다. 이것을 읽고 아래 질문에 답하시오. 답은 1・2・3・4에서 가장 적당한 것을 하나 고르시오.

해석 야마다 씨는 되도록 회사에서 가까운 곳에 집을 빌리고 싶습니다. 역에서 멀어도 괜찮지만, 업무로 늦어질 때가 많기 때문에 버스를 타고 싶지 않습니다. 가족은 4명이기 때문에 침실은 3개가 있었으면 합니다. 또 초등학생 아이가 있어서 학교 근처가 좋습니다. 회사가 집세의 절반을 내 주지만 너무 비싼 것은 곤란합니다. 아내는 꽃을 기르는 것을 좋아하기 때문에 작아도 좋지만 정원이 있었으면 합니다. 조용한 주택지가 좋습니다.

물건	집세	집의 종류 등	회사에서 역	역에서 집	기타
A	16만 엔	단독주택(주1) 3LDK(주2)	20분	도보 10분	주택가・넓은 정원
B	11만 엔	맨션 3DK	20분	도보 1분	상점가
C	13만 엔	단독주택 3LDK	30분	도보 10분	주택가・정원
D	13만 엔	단독주택 3DK	30분	버스 10분+도보 2분	주택가・정원

(주1) 一戸建て : 연립주택이나 맨션 등과는 달리 하나의 독립된 집
(주2) 3LDK : 숫자는 방의 수, L은 거실, D는 식당, K는 부엌을 나타낸다

9 **7만 엔 이상은 돈을 내고 싶지 않다. 어떤 집으로 하면 좋은가?**

1 A
2 B
3 C
4 D

10 **야마다 씨가 신경 쓰고 있지 않는 것은 무엇인가?**

1 정원의 크기
2 방의 수
3 학교까지의 거리
4 집세의 가격

단어 借(か)りる 빌리다 | ~てもいい ~해도 좋다 | 仕事(しごと) 일, 업무 | バスに乗(の)る 버스를 타다 | 家族(かぞく) 가족 | 寝室(しんしつ) 침실 | ほしい 원하다, 갖고 싶다 | 近(ちか)く 근처, 가까운 곳 | 家賃(やちん) 집세 | 半分(はんぶん) 반 | 出(だ)す 내다, 제공하다 | あまり 너무, 지나치게 | 困(こま)る 곤란하다 | 妻(つま) 아내 | 育(そだ)てる 키우다 | 庭(にわ) 정원, 뜰 | 住宅地(じゅうたくち) 주택지 | 気(き)にする 걱정하다, 신경 쓰다 | 広(ひろ)さ 넓이 | 数(すう) 수 | きょり 거리 | 値段(ねだん) 값, 가격 | 物件(ぶっけん) 물건 | 種類(しゅるい) 종류 | その他(ほか) 그 외, 기타 | 一戸建(いっこだ)て 단독주택 | 3LDK 거실(Living room), 식당(Dining room), 부엌(Kitchen) 외에 방이 3개인 구성 | 徒歩(とほ) 도보 | マンション 맨션 | 商店街(しょうてんがい) 상점가

해설 〈질문 9〉 A는 7만 엔 이상 돈을 내고 싶지 않다고 했으므로 적당하지 않다. B는 조용한 주택가가 아니므로 적당하지 않다. C는 7만엔을 넘지 않았고 주택가이며 정원이 있으므로 적당하다. D는 버스를 타야 하므로 적당하지 않다. 따라서 3번이 정답이 된다.

〈질문 10〉 1번 야마다 씨는 꽃 키우는 것을 좋아하는 아내를 위해서 작아도 좋지만 정원이 있었으면 했으므로, 정원만 있으면 크기는 신경 쓰지 않는다. 따라서 정답이 된다. 2번 침실이 3개인 집을 원하고 있다. 3번 학교 근처가 좋다고 했다. 4번은 너무 비싼 것은 곤란하다고 했다.

문제 1	1 ②	2 ②	3 ④	4 ③	5 ③	6 ③	7 ④	8 ③	9 ②	10 ①	11 ①	12 ④	
문제 2	1 ④	2 ②	3 ②	4 ④	5 ④	6 ③	7 ③	8 ②	9 ③	10 ④	11 ④	12 ③	
문제 3	1 ①	2 ③	3 ③	4 ②	5 ②	6 ②	7 ④	8 ③					
문제 4	1 ③	2 ①	3 ③	4 ③	5 ③	6 ①	7 ③	8 ①	9 ②	10 ③			
문제 5	1 ③	2 ①	3 ②	4 ③	5 ②	6 ①	7 ③	8 ②	9 ②	10 ③	11 ②	12 ②	13 ①
	14 ③	15 ②	16 ③	17 ③	18 ③	19 ②	20 ①						

01 문제1 과제이해

p.404

問題 1

問題 1 では、まず質問を聞いてください。それから話を聞いて、問題用紙の 1 から 4 の中から、最もよいものを一つえらんでください。

문제1

문제1에서는 먼저 질문을 들어 주세요. 그리고 이야기를 듣고, 문제 용지의 1에서 4 중에서 가장 적당한 것을 하나 고르세요.

1 番

会社で女の人と男の人が話しています。 女の人はポスターをどう変えますか。

F：ポスターの見本ができました。

M：「あなたの一つを見つけよう」か。なかなかいい言葉だね。全体の色もいいし。

F：ちょっと、後ろの色が濃すぎて女の子や言葉が目立たないと言われたんですが……。

M：そう言えばそうだけど、それほどじゃないよ。それより女の子の絵だけど、スカートをもっと広げたらどうだろう。楽しい感じが強くなると思うんだけど。

F：踊っている感じでしょうか。ひらひらさせて……。

M：それがいい。文字の大きさや色はこのままで。絵を変えるから文字が絵の上にならないように移動してね。

F：わかりました。では、修正してお持ちいたします。

1번

회사에서 여자와 남자가 이야기하고 있습니다. 여자는 포스터를 어떻게 바꿉니까?

여: 포스터 견본이 나왔습니다.

남: 「당신의 하나를 찾아 보자」인가. 꽤 좋은 문구네. 전체적인 색도 좋고.

여: 저기, 배경색이 너무 진해서 여자아이나 문구가 눈에 띄지 않는다는 말을 들었습니다만…….

남: 듣고 보니 그렇긴 하지만, 그 정도는 아니야. 그것보다 여자아이 그림 말인데, 스커트를 좀 더 넓히면 어떨까. 즐거운 느낌이 더 강해질 것 같은데.

여: 춤추는 느낌일까요? 팔랑거리게 해서…….

남: 그거 좋네. 글자 크기나 색은 이대로 두고. 그림을 바꾸니까 글자가 그림 위로 겹치지 않게 이동해 줘.

여: 알겠습니다. 그럼, 수정해서 가져오겠습니다.

女の人はポスターをどう変えますか。

1 後ろの色を薄くする
2 スカートを大きく描く
3 文字を大きくする
4 言葉を目立たせる

여자는 포스터를 어떻게 바꿉니까?

1 배경색을 연하게 한다
2 스커트를 크게 그린다
3 글자를 크게 한다
4 문구를 눈에 띄게 한다

단어 ポスター 포스터 | 見本(みほん) 견본, 샘플 | なかなか 상당히, 꽤 | 言葉(ことば) 말, 언어 | 濃(こ)い 진하다 | 目立(めだ)つ 눈에 띄다 | 広(ひろ)げる 넓히다, 펼치다 | 感(かん)じ 느낌 | 踊(おど)る 춤추다 | ひらひら 팔랑팔랑 | 移動(いどう)する 이동하다 | 修正(しゅうせい) 수정

해설 1, 4번의 배경색과 문구는 지적을 받았지만 그 정도는 아니라고 말했으므로 바꾸지 않는다. 2번의 스커트는 좀 더 넓히자고 했으므로 정답이 된다. 3번 글자 크기는 이대로 두라고 했으므로 바꾸지 않는다.

2番

女の人と男の人が話しています。女の人は、この後どうしますか。

F：北海道の喫茶店にシマエナガを見に行くか、シマエナガを見に行くツアーに参加するか迷っているのよ。

M：シマエナガって何？

F：小鳥よ。冬の間は真っ白でふわふわのボールのように見えるの。とってもかわいいのよ。

M：それ、北海道に行かなくても小鳥カフェとか動物園に行けば見られるんじゃないの。

F：それが捕まえるのは禁止だから、自然の中でしか見られないのよ。北海道の人だってほとんど見たことがないんだって。

M：じゃ、北海道の喫茶店で、シマエナガが来るのを待つんだ。

F：でも、見られないかも。やっぱり探しに行ったほうが確かね。

M：まあ、待っているより行くほうが会える可能性は高いかも。

女の人は、この後どうしますか。

1 シマエナガが見られる喫茶店に行く
2 シマエナガを見るツアーに申し込む
3 シマエナガを飼っているカフェに行く
4 シマエナガがいる動物園に行く

2번

여자와 남자가 이야기하고 있습니다. 여자는 이후에 어떻게 합니까?

여: 홋카이도의 카페에 시마에나가를 보러 갈지, 아니면 시마에나가를 찾아가는 투어에 참가할지 고민 중이야.

남: 시마에나가가 뭐야?

여: 작은 새야. 겨울 동안은 새하얗고 푹신한 공처럼 보여. 정말 귀여워.

남: 그거 홋카이도까지 안 가도 새 카페나 동물원에 가면 볼 수 있는 거 아냐?

여: 그게 잡는게 금지라서 자연에서 밖에 볼 수 없어. 홋카이도 사람들도 거의 본 적이 없대.

남: 그럼, 홋카이도 카페에서 시마에나가가 오기를 기다리는 거네?

여: 하지만 못 볼지도 몰라. 역시 찾으러 가는 편이 확실하겠어.

남: 뭐, 기다리는 것보다 가는 쪽이 만날 가능성은 높을지도.

여자는 이후에 어떻게 합니까?

1 시마에나가를 볼 수 있는 카페에 간다
2 시마에나가를 보는 투어에 신청한다
3 시마에나가를 기르는 카페에 간다
4 시마에나가가 있는 동물원에 간다

단어 喫茶店(きっさてん) 찻집 | ツアー 투어, 여행 | 迷(まよ)う 고민하다, 망설이다 | 小鳥(ことり) 작은 새 | 真(ま)っ白(しろ)だ 새하얗다 | ふわふわ 폭신폭신 | ボール 볼, 공 | カフェ 카페 | 動物園(どうぶつえん) 동물원 | 捕(つか)まえる 잡다 | 禁止(きんし) 금지 | 自然(しぜん) 자연 | 確(たし)かだ 확실하다 | 可能性(かのうせい) 가능성 | 申(もう)し込(こ)む 신청하다 | 飼(か)う 기르다

해설 1번은 카페에서 새가 오기를 기다리는 것보다 직접 찾아 나서는 방법을 택했으므로 정답이 아니다. 2번은 새를 직접 찾아 나서는 투어에 참가하기로 결정했으므로 정답이다. 3번은 시마에나가는 포획이 금지되어 있어 카페에서 기를 수 없으므로 정답이 아니다. 4번은 포획 금지로 야생에서만 볼 수 있어 동물원에는 없으므로 정답이 아니다.

3番

会社で男の人と外国人の女の人が話しています。女の人は次に何をしますか。

M: ホンさん、今日はすごく眠そうですね。何かあったんですか。

F : ええ、上の人が遅くまでパーティをして、うるさくて全然眠れなかったんです。

M: それは大変でしたね。我慢しないで、管理人に連絡して注意してもらったほうがいいですよ。

F : それが、うちのマンションは管理人がいないんです。

M: そうなんですか。じゃあ、直接行って伝えるのが一番早いですよ。

F : でも、夜に一人で行くのはちょっと怖いですし、トラブルになるのも心配で……。

M: それはそうですね。

F : だから、まずは手紙を書いてポストに入れておこうと思います。

M: 直接言いにくいなら、それがいいですね。

女の人は次に何をしますか。

1 我慢して何もしない
2 管理人に連絡して注意してもらう
3 上の部屋の人に直接注意する
4 上の人に手紙を書く

3번

회사에서 남자와 외국인 여자가 이야기하고 있습니다. 여자는 다음에 무엇을 합니까?

남: 홍 씨, 오늘 굉장히 졸려 보이네요. 무슨 일 있었나요?

여: 네, 윗집 사람이 늦게까지 파티를 해서 시끄러워서 전혀 잠을 못 잤어요.

남: 그거 참 힘들었겠네요. 참지 말고 관리인에게 연락해서 주의를 주게 하는 게 좋아요.

여: 그게, 우리 맨션은 관리인이 없어요.

남: 그래요? 그럼, 직접 가서 전하는 게 가장 빨라요.

여: 하지만 밤에 혼자 가는 건 좀 무섭기도 하고, 트러블이 생기는 것도 걱정돼서요…….

남: 그건 그렇네요.

여: 그래서 우선은 편지를 써서 우편함에 넣어 두려고 해요.

남: 직접 말하기 어렵다면 그게 좋겠네요.

여자는 다음에 무엇을 합니까?

1 참고 아무것도 하지 않는다
2 관리인에게 연락해서 주의를 주게 한다
3 윗집 사람에게 직접 주의를 준다
4 윗집 사람에게 편지를 쓴다

단어 眠(ねむ)い 졸리다 | 眠(ねむ)る 자다 | 我慢(がまん) 참음, 인내 | 管理人(かんりにん) 관리인 | 連絡(れんらく) 연락 | 直接(ちょくせつ) 직접 | 伝(つた)える 전하다 | 怖(こわ)い 무섭다 | 手紙(てがみ) 편지

해설 1번은 편지를 써서 우편함에 넣기로 했으므로 정답이 아니다. 2번은 맨션에는 관리인이 없다고 했으므로 정답이 아니다. 3번은 밤에 혼자 가는 것은 무섭고 트러블이 걱정된다고 했으므로 정답이 아니다. 4번은 우선 편지를 써서 우편함에 넣어 두겠다고 말했으므로 정답이다.

4番

男の人と女の人が話しています。男の人は次にどこを掃除しますか。

M: エアコンは全部きれいにしたけど、君のほうは終わった？

F : 台所の換気扇がまだあまりきれいにならないのよ。

M: 台所の換気扇は大変だから、やっぱり専門家に頼んだほうがいいよ。

F : そうね。ねえ、お風呂もそうする？ 両方だと料金が高くなっちゃうけど。

M: 大丈夫、お風呂は明日の夕方犬の散歩をしたあとでするね。

4번

남자와 여자가 이야기하고 있습니다. 남자는 다음에 어디를 청소합니까?

남: 에어컨은 전부 청소했는데, 당신 쪽은 끝났어?

여: 주방 환풍기가 아직 별로 깨끗해지지 않아.

남: 주방 환풍기는 힘드니까 역시 전문가에게 맡기는 게 좋겠어.

여: 그렇네. 저기, 욕실도 그렇게 할까? 양쪽이면 요금이 비싸지겠지만.

남: 괜찮아, 욕실은 내일 저녁에 개 산책을 한 후에 할게.

F：じゃ、お願い。台所の流しなどは明日私がするから。

M：明日は暖かくていい天気だそうだから、朝一番で一緒に庭の掃除をしよう。

F：いいわね。

男の人は次にどこを掃除しますか。

1 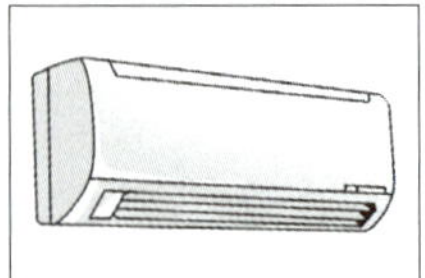

2 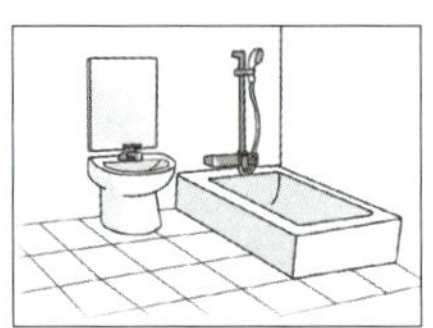

3 

4 

여: 그럼, 부탁해. 주방 싱크대 같은 곳은 내일 내가 할 테니까.

남: 내일은 따뜻하고 날씨가 좋다고 하니, 아침 일찍 같이 정원 청소를 하자.

여: 좋아.

남자는 다음에 어디를 청소합니까?

단어 掃除(そうじ) 청소 | エアコン 에어컨 | 台所(だいどころ) 부엌 | 換気扇(かんきせん) 환풍기 | やっぱり 역시 | 専門家(せんもんか) 전문가 | 頼(たの)む 맡기다, 부탁하다 | お風呂(ふろ) 욕실, 욕조 | 両方(りょうほう) 양쪽 | 料金(りょうきん) 요금 | 流(なが)し 개수대, 싱크대 | 散歩(さんぽ) 산책 | 一緒(いっしょ)に 함께, 같이 | 庭(にわ) 정원

해설 에어컨은 이미 청소를 했고, 욕실 청소는 내일 저녁에 하기로 했다. 마당 청소는 내일 아침에 하기로 했고, 환풍기는 전문가를 부르기로 했다. 따라서 3번이 정답이 된다.

5番

妻と夫が話しています。夫は最初に何をしますか。

F：ああ、お客さんが来るまでに準備が終わるかしら。

M：部屋は掃除したし、花も飾ったし、玄関は今から僕がするし……。

F：でもまだ、料理ができてないのよ。

M：そんなに頑張らなくてもいいよ。いつもと同じで……。

F：そうはいかないわ。道子の結婚相手のお父さんとお母さんがいらっしゃるんだから。

M：じゃ、手伝うよ。

F：いいわよ。あなたの仕事が終わったらお皿や箸を出してくれない？ 後はお客さんが見えたらお茶を出すからお話していてくれればいいわ。

M：わかった。無理はしないで。

夫は最初に何をしますか。

1 お茶を出す
2 料理の手伝いをする
3 玄関の掃除をする
4 皿や箸を並べる

5번

아내와 남편이 이야기하고 있습니다. 남편은 처음에 무엇을 합니까?

여: 아아, 손님이 오기 전까지 준비가 끝날까.

남: 방은 청소했고, 꽃도 장식했고, 현관은 지금부터 내가 할 거고…….

여: 하지만 아직 요리가 되지 않았어.

남: 그렇게 노력하지 않아도 돼. 평소와 똑같이…….

여: 그럴 수는 없지. 미치코의 결혼 상대의 아버지와 어머니가 오시는 거니까.

남: 그럼, 도울게.

여: 괜찮아. 당신 일이 끝나면 접시나 젓가락을 내어 주지 않을래? 그다음은 손님이 오시면 차를 내올 테니 이야기를 나누고 있어 주면 돼.

남: 알았어. 무리는 하지 마.

남편은 처음에 무엇을 합니까?

1 차를 내온다
2 요리를 돕는다
3 현관 청소를 한다
4 접시와 젓가락을 놓는다

단어 最初(さいしょ) 맨 처음, 최초 | 準備(じゅんび) 준비 | 飾(かざ)る 장식하다 | 玄関(げんかん) 현관 | 頑張(がんば)る 분발하다 | 結婚相手(けっこんあいて) 결혼 상대 | いらっしゃる 오시다 | 手伝(てつだ)う 돕다 | 皿(さら) 접시 | 箸(はし) 젓가락 | お茶(ちゃ) 차

해설 1번은 차를 내오는 것은 여자가 하므로 정답이 아니다. 2번은 남자가 돕겠다고 했으나 여자가 괜찮다며 거절했으므로 정답이 아니다. 3번은 지금부터 현관 청소를 할 것이라고 말했으므로 정답이다. 4번은 접시와 젓가락을 꺼내는 것은 지금 하려는 일이 끝난 뒤에 할 일이므로 정답이 아니다.

6番

駅で駅員が払い戻しについてアナウンスをしています。他の駅で払い戻しをしたい人はまず何をしなければなりませんか。

M: 本日は雪のために特急「北斗18号」が大変遅れまして申し訳ございませんでした。到着が2時間以上遅れましたので、北口の窓口にて特急券の払い戻しを致します。南口の窓口は閉まっておりますのでお間違えのないようにお願いいたします。また、他の駅や他の時間に払い戻しをご希望の方は北口改札口にいる駅員が特急券に払い戻しの証明スタンプを押しますので申し出てください。また、旅行会社で切符を買われた方は証明スタンプをもらってから旅行会社にてお手続きをしてください。

他の駅で払い戻しをしたい人はまず何をしなければなりませんか。

1 駅員から証明書をもらう
2 北口の窓口に並ぶ
3 北口の改札口に行く
4 旅行会社に行く

6번

역에서 역무원이 환불에 대해 안내 방송을 하고 있습니다. 다른 역에서 환불을 받고 싶은 사람은 우선 무엇을 해야 합니까?

남: 오늘 눈 때문에 득급 '호쿠토 18호'가 크게 늦어져서 죄송합니다. 도착이 2시간 이상 늦어졌으므로, 북쪽 출구 창구에서 특급권 환불을 해 드립니다. 남쪽 출구 창구는 닫혀 있으니 착오 없으시길 바랍니다. 또한, 다른 역이나 다른 시간에 환불을 희망하시는 분은 북쪽 출구 개찰구에 있는 역무원이 특급권에 환불 증명 스탬프를 찍어 드릴 테니 말씀해 주십시오. 아울러 여행사에서 티켓을 구매하신 분은 증명 스탬프를 받고 나서 여행사에서 수속을 해 주십시오.

다른 역에서 환불을 받고 싶은 사람은 우선 무엇을 해야 합니까?

1 역무원에게 증명서를 받는다
2 북쪽 출구 창구에 줄을 선다
3 북쪽 출구 개찰구에 간다
4 여행사에 간다

단어 駅員(えきいん) 역무원 | 払(はら)い戻(もど)し 환불 | アナウンス 방송 | 特急(とっきゅう) 특급 | 遅(おく)れる 늦어지다 | 到着(とうちゃく) 도착 | 窓口(まどぐち) 창구 | 特急券(とっきゅうけん) 특급권 | 閉(し)まる 닫히다 | 間違(まちが)え 착오, 틀림, 실수 | 希望(きぼう) 희망 | 改札口(かいさつぐち) 개찰구 | 証明(しょうめい) 증명 | スタンプ 도장, 스탬프 | 申(もう)し出(で)る 말하다, 신청하다 | 手続(てつづ)き 수속

해설 1번은 별도의 증명서를 주는 것이 아니라 티켓에 스탬프를 찍어 주는 것이므로 정답이 아니다. 2번은 북쪽 출구 창구는 지금 바로 환불받을 사람이 가는 곳이므로 정답이 아니다. 3번은 다른 역에서 환불받으려면 북쪽 출구 개찰구에서 스탬프를 받아야 하므로 정답이다. 4번은 여행사 구매자라도 우선 스탬프를 받아야 하며 다른 역 환불 방법으로는 부적절하므로 정답이 아니다.

7番

会社で女の人と男の人が話しています。女の人は最初に何をしますか。

F：課長、工場見学の案内状を作ったんですが、見ていただけないでしょうか。

M: いいよ。うん……。丁寧な言葉で書いてあっていいね。

7번

회사에서 여자와 남자가 이야기하고 있습니다. 여자는 처음에 무엇을 합니까?

여: 과장님, 공장 견학 안내장을 만들었는데. 봐 주실 수 없을까요?

남: 좋아. 음……. 정중한 말로 써 있어서 좋네.

F：ありがとうございます。でも私にはまだ日本語が難しくて……。

M：そんなことないよ。ちょっと、一つの文が長い気がするがまあいいか。日時は10月５日で間違いないよね。

F：ええ、確認しました。

M：全体はいいけど、地図がちょっと複雑だなあ。

F：そうですか。では、山本さんに直してもらいます。

M：直したらまた見せてね。よかったら工場長に渡すから。

F：はい。

女の人は最初に何をしますか。

1 案内状の地図を直す
2 工場長に案内状を見てもらう
3 一つの文をもっと短くする
4 山本さんのところに行く

여: 감사합니다. 하지만 저에게는 아직 일본어가 어려워서…….

남: 그렇지 않아. 한 문장이 좀 긴 느낌이지만 뭐 괜찮겠네. 날짜는 10월 5일이 확실하지?

여: 네, 확인했습니다.

남: 전체는 좋은데, 지도가 좀 복잡하네.

여: 그렇습니까? 그럼, 야마모토 씨에게 고쳐 달라고 하겠습니다.

남: 고치면 다시 보여줘. 괜찮으면 공장장님께 전달할 테니까.

여: 네.

여자는 처음에 무엇을 합니까?

1 안내장의 지도를 고친다
2 공장장에게 안내장을 보여준다
3 한 문장을 더 짧게 만든다
4 야마모토 씨에게 간다

단어 課長(かちょう) 과장 | 工場(こうじょう) 공장 | 見学(けんがく) 견학 | 案内状(あんないじょう) 안내장 | 丁寧(ていねい)だ 정중하다 | 言葉(ことば) 말 | 日時(にちじ) 일시 | 確認(かくにん)する 확인하다 | 地図(ちず) 지도 | 複雑(ふくざつ)だ 복잡하다 | 直(なお)す 고치다 | 渡(わた)す 건네주다

해설 1번은 야마모토 씨가 지도를 수정할 것이므로 여자가 직접 하는 일이 아니다. 2번은 과장이 나중에 공장장에게 전달하기로 했으므로 여자가 할 일이 아니다. 3번은 문장이 길다는 지적에는 과장이 괜찮다고 했으므로 수정하지 않는다. 4번은 지도를 수정받기 위해 우선 야마모토 씨에게 가야 하므로 정답이다.

8番

男の留学生と先生が話しています。男の人はこれからどうすると言っていますか。

M：先生。日本語の会話がなかなか上手にならないんですが、どうしたらいいでしょうか。

F：私の韓国人の友達は町のパン屋さんで働いて、自然な日本語が話せるようになったのよ。韓国ではピアノの先生として20年間働いていたんだけど。

M：そんな人がよくパン屋で働きましたね。

F：そこが彼女の素晴らしいところよ。初めて会った時には日本人だと思ったぐらい上手だったわ。

M：僕もそんな仕事を探したいけど難しいです。

F：じゃあ、学校にいる間は先生や事務の人、外に出たらお店の人や近所の人と話すようにしたらいいわ。

M：日本人なら誰でもですか。頑張ってみます。

F：そうね。日本人と友達になるのがいいわね。恋人のほうがもっといいけど。

M：それはもっと日本語が上手になったらですね。

8번

남자 유학생과 선생님이 이야기하고 있습니다. 남자는 지금부터 어떻게 하겠다고 말하고 있습니까?

남: 선생님. 일본어 회화가 좀처럼 늘지 않는데 어떻게 하면 좋을까요?

여: 내 한국인 친구는 동네 빵집에서 일하고 자연스러운 일본어를 말할 수 있게 되었어. 한국에서는 피아노 선생님으로 20년간 일했는데.

남: 그런 분이 선뜻 빵집에서 일했네요.

여: 그게 그녀의 훌륭한 점이지. 처음 만났을 때는 일본인이라고 생각할 정도로 잘했거든.

남: 저도 그런 일을 찾고 싶지만 어려워요.

여: 그럼 학교에 있는 동안은 선생님이나 사무실 사람, 밖에 나가면 가게 사람이나 이웃 사람과 이야기하도록 하면 좋아.

남: 일본인이라면 누구라도 말인가요? 노력해 보겠습니다.

여: 그래. 일본인과 친구가 되는 것이 좋겠어. 연인이라면 더 좋지만.

남: 그건 일본어를 더 잘하게 되면이네요.

男の人はこれからどうすると言っていますか。

1 日本人の友達を作る
2 日本人と恋人になる
3 誰でもいいから日本人と話す
4 日本人と話せるような仕事を探す

남자는 지금부터 어떻게 하겠다고 말하고 있습니까?

1 일본인 친구를 만든다
2 일본인과 연인이 된다
3 누구든 상관없으니 일본인과 대화한다
4 일본인과 대화할 수 있는 일을 찾는다

단어 留学生(りゅうがくせい) 유학생 | 会話(かいわ) 회화 | 町(まち) 마을 | 働(はたら)く 일하다 | 自然(しぜん)だ 자연스럽다 | 探(さが)す 찾다 | 事務(じむ) 사무 | 近所(きんじょ) 이웃, 근처 | 頑張(がんば)る 분발하다 | 恋人(こいびと) 애인

해설 1번은 친구를 사귀는 것보다 먼저 대화를 시작해 보겠다고 했으므로 정답이 아니다. 2번은 일본어를 더 잘하게 된 이후의 일이라고 했으므로 정답이 아니다. 3번은 일본인이라면 누구든 대화해 보겠다고 했으므로 정답이다. 4번은 일본인과 대화할 수 있는 일자리를 구하는 것은 어렵다고 말했으므로 정답이 아니다.

9番

家で、母と息子が旅行の準備について話しています。
息子は、これから小さいカバンに何を入れますか。

F：旅行の準備はもう終わった？
M: うん、ほとんど終わったよ。
F：パスポートと飛行機のチケットは？
M: 小さいかばんに入れてあるよ。
F：そう。じゃあ、傘は？ 旅行が長いから必要でしょう。
M: あ、まだ入れてない。スーツケースに入れよう。
F：薬も小さいかばんに入れた？
M: あっ！ 薬。今、入れるよ。
F：忘れないでね。

息子は、これから小さいカバンに何を入れますか。

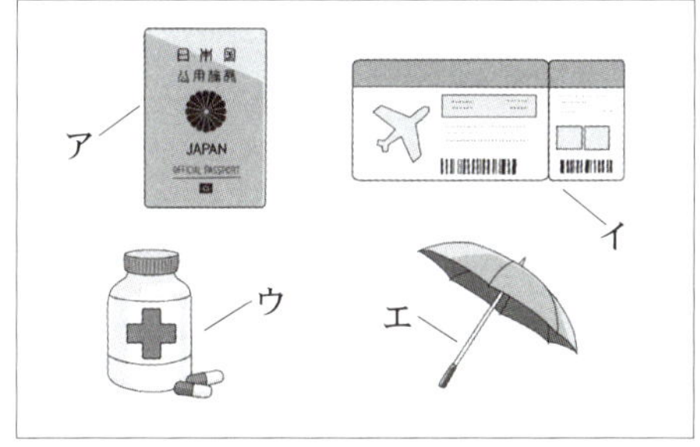

1 アイ
2 ウ
3 エ
4 アイエ

9번

집에서 어머니와 아들이 여행 준비에 대해 이야기하고 있습니다.
아들은 지금부터 작은 가방에 무엇을 넣습니까?

여: 여행 준비는 이제 다 끝났니?
남: 응, 거의 다 끝났어.
여: 여권이랑 비행기 티켓은?
남: 작은 가방에 넣어 뒀어.
여: 그래. 그럼, 우산은? 여행이 길어서 필요하겠지.
남: 아, 아직 안 넣었어. 슈트케이스에 넣어야지.
여: 약도 작은 가방에 넣었니?
남: 앗! 약. 지금 넣을게.
여: 잊지 마.

아들은 지금부터 작은 가방에 무엇을 넣습니까?

단어 息子(むすこ) 아들 | 旅行(りょこう) 여행 | 準備(じゅんび) 준비 | 飛行機(ひこうき) 비행기 | チケット 티켓, 표 | 傘(かさ) 우산 | 必要(ひつよう)だ 필요하다 | 薬(くすり) 약 | 忘(わす)れる 잊다

해설 여권과 티켓은 작은 가방에 이미 넣어 두었고, 우산은 슈트케이스에 넣겠다고 했다. 약은 지금 바로 넣겠다고 했으므로 정답은 2번이 된다.

청해 공략편

10番

デパートでアナウンスがありました。キャラクターショーを見たい人はまずどこへ行ったらいいですか。

F：本日はご来店、誠にありがとうございます。今日は子供の日なので、お子様たちのために様々なイベントを用意しております。午後１時より「友ちゃんと遊ぼう」という楽しいキャラクターショーがあります。ご覧になりたい方は１階案内所で整理券を受け取ってから屋上でお待ちください。５階「子供服売り場」ではポケモンと一緒に写真を撮るイベントをしております。８階「おもちゃ売り場」では商品をお買い求めになった方には、人気のキャラクターシールを差し上げております。その他の詳しいイベントは各階のエレベーター乗り場の横に貼ってあるお知らせをご覧ください。

キャラクターショーを見たい人はまずどこへ行ったらいいですか。

1　１階
2　５階
3　８階
4　屋上

10번

백화점에서 안내 방송이 있었습니다. 캐릭터 쇼를 보고 싶은 사람은 먼저 어디로 가면 됩니까?

여: 오늘은 내점해 주셔서 진심으로 감사합니다. 오늘은 어린이날이라서, 어린이들을 위해 다양한 이벤트를 준비하고 있습니다. 오후 1시부터 '토모쨩과 놀자'라는 즐거운 캐릭터 쇼 가 있습니다. 보고 싶으신 분은 1층 안내소에서 정리권을 받은 후에 옥상에서 기다려 주십시오. 5층 '아동복 매장'에서는 포켓몬과 함께 사진을 찍는 이벤트를 하고 있습니다. 8층 '장난감 매장'에서는 상품을 구입하신 분께는 인기 캐릭터 스티커를 드리고 있습니다. 그 외의 자세한 이벤트는 각 층의 엘리베이터 타는 곳 옆에 붙어 있는 알림을 봐 주십시오.

캐릭터 쇼를 보고 싶은 사람은 먼저 어디로 가면 됩니까?

1　1층
2　5층
3　8층
4　옥상

단어　来店(らいてん) 방문, 내점 | 様々(さまざま) 다양함 | 整理券(せいりけん) 정리권, 번호표 | 受(う)け取(と)る 받다, 수취하다 | 屋上(おくじょう) 옥상 | 買(か)い求(もと)める 사다, 구입하다 | 差(さ)し上(あ)げる 드리다〈'주다'의 높임말〉 | 貼(は)る 붙이다 | お知(し)らせ 알림, 공지

해설　1번은 1층 안내소에 가서 정리권을 받아야 하므로 정답이다. 2번은 포켓몬과 사진을 찍는 곳이며 캐릭터 쇼와는 관계가 없으므로 정답이 아니다. 3번은 캐릭터 스티커를 받는 곳이므로 캐릭터 쇼와는 관계가 없다. 4번은 정리권을 받은 뒤에 가야 하는 장소이므로 가장 먼저 갈 곳으로는 적절하지 않다.

11番

女の先生と男の先生が話しています。男の先生はこれからどうしますか。

F：犬と猫と馬と牛を子どもたちに作らせましょう。

M：じゃ、子どもたちを分けなければ。
自分の好きな動物を作るのがいいかもしれません。

F：でもそれだと多いところと少ないところができちゃうと思いますよ。

M：困りましたね。男の子と女の子をそれぞれ２つに分けませんか。男の子のグループを２つ、女の子のグループを２つ作ったらいいのでは。

F：でもやっぱり男の子も女の子もいたほうがいいですよ。背の高い順に１・２・３・４、１・２・３・４と分けていきましょう。私は女の子のほうを分けますから。

11번

여자 선생님과 남자 선생님이 이야기하고 있습니다. 남자 선생님은 이제부터 어떻게 합니까?

여: 개, 고양이, 말, 소를 아이들에게 만들게 합시다.

남: 그럼 아이들을 나눠야겠군요.
자기가 좋아하는 동물을 만드는 게 좋을지도 모릅니다.

여: 하지만 그러면 많은 곳과 적은 곳이 생길 것 같은데요.

남: 곤란하군요. 남자아이와 여자아이를 각각 둘로 나누지 않겠습니까? 남자아이 그룹을 2개, 여자아이 그룹을 2개 만들면 좋지 않을까요?

여: 하지만 역시 남자아이도 여자아이도 있는 편이 좋아요. 키가 큰 순서대로 1・2・3・4, 1・2・3・4로 나눕시다. 저는 여자아이 쪽을 나눌 테니까요.

남: 네, 알겠습니다.

M: はい、わかりました。

男の先生はこれからどうしますか。

1 男の子を４つのグループに分ける
2 女の子を４つのグループに分ける
3 子どもを１・２・３・４と呼ぶ
4 子どもに好きな動物を作らせる

남자 선생님은 이제부터 어떻게 합니까?

1 남자아이를 네 그룹으로 나눈다
2 여자아이를 네 그룹으로 나눈다
3 아이들을 1・2・3・4로 부른다
4 아이들에게 좋아하는 동물을 만들게 한다

단어 猫(ねこ) 고양이 | 馬(うま) 말 | 牛(うし) 소 | 分(わ)ける 나누다 | 自分(じぶん) 자신 | 動物(どうぶつ) 동물 | 困(こま)る 곤란하다 | それぞれ 각각 | 背(せ) 키 | 順(じゅん) 순서 | 呼(よ)ぶ 부르다

해설 두 선생님의 마지막 대화 부분을 보면, 여자 선생님이 키가 큰 순서대로 1・2・3・4로 나눌 것을 제안하면서, 본인이 여자아이를 나누겠다고 했다. 따라서 남자 선생님은 남자아이를 1・2・3・4로 나누면 되므로 정답은 1번이다.

12番

保健室の先生と男の先生が話しています。男の先生はこれからどうしますか。

F：レイさんが気分が悪いと言って保健室へ来ていますよ。
M: あれ、またですか。どうしたんだろう。いじめにでも遭っているのかな。石井さん、何か聞いていませんか。
F：いいえ、特に何も。でもレイさん最近いつも一人でいますね。
M: それは変だ。レイにちょっと聞いてみてくれませんか。
F：いいですよ。でも川田先生が直接聞いたほうがいいですよ。
M: じゃ、その前に仲がいいワンさんに聞いてみます。
F：まだいじめかどうかわからないですから、まず体の具合について本人に聞いたほうがいいと思うんですが。
M: それもそうですね。

男の先生はこれからどうしますか。

1 ワンさんにレイさんの体の具合について聞く
2 ワンさんにレイさんがいじめられているか聞く
3 レイさんにいじめられているか聞く
4 レイさんに体の具合について聞く

12번

보건실 선생님과 남자 선생님이 이야기하고 있습니다. 남자 선생님은 이제부터 어떻게 합니까?

여: 레이가 속이 안 좋다고 해서 보건실에 와 있어요.
남: 어, 또요? 어떻게 된 일이지? 괴롭힘이라도 당하고 있는 걸까. 이시이 씨, 뭔가 듣지 못 했어요?
여: 아니요, 딱히 아무것도. 하지만 레이가 요즘 항상 혼자서 있네요.
남: 그거 이상하네. 레이에게 좀 물어봐 주시겠습니까?
여: 좋아요. 하지만 가와다 선생님이 직접 묻는 게 좋아요.
남: 그럼 그 전에 사이가 좋은 왕에게 물어 보겠습니다.
여: 아직 괴롭힘을 당하고 있는 건지 아닌지 모르니까, 우선 몸 상태에 대해 본인에게 물어보는 게 좋을 것 같은데요.
남: 그것도 그렇군요.

남자 선생님은 이제부터 어떻게 합니까?

1 왕에게 레이의 몸 상태에 대해 묻는다
2 왕에게 레이가 괴롭힘을 당하고 있는지 묻는다
3 레이에게 괴롭힘을 당하고 있는지 묻는다
4 레이에게 몸 상태에 대해 묻는다

단어 保健室(ほけんしつ) 보건실 | 気分(きぶん)が悪(わる)い 몸이 안 좋다, 속이 안 좋다 | また 또 | いじめ 괴롭힘 | 遭(あ)う 당하다 | 聞(き)く 묻다, 듣다 | 特(とく)に 특별히 | 最近(さいきん) 최근 | 変(へん)だ 이상하다 | 直接(ちょくせつ) 직접 | 前(まえ) 전에 | 仲(なか) 사이 | 体(からだ) 몸 | 具合(ぐあい) 상태 | 本人(ほんにん) 본인

해설 마지막에 보건실 선생님이 먼저 몸 상태에 대해서 레이 본인에게 물어 보는 게 좋지 않겠냐고 충고를 하고, 남자 선생님이 받아들였으므로 정답은 4번 '레이에게 몸 상태에 대해 묻는다'가 된다.

02 문제2 포인트이해

p.412

問題 2

問題２では、まず質問を聞いてください。そのあと、問題用紙を見てください。読む時間があります。それから話を聞いて、問題用紙の１から４の中から、最もよいものを一つえらんでください。

문제2

문제2에서는 먼저 질문을 들어 주세요. 그 다음 문제 용지를 보세요. 읽는 시간이 있습니다. 그런 다음 이야기를 듣고 문제 용지의 1에서 4 중에서 가장 적당한 것을 하나 고르세요.

1 番

女の人と男の人が話しています。男の人はどうして困っていますか。

F：どうしたの？ 難しい顔をして。

M：インドネシアから10人来るはずだったんだけど、５人が韓国に行っちゃったんだ。

F：まあ、毎年、10人は来ていたのに……。どうしたの？

M：うちの会社は１時間1200円、韓国は1700円だから仕方がないんだ。

F：500円も違うの。もう少し上げられないの？

M：100円しか上げられないから競争にならないよ。

F：じゃ、女性とかお年寄りとか。

M：それは無理だよ。船を造っているんでやっぱり若い男性が必要なんだよ。

F：じゃ、他の国の人は？

M：そうだね。それも考えてみるよ。

男の人はどうして困っていますか。

1 今年はインドネシアから働きに来なかったから
2 インドネシア人しか働きに来なかったから
3 もう全然お金を上げられないから
4 来るはずのインドネシア人が来なかったから

1번

여자와 남자가 이야기하고 있습니다. 남자는 왜 곤란해하고 있습니까?

여: 무슨 일이야? 못마땅한 표정을 하고.

남: 인도네시아에서 10명 오기로 했었는데, 5명이 한국으로 가버렸어.

여: 어머, 매년 10명은 왔었는데……. 무슨 일이야?

남: 우리 회사는 1시간에 1,200엔, 한국은 1,700엔이라 어쩔 수 없어.

여: 500엔이나 차이 나네. 조금 더 올릴 수는 없어?

남: 100엔밖에 못 올리니까 경쟁이 안 돼.

여: 그럼, 여성이나 어르신이라든가.

남: 그건 무리야. 배를 만들고 있어서 역시 젊은 남성이 필요해.

여: 그럼, 다른 나라 사람은?

남: 그러게. 그것도 생각해 볼게.

남자는 왜 곤란해하고 있습니까?

1 올해는 인도네시아에서 일하러 오지 않았기 때문에
2 인도네시아인밖에 일하러 오지 않았기 때문에
3 이제 전혀 돈을 올릴 수 없기 때문에
4 오기로 했던 인도네시아인이 오지 않았기 때문에

단어 難(むずか)しい 언짢다, 못마땅하다 | 顔(かお)をする 얼굴을 하다, 표정을 짓다 | インドネシア 인도네시아 | 仕方(しかた) 방법 | 競争(きょうそう) 경쟁 | 女性(じょせい) 여성 | お年寄(としよ)り 노인 | 船(ふね) 배 | 造(つく)る 만들다, 건조하다

해설 1번은 5명은 오기로 했으므로 정답이 아니다. 2번은 다른 나라 사람에 대해서는 생각해 본다고 했으므로 정답이 아니다. 3번은 100엔은 올릴 수 있다고 했으므로 정답이 아니다. 4번은 10명이 오기로 예정되어 있었으나 5명만 오게 되었으므로 정답이다.

2 番

男の人と女の人が話しています。なぜ女の人はこのスカートにポケットを付けたいと考えていますか。

M：春のスカート、このデザインはどうかな。

F：すてきなデザインですが、ポケットを付けたいです。

2번

남자와 여자가 이야기하고 있습니다. 왜 여자는 이 스커트에 주머니를 달고 싶어 합니까?

남: 봄 스커트, 이 디자인은 어때?

여: 멋진 디자인이지만 주머니를 달고 싶어요.

M: これにポケットは無理だよ。ふわっとしたスカートなんだから。

F : でも、ポケットがあったら便利ですよ。

M: でも、形が悪くなるよ。タイトスカートじゃないんだから。

F : 形が悪くならないように工夫しましょうよ。前から女性の服に便利なポケットを付けたいと思っていたんです。上着だって男性用はポケットがいくつも付いていますが、女性用は付いていてもせいぜい一つですよ。

M: そうだが、そんなこと考えたこともなかったよ。

F : そうでしょう。これからはポケット付きのほうが売れると思うんです。

M: そうかなあ。

なぜ女の人はこのスカートにポケットを付けたいと考えていますか。

1 ポケット付きのほうがデザインが良くなるから

2 ポケットが付いていないと不便だから

3 スカートのデザインを工夫したいから

4 ポケットが付いていないと売れないから

남: 여기에 주머니는 무리야. 풍성하게 퍼지는 스커트니까.

여: 하지만 주머니가 있으면 편리해요.

남: 하지만 형태가 안 좋아질 거야. 타이트 스커트가 아니니까.

여: 형태가 나빠지지 않게 궁리해 봐요. 전부터 여성복에 편리한 주머니를 달고 싶다고 생각했어요. 상의만 해도 남성용은 주머니가 여러 개 달려 있지만, 여성용은 달려 있어도 기껏해야 하나예요.

남: 그렇긴 하지만, 그런 건 생각한 적도 없어.

여: 그렇겠죠. 앞으로는 주머니가 달린 쪽이 더 잘 팔릴 것 같아요.

남: 그러려나.

왜 여자는 이 스커트에 주머니를 달고 싶어 합니까?

1 주머니가 달린 쪽이 디자인이 더 좋아지기 때문에

2 주머니가 달려 있지 않으면 불편하기 때문에

3 스커트 디자인을 궁리하고 싶기 때문에

4 주머니가 달려 있지 않으면 팔리지 않기 때문에

단어 ポケット 주머니 | デザイン 디자인 | ふわっと 가볍고 부드러운 모양 | タイトスカート 타이트 스커트 | 工夫(くふう) 궁리, 고안 | 上着(うわぎ) 상의 | せいぜい 기껏해야 | 売(う)れる 팔리다

해설 1번은 주머니를 달면 디자인이 나빠진다고 했으므로 정답이 아니다. 2번은 편리한 주머니를 달고 싶다고 말했으므로 정답이다. 3번은 형태가 나빠지지 않게 만들자고 했을 뿐, 디자인 궁리 자체가 목적은 아니므로 정답이 아니다. 4번은 잘 팔릴 것 같다고 했을 뿐, 안 달면 안 팔린다는 이야기는 하지 않았으므로 정답이 아니다.

3番

女の人と男の人が話しています。男の人はどうして驚きましたか。

F : デザート、何を食べようかな。

M: また食べるの？ もう、お腹がいっぱいだって言っていたじゃないか。

F : 甘い物は別腹だから。

M: 別腹だといっても胃は一つしかないんだから、いっぱいでもう入らないでしょう。

F : それがね、本当に別腹ってあるのよ。デザートを見ると胃が少し下がって２センチぐらい空の場所ができるのよ。それが別腹。

M: 本当？ 胃にデザートが入る場所ができるなんて驚いたよ。

F : 本当よ。テレビで見たんだから。お腹がいっぱいの時でも甘い物なら食べられるのが不思議だったんだけど、やっと理由がわかったわ。

3번

여자와 남자가 이야기하고 있습니다. 남자는 왜 놀랐습니까?

여: 디저트, 뭐 먹을까?

남: 또 먹어? 이미 배가 가득 찼다고 말했잖아.

여: 단것은 디저트 배가 따로 있으니까.

남: 디저트 배라고 해도 위는 하나밖에 없으니까, 가득 차서 더는 안 들어가겠지.

남: 그게 말이야, 정말로 디저트 배라는 게 있대. 디저트를 보면 위가 조금 내려가서 2센티 정도 빈 공간이 생긴대. 그게 디저트 배야.

남: 정말? 위에 디저트가 들어갈 공간이 생긴다니 놀라운데.

여: 정말이야. 텔레비전에서 봤거든. 배가 부를 때도 단것이라면 먹을 수 있는 게 신기했는데, 드디어 이유를 알았어.

M: 別腹って本当にあるんだね。でも、食べ過ぎは体に悪いから止めておいたほうがいいよ。

男の人はどうして驚きましたか。

1 別腹ということを初めて聞いたから
2 別腹が胃の中に本当にできると知ったから
3 女の人がデザートを食べると言ったから
4 テレビで胃が下がるのを見たから

남: 디저트 배가 정말로 있는 거구나. 하지만 과식은 몸에 안 좋으니까 그만두는 게 좋아.

남자는 왜 놀랐습니까?

1 디저트 배라는 말을 처음 들었기 때문에
2 디저트 배가 위 속에 실제로 생긴다는 것을 알았기 때문에
3 여자가 디저트를 먹겠다고 말했기 때문에
4 텔레비전에서 위가 내려가는 것을 보았기 때문에

단어 驚(おどろ)く 놀라다 | デザート 디저트, 후식 | お腹(なか)がいっぱい 배가 부르다 | 別腹(べつばら) 다른 배(디저트 배) | 胃(い) 위 | 空(から) 비어 있음 | 不思議(ふしぎ)だ 신기하다, 이상하다 | やっと 겨우 | 食(た)べ過(す)ぎ 과식 | 止(や)める 그만두다

해설 1번은 남자는 "디저트 배라고 해도 위는 하나밖에 없는데"라며 '디저트 배'라는 말 자체는 이미 알고 있는 상태에서 부정적인 의견을 말한다. 따라서 처음 들은 것이 아니다. 2번은 "위에 디저트가 들어갈 장소가 생긴다니 놀라운데"라고 말하고 있으므로 정답이다. 3번은 놀랐다기보다는 어이없어하는 반응에 가까우므로 정답이 아니다. 4번은 텔레비전을 본 것은 여자이므로 정답이 아니다.

4番

男の孫とおばあさんが話しています。おばあさんはなぜ困ると言っていますか。

M: わ～、このケーキやばい。
F : えっ、悪くなっているのかい？ それともまずいのかい？
M: その反対。すご～くおいしいよ。やば～～い。
F : まあ、やばいをすごくいい時に使うなんて……。ばあちゃんにはさっぱりわからないよ。そういえば、この間のテストはやばいって言っていたね。100点だったのかい？
M: ああ、あれは40点ですごく悪かったからやばいって言ったんだ。
F : それじゃあ、「やばい」って言われてもいいのか悪いのかすぐにわからないじゃないか。
M: うん。僕はいい時に使う方が多いかな。
F : 若い人だけが使うんでしょう？
M: いや、この間守おじさんも使っていたよ。
F : まあ。守まで……。

おばあさんはなぜ困ると言っていますか。

1 「やばい」を若い人だけでなくお年寄りも使っているから
2 「やばい」の新しい意味がわからないから
3 「やばい」が悪い時よりいい時のほうに使われるから
4 「やばい」をどちらの意味で使ったかすぐにわからないから

4번

남자 손자와 할머니가 이야기하고 있습니다. 할머니는 왜 곤란하다고 말하고 있습니까?

남: 와~, 이 케이크 '야바이(장난 아니다)'.
여: 어머, 상한 거니? 아니면 맛이 없는 거니?
남: 그 반대. 너무 맛있어요. '야바이'.
여: 세상에, '야바이'를 아주 좋을 때 쓰다니……. 할머니는 전혀 모르겠구나. 그러고 보니 지난번 시험도 '야바이'라고 말했었지? 100점이었니?
남: 아, 그건 40점이라서 아주 나빠서 '야바이'라고 한 거예요.
여: 그러면 '야바이'라고 들어도 좋은 건지 나쁜 건지 바로 알 수가 없잖니.
남: 네. 저는 좋을 때 쓰는 경우가 더 많은 것 같아요.
여: 젊은 사람들만 쓰는 거지?
남: 아뇨, 요전에 마모루 삼촌도 쓰고 있었어요.
여: 세상에. 마모루까지…….

할머니는 왜 곤란하다고 말하고 있습니까?

1 '야바이'를 젊은 사람뿐만 아니라 노인도 쓰고 있기 때문에
2 '야바이'의 새로운 의미를 모르기 때문에
3 '야바이'가 나쁠 때보다 좋을 때 더 많이 쓰이기 때문에
4 '야바이'를 어느 쪽 의미로 썼는지 바로 알 수 없기 때문에

단어 孫(まご) 손자 | 困(こま)る 곤란하다 | 反対(はんたい) 반대 | さっぱり 전혀, 조금 | すぐに 곧, 즉시 | 若(わか)い 젊다 | お年寄(としよ)り 노인 | 意味(いみ) 의미

해설 1번은 마모루 삼촌이 쓰는 것에 놀라긴 했지만, 그것이 할머니가 곤란하다고 말한 핵심 이유는 아니다. 2번은 손자에게 설명을 들어서 의미는 알게 되었으므로 정답이 아니다. 3번은 손자 개인의 사용 습관일 뿐이므로 정답이 아니다. 4번은 "좋은 건지 나쁜 건지 바로 알 수 없지 않니"라고 말했으므로 정답이다.

5番

女の人と男の人が話しています。埋め込み式信号機を付けた主な目的は何ですか。

F：この間、韓国に行ったら、信号が足のところで光っていたので驚いたわ。

M：ああ、埋め込み式信号機だね。路面信号とも言うんだけど、日本にもあるよ。

F：そうなの。見たことがなかったわ。

M：うん、日本はまだ始まったばかりだから見たことがなくても当然だよ。韓国はかなり進んでいて付けたところでは交通事故がずいぶん減ったらしいよ。

F：そうでしょうね。足のところが赤く光ったらスマホを見ていても止まるわ。

M：そうなんだよ。ドイツが最初に光らせるようにしたんだけど、スマホを見ていて電車にぶつかって死んだ子供がいたのが理由だって。ドイツの後すぐに韓国も始めたんだけど、理由は同じだそうだよ。

F：どこの国でもだめって言われても歩きスマホする若者がいるのね。

埋め込み式信号機を付けた主な目的は何ですか。

1 歩きスマホを止めさせるため
2 信号機があることを知らせるため
3 子供を死なせないため
4 交通事故を減らすため

5번

여자와 남자가 이야기하고 있습니다. 매립식 신호등을 설치한 주된 목적은 무엇입니까?

여: 얼마 전 한국에 갔더니, 신호가 발밑에서 빛나고 있어서 놀랐어.

남: 아, 매립식 신호등이네. 노면 신호라고도 하는데 일본에도 있어.

여: 그렇구나. 본 적이 없었어.

남: 응, 일본은 이제 막 시작된 참이라 본 적이 없어도 당연해. 한국은 꽤 앞서 있어서 설치한 곳에서는 교통사고가 상당히 줄었대.

여: 그렇겠네. 발밑이 빨갛게 빛나면 스마트폰을 보고 있어도 멈추게 돼.

남: 맞아. 독일이 처음으로 빛나게 했는데, 스마트폰을 보다가 전철에 부딪혀 죽은 아이가 있었던 게 이유래. 독일 다음에 바로 한국도 시작했는데 이유는 같다고 해.

여: 어느 나라든 안 된다고 해도 걸으면서 스마트폰을 하는 젊은이가 있구나.

매립식 신호등을 설치한 주된 목적은 무엇입니까?

1 걸으면서 스마트폰 하는 것을 그만두게 하기 위해
2 신호등이 있다는 것을 알리기 위해
3 아이를 죽지 않게 하기 위해
4 교통사고를 줄이기 위해

단어 埋(う)め込(こ)み式(しき) 매립식 | 信号機(しんごうき) 신호등, 신호기 | 付(つ)ける 설치하다 | 目的(もくてき) 목적 | 光(ひか)る 빛나다 | 驚(おどろ)く 놀라다 | 路面(ろめん) 노면 | 始(はじ)まる 시작되다 | 当然(とうぜん)だ 당연하다 | かなり 꽤, 상당히 | 進(すす)む 나아가다 | 交通事故(こうつうじこ) 교통사고 | ずいぶん 대단히, 몹시 | 減(へ)る 줄다 | スマホ 스마트폰 | ドイツ 독일 | ぶつかる 부딪치다, 충돌하다 | 始(はじ)める 시작하다 | 歩(ある)きスマホ 걸어다니며 스마트폰을 사용하는 것 | 若者(わかもの) 젊은이 | 止(や)める 멈추다, 세우다 | 減(へ)らす 줄이다

해설 독일의 어린이 사망사고 사례는 매립식 신호등의 도입 계기일 뿐 전체 목적이 될 수 없으며, 특히 3번은 '스마트폰 사용'이라고 하는 전제 없이 대상(아이)을 지나치게 넓게 설정하여 대화 내용과 정확히 대응하지 않는다. 젊은이의 사례와 사고 감소 효과가 언급된 점으로 보아, 특정한 대상에 한정되지 않은 보행자 전체의 교통사고 방지를 목적으로 하는 4번이 적절하다.

6番

男の人と女の人が話しています。女の人は株主になってどうなったと言っていますか。

M：君の会社、社員に株をくれるんだってね。それでみんなが頑張るのかな。

F：最初は、「うれしい。株を売って何か買おうかな」なんて人が多かったのよ。

M：僕も株をもらったらそうなりそうだ。

6번

남자와 여자가 이야기하고 있습니다. 여자는 주주가 되고 나서 어떻게 되었다고 말하고 있습니까?

남: 너희 회사, 직원에게 주식을 준다며? 그래서 다들 열심히 하는 걸까.

여: 처음에는 "기쁘다. 주식을 팔아서 뭘 살까" 하는 사람이 많았어.

남: 나도 주식을 받으면 그렇게 될 것 같아.

F：私も最初にもらった株は売っちゃったのよ。でも、２回目から売らないで持っているわ。

M：へえ、どうして？

F：株と自分の仕事の関係を教えてもらったからだんだん株主として会社のことを考えるようになったのよ。

M：それじゃ、もらったから仕事を頑張るようになったんだ。

F：失礼ね。もらわなくても頑張る気持ちに変わりはないわ。でも、今は自分の会社って気持ちが強くなってもっと頑張りたいってなったのよ。

M：じゃあ、会社が希望する通りになっているんじゃないか。

女の人は株主になってどうなったと言っていますか。

1 株のあるなしに関係なく頑張ろうと思っている

2 もらった株を売っていたが今はもっと増やしている

3 株を持っているので今はもっと頑張りたくなっている

4 株と仕事は関係ないが株をもらってよかったと思っている

여: 나도 처음에 받은 주식은 팔아 버렸어. 하지만 두 번째부터는 팔지 않고 가지고 있어.

남: 어, 어째서?

여: 주식과 내 업무의 관계를 배웠기 때문에 점점 주주로서 회사 일을 생각하게 되었거든.

남: 그럼, 주식을 받았으니까 업무를 열심히 하게 된 거네.

여: 무례하네. 주식을 받지 않아도 열심히 하려는 마음에 변함은 없어. 하지만 지금은 내 회사라는 마음이 강해져서 더 열심히 하고 싶어지게 된 거야.

남: 그럼 회사가 희망하는 대로 된 거 아니야?

여자는 주주가 되고 나서 어떻게 되었다고 말하고 있습니까?

1 주식의 유무와 상관없이 열심히 하려고 생각하고 있다

2 받은 주식을 팔았었지만 지금은 더 늘리고 있다

3 주식을 가지고 있어서 지금은 더 열심히 하고 싶어졌다

4 주식과 일은 관계없지만 주식을 받아서 좋다고 생각하고 있다

단어 株主(かぶぬし) 주주 | 社員(しゃいん) 사원 | 株(かぶ) 주식 | くれる 주다 | 頑張(がんば)る 분발하다 | 最初(さいしょ) 맨 처음 | 売(う)る 팔다 | もらう 받다 | 関係(かんけい) 관계 | 失礼(しつれい) 실례 | 気持(きも)ち 기분 | もっと 더욱 | 希望(きぼう)する 희망하다 | 増(ふ)やす 늘리다

해설 1번은 주식을 받지 않아도 열심히 하겠다는 마음에 변함이 없다고 했고, 주식을 갖게 되면서 더 열심히 하고 싶어졌다는 변화가 생겼으므로 정답이 아니다. 2번은 주식을 팔지 않고 가지고 있다고 했으므로 정답이 아니다. 3번은 주식을 갖게 되면서 내 회사라는 생각이 강해져서 열심히 하고 싶어졌다고 했으므로 정답이다. 4번은 주식과 일의 관계를 배운 후 생각이 바뀌었다고 했으므로 관계가 없다는 설명은 맞지 않다.

7番

女の人と男の人が話しています。熊に会ったらどうしたらいいですか。

F：うちの村に熊が出たのよ。急に、熊に会ったら、走って逃げたらいい？　それとも高い木に登ったらいい？

M：どちらも駄目。逃げたら追いかけてくるし、熊は木登りがとても上手なんだよ。

F：木に登れるのね。前は人間に会ったら熊のほうが逃げていたのに……。

M：うん。熊が人間に慣れちゃったんだよ。

F：じゃあ、鈴のような音や大きな音を出しても熊は逃げないわね。

M：そうだよ。熊撃退スプレーがいいよ。

F：熊撃退スプレー？　でも、近くに行かないとスプレーが当たらないわね。

M：わざわざ近づいちゃ駄目だよ。熊のほうを向いたまま静かに少しずつ後ろに下がって逃げるんだよ。もし、

7번

여자와 남자가 이야기하고 있습니다. 곰을 만나면 어떻게 하면 됩니까?

여: 우리 마을에 곰이 나타났어. 갑자기 곰을 만나면 뛰어서 도망치면 돼? 아니면 높은 나무에 올라가면 될까?

남: 둘 다 안 돼. 도망치면 쫓아오고, 곰은 나무 타기를 아주 잘하거든.

여: 나무에 올라갈 수 있구나. 전에는 사람을 만나면 곰이 도망쳤는데…….

남: 응. 곰이 사람에게 익숙해져 버린 거야.

여: 그럼 방울 소리나 큰 소리를 내도 곰은 도망가지 않겠네.

남: 맞아. 곰 퇴치 스프레이가 좋아.

여: 곰 퇴치 스프레이? 하지만 가까이 가지 않으면 스프레이가 닿지 않아.

남: 일부러 다가가면 안 돼. 곰 쪽을 향한 채로 조용히 조금씩 뒤로 물러나며 도망치는 거야. 만약 곰이 가까이 와 버린다면 쓸 수 있도록 퇴치 스프레이는 준비해 둬.

熊が近くに来てしまったら、使えるように撃退スプレーは準備しておいて。

F：それは難しいわ。

熊に会ったらどうしたらいいですか。

1 大きな音を出して驚かせる
2 熊撃退スプレーを吹き付ける
3 静かに後ろに下がる
4 高い木に登る

여: 그건 어렵겠어.

곰을 만나면 어떻게 하면 됩니까?

1 큰 소리를 내서 놀라게 한다
2 곰 퇴치 스프레이를 뿌린다
3 조용히 뒤로 물러난다
4 높은 나무에 올라간다

단어 村(むら) 마을 | 熊(くま) 곰 | 急(きゅう)に 갑자기 | 走(はし)る 달리다 | 逃(に)げる 도망치다 | 登(のぼ)る 오르다 | 駄目(だめ) 해서는 안 됨 | 追(お)いかける 뒤쫓아 가다 | 木登(きのぼ)り 나무 타기 | 人間(にんげん) 인간 | 慣(な)れる 익숙해지다 | 鈴(すず) 방울 | 撃退(げきたい) 격퇴 | スプレー 스프레이 | わざわざ 일부러 | 近(ちか)づく 접근하다 | 向(む)く 향하다 | 下(さ)がる 물러서다 | 準備(じゅんび) 준비 | 驚(おどろ)かせる 놀라게 하다 | 吹(ふ)き付(つ)ける 내뿜다

해설 1번은 곰이 사람에게 익숙해져서 소리를 내도 무서워하지 않으므로 정답이 아니다. 2번은 스프레이는 곰이 가까이 왔을 때를 대비한 비상용이며, 우선적인 대처법은 아니므로 정답이 아니다. 3번은 곰을 정면으로 응시하며 조용히 뒤로 물러나는 것이 올바른 방법이라고 했으므로 정답이다. 4번은 곰은 나무를 잘 타기 때문에 적절하지 않다.

8番

家で夫と妻が話しています。妻はどうして新聞を止めたくないのですか。

M：もう新聞取るの止めようよ。ニュースはスマホで読めるし、5,000円も払うのもったいないよ。

F：えっ、大学受験に新聞から問題がよく出るから、孝にも読ませてやりたいし。

M：読解問題の練習は参考書でもできるだろう？

F：それはそうだけど、私、新聞を読まないと落ち着かないのよ。

M：インターネットだって同じことが書いてあるでしょ？

F：でも、新聞なら一度にたくさんの記事が目に入るから、気になる記事を選べるけど、インターネットは見出しだけで自分で記事を選ばなきゃならないから駄目なのよ。

M：仕方がないなあ。

妻はどうして新聞を止めたくないのですか。

1 子どもが読みたがっているから
2 新聞は一目で多くの記事がわかるから
3 インターネットと新聞でニュースが違うから
4 インターネットで記事が選べないから

8번

집에서 남편과 아내가 이야기하고 있습니다. 아내는 왜 신문을 끊고 싶지 않은 것입니까?

남: 이제 신문 구독하는 거 끊자. 뉴스는 스마트폰으로 읽을 수 있고, 5,000엔이나 내는 거 아까워.

여: 어? 대학 수험에 신문에서 문제가 자주 나오니까, 다카시에게도 읽게 해 주고 싶고.

남: 독해문제 연습은 참고서로도 할 수 있잖아?

여: 그건 그렇지만, 나, 신문을 읽지 않으면 안정이 안 돼.

남: 인터넷도 같은 내용이 써있잖아.

여: 그렇지만 신문은 한 번에 많은 기사가 눈에 들어오니까 신경쓰이는 기사를 고를 수 있는데, 인터넷은 표제만으로 직접 기사를 골라야하니까 안 돼.

남: 어쩔 수 없지.

아내는 왜 신문을 끊고 싶지 않은 것입니까?

1 아이가 읽고 싶어하니까
2 신문은 한눈에 많은 기사를 알 수 있으니까
3 인터넷과 신문에서 뉴스가 다르니까
4 인터넷으로 기사를 고를 수 없으니까

단어 夫(おっと) 남편 | 妻(つま) 아내 | 新聞(しんぶん) 신문 | 取(と)る 구독하다 | 止(や)める 그만두다 | 払(はら)う 지불하다 | 大学受験(だいがくじゅけん) 대학입시 | 問題(もんだい) 문제 | 出(で)る 나오다 | 練習(れんしゅう) 연습 | 参考書(さんこうしょ) 참고서 | 落(お)ち着(つ)く 마음이 안정되다 | 記事(きじ) 기사 | 気(き)になる 신경 쓰이다 | 選(えら)ぶ 고르다 | 見出し(みだし) 제목 | 自分(じぶん) 자신 | 駄目(だめ) 안 됨 | 仕方(しかた) 방법, 어쩔 수 없음

청해 공략편

해설 아내가 신문을 끊고 싶지 않은 이유를 묻고 있다. 아내는 아들에게 신문을 읽게 해 주고 싶고, 자신이 신문을 읽지 않으면 안정이 되지 않는다고 했다. 그리고 신문은 펼치면 많은 기사가 눈에 들어와 내용을 대강 알 수 있다고 했다. 따라서 정답은 2번이 된다.

9番

男の人と女の人が指輪について話しています。男の人はどうして女の人に奥さんの指輪のサイズを聞いてほしいと頼んだのですか。

M: 美子さん、ちょっとお願いがあるんだけど。

F : 何かしら。

M: 玲子に指輪のサイズを聞いてくれないかな。

F : え、何で？ 自分の奥さんなんだから、自分で聞けばいいじゃない。

M: 結婚する時に貧乏で指輪が買えなかったんだ。それがずっと気になっていて。10年も経っちゃったけど買ってあげたいと思って。

F : こっそり買って驚かせたいってこと？

M: いや、「今更」って断られそうで。だからよろしく頼むよ。

男の人はどうして女の人に奥さんの指輪のサイズを聞いてほしいと頼んだのですか。

1 こっそり買って奥さんを驚かせたいから
2 指輪を買うと奥さんに怒られそうだから
3 奥さんにもういらないと言われそうだから
4 奥さんがサイズを教えてくれなかったから

9번

남자와 여자가 반지에 대해서 이야기하고 있습니다. 남자는 왜 여자에게 아내의 반지 사이즈를 물어봐 달라고 부탁한 것입니까?

남: 요시코 씨, 부탁이 좀 있는데.

여: 뭔데?

남: 레이코에게 반지 사이즈를 물어봐 주지 않을래?

여: 어? 왜? 자기 아내니까 직접 물어보면 되잖아.

남: 결혼할 때 가난해서 반지를 살 수 없었어. 그게 계속 신경 쓰여서. 10년이나 지나버렸지만 사주고 싶어서.

여: 몰래 사서 놀래 주고 싶은 거야?

남: 아니, '이제 와서'라고 거절당할것 같아서. 그러니까 잘 부탁해.

남자는 왜 여자에게 아내의 반지 사이즈를 물어봐 달라고 부탁한 것입니까?

1 몰래 사서 아내를 놀라게 하고 싶어서
2 반지를 사면 아내에게 혼날 것 같아서
3 아내가 이제 필요없다고 말할 것 같아서
4 아내가 사이즈를 가르쳐 주지 않았기 때문에

단어 指輪(ゆびわ) 반지 | 頼(たの)む 부탁하다 | 奥(おく)さん 아내 | 自分(じぶん) 자신 | 結婚(けっこん) 결혼 | 貧乏(びんぼう) 가난 | 気(き)になる 신경 쓰이다 | 経(た)つ 지나다 | こっそり 몰래 | 驚(おどろ)かせる 놀라게 하다 | 今更(いまさら) 이제 와서 | 断(ことわ)る 거절하다

해설 '이제 와서 라고 거절당할것 같아서'라고 대답했기 때문에 정답은 3번이 된다.

10番

女の人と男の人が喫茶店について話しています。男の人はどうしてその喫茶店に行きますか。

F : 「ミラン」に行ってカフェラテ飲んでみたいわ。

M: カフェラテなら「バックス」でも飲めるよ。

F : でもあそこに何でも上手に描ける店員さんがいるんですって。

M: 何だ。ラテアートが目的なんだ。

F : 味だっていいそうよ。それに店の雰囲気も。

M: でも遠いなあ。

F : 一度ぐらいいいじゃないの。

10번

여자와 남자가 찻집에 대해서 이야기하고 있습니다. 남자는 왜 그 찻집에 갑니까?

여: '미랑'에 가서 카페라테 마셔보고 싶어.

남: 카페라테라면 '벅스'에서도 마실 수 있어.

여: 하지만 거기에 뭐든지 잘 그릴 수 있는 점원이 있대.

남: 뭐야. 라테아트가 목적이구나?

여: 맛도 좋대. 게다가 가게 분위기도.

남: 하지만 먼데.

여: 한 번 정도 괜찮지 않아?

M: 仕方がないなあ。

男の人はどうしてその喫茶店に行きますか。

1 カフェラテが飲みたいから
2 ラテアートが見たいから
3 おいしいし雰囲気もいいから
4 女の人が行きたがっているから

남: 어쩔 수 없군.

남자는 왜 그 찻집에 갑니까?

1 카페라테를 마시고 싶어서
2 라테아트가 보고 싶어서
3 맛있고 분위기도 좋아서
4 여자가 가고 싶어 하니까

단어 喫茶店(きっさてん) 카페 | カフェラテ 카페라테 | 店員(てんいん) 점원 | 描(か)く 그리다 | 目的(もくてき) 목적 | 味(あじ) 맛 | 雰囲気(ふんいき) 분위기 | 遠(とお)い 멀다 | 一度(いちど) 한 번 | 仕方(しかた) 방법, 수단

해설 남자가 왜 그 찻집에 가는지 묻고 있다. 여자가 미랑에서 카페라테를 마시고 싶다고 하자, 남자는 벅스에서도 마실 수 있다고 한다. 하지만 여자는 미랑에는 라테아트를 잘하는 직원도 있고 맛도 좋으며 분위기도 좋다며 한번 가도 괜찮지 않냐고 했다. 여자의 말에 남자가 어쩔 수 없다고 했으므로 남자는 여자와 같이 미랑에 가는 것이다. 따라서 정답은 4번 여자가 가고 싶어 하니까가 된다.

11番

男の人と女の人がカルシウムについて話しています。男の人が最もしなければならないことは何ですか。

M: カルシウムが足りないので、牛乳を飲んだり小魚を食べたりしているんだけど、まだ足りないんだって。
F : それじゃ、カルシウム剤を飲んだら。
M: 薬はなるべく飲みたくないんだよ。
もっと牛乳を飲もうかな。
F : そうね。それに運動もしなくちゃ。体を動かさないといくらカルシウムを取っても体から外に出てしまうんですって。
M: 車に乗ってばかりいたせいかな。
F : そうよ。もっと歩きなさいよ。
ジムに行くよりずっと効果があるわよ。
M: そうだね。

男の人が最もしなければならないことは何ですか。

1 カルシウム剤を飲むこと
2 もっと牛乳を飲むこと
3 ジムで運動すること
4 車に乗らないで歩くこと

11번

남자와 여자가 칼슘에 대해서 이야기하고 있습니다. 남자가 가장 해야만 하는 일은 무엇입니까?

남: 칼슘이 부족해서 우유를 마시거나 잔생선을 먹거나 하고 있는데, 아직 부족하대.
여: 그럼 칼슘제를 먹는 게 어때?
남: 약은 가능한 한 먹고 싶지 않아. 우유를 더 마실까?
여: 그래. 게다가 운동도 해야 돼. 몸을 움직이지 않으면 아무리 칼슘을 섭취해도 몸에서 밖으로 나가 버린대.
남: 차만 타고 있던 탓인가.
여: 맞아. 좀 더 걸어다녀. 체육관에 가는 것보다 훨씬 효과가 있어.
남: 그러네.

남자가 가장 해야만 하는 일은 무엇입니까?

1 칼슘제를 먹는 것
2 우유를 좀 더 마시는 것
3 체육관에서 운동하는 것
4 차를 타지 않고 걷는 것

단어 カルシウム 칼슘 | 足(た)りない 부족하다 | 牛乳(ぎゅうにゅう) 우유 | 小魚(こざかな) 작은 물고기 | カルシウム剤(ざい) 칼슘제 | 薬(くすり) 약 | 運動(うんどう) 운동 | 体(からだ) 몸 | 動(うご)かす 움직이다 | 取(と)る 섭취하다 | 外(そと) 밖 | 出(で)る 나가다 | 歩(ある)く 걷다 | ジム 체육관 | 効果(こうか) 효과

해설 남자가 가장 해야 할 일을 묻고 있다. 남자는 여자에게 칼슘을 보충하는 방법을 묻고, 여자는 몸을 움직이지 않으면 칼슘을 섭취해도 몸 밖으로 빠져 나간다고 했다. 그리고 차만 타고 다닌 탓도 있으므로 좀 더 걸으라고 했다. 그게 체육관에 가는 것보다 훨씬 효과가 있다고 했으므로, 정답은 4번 '차를 타지 않고 걷는 것'이 된다.

12番

デパートで迷子のお知らせをしています。ゆきちゃんのお母さんはどうすればいいですか。

F：迷子のお知らせをいたします。ピンクのワンピースを着たゆきちゃんというお名前のお子さんがお母様をおさがしです。おこころあたりの方は至急５階子ども服売り場の隣の保育室までおいでください。続いて迷子のお知らせをいたします。青いジャケットとズボンに白い帽子を被っている２歳の男のお子さんが迷子になっております。お近くでご覧になりましたら、すぐ売り場の店員までお知らせください。

ゆきちゃんのお母さんはどうすればいいですか。

1　５階の子ども服売り場に行く
2　おもちゃ売り場のそばの保育室に行く
3　子ども服売り場の隣にある保育室に行く
4　子ども服売り場の店員に知らせる

12번

백화점에서 미아에 대한 공지를 하고 있습니다. 유키의 어머니는 어떻게 하면 됩니까?

여: 미아 공지를 하겠습니다. 분홍색 원피스를 입은 유키라는 이름의 아이가 어머니를 찾습니다. 짐작이 가는 분은 속히 5층 아동복 매장 옆의 보육실까지 와 주십시오. 이어서 미아 공지를 하겠습니다. 파란색 재킷과 바지에 하얀 모자를 쓴 2살짜리 남자아이가 미아가 되었습니다. 근처에서 보시면 바로 매장의 점원에게 알려 주십시오.

유키의 어머니는 어떻게 하면 됩니까?

1　5층의 아동복 매장에 간다
2　장난감 매장 옆의 보육실에 간다
3　아동복 매장 옆의 보육실에 간다
4　아동복 매장의 점원에게 알린다

단어　迷子(まいご) 미아 | お知(し)らせ 알림 | 着(き)る 입다 | 探(さが)す 찾다 | 心当(こころあ)たり 짐작 | 至急(しきゅう) 속히 | 階(かい) 층 | 子(こ)ども服(ふく) 아동복 | 売(う)り場 매장 | 隣(となり) 옆 | 保育室(ほいくしつ) 보육실 | 被(かぶ)る 쓰다 | 知(し)らせる 알리다

해설　백화점에서 미아에 대한 공지가 2개 나온다. 하나는 미아가 된 유키가 5층 아동복 매장 옆의 보육실에 있으니 찾으러 오라는 것이고, 다른 하나는 남자아이를 잃어 버렸으니 보신 분은 알려 달라는 것이다. 질문은 유키의 어머니가 어떻게 하면 되는가이므로, 정답은 3번이 된다.

03 문제3 개요이해

p.420

問題 3

問題３では、問題用紙に何もいんさつされていません。この問題は、ぜんたいとしてどんなないようかを聞く問題です。話の前に質問はありません。まず話を聞いてください。それから、質問とせんたくしを聞いて、１から４の中から、最もよいものを一つえらんでください。

문제3

문제3에서는 문제 용지에 아무것도 인쇄되어 있지 않습니다. 이 문제는 전체로서 어떤 내용인지를 묻는 문제입니다. 이야기 전에 질문은 없습니다. 먼저 이야기를 들어 주세요. 그런 다음 질문과 선택지를 듣고, 1에서 4 중에서 가장 적당한 것을 하나 고르세요.

1番

ラジオでスポーツ記者が話しています。

F：日本のサッカー選手が、次々と海外のクラブに入っています。海外で活躍し、いい成績を上げている選手も多く、それが日本の代表チームが強くなった理由の一つだと言われています。また、海外のチームの中には、よい選手を見つけるためにAIを使っているところもあります。有名ではなくても、AIのデータを使って実力のある選手を少ないお金でチームに入れること

1번

라디오에서 스포츠 기자가 이야기하고 있습니다.

여: 일본 축구 선수가 차례차례 해외 클럽에 들어가고 있습니다. 해외에서 활약하며 좋은 성적을 올리고 있는 선수도 많아, 그것이 일본 대표팀이 강해진 이유 중 하나라고 말해지고 있습니다. 또한, 해외 팀 중에는 좋은 선수를 찾아내기 위해 AI를 사용하는 곳도 있습니다. 유명하지 않더라도 AI 데이터를 사용해 실력 있는 선수를 적은 돈으로 팀에 넣을 수 있다면, 팀은 큰 이익을 얻

ができれば、チームは大きな利益を得ることができます。日本では、これまで海外に行くのはほとんどプロの選手でした。しかし最近では、高校生の中から直接海外のチームに入る選手も出てきました。選手本人だけでなく、学校も日本のチームに入るより多くのお金を受け取ることができ、そのお金をサッカー部の活動に使えるようになったと喜んでいます。

スポーツ記者は主に何について話していますか。

1 日本のサッカー選手が海外へ移ること
2 海外クラブが高校生選手を選ぶ理由
3 AIを使った選手探し
4 高校生サッカー選手とお金の関係

을 수 있습니다. 일본에서는 지금까지 해외로 가는 것은 대부분 프로 선수였습니다. 하지만 최근에는 고등학생 중에서 직접 해외 팀에 들어가는 선수도 나왔습니다. 선수 본인뿐만 아니라 학교도 일본 팀에 들어가는 것보다 더 많은 돈을 받을 수 있게 되어, 그 돈을 축구부 활동에 쓸 수 있게 되었다고 기뻐하고 있습니다.

스포츠 기자는 주로 무엇에 대해 이야기하고 있습니까?

1 일본 축구 선수가 해외로 옮겨가는 것
2 해외 클럽이 고등학생 선수를 뽑는 이유
3 AI를 사용한 선수 찾기
4 고등학생 축구 선수와 돈의 관계

단어 記者(きしゃ) 기자 | 選手(せんしゅ) 선수 | 次々(つぎつぎ) 차례로, 계속하여 | 海外(かいがい) 해외 | クラブ 클럽 | 活躍(かつやく)する 활약하다 | 成績(せいせき) 성적 | 上(あ)げる 올리다 | 代表(だいひょう)チーム 대표팀 | 強(つよ)い 강하다 | 理由(りゆう) 이유 | 見(み)つける 찾다, 발견하다 | データー 데이터 | 実力(じつりょく) 실력 | 利益(りえき) 이익 | 得(え)る 얻다 | ほとんど 거의 | しかし 그러나 | 最近(さいきん) 최근 | 直接(ちょくせつ) 직접 | 本人(ほんにん) 본인 | 受(う)け取(と)る 수취하다, 받다 | 活動(かつどう) 활동 | 喜(よろこ)ぶ 기쁘다 | 移(うつ)る 옮기다 | 選(えら)ぶ 고르다 | 関係(かんけい) 관계

해설 이 글은 일본 축구 선수의 해외 진출이 증가하고 있는 현상에 대해 말하고 있다. 해외에서 활약하는 선수들이 늘어나고 있으며, 해외 팀이 AI를 이용해 선수를 찾는 사례나 최근에는 고등학생이 직접 해외 팀에 입단하는 경우가 늘어난 점 등을 예로 들고 있다. 이러한 내용은 모두 일본 선수들의 해외 진출 증가를 설명하기 위한 것이다. 따라서 중심 내용인 1번이 정답이다.

2番

テレビで警察の人が話しています。

F：点字ブロックは今から60年ぐらい前に日本で生まれました。点字ブロックというのは目が見えない人が道を安全に歩くために作られた黄色く塗られたぼつぼつした点の集まりです。今では便利なので海外の多くの国や地域でも使われています。ごつごつしているので目が見えなくても足で感じることができます。これは目が見えない人が道を渡る時に苦労しているのを見た人が作りました。黄色く塗る必要はないのですが、目が見にくい人や目が見える人にも点字ブロックだとはっきりわかるように色が付けてあります。ですから、点字ブロックの上に何かを置いたりして邪魔にならないようにしましょう。

警察の人が伝えたいことは何ですか。

1 日本人が点字ブロックを発明したこと
2 目が見えない人のことをもっと考えること
3 点字ブロックはいつでも使える状態にしておくこと
4 点字ブロックについてもっと知ること

2번

텔레비전에서 경찰관이 이야기하고 있습니다.

여: 점자 블록은 지금으로부터 60년 정도 전에 일본에서 생겨났습니다. 점자 블록이라는 것은 눈이 보이지 않는 사람이 길을 안전하게 걷기 위해 만들어진, 노란색으로 칠해진 올록볼록한 점들의 집합입니다. 지금은 편리하기 때문에 해외의 많은 나라나 지역에서도 쓰이고 있습니다. 울퉁불퉁하기 때문에 눈이 보이지 않아도 발로 느낄 수 있습니다. 이것은 눈이 보이지 않는 사람이 길을 건널 때 고생하는 것을 본 사람이 만들었습니다. 노란색으로 칠할 필요는 없지만, 눈이 잘 안 보이는 사람이나 눈이 보이는 사람에게도 점자 블록이라는 것을 확실히 알 수 있도록 색이 칠해져 있습니다. 그러니 점자 블록 위에 무언가를 두거나 해서 방해가 되지 않도록 합시다.

경찰관이 전하고자 하는 내용은 무엇입니까?

1 일본인이 점자 블록을 발명했다는 것
2 눈이 보이지 않는 사람을 더 생각하는 것
3 점자 블록은 언제든 사용할 수 있는 상태로 두는 것
4 점자 블록에 대해 더 아는 것

단어 警察(けいさつ) 경찰 | 点字(てんじ)ブロック 점자 블럭 | 生(う)まれる 태어나다 | 見(み)える 보이다 | 安全(あんぜん)だ 안전하다 | 歩(ある)く 걷다 | 黄色(きいろ)い 노랗다 | 塗(ぬ)る 칠하다, 바르다 | ぼつぼつ 올록볼록 | 集(あつ)まり 집합 | 便利(べんり)だ 편리하다 | 地域(ちいき) 지역 | ごつごつ 울퉁불퉁 | 感(かん)じる 느끼다 | 渡(わた)る 건네 주다 | 苦労(くろう)する 고생하다 | 必要(ひつよう) 필요 | はっきり 확실히, 분명히 | ですから 그래서 | 置(お)く 놓다, 두다 | 邪魔(じゃま) 방해 | 発明(はつめい)する 발명하다 | 状態(じょうたい) 상태

해설 경찰은 점자 블록의 의미와 특징을 설명한 후 사람들이 지켜야 할 행동을 강조하고 있다. 1번은 일본에서 만들어졌다는 사실만을 말한 것이고, 2번은 시각장애인을 생각하자는 일반적인 내용이며, 4번은 점자 블록에 대해 더 알자는 의미로 모두 중심 메시지가 아니다. 글의 마지막에 "방해가 되지 않도록 합시다"라고 말하며 실천을 강조하고 있으므로 3번이 정답이 된다.

3番

ミニパトカーから案内放送が流れています。

M: みなさん、こちらはひばり警察署です。オレオレ詐欺が流行っています。「お金を振り込んでください」や「キャッシュカードを預かる」などの電話は詐欺です。お金を振り込んだりしないでください。まず、家族や警察に相談してください。変な電話があった場合は、110番またはひばり警察署までご連絡ください。また、知らない人の電話には出ないようにしたり、いつも留守番電話にしたりしておくのが安全です。

ミニパトカーは何を放送していますか。

1 ひばり警察署の仕事
2 電話の相手の確認方法
3 詐欺に遭わないための注意点
4 詐欺に遭ったときの相談先

3번

미니 순찰차에서 안내 방송이 흐르고 있습니다.

남: 여러분, 여기는 히바리 경찰서입니다. '오레오레 사기(보이스 피싱)'가 유행하고 있습니다. '돈을 송금해 주세요'라든가 '캐시카드를 맡겠다'라는 등의 전화는 사기입니다. 돈을 송금하거나 하지 마십시오. 우선 가족이나 경찰에 상담해 주십시오. 이상한 전화가 왔을 경우에는 110번 또는 히바리 경찰서로 연락해 주십시오. 또한 모르는 사람의 전화는 받지 않도록 하거나, 항상 자동응답 전화 상태로 해 두는 것이 안전합니다.

미니 순찰차는 무엇을 방송하고 있습니까?

1 히바리 경찰서의 업무
2 전화 상대방의 확인 방법
3 사기를 당하지 않기 위한 주의점
4 사기를 당했을 때의 상담처

단어 ミニパトカー 미니 순찰차 | 放送(ほうそう) 방송 | 警察署(けいさつしょ) 경찰서 | オレオレ詐欺(さぎ) 보이스 피싱 사기("나야, 나!" 하면서 가족인 척 속여 돈을 가로채는 사기) | 流行(はや)る 유행하다 | 振(ふ)り込(こ)む 송금하다 | ~とか ~라든가, ~든지 | キャッシュカード 현금카드 | 預(あず)かる 맡다, 보관하다 | 家族(かぞく) 가족 | 相談(そうだん) 상담 | 場合(ばあい) 경우 | 110番(ひゃくとうばん) 경찰 긴급 전화 | 連絡(れんらく) 연락 | 留守番電話(るすばんでんわ) 자동 응답 전화 | 仕事(しごと) 일 | 相手(あいて) 상대방 | 確認(かくにん) 확인 | 方法(ほうほう) 방법 | さぎに遭(あ)う 사기를 당하다 | 注意点(ちゅういてん) 주의점 | 相談先(そうだんさき) 상담처

해설 이 방송은 유행하는 '오레오레 사기(보이스피싱)'의 수법을 알리고 피해를 예방하기 위한 방법을 설명하고 있다. 1번은 경찰서의 전반적인 업무를 말하므로 주제와 거리가 멀고, 2번은 상대가 누구인지 확인하는 구체적인 방법이 나오지 않아 답이 될 수 없다. 4번은 사기를 당했을 때 연락할 곳을 안내하긴 하지만, 이는 방송의 일부분일 뿐이다. 방송의 핵심은 돈을 보내지 말 것, 가족과 상담할 것, 모르는 전화는 받지 말 것 등 사기 피해를 예방하기 위한 여러 행동 지침을 전달하는 것이므로, 정답은 3번이 된다.

4番

テレビで女の人が話しています。

F: エスカレーターでは、東京では左側に、大阪では右側に立つ習慣があります。急いでいる人は反対側を歩きますが、これは事故の原因になります。さらに、歩くと運べる人の数が23%も少なくなるという調査があります。そこで、あるビルでは安全のために、エスカレーターの手すりに広告を付けることにしました。

4번

텔레비전에서 여자가 이야기하고 있습니다.

여: 에스컬레이터에서는 도쿄에서는 왼쪽, 오사카에서는 오른쪽에 서는 습관이 있습니다. 서두르는 사람은 반대편을 걸어 올라가지만, 이것은 사고의 원인이 됩니다. 게다가, 걸어가면 운반할 수 있는 사람의 수가 23%나 적어진다는 조사 결과가 있습니다. 그래서 어느 빌딩에서는 안전을 위해 에스컬레이터 손잡이에 광고를 붙이기로 했습니다. 광고를 서서 읽는 것으로, 걷

広告を立って読むことで、歩かないようになると考えたのです。１つの広告は１年間で約400万円の収入が得られるそうです。日本にある約７万台のエスカレーターに広告を付けると、合計で2,800億円になります。これがうまくいけば、事故も減り、お金も入るので、とても良い方法だと思います。

女の人は何について話していますか。

1 エスカレーターの危険な乗り方
2 エスカレーターで歩かせない方法
3 エスカレーターでの広告で収入を得る方法
4 エスカレーターで運べる人の数

지 않게 될 것이라고 생각한 것입니다. 광고 하나당 1년에 약 400만 엔의 수입을 얻을 수 있다고 합니다. 일본에 있는 약 7만 대의 에스컬레이터에 광고를 붙이면 합계 2,800억 엔이 됩니다. 이것이 잘 된다면 사고도 줄고 돈도 들어오니 매우 좋은 방법이라고 생각합니다.

여자는 무엇에 대해 이야기하고 있습니까?

1 에스컬레이터의 위험한 탑승 방법
2 에스컬레이터에서 걷지 않게 하는 방법
3 에스컬레이터 광고로 수입을 얻는 방법
4 에스컬레이터로 운반할 수 있는 사람의 수

단어 エスカレーター 에스컬레이터 | 左側(ひだりがわ) 왼쪽 | 右側(みぎがわ) 오른쪽 | 習慣(しゅうかん) 습관 | 急(いそ)ぐ 서두르다 | 反対側(はんたいがわ) 반대쪽 | 事故(じこ) 사고 | 原因(げんいん) 원인 | さらに 게다가 | 運(はこ)ぶ 나르다, 옮기다 | 調査(ちょうさ) 조사 | そこで 그래서 | ビル 빌딩 | 安全(あんぜん) 안전 | 手(て)すり 난간 | 広告(こうこく) 광고 | 付(つ)ける 붙이다, 달다 | 収入(しゅうにゅう) 수입 | 得(え)る 얻다 | 合計(ごうけい) 합계 | 減(へ)る 줄다 | 方法(ほうほう) 방법 | 危険(きけん) 위험

해설 여자는 에스컬레이터에서 사람들이 한쪽에 서고 반대쪽으로 걸어가는 습관이 사고의 원인이 될 수 있고 이동 가능한 사람 수도 줄어든다고 설명한다. 그래서 어떤 건물에서는 사람들이 걷지 않도록 하기 위해 에스컬레이터 손잡이에 광고를 붙여 서서 읽게 하는 방법을 사용하고 있다고 소개한다. 광고를 읽으면 걷지 않게 되어 사고를 줄일 수 있다고 말하므로 중심 내용은 에스컬레이터에서 걷지 않게 하는 방법이다. 따라서 2번이 정답이며, 1번은 위험한 이용 방법 자체가 주제가 아니고, 3번은 광고 수입 부분만을 강조한 것이며, 4번은 사람 수에 대한 설명의 일부에 불과하다.

5番

ラジオで男の人が話しています。

M: 空いている時間に働ける「スキマバイト」が、高齢者の間で流行しています。ある会社には、スキマバイトをしている65歳以上の人が５万人以上いるそうです。高齢者がスキマバイトをする理由は、①健康のためが65%、②生活費のためが59%、③空いている時間を利用するためが59%だそうです。生活費のためにスキマバイトすることは若い人にとっても問題ですが、特に高齢者がこのような状況に置かれないように、年を取ったらもっと自由に楽しく暮らせる社会になってほしいと思います。

男の人は何について話していますか。

1 高齢者の生活の苦しさ
2 高齢者がスキマバイトする理由
3 高齢者にとってスキマバイトがよい理由
4 スキマバイトという働き方

5번

라디오에서 남자가 이야기하고 있습니다.

남: 비는 시간에 일할 수 있는 '스키마바이트(틈새 아르바이트)'가 고령자 사이에서 유행하고 있습니다. 어느 회사에는 스키마바이트를 하고 있는 65세 이상의 사람이 5만 명 이상 있다고 합니다. 고령자가 스키마바이트를 하는 이유는 ① 건강을 위해서가 65%, ② 생활비를 위해서가 59%, ③ 비는 시간을 이용하기 위해서가 59%라고 합니다. 생활비를 위해서 스키마바이트를 하는 것은 젊은 사람에 있어서도 문제지만, 특히 고령자가 이러한 상황에 놓이지 않도록, 나이를 먹으면 좀 더 자유롭고 즐겁게 살 수 있는 사회가 되었으면 좋겠다고 생각합니다.

남자는 무엇에 대해 이야기하고 있습니까?

1 고령자 생활의 괴로움
2 고령자가 스키마바이트를 하는 이유
3 고령자에게 스키마바이트가 좋은 이유
4 스키마바이트라는 노동 방식

단어 ラジオ 라디오 | 空(あ)く 비다 | スキマバイト 틈새 아르바이트 | 高齢者(こうれいしゃ) 고령자 | 間(あいだ) 사이 | 流行(りゅうこう)する 유행하다 | 以上(いじょう) 이상 | 理由(りゆう) 이유 | 健康(けんこう) 건강 | 生活費(せいかつひ) 생활비 | 利用(りよう)する 이용하다 | 若(わか)い 젊다 | 問題(もんだい) 문제 | 特(とく)に 특히 | 状況(じょうきょう) 상황 | 置(お)く 놓다 | 年(とし)を取(と)る 나이를 먹다 | 自由(じゆう)だ 자유롭다 | 楽(たの)しい 즐겁다 | 暮(く)らす 살다 | 社会(しゃかい) 사회

해설 1번은 생활비 문제를 언급하긴 했으나 고령자 생활 전반의 괴로움을 주제로 삼은 것은 아니므로 정답이 아니다. 2번은 설문 조사 결과인 ① 번부터 ③번까지의 구체적인 이유를 열거하며 설명하고 있으므로 정답이다. 3번은 건강이나 시간 활용 등 긍정적인 면도 있지만 생활비 문제도 함께 다루고 있으므로 '좋은 이유'로만 한정 짓는 것은 적절하지 않아 정답이 아니다. 4번은 스키마바이트 자체의 정의나 방식보다는 '고령자가 왜 이 일을 하는가'에 초점을 맞추고 있으므로 정답이 아니다.

6番

女(おんな)の人(ひと)と男(おとこ)の人(ひと)が話(はな)しています。

F：山下(やました)さん、また新(あたら)しいネクタイね。
　ずいぶんネクタイにお金(かね)かけているわね。

M：違(ちが)うよ。買(か)ったんじゃなくて借(か)りているんだよ。

F：家族(かぞく)に？

M：月(つき)4千円(せんえん)でネクタイなんかを貸(か)す会社(かいしゃ)があるんだよ。

F：へえ、違(ちが)うネクタイをしたい気持(きも)ちはわかるけど。

M：高(たか)いネクタイはなかなか買(か)えないから。

F：それはそうだけど毎月(まいつき)4千円(せんえん)はねえ。

M：それでやる気(き)が出(で)るんだから安(やす)いもんだよ。

F：せめて千円(せんえん)なら……。

女(おんな)の人(ひと)はネクタイを借(か)りることについてどう思(おも)っていますか。

1 お金(かね)を払(はら)ってネクタイを借(か)りるのには反対(はんたい)だ
2 ネクタイを借(か)りるのに4千円(せんえん)は高(たか)すぎる
3 高(たか)いネクタイだから4千円払(せんえんはら)っても仕方(しかた)がない
4 借(か)りたネクタイでやる気(き)が出(で)るのなら4千円(せんえん)は高(たか)くない

6번

여자와 남자가 이야기하고 있습니다.

여: 야마시타 씨, 또 새로운 넥타이네. 넥타이에 상당히 돈을 들이고 있네.

남: 아니야. 산 게 아니고 빌리고 있는 거야.

여: 가족한테?

남: 한 달에 4천 엔으로 넥타이 같은 것을 빌려주는 회사가 있어.

여: 흐음, 다른 넥타이를 하고 싶은 마음은 알겠지만.

남: 비싼 넥타이는 좀처럼 살 수 없으니까.

여: 그건 그렇지만 매월 4천 엔은 좀.

남: 그걸로 의욕이 생기니까 싼 거야.

여: 최소한 천 엔이라면…….

여자는 넥타이를 빌리는 것에 대해서 어떻게 생각하고 있습니까?

1 돈을 내고 넥타이를 빌리는 것에는 반대다
2 넥타이를 빌리는 데 4천 엔은 너무 비싸다
3 비싼 넥타이이므로 4천 엔을 내도 어쩔 수 없다
4 빌린 넥타이로 의욕이 생긴다면 4천 엔은 비싸지 않다

단어 ネクタイ 넥타이 | ずいぶん 상당히, 꽤 | かける 들이다, 쓰다 | 違(ちが)う 다르다, 틀리다 | 借(か)りる 빌리다 | 貸(か)す 빌려주다 | 気持(きも)ち 기분, 마음 | なかなか 좀처럼 | 毎月(まいつき) 매달 | せめて 최소한, 적어도 | やる気(やるき) 의욕, 할 마음 | 払(はら)う 지불하다

해설 여자가 '4천 엔은 좀' 이라며 비싸다는 뜻을 보이고 있고, '적어도 천 엔이라면' 괜찮다는 표현을 하고 있으므로 2번이 정답이다.

7番

男(おとこ)の人(ひと)と女(おんな)の人(ひと)が話(はな)しています。

F：草取(くさと)り大変(たいへん)ですね。

M：ええ。でも来年(らいねん)の春(はる)はここを花(はな)でいっぱいにしたいから。

F：いつもお花(はな)がいっぱいでここを通(とお)るのが楽(たの)しみなんですよ。

M：そうですか。そんなことを言(い)ってくださるとますます頑張(がんば)りたくなります。

F：私(わたし)も狭(せま)い庭(にわ)ですが花(はな)を育(そだ)てているんです。これから種(たね)を買(か)いに行(い)くところです。その前(まえ)にちょっとお宅(たく)の花(はな)が見(み)たくなって。

M：パンジーの種(たね)でよかったら差(さ)し上(あ)げますよ。買(か)い過(す)ぎちゃったので。

7번

남자와 여자가 이야기하고 있습니다.

여: 잡초 뽑기 힘들죠.

남: 네. 하지만 내년 봄에는 이곳을 꽃으로 가득 채우고 싶어서.

여: 항상 꽃이 가득해서 이곳을 지나가는 게 즐거움이에요.

남: 그렇습니까? 그런 말씀을 해 주시니 점점 더 분발하고 싶어집니다.

여: 저도 좁은 정원이지만 꽃을 키우고 있어요. 이제 씨를 사러 갈 참입니다. 그 전에 잠시 댁의 꽃이 보고 싶어져서요.

남: 팬지 씨앗이 괜찮으시면 드리겠습니다. 너무 많이 사서요.

F：それなら、買わせてください。それから育て方も教えていただけるとうれしいです。

M：どうせ無駄にしちゃうんですからもらってください。

女の人は男の人の家に何をしに来ましたか。

1 花について話しに来た
2 花の種を買いに来た
3 花の育て方を教えてもらいに来た
4 花を見に来た

여: 그러면 파세요. 그리고 키우는 법도 가르쳐 주시면 좋겠어요.

남: 어차피 쓸모없어질 테니 받아 주세요.

여자는 남자 집에 무엇을 하러 왔습니까?

1 꽃에 대해 이야기하러 왔다
2 꽃씨를 사러 왔다
3 꽃 키우는 법을 배우러 왔다
4 꽃을 보러 왔다

단어 草取り(くさとり) 잡초 뽑기 | 通(とお)る 지나가다 | ますます 더욱더 | 頑張(がんば)る 힘내다, 열심히 하다 | 狭(せま)い 좁다 | 育(そだ)てる 기르다 | 種(たね) 씨앗 | パンジー 팬지 | 差(さ)し上(あ)げる 드리다 | どうせ 어차피 | 無駄(むだ)だ 헛되다, 쓸모없다

해설 여자가 남자 집에 온 이유를 묻고 있다. 여자는 자신도 꽃을 키우고 있고 이제부터 씨를 사러 가려고 한다고 말하면서, 그 전에 남자 집의 꽃이 보고 싶어졌다고 말하고 있으므로, 정답은 4번이다.

8番

男の人が貸すための傘や本について話しています。

M：先日田舎のほうでバスに乗りました。そこで運転手さんのそばに傘が何本か置いてあるのに気づきました。運転手さんに聞くと急な雨で困った人たちに貸すための傘だということでした。そう言えば同じように傘が置いてある駅があるという話を聞いたこともあります。どちらも傘を借りた人が返さなければ続けられないことです。私の駅ではホームの本棚に駅を利用する人が要らなくなった本を置いて行きます。読みたい人は借りていって要らなくなったらまたその棚に返します。こちらも本がいつもあります。このようなことを知るたびにうれしくなります。ちょっとしたことが住みやすい社会を作るのではないかと考えるからです。

男の人は貸すための傘や本が置いてあることに対してどう考えていますか。

1 傘や本を返す人がいるのだろうか
2 物は借りたら返すのが当たり前だ
3 このようなことが社会を住みやすくする
4 住みやすい社会を作るために傘や本を貸すべきだ

8번

남자가 빌려주기 위한 우산이나 우산과 책에 대해서 이야기하고 있습니다.

남: 일전에 시골에서 버스를 탔습니다. 거기서 운전기사 옆에 우산이 몇 개 놓여 있는 것을 깨달았습니다. 운전기사에게 물어보니 갑작스런 비로 난처한 사람들에게 빌려주기 위한 우산이라고 했습니다. 그러고 보니 똑같이 우산이 놓여 있는 역이 있다는 이야기를 들은 적도 있습니다. 모두 우산을 빌린 사람이 돌려주지 않으면 계속할 수 없는 일입니다. 우리 (동네) 역에서는 플랫폼에 있는 책장에 역을 이용하는 사람이 필요 없어진 책을 두고 갑니다. 읽고 싶은 사람은 빌려 가고 필요 없어지면 다시 그 책장에 반납합니다. 이쪽도 책이 항상 있습니다. 이런 일을 알 때마다 기분이 좋아집니다. 사소한 일이 살기 좋은 사회를 만드는 것이 아닐까 생각하기 때문입니다.

남자는 빌려주기 위한 우산이나 책이 놓여 있는 것에 대해 어떻게 생각하고 있습니까?

1 우산이나 책을 돌려주는 사람이 있을까?
2 물건은 빌렸으면 돌려주는 게 당연하다
3 이런 일이 사회를 살기 좋게 한다
4 살기 좋은 사회를 만들기 위해서 우산이나 책을 빌려줘야 한다

단어 傘(かさ) 우산 | 先日(せんじつ) 지난날, 얼마 전 | 田舎(いなか) 시골 | 運転手(うんてんしゅ) 운전사 | 置(お)く 놓다 | 気(き)づく 깨닫다, 눈치채다 | 急(きゅう)に 갑자기 | 困(こま)る 곤란하다 | 貸(か)す 빌려주다 | 続(つづ)ける 계속하다 | 本棚(ほんだな) 책장 | 利用(りよう) 이용 | 要(い)る 필요하다 | 読(よ)む 읽다 | 返(かえ)す 돌려주다 | 当(あ)たり前(まえ) 당연함

해설 남자는 대여용 우산과 책에 대해서 이야기하면서, 마지막에 사소한 일이 살기 좋은 사회를 만드는 것이 아닐까 생각한다고 자신의 생각을 말하고 있다. 즉 대여용 우산이나 책과 같이 다른 사람을 위하는 일들이 살기 좋은 사회를 만든다는 것이므로, 정답은 3번이 된다.

문제4 발화표현

p.424

問題 4

問題 4 では、えを見ながら質問を聞いてください。やじるし(➡)の人は何と言いますか。1 から 3 の中から、最もよいものを一つえらんでください。

문제4

문제4에서는 그림을 보면서 질문을 들어 주세요. 화살표의 사람은 뭐라고 말합니까? 1에서 3 중에서 가장 적당한 것을 하나 고르세요.

1 番

お隣の人に旅行中の花の世話を頼みたいです。
何と言いますか。

F : 1 すみませんが、旅行中に花に水をやりませんか。
2 すみませんが、旅行中は私が花に水をやりましょうか。
3 すみませんが、旅行中に花に水をやってくれませんか。

1번

이웃 사람에게 여행 중의 꽃 관리를 부탁하고 싶습니다.
뭐라고 말합니까?

여: 1 죄송하지만, 여행 중에 꽃에 물을 주지 않겠습니까?
2 죄송하지만, 여행 중에는 제가 꽃에 물을 줄까요?
3 죄송하지만, 여행 중에 꽃에 물 좀 주시겠어요?

단어 隣(となり) 이웃 | 世話(せわ) 돌봄 | 頼(たの)む 부탁하다 | やる 주다, (식물에) 물을 주다

해설 1번은 부탁하는 표현이 아니라 함께 하자고 제안하거나 권유할 때 쓰는 표현이다. 2번은 상대방을 위해 내가 무언가를 하겠다고 제안할 때 쓰는 말이다. 3번은 상대방에게 행동을 요청하는 의뢰의 표현이므로 정답이 된다.

2 番

子供がお皿に残したピーマンを食べさせたいです。
何と言いますか。

M : 1 好き嫌いしないで全部食べなさい。
2 好きな物を食べなさい。
3 まずいなら食べなくてもいいよ。

2번

아이가 접시에 남긴 피망을 먹게 하고 싶습니다.
뭐라고 말합니까?

남: 1 편식하지 말고 전부 먹으렴.
2 좋아하는 것을 먹으렴.
3 맛없다면 먹지 않아도 돼.

단어 皿(さら) 접시 | 残(のこ)す 남기다 | ピーマン 피망 | 好(す)き嫌(きら)い 호불호, 편식 | 全部(ぜんぶ) 전부

해설 1번은 가리지 말고 다 먹으라고 말하고 있으므로, 아이에게 남긴 피망을 먹게 하려는 상황에 가장 적절하다. 2번은 좋아하는 것만 먹으라고 하면 싫어하는 피망을 먹지 않아도 된다는 뜻이 되므로 정답이 아니다. 3번은 맛이 없으면 안 먹어도 된다는 것 역시 피망을 남기는 것을 허용하는 말이므로 정답이 아니다.

3 番

コンビニでお弁当を買いましたが、
箸がありませんでした。何と言いますか。

M : 1 あの、箸はありましたか。
2 あの、箸はあげましたか。
3 あの、箸をくれませんか。

3번

편의점에서 도시락을 샀지만, 젓가락이 없었습니다.
뭐라고 말합니까?

남: 1 저기, 젓가락은 있었습니까?
2 저기, 젓가락은 주었습니까?
3 저기, 젓가락을 주시겠습니까?

단어 コンビニ 편의점 | お弁当(べんとう) 도시락 | 箸(はし) 젓가락 | あげる (내가 남에게) 주다 | くれる (상대가 나에게) 주다

해설 1번은 젓가락이 있었는지 없었는지 사실 여부를 묻는 표현이므로 적절하지 않다. 2번은 내가 남에게 주었는지 확인하는 말이므로 정답이 아니다. 3번은 내가 무언가를 받고 싶을 때 사용하는 요청의 표현이므로 정답이 된다.

4番

廊下に荷物がたくさん積んであって通れません。
何と言いますか。

F：1 あの、荷物を運びますか。
2 あの、荷物を持ちましょうか。
3 あの、荷物をどかしてくれませんか。

4번

복도에 짐이 많이 쌓여 있어서 지나갈 수 없습니다.
뭐라고 말합니까?

여: 1 저기, 짐을 옮깁니까?
2 저기, 짐을 들어 드릴까요?
3 저기, 짐을 좀 치워 주시겠습니까?

단어 廊下(ろうか) 복도 | 荷物(にもつ) 짐 | 積(つ)む 쌓다 | 通(とお)る 통과하다, 지나다 | 運(はこ)ぶ 운반하다, 옮기다 | どかす 치우다

해설 1번과 2번은 자신이 짐을 운반하거나 들어주겠다고 제안하는 표현이므로 적절하지 않다. 3번은 짐을 다른 곳으로 옮겨 주기를 바라는 의뢰의 표현이므로 정답이 된다.

5番

靴を履いてみましたが、ちょっときつかったです。
店員に何と言いますか。

F：1 もう少し短いのはありませんか。
2 もう少し小さいのはありませんか。
3 もう少し大きいのはありませんか。

5번

신발을 신어 보았지만, 조금 꼈습니다.
점원에게 뭐라고 말합니까?

여: 1 조금 더 짧은 것은 없나요?
2 조금 더 작은 것은 없나요?
3 조금 더 큰 것은 없나요?

단어 靴(くつ) 신발 | 履(は)く (신발을) 신다 | きつい (옷, 신발 등이) 꽉 끼다

해설 신발이 꽉 끼었으므로 큰 신발이 필요하다. 따라서 큰 것을 원한다는 의미의 3번이 정답이 된다.

6番

高校の先生に、久しぶりに街で会いました。
何と言いますか。

M: 1 ご無沙汰しております。
2 よく会いますね。
3 久しぶりにお会いになりましたね。

6번

고등학교 선생님을 오랜만에 거리에서 만났습니다.
뭐라고 말합니까?

남: 1 오랫 동안 소식을 전하지 못했습니다.
2 자주 만나네요.
3 오랜만에 만나셨네요.

단어 久(ひさ)しぶり 오래간만 | 街(まち) 거리 | 無沙汰(ぶさた) 소식을 전하지 않음, 격조

해설 1번은 한동안 만나지 못했던 사람을 만났을 때 사용하는 격식 있는 인사이므로 정답이다. 2번은 자주 만나는 상황에 사용하는 표현이므로 정답이 아니다. 3번은 내가 선생님을 뵙게 된 것이므로, 자신에게 존경 표현을 쓰는 것은 어색하다.

7番

レストランで注文したステーキがなかなか来ません。
何と言いますか。

M: 1 すみません。ステーキがほしいです。
2 すみません。ステーキはありますか。
3 すみません。ステーキはまだでしょうか。

7번

레스토랑에서 주문한 스테이크가 좀처럼 나오지 않습니다.
뭐라고 말합니까?

남: 1 저기요. 스테이크를 원합니다.
2 저기요. 스테이크는 있나요?
3 저기요. 스테이크는 아직인가요?

단어 注文(ちゅうもん) 주문 | ステーキ 스테이크 | なかなか 좀처럼

해설 1번은 이미 주문을 마친 상태에서 "원한다"고 말하는 것은 문맥상 어색하므로 정답이 아니다. 2번은 주문하기 전에 메뉴가 있는지 확인하는 표현이므로 정답이 아니다. 3번은 상황을 묻거나 정중하게 재촉하는 표현이므로 정답이 된다.

8 番

カバンがやぶれました。
店の人に修理してもらいたいです。何と言いますか。

M：1 あの、これ、直してほしいんですが。
　2 あの、これ、直ってほしいんですが。
　3 あの、これ、直しましょうか。

8번

가방이 찢어졌습니다.
가게 사람에게 수리를 받고 싶습니다. 뭐라고 말합니까?

남 : 1 저기, 이것 좀 고쳐 주었으면 하는데요.
　2 저기, 이것 좀 고쳐졌으면 하는데요.
　3 저기, 이것 좀 고칠까요?

단어 やぶれる 찢어지다 | 修理(しゅうり) 수리 | 直(なお)す 고치다 | 直(なお)る 고쳐지다

해설 1번은 상대방이 어떤 행동을 해주길 바랄 때 쓰는 표현이므로 정답이 된다. 2번은 자동사인 「直る」를 사용하면 물건이 저절로 고쳐지기를 바라는 희망이 되므로 정답이 아니다. 3번은 자신이 직접 고치겠다고 제안하는 말이므로 정답이 아니다.

9 番

重い荷物を運びたいです。友達に何と言いますか。

F：1 手伝ってあげるよ。
　2 手伝ってくれる？
　3 手伝ってもらう？

9번

무거운 짐을 옮기고 싶습니다. 친구에게 뭐라고 말합니까?

여 : 1 도와줄게.
　2 도와줄래?
　3 도움을 받을래?

단어 荷物(にもつ) 짐 | 運(はこ)ぶ 옮기다 | あげる (내가 남에게) 주다 | くれる (상대가 나에게) 주다 | もらう 받다

해설 1번은 내가 남을 도와주겠다고 할 때 쓰는 표현이므로 정답이 아니다. 2번은 내가 도움을 요청하는 표현이므로 정답이 된다. 3번은 스스로에게 물을 때 쓸 수 있는 표현이므로 정답이 아니다.

10番

M：お見舞いが終わったので帰ります。
　友達に何と言いますか。
　1 お幸せに。
　2 お元気で。
　3 お大事に。

10번

병문안이 끝나서 돌아갑니다.
친구에게 뭐라고 말합니까?

남 : 1 행복해.
　2 잘 지내.
　3 몸조리 잘해.

단어 お見舞(みま)い 병문안 | 終(お)わる 끝나다

해설 1번은 결혼 등에서 하는 축하의 인사이다. 2번은 오랫동안 못 보게 될 때의 작별 인사이다. 3번은 병문안 시 상대방의 쾌유를 빌며 사용하는 표현이다.

05 문제5 즉시응답

p.432

問題 5

問題５では、問題用紙に何もいんさつされていません。まず文を聞いてください。それから、そのへんじを聞いて、１から３の中から、最もよいものを一つえらんでください。

문제5

문제5에서는 문제 용지에 아무것도 인쇄되어 있지 않습니다. 먼저 문장을 들어 주세요. 그런 다음 그 응답을 듣고, 1에서 3 중에서 가장 적당한 것을 하나 고르세요.

1番

M: 10万円預けたら一か月で倍になるなんて嘘っぽいよね。

F : 1 ええ、本当、すばらしい儲け話ね。

2 ええ、その話に乗ったほうがいいわね。

3 ええ、耳を貸す価値もないわね。

1번

남: 10만 엔 맡기면 한 달 만에 두 배가 된다니 거짓말 같아.

여: 1 맞아, 정말 멋진 돈벌이 이야기네.

2 맞아, 그 이야기에 참여하는 편이 좋겠어.

3 맞아, 귀를 기울일 가치도 없네.

단어 預(あず)ける 맡기다 | 倍(ばい) 배, 두 배 | 嘘(うそ) 거짓말 | ～ぽい ～의 경향이 있다, ～답다 | 儲(もう)け話(ばなし) 돈벌이 이야기 | 耳(みみ)を貸(か)す 귀를 기울이다, 남의 이야기를 듣다 | 価値(かち) 가치

해설 남자가 "거짓말 같다(嘘っぽい)"라며 회의적인 태도를 보이고 있으므로, 이에 동조하며 "들을 가치도 없다"고 대답하는 3번이 정답이다. 1번과 2번은 이야기를 긍정적으로 평가하고 있으므로 남자의 의견과 반대되어 정답이 아니다.

2番

M: まだ、夏休みの宿題を全然やっていません。

F : 1 えっ？ 一つもですか。

2 えっ？ もう終わったんですか。

3 えっ、少ししかやらなかったんですか。

2번

남: 아직 여름방학 숙제를 전혀 하지 않았어요.

여: 1 어? 하나도요?

2 어? 벌써 끝냈어요?

3 어? 조금밖에 안 했어요?

단어 夏休(なつやす)み 여름방학 | 宿題(しゅくだい) 숙제 | 全然(ぜんぜん) 전혀 | やる 하다 | 終(お)わる 끝나다

해설 1번은 놀라며 하나도 하지 않았는지 묻고 있으므로 정답이다. 2, 3번은 숙제를 전혀 하지 않았다고 했는데 벌써 끝냈는지, 조금 밖에 하지 않았는지를 묻는 것은 어울리지 않는다.

3番

F : 素敵なお庭ですね。

M: 1 ありがとう。すばらしいお庭ですね。

2 ありがとう。回ってみましょうか。

3 ありがとう。写真を撮ってもいいですか。

3번

여: 멋진 정원이네요.

남: 1 고마워요. 멋진 정원이네요.

2 고마워요. 둘러볼까요?

3 고마워요. 사진을 찍어도 될까요?

단어 素敵(すてき)だ 멋지다, 근사하다 | すばらしい 훌륭하다, 멋지다 | 回(まわ)る 돌다, 둘러보다 | 写真(しゃしん)を撮(と)る 사진을 찍다

해설 자신의 정원을 칭찬하는 상대에게 감사를 표하고, 정원을 구경하자고 제안하는 2번이 가장 적절하다. 1번은 자신의 정원을 스스로 높여 부르며 칭찬하는 표현이라 어색하다. 3번은 방문객이 허가를 구할 때 쓰는 말이므로 어울리지 않는다.

4番

F : リンさんは明日集まる場所が変わったことを知らないかも。

M: 1 じゃ、僕が探してきます。

2 じゃ、僕が教えてもらいますよ。

3 じゃ、僕が伝えておきますよ。

4번

여: 린 씨는 내일 모이는 장소가 바뀐 것을 모를지도 몰라.

남: 1 그럼, 제가 찾아오겠습니다.

2 그럼, 제가 배울게요.

3 그럼, 제가 전해 둘게요.

단어 集(あつ)まる 모이다 | 場所(ばしょ) 장소 | 探(さが)す 찾다 | 伝(つた)える 전하다 | ～ておく ～해 두다

해설 1번은 장소 변경 안내와 관계가 없는 행동이며, 2번은 본인이 정보를 받는 입장이므로 상황에 맞지 않다. 3번의 「～ておく」는 미리 어떤 조치를 취해 두는 준비의 의미를 나타내므로 정답이다.

5番

F：遊んでばかりいないで、少しは手伝いなさい。
M：1 僕は一人でできるから。
2 何をしたらいい？
3 手伝ってくれるの？

5번

여: 놀고만 있지 말고, 조금은 도와라.
남: 1 나는 혼자서 할 수 있으니까.
2 뭘 하면 돼?
3 도와주는 거야?

단어 遊(あそ)ぶ 놀다 | ～ばかり ～만, ～뿐 | 手伝(てつだ)う 돕다, 거들다

해설 여자가 남자에게 도우라고 명령하고 있으므로, 무엇을 도우면 될지 묻는 2번이 정답이다. 1번은 도우라는 말에 혼자 할 수 있다고 답하고 있어 문맥에 맞지 않으며, 3번은 도움을 받아야 할 사람이 하는 말인데 남자는 도움을 줘야 하는 입장이므로 오답이다.

6番

F：今年は去年ほど雨が降らないわね。
M：1 水、足りるかな。
2 雨が多くて大変だね。
3 じゃあ、今日は傘はいらないね。

6번

여: 올해는 작년만큼 비가 내리지 않네.
남: 1 물, 충분할까?
2 비가 많이 와서 큰일이네.
3 그럼, 오늘은 우산은 필요 없겠네.

단어 今年(ことし) 올해 | 去年(きょねん) 작년 | ～ほど ～만큼 | 足(た)りる 충분하다 | 傘(かさ) 우산

해설 여자가 올해는 작년에 비해 비가 적게 내린다고 말하고 있으므로, 비가 오지 않아 물 부족을 걱정하는 1번이 가장 적절하다. 2번은 비가 내리지 않는 상황과 정반대의 내용이며, 3번은 우산의 필요 여부를 말하는 것이므로 맞지 않다.

7番

M：新しいコピー機いろいろできるみたいだね。
F：1 ええ、いろいろなコーヒーが飲めるのよ。
2 じゃ、何枚コピーすればいい？
3 でも複雑で慣れるまで大変だったわ。

7번

남: 새로운 복사기 여러 가지를 할 수 있는 것 같네.
여: 1 응, 여러 가지 커피를 마실 수 있어.
2 그럼, 몇 장 복사하면 돼?
3 하지만 복잡해서 익숙해질 때까지 힘들었어.

단어 コピー機(き) 복사기 | ～みたいだ ～인 것 같다 | コーヒー 커피 | ～枚(まい) ～장 〈종이 등을 세는 단위〉 | 複雑(ふくざつ)だ 복잡하다 | 慣(な)れる 익숙해지다

해설 남자가 복사기의 다양한 기능에 대해 언급하고 있으므로, 그 기능들이 복잡해서 익숙해지는 데 고생했다는 경험을 말하는 3번이 정답이다. 1번은 '복사기(コピー)'와 발음이 비슷한 '커피(コーヒー)'를 이용한 오답이며, 2번은 남자가 복사를 부탁한 상황이 아니므로 흐름상 어색하다.

8番

M：よく見てから好きなのを選びなさい。
F：1 じゃあ、急いで選ぶわ。
2 値段はどうでもいいの？
3 高くてもいいから。

8번

남: 잘 보고 나서 좋아하는 것을 고르렴.
여: 1 그럼, 서둘러서 고를게.
2 가격은 아무래도 괜찮아?
3 비싸도 괜찮으니까.

단어 選(えら)ぶ 고르다, 선택하다 | 急(いそ)ぐ 서두르다 | 値段(ねだん) 가격

해설 남자가 잘 보고 원하는 것을 고르라고 했으므로, 물건을 고를 때 고려해야 할 '가격'에 대해 질문하는 2번이 가장 적절하다. 1번의 서두르겠다는 대답은 앞뒤가 맞지 않다. 3번은 고르라고 권하는 사람의 대사이다.

9番

F：どうしてテストで40点しか取れなかったの。

M：1 遊んでばかりいたんでしょ。

2 遊んでばかりいたから。

3 遊んでばかりいたら駄目だよ。

9번

여：왜 시험에서 40점밖에 못 받았어?

남：1 놀고만 있었지?

2 놀기만 했으니까.

3 놀기만 하면 안돼.

단어 取(と)る 받다, 얻다 | 遊(あそ)ぶ 놀다 | ～ばかり ～만, ～뿐 | 駄目(だめ)だ 안 된다, 안 좋다

해설 1, 3번은 여자가 할 법한 대사이고, 2번이 이유를 말하고 있으므로 정답이 된다.

10番

M：今日は春のように暖かいね。

F：1 ええ、春が来ましたから。

2 ええ、去年ほど暖かくないですね。

3 ええ、昨日までの寒さがうそのようですね。

10번

남：오늘은 봄처럼 따뜻하네.

여：1 네, 봄이 왔으니까요.

2 네, 작년만큼 따뜻하지 않네요.

3 네, 어제까지의 추위가 거짓말 같네요.

단어 暖(あたた)かい 따뜻하다 | 去年(きょねん) 작년 | うそ 거짓, 거짓말 | ～ようだ ～같다

해설 봄처럼 따뜻하다는 것은 현재 봄이 아니라는 것이므로 1번은 정답이 아니다. 2번은 따뜻하지 않다고 말하고 있으므로 맞지 않다.

11番

F：この本、読み始めたら止まらなくなっちゃうわよ。

M：1 へえ、じゃ、読んで。

2 へえ、じゃ、貸して。

3 へえ、じゃ、借りて。

11번

여：이 책, 읽기 시작하면 멈출 수 없게 돼.

남：1 그래? 그럼 읽어.

2 그래? 그럼 빌려줘.

3 그래? 그럼 빌려.

단어 始(はじ)める 시작하다 | 止(と)まる 멈추다 | 貸(か)す 빌려주다 | 借(か)りる 빌리다

해설 책이 멈출 수 없을 정도로 재미있다고 말하고 있다. 책은 읽고 있거나 읽은 상황이므로 1번은 정답이 아니다. 2번은 읽고 싶어서 빌려달라고 말하므로 정답이다. 3번은 상황에 맞지 않은 대화이다.

12番

F：また、散らかしっぱなしにして。早く片づけなさい。

M：1 もうすぐ片づけると思うよ。

2 きれいだと落ち着かないんだよ。

3 部屋がきれいだと気持ちがいいんだ。

12번

여：또, 어질러놓은 채로 두고, 빨리 치워라.

남：1 곧 정리할거라 생각해.

2 깨끗하면 마음이 안정이 안돼.

3 방이 깨끗하면 기분이 좋아.

단어 散(ちら)かす 어지르다 | ～っぱなし ～한 채로 | 片付(かたづ)ける 정리하다 | 落(お)ち着(つ)く 마음이 안정되다 | 気持(きも)ち 기분

해설 1번은 다른 사람의 행동에 대해 하는 말이므로 정답이 아니다. 2번은 정리하지 않는 이유를 말하고 있으므로 정답이다. 3번은 여자의 지적과 반대되는 내용이므로 정답이 아니다.

13番

F : あれ、吉田(よしだ)さんが来(き)ていないなんて。
M: 1 変(へん)だね。遅刻(ちこく)するはずないんだけど。
2 変(へん)だね。いつも遅(おそ)いんだから。
3 変(へん)だね。時間(じかん)を守(まも)ったことがないんだから。

13번

여: 어머, 요시다 씨가 안 왔다니.
남: 1 이상하네. 지각할 리가 없는데.
2 이상하네. 언제나 늦으니까.
3 이상하네. 시간을 지킨 적이 없으니까.

단어 遅刻(ちこく) 지각 | ~はず ~할 리, 당연히 ~할 것 | いつも 항상 | 守(まも)る 지키다

해설 요시다 씨가 오지 않은 것에 놀라고 있다. 요시다 씨가 왔어야 하는 상황을 추측할 수 있으므로 정답은 1번이 된다.

14番

M: Aチームは評判(ひょうばん)ほど強(つよ)くなかったよ。
F : 1 じゃ、Aチームが勝(か)ったのね。
2 じゃ、Aチームに負(ま)けたのね。
3 じゃ、Aチームに勝(か)ったのね。

14번

남: A팀은 평판만큼 강하지 않았어.
여: 1 그럼 A팀이 이겼구나.
2 그럼 A팀에 졌구나.
3 그럼 A팀에 이겼구나.

단어 チーム 팀 | 評判(ひょうばん) 평판 | 強(つよ)い 강하다 | 勝(か)つ 이기다 | 負(ま)ける 지다

해설 남자는 'A팀은 강하다는 평판이지만, 실제는 그 정도로 강하지 않았다'고 말하고 있다. 그 말에서 추측할 수 있는 것은 자신의 팀이 이기고 A팀이 졌다는 것이다. 따라서 3번이 정답이다.

15番

M: 寒(さむ)いせいでかぜをひいたみたいだ。
F : 1 頭(あたま)が痛(いた)くなってきたんです。
2 早(はや)く帰(かえ)って寝(ね)たほうがいいですよ。
3 暖房(だんぼう)を切(き)ったほうがいいですか。

15번

남: 추운 탓에 감기에 걸린 것 같아.
여: 1 머리가 아파졌어요.
2 빨리 돌아가서 자는 편이 좋아요.
3 난방을 끄는 편이 좋아요?

단어 寒(さむ)い 춥다 | ~せい ~때문에 | かぜをひく 감기에 걸리다 | 頭(あたま) 머리 | 痛(いた)い 아프다 | 帰(かえ)る 돌아가다 | 寝(ね)る 자다 | 暖房(だんぼう) 난방 | 切(き)る 끄다

해설 남자는 '추워서 감기에 걸린 것 같다'고 말하고 있다. 1번은 감기에 걸린 사람이 할 수 있는 말이므로 맞지 않다. 3번 '추워서 감기에 걸렸다'고 말하는 사람에게 이런 말을 하는 것은 이치에 맞지 않다. 따라서 답은 2번이다.

16番

M: 森(もり)さん、スイスに留学(りゅうがく)するって本当(ほんとう)ですか。
F : 1 ええ、国(くに)に奨学金(しょうがくきん)をあげることにしたので。
2 ええ、国(くに)が奨学金(しょうがくきん)を払(はら)えるようになったので。
3 ええ、国(くに)から奨学金(しょうがくきん)がもらえることになったので。

16번

남: 모리 씨, 스위스에 유학 간다는 게 정말입니까?
여: 1 네, 국가에 장학금을 주기로 해서.
2 네, 국가가 장학금을 지불할 수 있게 되어서.
3 네, 국가로부터 장학금을 받을 수 있게 되어서.

단어 留学(りゅうがく) 유학 | 奨学金(しょうがくきん) 장학금 | あげる 주다 | 払(はら)う 내다

해설 1번은 장학금은 국가에 주는 것이 아니라 국가로부터 받는 것이므로 맞지 않다. 2번은 국가가 장학금을 준다고 해야 바른 표현이 된다. 「払う」는 돈을 지불하거나 갚을 때 사용할 수 있다.

17番

F : 山田先生の授業を取ってどう思った？

M : 1 難しそうだけど案外楽だと思うよ。
2 難しいけど面白いそうだよ。
3 面白い授業だったけど大変だったよ。

17번

여: 야마다 선생님의 수업을 듣고 어떻게 생각했어?

남: 1 어려울 것 같지만 의외로 쉽다고 생각해.
2 어렵지만 재밌다고 하더라.
3 재미있는 수업이었지만 힘들었어.

단어 授業(じゅぎょう) 수업 | 取(と)る 듣다, 수강하다 | 難(むずか)しい 어렵다 | 案外(あんがい) 의외로 | 楽(らく)だ 쉽다, 편하다 | ～そうだ ～라고 하다 | 大変(たいへん)だ 힘들다

해설 여자는 남자에게 야마다 선생님의 수업이 어땠는지를 묻고 있다. 이에 대한 응답은 수업을 들은 소감을 말한 3번이 정답이 된다. 1번은 자신이 경험을 한 것에 「難しそうだ」라는 양태 표현을 사용하고 있으므로 맞지 않고, 2번도 마찬가지로 자신이 경험한 것에 대해 「面白いそうだ」라는 전문 표현을 사용하고 있으므로 맞지 않다.

18番

F : 何だか体が冷えて寒くてたまりません。

M : 1 暖房を消しましょうか。
2 暖房を止めましょうか。
3 冷房を消しましょうか。

18번

여: 왠지 몸이 차가워져서 추워서 견딜 수 없습니다.

남: 1 난방을 끌까요?
2 난방을 중지할까요?
3 냉방을 끌까요?

단어 何(なん)だか 왠지 | 冷(ひ)える 차가워지다 | たまらない 참을 수 없다 | 暖房(だんぼう) 난방 | 消(け)す 끄다 | 止(と)める 멈추다 | 冷房(れいぼう) 냉방

해설 춥다는 여자의 말에, '(켜 놓은) 냉방을 끌까요?'라고 묻는 3번이 정답이 된다. 1번과 2번은 모두 난방을 끌지에 대해 묻고 있다.

19番

M : ここに置いておいた僕の傘知らない？

F : 1 それなら私に傘を貸してください。
2 それなら山田さんが借りていくって。
3 それなら誰かの傘が借りたいですか。

19번

남: 여기에 놔둔 내 우산 못 봤어?

여: 1 그거라면 저에게 우산을 빌려주세요.
2 그거라면 야마다 씨가 빌려간대.
3 그거라면 누군가의 우산을 빌리고 싶습니까?

단어 置(お)く 놓다 | 傘(かさ) 우산 | 知(し)る 알다 | 貸(か)す 빌려주다 | 借(か)りる 빌리다

해설 남자가 자신의 우산을 찾고 있다. 남자의 우산을 빌려갔다고 말한 2번이 정답이 된다.

20番

F : では私が代わりに銀行に行ってまいります。

M : 1 よろしく頼むよ。
2 よろしいですね。
3 私が頼んだんです。

20번

여: 그럼 제가 대신에 은행에 다녀오겠습니다.

남: 1 잘 부탁해.
2 괜찮지요?
3 제가 부탁했어요.

단어 代(か)わり 대신 | 銀行(ぎんこう) 은행 | まいる 오다〈겸양어〉 | 頼(たの)む 부탁하다

해설 대신 은행에 다녀오겠다는 말에 잘 부탁한다는 대답은 자연스러운 대화이다. 따라서 1번이 정답이다. 2번은 허락이나 확인하는 표현이므로 상대의 호의를 받아들이는 상황에 어울리지 않는다. 3번은 '누가 부탁했나요?'라고 묻는 경우 이렇게 대답한다.

1교시 **언어지식(문자·어휘·문법)·독해**

언어지식(문자・어휘)

문제 1	1 ② 2 ② 3 ③ 4 ② 5 ④ 6 ④ 7 ③ 8 ④
문제 2	9 ③ 10 ③ 11 ② 12 ④ 13 ③ 14 ①
문제 3	15 ④ 16 ② 17 ② 18 ④ 19 ② 20 ④ 21 ① 22 ② 23 ④ 24 ① 25 ③
문제 4	26 ④ 27 ④ 28 ① 29 ④ 30 ③
문제 5	31 ④ 32 ④ 33 ③ 34 ① 35 ②

언어지식(문법)/독해

문제 1	1 ③ 2 ④ 3 ② 4 ③ 5 ② 6 ④ 7 ③ 8 ② 9 ③ 10 ② 11 ④ 12 ① 13 ②
문제 2	14 ③ (2341) 15 ② (4231) 16 ① (2134) 17 ③ (4321) 18 ① (2143)
문제 3	19 ② 20 ③ 21 ④ 22 ③
문제 4	23 ③ 24 ② 25 ④ 26 ④
문제 5	27 ② 28 ① 29 ② 30 ② 31 ③ 32 ②
문제 6	33 ③ 34 ② 35 ④ 36 ①
문제 7	37 ③ 38 ④

2교시 **청해**

문제 1	1 ③ 2 ③ 3 ④ 4 ④ 5 ③ 6 ④
문제 2	1 ④ 2 ④ 3 ③ 4 ④ 5 ④ 6 ③
문제 3	1 ④ 2 ② 3 ③
문제 4	1 ① 2 ③ 3 ① 4 ①
문제 5	1 ③ 2 ③ 3 ③ 4 ① 5 ② 6 ① 7 ③ 8 ② 9 ①

01 1교시 언어지식(문자·어휘)

문제 1 ____의 단어 읽기로 가장 적당한 것을 1·2·3·4에서 하나 고르시오.

1 그녀는 어제 복통으로 회사를 쉬었습니다.
단어 腹痛(ふくつう) 복통

2 우리 엄마는 책상 위에 있던 쿠키를 먹은 것은 여동생일 거라고 의심하고 있다.
단어 机(つくえ) 책상 | 妹(いもうと) 여동생 | 疑(うたが)う 의심하다

3 학교 뒤에 산이 있습니다.
단어 裏(うら) 뒤, 뒤쪽

4 종이는 타기 쉬우니까 조심해 주세요.
단어 紙(かみ) 종이 | 燃(も)える 타다 | 気(き)を付(つ)ける 조심하다, 유의하다

5 5명씩 그룹으로 나누어 앉아 주세요.
단어 ～ずつ ～씩 | 分(わ)かれる 나뉘다 | 座(すわ)る 앉다

6 일전의 메일에 관한 건, 확인하셨습니까?
단어 この前(まえ) 일전, 요전, 전번 | 件(けん) 건, 사항 | 確認(かくにん) 확인

7 이 반지에는 천연 다이아몬드가 사용되고 있습니다.
단어 指輪(ゆびわ) 반지 | 天然(てんねん) 천연

8 야마다 군과 다나카 군을 비교했더니, 다나카 군 쪽이 키가 컸다.
단어 比(くら)べる 비교하다 | 背(せ)が高(たか)い 키가 크다

문제 2 ____의 단어를 한자로 쓸 때, 가장 적당한 것을 1·2·3·4에서 하나 고르시오.

9 A4용지에 그림을 그리고 설명했다.
단어 用紙(ようし) 용지 | 図(ず) 그림, 도형 | 説明(せつめい) 설명

10 그 고등학교의 교복은 귀엽다고 유명하다.
단어 制服(せいふく) 제복, 교복

11 그는 성질이 급하고, 화를 잘 내는 성격입니다.
단어 短気(たんき)だ 성질이 급하다 | 怒(おこ)りっぽい 화를 잘 내다 | 性格(せいかく) 성격

12 최근, 아침에는 쌀쌀하기 때문에 따뜻한 차를 마시려고 하고 있습니다.
단어 冷(ひ)える 차가워지다, 쌀쌀하다 | 温(あたた)かい 따뜻하다

13 시험 전에는 늘 위가 아파진다.
단어 胃(い) 위

14 독신 생활을 하면, 가정 요리가 그리워집니다.
단어 一人暮(ひとりぐ)らし 독신 생활 | 家庭料理(かていりょうり) 가정 요리 | 恋(こい)しい 그립다

문제 3 ( )에 들어갈 가장 적당한 것을 1·2·3·4에서 하나 고르시오.

15 화장실 위치를 몰라서 우왕좌왕하고 있었더니, 친절한 사람이 가르쳐 주었다.
단어 場所(ばしょ) 장소, 위치 | 親切(しんせつ)だ 친절하다 | じろじろ 빤히 | ぺらぺら 줄줄, 술술 | すらすら 술술, 막힘 없이 | うろうろ 우왕좌왕, 허둥지둥
해설 화장실의 위치를 몰라서 어찌해야 할지 당황한 모습을 나타내는 의태어를 찾으면 된다. 1번은 뭔가를 유심히 바라보는 모습이고, 2번은 유창하게 말하는 모습, 3번은 막힘 없이 진행되는 모습을 나타낸다. 그러므로 정답은 망설이고 있는 모습을 나타내는 4번이다.

16 답을 전혀 모르겠으니 무언가 힌트를 주세요.
단어 答(こた)え 답, 해답 | 全然(ぜんぜん) 전혀 | ブランド 브랜드 | レシート 영수증
해설 정답을 알지 못하는 상황에서 상대방에게 요청할 수 있는 것이 무엇인지 생각하면 된다. 그러므로 정답은 '힌트'라는 의미를 가진 2번이 된다.

17 교실 바닥에 쓰레기가 떨어져 있었다.
단어 教室(きょうしつ) 교실 | ゴミ 쓰레기 | 落(お)ちる 떨어지다 | かべ 벽 | 床(ゆか) 마루, 바닥 | 窓(まど) 창 | 戸(と) 문
해설 쓰레기가 떨어져 있을 수 있는 장소를 찾으면 된다. 그러므로 정답은 '마루, 바닥'이라는 의미인 2번이다.

18 길에서 스쳐 지나간 사람이 우연히 나와 같은 옷을 입고 있었다.
단어 すれ違(ちが)う 스쳐 지나가다 | 服(ふく) 옷 | 着(き)る 입다 | 当然(とうぜん) 당연히 | 必然(ひつぜん) 필연 | 自然(しぜん) 자연 | 偶然(ぐうぜん) 우연히
해설 길에서 모르는 사람과 같은 옷을 입고 마주치는 상황은 계획된 것이 아니므로, '우연히, 뜻밖에'라는 의미를 가진 4번이 가장 적절하다.

19 어제 늦은 시간에 자서 하품이 자꾸 나온다.
단어 遅(おそ)い 늦다 | 寝(ね)る 자다 | ため息(いき) 한숨 | あくび 하품 | くしゃみ 재채기 | せき 기침
해설 '늦은 시간에 잤다'라는 이유가 앞부분에 나와 있으므로, 2번 '하품'이 들어가야 자연스러운 문장이 된다.

20 역의 방송에 따르면, 큰눈으로 신칸센이 늦어지고 있다고 합니다.
단어 大雪(おおゆき) 대설 | 遅(おく)れる 늦어지다 | インタビュー 인터뷰 | チェック 체크, 확인 | アナウンス 아나운스, 방송
해설 큰눈으로 인해 열차가 지연된다는 정보가 나온 출처와 「駅」와도 자연스럽게 연결되는 부분을 찾으면 된다. 그러므로 정답은 '방송'이라는 의미를 가진 4번이다.

21 아직 사용할 수 있는 것을 버리는 것은 아깝다.
단어 捨(す)てる 버리다 | もったいない 아깝다 | なつかしい 그립다 | うらやましい 부럽다 | しかたない 어쩔 수 없다
해설 '아직 사용할 수 있는 것을 버리는 것은'이라는 앞의 내용과 자연스럽게 연결될 수 있는 표현은 '아깝다'라는 뜻을 나타내는 1번이다.

22 여동생은 어릴 적, 소극적인 성격이었지만 지금은 밝고 친구도 많다.

단어 性格(せいかく) 성격 | 効果的(こうかてき)だ 효과적이다 | 消極的(しょうきょくてき)だ 소극적이다 | 客観的(きゃっかんてき)だ 객관적이다 | 自動的(じどうてき)だ 자동적이다

해설 '성격'을 꾸며줄 수 있는 표현이고, 뒷부분의 '밝고'와 대비되는 것을 찾으면 된다. 그러므로 정답은 '소극적'이라는 의미인 2번이 된다.

23 오므라이스 재료를 사 와 주세요.

단어 資料(しりょう) 자료 | 燃料(ねんりょう) 연료 | 給料(きゅうりょう) 급료 | 材料(ざいりょう) 재료

해설 문장 앞뒤에 있는 '오므라이스'와 '사 와 주세요' 사이에 연결할 수 있는 단어는 '재료'라는 의미를 나타내는 4번이 된다.

24 어제 회식에서 과음했기 때문에, 오늘은 몸이 노곤하다.

단어 飲(の)み会(かい) 회식 | 飲(の)みすぎる 과음하다 | だるい 나른하다, 노곤하다 | ゆるい 느슨하다, 헐렁하다 | やわらかい 부드럽다 | うすい 얇다, 연하다

해설 「体」를 꾸며줄 수 있고, '전날 과음했기 때문에'라는 내용과도 연결이 되는 표현을 찾으면 된다. 그러므로 정답은 '나른하다, 노곤하다'라는 의미인 1번이다.

25 그 사이트에서 주문하면, 주문한 다음 날 물건이 도착합니다.

단어 注文(ちゅうもん) 주문 | 荷物(にもつ) 짐, 물건 | 届(とど)く 도착하다 | 終日(しゅうじつ) 종일 | 休日(きゅうじつ) 휴일 | 翌日(よくじつ) 익일, 다음 날 | 前日(ぜんじつ) 전날

해설 괄호 앞부분의 '주문한'과 연결이 자연스러운 것을 찾으면 된다. 그러므로 정답은 '다음 날'이라는 뜻의 3번이 된다.

문제 4 ＿＿＿에 의미가 가장 가까운 것을 1·2·3·4에서 하나 고르시오.

26 키친(≒부엌)을 청소해 두었습니다.

단어 キッチン 키친, 부엌 | 掃除(そうじ) 청소 | 洗面所(せんめんじょ) 세면소 | 寝室(しんしつ) 침실 | 居間(いま) 거실 | 台所(だいどころ) 부엌

27 따분한(≒재미없는) 영화였기 때문에, 영화관에서 자 버렸다.

단어 退屈(たいくつ)だ 따분하다, 지루하다 | 遅(おそ)い 늦다 | 難(むずか)しい 어렵다 | つまらない 재미없다, 시시하다

28 산책 도중에 지쳐서(≒피곤해서), 카페에서 커피를 마시면서 쉬었습니다.

단어 散歩(さんぽ) 산책 | 途中(とちゅう) 도중 | くたびれる 지치다 | 疲(つか)れる 피곤하다, 지치다 | のどがかわく 목이 마르다 | お腹(なか)が空(す)く 배가 고프다

29 오늘 백화점에서 산 코트를, 내일 당장(≒바로) 입고 가려고 생각합니다.

단어 さっそく 바로, 즉시, 당장 | 急(きゅう)に 갑자기 | 突然(とつぜん) 돌연, 갑자기 | さっき 아까, 조금 전 | すぐに 곧, 즉시, 바로

30 엄마에게 어제 시험 점수를 보여줬더니 호통치셨다(≒큰 소리로 화냈다).

단어 点数(てんすう) 점수 | 見(み)せる 보여주다 | どなる 고함치다, 호통치다 | 大声(おおごえ) 큰소리 | ほめる 칭찬하다 | 笑(わら)う 웃다

문제 5 다음 단어의 사용법으로 가장 적당한 것을 1·2·3·4에서 하나 고르시오.

31 **懐かしい 그립다**

1 사람들 앞에서 발표하는 것이 그리워서, 얼굴이 새빨갛게 되었다. (懐かしくて → 恥ずかしくて 부끄러워서)

2 그는 어릴 적부터 외국에 살았기 때문에 영어가 유창해서 그립다. (懐かしい → うらやましい 부럽다)

3 몇 번을 해도 안 돼서 지금까지의 자신이 그립다. (懐かしい → 恥ずかしい 부끄럽다)

4 어릴 적 봤던 애니메이션 노래를 듣고 그리운 마음이 들었다.

단어 人前(ひとまえ) 사람들 앞 | 発表(はっぴょう) 발표 | 真(ま)っ赤(か)だ 새빨갛다 | ぺらぺら 술술, 줄줄

해설 「懐かしい」는 과거의 사람, 장소, 경험 등을 떠올리며 느끼는 그리움을 나타내는 말이다. 현재의 상황이나 자신의 행동에 대해 부끄럽거나, 타인의 처지를 보고 부러워하는 의미로는 사용할 수 없다. 따라서 과거를 회상하며 그리운 감정을 표현한 4번이 정답이다.

32 **カット 컷, 자름, 삭제**

1 스마호는 스마트폰을 컷한 표현법입니다. (カット → 省略 생략)

2 폐점 시간 직전에 슈퍼마켓에 갔더니 물건 가격이 컷되어 있었다. (カット → 値引き 할인)

3 다이어트를 열심히 해서 체중을 5kg 컷했다. (カット → 減量 감량)

4 설명회 시간이 앞으로 얼마 남지 않았으므로 자세한 설명은 컷하겠습니다.

단어 スマホ 스마트폰 | 言(い)い方(かた) 표현, 표현법 | 閉店(へいてん) 폐점 | 直前(ちょくぜん) 직전 | 品物(しなもの) 상품, 물건 | 値段(ねだん) 가격 | 頑張(がんば)る 노력하다, 애쓰다 | 体重(たいじゅう) 체중 | 説明会(せつめいかい) 설명회 | 残(のこ)り少(すく)ない 얼마 남지 않다 | 詳(くわ)しい 상세하다

해설 「カット」는 '컷, 자름, 삭제'의 의미로 사용되는 말로, 머리카락을 자르거나 영상·기사·설명 등의 일부를 삭제하는 경우에 쓰인다. 사람의 감정이나 상태를 나타내는 의미로는 사용하기 어렵다. 따라서 문맥상 '자르다, 삭제하다'의 의미로 사용된 4번이 정답이다.

33 **真剣 진심, 진지**

1 면접에서는 진지한 성격을 어필했다. (真剣な → 真面目な 성실한)

2 뉴스에 의하면 사건의 진심이 밝혀져서, 범인도 무사히 잡혔다고 한다. (真剣 → 真相 진상)

3 나는 그녀와의 미래를 진지하게 생각하고 있기 때문에, 그녀를 부모님께 소개할 생각입니다.

4 이 소문은 어디까지 진지한 지 알 수 없기 때문에, 쉽게 믿지 않는 편이 좋습니다. (真剣 → 本当 진짜)

단어 面接(めんせつ) 면접 | アピール 어필 | 事件(じけん) 사건 | 明(あき)らかだ 명백하다 | 犯人(はんにん) 범인 | 無事(ぶじ) 무사 | 捕(つか)まる 잡히다 | 未来(みらい) 미래 | 両親(りょうしん) 부모님 | 紹介(しょうかい) 소개 | 簡単(かんたん)に 간단하게, 쉽게 | 信(しん)じる 믿다

해설 「真剣」은 '진심, 진지함, 진검'의 의미로 사용되는 말로, 주로 태도나 자세, 생각 등에 대해 매우 진지한 상태를 나타낼 때 쓰이며, 가볍거나 장난스러운 상황을 표현할 때는 어울리지 않는다. 따라서 문맥상 진지한 태도를 나타낸 3번이 바르게 사용된 문장이다.

34 するどい 날카롭다, 예리하다, 뾰족하다

1 이 드라마는 의사가 날카로운 관찰력으로 사건을 해결한다는 내용입니다.

2 형만 케이크를 먹을 수 있다니, 날카로워.
(するどい → ずるい 치사하다)

3 야마다 씨는 키도 크고 날카로운 체형이라서 모델 같습니다.
(するどい → スマートな 말쑥한)

4 그녀에게 여행 선물로 받은 이 쿠키는 식감이 날카롭고 맛있다. (するどくて → さくさくして 바삭바삭해서)

단어 医師(いしゃ) 의사 | 観察力(かんさつりょく) 관찰력 | 事件(じけん) 사건 | 解決(かいけつ) 해결 | 体形(たいけい) 체형 | お土産(みやげ) 선물 | 食感(しょっかん) 식감

해설 「するどい」는 감각이나 상태가 매우 예리하거나 날카로운 것을 나타내는 말이다. 주로 칼, 시선, 감각, 판단 등과 함께 쓰인다. 따라서 문맥상 '예리함'을 나타낸 1번이 정답이다.

35 混ぜる 섞다

1 피곤할 때는 목을 섞어서 스트레칭하면 좋습니다.
(混ぜて → 回して 돌려서)

2 핫케이크를 만들테니 달걀과 우유를 섞어 주세요.

3 크리스마스라서, 트리를 예쁘게 섞었다.
(混ぜた → 飾った 장식했다)

4 안색이 좋지 않았기 때문에, 화장을 해서 섞었다.
(混ぜた → ごまかした 감췄다)

단어 疲(つか)れる 지치다, 피곤하다 | 首(くび) 목 | 卵(たまご) 달걀 | 牛乳(ぎゅうにゅう) 우유 | ツリー (크리스마스) 트리 | 顔色(かおいろ) 안색 | 化粧(けしょう) 화장

해설 「混ぜる」는 성질이 다른 것을 하나로 합치거나 휘저어 섞는 동작을 나타내는 말이다. 따라서 문맥상 '섞다'의 의미로 사용된 2번이 정답이다.

 1교시 언어지식(문법)/독해

문제 1 다음 문장의 ( )에 들어갈 가장 적당한 것을 1·2·3·4에서 하나 고르시오.

1 지금 생선이 구워졌으니 식기 전에 드세요.

단어 焼(や)ける 구워지다 | 冷(さ)める 식다

해설 「～ないうちに」는 현재의 상태가 바뀌기 전에 뒤의 행동을 한다는 의미로 '～하기 전에'라는 뜻을 나타낸다.

2 그는 아들을 살리기 위해서라면 무엇이든 하겠다고 말하고 있습니다.

단어 息子(むすこ) 아들 | 助(たす)ける 구하다, 살리다 | 何(なん)だって 무엇이든

해설 1번 「～べきだ」는 동사의 기본형에 접속하여 '～해야 한다'라는 의무의 뜻을 나타낸다. 2번 「～はずだ」는 '～일 것이다'라는 강한 추측을 나타내며, 3번의 「～せいだ」는 '～탓이다'라는 의미이다. 그러므로 '～때문에, ～위해서'라는 뜻의 이유와 목적을 나타낼 때 쓰이는 4번이 정답이 된다.

3 의사가 열만 내리면 학교에 가도 된다고 말했습니다.

단어 病院(びょういん)の先生(せんせい) 의사 | 熱(ねつ) 열 | 下(さ)がる 내리다

해설 「～さえ～ば」는 '～만 ～하면'이라는 뜻으로, 앞의 조건이 충족되면 뒤의 일은 성립된다는 최소 조건을 나타내는 표현이다.

4 공부하지 않고 N3에 합격할 수 있을 리가 없습니다.

단어 勉強(べんきょう) 공부 | 合格(ごうかく) 합격

해설 1번 「～しかない」는 동사의 기본형에 접속해서 '～할 수 밖에 없다'라는 뜻을 나타내며, 2번 「～きれる」는 '다 ～하다'라는 의미로 동사의 ます형에 접속하므로 알맞지 않다. 4번 「～べきじゃない」는 '～해서는 안 된다'라는 의미이다. 그러므로 '～일 리가 없다'라는 강한 부정 추측을 나타내는 3번 「～はずがない」가 문맥상 가장 자연스럽다.

5 건강 검진 결과, 의사에게 혈압이 높으니 술을 끊으라고 말을 들었다.

단어 健康診断(けんこうしんだん) 건강 진단, 건강 검진 | 結果(けっか) 결과 | 血圧(けつあつ) 혈압

해설 의사에게 들은 내용을 인용하는 문장이므로 「～ように言われる(～하도록 말을 듣다)」가 문맥상 가장 알맞다.

6 (회사에서)
A "다나카 씨, 아오조라 상사의 야마다 씨가 응접실에서 기다리고 계십니다."
B "알겠습니다. 그럼, 바로 가겠다고 전해주세요."

단어 商事(しょうじ) 상사 | 応接室(おうせつしつ) 응접실 | 伝(つた)える 전하다 | 伺(うかが)う '듣다, 묻다, 방문하다'의 겸양어

해설 자신의 행동을 말하는 부분이므로 겸양 표현을 찾으면 된다. 1, 2, 3번은 모두 '가시다, 오시다'의 뜻으로 존경 표현이므로 알맞지 않다. 그러므로 겸양을 나타내는 4번이 정답이다.

7 휴대전화는 예전에 비해 가벼워지고 있다.

단어 携帯電話(けいたいでんわ) 휴대전화 | 軽(かる)い 가볍다

해설 1번 「~において」는 '~에 있어서'라는 의미이고, 2번 「~として」는 주로 사람에 접속하여 '~으로서'라는 자격과 입장을 나타낸다. 4번 「~にしたがって」는 '~함에 따라서'라는 의미를 나타내므로 문맥상 알맞지 않다. 그러므로 3번 '~에 비해서'라는 의미인 「~に比べて」가 오는 것이 가장 자연스럽다.

8 (부부의 대화)

아내 "저 애, 사 준 장난감을 안고 자고 있어."

남편 "분명 기뻐서 어쩔 줄 모르는 거야."

단어 おもちゃ 장난감 | 抱(だ)く 안다

해설 사 준 장난감을 안고 잔다고 했으니 기쁜 감정을 나타내는 표현이 연결되는 것이 자연스럽다. 「~てたまらない」는 감정, 감각을 나타내는 표현에 접속하여 '~해서 참을 수 없다'라는 뜻으로 사용되므로, 정답은 2번이다.

9 막 개점해서인지 가게에 손님이 없었다.

단어 開店(かいてん) 개점 | 客(きゃく) 손님

해설 「동사의 た형+ばかり(~한 지 얼마 안 됐다, 막 ~한 참이다)」는 동작이 끝난 지 얼마 지나지 않았음을 나타내는 표현이다.

10 아내가 주름투성이인 셔츠에 다림질을 해 주었습니다.

단어 妻(つま) 아내 | しわ 주름 | アイロンをかける 다림질을 하다

해설 2번 「~だらけ」는 '~투성이'라는 뜻으로 명사에 접속해서 좋지 않은 것들이 잔뜩 있다는 것을 나타내므로 정답이 된다. 1, 3번은 동사의 ます형에 접속하는 문형이므로 알맞지 않고, 4번은 '~대로'라는 의미이므로 문맥상 자연스럽지 않다.

11 (호텔에서)

A "실례합니다. 여기 호텔, 반려동물도 함께 묵을 수 있나요?"

B "반려동물에 관해서라면, 예방 접종을 받은 개와 고양이만 가능합니다."

단어 ペット 반려동물 | 泊(と)まる 묵다, 숙박하다 | 予防接種(よぼうせっしゅ)を受(う)ける 예방 접종을 받다, 예방 접종을 맞다 | ~のみ ~만 | 可能(かのう) 가능

해설 1번 「~によれば」는 '~에 의하면'이라는 의미로 정보의 출처를 나타내고, 2번 「~にとって」는 주로 사람에 접속해서 그 사람의 판단이나 생각이 뒤 문장에 온다. 3번 「~によって」는 '~에 따라서, ~에 의해서'라는 뜻으로 이유, 수단, 차이 등을 나타낸다. 따라서 앞의 질문에 관한 답변이 나오므로 '~에 관해서'라는 의미의 4번이 정답이 된다.

12 나는 매일 아침 일찍 일어나야 하기 때문에, 밤 9시에는 자도록 하고 있다.

단어 毎朝(まいあさ) 매일 아침 | 起(お)きる 일어나다 | 寝(ね)る 자다

해설 아침 일찍 일어나야 하는 상황이므로, 뒤 문장에는 일찍 잔다는 내용이 오는 것이 자연스럽다. 그러므로 부정의 의미를 나타내는 2, 3, 4번은 알맞지 않다. 참고로, 「~ことにする」는 '~하기로 하다'라는 뜻으로 자신의 결정을 나타내는 문형이라는 것을 알아두자.

13 스마트폰을 장시간 과하게 사용하면, 눈이 나빠집니다.

단어 スマートフォン 스마트폰 | 長時間(ちょうじかん) 장시간

해설 눈이 나빠지는 상황을 유추해 보면 정답을 찾을 수 있다. 1번 「동사 ます형+かける」는 '~하다 말다' 라는 의미이고, 3번 「동사 ます형+だす」는 '(갑자기) ~하기 시작하다'라는 의미이므로 문맥상 알맞지 않다. 4번은 접속이 불가하므로, 정답은 '지나치게 ~하다'라는 뜻을 나타내는 2번이 된다.

문제 2 다음 문장의 __★__ 에 들어갈 가장 적당한 것을 1·2·3·4에서 하나 고르시오.

14 전문적인 지식에 더해, 풍부한 경험을 가진 가와다 부장은 부하로부터의 신뢰도 두텁다.

단어 専門的(せんもんてき)だ 전문적이다 | 知識(ちしき) 지식 | 豊富(ほうふ)だ 풍부하다 | 経験(けいけん) 경험 | 部下(ぶか) 부하 | 信頼(しんらい) 신뢰

해설 「~に加えて」는 '~에 더해서'라는 의미로 앞의 내용에 다른 내용을 추가할 때 사용하는 표현이다. 명사에 접속하므로 2-1번을 묶어두자. 그리고 「専門的な」와 「豊富な」 뒤에도 명사가 접속하므로, 각각 어울리는 명사와 연결하면 2-3-4-1이 올바른 순서가 된다.

15 토지 가격은 역에서 가까우면 가까울수록 비싸집니다.

단어 土地(とち) 토지 | 値段(ねだん) 가격

해설 「~ば~ほど」는 '~하면 ~할수록'이라는 문형이므로 먼저 2-3-1번으로 연결해 두자. 문맥상 4번이 가장 앞에 나와야 하므로 4-2-3-1이 올바른 순서가 된다.

16 유명한 대학을 나왔다고 해서 반드시 취직할 수 있는 것은 아닙니다.

단어 必(かな)ずしも 반드시 | 就職(しゅうしょく) 취직

해설 「~からといって~わけではない」는 '~라고 해서 ~인 것은 아니다'라는 구문으로 보통형에 접속한다. 유명 대학을 나왔다는 이유만으로 취직할 수 있다고 단정할 수 없다라는 문장을 완성해야하므로 2-1-3-4의 순서가 알맞다.

17 귀국하는 날을 가르쳐 주었다면 차로 마중하러 갔을 텐데.

단어 帰国(きこく) 귀국 | 迎(むか)えに行(い)く 마중 나가다

해설 「日を」 뒤에 올 수 있는 단어 중 가장 자연스러운 연결은 4번이므로 가장 앞에 둔다. 그리고, '마중 나가다'라는 표현인 2-1번을 연결해 두면 4-3-2-1이 올바른 순서가 된다.

18 아이를 출산하고 나서야 비로소 아이를 키우는 것이 얼마나 힘든 일인지 알았다.

단어 産(う)む 출산하다 | 育(そだ)てる 키우다, 기르다 | 初(はじ)めて 비로소 | どれだけ 얼마만큼, 얼마나 | 大変(たいへん)だ 힘들다

해설 「育てる」 뒤에 올 수 있는 것은 2번뿐이다. 그리고 4번 「大変な」 뒤에 올 수 있는 것도 명사인 3번뿐이다. 따라서 2-1-4-3이 올바른 순서가 된다.

문제 3 다음 문장을 읽고, 문장 전체 내용을 생각해서 19 부터 22 안에 들어갈 가장 적당한 것을 1·2·3·4에서 하나 고르시오.

일본에는 정월 특유의 다양한 풍습과 문화가 있습니다. 그 중에서도 많은 사람이 즐기는 것 중 하나로 복주머니라는 것이 있습니다. 복주머니란 정월 첫 판매로, 다양한 상품을 담아서 판매하는 주머니나 그 판매 형식을 가리킵니다. 복주머니는 언제부터 시작됐을까요? 다양한 설이 있습니다만, 19 그 역사는 에도 시대로까지 거슬러 올라갑니다. 에도 시대의 상인들이 손님에게 감사의 마음 20 을 담아서, 상품을 담은 주머니를 저렴하게 판매한 것으로부터 시작됐다고 말해지고 있습니다.

또한, 복주머니는 시대와 함께 변화해 왔습니다. 최근에는 식료품을 비롯해, 옷, 가구, 가전, 액세서리 등의 물건 외에도 연극이나 여행 등의 체험형 복주머니도 등장하고 있습니다.

지금까지의 복주머니는 내용물을 알 수 없어, 1년의 운을 시험하는듯한 요소가 있었습니다. 21 하지만, 최근에는 내용물을 공개하고 있는 복주머니 쪽이 많아지고 있다고 합니다. 내용물을 보고 나서 살 수 있게 됨으로, 복주머니로 실패하고 싶지 않은 사람들도 안심하고 살 수 있게 되었습니다.

어찌됐든, 내용물이 보이고 안 보이는 것에 상관없이 주머니를 열 때의 기대감이나 열고 나서의 만족감은 복주머니를 사보지 않고서는 맛볼 수 없습니다. 기회가 있다면 여러분들도 꼭 사보는 것은 22 어떨까요?

단어 お正月(しょうがつ) 정월, 설날 | 特有(とくゆう) 특유 | さまざまだ 다양하다 | 風習(ふうしゅう) 풍습 | 福袋(ふくぶくろ) 복주머니 | 初売(はつう)り 첫 판매 | 商品(しょうひん) 상품 | つめる 채워 넣다 | 販売(はんばい) 판매 | 袋(ふくろ) 주머니 | 形態(けいたい) 형태 | 指(さ)す 가리키다 | 多様(たよう)だ 다양하다 | 説(せつ) 설, 학설 | 歴史(れきし) 역사 | さかのぼる 거슬러 올라가다 | 商人(しょうにん) 상인 | 感謝(かんしゃ) 감사 | 詰(つ)め合(あ)わせる 여러 물건을 한데 담다 | 家電(かでん) 가전 | 演劇(えんげき) 연극 | 旅行(りょこう) 여행 | 体験型(たいけんがた) 체험형 | 登場(とうじょう) 등장 | 中身(なかみ) 내용물 | 運試(うんだめ)し 운을 시험함 | 要素(ようそ) 요소 | 公開(こうかい) 공개 | 失敗(しっぱい) 실패 | いずれにせよ 어쨌든 | 満足感(まんぞくかん) 만족감 | 味(あじ)わう 맛보다 | 機会(きかい) 기회

해설

19 「歴史」라는 명사 앞에 올 수 있는 형태를 생각해 보자. 1, 3번은 같은 명사이기 때문에 알맞지 않고, 4번도 '그렇게, 그렇듯이'라는 뜻이므로 명사 앞에 사용할 수 없다. 그러므로 지시어인 2번이 정답이 된다.

20 「~を込めて(~을 담아서)」는 주로 마음이나 사랑, 기분을 나타내는 명사에 접속하여, 뒤의 행동을 한다는 것을 나타낼 때 사용하므로 정답은 3번이 된다.

21 앞부분의 내용을 보면, 내용물을 알 수 없었던 복주머니가 최근 들어서는 내용물을 공개하는 형태가 많아졌다고 했다. 그러므로 역접의 의미를 나타내는 4번이 정답이 된다.

22 독자에게 복주머니 체험을 권유하는 것이 문장의 흐름상 자연스럽다. 따라서 3번이 정답이 된다. 참고로, 「いかが」는 「どう」의 격식 있는 표현이라는 것을 알아두자.

문제 4 다음 (1)부터 (4)의 문장을 읽고 질문에 답하시오. 답은 1·2·3·4에서 가장 적당한 것을 하나 고르시오.

1

해석 책상 위에 메모가 놓여 있었습니다.

다카하시 씨

마루이 무역의 홍 씨로부터 10시에 전화가 있었습니다. A상품의 가격에 대해서 부탁이 있다고 합니다. 홍 씨는 '외출하기 때문에 이쪽에서 다시 전화를 하겠다'라고 말했습니다. 자세한 것은 그때 이야기하겠다고 합니다. 또, 전화가 왔을 때 혹시 다카하시 씨가 계시지 않으면 휴대폰 전화번호를 알려드려도 괜찮을까요?

아오키

23 메모에서 알 수 있는 것은 무엇인가?

1 다카하시 씨가 홍 씨에게 부탁이 있다는 것
2 홍 씨가 다카하시 씨에게 전화를 해달라고 말했다는 것
3 홍 씨가 다카하시 씨에게 다시 전화를 걸겠다는 것
4 아오키 씨가 다카하시 씨의 전화번호를 알고 싶어 한다는 것

단어 置(お)く 두다, 놓다 | 貿易(ぼうえき) 무역 | 値段(ねだん) 가격, 값 | 願(ねが)い 부탁, 바람 | 出(で)かける 외출하다, 나가다 | 詳(くわ)しい 상세하다, 자세하다 | 携帯(けいたい) 휴대전화

해설 1번은 부탁이 있는 것은 홍 씨이므로 정답이 아니다. 2번은 홍 씨가 전화를 하겠다고 했으므로 정답이 아니다. 3번은 메모에서 홍 씨가 '이쪽에서 다시 전화를 하겠다'라고 했으므로 정답이 된다. 4번은 홍 씨에게 전화번호를 알려줘도 될지 묻고 있으므로 정답이 아니다.

2

해석 어린이를 위한 스무디(주1) 티켓 으로 아이들에게 무료로 스무디를 마시게 하는 가게가 생겼습니다. 손님은 자신을 위할뿐만 아니라 다른 아이들을 위해 티켓을 사서 가게 입구에 붙여 둡니다. 아이들은 누군가가 사준 그 티켓을 사용하여 무료로 마실 수 있습니다. 가게에는 아이들의 감사 편지가 많이 붙어 있습니다. 이것은 누군가가 다른 누군가를 위해 사준 티켓으로 무료로 식사를 할 수 있는 식당이 있다는 뉴스를 본 가게 사람이 나도 해보자 라고 생각해서 시작한 일입니다. 선의(주2)는 전해지는 것이군요. 두 가게 모두 많은 손님이 티켓을 사준다고 합니다.

(주1) スムージー：과일이나 채소를 믹서로 잘게 만든 음료
(주2) 善意：다른 사람이나 사물에 대해 가지는 좋은 감정

24 어떤 선의가 차례차례 전해지고 있는가?

1 아이들이 감사 편지를 쓰는 것
2 아이를 위해 티켓을 사는 것
3 무엇이든 무료로 먹을 수 있는 가게를 여는 것
4 아이가 무료로 스무디를 마실 수 있는 것

단어 スムージー 스무디 | 無料(むりょう) 무료 | 貼(は)る 붙이다 | お礼(れい) 감사, 답례 | 手紙(てがみ) 편지 | 善意(ぜんい) 선의 | 伝(つた)わる 전해지다 | 感情(かんじょう) 감정

해설 손님이 타인을 위해 미리 비용을 지불하는 행동이 다른 가게로 퍼졌고 많은 손님이 동참하고 있다고 했으므로, 티켓을 사는 것이 전해지는 선의이다. 따라서 2번이 정답이 된다.

3

해석 여동생에게 메일이 왔습니다.

오빠

엄마의 생신 레스토랑 예약은 다 됐어. 1인당 7,000엔짜리 런치야. 지금 선물인 지갑을 사러 백화점에 와 있어. 엄마가 갖고 싶어 했던 지갑은 돈이 부족해서 살 수 없어. 싼 지갑이라면 살 수 있지만. 런치 때 음료수 값도 들고, 1인당 3만 엔 예산으로는 무리야. 예산을 1만 엔 늘리면 살 수 있지만. 엄마가 기뻐하실 거라고 생각해.

25 여동생이 메일을 보낸 이유는 무엇인가?

1 예산 안에서 드릴 물건을 정하고 싶어서
2 생일 예산을 알고 싶어서
3 산 지갑으로 하겠다고 전하고 싶어서
4 엄마가 갖고 싶어 하는 지갑을 드리고 싶어서

단어 誕生日(たんじょうび) 생일 | 予約(よやく) 예약 | 財布(さいふ) 지갑 | 欲(ほ)しがる 탐내다, 갖고 싶어 하다 | 足(た)りない 부족하다, 모자라다 | 予算(よさん) 예산 | 無理(むり) 무리 | 増(ふ)やす 늘리다 | 喜(よろこ)ぶ 기뻐하다 | 決(き)める 정하다 | 伝(つた)える 전하다

해설 1, 2번의 선물과 예산은 이미 정해져 있다. 3번은 저렴한 지갑이 아니라 엄마가 갖고 싶어하는 지갑을 사려고 오빠에게 말하고 있다. 따라서 4번이 정답이 된다.

4

해석 심술궂은 벤치를 알고 있습니까? 벤치에 눕지 못하도록 벤치 위에 막대(주1)를 붙이거나, 벤치를 둥글게 해서 앉는 것 밖에 할 수 없도록 해 둡니다. 벤치뿐만 아니라, 노숙자가 시트를 깔고(주2) 잘 수 없도록 바닥에 여러 가지 형태의 물건을 놓아두거나 하는 장소도 있습니다. 정말로 심술궂다고 느낍니다. 그곳에 노숙자는 잘 수 없으니 오지 않게 되겠지만, 그것은 노숙자 문제의 해결은 되지 않습니다. 또한, 이러한 벤치는 누구에게나 앉기 불편합니다. 이런 벤치를 볼 때마다 일본인 마음의 빈곤함을 느껴 슬퍼집니다. 어떻게든 안 되는 걸까요?

(주1) 棒 : 가늘고 긴 나무 등으로 된 물건
(주2) 敷く : 아래에 얇은 물건을 펼쳐 두는 것

26 이 글을 쓴 사람이 가장 말하고 싶은 것은 무엇인가?

1 심술궂은 벤치는 노숙자를 줄이는 효과가 있다.
2 심술궂은 벤치는 겉모양이 좋지 않다.
3 심술궂은 벤치는 누구에게나 사용하기 불편하다.
4 심술궂은 벤치는 좋지 않다.

단어 いじわる 심술궂다 | ベンチ 벤치 | 棒(ぼう) 봉, 막대기 | つける 붙이다 | ホームレス 노숙자 | シート 시트 | 敷(し)く 깔다 | ～たびに ~할 때마다 | 貧(まず)しい 가난하다, 빈약하다

해설 1번은 노숙자 문제는 해결되지 않는다고 했다. 2번과 3번은 필자가 언급한 여러 부정적인 이유 중 일부일 뿐이다. 따라서 필자의 비판적인 감정과 주장을 포괄하는 4번이 전체 요지로 가장 적절하다.

문제 5 다음 (1)과 (2)의 문장을 읽고 질문에 답하시오. 답은 1·2·3·4에서 가장 적당한 것을 하나 고르시오.

1

해석 일본에서 일본식 영어를 몰라서 곤란해하는 외국인이 많이 있다고 한다. 일본식 영어란 영어를 흉내내서 일본에서 만들어진 일본어다. 일본인의 대부분이 이러한 단어들을 이해하고 있다. 예를 들어 「노트북, 샐러리맨, 핸들」 등은 자주 사용되지만, 원래의 영어와는 전혀 다른 의미나 사용법을 하고 있는 경우가 많기 때문에 영어를 말하는 사람은 곤란해하고 있다. 또한, 일본식 영어는 아니지만, 일본에서는 많은 외래어(주1)가 사용되고 있어서, 일본어 같은 발음 탓에 이해할 수 없다는 외국인이 많다. 외래어가 많은 것에는 외국인뿐만 아니라 일본인도 곤란해하고 있다. 일본어로 나타낼 수 없는 경우는 어쩔 수 없지만, 예를 들어 「외부 위탁(주2)」이라는 말을 일본인의 4명 중 1명밖에 이해할 수 없는 「아웃소싱」이라는 말로 일부러 바꿔 말할 필요가 있을까. 언어는 무언가를 전달하기 위해 있다. 무엇을 위해 언어를 사용하는지 멈춰 서서 생각해 볼 필요가 있지 않을까.

(주1) 外来語 : 외국에서 온 말
(주2) 外部委託 : 일 등을 외부 사람에게 부탁하는 것

27 이 글을 쓴 사람은 일본식 영어로 곤란한 점은 무엇이라고 말하고 있는가?

1 영어로 만들었기 때문에 일본인에게는 이해하기 어렵다는 것
2 영어를 말하는 사람에게는 이해하기 어렵다는 것
3 발음이 영어와는 다르기 때문에 이해할 수 없다는 것
4 영어를 못하는 사람에게는 전혀 알 수 없다는 것

28 이 글을 쓴 사람은 왜 멈춰 서서 생각해 볼 필요가 있다고 말하고 있는가?

1 알기 어려운 외래어를 사용하면 전달되지 않아서 도움이 되지 않기 때문에
2 외래어가 많이 있어서 곤란해하고 있으므로 줄이는 편이 좋기 때문에
3 일본어에 없는 단어를 외래어로 하고 있기 때문에 의미가 통하지 않으면 도움이 되지 않기 때문에
4 언어는 전달되지 않으면 도움이 되지 않으므로, 외래어를 사용하는 것은 그만두는 편이 좋기 때문에

29 본문의 내용과 맞는 것은 어느 것인가?

1 외국인은 일본인의 영어를 알 수 없어서 곤란해하고 있다.
2 일본에는 외국어로부터 만들어진 단어가 여러 가지 있다.
3 외래어 발음이 원인으로 곤란해 하고 있는 것은 일본인 뿐이다.
4 '아웃소싱'이라는 말은 일본인 대부분이 이해하고 있다.

단어 和製英語(わせいえいご) 일본식 영어 | まねする 흉내 내다 | ほとんど 거의 | 理解(りかい) 이해 | 例(たと)えば 예를 들면 | ノートパソコン 노트북 | サラリーマン 샐러리맨 | ハンドル 핸들 | 元(もと) 원래, 이전 | 全(まった)く 전혀 | 違(ちが)う 다르다 | 意味(いみ) 의미 | 外来語(がいらいご) 외래어 | 発音(はつおん) 발음 | 表(あらわ)す 나타내다 | 場合(ばあい) 경우 | 仕方(しかた)がない 어쩔 수 없다 | 外部委託(がいぶいたく) 외부 위탁 | 言(い)い換(か)える 바꿔 말하다 | 必要(ひつよう) 필요 | 伝(つた)える 전달하다 | 立(た)ち止(ど)まる 멈춰 서다 | 役(やく)に立(た)つ 도움이 되다 | 減(へ)らす 줄이다

해설 **27** 일본식 영어는 영어를 바탕으로 만들어졌지만 원래 영어와 의미나 사용법이 달라서 영어를 사용하는 사람이 이해하기 어려워 곤란하다고 했다. 즉, 문제의 핵심은 "영어 화자가 이해하기 어렵다"는 점이므로 2번이 정답이다.

28 글쓴이는 "말은 무엇인가를 전달하기 위해 존재한다"고 하면서, 이해하기 어려운 외래어를 사용하면 상대에게 의미가 제대로 전달되지 않는다고 지적한다. 따라서 왜 말을 사용하는지 다시 생각해 볼 필요가 있다고 한 것이므로, 전달되지 않으면 쓸모없다는 내용의 1번이 정답이다.

29 지문에서는 '일본식 영어(和製英語)'와 '외래어'라는 두 가지 형태의 외국어 어휘를 언급하고 있다. 일본식 영어는 영어를 흉내내서 일본에서 만든 말이고, 외래어는 외국에서 들어와 일본어식 발음으로 정착된 말이다. 따라서 '일본에는 외국어로부터 만들어진 말이 여러 가지 있다'는 2번이 본문의 내용과 가장 잘 부합한다. 1번은 외국인이 곤란해하는 대상을 '영어'라고 했기 때문에 지문과 맞지 않으며, 3번은 외국인뿐만 아니라 일본인도 곤란해하고 있다는 내용과 맞지 않다. 4번은 '아웃소싱'을 이해하는 일본인이 4명 중 1명뿐이라고 했으므로 '대부분'이라는 표현이 맞지 않다.

2

해석 일본인 유학생은 2018년 약 11만 5천 명이 최고로, 일본 경제가 나빠짐에 따라 줄어, 2024년에는 약 7만 명이었다. 이는 20대 인구가 줄어든 점이나 엔저가 진행된 탓이다. 또한, 취업 시 유학 경험이 그다지 평가(주1)받지 못하는 점도 크다. 2024년 미국 유학생은 일본인 19,060명에 비해, 한국인은 61,007명이었다. 한국인이 3.2배 많았다. 2024년 인구는 한국 5,172만 명에 대해 일본은 약 1억 2,380만 명이므로 1인당으로 보면 차이(주2)는 더욱 벌어진다. 한국에 좋은 대학이 없는 것은 아니다. 대학 순위는 다양하지만 100위에 드는 대학은 일본과 한국이 그렇게 변하지 않는다. 유학뿐만이 아니다. 대학에 가는 사람도 한국은 70%에 가깝지만 일본은 60%도 되지 않는다. 2024년 세계 디지털 경쟁력에서 한국은 6위, 일본은 31위이다. 이런 곳에도 그 결과가 나타나고 있는 것이 아닐까. 이래서는 앞으로 일본 경제는 한국에 더욱 차이가 벌어지게 될 것이라고 걱정하게 된다.

(주1) 評価する : 좋은지 나쁜지를 결정하다
(주2) 差 : 다름

30 2024년의 일본인 유학생은 2018년에 비해 어떻게 되었는가?

1 조금 줄었다.
2 40% 정도 줄었다.
3 절반 정도 줄었다.
4 60% 정도 줄었다.

31 그 결과는 무엇을 나타내고 있는가?

1 디지털 경쟁력에서 한국보다 뒤처지고 있는 것
2 일본의 경제가 한국에 차이가 벌어지고 있는 것
3 일본인 유학생이나 대학에 가는 사람이 한국보다 적은 것
4 일본과 한국은 대학 순위에서 거의 동일하다는 것

32 이 글을 쓴 사람은 무엇을 걱정하고 있는가?

1 일본이 디지털 경쟁에서 한국에 이길 수 있을 것 같지 않은 것
2 일본 경제가 한국 경제보다 좋아질 것 같지 않은 것
3 일본은 대학도 대학생도 한국보다 적다는 것
4 한국과 일본의 유학생 수에 더욱 차이가 나 버릴 것 같은 것

단어 留学生(りゅうがくせい) 유학생 | 最高(さいこう) 최고 | 経済(けいざい) 경제 | 円安(えんやす) 엔저 | 減(へ)る 줄다 | 進(すす)む 진행되다 | 就職(しゅうしょく) 취업, 취직 | 経験(けいけん) 경험 | 評価(ひょうか) 평가 | ~に対(たい)して ~에 대하여 | 倍(ばい) 배 | 一人当(ひとりあ)たり 1인당 | 差(さ) 차, 차이 | 広(ひろ)がる 넓어지다, 벌어지다 | 競争力(きょうそうりょく) 경쟁력 | 表(あら)われる 나타나다 | 差(さ)をつけられる 차이가 벌어지다 | 勝(か)つ 이기다

해설 **30** 2018년 약 11만 5천 명에서 2024년 약 7만 명으로 줄었으므로 약 4만 5천 명 감소이다. 이는 대략 40% 정도 감소한 수치이므로 2번이 정답이다.

31 '그 결과'의 앞 문장들을 보면, 한국과 일본의 유학생 수 차이와 대학 진학률 차이를 구체적인 수치로 비교하고 있다. 유학생 수나 대학 진학율의 차이가 디지털 경쟁력의 차이로 나타났다는 흐름이므로, '그 결과'가 가리키는 원인은 한국보다 적은 유학 및 진학 수치를 의미하는 3번이 가장 적절하다.

32 마지막 문장에서 "앞으로 일본 경제가 한국과 더욱 격차가 벌어질 것 같아 걱정된다"고 했으므로, 일본 경제가 한국보다 나빠질 것을 우려하는 내용이다. 따라서 2번이 정답이다.

문제 6 다음 문장을 읽고 질문에 답하시오. 답은 1·2·3·4에서 가장 적당한 것을 하나 고르시오.

해석 어느 대기업에서 오랫동안 접수를 했던 사람의 이야기에서, 인사 방식으로 그 사람이 출세(주1)할지 어떨지 알 수 있다고 한다. 출세하는 사람은 눈을 보고 인사하고 목소리도 또렷하다. 「어서 오십시오」라고 말해도 대답을 하지 않는 사람도 있는가 하면, 「안녕하세요. 신세 지고 있습니다」라고 말하는 사람도, 나아가 「오늘은 따뜻하네요 / 바람이 강해서 힘드시겠네요」 등 반드시 무언가 덧붙이는 사람도 있어서, 그러한 사람에게는 좋은 인상을 받았다고 한다. 접수원은 마지막 타입의 사람이 출세하는 경우가 많았다고 말하고 있다. 인사에도 그 사람의 성격이나 태도가 나타나는 것이라고 생각한다.

인사라고 하면 나는 「사람은 겉모습으로 알 수 없는 법」이라는 속담(주2)을 떠올린다. 이것은 사람의 진짜 성격이나 능력은 겉모습으로는 판단(주3)할 수 없다, 즉 겉모습인 외측과 알맹이(주4)는 다르다는 의미다. 나는 화려한 옷이나 모자, 그리고 화장도 진한 것으로 유명한 어느 여성 사장을 볼 때마다 「뭐야, 이 사람은. 왜 이런 사람이 사장을 하고 있는 거야」라며 그 사람의 능력을 의심하는 비판적인 마음이 되곤 했다. 하지만 어느 때, 그녀는 사장인데도 누구에게나 그녀 쪽에서 먼저 「안녕」이라고 인사를 한다는 것을 알고 그 이유를 알았다. 보통 사람은 인사를 윗사람이 먼저 할 필요는 없다고 생각한다. 그녀는 사장이니까 가장 위에 있지만, 남보다 먼저 인사하자고 정해두었다고 한다. 그녀는 자신보다 먼저 인사하는 사람을 만난 적이 없다고 말하고 있었다. 나는 그러한 사람이기에 회사를 크게 키울 수 있었던 것이라고 생각했다. 나는 그것을 알고 깊이 반성한 것이다.

(주1) 出世する : 사회적·직업적으로 성공하여, 높은 지위를 얻다
(주2) ことわざ : 살아갈 때 도움이 되는 짧은 말
(주3) 判断する : 좋다거나 나쁘다거나 생각해서 결정하다
(주4) 中身 : 겉면이 아니라, 안에 들어있는 물건. 여기서는 성격이나 사고방식 등

33 접수원은 어떻게 해서 출세할 사람을 아는가?
1 회사의 사람을 전원 알고 있기 때문에
2 접수원은 많은 사람을 만나기 때문에
3 인사 방식으로 어떤 사람인지 알 수 있기 때문에
4 접수원은 인사 방식을 알고 있기 때문에

34 그 이유의 그는 무엇을 가리키는가?
1 그녀에게 능력이 없는 것
2 그녀가 사장을 하고 있는 것
3 그녀 쪽에서 인사를 하는 것
4 그녀가 화려한 모습을 하고 있는 것

35 「사람은 겉모습으로 알 수 없는 법」의 예시는 어느 것인가?
1 어제는 친절했던 점원이 오늘은 매우 불친절했다.
2 언제나 100점을 받는 김 씨가 이번에는 80점이었다.
3 어린아이를 좋아하는 사람이 어른도 좋아할 것이라고는 생각하지 못했다.
4 직원에게 화만 내고 있는 사장이 어린아이에게는 웃는 얼굴을 보여주고 있다.

36 이 글을 쓴 사람은 왜 깊이 반성했는가?
1 겉모습으로 판단했지만 실제와는 다르다는 것을 알았기 때문에
2 겉모습이 화려한 사람이 화려하지 않다는 것을 알았기 때문에
3 겉모습이 화려한 사람은 회사를 크게 키울 수 있다고 알았기 때문에
4 겉모습과 알맹이가 반드시 다르다고는 볼 수 없음을 알았기 때문에

단어 大企業(だいきぎょう) 대기업 | 受付(うけつけ) 접수 | 挨拶(あいさつ) 인사 | 出世(しゅっせ) 출세 | 加(くわ)える 덧붙이다 | 印象(いんしょう) 인상 | 性格(せいかく) 성격 | 態度(たいど) 태도 | 表(あらわ)れる 나타나다 | 見(み)かけ 겉모습 | 思(おも)い出(だ)す 떠올리다 | 能力(のうりょく) 능력 | 判断(はんだん) 판단 | 外側(そとがわ) 겉 | 中身(なかみ) 내면 | 派手(はで)だ 화려하다 | 疑(うたが)う 의심하다 | 批判的(ひはんてき) 비판적 | 理由(りゆう) 이유 | 反省(はんせい) 반성 | 決(き)める 정하다 | 格好(かっこう) 모습 | 実際(じっさい) 실제 | 親切(しんせつ)だ 친절하다 | 笑顔(えがお) 웃는 얼굴 | 限(かぎ)る 한하다

해설 **33** 접수원은 출세하는 사람의 특징으로 "눈을 보고 인사하며 목소리가 또렷하고, 반드시 다정한 말 한마디를 덧붙인다"고 설명했다. 즉, 인사하는 태도를 통해 그 사람의 성격과 성공 가능성을 파악하므로 3번이 정답이다.

34 글쓴이는 처음에 사장의 화려한 겉모습만 보고 "왜 이런 사람이 사장을 하고 있는가"라며 자질과 능력을 부정적으로 의심했다. 하지만 이후 그녀가 누구에게나 먼저 인사하는 겸손하고 훌륭한 인성을 가졌음을 알게 되었고, 사장으로서 회사를 크게 키울 수 있었던 근거를 납득하게 된 것이다. 따라서 여기서 '그 이유'는 글쓴이가 처음에 가졌던 의문인 '그녀가 사장직을 수행하고 있는 사실'에 대한 해답을 의미하므로 2번이 가장 적절하다.

35 1번은 시간 흐름에 따른 단순한 태도 변화일 뿐이며, 2번은 실력자의 일시적인 실수, 3번은 단순히 기호의 범위에 관한 내용이므로, 겉과 속의 반전을 나타내는 이 속담의 예시로는 적절하지 않다. 4번은 '직원에게 화만 내는 무서운 사람'이라는 겉모습 뒤에 '아이에게 미소 짓는 다정함'이라는 의외의 내면을 보여주므로 속담의 의미에 가장 어울린다.

36 필자는 화려한 외모만 보고 여성 사장을 비판적으로 생각했으나, 실제로는 훌륭한 태도를 가졌음을 알게 되었다. 자신의 선입견이 실제와 달랐음을 알게 되어 반성하는 것이므로 1번이 정답이다.

문제 7 오른쪽은 자원봉사자 모집의 알림이다. 이것을 읽고, 아래의 질문에 답하시오. 답은 1·2·3·4에서 가장 적당한 것을 하나 고르시오.

해석

자원봉사자 모집

A. 일본어 교실
국제교류회에서는 일본어를 가르쳐 주실 자원봉사자를 모집하고 있습니다.
【자격】 18세 이상이라면 누구나 선생님이 될 수 있습니다만, 사전에 국제교류회의 강습회에 참가하셔야 합니다. 강습회는 3월과 9월에 열립니다.
【일시】 월·화·목 19시부터 21시 반
【장소】 히바리역 앞 커뮤니티 센터

B. 어르신의 말벗
어르신들이 자유롭게 지내는 시간을 과자를 먹거나 하며 함께 보냅니다.
【일시】 월·금 14시부터 16시
【장소】 히바리 양로원 식당

C. 아이들과 바깥 놀이
최근 아이들이 밖에서 노는 일이 줄어들고 있습니다. 아이와 함께 놀지 않겠습니까?
「아버지회」가 중심이 되고 있지만, 누구라도 참가할 수 있습니다.
【일시】 매주 일요일 10시부터 16시까지(오전 또는 오후만도 좋음)
【장소】 모두의 광장
※ 기타: 자원봉사 보험(100엔)에 가입할 것

D. 요리 만들기·식당 준비
아이들에게 먹일 요리를 만들거나, 식당 준비를 하거나, 식후에 아이들과 이야기하거나 정리합니다. 희망 업무를 선택해 주세요.
【일시】 화·금 17시부터 20시 반까지(주 1회도 좋음)
【장소】 어린이 식당(어린이는 무료·성인은 200엔에 저녁을 먹을 수 있습니다)

37 대학생인 야마모토 씨는 다음달인 7월부터 2개월간 아이들에 관계가 있는 자원봉사를 하려고 생각하고 있다. 단, 월요일과 화요일 밤 7시부터는 아르바이트가 있다. 야마모토 씨가 참가할수 있는 것은 어느 것인가?

1 C와 D
2 A와 C와 D
3 C와 D의 금요일
4 B와 C와 D의 금요일

38 김 씨와 홍 씨는 함께 봉사활동을 하고 싶다. 김 씨는 평일밖에 할 수 없다. 홍 씨는 월요일·목요일 오후에는 8시까지 아르바이트가 있다. 어떤 봉사활동을 할 수 있는가?

1 A
2 B
3 C
4 D

단어 ボランティア 자원봉사자 | 募集(ぼしゅう) 모집 | 関係(かんけい) 관계 | 参加(さんか) 참가 | 平日(へいじつ) 평일 | 国際交流会(こくさいこうりゅうかい) 국제교류회 | おる 있다 | 資格(しかく) 자격 | 事前(じぜん) 사전 | 講習会(こうしゅうかい) 강습회 | 開(ひら)く 열리다 | お年寄(としよ)り 어르신 | 話相手(はなしあいて) 말벗 | 過(す)ごす 지내다, 보내다 | おやつ 간식 | 食堂(しょくどう) 식당 | 外遊(そとあそ)び 바깥 놀이 | 広場(ひろば) 광장 | 保険(ほけん) 보험 | 加入(かにゅう) 가입 | 準備(じゅんび) 준비 | 片(かた)づける 정리하다 | 希望(きぼう) 희망 | 無料(むりょう) 무료

해설 **37** 야마모토 씨는 7~8월에 어린이 관련 봉사를 원하며, 월·화 저녁 7시에는 아르바이트가 있다. A는 시간대가 겹치고, B는 대상이 어르신이라 제외된다. 반면 C는 일요일 활동이고, 어린이 대상이므로 가능하며, D는 화요일과 금요일 중 금요일을 선택하면 아르바이트 시간과 겹치지 않고 할 수 있다. 따라서 3번이 정답이 된다.

38 김 씨는 평일에만 할 수 있고, 홍 씨는 월요일과 목요일 저녁 8시까지 아르바이트가 있다. A는 목요일 저녁 7시에 시작하여 홍 씨의 아르바이트와 겹치고, B는 월요일에 홍 씨의 아르바이트와 겹친다. C는 일요일이라 김 씨가 참여할 수 없다. D는 화요일과 금요일이므로 두 사람이 함께 할 수 있다.

03 2교시 청해

問題 1

問題１では、まず質問を聞いてください。それから話を聞いて、問題用紙の１から４の中から、最もよいものを一つえらんでください。

문제 1

문제1에서는 먼저 질문을 들어 주세요. 그리고 이야기를 듣고 문제 용지의 1에서 4 중에서 가장 적당한 것을 하나 고르세요.

例

ホテルで会社員の男の人と女の人が話しています。女の人は明日何時までにホテルを出ますか。

M: では、明日は、９時半に事務所にいらしてください。

F：はい、ええと、このホテルから事務所まで、タクシーでどのぐらいかかりますか。

M: そうですね、30分もあれば着きますね。

F：じゃあ、９時に出ればいいですね。

M: あ、朝は道が混むかもしれません。15分ぐらい早めに出られたほうがいいですね。

F：そうですか。じゃ、そうします。

女の人は明日何時までにホテルを出ますか。

1　8時45分
2　9時
3　9時15分
4　9時30分

예

호텔에서 회사원인 남자와 여자가 이야기하고 있습니다. 여자는 내일 몇 시까지 호텔을 나갑니까?

남: 그럼, 내일은 9시 반에 사무소에 와 주십시오.

여: 네, 음, 이 호텔에서 사무소까지 택시로 어느 정도 걸립니까?

남: 글쎄요, 30분 정도면 도착합니다.

여: 그럼, 9시에 나가면 되겠네요.

남: 아, 아침은 길이 막힐지도 모릅니다. 15분 정도 빨리 나오는 것이 좋습니다.

여: 그렇습니까? 그럼, 그렇게 하겠습니다.

여자는 내일 몇 시까지 호텔을 나갑니까?

1　8시 45분
2　9시
3　9시 15분
4　9시 30분

1番

会社で受付の人と男の人が話しています。男の人はこれからまず何をしますか。

F：もしもし、山田さん、ABC貿易のキム様が受付においでになっています。

M: えっ、もう？ 約束の時間より早いなあ。

F：受付に来られますか。

M: これから急いで資料をそろえなければならないから、101の会議室へ案内してお茶でも出しておいてくれないかな。僕は15分ぐらい後になるけど、本田に会議室にすぐ行くように伝えておくから。

F：お忙しそうですから、本田さんには私から伝えておきましょうか。

M: ありがとう。本当に助かるよ。

1번

회사에서 접수원과 남자가 이야기하고 있습니다. 남자는 지금부터 먼저 무엇을 합니까?

여: 여보세요, 야마다 씨. ABC 무역의 김 선생님께서 접수처에 오셨습니다.

남: 앗, 벌써? 약속 시간보다 빠르네.

여: 접수처로 오시겠습니까?

남: 지금부터 급히 자료를 챙겨야 하니까, 101 회의실로 안내해서 차라도 내어 드려 줄래? 나는 15분 정도 후에 가겠지만, 혼다에게 회의실로 바로 가라고 전해 둘 테니까.

여: 바쁘신 것 같으니, 혼다 씨에게는 제가 전해 드릴까요?

남: 고마워. 정말 큰 도움이 돼.

F：キム様には15分後とお伝えいたします。
M: ありがとう。

男の人はこれからまず何をしますか。

1 受付に行く
2 本田さんに連絡する
3 資料を準備する
4 会議室に行く

여: 김 선생님께는 15분 뒤라고 전해 드리겠습니다.
남: 고마워.

남자는 지금부터 먼저 무엇을 합니까?

1 접수처에 간다
2 혼다 씨에게 연락한다
3 자료를 준비한다
4 회의실에 간다

단어 受付(うけつけ) 접수처 | 貿易(ぼうえき) 무역 | そろえる 챙기다, 갖추다 | 伝(つた)える 전하다, 알리다 | 助(たす)かる 도움이 되다, 편해지다, 살아나다

해설 1번은 남자는 접수처에 가지 않으므로 정답이 아니다. 2번은 접수처 직원이 대신 연락해 주기로 했으므로 남자가 직접 할 일이 아니다. 3번은 지금부터 급히 자료를 챙겨야 한다고 말했으므로 정답이다. 4번은 회의실에는 15분 뒤에 가기로 했으므로 지금 바로 할 일이 아니다.

2番

コンビニで店員の女の人と店長が話しています。女の人はこれからまず何をしますか。

F：店長、掃除は終わりました。
M: じゃあ、冷蔵庫に飲み物を入れて、ごみも出しておいて。
F：はい。
M: あ、それからお弁当がどのぐらい残っているか確認しておいて。
F：確認したあと、注文したほうがいいですか。
M: 注文は午後にするから、それまでに確認だけしてくればいいよ。
F：じゃあ、飲み物を先に入れましょうか。
M: お客さんが増える前に、まずごみを出してきて。飲み物はそのあとでいいよ。

女の人はこれからまず何をしますか。

3

4

2번

편의점에서 점원인 여자와 점장이 이야기하고 있습니다. 여자는 지금부터 먼저 무엇을 합니까?

여: 점장님, 청소는 끝났습니다.
남: 그럼 냉장고에 음료를 넣고, 쓰레기도 내놓아 줘.
여: 네.
남: 아, 그리고 도시락이 어느 정도 남았는지 확인해 둬.
여: 확인한 뒤에 주문하는 편이 좋을까요?
남: 주문은 오후에 할 거니까, 그때까지 확인만 해 주면 돼.
여: 그럼, 음료를 먼저 넣을까요?
남: 손님이 늘기 전에, 먼저 쓰레기를 내놓고 와. 음료는 그 다음에 해도 돼.

여자는 지금부터 먼저 무엇을 합니까?

단어 コンビニ 편의점 | 掃除(そうじ) 청소 | 冷蔵庫(れいぞうこ) 냉장고 | ごみ 쓰레기 | お弁当(べんとう) 도시락 | 残(のこ)る 남다 | 確認(かくにん) 확인 | 増(ふ)える 늘다

해설 청소는 이미 끝났다고 말했고, 음료수 넣는 것은 쓰레기를 내놓은 다음에 하기로 했다. 도시락 확인은 오후에 주문 전까지 하면 되는 일이고, 손님이 늘기 전에 먼저 쓰레기를 내놓으라고 했으므로 정답은 3번이 된다.

3番

家でお兄さんと妹が話しています。妹は母の日に何をしますか。

M: 来週の母の日にカーネーション買ってきて。

F : わかった。それに、お母さんの財布がちょっとくたびれているから、買ってあげたいな。

M: 賛成。それも買ってきて。

F : いいけど、好き嫌いがあるから明日にでも一緒に行って買うわね。

M: じゃ、お願い。食事はどうする？

F : 私が作ってもいいけど……、外で食べたほうがいいんじゃない？

M: そうだね。お母さんの好きなすし屋に行こう。

F : いいよ。予約は今私がするから。

妹は母の日に何をしますか。

1 すし屋を予約する
2 財布を買う
3 料理をする
4 花を買う

3번

집에서 오빠와 여동생이 이야기하고 있습니다. 여동생은 어머니의 날에 무엇을 합니까?

남: 다음 주 어머니의 날에 카네이션 사다 줘.

여: 알았어. 그리고 엄마 지갑이 좀 낡아서 사드리고 싶네.

남: 찬성. 그것도 사다 줘.

여: 좋지만, 취향이 있으시니까 내일이라도 같이 가서 살게.

남: 그럼, 부탁해. 식사는 어떻게 할까?

여: 내가 만들어도 되지만……, 외식하는 게 좋지 않을까?

남: 그렇네. 엄마가 좋아하시는 초밥집에 가자.

여: 좋아. 예약은 지금 내가 할게.

여동생은 어머니의 날에 무엇을 합니까?

1 초밥집을 예약한다
2 지갑을 산다
3 요리를 한다
4 꽃을 산다

단어 くたびれる 오래 써서 낡다, 헤지다 | 賛成(さんせい) 찬성 | 好(す)き嫌(きら)い 호불호, 취향

해설 1번 예약은 지금 바로 할 일이므로 어머니의 날 당일에 하는 일이 아니다. 2번 지갑은 내일 사러 가기로 했으므로 어머니의 날 당일에 하는 일이 아니다. 3번 초밥집에 가기로 하여 요리는 하지 않기로 했으므로 정답이 아니다. 4번 오빠가 부탁한 카네이션은 어머니의 날 당일에 사 와야 하는 것이므로 정답이다.

4番

会社で女の人と男の人が話しています。男の人はこの後、最初に何をしますか。

F : 川村さん、大山さんがインフルエンザで休むので韓国からのお客様の接待を川村さんに頼みたいんだけど……。

M: えっ。僕ですか。韓国語はあまり得意じゃないんですが……。

F : 川村さんぐらい話せれば大丈夫ですよ。

M: そうですか。あのう、スケジュールはどうなっていますか。

F : 大山さんがメールしてくれたので、この後、すぐに送りますね。

M: はい、印刷して見てみます。あのう、レストランやホテルの予約はすんでいますよね。

F : ええ、でも、スケジュール表を確認してください。

4번

회사에서 여자와 남자가 이야기하고 있습니다. 남자는 이후에 가장 먼저 무엇을 합니까?

여: 가와무라 씨, 오야마 씨가 독감으로 쉬기 때문에 한국에서 오시는 손님 접대를 가와무라 씨에게 부탁하고 싶은데…….

남: 앗. 저 말씀이십니까? 한국어는 별로 자신이 없어서요…….

여: 가와무라 씨 정도 말할 수 있으면 괜찮아요.

남: 그렇습니까. 저기, 일정은 어떻게 되어 있나요?

여: 오야마 씨가 메일을 보내줬으니, 지금 바로 보내줄게요.

남: 네, 인쇄해서 보겠습니다. 저기, 식당이나 호텔 예약은 되어 있죠?

여: 네, 하지만 일정표를 확인해 주세요.

M: はい。確認いたします。

F : 工場見学だけでなく観光もあるので、大変だと思いますがよろしく頼みます。

M: はい。わかりました。

男の人はこの後、最初に何をしますか。

1 スケジュール表を作成する
2 スケジュール表を印刷する
3 レストランとホテルの予約を確認する
4 メールを確認する

남: 네. 확인하겠습니다.

여: 공장 견학뿐만 아니라 관광도 있어서 힘들겠지만 잘 부탁해요.

남: 네. 알겠습니다.

남자는 이후에 가장 먼저 무엇을 합니까?

1 일정표를 작성한다
2 일정표를 인쇄한다
3 식당과 호텔 예약을 확인한다
4 메일을 확인한다

단어 インフルエンザ 인플루엔자, 독감 | 接待(せったい) 접대 | 得意(とくい)だ 자신이 있다 | 印刷(いんさつ) 인쇄 | 観光(かんこう) 관광

해설 1번 이미 오야마 씨가 작성했으므로 정답이 아니다. 2번 메일을 수신한 후에야 인쇄가 가능하므로 정답이 아니다. 3번 일정표(메일 내용)를 먼저 확인한 뒤에 체크할 사항이므로 가장 먼저 할 일이 아니다. 4번 여자가 지금 바로 메일을 보낸다고 했으므로 이를 확인하는 것이 첫 번째 일이므로 정답이다.

5番

お店の人と近所の女の人が話しています。この店はこれからどうすることにしましたか。

F : 開店おめでとうございます。準備はもう終わりましたか。

M: それが、人がいなくて。妻と二人じゃ無理なんで困っているんです。

F : 駅前のデイリーではロボットが料理を運んでいましたよ。

M: うちの店は狭いからちょっと無理です。すし屋ならすしロボットが使えるんですが……。

F : 大変ですね。でも、お嬢さんがいるじゃないですか。

M: 頼みたくないけど、だれか雇えるまでそうするしかないですね。

F : ねえ、外国人はどうですか。働きたい人がいっぱいいる気がしますが……。

M: 前から何人でもいいと思って募集しているんですが、来ませんね。

F : 世の中、本当に人手不足なんですね。

この店はこれからどうすることにしましたか。

1 ロボットに料理を運んでもらう
2 すしロボットを使う
3 娘に手伝ってもらう
4 外国人を雇う

5번

가게 사람과 이웃 여자가 이야기하고 있습니다. 이 가게는 앞으로 어떻게 하기로 했습니까?

여: 개업 축하드려요. 준비는 다 끝났나요?

남: 그게, 사람이 없어서요. 아내와 둘이서는 무리라 고민입니다.

여: 역 앞 데일리에서는 로봇이 요리를 나르고 있었어요.

남: 우리 가게는 좁아서 좀 무리예요. 초밥집이라면 초밥 로봇을 쓸 수 있겠지만…….

여: 힘들겠네요. 하지만 따님이 있지 않나요?

남: 부탁하고 싶지 않지만, 누군가 고용할 수 있을 때까지는 그렇게 할 수밖에 없겠네요.

여: 저기, 외국인은 어떠세요? 일하고 싶어하는 사람이 아주 많을 것 같은데…….

남: 전부터 어느 나라 사람이든 좋다고 생각해서 모집하고 있지만, 오질 않네요.

여: 정말이지, 세상이 일손 부족이네요.

이 가게는 앞으로 어떻게 하기로 했습니까?

1 로봇에게 요리를 나르게 한다
2 초밥 로봇을 사용한다
3 딸에게 도움을 받는다
4 외국인을 고용한다

단어 開店(かいてん) 개업, 개점 | 雇(やと)う 고용하다 | 気(き)がする 생각이 들다, 느낌이 들다 | 何人(なにじん) 어느 나라 사람 | 募集(ぼしゅう) 모집 | 世(よ)の中(なか) 세상, 사회 | 人手不足(ひとでぶそく) 일손 부족

해설 1번 가게가 좁아서 무리라고 했으므로 정답이 아니다. 2번 초밥집이 아니므로 정답이 아니다. 3번 누군가 새로 고용할 때까지는 딸에게 부탁할 수밖에 없다고 했으므로 정답이다. 4번 이미 모집 중이지만 사람이 오지 않는 상황이므로 앞으로의 새로운 해결책이 될 수 없어 정답이 아니다.

6番

市の放送で花見について話しています。夜、桜の木の下で宴会したい人はどこへ行きますか。

F：南市の桜が美しい場所をご紹介いたします。桜川の川沿いには約２千本の桜が植えられてライトアップもされるので大変美しいです。しかし川沿いにシートを敷く場所がありません。「野の寺」にある500年を超える桜は毎年多くの人を集め大変人気がありますが、夜６時には寺は閉められてしまいます。南市で最も人が集まるのは桜公園です。500本ほどの桜が咲くころには多くの店も出ますし、夜は電気の光に映った桜がとてもきれいです。また、桜が丘も千本の桜と菜の花が同時に見られる素晴らしいところです。毎年昼間は多くの人が集まって宴会をしています。でも、夜は真っ暗です。

夜、桜の木の下で宴会したい人はどこへ行きますか。

1 桜川
2 野の寺
3 桜が丘
4 桜公園

6번

시의 방송에서 벚꽃놀이에 대해 이야기하고 있습니다. 밤에 벚나무 아래에서 연회를 하고 싶은 사람은 어디로 갑니까?

여: 미나미시의 벚꽃이 아름다운 장소를 소개해 드립니다. 사쿠라가와의 강변에는 약 2천 그루의 벚꽃이 심어져 있고 조명도 비추므로 매우 아름답습니다. 하지만 강변에 시트를 깔 장소가 없습니다. '노노테라'에 있는 500년을 넘은 벚꽃은 매년 많은 사람을 모아 매우 인기가 있습니다만, 밤 6시에는 절은 닫혀 버립니다. 미나미시에서 가장 사람이 모이는 곳은 사쿠라 공원입니다. 500그루 정도의 벚꽃이 필 무렵에는 많은 가게도 나오고, 밤은 전깃불에 비친 벚꽃이 무척 예쁩니다. 또한, 사쿠라가오카도 천 그루의 벚꽃과 유채꽃이 동시에 보여지는 멋진 곳입니다. 매년 낮 동안은 많은 사람이 모여서 연회를 하고 있습니다. 하지만, 밤은 캄캄합니다.

밤에 벚나무 아래에서 연회를 하고 싶은 사람은 어디로 갑니까?

1 사쿠라가와
2 노노테라
3 사쿠라가오카
4 사쿠라 공원

단어 宴会(えんかい) 연회, 잔치 | 川沿(かわぞ)い 강변 | ライトアップ 건조물이나 정원·다리 등에 야간 조명을 비추어 밤 경관을 아름답게 연출하는 일 | 敷(し)く 깔다 | 映(うつ)る 비치다 | 真(ま)っ暗(くら) 아주 컴컴함, 암흑

해설 1번 돗자리를 깔 자리가 없다고 했으므로 연회를 하기엔 부적절하여 정답이 아니다. 2번 저녁 6시에 문을 닫기 때문에 밤에 이용할 수 없어 정답이 아니다. 3번 밤에는 조명 없이 칠흑같이 어둡다고 했으므로 정답이 아니다. 4번 조명 시설이 있고 노점도 들어서며 밤에도 벚꽃이 예쁘다고 했으므로 밤 연회가 가능하여 정답이다.

問題２

問題２では、まず質問を聞いてください。そのあと、問題用紙を見てください。読む時間があります。それから話を聞いて、問題用紙の１から４の中から、最もよいものを一つえらんでください。

문제2

문제2에서는 먼저 질문을 들어 주세요. 그 다음 문제 용지를 보세요. 읽는 시간이 있습니다. 그런 다음 이야기를 듣고 문제 용지의 1에서 4 중에서 가장 적당한 것을 하나 고르세요.

例

女の人と男の人がスーパーで話しています。男の人はどうして自分で料理をしませんか。

F：あら、田中君、お買い物？

M：うん、夕飯を買いにね。

F：お弁当？ 自分で作らないの？ 時間ないか。

M：いや、そうじゃないんだ。

F：じゃあ、作ればいいのに。

M：作るのは嫌いじゃないんだ。でも、一人だと。

F：材料が余っちゃう？

M：それはいいんだけど、一生懸命作っても一人で食べるだけじゃ、なんか寂しくて。

F：それもそうか。

男の人はどうして自分で料理をしませんか。

1 いそがしくて時間がないから
2 料理がにがてだから
3 ざいりょうがあまってしまうから
4 いっしょに食べる人がいないから

예

여자와 남자가 슈퍼마켓에서 이야기하고 있습니다. 남자는 왜 스스로 요리를 하지 않습니까?

여: 어, 다나카 군, 쇼핑?

남: 응, 저녁을 사러.

여: 도시락? 스스로 만들지 않아? 시간 없나?

남: 아니, 그렇지 않아.

여: 그럼, 만들면 좋을 텐데.

남: 만드는 건 싫어하지 않아. 그런데 혼자라면.

여: 재료가 남아버려서?

남: 그것은 괜찮지만, 열심히 만들어도 혼자서 먹기만 하면, 뭔가 쓸쓸해서.

여: 그것도 그런가.

남자는 왜 스스로 요리를 하지 않습니까?

1 바쁘고 시간이 없으니까
2 요리를 잘 못하니까
3 재료가 남아버리니까
4 함께 먹을 사람이 없으니까

1番

外国人の男の人と女の人が話しています。女の人はどうして男の人を誘いましたか。

M：僕、旅行した時にマンホールのふたの写真も撮っているんだ。

F：デザインまですてきなのは日本だけでしょう？

M：いや、日本だけじゃないよ。世界にはカラーのも珍しいデザインのもあるよ。

F：そうなの？ ところでどんなデザインが好きなの？

M：カラーでアニメのデザインがいいね。

F：じゃ、うちの市に見に来ない？ 夜になると光るのがあるから見せたいわ。

M：それ知っているよ。日本で初めての光るマンホールなんだってね。

F：ええ、だから見せたいのよ。

M：マンホールカードもほしいな。

F：それは市役所に聞いてみるわ。

女の人はどうして男の人を誘いましたか。

1 日本で初めて作られたマンホールを見せたいから
2 カラーのマンホールを見せたいから
3 マンホールカードを見せたいから
4 光るマンホールを見せたいから

1번

외국인 남자와 여자가 이야기하고 있습니다. 여자는 왜 남자를 권유했습니까?

남: 나, 여행했을 때 맨홀 뚜껑 사진도 찍고 있어.

여: 디자인까지 멋진 건 일본뿐이지?

남: 아니, 일본뿐만이 아니야. 세계에는 컬러인 것도 희귀한 디자인인 것도 있어.

여: 그래? 그런데 어떤 디자인을 좋아해?

남: 컬러에 애니메이션 디자인이 좋아.

여: 그럼, 우리 시에 보러 오지 않을래? 밤이 되면 빛나는 게 있으니까 보여주고 싶어.

남: 그거 알고 있어. 일본에서 최초인 빛나는 맨홀이라며.

여: 응, 그러니까 보여주고 싶은 거야.

남: 맨홀 카드도 갖고 싶네.

여: 그건 시청에 물어볼게.

여자는 왜 남자를 권유했습니까?

1 일본에서 처음으로 만들어진 맨홀을 보여주고 싶어서
2 컬러 맨홀을 보여주고 싶어서
3 맨홀 카드를 보여주고 싶어서
4 빛나는 맨홀을 보여주고 싶어서

단어 誘(さそ)う 권하다, 권유하다 | マンホール 맨홀 | ふた 뚜껑 | 珍(めずら)しい 희귀하다 | 光(ひか)る 빛나다 | 市役所(しやくしょ) 시청

해설 여자가 자기가 살고 있는 시에 있는 빛나는 맨홀을 보여주고 싶다고 보러 오라고 말하고 있으므로, 정답은 4번이 된다.

2番

キャンプ場で男の人と女の人が話しています。「今治のホコリ」はどうしてプラスチックの入れ物に入れてあるのですか。

M: これ、何？ いいね。火がすぐに点いた。

F : 「今治のホコリ」って言うのよ。キャンプに持ってくるのにも便利でしょ。

M: うん。プラスチックのケース入りだからいろいろな色の物が見えてきれいだね。

F : ねえ、これ今治の工場で今まで捨てていたタオルを作る時に出たほこりを集めたものなのよ。

M: へえ。捨てる物を利用するなんていいね。じゃあ、入れ物も捨てられる物とか環境にいい物にしたらもっといいのに。

F : そうね。でも、湿ってしまったら火が点かなくなっちゃうから、プラスチックじゃないと難しいのよ。

M: そうか。乾いていないとまずいね。

F : そうなのよ。

「今治のホコリ」はどうしてプラスチックの入れ物に入れてあるのですか。

1 いろいろな色が見えてきれいだから
2 中がよく見えるから
3 捨てられる物だったから
4 湿らないから

2번

캠핑장에서 남자와 여자가 이야기하고 있습니다. 「이마바리의 먼지」는 왜 플라스틱 용기에 들어 있습니까?

남: 이거, 뭐야? 좋네. 불이 금방 붙었어.

여: '이마바리의 먼지'라고 해. 캠핑에 가져오기에도 편리하지?

남: 응. 플라스틱 케이스에 들어있으니까 여러 가지 색깔이 보여서 예쁘네.

여: 있잖아, 이거 이마바리의 공장에서 지금까지 버리고 있던 수건을 만들 때 나온 먼지를 모은 거야.

남: 우와. 버리는 물건을 이용하다니 좋네. 그럼, 용기도 버려지는 물건이라든가 환경에 좋은 걸로 하면 더 좋을 텐데.

여: 그렇네. 하지만 습기 차 버리면 불이 붙지 않게 되니까, 플라스틱이 아니면 힘들어.

남: 그렇구나. 건조되어 있지 않으면 곤란하네.

여: 맞아.

「이마바리의 먼지」는 왜 플라스틱 용기에 들어 있습니까?

1 여러 가지 색이 보여서 예쁘기 때문에
2 안이 잘 보이기 때문에
3 버려지는 물건이었기 때문에
4 습기 차지 않기 때문에

단어 キャンプ場(じょう) 캠핑장 | ホコリ 먼지 | プラスチック 플라스틱 | 入(い)れ物(もの) 용기, 그릇 | すぐに 곧바로, 즉시 | 点(つ)く 불이 붙다 | 便利(べんり)だ 편리하다 | 捨(す)てる 버리다 | 集(あつ)める 모으다 | 環境(かんきょう) 환경 | 湿(しめ)る 습기 차다, 눅눅해지다 | 乾(かわ)く 마르다, 건조하다

해설 불쏘시개 역할을 하는 제품은 습기가 차면 불이 붙지 않는다고 말하고 있으므로, 4번이 정답이 된다.

3番

女の人と男の人が話しています。女の人はなぜこのアプリを入れていますか。

F : ねえ、体にいいからこのアプリを入れたら？

M: うーん、そのアプリで痩せられる？

F : 痩せる人もいるかも。でも一番は丈夫になることかな。

M: じゃ、歩け、歩けのアプリだね。

3번

여자와 남자가 이야기하고 있습니다. 여자는 왜 이 앱을 설치했습니까?

여: 저기, 몸에 좋으니까 이 앱을 설치해 보면 어때?

남: 음, 그 앱으로 살을 뺄 수 있어?

여: 빠지는 사람도 있을지도. 하지만 첫째는 튼튼해지는 것이려나.

남: 그럼, '걸어라, 걸어라' 앱이네.

F：ええ、一週間に35000歩歩いたらスタンプが１つもらえるの。全部で15個集めたら、このメーカーの自動販売機で好きな飲み物が１本もらえるのよ。

M：ただでもらいたいから頑張っているんだね。

F：それは結果よ。

女の人はなぜこのアプリを入れていますか。

1 飲み物がほしいから
2 痩せたいから
3 体を丈夫にしたいから
4 週に5000歩は歩きたいから

여: 응, 일주일에 35,000보 걸으면 스탬프를 하나 받을 수 있어. 전부 15개 모으면, 이 제조사의 자동판매기에서 좋아하는 음료수를 한 병 받을 수 있어.

남: 공짜로 받고 싶어서 열심히 하는 거구나.

여: 그건 결과야.

여자는 왜 이 앱을 설치했습니까?

1 음료수를 갖고 싶어서
2 살을 빼고 싶어서
3 몸을 튼튼하게 하고 싶어서
4 일주일에 5,000 보는 걷고 싶어서

단어 アプリ 앱, 애플리케이션 | 痩(や)せる 살이 빠지다 | 丈夫(じょうぶ)だ 튼튼하다, 건강하다 | 集(あつ)める 모으다 | 自動販売機(じどうはんばいき) 자동판매기 | 結果(けっか) 결과

해설 남자는 음료수를 공짜로 받는 것이 목적이 아니냐고 묻지만, 여자는 음료수는 결과일 뿐이며 튼튼해지는 것이 가장 큰 목적이라고 앞에서 말하고 있다. 그러므로 3번이 정답이다.

4番

男の人と女の人が話しています。男の人の会社はどうしてまず日本で新製品を発売しますか。

M：うちの会社今度ドライヤーを日本で売り出すんだ。高いけど売れると思うんだよ。でも日本で初めて売るからちょっと心配だよ。

F：イギリスでは売れているの？

M：まだ売っていないんだよ。日本とイギリスで同時に発売するから。

F：えっ。まず自分の国で売るのが普通でしょう。

M：普通ならね。でも、日本で売れれば世界中どこでも売れるからだって。

F：日本のお客は厳しいからね。

M：そうなんだよ。日本の美容師さんの意見も入れて作ったから大丈夫だと思うけど。

F：そうね。でも、お客さんの意見も集めたほうがいいわよ。

M：そうだね。課長に話してみるよ。

男の人の会社はどうしてまず日本で新製品を発売しますか。

1 日本のお客の意見がもらいたいから
2 日本の美容師の意見を入れて作ったから
3 イギリスでは売れないから
4 日本で売れれば他の国でもうまくいくから

4번

남자와 여자가 이야기하고 있습니다. 남자의 회사는 왜 먼저 일본에서 신제품을 발매합니까?

남: 우리 회사 이번에 드라이어를 일본에서 팔기 시작해. 비싸지만 팔릴 거라고 생각해. 하지만 일본에서 처음으로 파는 거라 조금 걱정이야.

여: 영국에서는 팔리고 있어?

남: 아직 안 팔고 있어. 일본과 영국에서 동시에 발매하니까.

여: 엇? 먼저 자기 나라에서 먼저 파는 게 보통이잖아.

남: 보통이라면 그렇겠지. 하지만 일본에서 팔리면 전 세계 어디서든 팔릴 수 있기 때문이래.

여: 일본 손님들은 까다로우니까 말이야.

남: 맞아. 일본 미용사분의 의견도 넣어서 만들었으니까 괜찮을 거라고 생각하지만.

여: 그렇구나. 하지만 손님들의 의견도 모으는 게 좋아.

남: 그렇네. 과장님께 이야기해 볼게.

남자의 회사는 왜 먼저 일본에서 신제품을 발매합니까?

1 일본 손님의 의견을 받고 싶기 때문에
2 일본 미용사의 의견을 넣어서 만들었기 때문에
3 영국에서는 팔리지 않기 때문에
4 일본에서 팔리면 다른 나라에서도 잘 되기 때문에

단어 新製品(しんせいひん) 신제품 | 発売(はつばい) 발매 | ドライヤー 헤어 드라이어 | 売(う)り出(だ)す 팔기 시작하다, 신제품을 내놓다 | 普通(ふつう) 보통 | 厳(きび)しい 엄하다, 까다롭다 | 美容師(びようし) 미용사 | 意見(いけん) 의견 | 集(あつ)める 모으다

해설 남자가 일본에서 팔리면 세계 어디서든 팔리기 때문이라고 이유를 말하고 있다. 그러므로 4번이 정답이다.

5番

女の人と男の人が店の前で話しています。この店はどうしてお客が店にいる時間が短いのですか。

F：ねえ、このてんぷら屋で食べない？ とってもおいしいのよ。

M：でもこんなに並んでいるよ。長い間待つんじゃない？

F：大丈夫よ。博多スタイルだから、お客さんがすぐに食べ終わって出てくるわよ。

M：博多スタイルって何？

F：てんぷらを全部ができてから持ってくるんじゃなくて、３回に分けて持ってくるのよ。だから食べ終わるのも早くて、どんどん新しいお客が入れるの。

M：へえ、いい考えだね。

F：大勢お客が来るから、値段も安くできるんだって。

M：すぐに食べられておいしくて安いなんていいね。じゃ、並ぼう。

この店はどうしてお客が店にいる時間が短いのですか。

1　並んでいる人が多いから
2　博多の人は食べるのが速いから
3　料理を一つずつ出すから
4　３回に分けて持ってくるから

5번

여자와 남자가 가게 앞에서 이야기하고 있습니다. 이 가게는 왜 손님이 가게에 있는 시간이 짧은 것입니까?

여: 저기, 이 튀김집에서 먹지 않을래? 정말 맛있어.

남: 하지만 이렇게 줄을 서 있잖아. 오래 기다리는 거 아니야?

여: 괜찮아. 하카타 스타일이라서 손님들이 금방 다 먹고 나와.

남: 하카타 스타일이란 게 뭐야?

여: 튀김을 전부 다 만든 뒤에 가져오는 게 아니라, 3회에 나누어서 가져오는 거야. 그래서 다 먹는 것도 빨라서, 계속 새로운 손님이 들어올 수 있어.

남: 우와, 좋은 생각이네.

여: 손님이 많이 오니까 가격도 싸게 할 수 있대.

남: 금방 먹을 수 있고 맛있고 싸다니 좋네. 그럼, 줄 서자.

이 가게는 왜 손님이 가게에 있는 시간이 짧은 것입니까?

1　줄 서 있는 사람이 많기 때문에
2　하카타 사람은 먹는 것이 빠르기 때문에
3　요리를 하나씩 내놓기 때문에
4　3회에 나누어서 가져오기 때문에

단어　並(なら)ぶ 줄 서다 | 長(なが)い間(あいだ) 오랫동안 | 待(ま)つ 기다리다 | どんどん 자꾸, 계속 | 大勢(おおぜい) 많은 사람 | 値段(ねだん) 가격

해설　손님이 가게에 머무는 시간이 짧은 이유를 여성이 튀김을 세 번에 나누어 가져오기 때문에, 손님이 먹고 나오는 속도가 빠르다고 말하고 있다. 그러므로 정답은 4번이다.

6番

旅行会社の人がツアーの参加者に話しています。

ツアーの参加者は、明日どこへ行かなければなりませんか。

M：ツアーにご参加の皆様にお知らせいたします。明日の朝の集合場所について変更があります。当初は、朝８時にホテルのロビーにお集まりいただく予定でしたが、明日はマラソン大会の影響で道路が大変混雑します。そのため、バスの出発場所をホテルではなく、近くの「西公園の入口」に変更させていただきます。ホテルから公園までは、スタッフがご案内しますので、朝７時50分までには必ずホテルの入口の外にお集まりください。よろしくお願いいたします。

6번

여행사 직원이 투어 참가자에게 이야기하고 있습니다. 투어 참가자는 내일 어디로 가야 합니까?

남: 투어에 참가하신 여러분께 알려드립니다. 내일 아침 집합 장소에 대해 변경이 있습니다. 당초에는 아침 8시에 호텔 로비에 모여 주실 예정이었습니다만, 내일은 마라톤 대회의 영향으로 도로가 매우 혼잡합니다. 그 때문에 버스 출발 장소를 호텔이 아니라 근처의 '니시 공원 입구'로 변경하겠습니다. 호텔에서 공원까지는 스태프가 안내하므로, 아침 7시 50분까지는 반드시 호텔 입구 밖으로 모여 주십시오. 잘 부탁드립니다.

ツアーの参加者は、明日どこへ行かなければなりませんか。

1 朝８時にホテルのロビー
2 朝８時にホテルの入口の外
3 朝７時50分にホテルの入口の外
4 朝７時50分に西公園の入口

투어 참가자는 내일 어디로 가야 합니까?

1 아침 8시에 호텔 로비
2 아침 8시에 호텔 입구 밖
3 아침 7시 50분에 호텔 입구 밖
4 아침 7시 50분에 니시 공원 입구

단어 参加者(さんかしゃ) 참가자 | 集合(しゅうごう) 집합 | 変更(へんこう) 변경 | 混雑(こんざつ) 혼잡

해설 집합 장소와 버스 출발 장소를 주의해서 들어야 한다. 원래 집합 장소는 아침 8시 호텔 로비, 버스 출발 장소는 호텔이었다. 그러나 마라톤으로 인해 버스 출발 장소가 '니시 공원 입구'로 바뀌었고, 공원까지의 거리를 생각하여 7시 50분에 호텔 입구 밖으로 모여달라고 했다. 따라서 투어 참가자가 내일 가야 할 곳은 '아침 7시 50분에 호텔 입구 밖'으로 3번이 정답이 된다.

問題 3

問題３では、問題用紙に何もいんさつされていません。この問題は、ぜんたいとしてどんなないようかを聞く問題です。話の前に質問はありません。まず話を聞いてください。それから、質問とせんたくしを聞いて、１から４の中から、最もよいものを一つえらんでください。

문제3

문제3에서는 문제 용지에 아무것도 인쇄되어 있지 않습니다. 이 문제는 전체로서 어떤 내용인지를 묻는 문제입니다. 이야기 전에 질문은 없습니다. 먼저 이야기를 들어 주세요. 그런 다음 질문과 선택지를 듣고, 1에서 4 중에서 가장 적당한 것을 하나 고르세요.

例

女の人が友達の家に来て話しています。

F1: 田中です。
F2: あ、はあい。昨日友達が泊まりに来てたんで、片付いてないけど、入って。
F1: あ、でもここで。すぐ帰るから。あのう、この前借りた本なんだけど、ちょっとやぶれちゃって。
F2: え、本当？
F1: うん、このページなんだけど。
F2: あっ、うん、このくらいなら大丈夫、読めるし。
F1: ほんと？ ごめん。これからは気をつけるから。
F2: うん、いいよ。ねえ、入ってコーヒーでも飲んでいかない？
F1: ありがとう。

女の人は友達の家へ何をしに来ましたか。

1 謝りに来た
2 本を借りに来た
3 泊まりに来た
4 コーヒーを飲みに来た

예

여자가 친구 집에 와서 이야기하고 있습니다.

여1 : 다나카입니다.
여2 : 아, 네에. 어제 친구가 자러 와 있었어서, 정리되어 있지 않지만, 들어와.
여1 : 아, 그래도 여기서. 바로 돌아갈 거니까. 저, 요전에 빌린 책 말인데, 조금 찢어져 버려서.
여2 : 어, 정말?
여1 : 응, 이 페이지인데.
여2 : 앗, 응, 이 정도라면 괜찮아. 읽을 수 있고.
여1 : 정말? 미안해. 앞으로는 조심할 테니까.
여2 : 응, 괜찮아. 있잖아, 들어와서 커피라도 마시고 가지 않을래?
여1 : 고마워.

여자는 친구의 집에 무엇을 하러 왔습니까?

1 사과하러 왔다
2 책을 빌리러 왔다
3 자러 왔다
4 커피를 마시러 왔다

1番

男の人と女の人がおにぎりについて話しています。

M: 最近、おにぎりは海外にまでお店が次々できているんだって。日本でも値段が高い店や、長い時間並ばないと買えない専門店も増えてきたね。

F: 私は、おにぎりは家で作る物だと思っていたから……。売れるのが不思議だったんだ。

M: でも、えびなどの高いおにぎりは完全に買う物だよ。

F: ええ、私も今ではよく買うわ。売り場はいつも人でいっぱい。

M: ねえ、今はおにぎりのサイトも色々あるし、おにぎりの写真をアップすると、貧しい国の子供たちに食事が届くサイトもあるんだよ。

F: いいね。そういう取り組みは私も応援したいよ。

二人は何について話していますか。

1 おにぎりの値段
2 おにぎりのサイト
3 おにぎりの種類
4 おにぎりの人気

1번

남자와 여자가 주먹밥에 대해 이야기하고 있습니다.

남: 최근 주먹밥은 해외에까지 가게가 차례로 생기고 있대. 일본에서도 가격이 비싼 가게나, 긴 시간 줄을 서지 않으면 살 수 없는 전문점도 늘어났어.

여: 나는 주먹밥은 집에서 만드는 거라고 생각했어서……. 팔리는 게 이상했어.

남: 하지만, 새우 같은 비싼 주먹밥은 완전히 사는 물건이야.

여: 응, 나도 지금은 자주 사 먹어. 매장은 항상 사람들로 가득해.

남: 있잖아, 지금은 주먹밥 사이트도 여러 가지 있고, 주먹밥 사진을 업로드하면 가난한 나라의 아이들에게 식사가 전달되는 사이트도 있어.

여: 좋네. 그런 노력은 나도 응원하고 싶어.

두 사람은 무엇에 대해 이야기하고 있습니까?

1 주먹밥의 가격
2 주먹밥의 사이트
3 주먹밥의 종류
4 주먹밥의 인기

단어 次々(つぎつぎ) 차례로 | 不思議(ふしぎ)だ 신기하다, 이상하다 | えび 새우 | 売(う)り場(ば) 매장 | 貧(まず)しい 가난하다 | アップ 업로드 | 取(と)り組(く)み 노력, 활동

해설 최근 주먹밥은 해외 매장이 계속 생겨나고 일본에서도 줄을 서서 사는 전문점이 늘어났다고 했다. 또한 매장은 항상 사람들로 가득하다고도 했다. 주먹밥 전문점에 사람이 많아진 현상과 더불어 사진 업로드를 통해 기부 활동에 참여하는 관련 사이트의 운영 등 주먹밥을 둘러싼 다양한 인기 양상을 다루고 있으므로 정답은 4번이 된다.

2番

映画学校で先生が話しています。

M: 最近は韓国の映画が国際的に高い評価を得るようになって、日本はアニメを除くとちょっと落ち目のようです。皆さんは日本映画が以前のような輝きを取り戻すにはどうしたらよいかと考えることでしょう。しかし、日本映画と限定する必要はないと思います。これからよい映画を作るためには海外との協力が必要な時代ではないでしょうか。自分の国の俳優に限らず、役に合っていればどこの国の人を使ってもかまわないです。また監督を始め、スタッフも一番実力がある人を使うべきだと考えています。

2번

영화 학교에서 선생님이 이야기하고 있습니다.

남: 최근에는 한국 영화가 국제적으로 높은 평가를 얻게 되었고, 일본은 애니메이션을 제외하면 조금 하락세인 듯합니다. 여러분은 일본 영화가 이전과 같은 영광을 되찾으려면 어떻게 하면, 좋을까하고 생각할 것입니다. 하지만 일본 영화라고 한정할 필요는 없다고 생각합니다. 앞으로 좋은 영화를 만들기 위해서는 해외와의 협력이 필요한 시대가 아닐까요? 자기 나라 배우에 한정하지 않고, 역할에 맞는다면 어느 나라 사람을 써도 상관없습니다. 또한 감독을 비롯해 스태프도 가장 실력이 있는 사람을 써야 한다고 생각합니다.

先生は何について話していますか。

1 日本映画の可能性
2 将来の映画制作
3 映画産業の状態
4 海外映画の輝き

선생님은 무엇에 대해 이야기하고 있습니까?

1 일본 영화의 가능성
2 장래의 영화 제작
3 영화 산업의 상태
4 해외 영화의 영광

단어 評価(ひょうか) 평가 | 除(のぞ)く 제외하다 | 落(お)ち目(め) 내리막길, 쇠퇴기 | 輝(かがや)き 빛, 영광 | 取(と)り戻(もど)す 되찾다 | 限定(げんてい) 한정 | 俳優(はいゆう) 배우

해설 선생님은 일본 영화가 예전의 영광을 되찾기 위한 방안으로 해외와의 협력이 필요한 시대임을 말하고 있다. 일본 영화라고 한정하지 말고, 국적에 상관없이 역할에 맞는 배우를 기용하거나 실력 있는 감독과 스태프를 써야 한다는 구체적인 제작 방향을 이야기하고 있다. 즉, 대화의 중심은 일본 영화의 현재 상태나 해외 영화와의 비교가 아니라 미래 영화 제작 방향이므로 정답은 2번이 된다.

3 番

美術館で先生が学生に話しています。

F：これから、美術館に入りますが、大きな荷物はロッカーに預けなければなりません。その時に100円が必要ですが、後で返ってきます。ほかのお客さんもいますから、大きな声でしゃべったりしないこと。電話やスマホも使ってはいけません。特に作品の前では絶対に止めてください。また、作品には触ってはいけませんし、ほとんどの写真は撮ることができません。メモなどをするときには鉛筆以外使ってはいけません。荷物が作品に当たらないように、また、線が引いてあるときはその中に入らないように気を付けてください。

先生は何について話していますか。

1 美術館でしてもいいこと
2 美術館で気になること
3 美術館でしてはいけないこと
4 美術館でしなければならないこと

3번

미술관에서 선생님이 학생들에게 이야기하고 있습니다.

여: 이제부터 미술관에 들어갑니다만, 큰 짐은 사물함에 맡겨야 합니다. 그때 100엔이 필요합니다만 나중에 돌려받습니다. 다른 손님들도 있으니까 큰 소리로 떠들거나 하지 말 것. 전화나 스마트폰도 사용해서는 안 됩니다. 특히 작품 앞에서는 절대로 하지 마세요. 또한 작품을 만져서도 안 되고, 대부분 사진은 찍을 수 없습니다. 메모 등을 할 때는 연필 이외에는 사용해서는 안 됩니다. 짐이 작품에 부딪치지 않도록, 또 선이 그어져 있을 때는 그 안으로 들어가지 않도록 주의하세요.

선생님은 무엇에 대해 이야기하고 있습니까?

1 미술관에서 해도 되는 일
2 미술관에서 신경 쓰이는 일
3 미술관에서 해서는 안 되는 일
4 미술관에서 해야만 하는 일

단어 ロッカー 로커, 보관함 | 触(さわ)る 만지다 | 当(あ)たる 부딪치다, 맞다 | 気(き)を付(つ)ける 조심하다, 주의하다

해설 선생님은 학생들에게 미술관에서 하지 말아야 할 행동을 말하고 있다. 큰 소리로 말하지 않기, 전화나 스마트폰 사용 금지, 작품에 손대지 않기, 사진 촬영 제한, 선 안으로 들어가지 않기 등은 금지 사항에 해당하며, 일부 해야 하는 행동(짐은 로커에 맡기기)은 부수적일 뿐이다. 따라서 대화의 중심 내용은 미술관에서 해서는 안 되는 것이므로 정답은 3번이 된다.

問題 4

問題 4 では、えを見ながら質問を聞いてください。やじるし(➡)の人は何と言いますか。 1 から 3 の中から、最もよいものを一つえらんでください。

문제4

문제4에서는 그림을 보면서 질문을 들어 주세요. 화살표의 사람은 뭐라고 말합니까? 1에서 3 중에서 가장 적당한 것을 하나 고르세요.

例

ホテルのテレビが壊れています。何と言いますか。

F：1 テレビがつかないんですが。
2 テレビをつけてもいいですか。
3 テレビをつけたほうがいいですよ。

예

호텔의 텔레비전이 고장났습니다. 뭐라고 말합니까?

여: 1 텔레비전이 켜지지 않는데요.
2 텔레비전을 켜도 됩니까?
3 텔레비전을 켜는 것이 좋습니다.

1番

お金がありませんが、リンゴが買いたいです。
何と言いますか。

M：1 クレジットでもいいですか。
2 お金が好きですか。
3 お金を払わなければなりませんか。

1번

돈이 없습니다만, 사과를 사고 싶습니다. 뭐라고 말합니까?

남: 1 신용카드라도 괜찮습니까?
2 돈을 좋아합니까?
3 돈을 내야만 합니까?

단어 クレジット 신용카드(Credit card) | 払(はら)う 지불하다

해설 1번은 신용카드를 사용할 수 있는지 묻는 표현으로 정답이다. 2번과 3번은 이치에 맞지 않는 표현이다.

2番

電車の中にかばんを置いてきてしまいました。
駅員に何と言いますか。

F：1 かばんは電車の中にありますか。
2 私のかばんはどこにありますか。
3 かばんを電車に忘れてしまいました。

2번

전철 안에 가방을 두고 와 버렸습니다. 역무원에게 뭐라고 말합니까?

여: 1 가방은 전철 안에 있습니까?
2 제 가방은 어디에 있습니까?
3 가방을 전철에 두고 내렸습니다.

단어 駅員(えきいん) 역무원 | 忘(わす)れる 잊고 오다, 두고 오다

해설 아무런 정보 없이 역무원에게 질문하는 1, 2번은 부자연스럽다. 3번은 자신의 상황을 설명하고 있으므로 정답이 된다.

3番

急に雨が降ってきました。友達に傘を借りたいです。
何と言いますか。

M：1 ちょっと傘を貸してもらってもいい？
2 ちょっと傘を借りてあげてもいい？
3 ちょっと傘を貸してくれてもいい？

3번

갑자기 비가 내리기 시작했습니다. 친구에게 우산을 빌리고 싶습니다. 뭐라고 말합니까?

남: 1 잠깐 우산 좀 빌려도 될까?
2 잠깐 우산 좀 빌려줘도 될까?
3 잠깐 우산 좀 빌려줘도 돼?

단어 急(きゅう)に 갑자기 | 借(か)りる 빌리다 | 貸(か)す 빌려 주다

해설 1번은 상대방의 허락을 구하는 표현이므로 정답이다. 2번은 내가 남에게 빌려줘도 되는지 묻는 것이므로 어색한 표현이 된다. 3번은 상대가 나에게 우산을 빌려주는 것을 허락하는 표현이므로 맞지 않다.

4番

困(こま)っている様子(ようす)の患者(かんじゃ)が入(はい)ってきました。
何(なん)と言(い)いますか。

F：1 どうなさいましたか。
2 どうしましょうか。
3 どうなりましたか。

4번

곤란해 보이는 환자가 들어왔습니다. 뭐라고 말합니까?

여: 1 어떻게 오셨습니까(무슨 일이신가요)?
2 어떻게 할까요?
3 어떻게 되었습니까?

단어 困(こま)る 곤란하다, 난처하다 | 様子(ようす) 모습, 상태 | 患者(かんじゃ) 환자

해설 1번은 상대방에게 어디가 아픈지를 물을 때 사용하는 표현이므로 정답이다. 2번은 상대방에게 의견을 묻는 표현이므로 어울리지 않는다. 3번은 결과를 묻는 표현으로 방금 만난 환자에게 하는 말로는 어울리지 않는다.

問題 5

問題５では、問題用紙に何もいんさつされていません。まず文を聞いてください。それから、そのへんじを聞いて、１から３の中から、最もよいものを一つえらんでください。

문제5

문제5에서는 문제 용지에 아무것도 인쇄되어 있지 않습니다. 먼저 문장을 들어 주세요. 그런 다음 그 응답을 듣고, 1에서 3 중에서 가장 적당한 것을 하나 고르세요.

例

M: すみません、今(いま)、時間(じかん)、ありますか。
F：1 ええと、10時(じ)20分(ぷん)です。
2 ええ。何(なん)ですか。
3 時計(とけい)はあそこですよ。

예

남: 실례합니다, 지금 시간 있습니까?
여: 1 음, 10시 20분입니다.
2 네, 무슨 일이죠?
3 시계는 저쪽에 있어요.

1番

M: 明日(あした)の会議(かいぎ)に部長(ぶちょう)の代(か)わりに出席(しゅっせき)してもらいたいんだけど。
F：1 私(わたし)がいいんですか。
2 私(わたし)はいいんですか。
3 私(わたし)でいいんですか。

1번

남: 내일 회의에 부장님 대신 참석해 줬으면 하는데.
여: 1 제가 좋은 건가요?
2 저는 괜찮은 건가요?
3 저로 괜찮은 건가요?

단어 会議(かいぎ) 회의 | 部長(ぶちょう) 부장 | 代(か)わり 대신 | 出席(しゅっせき) 참석

해설 부장님 대신 출석해야 하는 상황에서, 다른 선택지도 있을 수 있지만 '나로도 상관없느냐(~でかまわない)'는 뉘앙스를 담은 3번이 정답이다. 1번의 「~がいい」는 본인이 원하는 대상을 분명하게 선택할 때 쓰는 말이므로 자신을 지칭하기엔 어색하며, 2번은 본인의 허가 여부를 묻는 표현이라 문맥에 알맞지 않다.

2番

F：課長(かちょう)って怒(おこ)るとすぐに顔(かお)に出(で)るから。
M: 1 子(こ)どもだから仕方(しかた)がないよ。
2 我慢強(がまんづよ)い人(ひと)だね。
3 子(こ)どもっぽい人(ひと)だね。

2번

여: 과장님은 화나면 바로 얼굴에 나타나니까.
남: 1 어린아이니까 어쩔 수 없어.
2 참을성이 강한 사람이네.
3 어린아이 같은 사람이네.

단어 課長(かちょう) 과장 | 怒(おこ)る 화내다 | 顔(かお)に出(で)る 얼굴에 나타나다, 티가 나다 | 仕方(しかた)がない 어쩔 수 없다 | 我慢強(がまんづよ)い 참을성이 강하다 | ～っぽい ～답다, ～같은 구석이 있다

해설 감정을 억제하지 못하고 얼굴에 바로 드러내는 것은 아이 같은 모습이므로, 3번이 정답이다. 1번은 과장이 성인이기 때문에 알맞지 않으며, 2번은 화를 잘 참는 사람을 뜻하므로 금방 화를 내는 상황과는 정반대이다.

3番

M: 美子さんには何だか話しづらいんだ。

F : 1 何でも話せていいね。

2 すぐに友達になれるね。

3 そのうち慣れるわよ。

3번

남: 요시코 씨에게는 왠지 말하기 힘들어.

여: 1 무엇이든 말할 수 있어서 좋네.

2 금방 친구가 될 수 있겠네.

3 조만간 익숙해질 거야.

단어 ～づらい ～하기 어렵다, ～하기 힘들다 | そのうち 머지않아, 조만간 | 慣(な)れる 익숙해지다

해설 '말하기 힘들다(話しづらい)'는 것은 대화가 잘 통하지 않는 상황이므로 긍정적인 반응인 1번과 2번은 답이 될 수 없다. 시간이 지나 익숙해지면 말하기 편해질 거라고 격려하는 3번이 정답이다.

4番

M: このお車はいかがでしょうか。

F : 1 乗ってみてからじゃないと決められないわ。

2 乗ってみたら良さがわかりますよ。

3 乗ってみてくれませんか。

4번

남: 이 자동차는 어떠신가요?

여: 1 타 보고 나서가 아니면 결정할 수 없어요.

2 타 보시면 장점을 알 수 있어요.

3 타 봐 주지 않겠어요?

단어 いかが 어떠함 | 決(き)める 결정하다 | 良(よ)さ 장점, 좋은 점

해설 직접 타보지 않으면 구입 여부를 판단할 수 없다고 말하는 1번이 정답이다. 2번과 3번은 물건을 파는 입장인 남자가 할 만한 대사이므로, 대답하는 여자의 상황에는 어울리지 않는다.

5番

F : 美和さんっていつも時間を守らないんだから。

M: 1 もう、待ちあきれたよ。

2 もう、待ちくたびれたよ。

3 もう、待ち疲れたよ。

5번

여: 미와 씨는 항상 시간을 안 지킨다니까.

남: 1 정말이지, 기다리다 질렸어.

2 정말이지, 기다리다 지쳤어.

3 정말이지, 기다리다 피곤해졌어.

단어 時間(じかん)を守(まも)る 시간을 지키다 | 待(ま)ちくたびれる 기다리다 지치다

해설 '오랫동안 기다려 지쳤다'는 의미의 관용적 표현인 2번이 정답이다. 1번과 3번은 일본어에서 관용적으로 사용하지 않는 어색한 표현이므로 정답이 될 수 없다.

6番

M: お金はたいして入っていないけど財布を落としちゃった。

F : 1 少しでもお金はお金だから、早く届けたら。

2 財布にたくさんお金を入れるなんて危ないよ。

3 お金は入ってなくても警察に言ったほうがいいよ。

6번

남: 돈은 별로 들어있지 않지만, 지갑을 잃어버렸어.

여: 1 적더라도 돈은 돈이니까, 얼른 신고하는 게?

2 지갑에 돈을 많이 넣다니 위험해.

3 돈은 들어 있지 않더라도 경찰에 말하는 게 좋아.

단어 たいして 그다지, 별로 | 落(お)とす 떨어뜨리다, 잃어버리다 | 届(とど)ける 신고하다, 제출하다 | 警察(けいさつ) 경찰

해설 '그다지 들어 있지 않다'는 것은 '조금은 들어 있다'는 뜻을 내포하고 있으므로 1번이 정답이다. 2번은 돈이 많지 않으므로 상황에 맞지 않으며, 3번은 돈이 아예 들어 있지 않은 상황을 전제로 하고 있으므로 조금 들어 있다는 남자의 말과 모순된다.

7番

M: 君の作ったケーキはすごくおいしそうだね。

F : 1 見たらわからないけど。

2 見たからわかるんだね。

3 見た目ほどじゃないけど。

7번

남: 네가 만든 케이크 정말 맛있어 보이네.

여: 1 보면 모르겠지만.

2 봤으니까 아는구나.

3 겉보기만큼은 아니지만.

단어 見(み)た目(め) 겉보기

해설 겉으로 보기에는 맛있어 보일지 몰라도 실제로는 그 정도까지는 아니라고 겸손하게 답하는 3번이 정답이다. 1번은 '보면'이 아니라 '보는 것만으로는(見ただけじゃ)'이라고 해야 문맥이 성립하며, 2번은 맛이 있는지 없는지는 보는 것만으로는 알 수 없는 영역이므로 논리상 맞지 않다.

8番

M: あのう、注文したものが今日届くはずだったんですが……。

F : 1 すみません。お名前とお電話番号がありますか。

2 すみません。お名前とお電話番号をお願いします。

3 すみません。お名前とお電話番号を知っていますか。

8번

남: 저기, 주문한 물건이 오늘 도착하기로 되어 있었습니다만…….

여: 1 죄송합니다. 성함과 전화번호가 있습니까?

2 죄송합니다. 성함과 전화번호를 부탁드립니다.

3 죄송합니다. 성함과 전화번호를 알고 있습니까?

단어 注文(ちゅうもん) 주문 | 届(とど)く 도착하다, 배달되다 | 電話番号(でんわばんごう) 전화번호

해설 고객에게 정보를 요청할 때 사용하는 정중한 표현인 2번이 정답이다. 1번의 경우 이름과 번호는 누구에게나 있는 것이므로 "있습니까?"라고 묻는 것은 어색하며, 3번 역시 본인의 이름과 번호를 아는 것은 당연하므로 질문으로서 성립하지 않는다.

9番

M: 玄関に誰か来たみたいだよ。

F : **1 ごめん、今、手が離せないからお願い。**

2 ごめん、今、手が忙しいから出て。

3 ごめん、今、手が出ないから見て。

9번

남: 현관에 누군가 온 것 같아.

여: **1 미안, 지금 손을 뗄 수가 없으니까 부탁해.**

2 미안, 지금 손이 바쁘니까 나가 봐.

3 미안, 지금 손을 쓸 수 없으니까 봐봐.

단어 玄関(げんかん) 현관 | 手(て)が離(はな)せない 손을 뗄 수 없다, 바쁘다 | 手(て)が出(で)ない 손을 쓸 수 없다, (비싸서) 살 수 없다

해설 하고 있는 일이 있어 다른 일을 할 여유가 없음을 뜻하는 관용구인 1번이 정답이다. 2번은 한국어식 표현으로는 통할지 모르나 일본어에는 없는 표현이며, 3번은 가격이나 수준이 너무 높아 감당할 수 없다는 뜻이므로 문맥상 알맞지 않다.

1교시 언어지식(문자·어휘·문법)·독해

언어지식(문자・어휘)

문제 1　1 ①　2 ③　3 ③　4 ④　5 ③　6 ②　7 ①　8 ②

문제 2　9 ②　10 ③　11 ②　12 ④　13 ②　14 ①

문제 3　15 ②　16 ④　17 ②　18 ②　19 ③　20 ①　21 ④　22 ①　23 ③　24 ①　25 ②

문제 4　26 ①　27 ③　28 ②　29 ①　30 ④

문제 5　31 ①　32 ③　33 ①　34 ③　35 ③

언어지식(문법)/독해

문제 1　1 ④　2 ③　3 ②　4 ③　5 ④　6 ④　7 ②　8 ②　9 ④　10 ④　11 ③　12 ①　13 ①

문제 2　14 ② (3241)　15 ③ (2431)　16 ④ (1432)　17 ③ (4312)　18 ① (2413)

문제 3　19 ④　20 ②　21 ①　22 ②

문제 4　23 ④　24 ②　25 ③　26 ④

문제 5　27 ③　28 ③　29 ②　30 ①　31 ④　32 ④

문제 6　33 ②　34 ①　35 ②　36 ②

문제 7　37 ①　38 ③

2교시 청해

문제 1　1 ④　2 ③　3 ④　4 ②　5 ④　6 ②

문제 2　1 ④　2 ④　3 ④　4 ③　5 ④　6 ②

문제 3　1 ③　2 ①　3 ③

문제 4　1 ①　2 ③　3 ①　4 ②

문제 5　1 ①　2 ①　3 ①　4 ①　5 ③　6 ①　7 ②　8 ③　9 ③

01 1교시 언어지식(문자·어휘)

문제 1 ＿＿의 단어 읽기로 가장 적당한 것을 1·2·3·4에서 하나 고르시오.

1 그는 유도복 띠를 세게 졸라맸다.
단어 柔道着(じゅうどうぎ) 유도복 | 帯(おび) 띠 | 締(し)める 죄다, 졸라매다

2 미국은 석유의 주된 산유국입니다.
단어 石油(せきゆ) 석유 | 主(おも)だ 주되다, 중요하다 | 産油国(さんゆこく) 산유국

3 그는 젊을 적 아버지를 매우 닮았다.
단어 若(わか)い 젊다 | 父親(ちちおや) 아버지 | 似(に)る 닮다

4 이 호텔 서비스에 만족했다.
단어 満足(まんぞく)する 만족하다

5 그의 일이 상사에게 높게 평가되었다.
단어 上司(じょうし) 상사 | 評価(ひょうか) 평가

6 전화가 아니라 직접 만나서 이야기합시다.
단어 直接(ちょくせつ) 직접

7 계속 앉아 있었기 때문에 허리가 아프다.
단어 座(すわ)る 앉다 | 腰(こし) 허리

8 그녀는 월말까지 그 일을 끝냈다.
단어 月末(げつまつ) 월말 | 終(お)わる 끝나다

문제 2 ＿＿의 단어를 한자로 쓸 때, 가장 적당한 것을 1·2·3·4에서 하나 고르시오.

9 그 선수는 홈런을 쳤다.
단어 選手(せんしゅ) 선수 | ホームラン 홈런 | 打(う)つ 치다, 때리다

10 정월이기 때문에 떡을 구워서 먹었습니다.
단어 お正月(しょうがつ) 정월 | もち 떡 | 焼(や)く 굽다

11 일본에서는 일반적으로 7월 말부터 8월까지가 여름 방학입니다.
단어 一般的(いっぱんてき)だ 일반적이다

12 벽에는 그림이 장식되어 있습니다.
단어 壁(かべ) 벽 | 絵画(かいが) 그림, 회화 | 飾(かざ)る 장식하다, 꾸미다

13 저는 마당에서 채소를 기르고 있습니다.
단어 庭(にわ) 마당, 정원 | 野菜(やさい) 채소 | 育(そだ)てる 기르다, 키우다

14 제 여동생은 지금, 아르바이트를 찾고 있습니다.
단어 探(さが)す 찾다

문제 3 (　)에 들어갈 가장 적당한 것을 1·2·3·4에서 하나 고르시오.

15 아침부터 아무것도 먹지 않아서 배가 고픕니다.
단어 お腹(なか) 배 | にこにこ 싱글벙글 | ぺこぺこ 꼬르륵 | ごろごろ 데굴데굴 | いらいら 안달복달
해설 배의 상태를 나타내는 의태어를 찾으면 된다. 「ぺこぺこ」는 배가 고픈 상태를 나타내므로 2번이 정답이 된다.

16 쉬지 않고 일을 했기 때문에 이전부터 아팠던 다리가 점점 나빠지고 말았다.
단어 以前(いぜん) 이전 | 痛(いた)い 아프다 | 悪(わる)い 나쁘다 | まあまあ 그럭저럭 | そろそろ 슬슬 | なかなか 상당히, 좀처럼 | ますます 점점, 더욱 더
해설 '이전부터 아팠던 다리'라고 언급하고 있으므로 상태가 심해지는 변화를 나타내는 말이 오는 것이 자연스럽다. 1번 「まあまあ(그럭저럭)」 나빠졌다는 것은 의미상 맞지 않다. 2번 「そろそろ(슬슬)」는 시기, 시간을 나타내는 표현이다. 3번 「なかなか(상당히, 좀처럼)」는 예상보다 수준이 높을 때 긍정 또는 감탄의 뜻을 나타내며, 부정문과 사용해 '좀처럼'의 의미로도 사용한다. 따라서 정답은 4번이 된다.

17 이 의자는 다리가 튼튼하지 않으니까 앉지 않는 편이 좋습니다.
단어 座(すわ)る 앉다 | すっかり 완전히, 모두 | しっかりする 단단하다, 튼튼하다 | うっかり 무심코, 깜빡 | そっくり 꼭 닮음
해설 괄호 앞뒤의 '의자 다리'와 '앉지 않는 것이 좋다' 라는 의미를 연결시킬 수 있는 단어를 찾으면 된다. 따라서 구조, 상태가 튼튼한 모양을 나타내는 2번 「しっかり」가 정답이 된다.

18 테니스 서클의 동료들과 오랜만에 술을 마셨다.
단어 久(ひさ)しぶりだ 오랜만이다 | 親友(しんゆう) 절친한 친구 | 仲間(なかま) 동료, 친구 | 同僚(どうりょう) 동료 | 部下(ぶか) 부하
해설 '테니스 서클'과 관련된 단어를 찾아야 한다. 1번 「親友」는 개인적으로 매우 친한 친구를 나타내며, 2번 「仲間」는 같은 집단·모임에 속한 사람, 동료를 나타낸다. 3번 「同僚」는 직장, 회사에서 같이 일하는 사람을 나타낸다. 따라서 2번이 정답이 된다.

19 일기예보에서는 오늘밤부터 비가 거세진다는 것 같다.
단어 天気予報(てんきよほう) 일기예보 | 今夜(こんや) 오늘밤 | 辛(から)い 맵다 | 怖(こわ)い 무섭다 | 激(はげ)しい 격하다, 거세다 | 鋭(するど)い 예리하다
해설 「雨」를 꾸며줄 수 있는 형용사를 찾으면 된다. 따라서 3번 「激しい」가 정답이 된다.

20 오사카 방면으로 가는 전철은 매우 붐볐습니다.
단어 混(こ)む 붐비다 | 方面(ほうめん) 방면 | 方角(ほうがく) 방향, 방위 | 方位(ほうい) 방위 | 方法(ほうほう) 방법
해설 1번 「方面」은 이동 방향을 말할 때 사용되며, 주로 열차·버스 노선에서 사용한다. 2번 「方角」는 어떤 지점에서 바라본 방향을 나타낸다. 교통 노선을 말할 때는 쓰이지 않는다. 3번 「方位」는 지도나 나침반의 동서남북을 구체적으로 말할 때 사용한다. 따라서 1번이 정답이 된다.

21 서류에 잘못된 부분이 없는지 **체크**해 주세요.

단어 書類(しょるい) 서류 | 間違(まちが)う 틀리다, 잘못되다 | トップ 탑, 선두, 정상 | アップ 업, 상승 | カット 컷, 삭제

해설 '잘못된 부분이 없는지'이므로 괄호에 들어갈 수 있는 것은 4번 '체크'가 된다.

22 남자친구와 다퉜기 때문에 친구한테 상담 **받았**다.

단어 けんか 싸움, 다툼 | 相談(そうだん)に乗(の)る 상담에 응하다

해설 「相談に乗る」는 '상담에 응하다'라는 의미의 관용 표현이므로 암기해 두도록 한다.

23 아이가 **갑자기** 도로로 뛰어나와서 놀랐다.

단어 道路(どうろ) 도로 | 飛(と)び出(だ)す 뛰어나오다 | 驚(おどろ)く 놀라다 | しばらく 잠시, 당분간 | なるべく 되도록 | いきなり 갑자기 | とにかく 어쨌든

해설 아이가 도로에 뛰어나와서 놀란 상황이므로, 빈칸에 들어갈 적절한 부사는 3번 '갑자기'가 알맞다.

24 내일이 **마감**인 보고서가 있기 때문에 서둘러서 쓰지 않으면 안 됩니다.

단어 急(いそ)ぐ 서두르다 | 締(し)め切(き)り 마감 | 受(う)け付(つ)け 접수, 접수처 | 受(う)け取(と)り 수취 | 申(もう)し込(こ)み 신청

해설 빈칸 뒤의 「レポート」와 연결되는 표현을 찾으면 된다. 따라서 1번 '마감'이 정답이 된다.

25 내일부터 대학교에는 자전거로 **다니**기로 했다.

단어 自転車(じてんしゃ) 자전거 | 訪(たず)ねる 방문하다 | 通(かよ)う 다니다 | 働(はたら)く 일하다 | 動(うご)く 움직이다

해설 '자전거로'라는 통학 수단이 언급되고 있다. 그러므로 정답은 '다니다'라는 의미인 2번이 된다.

문제 4 ＿＿에 의미가 가장 가까운 것을 1·2·3·4에서 하나 고르시오.

26 신입을 야마다 씨가 **지도하고**(≒가르치고) 있습니다.

단어 新人(しんじん) 신참, 신인 | 伝(つた)える 전하다 | 答(こた)える 대답하다 | 育(そだ)てる 키우다, 기르다

27 이 스커트, 허리 부분이 조금 **헐렁한**(≒큰) 느낌이 듭니다.

단어 腰(こし) 허리 | あたり 주변, 근처 | ゆるい 느슨하다, 헐렁하다 | 気(き)がする 기분(느낌)이 들다 | きつい 꽉 끼다, 심하다

28 타인의 기분을 생각하지 않고 행동해 버리는 부분이 그의 **결점**(≒좋지 않은 점)입니다.

단어 他人(たにん) 타인 | 行動(こうどう)する 행동하다

29 할머니한테 **용돈**(≒돈)을 받았다.

단어 祖母(そぼ) 할머니 | おこづかい 용돈 | 服(ふく) 옷

30 내일이 시험인데 **전혀**(≒전혀) 공부하고 있지 않습니다.

단어 まったく 전혀 | 勉強(べんきょう)する 공부하다 | だいたい 거의, 대부분 | ぜんぜん 전연, 전혀

문제 5 다음 단어의 사용법으로 가장 적당한 것을 1·2·3·4에서 하나 고르시오.

31 **重大 중대함**

1 부부간의 다툼은 자녀의 정신 형성에 **중대**한 영향을 미친다.

2 이케다 씨는 건강을 위해 **중대**한 것은 아무것도 하고 있지 않다고 한다. (重大な → 特別な 특별한)

3 **중대**한 시간을 써서 앙케트에 협력해 주셔서 감사합니다. (重大な → 貴重な 귀중한)

4 아들이 시험 전의 **중대**한 때이기 때문에 우리는 여행을 가지 않기로 했다. (重大な → 大事な 중요한)

단어 争(あらそ)い 다툼, 싸움 | 精神形成(せいしんけいせい) 정신 형성 | 影響(えいきょう) 영향 | 及(およ)ぼす 미치다 | 健康(けんこう) 건강 | アンケート 앙케트 | 協力(きょうりょく)する 협력하다

해설 「重大」는 결과나 영향, 사안의 중요성과 심각성이 매우 클 때 사용하는 말이다. 주로 사고, 문제, 영향, 결정 등과 함께 쓰인다.

32 **なぐさめる 위로하다, 달래다**

1 할아버지의 88세 생신을 가족 모두가 **위로했다**. (なぐさめた → 祝った 축하했다)

2 큰 회사에 취직해서 걱정하던 부모님을 **위로하고** 싶다. (なぐさめたい → 安心させたい 안심시키고 싶다)

3 시험에 떨어져버린 친구를 다정한 말로 **위로했다**.

4 돈이 없었기 때문에 해외 유학의 꿈을 **위로했다**. (なぐさめた → あきらめた 포기했다)

단어 祖父(そふ) 할아버지 | 誕生日(たんじょうび) 생일 | 就職(しゅうしょく) 취직 | 両親(りょうしん) 부모님 | 試験(しけん) 시험 | 落(お)ちる 떨어지다 | 優(やさ)しい 상냥하다, 다정하다 | 言葉(ことば) 단어, 말 | 海外(かいがい) 해외 | 留学(りゅうがく) 유학

해설 「なぐさめる」는 '위로하다, 달래다'라는 의미로, 슬픔이나 괴로움, 상실감 등으로 마음이 상한 사람의 감정을 부드럽게 어루만져 줄 때 사용하는 말이다. 주로 사람의 마음이나 기분, 상처 등과 함께 쓰이며, 단순히 사실을 설명하거나 상황을 객관적으로 전달하는 표현과는 어울리지 않는다.

33 **枯れる 시들다, 마르다**

1 마당의 꽃에 물을 주지 않아서 **말라** 버렸다.

2 배가 **말랐기** 때문에 편의점에서 빵을 샀습니다. (枯れたので → 空いたので 고팠기 때문에)

3 컴퓨터를 너무 봐서 눈이 **말랐기** 때문에 안약을 넣었습니다. (枯れたので → 乾いたので 건조했기 때문에)

4 과자가 맛있어서 봉지 안의 과자가 이미 **말라** 버렸다. (枯れて → なくなって 없어져)

단어 やる 하다, 주다 | お腹(なか) 배 | 目薬(めぐすり)をさす 안약을 넣다 | お菓子(かし) 과자 | 袋(ふくろ) 주머니, 봉지

해설 「枯れる」는 '시들다'라는 의미로 주로 꽃, 나무, 풀 등 식물을 나타내는 말과 함께 쓰인다.

34 まぶしい 눈부시다

1 책상이 더러워서 닦았더니 눈부셔졌다.
(まぶしくなった → きれいになった 깨끗해졌다)

2 방이 어두우니까, 전등을 눈부시게 해 주세요.
(まぶしく → 明るく 밝게)

3 밖이 눈부시기 때문에 커튼을 쳤습니다.

4 안경을 끼면 눈부셔서 잘 보이게 됩니다.
(まぶしくて → はっきりして 선명해져서)

단어 机(つくえ) 책상 | 汚(きたな)い 더럽다 | 拭(ふ)く 닦다 | 閉(し)める 닫다 | 眼鏡(めがね)をかける 안경을 쓰다

해설 「まぶしい」는 빛이 매우 강해 눈을 뜨기 어려울 정도로 환하다는 의미로 사용하는 말이다. 주로 햇빛, 조명, 빛나는 물체 등과 함께 쓰이며, 밝기가 강하게 느껴지는 상황을 나타낼 때 적절하다. 또한 비유적으로는 눈부실 만큼 뛰어나거나 인상적인 모습을 표현할 때 쓰이기도 한다.

35 知り合う 알게 되다

1 친구가 쇼핑에 알게 되어 주었다.
(知り合って → 付き合って 동행해)

2 교사라는 일은 그에게 알게 되어 있다.
(知り合って → 合って 맞아, 알맞아)

3 그녀와는 공통의 친구를 통해서 알게 되었다.

4 역 앞에서 우연히 선배를 알게 되었다.
(知り合った → 出会った 마주쳤다)

단어 教師(きょうし) 교사 | 共通(きょうつう) 공통 | 友人(ゆうじん) 친구 | 偶然(ぐうぜん) 우연히 | 先輩(せんぱい) 선배

해설 「知り合う」는 서로 알지 못하던 사람이 어떤 계기를 통해 처음 알게 되는 의미로 사용하는 말이다. 주로 사람과 사람 사이의 관계 형성을 나타낼 때 쓰이며, 사물이나 지식의 내용을 알게 되는 경우에는 일반적으로 「知る」를 사용한다.

02 1교시 언어지식(문법)/독해

문제 1 다음 문장의 ( )에 들어갈 가장 적당한 것을 1·2·3·4에서 하나 고르시오.

1 냉장고 안에 넣어 두었던 내 케이크, 혹시 먹었어요?

단어 冷蔵庫(れいぞうこ) 냉장고 | もしかして 혹시

해설 1번 「~てしまう」는 '~해 버리다', 2번 「~てくる」는 '~해 오다, ~해지다'라는 의미이다. 3번 「~ていく」는 '~해 나가다'라는 의미로 모두 문맥상 어울리지 않는다. 4번 「~ておく(~해 두다)」는 어떤 목적을 위한 준비·상태·보존을 나타내는 표현이므로 정답이 된다.

2 별거 아니지만, 많이 드세요.

단어 つまらない 하찮다, 시시하다 | 召(め)し上(あ)がる 드시다

해설 상대방에게 먹어 보기를 권유하는 상황이므로, 상대의 행동을 높이는 존경 표현을 찾으면 된다. 2, 4번은 자신의 행동이므로 알맞지 않고, 1번은 정중한 표현이 아니므로 가장 적절한 답은 3번이 된다.

3 발표자의 목소리가 작아서 들리지 않으니, 좀 더 큰소리로 발표해 주었으면 좋겠습니다.

단어 発表者(はっぴょうしゃ) 발표자 | 聞(き)こえる 들리다

해설 「~てほしい」는 상대방으로 하여금 '~해 주길 바란다'라는 의미로 「~てください」보다 부드러운 표현이다.

4 가게 문에 '12월 31일부터 1월 3일까지 쉽니다'라고 안내가 붙어 있었습니다.

단어 扉(とびら) 문, 문짝 | 貼(は)る 붙이다

해설 「사역형+ていただく」는 자신의 행동을 낮출 때 쓰는 겸양 표현이다. 손님에게 가게 영업을 알리는 상황이므로, 「休みます」보다 더 정중한 표현을 사용하는 것이 적절하다.

5 눈이 내리고 있어서, 길이 혼잡해 약속 시간에 맞출 수 있을 것 같지 않습니다. 좀 더 빨리 집을 나와야 했습니다.

단어 混(こ)む 혼잡하다, 붐비다 | 間(ま)に合(あ)う 시간에 대다

해설 문맥상 '좀 더 집을 빨리 나왔어야 했었다'라는 아쉬움을 표현하는 문장이 오는 것이 자연스러우므로 '~해야 한다'라는 의미를 나타내는 4번이 정답이 된다.

6 다른 사람에게는 그저 낡은 인형으로 보여도 저에게 있어서는 보물입니다.

단어 ただ 그저 | ぬいぐるみ 봉제 인형 | 宝物(たからもの) 보물

해설 1번 「~について(~에 대해서)」, 2번 「~によって(에 의해서)」는 문맥상 알맞지 않다. 3번 「~に対して」는 '~에게, ~에 대해서'라는 뜻이지만, 뒤 부분에 행동이 나와야 하므로 알맞지 않다. 그러므로 주로 사람에 접속하며 '~에게 있어서'라는 의미를 나타내는 4번이 정답이 된다.

7 집을 나갈 때는 열쇠를 잠갔다고 생각했는데, 집에 돌아오니 잠겨있지 않았다.

단어 鍵(かぎ) 열쇠

해설 이 문장은 실제로는 문을 잠그지 않았지만, 화자는 '잠갔다고 생각했다'는 생각과 결과의 불일치를 나타내는 표현이 필요하다. 「~つもりだった」는 어떤 행동을 했다고 믿었으나 실제

로는 그렇지 않았음을 나타내므로, 2번 「かけたつもりだった(잠갔다고 생각했었다)」가 문맥에 가장 적절하다. 1번 '잠글 생각이 되었다'는 심경의 변화를 나타내므로 문맥상 어울리지 않는다. 3번 '잠그게 되었다'는 나의 의지과 관계없이 주변 상황이나 규칙으로 결정된 사항을 말하므로 어울리지 않는다. 4번 '당연히 잠가야 하는 일이었다'는 과거의 회상이나 당연한 의무를 뜻하여 '잠그려 했던 의도와 다른 결과'를 나타내는 이 문장에는 어울리지 않는다.

8 (텔레비전에서)

A "이제 막 성인이 된 감상을 들려주세요."

B "어른**으로서** 부끄럽지 않도록 책임 있는 행동을 해 나가고자 생각합니다."

단어 新成人(しんせいじん) 갓 성인이 된 사람 | 感想(かんそう) 감상 | 聞(き)かせる 들려주다 | 大人(おとな) 어른, 성인 | 恥(は)ずかしい 부끄럽다 | 責任(せきにん) 책임 | 行動(こうどう) 행동

해설 「~として」는 '~으로서'라는 뜻으로 주로 사람에 접속하여 입장, 자격을 나타낸다. 1번은 '~라는 것은', 3번은 '~라고 말하면', 4번은 '~라고 (가정)한다면'이라는 뜻을 나타내므로 문맥상 어울리지 않는다.

9 미국에 간다면, 필요한 수속 **정도** 사전에 조사해 둬야 합니다.

단어 必要(ひつよう)だ 필요하다 | 手続(てつづ)き 수속, 절차 | 事前(じぜん)に 사전에 | 調(しら)べる 알아보다, 조사하다

해설 「くらい」는 '~정도'라는 의미로 대략적인 수량을 나타내기도 하지만 최소한의 '정도'를 의미하기도 한다. 미국 가기 전 조사해 둬야 할 최소한의 수속을 의미하는 문장이므로 4번이 알맞다. 1번은 '조차'라는 의미이고, 2번은 '~에게 있어서'라는 의미로 주로 사람에 접속하여 그 사람이 판단하고 생각하는 내용이 뒤에 올 때 사용한다. 3번은 '~주제에'라는 의미이다.

10 때마침 쿠키가 **막 구워진 참**에 아이들이 돌아왔습니다.

단어 ちょうど 딱, 때마침 | 焼(や)き上(あ)がる 구워지다

해설 동사 た형에 접속하는 「~ばかり」와 「~ところ」는 동작의 완료를 강조하는 문형으로, '막 ~한 참이다, ~한지 얼마되지 않았다'라는 의미이다. 비슷한 문형이지만, 괄호 뒤 조사 「へ」와 연결이 되는 것은 4번뿐이다. 헷갈릴 수 있는 부분이므로 주의가 필요하다.

11 본인에게 직접 **들은 것은 아니**지만, 아마 그녀는 기무라 군을 좋아할 거라고 생각해.

단어 本人(ほんにん) 본인 | 直接(ちょくせつ) 직접 | たぶん 아마

해설 '~인 것은 아니다'라는 부분 부정을 찾는 문제이다. 1번은 '~뿐만 아니다', 2번은 '~일 리가 없다', 4번은 '~임에 틀림없다'라는 의미이므로 문맥상 자연스럽지 않다. 따라서 가장 적절한 표현은 3번이다.

12 배송 요금은 '물건의 사이즈', '중량', '배송 거리'**에 따라서** 다릅니다.

단어 配送(はいそう) 배송 | 荷物(にもつ) 짐 | 重量(じゅうりょう) 중량 | 距離(きょり) 거리 | 異(こと)なる 다르다

해설 짐의 사이즈, 중량, 거리라는 기준에 따라 배송 요금이 달라진다는 문장이므로 '~에 따라서'라는 의미의 표현인 1번이 가장 적절하다. 「~によって」는 '~에 의해서, ~에 따라서'라는 뜻으로 이유, 수단, 차이 등의 다양한 쓰임이 있다. 2번은 '~에 대해서', 3번은 '~에게, ~에 대해서', 4번은 '~에 비해서'라는 의미이므로 문맥상 어울리지 않는다.

13 그녀와의 데이트 약속을 잊어버려서, 그저 사과**할 수밖에 없었다.**

단어 ただ 오로지, 그저 | 謝(あやま)る 사과하다

해설 동사 기본형에 접속하는 「~しかない」는 그 행동 말고는 다른 방법이 없을 때 사용하는 표현이므로, 1번이 정답이 된다. 2번은 '~하게 되다', 3번은 '~할 지도 모른다', 4번은 가능을 나타내는 표현이므로 모두 적절하지 않다.

문제 2 다음 문장의 __★__ 에 들어갈 가장 적당한 것을 1·2·3·4에서 하나 고르시오.

14 저의 아버지는 술**이라면 뭐든 좋다라는 것은 아니고** 고집하시는 것이 있습니다.

단어 お酒(さけ) 술 | こだわり 구애됨, 고집, 끝까지 추구하는 것

해설 「お酒」에 바로 연결할 수 있는 것은 3번뿐이다. 또한 4번의 「いいという」는 '좋다라는'의 뜻으로 뒷부분에는 명사가 와야 한다. 따라서 4-1번을 연결하고 나머지를 문맥에 맞게 연결하면 3-2-4-1이 올바른 순서가 된다.

15 부장님께 소개받은 **다나카 씨는 부장님께 들은 대로의** 상냥한 사람이었습니다.

단어 紹介(しょうかい) 소개 | 優(やさ)しい 상냥하다

해설 「紹介された」 뒤에는 명사가 오는 것이 자연스러운데, 4번은 문맥상 말이 안 되므로 , 2번을 맨 앞에 둔다. 1번 「~通りの」는 보통형에 접속하므로 3번과 연결된다. 따라서 2-4-3-1이 올바른 순서가 된다.

16 엄마의 **인생 선배로서의 충고**는 정말 도움이 되었다.

단어 人生(じんせい) 인생 | 先輩(せんぱい) 선배 | アドバイス 충고, 어드바이스 | 役(やく)に立(た)つ 도움이 되다, 유용하다

해설 「~として(으로서)」는 명사에 접속하여 신분·자격을 나타내므로 1-4번을 연결해 두자. 또한 「母の」와 마지막 밑줄 다음의 「は」는 둘 다 명사가 와야 하지만, '도움이 됐다'의 주어로는 2번이 자연스럽다. 따라서 1-4-3-2가 올바른 순서가 된다.

17 지난주 **막 입사한 참이기 때문에 아직** 회사에 대해서 모르는 것이 많습니다.

단어 先週(せんしゅう) 지난주 | 入社(にゅうしゃ) 입사

해설 「~ばかり」는 '~만, 뿐'이라는 한정을 뜻하는 문형이지만 동사의 과거형에 접속할 경우는 '~한지 얼마 안 됐다, 막 ~한 참이다'라는 뜻을 나타낸다. 그러므로 4-3을 묶으면 된다. 또한 1번의 「なので」는 명사와 な형용사에 접속되는 형태이므로, 4-3-1-2가 올바른 순서이다.

18 이 가위는 **잘 잘리지 않아서 사용하기 힘드니까 좀 더 잘 잘리는** 가위와 교환해 주세요.

단어 はさみ 가위 | 切(き)れる 잘리다 | 使(つか)いづらい 사용하기 힘들다 | 交換(こうかん) 교환

해설 동사 ます형에 접속하는 다양한 문법들의 의미를 정확하게 알아두자. 2, 4번은 비슷한 문형으로 '~하기 힘들다, 어렵다'라는 의미이다. 3번은 그 반대 문형으로 '~하기 쉽다, 편하다'라는 뜻이다. 따라서 2-4-1-3이 올바른 순서가 된다.

문제 3 다음 문장을 읽고, 문장 전체 내용을 생각해서 19 부터 22 안에 들어갈 가장 적당한 것을 1·2·3·4에서 하나 고르시오.

추운 이 계절, 라면이 참을 수 없게 먹고 싶어질 때는 없으신가요? 특히나 인스턴트 라면은 바쁠 때에도 간단히 먹을 수 있어서 편리한 음식이죠. 인스턴트 라면은 지금이야 친숙한 음식이지만, 19 어떻게 탄생했는지 여러분은 알고 계신가요? 닛신 식품의 창업자가 종전 후의 식량난인 일본에서 라면 포장마차에 줄 선 사람들의 행렬을 보고, 가격이 저렴하고 맛있는 그리고 보존성이 높은 라면은 만들 수 없을까 해서 인스턴트 라면 개발을 시작했던 것이 계기라고 합니다. 20 그리고 1985년 8월 25일에 일본에서 처음으로 인스턴트 라면이 발매되었습니다. 뜨거운 물을 붓고 3분 만에 먹을 수 있는 인스턴트 라면은 당시 「마법의 라면」으로 불리며 순식간에 인기를 끌었습니다.

그런 인스턴트 라면입니다만, 지금까지는 젊은이가 먹는 음식이라는 이미지가 있었습니다. 그러나 최근에는 저칼로리로 건강 지향의 컵라면이나 맛의 종류도 풍부해서 남녀노소 다양한 사람들에게 받아들여지는 음식이 되었습니다. 혼자 사는 저 21 에게 있어서도 인스턴트 라면은 없어서는 안 될 물건이 되고 있습니다.

그리고 가정뿐만 아니라 사무실, 아웃도어, 재해 시의 비상식 등으로도 활용할 수 있게 되어, 시대 22 와 함께 계속 진화하고 있는 컵라면. 앞으로도 우리들의 식생활에 도움이 되어 줄 것입니다.

단어 季節(きせつ) 계절 | 身近(みぢか)だ 친숙하다, 가깝다 | ご存(ぞん)じだ 아시다 | 創業者(そうぎょうしゃ) 창업자 | 終戦後(しゅうせんご) 종전 이후 | 食糧難(しょくりょうなん) 식량난 | 屋台(やたい) 포장마차 | 並(なら)ぶ 줄 서다 | 行列(ぎょうれつ) 행렬 | 値段(ねだん) 가격 | 保存性(ほぞんせい) 보존성 | 開発(かいはつ) 개발 | きっかけ 계기 | 初(はじ)めて 처음으로 | 発売(はつばい) 발매 | お湯(ゆ)をかける 뜨거운 물을 붓다 | 当時(とうじ) 당시 | 魔法(まほう) 마법 | あっという間(ま)に 순식간에 | 人気(にんき)を集(あつ)める 인기를 끌다 | 若者(わかもの) 젊은이 | 低(てい)カロリー 저칼로리 | 健康志向(けんこうしこう) 건강 지향 | 種類(しゅるい) 종류 | 豊富(ほうふ) 풍부 | 老若男女(ろうにゃくなんにょ) 남녀노소 | 受(う)け入(い)れる 받아들이다 | 一人暮(ひとりぐ)らし 독신 생활 | 家庭(かてい) 가정 | オフィス 사무실 | アウトドア 아웃도어, 야외 활동 | 活用(かつよう) 활용 | 進化(しんか) 진화 | 助(たす)け 도움

해설

19 빈칸 뒤에 「生まれたか」라는 의문 조사가 있기 때문에 앞부분에도 의문의 형태가 오는 것이 자연스러우므로, 정답은 4번이 된다.

20 앞 문장에는 '맛있는 보존성 높은 라면 개발을 하기 시작했다'라는 내용이 있고 뒤 문장에는 '1985년에 발매가 시작됐다'라는 내용이 나오므로 순차적으로 일이 일어날 때 사용하는 접속사가 자연스럽다. 1번 「ところで(그런데)」는 화제를 전환할 때 사용하고, 3번은 '역시'라는 의미이며, 4번 「ただし(단, 다만)」는 앞 내용에 예외와 제한을 둘 때 사용하는 접속사이다. 따라서 2번이 정답이 된다.

21 「～にとって」는 '～에게 있어서'라는 뜻으로 주로 사람을 나타내는 명사에 접속하여 그 사람이 판단, 생각한 내용이 뒷부분에 나온다. 따라서 1번이 정답이 된다. 2번은 '～함에 따라서'라는 의미이고 3번은 '～에 비해서'라는 의미이다. 또한 4번은 '～에 의해, ～에 따라서'라는 의미이다.

22 1번은 '～라고 하면', 3번은 '～라고 해도'라는 역접의 의미를 나타낸다. 4번은 '～라고 한다면'이라는 의미로, 문장 뒷부분에 나오는 '계속 진화하고 있는 컵라면'과의 연결이 자연스럽지 않다. 그러므로 '～와 더불어, ～와 함께, ～함에 따라'라는 뜻을 나타내는 2번이 정답이 된다.

문제 4 다음 (1)부터 (4)의 문장을 읽고 질문에 답하시오. 답은 1·2·3·4에서 가장 적당한 것을 하나 고르시오.

1

해석 과장님에게 메일이 도착했습니다.

수고 많으십니다. 20일 회의 준비에 대해서입니다만, 첨부(주) 파일의 질문에 답하여 15일까지 메일로 보내 주십시오. 그 답변을 모아 파일을 만들어 다시 보내 드릴 테니, 회의 전까지 읽어 두시기 바랍니다. 회의에서는 그것을 사용하여 의견 교환을 하려고 합니다. 또한, 제안이 있다면 마지막에 적어 주십시오. 아울러 그날 참석하지 못하는 경우에도 의견은 보내 주십시오. 잘 부탁드립니다.

오시마 마사코

(주) 添付 : 서류나 메일에 다른 서류나 파일을 함께 붙이는 것

23 메일을 받은 사람이 하지 않으면 안 되는 것은 무엇인가?

1 질문의 답을 모은 파일을 만든다.

2 20일까지 질문의 답을 메일로 보낸다.

3 회의에 결석하는 경우는 제안을 보낸다.

4 회의에 나갈 수 없는 경우는 의견을 보낸다.

단어 課長(かちょう) 과장 | 届(とど)く 도착하다 | 準備(じゅんび) 준비 | 添付(てんぷ) 첨부 | ファイル 파일 | 質問(しつもん) 질문 | 答(こた)える 답하다 | 送(おく)る 보내다 | 集(あつ)める 모으다 | 作(つく)る 만들다 | 送(おく)り返(かえ)す 다시 보내다 | 意見(いけん) 의견 | 交換(こうかん) 교환 | 提案(ていあん) 제안 | 最後(さいご) 마지막 | 出席(しゅっせき) 출석 | 場合(ばあい) 경우 | 欠席(けっせき) 결석

해설 메일은 15일까지 답변을 보내 20일 회의에서 의견을 나누자는 내용이다. 파일을 만드는 것은 메일을 보낸 사람이 하는 일이며, 제안은 선택 사항이지만, 마지막 문장에 참석하지 못하는 경우에도 의견을 보내달라고 했으므로 정답은 4번이 된다.

2

해석 이것은 히마와리 도서관의 규칙이다.

도서관에서는 다음 규칙을 지켜주세요.

- 책은 반드시 반납(주1) 기한까지 돌려주세요.
- 조용히 하고, 다른 사람에게 방해가 되지 않도록 합시다.
- 음식 섭취는 금지입니다. 물뿐이라면 괜찮습니다.
- 컴퓨터는 예약해서 사용해 주세요.
- 잡지나 신문은 정해진 장소에서 읽읍시다.
- 휴대전화는 매너 모드로 하고, 통화(주2)는 밖에서 합시다.

(주1) 返却 : 빌린 것을 돌려주는 것

(주2) 通話 : 전화로 이야기하는 것

24 도서관에 간 다나카 씨는, 무엇을 해야 하는가?

1 통화할 때는, 폐를 끼치지 않도록 큰 소리로 말하지 않는다.

2 컴퓨터를 쓰고 싶을 때는, 먼저 예약을 한다.

3 음식은 금지이므로, 물을 가지고 가지 않는다.

4 잡지는 반드시 반납 기한까지 돌려준다.

단어 図書館(としょかん) 도서관 | 規則(きそく) 규칙 | 返却期限(へんきゃくきげん) 반납 기한 | 返(かえ)す 돌려주다 | 静(しず)かだ 조용하다 | 迷惑(めいわく) 방해, 폐 | 飲食(いんしょく) 음식, 마시고 먹음 | 禁止(きんし) 금지 | 予約(よやく) 예약 | 雑誌(ざっし) 잡지 | 場所(ばしょ) 장소 | 携帯電話(けいたいでんわ) 휴대전화 | マナーモード 매너 모드 | 通話(つうわ) 통화

해설 컴퓨터는 예약 후 사용해야 하므로 정답은 2번이다. 1번 통화는 밖에서 해야 하고, 3번 음식은 금지이지만 물은 마실 수 있다. 4번 잡지는 대출이 되지 않으므로 내용과 맞지 않다.

3

해석 테이블 위에 메모가 있었습니다.

다카시에게

잘 다녀왔니? 간식인 케이크는 냉장고에 들어있단다. 주스도 들어있지만 우유로 마시렴. 수영에 가기 전에 숙제를 하는 편이 좋겠지만, 다녀온 뒤라도 괜찮아. 4시에 마코토 군의 어머니가 차로 오셔서 수영장까지 데려다 주실테니, 준비를 하고 기다리고 있거라. 모자를 잊지 않도록 하고, 수영에서 돌아오면 젖은 수건이나 수영복 등을 세탁기 앞 바구니에 넣어 두렴. 엄마는 6시 반에는 돌아올 수 있을 것 같아.

25 다카시 군이 맨 처음 해야 하는 일은 무엇인가?

1 숙제를 하는 것
2 주스를 마시는 것
3 수영에 사용할 물건을 준비하는 것
4 젖은 물건을 세탁기에 넣는 것

단어 おやつ 간식 | 冷蔵庫(れいぞうこ) 냉장고 | 牛乳(ぎゅうにゅう) 우유 | スイミング 수영, 스위밍 | 宿題(しゅくだい) 숙제 | プール 수영장, 풀 | 連(つ)れる 데리고 가다 | 準備(じゅんび) 준비 | ぬれる 젖다 | 洗濯機(せんたくき) 세탁기

해설 숙제는 수영을 다녀온 뒤에 해도 괜찮고, 주스 대신 우유를 마시라고 했다. 젖은 물건을 세탁기에 넣는 것은 수영장을 다녀온 이후가 되므로, 3번 수영에 필요한 물건을 준비하는 것이 정답이 된다.

4

해석 아이들의 빈부 격차(주)가 벌어지고 있다. 어떤 아동복 회사는 40만 엔이나 하는 코트를 출시했는데, 이것이 쑥쑥 팔리고 있다고 한다. 그래서 앞으로 다른 옷도 비싼 상품으로 하기로 했다고 한다. 비싼 옷은 하나만 팔려도 이익이 크기 때문에, 이는 회사로서는 올바른 방식이라고 말할 수 있을 것이다. 한편, 충분히 식사하지 못하는 아이들이 많이 있다. 학교가 긴 방학이 되면 선생님들은 걱정이 된다고 말한다. 급식으로 겨우 살아가고 있는 듯한 아이들이기 때문이다. 어린이 식당 등 그들을 위한 시설이 늘어나고 있지만, 나라에서 어떻게든 해야 하지 않을까.

(주) 貧富の差 : 경제력의 차이. 부자와 가난한 사람의 경제적인 차이

26 글 안에서 빈부 격차를 나타내고 있는 것은 무엇인가?

1 비싼 옷을 파는 회사와 가난한 아이들이 있는 학교
2 40만 엔짜리 코트를 파는 회사와 그것을 살 수 있는 가족
3 비싼 옷을 만드는 회사와 급식으로 겨우 살아가고 있는 아이들
4 고급 옷을 입을 수 있는 아이들과 충분히 먹을 수 없는 아이들

단어 貧富(ひんぷ) 빈부 | 差(さ) 차, 차이 | 広(ひろ)がる 넓어지다, 벌어지다 | 売(う)り出(だ)す 팔기 시작하다, 발매하다 | どんどん 척척, 속속 | もうけ 이익, 이윤 | 一方(いっぽう) 한쪽, 한편 | 満足(まんぞく)だ 만족하다, 충분하다 | 給食(きゅうしょく) 급식 | やっと 겨우 | 施設(しせつ) 시설 | 増(ふ)える 늘다 | 何(なん)とか 어떻게든 | 貧(まず)しい 가난하다 | 高級(こうきゅう)だ 고급스럽다 | 十分(じゅうぶん)だ 충분하다

해설 고가의 아동복이 잘 팔릴 정도로 풍족한 환경에 있는 아이들과 방학이 되면 급식을 먹지 못해 끼니를 걱정해야 하는 아이들의 상황을 대조하며 설명하고 있다. 따라서 빈부 격차를 나타내는 것은 옷을 파는 회사나 학교라는 장소가 아니라, 경제적 여유 덕분에 비싼 옷을 입는 아이들과 경제적 어려움으로 식사조차 힘든 아이들이라는 두 집단의 생활 차이를 비교한 4번이 정답이 된다.

문제 5 다음 (1)과 (2)의 문장을 읽고 질문에 답하시오. 답은 1・2・3・4에서 가장 적당한 것을 하나 고르시오.

1

해석 일본인은 염분을 세계보건기구(WHO)가 권장하고 있는 하루 5g의 배인 10g 정도 섭취하고 있다고 한다. 염분의 과다 섭취로 병이 들어 죽는 사람도 많다. 몸에 나쁘기 때문에, 많은 사람이 감염(주1)하려고 하고 있다. 영국처럼 국민의 건강을 지키기 위해 국가가 빵이나 햄 등의 식품의 염분 양을 낮게 정하고 있는 나라도 있지만, 일본에서는 염분의 양을 「소금의 무게」로 적게 할 뿐이다. 그러므로 자신의 몸은 자신이 지키지 않으면 안 된다. 향신료(주2)나 맛국물(주3)을 사용하면 감염해도 맛있는 요리를 할 수 있지만 매일 만드는 것은 어렵다. 그런 일본인을 구하기 위해 소금의 맛을 강하게 느끼는 감염 스푼이 만들어졌다. 스푼에 전기를 넣으면 염분이 적은 연한 맛의 음식이 진한 맛으로 느껴져서 맛있게 먹을 수 있다. 특히 병으로 절대로 감염 식사를 하지 않으면 안 되는 사람에게 있어서 매우 기쁜 상품이다. 어머니를 놀라게 하고 싶었지만, 그 효과가 느껴지지 않는 사람도 있다고 하니까, 산 후에 어머니가 그렇다면 곤란하다. 어머니에게도 시험해 보게 할 수밖에 없을 것이다.

(주1) 減塩 : 염분을 줄이는 것
(주2) スパイス : 특별한 냄새나 매운맛을 가지고 있는 것
(주3) 出汁 : 여러 가지 재료를 끓여낸 것. 맛있는 성분이 모인 것

27 왜 자신의 몸은 자신이 지키지 않으면 안 된다고 말하고 있는가?

1 국가가 국민의 건강에 관심이 없기 때문에
2 일본에는 소금의 양을 적는 법률이 없기 때문에
3 국가가 식품의 염분을 낮게 정하고 있지 않기 때문에
4 염분의 과다 섭취로 병이 들어 죽는 사람도 많기 때문에

28 감염 스푼이란 어떤 스푼인가?

1 누구나가 맛을 진하게 느낄 수 있는 스푼
2 염분이 줄어든 것처럼 느껴지는 스푼
3 실제보다 염분을 많이 느낄 수 있는 스푼
4 실제 요리보다 맛을 진하게 만들 수 있는 스푼

29 이 글을 쓴 사람은 감염 스푼에 대해 어떻게 생각하고 있는가?

1 써 보는 것이 불가능하기 때문에 곤란하다.
2 어머니에게 효과가 있다고 알게 된다면 사고 싶다.
3 무엇이든 맛있게 먹을 수 있게 되므로 좋다.
4 소금 맛을 강하게 느끼기 때문에, 감염이 필요한 사람에게는 좋지 않다.

단어 塩分(えんぶん) 염분 | 世界保健機関(せかいほけんきかん) 세계보건기구 | 勧(すす)める 권하다 | 倍(ばい) 배 | 減塩(げんえん) 감염, 염분을 줄임 | イギリス 영국 | スパイス 스파이스, 향신료 | 出汁(だし) 맛국물 | 救(すく)う 구하다 | 薄味(うすあじ) 연한 맛 | 濃(こ)い 진하다 | 嬉(うれ)しい 기쁘다 | 驚(おどろ)かす 놀래키다 | 試(ため)す 시험하다 | 健康(けんこう) 건강 | 実際(じっさい) 실제

해설 **27** 영국과 달리 일본은 식품의 염분량을 국가가 낮게 제한하지 않고 무게만 표기하므로 개인이 스스로 건강을 지켜야 한다고 했다. 1, 2번은 염분 표기 제도가 있어 관심이나 법률이 없다는 말은 맞지 않고, 4번은 염분을 줄여야 하는 이유일 뿐 스스로 지켜야 하는 직접적 근거는 아니므로 정답이 아니다.

28 감염 스푼은 전기를 이용해 싱거운 음식을 진한 맛으로 느끼게 해준다고 설명했다. 1번은 효과가 없는 사람도 있기 때문에 맞지 않고, 2번은 염분이 줄어든 것이 아니라 늘어난 것처럼 느끼게 하므로 맞지 않다. 4번은 요리 자체의 맛을 바꾸는 게 아니라 사람이 느끼는 미각을 바꾸는 것이므로 정답이 아니다.

29 글쓴이는 어머니를 놀라게 해 드리고 싶지만 효과가 없는 사람도 있어서 어머니에게도 시험해 보게 할 수밖에 없다고 했다. 1번은 어머니에게 시험해 보게 할 수밖에 없다고 했으므로 맞지 않고, 3번은 감염 스푼이 음식을 맛있게 만드는 것은 아니므로 맞지 않다. 4번은 감염이 필요한 사람에게 필요한 상품이라고 했으므로 맞지 않다.

2

해석 요전날, 산책 중에 어느 집 앞에서 친구와 "유자(주)가 저렇게나 많이 열려 있다. 대단하네" 등이라고 말하고 있자, 그것을 듣고 있던 주인이 "괜찮다면, 드릴게요"라고 말해 주었다. 우리들은 기쁘게 받았다. 나중에 친구가 "집에 감이 많이 열려 있어서 가져오겠습니다"라고 말하고 감을 가져다 주었으므로 ①안심했다. 나의 집 근처에서는 때때로 집 앞에 채소나 과일, 꽃 등이 "자유롭게 가져가세요"라고 써서 놓여 있다. 그것을 보면 ②기뻐진다. 영국에서는 에디블(먹을 수 있는)웨이라고 해서 길을 따라서 먹을 수 있는 과일이나 채소가 심어져 있어서, 누구라도 따서 먹어도 괜찮은 곳이 있다고 한다. 일본에서도 최근 1킬로 정도의 길을 따라서 먹을 수 있는 식물을 키우고 있는 장소가 있다. 같은 그림의 화분에 과일이나 채소를 심고 있다. 이것을 시작한 것에 의해서 걷고 있는 사람으로부터 말을 걸어오는 일이 늘었다고 한다. 일본에서도 남에게 주는 일도 있지만, 안타깝게도 자유롭게 따서 먹어도 좋다는 곳까지는 나아가 있지 않다.

(주) 柚子: 귤과 동류. 시지만 향이 좋다.

30 ①안심했다고 되어 있는데, 왜 안심했는가?

1 친구가 유자의 답례로 감을 전달했기 때문에
2 친구의 집에 감이 열려 있었기 때문에
3 유자 값을 지불하지 않아도 되기 때문에
4 유자를 달라고 말하지 않았는데도 받을 수 있었기 때문에

31 ②기뻐진다고 되어 있는데, 이 글을 쓴 사람은 왜 그렇게 말하고 있는가?

1 산책 중에 친구와 유자가 많이 열려 있는 것을 발견할 수 있기 때문에
2 산책을 하면서, 이웃 사람들과 즐겁게 수다를 떨 수 있기 때문에
3 자기 집의 감을 이웃 사람에게 언제라도 자유롭게 가지고 가게 할 수 있게 되었기 때문에
4 과일이나 채소를 이웃 사람에게 주는 것 같은, 사람의 따뜻한 마음을 느끼기 때문에

32 일본에서 최근 시작된 '1킬로미터 정도의 길을 따라서 식물을 기르는 것'에 의해서, 어떠한 변화가 있었는가?

1 영국처럼 누구라도 좋을 때에 자유롭게 따서 먹는 사람이 늘었다.
2 그 길을 걷는 사람이 이전보다도 늘었다.
3 같은 그림의 화분을 늘어놓는 것으로, 길이 매우 깨끗해졌다.
4 그곳을 걷고 있는 사람과의 대화가 늘어나게 되었다.

단어 先日(せんじつ) 요전, 일전 | 散歩(さんぽ) 산책 | 友人(ゆうじん) 친구 | 柚子(ゆず) 유자 | 主人(しゅじん) 주인 | 差(さ)し上(あ)げる 드리다 | 喜(よろこ)ぶ 기뻐다 | 柿(かき) 감 | 届(とど)ける 보내다 | ほっとする 한숨 놓다, 안심하다 | 近所(きんじょ) 근처 | エディブルウェイ 에디블웨이〈Edible Way〉 | 沿(そ)う 따르다, 끼다 | 植(う)える 심다 | 植物(しょくぶつ) 식물 | 植木鉢(うえきばち) 화분 | 増(ふ)える 늘다 | 残念(ざんねん)だ 유감이다 | 進(すす)む 나아가다 | 仲間(なかま) 동속 | すっぱい 시다 | 香(かお)り 향, 향기 | 払(はら)う 내다, 지불하다

해설 **30** 글쓴이는 모르는 집 주인에게 유자를 받았다. 함께 있던 친구가 자신의 집에 열린 감을 답례로 전달해 줘서 고마움과 미안함을 덜 수 있었기에 안심한 것이므로 정답은 1번이 된다.

31 글쓴이가 기뻐진다고 말한 이유는 이웃 간에 물건을 나누는 따뜻한 마음을 느꼈기 때문이다. 지문에서 집 앞에 채소나 과일을 두고 "자유롭게 가져가세요"라고 적어 놓은 것을 볼 때 기분이 좋아진다고 했는데, 이는 단순히 공짜 물건을 얻어서가 아니라 이웃에게 호의를 베푸는 사람들의 따뜻한 마음을 확인했기 때문이다. 따라서 4번이 가장 적절하다.

32 지문의 마지막 부분에 '걷고 있는 사람으로부터 말을 걸어오는 일이 늘었다'고 했다. 따라서 4번이 정답이 된다.

문제 6　다음 문장을 읽고 질문에 답하시오. 답은 1・2・3・4에서 가장 적당한 것을 하나 고르시오.

해석　1974년에 일본에서 처음으로 개점한 편의점은 미국과 똑같은 상품을 진열했다. 1978년에 샌드위치, 도시락, 주먹밥을 팔기 시작했지만, 주먹밥은 집에서 만드는 것이라고 생각되고 있었기 때문에 하루에 2개나 3개밖에 팔리지 않았다. 그래서 살 가치가 있는 주먹밥으로 만들자고 생각했다. 김과 밥을 나누어서, 먹을 때 김을 말도록 했더니, 김이 바삭바삭하고 맛있어서 사도 좋은 물건이 되었다. 누구나 바쁜 시대가 된 것도 있어서 점차 팔리게 되었다. 1986년에 밥을 김으로 눈 깜짝할 사이에 하나로 쌀 수 있게 하자 주먹밥은 완전히 사는 물건이 되었다. 내용물도 옛날부터 있던 연어 등 외에, 누구도 생각지 못했던 '참치 마요(주1)'를 더했다. 이것이 마요네즈를 좋아하는 젊은이들이 기뻐하며 잘 팔리게 되었다. 지금도 편의점에서 매우 잘 팔리고 있다고 한다.

편의점이 선도(주2)해 온 주먹밥이지만, 지금은 전문점도 나타나서 줄을 서지 않으면 안 되는 가게도 드물지 않다. 한 개에 300엔 이상 하는 것도 많다. 어느 레스토랑의 푸아그라(주3) 주먹밥은 한 개에 2,500엔이나 한다. 주먹밥은 외국인에게도 인기로, 해외에서도 주먹밥 전문점이 개점해서 잘 팔리고 있다고 한다. 한편, 손쉽게 살 수 있는 편의점의 주먹밥도 변함이 없다. 이유 중 하나에 가격의 이극화(주4)가 있다. 옛날부터 있는 속 재료인 것은 싸고, 새로운 고급 속 재료는 비싸다. 이 덕분인지 레스토랑이나 도시락에 비해 주먹밥의 매출이 늘고 있다고 한다.

(주1) ツナマヨ: 참치와 마요네즈를 섞은 것
(주2) 先導: 맨 앞에서 나아가는 것
(주3) フォアグラ: 오리 등의 간을 크게 만든 고급 식재료
(주4) 二極化: 두 가지로 뚜렷하게 나뉘어 있는 것

33　주먹밥이 발매되었을 때 별로 팔리지 않았던 것은 왜인가?

1 집에서 만드는 주먹밥이 더 맛있었기 때문에
2 옛날부터 주먹밥은 집에서 만드는 것이 보통이었기 때문에
3 먹을 때 김을 마는 것이 매우 어려웠기 때문에
4 김이 너무 바삭바삭해서, 집에서 만드는 주먹밥과 너무 달랐기 때문에

34　주먹밥이 완전히 사는 물건이 되었다고 있는데, 이유는 무엇인가?

1 밥을 김으로 바로 말 수 있는 방법이 개발되었기 때문에
2 주먹밥의 속 재료가 희귀한 재료로 바뀌었기 때문에
3 '참치마요'의 발매로 마요네즈를 좋아하는 젊은이가 늘었기 때문에
4 김을 바삭바삭한 채로 먹을 수 있도록, 밥과 나누어서 포장했기 때문에

35　이 글은 쓴 사람은 지금, 주먹밥이 어떻게 되었다고 말하고 있는가?

1 편의점보다 전문점의 주먹밥이 훨씬 맛있다.
2 비싼 주먹밥도 싼 주먹밥도 둘 다 인기가 있다.
3 편의점은 싸고 전문점은 비싸다는 차이가 뚜렷해졌다.
4 전문점이 생겼기 때문에 편의점 주먹밥은 팔리지 않게 되었다.

36　주먹밥 인기의 확산을 나타내고 있는 것은 어느 것인가?

1 싼 것과 비싼 것이 온 것
2 해외에서도 전문점이 생겨서 팔리고 있는 것
3 싼 것보다 비싼 것이 더 잘 팔리고 있는 것
4 1개에 2,500엔인 주먹밥이 팔리고 있는 것

단어　開店(かいてん) 개점 | コンビニ 편의점 | おにぎり 주먹밥 | 価値(かち) 가치 | のり 김 | 巻(ま)く 말다 | パリパリ 바삭바삭 | 次第(しだい)に 점차 | あっという間(ま) 눈 깜짝할 사이에 | 包(つつ)む 싸다 | 中身(なかみ) 내용물 | サケ 연어 | 加(くわ)える 더하다 | 先導(せんどう) 선도 | 専門店(せんもんてん) 전문점 | フォアグラ 푸아그라 | 手軽(てがる)だ 손쉽다 | 価格(かかく) 가격 | 二極化(にきょくか) 이극화, 양극화 | 高級(こうきゅう) 고급 | 混(ま)ぜる 섞다 | 売(う)り上(あ)げ 매출 | アヒル 집오리 | レバー 간

해설　**33** 초기 판매 부진의 이유를 '주먹밥은 집에서 만드는 것이라고 여겨졌기 때문'이라고 설명하고 있다.
34 1986년에 밥을 김으로 순식간에 쌀 수 있게 되면서 주먹밥이 완전히 '사는 물건'이 되었다고 설명하고 있다.
35 가격의 '이극화(二極化)'를 언급하며, 저렴한 편의점 주먹밥과 비싼 전문점 주먹밥이 모두 잘 팔리고 있으며, 전체 매출도 늘고 있다고 설명하고 있다.
36 인기의 확산을 가장 잘 나타내는 증거로 외국인에게도 인기가 있으며 해외에서도 전문점이 개점하여 잘 팔리고 있다고 설명하고 있다.

문제 7 오른쪽 페이지는 식물원의 이벤트 안내이다. 이것을 읽고 아래 질문에 답하시오. 답은 1·2·3·4 중에서 가장 적당한 것을 하나 고르시오.

해석

<table>
<tr><th colspan="2">낮 이벤트</th></tr>
<tr><td>A. 식물원 가이드 투어
선생님의 설명을 들으며 식물원을 견학합니다.
견학 시간은 약 1시간입니다.
【일시】 매일 3회
①10시 반 ② 14시 반 ③16시
【장소】 동쪽 입구</td><td>B. 종이접기 교실
종이접기로 다양한 꽃을 만듭니다.
【일시】 매주 화·수 11시~12시
매주 목·금 14시~15시
매주 토·일 13시~14시
【장소】 자료관 3층
(도중에도 참가할 수 있습니다.)</td></tr>
<tr><td>C. 식물원 업무 견학
식물의 관리나 준비 모습을 볼 수 있습니다.
견학 시간은 약 1시간입니다.
【일시】 매주 토요일 14시 반~
【장소】 서쪽 입구</td><td>D. 사진 교실
식물 사진 찍는 법을 배웁니다.
【일시】 매주 일요일 14시~16시
【장소】 자료관 2층
(중학생 이상 참가할 수 있습니다.)</td></tr>
<tr><td colspan="2">※ 신청, 참가비는 모두 불필요</td></tr>
</table>

밤의 식물원

밤에 피는 아름다운 꽃을 관찰합니다. 밤만의 특별한 체험입니다. 18세 이상부터 참가할 수 있습니다.

【일시】 매주 금요일 20시~22시(입장은 19시 반까지)
【참가비】 1,000엔(당일 식물원 입장권 소지자는 무료)
【장소】 동쪽 입구는 18시에 닫으므로, 서쪽 입구로 들어오세요.

〈신청 방법〉
온라인(QR코드) 또는 식물원 접수 창구
※ 창구 접수는 17시까지입니다.

〈주의〉
사진 촬영은 할 수 없습니다.
입장하기 전에 나이를 알 수 있는 것을 보여 주세요.

37 오늘은 일요일이다. 혼다 씨는 오후 2시에 식물원에 와서 이 안내를 봤다. 초등학생 아들과 함께 지금부터 참가할 수 있는 이벤트는 어느 것인가?

1 A
2 B
3 C
4 A와 D

38 오늘은 금요일이다. 대학생인 모리 씨는 낮 이벤트에 참가했다. 오늘, '밤의 식물원'에도 참가하고 싶다. '밤의 식물원'에 참가하기 위해 모리 씨가 해야 할 일은 어느 것인가?

1 19시까지 서쪽 입구로 간다.
2 참가비 1,000엔을 낸다.
3 나이를 알 수 있는 것을 준비한다.
4 카메라를 준비한다.

단어 植物園(しょくぶつえん) 식물원 | 参加(さんか) 참가 | 参加費(さんかひ) 참가비 | 準備(じゅんび) 준비 | 日時(にちじ) 일시 | おりがみ 종이접기 | 途中(とちゅう) 도중 | 仕事(しごと) 일 | 世話(せわ) 돌봄 | 様子(ようす) 상태, 모습 | 申(もう)し込(こ)み 신청 | すべて 모두, 전부 | 不要(ふよう) 불필요 | 観察(かんさつ) 관찰 | 特別(とくべつ)だ 특별하다 | 体験(たいけん) 체험 | 入場(にゅうじょう) 입장 | 当日(とうじつ) 당일 | 入園券(にゅうえんけん) 입원권, 입장권 | 受付(うけつけ) 접수 | 窓口(まどぐち) 창구 | 撮影(さつえい) 촬영 | 年(とし) 나이

해설 **37** 일요일 오후 2부터 초등학생이 참가할 수 있는 이벤트를 찾아야 한다. A는 매일 2시 반에 이벤트가 있으므로 참가할 수 있다. B, C는 날짜와 시간이 맞지 않고, D는 중학생 이상이므로 참가할 수 없다. 따라서 1번이 정답이 된다.

38 모리 씨는 낮의 이벤트에 참가했으므로 밤의 식물원 참가비가 무료이다. 입장은 19시 반까지이고, 서쪽 입구에서 한다. 사진 촬영은 할 수 없으며, 신분증을 준비해야 한다. 따라서 정답은 3번이 된다.

03 2교시 청해

問題 1

問題 1 では、まず質問を聞いてください。それから話を聞いて、問題用紙の 1 から 4 の中から、最もよいものを一つえらんでください。

문제 1

문제1에서는 먼저 질문을 들어 주세요. 그리고 이야기를 듣고 문제 용지의 1에서 4 중에서 가장 적당한 것을 하나 고르세요.

例

ホテルで会社員の男の人と女の人が話しています。女の人は明日何時までにホテルを出ますか。

M: では、明日は、9 時半に事務所にいらしてください。

F: はい、ええと、このホテルから事務所まで、タクシーでどのぐらいかかりますか。

M: そうですね、30分もあれば着きますね。

F: じゃあ、9 時に出ればいいですね。

M: あ、朝は道が混むかもしれません。
15分ぐらい早めに出られたほうがいいですね。

F: そうですか。じゃ、そうします。

女の人は明日何時までにホテルを出ますか。

1 8時45分
2 9時
3 9時15分
4 9時30分

예

호텔에서 회사원인 남자와 여자가 이야기하고 있습니다. 여자는 내일 몇 시까지 호텔을 나갑니까?

남: 그럼, 내일은, 9시 반에 사무소에 와 주십시오.

여: 네, 음, 이 호텔에서 사무소까지, 택시로 어느 정도 걸립니까?

남: 글쎄요, 30분 정도면 도착합니다.

여: 그럼, 9시에 나가면 되겠네요.

남: 아, 아침은 길이 막힐지도 모릅니다.
15분 정도 빨리 나오는 것이 좋습니다.

여: 그렇습니까? 그럼, 그렇게 하겠습니다.

여자는 내일 몇 시까지 호텔을 나갑니까?

1 8시 45분
2 9시
3 9시 15분
4 9시 30분

1 番

会社で女の人と男の人が話しています。男の人はまず何をしますか。

F: 本田さん。
今ちょっとお願いがあるんだけど、いいかな？

M: はい、部長。

F: 急で悪いけど、3 時の会議で使う資料を作ってくれるかな？ 私は今、取引先のお客さんに会いに行かなければならないのよ。

M: あのう、午前中に青山課長に出張報告書を出さなければならないのですが、その後で作成してもいいですか。

F: そうか。では、青山課長には私から説明しておくから、こちらの仕事を先にお願いね。

1번

회사에서 여자와 남자가 이야기하고 있습니다. 남자는 먼저 무엇을 합니까?

여: 혼다 씨. 지금 잠깐 부탁이 있는데, 괜찮을까?

남: 네, 부장님.

여: 급해서 미안한데, 3시 회의에서 쓸 자료를 만들어 줄 수 있을까? 나는 지금 거래처 손님을 만나러 가야만 해.

남: 저기, 오전 중에 아오야마 과장님께 출장 보고서를 제출해야 하는데, 그 후에 작성해도 될까요?

여: 그렇군. 그럼, 아오야마 과장한테는 내가 설명해 둘 테니, 이 일을 먼저 부탁해.

M: 資料はコピーしておきましょうか。
F：うん、お願い。それから、作る前に去年の報告書を確認してね。
M: わかりました。

男の人はまず何をしますか。

1 会議の資料を作る
2 出張報告書を提出する
3 資料のコピーを取る
4 去年の報告書を確認する

남: 자료는 복사해 둘까요?
여: 응, 부탁해. 그리고 만들기 전에 작년 보고서를 확인해 줘.
남: 알겠습니다.

남자는 먼저 무엇을 합니까?

1 회의 자료를 만든다
2 출장 보고서를 제출한다
3 자료 복사를 한다
4 작년 보고서를 확인한다

단어 取引先(とりひきさき) 거래처 | 報告書(ほうこくしょ) 보고서 | 作成(さくせい) 작성 | 提出(ていしゅつ) 제출

해설 1번은 자료는 만들 예정이지만 작년 보고서를 확인한 후에 해야 하므로 가장 먼저 할 일이 아니다. 2번은 부장이 과장에게 미리 말해두기로 했으므로 출장 보고서는 나중에 해도 된다. 3번은 자료를 다 만든 뒤에 하는 일이므로 정답이 아니다. 4번은 자료를 만들기 전에 확인하라는 지시를 받았으므로 가장 먼저 할 일이다.

2番

女の人と男の人が話しています。男の人はどんな飲み物を作りますか。

M: 来週は愛子さんの誕生日だよ。喜ばせてあげたいんだけど、どうしたらいい？
F：じゃあ、飲み物の中に花や言葉を描いてくれる店に連れていったら？
M: 飲み物の中に描くなんてすごいね。でも、自分でやってあげたいんだ。
F：そう。じゃあ、ラテアートならできるんじゃない？
M: コーヒーの上に絵や文字を書くんだよね。本物の花を上に置くのなら簡単だけど……。
F：難しいから感動するんじゃない？ 練習して、愛子さんの好きな犬を描いたり、「LOVE」と書いてみたらどう？
M: 恥ずかしいな……。
F：気持ちを表したほうがいいと思うよ。
M: そうかな？ じゃあ、簡単なハートの絵にするよ。

男の人はどんな飲み物を作りますか。

3

4

2번

여자와 남자가 이야기하고 있습니다. 남자는 어떤 음료를 만듭니까?

남: 다음 주는 아이코 씨의 생일이야. 기쁘게 해 주고 싶은데 어떻게 하면 좋을까?
여: 그럼, 음료 안에 꽃이나 글자를 그려 주는 가게에 데려가면 어때?
남: 음료 안에 그리다니 대단하네. 하지만 직접 해주고 싶어.
여: 그래? 그럼, 라테아트라면 할 수 있지 않아?
남: 커피 위에 그림이나 글자를 쓰는 거지? 진짜 꽃을 위에 얹는 거라면 간단하겠지만…….
여: 어려우니까 감동하는 거 아니야? 연습해서 아이코 씨가 좋아하는 개를 그리거나 'LOVE'라고 써 보면 어때?
남: 부끄러운데…….
여: 마음을 표현하는 게 좋다고 생각해.
남: 그런가? 그럼, 간단한 하트 그림으로 할게.

남자는 어떤 음료를 만듭니까?

단어 誕生日(たんじょうび) 생일 | 喜(よろこ)ばせる 기쁘게 하다 | 描(か)く 그리다 | 連れる 데리고 가다 | ラテアート 라테아트 | 本物(ほんもの) 진짜, 실물 | 感動(かんどう) 감동 | 練習(れんしゅう) 연습 | 恥(は)ずかしい 부끄럽다 | 表(あらわ)す 나타내다, 표현하다

해설 여자는 처음에 '꽃이나 글자를 그려주는 가게'를 추천했지만, 남자는 직접 하기를 원했다. 이후 여자가 개 그림이나 LOVE라는 문자를 제안했으나, 남자는 부끄럽다며 거절하고 '간단한 하트 그림'을 그리기로 했다. 따라서 정답은 3번이 된다.

3番

外国人の男の人と女の人が話しています。男の人は夏休みにまず何をしますか。

F：夏休みには帰国するの？

M：うん。日本でなければできないことを経験してからね。

F：忍者体験とか、寿司作りとか？

M：それもいいね。僕は珍しいマンホールの写真を撮りに行くつもりだよ。

F：マンホール？ ああ、全国にいろいろあるわね。

M：ライトアップされるアニメのマンホールを見に行くつもり。康子さんは？

F：私はまずアルバイトしてお金をためてから、旅行しようと思っていたんだけど、「おてつたび」をすることにしたわ。

M：「おてつたび」って何？

F：アルバイトしながら旅行する方法よ。私は北海道のホテルで3週間働きながら、近くを見たり近所の人と話したりする予定なの。

M：いいね。僕も次の休みにはそうするよ。

男の人は夏休みにまず何をしますか。

1 帰国する
2 忍者体験をする
3 おてつたびに行く
4 アニメのマンホールを撮る

3번

외국인 남자와 여자가 이야기하고 있습니다. 남자는 여름방학에 먼저 무엇을 합니까?

여: 여름방학에는 귀국해?

남: 응. 일본이 아니면 할 수 없는 일을 경험하고 나서 말이야.

여: 닌자 체험이라든가, 초밥 만들기라든가?

남: 그것도 좋네. 나는 희귀한 맨홀 사진을 찍으러 갈 생각이야.

여: 맨홀? 아아, 전국에 여러 가지가 있지.

남: 조명이 켜지는 애니메이션 맨홀을 보러 갈 생각이야. 야스코 씨는?

여: 나는 먼저 아르바이트해서 돈을 모은 다음 여행하려고 했는데, '오테츠타비'를 하기로 했어.

남: '오테츠타비'가 뭐야?

여: 아르바이트하면서 여행하는 방법이야. 나는 홋카이도 호텔에서 3주간 일하면서 근처를 보거나 이웃 사람들과 이야기할 예정이야.

남: 좋네. 나도 다음 방학에는 그렇게 해야지.

남자는 여름방학에 먼저 무엇을 합니까?

1 귀국한다
2 닌자 체험을 한다
3 오테츠타비를 간다
4 애니메이션 맨홀을 찍는다

단어 帰国(きこく) 귀국 | 忍者(にんじゃ) 닌자 | 珍(めずら)しい 희귀하다, 드물다 | マンホール 맨홀 | ためる (돈 등을) 모으다 | 近所(きんじょ) 근처

해설 1번은 일본에서만 할 수 있는 일을 먼저 한 뒤에 귀국한다고 했으므로 정답이 아니다. 2번은 좋다라고만 했을 뿐 실제로 하겠다고는 말하지 않았으므로 정답이 아니다. 3번은 다음 방학에 하겠다고 했으므로 이번 여름방학에 할 일이 아니라서 정답이 아니다. 4번은 조명이 켜지는 애니메이션 맨홀 사진을 찍으러 갈 예정이라고 했으므로 정답이다.

4番

大学で男の学生と女の学生が話しています。男の人は本を手に入れるためにまず何をしますか。

M：ねえ、青木先生が勧めている「日本の自然」って本を持っている？

4번

대학교에서 남학생과 여학생이 이야기하고 있습니다. 남자는 책을 손에 넣기 위해 먼저 무엇을 합니까?

남: 저기, 아오키 선생님께서 추천하신 '일본의 자연'이라는 책 가지고 있어?

F：いいえ。学校の図書館にあるんじゃない？

M：もう借りられていた。予約したけど、いつになるかわからないんだ。買えばいいんだけど、高いからできれば借りたいな。

F：山田さんが去年青木先生の授業を取っていたから持っているかも。

M：じゃ、聞いてみるよ。

F：山田さんが持っていなかったら君が住んでいる市の図書館で聞いたら。

M：市の図書館にはそんな専門的な本はないよ。

F：でも、自分のところにない本は他の図書館から借りてくれるよ。

M：へ～。そんなシステムがあるんだ。じゃ、その時は頼んでみるよ。

男の人は本を手に入れるためにまず何をしますか。

1 学校の図書館で本を予約する
2 山田さんに聞いてみる
3 市の図書館に行く
4 高いけど買う

여: 아니. 학교 도서관에 있지 않을까?

남: 이미 대출되었어. 예약했지만 언제 될지 모르겠네. 사면 되겠지만, 비싸니까 가능하면 빌리고 싶어.

여: 야마다 씨가 작년에 아오키 선생님 수업을 들었으니까, 가지고 있을지도 몰라.

남: 그럼, 물어볼게.

여: 야마다 씨가 안 가지고 있으면 네가 살고 있는 시의 도서관에 물어보면?

남: 시의 도서관에는 그런 전문적인 책은 없어.

여: 하지만 자기 쪽에 없는 책은 다른 도서관에서 빌려다 줘.

남: 오~. 그런 시스템이 있구나. 그럼, 그때는 부탁해 볼게.

남자는 책을 손에 넣기 위해 먼저 무엇을 합니까?

1 학교 도서관에서 책을 예약한다
2 야마다 씨에게 물어본다
3 시의 도서관에 간다
4 비싸지만 산다

단어 手(て)に入(い)れる 입수하다, 손에 넣다 | 勧(すす)める 권하다, 추천하다 | 借(か)りる 빌리다 | 予約(よやく) 예약 | 専門的(せんもんてき) 전문적

해설 1번은 이미 예약을 마친 상태이므로 지금부터 먼저 할 일은 아니라서 정답이 아니다. 2번은 '야마다 씨가 가지고 있지 않다면'이라는 가정이 뒤에 나오므로 야마다 씨에게 묻는 것이 먼저니까 정답이다. 3번은 야마다 씨가 책을 가지고 있지 않을 때 시도할 방법이므로 정답이 아니다. 4번은 책값이 비싸서 사고 싶지 않다고 했으므로 정답이 아니다.

5番

女の人と上司が話しています。女の人はまず何をしますか。

F：課長、マルイ貿易のホンさんからAの商品を５円ほど値下げしてほしいという依頼がありました。

M：マルイ貿易だと値下げを断るのは難しいなあ。何とか３円ぐらいにできないかなあ。

F：難しいですね。でも販売数を増やしてもらえれば今と同じ利益が得られると思いますが。

M：それはいい。じゃ、５円だけでなく、４円や３円の場合も計算してみてくれないか。

F：わかりました。その上でマルイ貿易に問い合わせてみます。

M：ああ、その前に数字が出たら報告書を作成してコピーを２部届けてくれないか。部長にも報告しておかなければならないから。

F：はい、わかりました。

5번

여자와 상사가 이야기하고 있습니다. 여자는 먼저 무엇을 합니까?

여: 과장님, 마루이 무역의 홍 씨로부터 A 상품을 5엔 정도 인하해 달라는 의뢰가 있었습니다.

남: 마루이 무역이라면 인하를 거절하기 어렵겠군. 어떻게든 3엔 정도로 할 수 없을까?

여: 어렵네요. 하지만 판매량을 늘려 준다면 지금과 같은 이익을 얻을 수 있을 거라고 생각합니다만.

남: 그거 좋군. 그럼, 5엔뿐만 아니라, 4엔이나 3엔의 경우도 계산해 봐 주지 않겠나?

여: 알겠습니다. 그다음에 마루이 무역에 문의해 보겠습니다.

남: 아, 그 전에 숫자가 나오면 보고서를 작성해서 복사를 2부 가져다주지 않겠나? 부장님께도 보고해 두어야 하니까.

여: 네, 알겠습니다.

女の人はまず何をしますか。

1 部長に報告する
2 マルイ貿易に問い合わせる
3 コピーを届ける
4 販売数などを計算する

여자는 먼저 무엇을 합니까?

1 부장님께 보고한다
2 마루이 무역에 문의한다
3 복사본을 전달한다
4 판매수 등을 계산한다

단어 値下(ねさ)げ 가격 인하 | 依頼(いらい) 의뢰 | 断(ことわ)る 거절하다 | 販売(はんばい) 판매 | 増(ふ)やす 늘리다 | 利益(りえき) 이익 | 問(と)い合(あ)わせる 문의하다 | 届(とど)ける 보내다, 전달하다

해설 1번은 부장에게 보고하기 위한 자료 준비가 먼저이므로 여자가 지금 바로 할 일이 아니라서 정답이 아니다. 2번은 계산을 마친 뒤에 할 일이므로 정답이 아니다. 3번은 보고서를 만든 후에 해야 하는 업무이므로 정답이 아니다. 4번은 가격을 내렸을 때 동일한 이익을 얻기 위해 판매량을 얼마나 늘려야 하는지 먼저 계산해야 하므로 정답이다.

6番

展覧会の会場でアナウンスがありました。入場券を持っている70歳の人は最初にどうすればよいですか。

F：本日は日本漫画展においでくださいましてありがとうございます。入場券をお持ちの方は入場時間をご確認の上、入り口横にお並びください。現在は11時入場の方が並んでいらっしゃいます。そのほかの方は次のご案内までお待ちください。また、ご入場の際には70歳以上の高齢者や障害者などの割引を受ける方は入り口で入場券と年齢や障害がわかる物をお見せください。まだ、入場券をお持ちでない方は窓口で入場券をお求めになってください。割引を受けられる方は窓口係員に書類をお見せください。なお、自動券売機もご利用になれます。本日は大変混みあっておりますので、順番にご案内しております。ご協力のほどをお願いいたします。

入場券を持っている70歳の人は最初にどうすればよいですか。

1 入り口で年齢証明書を見せる
2 入場時間を確認する
3 入り口横の行列に並ぶ
4 案内されるまで待つ

6번

전람회 회장에서 안내 방송이 있었습니다. 입장권을 가지고 있는 70세인 사람은 처음에 어떻게 하면 좋습니까?

여: 오늘 일본 만화전에 와 주셔서 감사합니다. 입장권을 가지고 계신 분은 입장 시간을 확인하신 후, 입구 옆에 줄을 서 주십시오. 현재는 11시 입장하시는 분들이 줄을 서 계십니다. 그 외의 분들은 다음 안내까지 기다려 주십시오. 또한, 입장하실 때 70세 이상의 고령자나 장애인 등 할인을 받으시는 분은 입구에서 입장권과 연령이나 장애를 알 수 있는 것을 보여 주십시오. 아직 입장권을 가지고 있지 않으신 분은 창구에서 입장권을 구입해 주십시오. 할인을 받으실 분은 창구 직원에게 서류를 보여 주십시오. 또한, 자동 발매기도 이용하실 수 있습니다. 오늘은 매우 혼잡하오니, 순서대로 안내해 드리고 있습니다. 협력을 부탁드립니다.

입장권을 가지고 있는 70세인 사람은 처음에 어떻게 하면 좋습니까?

1 입구에서 연령 증명서를 보여준다
2 입장 시간을 확인한다
3 입구 옆의 행렬에 줄을 선다
4 안내될 때까지 기다린다

단어 展覧会(てんらんかい) 전람회 | 入場券(にゅうじょうけん) 입장권 | 高齢者(こうれいしゃ) 고령자 | 障害者(しょうがいしゃ) 장애인 | 割引(わりびき) 할인 | 窓口(まどぐち) 창구 | 係員(かかりいん) 담당자 | 自動券売機(じどうけんばいき) 자동 발매기 | 混(こ)みあう 붐비다 | 順番(じゅんばん) 순번, 차례

해설 1번은 연령 증명서는 실제로 입장할 때 보여주는 것이므로 가장 먼저 할 일은 아니라서 정답이 아니다. 2번은 입장 시간이 정해져 있으므로 본인의 시간을 확인하는 것이 우선이라 정답이다. 3번은 현재 11시 입장객이 줄을 서고 있는데, 본인의 입장 시간이 11시인지 알 수 없으므로 당장 줄을 서는 것은 정답이 아니다. 4번은 본인의 입장 시간에 따라 기다릴지 여부가 결정되므로 계속 기다리는 것은 정답이 아니다.

問題 2

問題２では、まず質問を聞いてください。そのあと、問題用紙を見てください。読む時間があります。それから話を聞いて、問題用紙の１から４の中から、最もよいものを一つえらんでください。

문제2

문제2에서는 먼저 질문을 들어 주세요. 그 다음 문제 용지를 보세요. 읽는 시간이 있습니다. 그런 다음 이야기를 듣고 문제 용지의 1에서 4 중에서 가장 적당한 것을 하나 고르세요.

例

女の人と男の人がスーパーで話しています。男の人はどうして自分で料理をしませんか。

F：あら、田中君、お買い物？

M：うん、夕飯を買いにね。

F：お弁当？ 自分で作らないの？ 時間ないか。

M：いや、そうじゃないんだ。

F：じゃあ、作ればいいのに。

M：作るのは嫌いじゃないんだ。でも、一人だと。

F：材料が余っちゃう？

M：それはいいんだけど、一生懸命作っても一人で食べるだけじゃ、なんか寂しくて。

F：それもそうか。

男の人はどうして自分で料理をしませんか。

1 いそがしくて時間がないから
2 料理がにがてだから
3 ざいりょうがあまってしまうから
4 いっしょに食べる人がいないから

예

여자와 남자가 슈퍼마켓에서 이야기하고 있습니다. 남자는 왜 스스로 요리를 하지 않습니까?

여: 어, 다나카 군, 쇼핑?

남: 응, 저녁을 사러.

여: 도시락? 스스로 만들지 않아? 시간 없나?

남: 아니, 그렇지 않아.

여: 그럼, 만들면 좋을 텐데.

남: 만드는 건 싫어하지 않아. 그런데 혼자라면.

여: 재료가 남아버려서?

남: 그것은 괜찮지만, 열심히 만들어도 혼자서 먹기만 하면, 뭔가 쓸쓸해서.

여: 그것도 그런가.

남자는 왜 스스로 요리를 하지 않습니까?

1 바쁘고 시간이 없으니까
2 요리를 잘 못하니까
3 재료가 남아버리니까
4 함께 먹을 사람이 없으니까

1番

息子とお母さんが話しています。息子はなぜお金が足りなくなりましたか。

M：ねえ、ちょっとお金貸してくれない？

F：また？ 何に使うの？ クレジットの支払い？

M：違うよ。夏の海外旅行の費用が３万ほど足りないんだ。先月は勉強が忙しくてアルバイトがあまりできなかったから。

F：海外旅行は贅沢よ。

M：うん。でもクラブの人と海外に行くなんてめったにないことだから、僕だけ行かないわけには行かないよ。大学が休みになったらアルバイト増やして返すから、お願い。

1번

아들과 어머니가 이야기하고 있습니다. 아들은 왜 돈이 부족해졌습니까?

남: 저기, 돈 좀 빌려주지 않을래?

여: 또? 어디에 쓰려고? 카드 값?

남: 아니야. 여름 해외여행 비용이 3만 엔 정도 부족해서. 지난달은 공부가 바빠서 아르바이트를 별로 못 했으니까.

여: 해외여행은 사치야.

남: 응. 하지만 동아리 사람들과 해외에 가는 건 좀처럼 없는 일이라서, 나만 안 갈 수는 없어. 대학교가 방학하면 아르바이트 늘려서 갚을 테니까, 부탁이야.

F : 仕方がないわね。でもいつもぎりぎりの生活をするのは止めなさいよ。

M: うん、わかった。お母さんありがとう！

息子はなぜお金が足りなくなりましたか。

1 先月はアルバイトをしなかったから
2 海外旅行に行ったから
3 クレジットを払ったから
4 先月はあまり働けなかったから

여: 어쩔 수 없네. 하지만, 맨날 아슬아슬하게 생활하는 건 그만두렴.

남: 응, 알겠어. 엄마 고마워!

아들은 왜 돈이 부족해졌습니까?

1 지난달에는 아르바이트를 하지 않았기 때문에
2 해외여행을 갔기 때문에
3 카드 값을 냈기 때문에
4 지난달은 별로 일하지 못했기 때문에

단어 クレジット 신용 카드 | 支払(しはら)う 지불하다 | 費用(ひよう) 비용 | 贅沢(ぜいたく) 사치 | クラブ 클럽, 동아리 | めったにない 좀처럼 없다, 드물다 | 増(ふ)やす 늘리다 | ぎりぎり 아슬아슬하게, 가까스로

해설 대화에서 아들은 공부 때문에 지난달에 아르바이트를 별로 못 했다고 말하고 있으므로 정답은 4번이다.

2番

男の人と女の人が話しています。女の人は日本をほめる番組を見るとなぜ悲しくなるのですか。

M: 最近、外国人が日本は素晴らしいと言っているテレビ番組が多いね。

F : そうね。あれ見ると悲しくなるわ。

M: えっ？ 気分がよくなるんじゃないの？

F : 最初は楽しかったんだけど、ほめる番組ばかりでは日本が良くならないなあと思っちゃうのよ。

M: へえ、そんなことを考えていたの？ 確かに、いいところばかりなら、今のままでいいからね。

F : そうなのよ。こんなことで困ったとか、これは嫌だとかよくないとかいろいろ経験しているはずなのに。私たちだって言われたら、直そうっていう気持ちになるでしょう？ こんな番組ばかりじゃ、日本は進歩しないんじゃない？

M: でも、番組はみんなが見たい内容を見せるんだから変えられないよ。

F : でも、せめてここを直したら日本はもっとよくなるとか入れてほしいわ。

女の人は日本をほめる番組を見るとなぜ悲しくなるのですか。

1 悪いことを言われたくないから
2 外国人が日本の嫌な面を知らないと思うから
3 日本人が素晴らしいとばかり言っているから
4 ほめる番組ばかりでは日本が良くならないと思うから

2번

남자와 여자가 이야기하고 있습니다. 여자는 일본을 칭찬하는 방송을 보면 왜 슬퍼집니까?

남: 최근 외국인이 일본은 훌륭하다고 말하는 텔레비전 프로그램이 많네.

여: 그렇네. 저걸 보면 슬퍼져.

남: 뭐? 기분이 좋아지는 게 아니야?

여: 처음에는 즐거웠는데, 칭찬하는 방송뿐이면 일본이 좋아지지 않겠구나라고 생각이 들어.

남: 앗, 그런 것을 생각하고 있었어? 확실히 좋은 점뿐이라면 지금 이대로도 좋으니까 말이야.

여: 맞아. 이런 점 때문에 곤란했다거나, 이건 싫다거나 좋지 않다거나 여러 가지를 경험했을 텐데. 우리도 그런 말을 들으면 고치자는 마음이 생기잖아? 이런 방송뿐이면 일본은 진보하지 않는 것 아니야?

남: 하지만, 방송은 모두가 보고 싶어 하는 내용을 보여주는 거니까 바꿀 수 없어.

여: 그래도 적어도 여기를 고치면 일본은 더 좋아진다거나 식의 내용을 넣어주면 좋겠어.

여자는 일본을 칭찬하는 방송을 보면 왜 슬퍼집니까?

1 나쁜 말을 듣고 싶지 않기 때문에
2 외국인이 일본의 싫은 면을 모른다고 생각하기 때문에
3 일본인이 훌륭하다고만 말하고 있기 때문에
4 칭찬하는 방송뿐이면 일본이 좋아지지 않는다고 생각하기 때문에

단어 ほめる 칭찬하다 | 番組(ばんぐみ) 방송 프로그램 | 素晴(すば)らしい 훌륭하다 | 直(なお)す 고치다 | 進歩(しんぽ) 진보 | せめて 적어도, 하다못해

해설 칭찬하는 방송만 하면 일본은 더 이상 좋아지지 않을 것 같다고 걱정하고 있으므로, 4번이 정답이 된다.

3 番

女の人と外国人の男の人が話しています。男の人はどうして元気がないのですか。

F : スミスさん、どうしたの？ 元気がないわね。

M : うん、日本語の先生に花束をあげたんだけど、大失敗しちゃったんだ。

F : どうして？ 先生は喜んだでしょう？

M : うん。「ありがとう。嬉しいわ」と言って部屋に飾ってくれたんだけど……。

F : じゃ、何が問題なの。

M : 後で、友達に菊の花はお葬式の時に使う花だと言われて……。

F : えっ。菊の花束だったの？ 確かに普通はあげないわね。でも、気持ちは通じたんだから。

M : そうだけど、ショックで……。

男の人はどうして元気がないのですか。

1 先生に気持ちが伝わらなかったから
2 先生は菊の花が好きじゃなかったから
3 先生の気分を悪くさせてしまったから
4 先生に菊の花束をあげてしまったから

3번

여자와 외국인 남자가 이야기하고 있습니다. 남자는 왜 기운이 없습니까?

여: 스미스 씨, 무슨 일이야? 기운이 없네.

남: 응, 일본어 선생님께 꽃다발을 드렸는데, 큰 실수를 해 버렸어.

여: 어째서? 선생님은 기뻐하셨지?

남: 응. "고마워. 기쁘네"라고 말하며 방에 장식해 주셨는데…….

여: 그럼, 뭐가 문제야?

남: 나중에 친구한테 국화꽃은 장례식 때 쓰는 꽃이라고 들어서…….

여: 앗. 국화 꽃다발이었어? 확실히 보통은 주지 않지. 하지만, 마음은 전해졌으니까.

남: 그렇지만, 쇼크라서…….

남자는 왜 기운이 없습니까?

1 선생님께 마음이 전달되지 않았기 때문에
2 선생님은 국화꽃을 좋아하지 않았기 때문에
3 선생님의 기분을 상하게 했기 때문에
4 선생님께 국화 꽃다발을 드렸기 때문에

단어 失敗(しっぱい) 실수 | 飾(かざ)る 장식하다 | 葬式(そうしき) 장례식 | 普通(ふつう) 보통 | 通(つう)じる 통하다

해설 국화 꽃다발은 장례식에서 쓰이는 꽃이라서 보통 선물하지 않는데 모르고 선물했으므로, 정답은 4번이 된다.

4 番

男の人と外国人の女の人が話しています。女の人はどうして授業が難しいと言っていますか。

M : アンさん、ずいぶん日本語が上手ですね。日本人のようですね。

F : いいえ、まだまだです。会話はできますが、授業が難しくて……。

M : 授業は英語でしょう。

F : ええ、でも日本語の授業も取ったんです。

M : でも、アンさんはN１にもう合格しているでしょう。

F : ええ、でも日本語でする専門の授業を取っちゃって……。

4번

남자와 외국인 여자가 이야기하고 있습니다. 여자는 왜 수업이 어렵다고 말하고 있습니까?

남: 안 씨, 일본어가 상당히 능숙하네요. 일본인 같아요.

여: 아니요, 아직 멀었어요. 회화는 할 수 있지만, 수업이 어려워서…….

남: 수업은 영어지요?

여: 네, 하지만 일본어 수업도 들었어요.

남: 하지만 안 씨는 N1에 이미 합격했잖아요.

여: 네, 하지만 일본어로 하는 전공 수업을 들어버려서…….

M: そうですか。わからない時はどうするんですか。

F：先生や日本人の学生に教えてもらうことが多いです。

M: そうですか。

女の人はどうして授業が難しいと言っていますか。

1 英語の授業だから
2 会話しかできないから
3 専門の授業を日本語で受けるから
4 わからないことを教えてもらえないから

남: 그렇습니까? 모를 때는 어떻게 합니까?

여: 선생님이나 일본인 학생에게 배우는 경우가 많습니다.

남: 그렇습니까.

여자는 왜 수업이 어렵다고 말하고 있습니까?

1 영어 수업이기 때문에
2 회화밖에 할 수 없기 때문에
3 **전공 수업을 일본어로 듣기 때문에**
4 모르는 것을 배울 수 없기 때문에

단어 合格(ごうかく) 합격 | 授業(じゅぎょう)を取(と)る 수업을 수강하다, 강의를 신청하다 | 専門(せんもん) 전공 | 受(う)ける 받다, 수강하다

해설 외국인 여자는 일본인처럼 회화는 잘하지만, 일본어로 하는 전공 수업을 듣고 있어서 어렵다고 했으므로, 정답은 3번이 된다.

5番

電話にメッセージが残っていました。男の人はなぜ電話しましたか。

M: 山本デパートの木村です。いつも大変お世話になっております。先日はかばんや靴をお買い上げくださいまして誠にありがとうございました。靴はいかがでしょうか。足にフィットしているとよろしいのですが……。さて、ご注文くださいましたアルーマのかばんが届きました。明日はデパートは開いておりますが、私はお休みをいただいております。本田様に店に取りに来ていただくことも店の者に届けさせることもできますが、明後日なら私が何時でもお届けできます。どのようにしたらよろしいでしょうか。また、お電話させていただきます。よろしくお願いいたします。

男の人はなぜ電話しましたか。

1 靴が合っているか知りたかったから
2 明日は閉店だということを知らせたかったから
3 本田さんに電話をもらいたかったから
4 かばんをどう渡したらいいか知りたかったから

5번

전화에 메시지가 남아 있었습니다. 남자는 왜 전화했습니까?

남: 야마모토 백화점의 기무라입니다. 언제나 대단히 신세를 지고 있습니다. 요전에는 가방과 신발을 구입해 주셔서 대단히 감사합니다. 신발은 어떠신가요? 발에 맞으면 좋겠습니다만……. 그런데, 주문해 주셨던 아루마 가방이 도착했습니다. 내일은 백화점은 열지만, 저는 휴가를 받았습니다. 혼다 님께서 가게로 가지러 오시는 것도 가게 사람에게 배달시키는 것도 가능합니다만, 모레라면 제가 언제라도 배달해 드릴 수 있습니다. 어떻게 하면 좋을까요? 다시, 전화 드리겠습니다. 잘 부탁드립니다.

남자는 왜 전화했습니까?

1 신발이 맞는지 알고 싶었기 때문에
2 내일은 폐점이라는 것을 알리고 싶었기 때문에
3 혼다 씨에게 전화를 받고 싶었기 때문에
4 **가방을 어떻게 전달하면 좋을지 알고 싶었기 때문에**

단어 買(か)い上(あ)げる 매입하다, 사주다 | 誠(まこと)に 대단히 | フィット 피트, 꼭 맞음 | 届(とど)く 도착하다 | 届(とど)ける 보내다, 배달하다 | 閉店(へいてん) 폐점

해설 주문한 가방을 전달하고자 하는 방법을 여러 가지로 말하고 있다. 그러므로, 전달 방법을 알고 싶어서 전화했다는 4번이 정답이다.

6番

男の学生と女の学生が話しています。男の学生はどうして女の学生に「助かった」と言いましたか。

M: 試験の成績が悪くてお母さんに努力が足りないって叱られちゃった。天才ミケランジェロだって素晴らしい

6번

남학생과 여학생이 이야기하고 있습니다. 남학생은 왜 여학생에게 '살았다'라고 말했습니까?

남: 시험 성적이 나빠서 엄마한테 노력이 부족하다고 꾸중을 들었어. 천재 미켈란젤로도 훌륭한 작품을 남긴 뒤에도 노력을 계속

作品を残した後も努力を続けていたんだって言われたよ。

F：ミケランジェロって、有名な絵や彫刻を作ったあの芸術家？

M：うん。彼は何歳になっても毎日勉強していたそうだよ。

F：ミケランジェロ、すごいね。でも、そんなこと言われると私は勉強したくなくなるわ。

M：そうだよね。僕だって何時間も勉強しているのに、成績が上がらないんだから……。

F：ねえ、それは勉強のやり方が悪いのかもしれないわよ。

M：そうかな。どこが悪いのか考えてみるよ。頑張っているのにもっと頑張れって言われてどうしていいかわからなくなっていたんだよ。助かった。

男の学生はどうして女の学生に「助かった」と言いましたか。

1 勉強のやり方を教えてもらったから
2 問題解決のためのヒントを得たから
3 母の意見は間違っていると言ってくれたから
4 ミケランジェロの良さをわかってくれたから

하고 있었다고 하셨어.

여：미켈란젤로라면, 유명한 그림이나 조각을 만든 그 예술가?

남：응. 그는 몇 살이 되어도 매일 공부하고 있었다고 해.

여：미켈란젤로, 대단하네. 하지만, 그런 소릴 들으면 난 공부하고 싶지 않아질 거야.

남：그렇지? 나도 몇 시간이나 공부하고 있는데 성적이 오르지 않으니까.

여：있잖아, 그건 공부 방법이 나쁜 걸지도 몰라.

남：그런가? 어디가 나쁜지 생각해 볼게. 열심히 하고 있는데도 더 열심히 하라고 들어서 어떻게 해야 좋을지 모르게 되어 있었거든. 살았다.

남학생은 왜 여학생에게 '살았다'라고 말했습니까?

1 공부 방법을 가르쳐 주었기 때문에
2 문제 해결을 위한 힌트를 얻었기 때문에
3 엄마의 의견은 틀렸다고 말해 주었기 때문에
4 미켈란젤로의 좋은 점을 알아주었기 때문에

단어 助(たす)かる 도움이 되다, 살아나다 | 試験(しけん) 시험 | 成績(せいせき) 성적 | 努力(どりょく) 노력 | 足(た)りない 부족하다 | 叱(しか)る 꾸짖다, 혼내다 | 天才(てんさい) 천재 | ミケランジェロ 미켈란젤로 | 作品(さくひん) 작품 | 残(のこ)す 남기다 | 彫刻(ちょうこく) 조각 | 芸術家(げいじゅつか) 예술가 | 頑張(がんば)る 힘내다, 노력하다 | 解決(かいけつ) 해결 | 得(え)る 얻다 | 意見(いけん) 의견 | 間違(まちが)う 틀리다

해설 여학생의 공부 방법이 잘못된 걸지도 모른다는 의견에 남학생이 살았다며 답하고 있다. 이는 문제 해결을 위한 힌트를 주었기 때문이므로, 정답은 2번이 된다.

問題 3

問題3では、問題用紙に何もいんさつされていません。この問題は、ぜんたいとしてどんなないようかを聞く問題です。話の前に質問はありません。まず話を聞いてください。それから、質問とせんたくしを聞いて、1から4の中から、最もよいものを一つえらんでください。

문제3

문제3에서는 문제 용지에 아무것도 인쇄되어 있지 않습니다. 이 문제는 전체로서 어떤 내용인지를 묻는 문제입니다. 이야기 전에 질문은 없습니다. 먼저 이야기를 들어 주세요. 그런 다음 질문과 선택지를 듣고, 1에서 4 중에서 가장 적당한 것을 하나 고르세요.

例

女の人が友達の家に来て話しています。

F1：田中です。

F2：あ、はあい。昨日友達が泊まりに来てたんで、片付いてないけど、入って。

예

여자가 친구 집에 와서 이야기하고 있습니다.

여1：다나카입니다.

여2：아, 네에. 어제 친구가 자러 와 있었어서, 정리되어 있지 않지만, 들어와.

F1: あ、でもここで。すぐ帰るから。あのう、この前借りた本なんだけど、ちょっとやぶれちゃって。

F2: え、本当？

F1: うん、このページなんだけど。

F2: あっ、うん、このくらいなら大丈夫、読めるし。

F1: ほんと？ ごめん。これからは気をつけるから。

F2: うん、いいよ。ねえ、入ってコーヒーでも飲んでいかない？

F1: ありがとう。

女の人は友達の家へ何をしに来ましたか。

1 謝りに来た
2 本を借りに来た
3 泊まりに来た
4 コーヒーを飲みに来た

여1: 아, 그래도 여기서. 바로 돌아갈 거니까. 저, 요전에 빌린 책 말인데, 조금 찢어져 버려서.

여2: 어, 정말?

여1: 응, 이 페이지인데.

여2: 앗, 응, 이 정도라면 괜찮아. 읽을 수 있고.

여1: 정말? 미안해. 앞으로는 조심할 테니까.

여2 응, 괜찮아. 있잖아, 들어와서 커피라도 마시고 가지 않을래?

여1: 고마워.

여자는 친구의 집에 무엇을 하러 왔습니까?

1 사과하러 왔다
2 책을 빌리러 왔다
3 자러 왔다
4 커피를 마시러 왔다

1番

男の人と女の人が話しています。

M: 子ども食堂のためのバザーだけど、品物は集まっている？

F: ええ。いい物が多いので売り上げは去年より多いと思います。

M: それはよかった。値段を付けるのは、教会の人が手伝ってくれるから、準備は大丈夫だね。

F: はい。でも、当日の朝、品物を会場に運ぶ人や、品物を売る人が足りないんです。

M: それなら、子ども食堂に来ている人たちに声をかけてみよう。

F: そうですね。いい経験になるので、中学生たちにもお願いしてみましょう。

M: そうだね。でも、無理に頼むわけにはいかないから、食堂にポスターを貼ろう。

F: わかりました。さっそくやります。

二人は何について話していますか。

1 バザーのやり方
2 バザーの目的
3 ボランティアの募集
4 ボランティアの仕事

1번

남자와 여자가 이야기하고 있습니다.

남: 어린이 식당을 위한 바자회 말인데, 물건은 모이고 있어?

여: 네. 좋은 물건이 많아서 매출은 작년보다 많을 것 같아요.

남: 그거 참 다행이네. 가격표를 붙이는 건 교회 사람이 도와주니까, 준비는 괜찮겠네.

여: 네. 하지만 당일 아침에 물건을 행사장으로 옮길 사람이나 물건을 팔 사람이 부족해요.

남: 그렇다면 어린이 식당에 오는 사람들에게 말을 걸어보자.

여: 그러네요. 좋은 경험이 되니까 중학생들에게도 부탁해 봐요.

남: 그래. 하지만 억지로 부탁할 수는 없으니까, 식당에 포스터를 붙이자.

여: 알겠습니다. 바로 할게요.

두 사람은 무엇에 대해 이야기하고 있습니까?

1 바자회 방식
2 바자회 목적
3 자원봉사자 모집
4 자원봉사자 업무

단어 売(う)り上(あ)げ 매출 | 値段(ねだん)を付(つ)ける 가격을 매기다, 가격을 붙이다 | 当日(とうじつ) 당일 | 会場(かいじょう) 행사장, 회장 | 声(こえ)をかける 말을 걸다 | さっそく 즉시, 당장

해설 이 문제의 대화는 두 사람이 바자회 준비 상황을 확인하면서, 당일 물품을 옮기고 판매할 사람이 부족하다는 문제를 발견하고, 이를 해결하기 위해 아이들 식당 방문자와 중학생에게 부탁하거나 포스터를 붙이는 방법 등으로 자원봉사자를 모집하는 것에 대해 이야기하는 내용이다. 따라서 대화의 중심 주제는 바자회의 방식이나 목적이 아니라 자원봉사자 모집이므로 정답은 3번이 된다.

2番

テレビで男の人が話しています。

M: 私達の毎日の生活は雨の日は洗濯や出かけるのを止めるなど天気によって変わります。また、品物の売り上げも天気と深い関係があります。雨や雪が降れば、かさや寒さを防ぐ品物の売り上げが伸び、いい天気なら観光業や飲食店などが忙しくなります。他にも天気の影響を受ける仕事はいろいろあります。その中でお弁当屋は天気の影響をもっとも受ける仕事です。晴れの日は販売数が増えますが、雨や寒い日は売れ残りが出やすくなります。そこで一般的な天気予報より、地域や時間ごとの詳しい予報が得られるように有料の天気予報を使うお弁当屋が多いそうです。

男の人は何について話していますか。

1 天気の影響
2 天気ビジネス
3 有料天気予報
4 天気と弁当屋の関係

2번

텔레비전에서 남자가 이야기하고 있습니다.

남: 우리들의 매일의 생활은 비가 오는 날은 빨래나 외출을 그만두는 등 날씨에 따라 변합니다. 또한, 상품의 매출도 날씨와 깊은 관계가 있습니다. 비나 눈이 내리면, 우산이나 추위를 막는 상품의 매출이 늘고, 날씨가 좋으면 관광업이나 음식점 등이 바빠집니다. 그 밖에도 날씨의 영향을 받는 일은 여러 가지가 있습니다. 그 중에서 도시락 가게는 날씨의 영향을 가장 많이 받는 업종입니다. 맑은 날에는 판매수가 늘어나지만, 비가 오거나 추운 날에는 재고가 나오기 쉬워집니다. 그래서 일반적인 일기예보보다, 지역이나 시간마다의 자세한 예보를 얻을 수 있게 유료 일기예보를 사용하는 도시락 가게가 많다고 합니다.

남자는 무엇에 대해 이야기하고 있습니까?

1 날씨의 영향
2 날씨 비즈니스
3 유료 일기예보
4 날씨와 도시락 가게의 관계

단어 洗濯(せんたく) 세탁 | 売(う)り上(あ)げ 매상 | 防(ふせ)ぐ 막다, 방지하다 | 売(う)れ残(のこ)り 팔고 남은 물건, 재고 | 詳(くわ)しい 상세하다, 자세하다

해설 1번은 개인적인 생활면에서도, 비즈니스 면에서도 날씨의 영향을 받고 있음을 포괄적으로 다루고 있으므로 정답이다. 2번은 유료 일기예보 서비스 이용에 대해서만 짧게 언급했으므로 정답이 아니다. 3번은 유료 일기예보를 사용한다는 사실만 말했을 뿐 주제는 아니므로 정답이 아니다. 4번은 도시락 가게 이외에도 날씨의 영향을 받는 여러 사례(빨래, 관광업 등)를 서술하고 있으므로 정답이 아니다.

3番

留守番電話のメッセージを聞いています。

F：こんにちは。明日、遊びに来てくださるのを楽しみにしています。マンションは43階の4303号室です。入口で4303と押してくれたら、こちらで入口のドアを開けます。受付がありますので、そちらで私の名前を言うとカードをくれます。そのカードがないとエレベーターに乗れませんし、43階のボタンが押せません。受付のすぐ後ろにエレベーターホールがあります。30階以上に止まるエレベーターは一番左にあります。エレベーターの中でカードをタッチしてから43を押してください。よろしくお願いいたします。

3번

부재중 전화의 메시지를 듣고 있습니다.

여: 안녕하세요. 내일 놀러 와 주시는 것을 기대하고 있어요. 맨션은 43층 4303호예요. 입구에서 4303이라고 눌러주면, 이쪽에서 입구 문을 열겠습니다. 접수처가 있으니, 그곳에서 제 이름을 말하면 카드를 줄 거예요. 그 카드가 없으면 엘리베이터를 탈 수 없고, 43층 버튼을 누를 수 없어요. 접수처 바로 뒤에 엘리베이터 홀이 있어요. 30층 이상에 서는 엘리베이터는 가장 왼쪽에 있어요. 엘리베이터 안에서 카드를 대고 나서 43을 눌러 주세요. 잘 부탁드립니다.

女の人は何について話していますか。

1 マンションの場所
2 明日会う場所
3 部屋に来る方法
4 明日の予定

여자는 무엇에 대해 이야기하고 있습니까?

1 맨션의 위치
2 내일 만날 장소
3 방에 오는 방법
4 내일의 예정

단어 受付(うけつけ) 접수처, 안내 데스크 | 押(お)す 누르다 | 止(と)まる 멈추다, 서다 | カードをタッチする 카드를 대다, 카드를 찍다

해설 여자는 자신의 집에 방문할 상대방을 위해 공동 현관 호출 방법, 접수처에서 카드를 받는 법, 고층 전용 엘리베이터 위치 및 카드 사용법 등 방에 도착하기까지의 구체적인 과정과 방법을 상세히 설명하고 있다. 따라서 정답은 3번이 된다.

問題 4

問題４では、えを見ながら質問を聞いてください。やじるし(➡)の人は何と言いますか。１から３の中から、最もよいものを一つえらんでください。

문제4

문제4에서는 그림을 보면서 질문을 들어 주세요. 화살표의 사람은 뭐라고 말합니까? 1에서 3 중에서 가장 적당한 것을 하나 고르세요.

例

ホテルのテレビが壊れています。何と言いますか。

F：1 テレビがつかないんですが。
2 テレビをつけてもいいですか。
3 テレビをつけたほうがいいですよ。

예

호텔의 텔레비전이 고장났습니다. 뭐라고 말합니까?

여: 1 텔레비전이 켜지지 않는데요.
2 텔레비전을 켜도 됩니까?
3 텔레비전을 켜는 것이 좋습니다.

1 番

自転車とぶつかってけがをしました。相手の名前と電話番号が知りたいです。何と言いますか。

F：1 名前と電話番号を教えてください。
2 名前と電話番号はありませんか。
3 名前と電話番号を見せましょう。

1번

자전거와 부딪쳐서 다쳤습니다. 상대방의 이름과 전화번호를 알고 싶습니다. 뭐라고 말합니까?

여: 1 이름과 전화번호를 알려 주세요.
2 이름과 전화번호는 없습니까?
3 이름과 전화번호를 보여줍시다.

단어 ぶつかる 부딪치다 | けがをする 다치다 | 相手(あいて) 상대방 | 名前(なまえ) 이름 | 電話番号(でんわばんごう) 전화번호

해설 1번은 상대방의 연락처를 묻는 표현이므로 정답이다. 2번은 이름이나 주소가 있는지 없는지 묻는 표현이므로 알맞지 않다. 3번은 제안하거나 권유하는 표현이므로 알맞지 않다.

2 番

5時になっても仕事が終わりません。上司に何と言いますか。

M：1 今日も残業ですか。
2 今日は残業がほしいです。
3 残業してもいいですか。

2번

5시가 되어도 업무가 끝나지 않습니다. 상사에게 뭐라고 말합니까?

남: 1 오늘도 잔업인가요?
2 오늘은 잔업을 원합니다.
3 잔업해도 괜찮을까요?

단어 仕事(しごと) 일 | 終(お)わる 끝나다 | 上司(じょうし) 상사 | 残業(ざんぎょう) 잔업, 야근

해설 1번은 상사나 다른 사람이 야근하는지 묻는 표현이므로 맞지 않다. 2번은 소유하고 싶다는 뜻이므로 어색한 표현이 된다. 3번은 허락을 구하는 표현이므로 정답이 된다.

3番

会社の人に飲みに誘われましたが、行きたくないです。何と言いますか。

M: 1 今日はちょっと……。
2 ぜひ行きたいです。
3 一緒に行きましょう。

3번

회사 사람에게 술자리에 권유받았지만, 가고 싶지 않습니다. 뭐라고 말합니까?

남: 1 오늘은 좀…….
2 꼭 가고 싶습니다.
3 함께 갑시다.

단어 誘(さそ)う 권하다, 권유하다 | ぜひ 꼭

해설 1번은 상대방의 제안을 거절하는 표현이므로 정답이다. 2, 3번은 수락하거나 제안하는 표현이므로 정답이 아니다.

4番

ラーメンやの機械で注文します。使い方がわかりません。店員に何と言いますか。

F : 1 すみません、この機械の使い方を知りたいですか。
2 すみません、この機械の使い方を教えてください。
3 すみません、この機械を買う方法が難しいです。

4번

라멘집의 기계로 주문합니다. 사용 방법을 모르겠습니다. 점원에게 뭐라고 말합니까?

여: 1 저기요, 이 기계의 사용법을 알고 싶습니까?
2 저기요, 이 기계의 사용법을 알려 주세요.
3 저기요, 이 기계의 사는 방법이 어렵습니다.

단어 機械(きかい) 기계 | 使(つか)い方(かた) 사용법 | 店員(てんいん) 점원 | 方法(ほうほう) 방법

해설 1번은 사용법을 알고 싶은 주체는 점원이 아니라 자기 자신이므로 정답이 아니다. 2번은 사용법을 가르쳐 달라고 요청하는 표현이므로 정답이다. 3번은 기계를 사는 것이 아니므로 상황에 맞지 않는다.

問題 5

問題５では、問題用紙に何もいんさつされていません。まず文を聞いてください。それから、そのへんじを聞いて、１から３の中から、最もよいものを一つえらんでください。

문제5

문제5에서는 문제 용지에 아무것도 인쇄되어 있지 않습니다. 먼저 문장을 들어 주세요. 그런 다음 그 응답을 듣고, 1에서 3 중에서 가장 적당한 것을 하나 고르세요.

例

M:すみません、今、時間、ありますか。

F : 1 ええと、10時20分です。
2 ええ。何ですか。
3 時計はあそこですよ。

예

남: 실례합니다, 지금 시간 있습니까?

여: 1 음, 10시 20분입니다.
2 네. 무슨 일이죠?
3 시계는 저쪽에 있어요.

1番

F：お年寄りの食事は細かく切って柔らかくしてあります。

M：1 食べやすいのでお年寄りは喜ぶでしょうね。

2 食べにくくてお年寄りは困るでしょうね。

3 お年寄りのためにどうやって食べやすくしましょうか。

1번

여: 어르신의 식사는 잘게 썰어서 부드럽게 해 둡니다.

남: 1 먹기 편해서 어르신은 기뻐하시겠네요.

2 먹기 힘들어서 어르신은 곤란해하시겠네요.

3 어르신을 위해 어떻게 먹기 편하게 할까요?

단어 お年寄(としよ)り 어르신, 노인 | 細(こま)かい 잘다, 세밀하다 | 柔(やわ)らかい 부드럽다 | 喜(よろこ)ぶ 기뻐하다

해설 음식을 이미 잘게 썰고 부드럽게 만든 상태이므로 먹기 편해진 상황을 긍정적으로 평가하는 1번이 정답이다. 2번은 반대로 먹기 힘들다고 말하고 있어 문맥상 알맞지 않으며, 3번은 이미 조치가 완료된 상태인데 다시 방법을 묻고 있으므로 정답이 될 수 없다.

2番

F：普段おとなしい青木君があんなけんかをするなんて思わなかった。

M：1 青木のことだから何かわけがあったんだよ。

2 普段の青木から考えたら当然のことじゃないか。

3 早く先生を呼んで来たほうがいいよ。

2번

여: 평소에 얌전한 아오키 군이 저런 싸움을 할 줄은 생각도 못 했어.

남: 1 아오키니까 무슨 이유가 있었을 거야.

2 평소의 아오키를 생각하면 당연한 일이잖아.

3 빨리 선생님을 불러오는 게 좋겠어.

단어 普段(ふだん) 평소 | おとなしい 얌전하다, 온순하다 | けんか 싸움 | わけ 이유, 사정 | 当然(とうぜん) 당연함

해설 평소 얌전한 아오키 군이 싸웠다면 그럴 만한 사정이 있었을 거라고 추측하는 1번이 정답이다. 2번은 평소 얌전한 성격과 싸움이 당연하다는 결론이 서로 모순되므로 알맞지 않으며, 3번은 싸움 중에 하는 말이므로 적절하지 않다.

3番

M：2月なのに今日はずいぶん暖かいなあ。

F：1 まるで春のようですね。

2 もう春ですから。

3 雪が降っているみたいですね。

3번

남: 2월인데 오늘은 꽤 따뜻하네.

여: 1 마치 봄 같네요.

2 이제 봄이니까요.

3 눈이 내리고 있는 것 같네요.

단어 ずいぶん 꽤, 몹시 | 暖(あたた)かい 따뜻하다

해설 아직 봄이 아닌 2월이지만 봄과 비슷할 정도로 따뜻하다는 비유를 담은 1번이 정답이다. 2번은 2월을 봄이라고 단정 짓고 있어 사실과 다르며, 3번은 따뜻한 날에 눈이 내린다는 설정이 논리적으로 어긋나므로 정답이 될 수 없다.

4番

M：あの親子は本当にマナーが悪いな。

F：1 この親にしてこの子ありね。

2 似たもの夫婦だわね。

3 親に似なかったんだわね。

4번

남: 저 부모 자식은 정말 매너가 나쁘네.

여: 1 그 부모에 그 자식이네.

2 닮은꼴 부부네.

3 부모를 닮지 않았네.

단어 親子(おやこ) 부모 자식 | 悪(わる)い 나쁘다 | 似(に)る 닮다

해설 1번 「この親にしてこの子あり(그 부모의 그 자식)」는 관용 표현으로 정답이 된다. 2번은 대상이 부모 자식이지 부부가 아니므로 오답이며, 3번은 두 사람 모두 매너가 나빠서 서로 닮은 상태이므로 닮지 않았다는 표현은 상황에 맞지 않다.

5番

M: 今年(ことし)は去年(きょねん)ほど米(こめ)がとれそうもないよ。

F : 1 去年(きょねん)よりちょっと多(おお)いかな。

2 余(あま)った米(こめ)はどうしよう。

3 足(た)りない分(ぶん)は買(か)うしかないわ。

5번

남: 올해는 작년만큼 쌀이 수확될 것 같지 않아.

여: 1 작년보다 좀 많으려나?

2 남은 쌀은 어쩌지?

3 부족한 양은 살 수밖에 없겠네.

단어 米(こめ)が 쌀 | とる 수확하다 | 余(あま)る 남다 | 足(た)りない 부족하다 | 分(ぶん) 몫, 부분, 분량

해설 남자가 작년보다 수확량이 적을 거라고 했으므로, 작년보다 많을 거라고 말하는 1번이나 쌀이 남을 것을 걱정하는 2번은 상황에 알맞지 않다. 그러므로, 수확량이 적어 부족해질 것을 대비해 사야겠다고 말하는 3번이 정답이다.

6番

M: この荷物(にもつ)、明日中(あしたじゅう)に届(とど)きますか。

F : 1 ちょっと、難(むずか)しいですね。

2 いいえ、簡単(かんたん)すぎます。

3 では、発車(はっしゃ)しますね。

6번

남: 이 짐, 내일 중으로 도착할까요?

여: 1 좀, 어렵겠네요.

2 아니요, 너무 간단해요.

3 그럼, 출발할게요.

단어 届(とど)く 도착하다 | 発車(はっしゃ) 출발

해설 짐이 내일 안에 도착하기 어렵다는 부정적인 답변을 하고 있는 1번이 정답이다. 일본어에서 「難しい(어렵다)」는 단순히 난이도가 높은 것뿐만 아니라 '실현 가능성이 낮다'는 거절이나 부정의 의미로 자주 쓰인다. 2번은 '아니요'라는 대답과 '너무 간단하다'는 내용이 논리적으로 상충하여 어색하며, 3번은 차가 출발한다는 사실만 말할 뿐 도착 여부에 대한 답변이 되지 못하므로 정답이 될 수 없다.

7番

F : 私(わたし)は準備(じゅんび)が終(お)わりましたが、もう出発(しゅっぱつ)できますか。

M: 1 まだ、出発(しゅっぱつ)しないの。

2 荷物(にもつ)さえ積(つ)めば。

3 早(はや)くしてくれない。

7번

여: 저는 준비가 끝났는데, 이제 출발할 수 있나요?

남: 1 아직 출발 안 하니?

2 짐만 실으면.

3 빨리해 주지 않을래?

단어 ～さえ ～만 | 積(つ)む 싣다, 쌓다

해설 출발 가능 여부를 묻는 질문에 대해 '짐을 싣는 것'이라는 조건만 해결되면 출발할 수 있다는 의미를 내포한 2번이 정답이다. 1번은 할 수 있는지 묻는 말에 대한 답변으로 부적절하며, 3번은 여자가 이미 준비를 마쳤다고 했으므로 상황에 맞지 않는다.

8番

F : 試験(しけん)を受(う)けたことは受(う)けたんですが……。

M: 1 合格(ごうかく)したんだね。

2 頑張(がんば)ったんだね。

3 次(つぎ)は大丈夫(だいじょうぶ)だよ。

8번

여: 시험을 보기는 봤습니다만…….

남: 1 합격했구나.

2 열심히 했구나.

3 다음에는 괜찮을 거야.

단어 試験(しけん) 시험 | 受(う)ける (시험을) 치르다 | 合格(ごうかく) 합격

해설 「～ことは～が」는 앞의 사실(시험을 본 것)은 인정하지만 뒤에 부정적인 상황이나 문제가 있음을 나타낼 때 사용하는 표현이다. 따라서 말끝을 흐린 여자의 대사 뒤에는 '시험에서 떨어졌다'는 맥락이 생략되어 있다고 볼 수 있다. 합격을 축하하는 1번이나 2번은 어색하며, 낙방한 상대방을 위로하며 격려하는 3번이 정답이다.

9番

F：レイさんが遅れるはずがないんだけど、変ねえ。

M：1 彼女はいつも遅刻するからね。

2 彼女が来るはずないじゃないか。

3 何か起こったんじゃないか。

9번

여: 레이 씨가 늦을 리가 없는데, 이상하네.

남: 1 그녀는 항상 지각하니까.

2 그녀가 올 리가 없잖아.

3 무슨 일이 생긴 거 아냐?

단어 遅(おく)れる 늦다 | 起(お)こる (일이) 일어나다, 발생하다

해설 레이 씨는 평소에 늦지 않는 사람이므로 1번처럼 항상 지각한다고 말하는 것은 모순이다. 또한 여자는 레이 씨가 오는 것을 전제로 기다리고 있으므로 2번처럼 올 리가 없다고 부정하는 것도 어색하다. 따라서 평소에 늦지 않던 사람이 오지 않아 걱정스러운 상황이므로, 무슨 사고나 사건이 생긴 것은 아닌지 추측하는 3번이 정답이다.

にほんごのうりょくしけん かいとうようし

N3 제1회 실전모의테스트

げんごちしき (もじ・ごい)

受 験 番 号 Examinee Registration Number	

名 前 Name	

< ちゅうい Notes >

1. くろいえんぴつ（ＨＢ、Ｎｏ.２）でかいてください。
   Use a black medium soft (HB or No.2) pencil.
2. かきなおすときは、けしゴムできれいにけしてください。
   Erase any unintended marks completely.
3. きたなくしたり、おったりしないでください。
   Do not soil or bend this sheet.
4. マークれい Marking examples

よい Correct	わるい Incorrect
●	⊘ ◒ ◯ ◎ ⦶ ◉

問 題 1				
1	①	②	③	④
2	①	②	③	④
3	①	②	③	④
4	①	②	③	④
5	①	②	③	④
6	①	②	③	④
7	①	②	③	④
8	①	②	③	④
問 題 2				
9	①	②	③	④
10	①	②	③	④
11	①	②	③	④
12	①	②	③	④
13	①	②	③	④
14	①	②	③	④

問 題 3				
15	①	②	③	④
16	①	②	③	④
17	①	②	③	④
18	①	②	③	④
19	①	②	③	④
20	①	②	③	④
21	①	②	③	④
22	①	②	③	④
23	①	②	③	④
24	①	②	③	④
25	①	②	③	④

問 題 4				
26	①	②	③	④
27	①	②	③	④
28	①	②	③	④
29	①	②	③	④
30	①	②	③	④
問 題 5				
31	①	②	③	④
32	①	②	③	④
33	①	②	③	④
34	①	②	③	④
35	①	②	③	④

にほんごのうりょくしけん かいとうようし

N3 제1회 실전모의테스트

げんごちしき (ぶんぽう)・どっかい

受験番号 Examinee Registration Number	

名前 Name	

< ちゅうい Notes >

1. くろいえんぴつ（HB、No.2）でかいてください。
   Use a black medium soft (HB or No.2) pencil.
2. かきなおすときは、けしゴムできれいにけしてください。
   Erase any unintended marks completely.
3. きたなくしたり、おったりしないでください。
   Do not soil or bend this sheet.
4. マークれい Marking examples

よい Correct	わるい Incorrect
●	⊘ ◎ ◯ ⦶ ◉

問題 1				
1	①	②	③	④
2	①	②	③	④
3	①	②	③	④
4	①	②	③	④
5	①	②	③	④
6	①	②	③	④
7	①	②	③	④
8	①	②	③	④
9	①	②	③	④
10	①	②	③	④
11	①	②	③	④
12	①	②	③	④
13	①	②	③	④
問題 2				
14	①	②	③	④
15	①	②	③	④
16	①	②	③	④
17	①	②	③	④
18	①	②	③	④
問題 3				
19	①	②	③	④
20	①	②	③	④
21	①	②	③	④
22	①	②	③	④

問題 4				
23	①	②	③	④
24	①	②	③	④
25	①	②	③	④
26	①	②	③	④
問題 5				
27	①	②	③	④
28	①	②	③	④
29	①	②	③	④
30	①	②	③	④
31	①	②	③	④
32	①	②	③	④
問題 6				
33	①	②	③	④
34	①	②	③	④
35	①	②	③	④
36	①	②	③	④
問題 7				
37	①	②	③	④
38	①	②	③	④

にほんごのうりょくしけん かいとうようし

N3 제1회 실전모의테스트

ちょうかい

受 験 番 号 Examinee Registration Number	

名 前 Name	

< ちゅうい Notes >

1. くろいえんぴつ（HB、No.2）でかいてください。
   Use a black medium soft (HB or No.2) pencil.
2. かきなおすときは、けしゴムできれいにけしてください。
   Erase any unintended marks completely.
3. きたなくしたり、おったりしないでください。
   Do not soil or bend this sheet.
4. マークれい Marking examples

よい Correct	わるい Incorrect
●	⊘ ◒ ◎ ◎ ⦶ ●

問 題 1				
れい	●	②	③	④
1	①	②	③	④
2	①	②	③	④
3	①	②	③	④
4	①	②	③	④
5	①	②	③	④
6	①	②	③	④
問 題 2				
れい	①	②	③	●
1	①	②	③	④
2	①	②	③	④
3	①	②	③	④
4	①	②	③	④
5	①	②	③	④
6	①	②	③	④
問 題 3				
れい	●	②	③	④
1	①	②	③	④
2	①	②	③	④
3	①	②	③	④

問 題 4			
れい	●	②	③
1	①	②	③
2	①	②	③
3	①	②	③
4	①	②	③
問 題 5			
れい	①	●	③
1	①	②	③
2	①	②	③
3	①	②	③
4	①	②	③
5	①	②	③
6	①	②	③
7	①	②	③
8	①	②	③
9	①	②	③

にほんごのうりょくしけん かいとうようし

N3 제2회 실전모의테스트

げんごちしき (もじ・ごい)

受験番号 Examinee Registration Number	

名前 Name	

< ちゅうい Notes >

1. くろいえんぴつ（HB、No.2）でかいてください。
   Use a black medium soft (HB or No.2) pencil.
2. かきなおすときは、けしゴムできれいにけしてください。
   Erase any unintended marks completely.
3. きたなくしたり、おったりしないでください。
   Do not soil or bend this sheet.
4. マークれい Marking examples

よい Correct	わるい Incorrect
●	⊘ ◌ ◎ ◎ ⦶ ●

問題 1				
1	①	②	③	④
2	①	②	③	④
3	①	②	③	④
4	①	②	③	④
5	①	②	③	④
6	①	②	③	④
7	①	②	③	④
8	①	②	③	④
問題 2				
9	①	②	③	④
10	①	②	③	④
11	①	②	③	④
12	①	②	③	④
13	①	②	③	④
14	①	②	③	④

問題 3				
15	①	②	③	④
16	①	②	③	④
17	①	②	③	④
18	①	②	③	④
19	①	②	③	④
20	①	②	③	④
21	①	②	③	④
22	①	②	③	④
23	①	②	③	④
24	①	②	③	④
25	①	②	③	④

問題 4				
26	①	②	③	④
27	①	②	③	④
28	①	②	③	④
29	①	②	③	④
30	①	②	③	④
問題 5				
31	①	②	③	④
32	①	②	③	④
33	①	②	③	④
34	①	②	③	④
35	①	②	③	④

にほんごのうりょくしけん かいとうようし

N3 제2회 실전모의테스트

げんごちしき (ぶんぽう)・どっかい

受 験 番 号 Examinee Registration Number	

名 前 Name	

< ちゅうい Notes >

1. くろいえんぴつ（HB、No.2）でかいてください。
   Use a black medium soft (HB or No.2) pencil.
2. かきなおすときは、けしゴムできれいにけしてください。
   Erase any unintended marks completely.
3. きたなくしたり、おったりしないでください。
   Do not soil or bend this sheet.
4. マークれい Marking examples

よい Correct	わるい Incorrect
●	⊘ ◒ ◯ ◎ ⦶ ◯

問 題 1				
1	①	②	③	④
2	①	②	③	④
3	①	②	③	④
4	①	②	③	④
5	①	②	③	④
6	①	②	③	④
7	①	②	③	④
8	①	②	③	④
9	①	②	③	④
10	①	②	③	④
11	①	②	③	④
12	①	②	③	④
13	①	②	③	④
問 題 2				
14	①	②	③	④
15	①	②	③	④
16	①	②	③	④
17	①	②	③	④
18	①	②	③	④
問 題 3				
19	①	②	③	④
20	①	②	③	④
21	①	②	③	④
22	①	②	③	④

問 題 4				
23	①	②	③	④
24	①	②	③	④
25	①	②	③	④
26	①	②	③	④
問 題 5				
27	①	②	③	④
28	①	②	③	④
29	①	②	③	④
30	①	②	③	④
31	①	②	③	④
32	①	②	③	④
問 題 6				
33	①	②	③	④
34	①	②	③	④
35	①	②	③	④
36	①	②	③	④
問 題 7				
37	①	②	③	④
38	①	②	③	④

にほんごのうりょくしけん かいとうようし

N3 제2회 실전모의테스트

ちょうかい

受 験 番 号 Examinee Registration Number	

名 前 Name	

< ちゅうい Notes >

1. くろいえんぴつ（HB、No.2）でかいてください。
   Use a black medium soft (HB or No.2) pencil.
2. かきなおすときは、けしゴムできれいにけしてください。
   Erase any unintended marks completely.
3. きたなくしたり、おったりしないでください。
   Do not soil or bend this sheet.
4. マークれい Marking examples

よい Correct	わるい Incorrect
●	⊘ ◯ ◎ ◎ ⦶ ●

問題 1				
れい	●	②	③	④
1	①	②	③	④
2	①	②	③	④
3	①	②	③	④
4	①	②	③	④
5	①	②	③	④
6	①	②	③	④

問題 2				
れい	①	②	③	●
1	①	②	③	④
2	①	②	③	④
3	①	②	③	④
4	①	②	③	④
5	①	②	③	④
6	①	②	③	④

問題 3				
れい	●	②	③	④
1	①	②	③	④
2	①	②	③	④
3	①	②	③	④

問題 4			
れい	●	②	③
1	①	②	③
2	①	②	③
3	①	②	③
4	①	②	③

問題 5			
れい	①	●	③
1	①	②	③
2	①	②	③
3	①	②	③
4	①	②	③
5	①	②	③
6	①	②	③
7	①	②	③
8	①	②	③
9	①	②	③

memo

memo

JLPT
일본어능력시험
한권으로 끝내기
N3